Direito Comparado

Direito Comparado

Volume I
INTRODUÇÃO
SISTEMAS JURÍDICOS EM GERAL

2018 · 4ª edição, revista e atualizada

Dário Moura Vicente
Catedrático da Faculdade de Direito
da Universidade de Lisboa

DIREITO COMPARADO
INTRODUÇÃO, SISTEMAS JURÍDICOS EM GERAL, VOLUME 1
© Almedina, 2018

AUTOR: Dário Moura Vicente
DIAGRAMAÇÃO: Almedina
DESIGN DE CAPA: FBA
ISBN: 978-85-8493-436-2

Dados Internacionais de Catalogação na Publicação (CIP)
(Câmara Brasileira do Livro, SP, Brasil)

Vicente, Dário Moura
Direito comparado : introdução, sistemas jurídicos
em geral, volume 1 / Dário Moura Vicente. -- 4. ed.
rev. e atual. -- São Paulo : Almedina, 2018.

Bibliografia.
ISBN 978-85-8493-436-2
1. Direito comparado I. Título.

18-22306   CDU-340.5

Índices para catálogo sistemático:
1. Direito comparado 340.5
Cibele Maria Dias - Bibliotecária - CRB-8/9427

Este livro segue as regras do novo Acordo Ortográfico da Língua Portuguesa (1990).

Todos os direitos reservados. Nenhuma parte deste livro, protegido por copyright, pode ser reproduzida, armazenada ou transmitida de alguma forma ou por algum meio, seja eletrônico ou mecânico, inclusive fotocópia, gravação ou qualquer sistema de armazenagem de informações, sem a permissão expressa e por escrito da editora.

Novembro, 2018

EDITORA: Almedina Brasil
Rua José Maria Lisboa, 860, Conj.131 e 132, Jardim Paulista | 01423-001 São Paulo | Brasil
editora@almedina.com.br
www.almedina.com.br

*Aos meus alunos em Angola, Brasil,
Cabo Verde, Goa, Guiné-Bissau,
Macau, Moçambique,
Portugal e Timor-Leste*

DO AUTOR

- *Da arbitragem comercial internacional. Direito aplicável ao mérito da causa*, Coimbra, Coimbra Editora, 1990.
- *Comentário à Convenção de Bruxelas*, Lisboa, Lex, 1994 (em coautoria com M. Teixeira de Sousa).
- *Da responsabilidade pré-contratual em Direito Internacional Privado*, Coimbra, Almedina, 2001.
- *Direito Internacional Privado. Ensaios*, Coimbra, Almedina, vol. I, 2002; vol. II, 2005; vol. III, 2010.
- *Problemática internacional da sociedade da informação*, Coimbra, Almedina, 2005.
- *A tutela internacional da propriedade intelectual*, Coimbra, Almedina, 2008.
- *O Direito Comparado após a Reforma de Bolonha*, Lisboa, Coimbra Editora, 2009.
- *La propriété intellectuelle en droit international privé*, Leiden/Boston, Martinus Nijhoff Publishers, 2009.
- *Direito Comparado*, vol. II, *Obrigações*, Coimbra, Almedina, 2017.

AGRADECIMENTOS

O autor agradece as facilidades de investigação que lhe foram concedidas pelas seguintes entidades, tendo em vista a elaboração da presente obra:

- Biblioteca da Faculdade de Direito da Universidade de Lisboa;
- Biblioteca Nacional de Portugal;
- Comissão das Nações Unidas Para o Direito Comercial Internacional (Viena);
- DuFour Law Library, The Catholic University of America (Washington, D.C.);
- Institut für Privatrecht und Zivilverfahrensrecht (Munique);
- Institut Suisse de Droit Comparé (Lausana);
- Institute of Advanced Legal Studies (Londres);
- Instituto Nacional de Estudos e Pesquisa (Bissau);
- Max-Planck-Institut für ausländisches und internationales Privatrecht (Hamburgo);
- Salgãocar College of Law (Pangim, Goa);
- School of Oriental and African Studies (Londres).

ADVERTÊNCIAS

- Esta edição encontra-se atualizada com elementos disponíveis até janeiro de 2018.
- Todas as traduções de textos originariamente disponibilizados em línguas estrangeiras são, salvo indicação em contrário, da responsabilidade do autor.
- As obras referidas nas notas encontram-se identificadas com os principais elementos relevantes na primeira citação; nas seguintes, apenas abreviadamente.
- As referências completas figuram na orientação bibliográfica constante da Introdução e na bibliografia específica inserida no termo de cada capítulo.

ÍNDICE GERAL

INTRODUÇÃO	17
§ 1º A pluralidade e a diversidade dos sistemas jurídicos contemporâneos	17
§ 2º Primeira noção de Direito Comparado	18
§ 3º Modalidades da comparação jurídica	19
§ 4º Principais funções do Direito Comparado	20
§ 5º Direito Comparado e dogmática jurídica	30
§ 6º Direito Comparado e Antropologia Jurídica	32
§ 7º Direito Comparado e Sociologia Jurídica	35
§ 8º Metodologia da comparação jurídica	37
§ 9º Plano da exposição	48
§ 10º Orientação bibliográfica	49
TÍTULO I – SISTEMAS JURÍDICOS COMPARADOS	57
CAPÍTULO I – DOS SISTEMAS JURÍDICOS EM GERAL	57
§ 11º Modelos de análise e critérios de classificação dos sistemas jurídicos	57
a) Posição do problema	57
b) Famílias, tradições e culturas jurídicas	57
c) Critérios de classificação	60
d) Sistemas jurídicos e civilizações	61
§ 12º Elenco e características dos principais sistemas jurídicos	63
a) Principais sistemas jurídicos na atualidade	63
b) Sua caracterização	68
c) Sistemas jurídicos híbridos	75
d) Sistemas jurídicos e religiões	76
e) Lugar do Direito português entre os sistemas jurídicos	79
f) O Direito comum de língua portuguesa	81
§ 13º Indicação de sequência	90
Bibliografia específica	91
Bases de dados específicas	95

CAPÍTULO II – A FAMÍLIA JURÍDICA ROMANO-GERMÂNICA ... 97

§ 14º Formação ... 97
  a) A civilização grega ... 97
  b) A herança romana ... 100
  c) Os Direitos germânicos ... 111
  d) O Cristianismo ... 113
  e) O jusracionalismo e as codificações ... 124
  f) Fenómenos de aculturação jurídica ... 138
§ 15º Âmbito atual ... 140
§ 16º Conceitos fundamentais ... 142
  a) Direito constituído e equidade ... 142
  b) Direito Público e Direito Privado ... 144
  c) Direito material e Direito processual ... 147
  d) Direito objetivo e direito subjetivo ... 147
§ 17º Fontes de Direito ... 150
  a) Razão de ordem ... 150
  b) Tratados e outras fontes de Direito Internacional ... 151
  c) Direito supranacional ... 152
  d) Leis ... 156
  e) Costume ... 164
  f) Jurisprudência ... 167
  g) Doutrina ... 173
  h) Princípios jurídicos ... 175
§ 18º Método jurídico ... 178
  a) Posição do problema ... 178
  b) Norma e critérios não normativos de decisão ... 178
  c) Interpretação e integração da lei ... 184
  d) Desenvolvimento jurisprudencial do Direito ... 188
§ 19º Meios de resolução de litígios ... 192
  a) Organização judiciária e composição dos tribunais ... 192
  b) Recursos ... 196
  c) Meios extrajudiciais de resolução de litígios ... 202
§ 20º Ensino do Direito e profissões jurídicas ... 211
  a) Traços gerais da formação pré- e pós-graduada dos juristas ... 211
  b) Profissões jurídicas ... 215
§ 21º Conclusão ... 220
Bibliografia específica ... 222
Bases de dados específicas ... 229

CAPÍTULO III – A FAMÍLIA JURÍDICA DE *COMMON LAW* 231
SECÇÃO I – PRELIMINARES 231
§ 22º Fatores determinantes da autonomização da família jurídica de *Common Law* 231
§ 23º Âmbito atual 234
§ 24º Indicação de sequência 235

SECÇÃO II – O DIREITO INGLÊS 236
§ 25º Formação 236
    a) Características singulares do modo de formação do Direito inglês 236
    b) Origens e evolução histórica do Direito inglês 236
§ 26º Conceitos fundamentais 239
    a) Writs e *forms of actions* 239
    b) A preeminência do processo 239
    c) Common Law, Equity e *Statute Law* 242
§ 27º Meios de resolução de litígios 246
    a) Organização judiciária e composição dos tribunais 246
    b) Recursos 252
    c) Outros meios de resolução de litígios 253
§ 28º Ensino do Direito e profissões jurídicas 256
    a) O ensino do Direito em Inglaterra 256
    b) As profissões jurídicas em Inglaterra 257
§ 29º Fontes de Direito 261
    a) Jurisprudência 261
    b) Lei 268
    c) Costume 272
    d) Doutrina 273
    e) Tratados e outras fontes de Direito Internacional 274
    f) Direito supranacional 275
§ 30º Método jurídico 276
    a) O precedente e a sua aplicação ao caso singular 276
    b) O *distinguishing* 279
    c) Regras sobre a interpretação e a integração das leis 280
§ 31º Conclusão 281
Bibliografia específica 283
Bases de dados específicas 286

SECÇÃO III – O DIREITO DOS ESTADOS UNIDOS DA AMÉRICA 287
§ 32º Formação 287
    a) A colonização inglesa e a receção do *Common Law* 287
    b) A revolução americana e o constitucionalismo 288
    c) A ética protestante 293

§ 33º	Características gerais	295
	a) O federalismo	295
	b) A complexidade do sistema jurídico	296
	c) A relevância do processo	297
§ 34º	Meios de resolução de litígios	299
	a) Organização judiciária e composição dos tribunais	299
	b) Recursos	301
	c) A *full faith and credit clause*	302
	d) O tribunal do júri	303
	e) As *class actions*	304
	f) O abuso das ações judiciais	307
	g) Plea bargaining	310
	h) Meios extrajudiciais de resolução de litígios	310
§ 35º	Ensino do Direito e profissões jurídicas	314
	a) O ensino do Direito	314
	b) As profissões jurídicas	315
§ 36º	Fontes de Direito	318
	a) Elenco	318
	b) Hierarquia	318
	c) Os conflitos de leis	319
	d) A Constituição e a *judicial review*	321
	e) A lei ordinária e o processo legislativo	322
	f) Codificações	326
	g) Tratados e outras fontes de Direito Internacional	328
	h) Jurisprudência	328
	i) Doutrina	332
	j) Restatements of the law	332
§ 37º	Método jurídico	333
	a) A complexidade da determinação do Direito aplicável	333
	b) A interpretação das leis	334
	c) A integração das lacunas	337
	d) Criação jurisprudencial do Direito?	337
	e) O realismo jurídico norte-americano	338
	f) A análise económica do Direito	340
§ 38º	Conclusão	344
Bibliografia específica		346
Bases de dados específicas		350

CAPÍTULO IV – A FAMÍLIA JURÍDICA MUÇULMANA 351
§ 39º Âmbito e importância do conhecimento do Direito muçulmano 351
    a) O âmbito pessoal do Direito muçulmano 351
    b) Países onde vigora 351
    c) Importância do seu conhecimento 352
§ 40º Génese e evolução 354
    a) O Islamismo 354
    b) O cisma entre Sunismo e Xiismo 355
    c) Principais fases da evolução do Direito muçulmano 356
§ 41º Características gerais 357
    a) A base religiosa 357
    b) A pluralidade das fontes 359
    c) A tendencial uniformidade do Direito 359
§ 42º Fontes de Direito 361
    a) A *Xaria* 361
    b) Outras fontes 367
§ 43º Método jurídico 373
§ 44º Meios de resolução de litígios 376
    a) Tribunais da *Xaria* 376
    b) Tribunais estaduais 376
    c) Meios extrajudiciais 377
§ 45º Ensino do Direito e profissões jurídicas 380
    a) O ensino do Direito 380
    b) As profissões jurídicas 380
§ 46º Conclusão 382
Bibliografia específica 383
Bases de dados específicas 386

CAPÍTULO V – OS SISTEMAS JURÍDICOS AFRICANOS 387
§ 47º Formação 387
    a) Os Direitos tradicionais africanos 387
    b) O Direito muçulmano 387
    c) Os sistemas jurídicos coloniais 388
    d) O Direito posterior às independências nacionais 389
    e) Tendências unificadoras 390
§ 48º Características gerais 391
    a) A diversidade dos sistemas jurídicos africanos 391
    b) Fatores de unidade 393
§ 49º Fontes 398
    a) A base consuetudinária 398

	b) O Direito legislado	404
	c) Precedentes judiciais	405
	d) Fontes religiosas	405
	e) Direito Internacional e supranacional	406
§ 50º	Meios de resolução de litígios	408
	a) O relevo da conciliação	408
	b) As autoridades tradicionais	409
	c) Os tribunais estaduais	410
	d) Os tribunais arbitrais	410
§ 51º	Método jurídico	411
§ 52º	Ensino do Direito e profissões jurídicas	412
	a) O ensino do Direito	412
	b) As profissões jurídicas	413
§ 53º	Conclusão: uma família jurídica africana?	413
Bibliografia específica		416
Bases de dados específicas		421

CAPÍTULO VI – O DIREITO HINDU — 423

§ 54º	Formação e âmbito	423
	a) O Hinduísmo: caracterização	423
	b) Âmbito pessoal, geográfico e material de aplicação do Direito hindu	425
§ 55º	Conceitos fundamentais	428
	a) Dharma	428
	b) Karma	429
	c) Castas	429
§ 56º	Fontes	432
	a) Textos revelados	432
	b) Tradições	434
	c) Comentários e tratados	437
	d) Costume	437
	e) Jurisprudência	439
	f) Lei	440
§ 57º	Meios de resolução de litígios	442
§ 58º	Método jurídico	443
§ 59º	Ensino do Direito e profissões jurídicas	444
	a) O ensino do Direito	444
	b) As profissões jurídicas	444
§ 60º	Conclusão	445
Bibliografia específica		446
Bases de dados específicas		449

CAPÍTULO VII – O DIREITO CHINÊS 451
§ 61º Formação e âmbito 451
    a) Pressupostos filosóficos 451
    b) O Direito na China nacionalista 455
    c) O Direito na China comunista 456
    d) O Direito chinês atual 457
    e) Influência sobre outros sistemas jurídicos 458
§ 62º Características gerais 460
    a) A função social do Direito na China 460
    b) A complexidade do sistema jurídico chinês 461
§ 63º Fontes 462
    a) Constituição 462
    b) Lei ordinária 463
    c) Outras fontes 465
§ 64º Meios de resolução de litígios 466
    a) A importância da conciliação 466
    b) O papel dos tribunais 467
    c) A organização judiciária 468
§ 65º Método jurídico 469
§ 66º Ensino do Direito e profissões jurídicas 469
    a) O ensino do Direito 469
    b) As profissões jurídicas 470
§ 67º Conclusão 471
Bibliografia específica 472
Bases de dados específicas 475

CAPÍTULO VIII – SÍNTESE COMPARATIVA DOS SISTEMAS JURÍDICOS ANALISADOS 477
§ 68º Cinco conceitos de Direito 477
§ 69º Principais fatores que os determinam 478

TÍTULO II – A INTERAÇÃO DOS SISTEMAS JURÍDICOS 483
CAPÍTULO I – OS SISTEMAS JURÍDICOS HÍBRIDOS 483
§ 70º Noção e características 483
§ 71º Causas e atualidade do fenómeno 484
§ 72º Categorias fundamentais de sistemas jurídicos híbridos 487
§ 73º O Direito da África do Sul 488
§ 74º O Direito do Egito 493
§ 75º O Direito da Escócia 497
§ 76º O Direito de Israel 499
§ 77º O Direito do Japão 503

DIREITO COMPARADO

§ 78º O Direito do Quebeque 507
§ 79º Síntese 509
Bibliografia específica 510
Bases de dados específicas 517

CAPÍTULO II – A APROXIMAÇÃO ENTRE SISTEMAS JURÍDICOS E OS SEUS LIMITES 519
§ 80º Preliminares 519
§ 81º A receção de Direito estrangeiro 520
    a) A receção de Direito oriundo dos sistemas romano-germânicos 520
    b) A receção de Direito oriundo dos sistemas de *Common Law* 522
§ 82º A harmonização e a unificação internacional do Direito Privado 524
    a) Noção 524
    b) Iniciativas de âmbito mundial 525
    c) Iniciativas de âmbito regional 530
    d) Razões que as justificam 535
    e) Limites a que se subordinam 540
    f) A coordenação dos Direitos nacionais como alternativa 545
Bibliografia específica 546
Bases de dados específicas 553

ÍNDICE DE ABREVIATURAS 555
ÍNDICE ALFABÉTICO DE MATÉRIAS 561

INTRODUÇÃO

§ 1º A pluralidade e a diversidade dos sistemas jurídicos contemporâneos

Apesar da intensificação do comércio internacional e dos fluxos migratórios transfronteiras que caracterizam o mundo contemporâneo, mantiveram-se nele – e tornaram-se até mais nítidas – a pluralidade e a diversidade dos sistemas jurídicos.

Assim, por exemplo, em certos países do Extremo Oriente a esfera de autonomia reconhecida aos particulares permanece de um modo geral bastante mais restrita do que nos países ocidentais, não obstante a recente adesão de muitos daqueles à economia de mercado. Atesta-o, além do mais, a circunstância de na República Popular da China serem ainda hoje nulos os contratos económicos contrários aos planos estaduais. Ao que não será alheia a circunstância de a mundividência confucionista, que valoriza a autoridade, a hierarquia e a subordinação do indivíduo à coletividade, divergir fortemente do ideal de liberdade que caracteriza a denominada civilização ocidental.

Por outro lado, a crença europeia e norte-americana na igualdade perante a lei e os seus corolários no domínio das relações familiares não lograram obter aceitação em vários países muçulmanos, onde o estatuto da mulher casada se mantém largamente subordinado ao do marido em virtude da admissão da poligamia e do reconhecimento ao varão do direito de corrigir e repudiar a sua consorte.

Mesmo na Europa são muito significativas as diferenças que subsistem quanto ao relevo conferido, *v.g.*, à boa-fé nas relações contratuais e, por conseguinte, quanto à admissibilidade da imposição aos contraentes de deveres acessórios de conduta nela fundados. O que se prende, além do mais, com a diferente medida em que nos países europeus se atende a exigências de ordem ética e social no domínio do Direito Privado, a qual é significativamente mais acentuada nos sistemas jurídicos romano-germânicos do que nos de *Common Law*.

Este fenómeno é atribuível a diferentes causas.

Por um lado, os problemas suscitados pela convivência em sociedade, que o Direito tem por objeto, não são os mesmos em toda a parte: esses problemas diferem em razão dos níveis de desenvolvimento económico, social e cultural de cada país, da geografia, da demografia e de um sem-número de outros fatores, que distinguem as comunidades humanas umas das outras. A própria «globalização» dos mercados determinou que certos países se especializassem na produção de determinados bens ou na prestação de certos serviços, nos quais possuem vantagens competitivas sobre os demais, donde resultam problemas sociais específicos.

Por outro lado, mesmo onde os referidos problemas são idênticos ou semelhantes diferem as valorações de que eles são objeto. O que bem se compreende. O Direito é uma realidade cultural: uma obra humana, dirigida à realização de certos valores, tributária da ideia de Justiça, das vicissitudes históricas, das religiões, dos costumes e da idiossincrasia de cada povo. Uma vez que todos estes fatores variam consoante as comunidades humanas que se considerem, natural é que variem também as instituições jurídicas nelas vigentes, ainda que lhes correspondam sistemas económicos análogos[1].

§ 2º Primeira noção de Direito Comparado

Chama-se Direito Comparado o ramo da Ciência Jurídica que tem por objeto o Direito na sua pluralidade e diversidade de expressões culturais e procede ao estudo comparativo destas.

Melhor se diria, pois, a fim de designá-lo, *comparação de Direitos*. Assim é denominado, por exemplo, na Alemanha, onde se utiliza para o mesmo efeito o termo *Rechtsvergleichung*. Na verdade, não se trata de um ramo da ordem jurídica, mas antes de uma *disciplina científica*: um conjunto de conhecimentos relativos a certo objeto, obtidos segundo determinado método ou métodos. Esse objeto é, no caso vertente, o próprio Direito na sua variedade de manifestações; e o método utili-

---

[1] A natureza cultural do Direito é reconhecida no pensamento jurídico moderno desde, pelo menos, Savigny: cfr., deste autor, *System des heutigen Römischen Rechts*, vol. I, Berlim, 1840, pp. 13 ss. e 34 ss. Sobre o tema, *vide* ainda, na literatura contemporânea, Helmut Coing, *Grundzüge der Rechtsphilosophie*, 5ª ed., Berlim/Nova Iorque, 1993, pp. 131 ss.; Peter Häberle, *Verfassungslehre als Kulturwissenschaft*, 2ª ed., Berlim, 1998, pp. 83 ss. (na tradução castelhana, por Emilio Mikunda, com o título *Teoría de la Constitución como ciencia de la cultura*, Madrid, 2000, pp. 34 ss.); Miguel Reale, *Filosofia do Direito*, 20ª ed., São Paulo, 2002, pp. 217 ss. e 300 ss.; Roger Cotterrell, *Law, Culture and Society. Legal Ideas in the Mirror of Social Theory*, Aldershot, 2006; Lawrence Rosen, *Law as Culture. An Invitation*, Princeton, 2006; Castanheira Neves, «O problema da universalidade do Direito – ou o Direito hoje, na diferença e no encontro humano-dialogante das culturas», *in Digesta. Escritos acerca do Direito, do pensamento jurídico, a sua metodologia e outros*, vol. 3º, Coimbra, 2008, pp. 101 ss.; Spyridon Vrellis, «La loi et la culture», *Revue Hellénique de Droit International*, 2009, pp. 449 ss.; Peter Mankowski, «Rechtskultur», *JZ*, 2009, pp. 321 ss.; *idem*, *Rechtskultur*, Tubinga, 2016.

zado no estudo dele o que se baseia no confronto sistemático das suas diferentes expressões quanto a certo ou certos problemas concretos e na indagação dos fatores causais das semelhanças e diferenças assim detetadas.

Em Portugal, assim como noutros países, a designação Direito Comparado (em inglês, *Comparative Law*; em francês, *Droit Comparé*) encontra-se porém consagrada na literatura especializada e nos planos de estudos dos cursos de licenciatura em Direito; pelo que também nós a utilizaremos nesta obra.

§ 3º Modalidades da comparação jurídica

O estudo comparativo dos Direitos pode incidir sobre diferentes realidades e ser empreendido em diversas perspetivas[2].

Esse estudo pode, na verdade, propor-se determinar o modo pelo qual certo ou certos problemas jurídicos particulares – por exemplo a responsabilidade civil do produtor, a condição dos filhos nascidos fora do casamento ou a garantia contra defeitos na venda de bens de consumo – são resolvidos em diferentes ordenamentos jurídicos locais ou pessoais, mediante a indagação dos *tipos de soluções* neles acolhidos para esses problemas. Fala-se então de *microcomparação* ou *comparação institucional*.

Mas pode também a atividade comparativa visar realidades mais vastas, *maxime* os sistemas jurídicos de diferentes países tomados nos seus traços fundamentais. É a chamada *macrocomparação*. Esta compreende ainda a operação que consiste em agrupar esses sistemas jurídicos em *famílias, tradições* ou *culturas jurídicas*, em ordem a compreendê-los melhor, assim como a comparação dessas famílias, tradições e culturas entre si.

Estas duas modalidades de comparação jurídica – cumpre notá-lo – não se encontram no mesmo plano: as *funções heurísticas* desempenhadas pela nossa disciplina, que explicitaremos a seguir, são essencialmente levadas a cabo através da microcomparação. A macrocomparação é, como demonstraremos, instrumental relativamente a esta, fornecendo a base sobre a qual ela há de processar-se. Assim, por exemplo, a fim de se determinar o regime jurídico da responsabilidade do produtor vigente em França importa ter presente o valor da jurisprudência como fonte de Direito nesse país; para se atuarem as regras norte-americanas sobre a responsabilidade civil por danos causados em acidentes de viação não se pode ignorar o papel desempenhado pelo júri nos Estados Unidos; e se se quiserem conhecer os deveres de conduta que na Alemanha fluem do princípio da boa-

---

[2] Cfr., sobre o que se segue, Léontin-Jean Constantinesco, *Traité de droit comparé*, t. III, *La science des droits comparés*, Paris, 1983, pp. 85 ss.; Max Rheinstein, *Einführung in die Rechtsvergleichung*, 2ª ed., Munique, 1987, pp. 31 ss.; e Konrad Zweigert/Hein Kötz, *Einführung in die Rechtsvergleichung*, 3ª ed., Tubinga, 1996, pp. 4 s. (na tradução inglesa, por Tony Weir, com o título *An Introduction to Comparative Law*, 3ª ed., Oxford, 1998, pp. 4 s.).

-fé em matéria contratual será imprescindível ter em conta o método observado pelos tribunais desse país na resolução dos casos singulares.

§ 4º Principais funções do Direito Comparado

São várias, e muito relevantes, as funções desempenhadas pelo Direito Comparado[3]. Podemos agrupá-las em duas categorias fundamentais, que denominaremos respetivamente *funções epistemológicas* e *funções heurísticas*. Examinemo-las sucintamente.

I – O conhecimento, nos seus traços fundamentais, dos grandes sistemas jurídicos contemporâneos e das diferentes soluções neles acolhidas para os problemas suscitados pela convivência humana é imprescindível à compreensão do lugar que o Direito nacional ocupa entre os diferentes sistemas jurídicos e à assimilação dos seus elementos mais profundos e constantes, que a comparação jurídica coloca em evidência: a nenhum jurista é possível entender cabalmente o

---

[3] Ver, sobre o ponto, além das obras gerais que referiremos adiante, no § 10º, os seguintes estudos: Ernst Zitelmann, «Aufgaben und Bedeutung der Rechtsvergleichung», *Deutsche Juristen-Zeitung*, 1900, pp. 329 ss. (reproduzido *in* Konrad Zweigert/Hans-Jürgen Puttfarken, *Rechtsvergleichung*, Darmstadt, 1978, pp. 11 ss.); Pierre Lepaulle, «The function of comparative law», *Harvard L.R.*, 1921, pp. 838 ss. (reproduzido *in* Zweigert/Puttfarken, ob. cit., pp. 63 ss.); Harold C. Gutteridge, «La valeur du droit comparé», *in* AAVV, *Introduction à l'étude du droit comparé. Recueil d'*Études en l'honneur d'Édouard Lambert, vol. II, Paris, 1938, pp. 581 ss.; Ferdinand Stone, «The End to be served by Comparative Law», *Tul.L.R.*, 1950/51, pp. 325 ss.; Otto Kahn-Freund, «Comparative Law as an Academic Subject», *LQR*, 1966, pp. 40 ss.; Otto Sandrock, Über Sinn und Methode zivilisticher Rechtsvergleichung, Frankfurt a.M./Berlin, 1966; Ernst Rabel, «Aufgabe und Notwendigkeit der Rechtsvergleichung», *in eiusdem, Gesammelte Aufsätze*, vol. III, Tubinga, 1967, pp. 1 ss. (reproduzido *in* Zweigert/Puttfarken, ob. cit., pp. 85 ss.); George Winterton, «Comparative Law Teaching», *AJCL*, 1975, pp. 69 ss. (especialmente pp. 97 ss.); Hugh J. Ault/Mary Ann Glendon, «The Importance of Comparative Law in Legal Education: United States Goals and Methods of Legal Comparison», *Journal of Legal Education*, 1975, pp. 599 ss.; Rodolfo Sacco, *La comparaison juridique au service de la connaissance du droit*, Paris, 1991; Basil S. Markesinis, «The Destructive and Constructive Role of the Comparative Lawyer», *RabelsZ*, 1993, pp. 438 ss.; Hein Kötz, «Comparative Law in Germany Today», *RIDC*, 1999, pp. 753 ss. (pp. 761 ss.); *idem*, «Alte und neue Aufgaben der Rechtsvergleichung», *JZ*, 2002, pp. 257 ss.; Karl-Peter Sommermann, «A Importância da comparação jurídica para a evolução do Direito Público na Europa», *SI*, 2004, pp. 455 ss.; Marie-Claire Ponthoreau, «Le droit comparé en question(s). Entre pragmatisme et outil épistémologique», *RIDC*, 2005, pp. 7 ss.; Jan M. Smits, «Comparative Law and its Influence on National Legal Systems», *in* Mathias Reimann/Reinhard Zimmermann (orgs.), *The Oxford Handbook of Comparative Law*, Oxford, 2006, pp. 513 ss.; H. Patrick Glenn, «The Aims of comparative law», *in* Jan M. Smits (org.), *Elgar Encyclopedia of Comparative Law*, 2ª ed., Cheltenham, Reino Unido/Northampton, Estados Unidos, 2012, pp. 65 ss.; e Jürgen Basedow, «Hundert Jahre Rechtsvergleichung. Von wissenschaftlicher Erkenntnisquelle zur obligatorischen Methode der Rechtsanwendung», *JZ*, 2016, pp. 269 ss.

sistema jurídico em que é versado sem tomar consciência daquilo que, nos seus traços fundamentais, o distingue dos demais.

Este ramo da ciência jurídica possibilita, por outro lado, uma melhor compreensão de muitos institutos jurídicos, dada a *perspetiva funcional* em que, como veremos a seguir, obriga a examiná-los[4].

O Direito Comparado constitui, além disso, um fator de enriquecimento cultural do jurista e de reforço do espírito crítico que dele se requer.

Eis aqui, em suma, a primeira categoria de funções desempenhadas pela nossa disciplina: as *funções epistemológicas*.

II – Mas o Direito Comparado auxilia também o jurista na descoberta de soluções para os problemas postos pela regulação da convivência social[5]. Daqui as suas *funções heurísticas*.

Assim, o Direito Comparado é desde logo imprescindível à determinação do sentido e alcance das normas e institutos de Direito nacional, sempre que estes reflitam princípios igualmente consagrados no Direito de outro ou outros países ou que hajam sido recebidos deles: o Direito Comparado é, nesta medida, um *elemento interpretativo* da lei[6].

Por outro lado, o Direito Comparado, na medida em que favorece a denominada *circulação dos modelos jurídicos*[7], é o esteio do *desenvolvimento jurispruden-*

---

[4] Não falta mesmo quem, na doutrina especializada, sustente que a função social das regras e institutos jurídicos dificilmente pode ser reconhecida e nunca pode ser criticamente avaliada sem recurso à comparação de Direitos: cfr., neste sentido, Max Rheinstein, «Teaching Comparative Law», *U. Chi. L. Rev.*, 1937/1938, pp. 615 ss. (p. 622).

[5] «O Direito Comparado», escreveu Yeshwant Chandrachud, *Chief Justice of India* entre 1978 e 1985, «não é um mero adorno superficial, para ser estudado unicamente a fim de satisfazer as aspirações intelectuais ou a curiosidade de cada um. Ele possui grande utilidade prática. Para além dos aspetos culturais, estéticos, sociológicos e filosóficos, o Direito Comparado tornou-se numa ferramenta indispensável ao advogado, ao juiz e ao legislador criterioso. O estudo do Direito Comparado é vital ao entendimento da relação entre o Direito e a sociedade. Facilita também grandemente uma melhor compreensão do nosso próprio sistema jurídico e ajuda a avaliar as nossas normas» (cfr. *Glimpses of Family Laws of Goa, Daman and Diu*, Margão, Goa, 1982, p. 1).

[6] Esta orientação obteve acolhimento na Constituição sul-africana de 1996, cujo art. 39, nº 1, alínea c), estabelece que os tribunais podem tomar em consideração o Direito estrangeiro na interpretação das disposições sobre direitos fundamentais. Cfr. Joan Church/Christian Schulze/Hennie Strydom, *Human Rights from a Comparative and International Law Perspective*, Pretória, 2007. *Vide* ainda, sobre o tema, o estudo de Konrad Zweigert, «Rechtsvergleichung als universale Interpretationsmethode», *RabelsZ*, 1949, pp. 5 ss.; e Peter Häberle, *Verfassungslehre als Kulturwissenschaft*, pp. 312 ss. (para quem a comparação jurídica constituiria o *quinto método* de interpretação da lei, a par do gramatical, do sistemático, do teleológico e do histórico).

[7] Sobre a qual pode ver-se Eric Agostini, «La circulation des modèles juridiques», *RIDC*, 1990, pp. 461 ss.

cial do Direito nacional[8]: na busca de soluções para os problemas novos que a vida em sociedade constantemente suscita, os tribunais apelam muitas vezes à lição de outros sistemas jurídicos, extraindo deles orientações relevantes quanto ao modo ou aos modos possíveis de resolvê-los. É o que sucede há muito em Portugal[9]. Assim, por exemplo, quando o Supremo Tribunal de Justiça procura concretizar a cláusula geral da boa fé na formação e na execução dos contratos, não hesita em referir-se a experiências jurídicas estrangeiras, mormente a dos países que mais diretamente influenciaram os preceitos do Direito nacional sobre a matéria[10]. Mas não só em Portugal: mesmo num país cuja jurisprudência é tradicionalmente muito mais relutante do que a nossa em recorrer ao Direito Com-

---

[8] Cfr., sobre o tema, Gert Reinhart, «Rechtsvergleichung und richterliche Rechtsfortbildung auf dem Gebiet des Privatrechts», *in* AAVV, *Richterliche Rechtsfortbildung. Erscheinungsformen, Auftrag und Grenzen. Festschrift der Juristischen Fakultät zur 600-Jahr-Feier der Ruprecht-Karl Universität Heidelberg*, Heidelberga, 1986, pp. 599 ss.; T. Koopmans, «Comparative Law and the Courts», *ICLQ*, 1996, pp. 545 ss.; Guy Canivet, «The Use of Comparative Law Before the French Private Law Courts», *in* Guy Canivet/Mads Andenas/Duncan Fairgrieve (orgs.), *Comparative Law Before the Courts*, Londres, 2004, pp. 181 ss.; *idem*, «La pratique du droit comparé par les cours suprêmes. Brèves réflexions sur le dialogue des juges dans les expériences française et européenne: en commentaire de l'article de Sir Basil Markesinis et Jörg Fedtke *Le juge en tant que comparatiste*», *Tul.L.R.*, 2006, pp. 221 ss.; Basil Markesinis/Jörg Fedtke, «The Judge as Comparatist», *Tul.L.R.*, 2005, pp. 11 ss.; e Esin Örücü «Comparative Law in Practice: The Courts and the Legislator», *in* Esin Örücü/David Nelken (orgs.), *Comparative Law. A Handbook*, Oxford/Portland, Oregon, 2007, pp. 411 ss.

[9] Neste sentido se orientava já a *Lei da Boa Razão*, de 18 de agosto de 1769, ao dispor: «*Mando pela outra parte, que aquela boa razão, que o sobredito Preâmbulo determinou, que fosse na praxe de julgar subsidiaria, não possa nunca ser a da autoridade extrínseca destes, ou daqueles Textos do Direito Civil, ou Abstractos, ou ainda com a concordância de outros; mas sim, e somente: Ou aquela boa razão, que consiste nos primitivos princípios, que contém verdades essenciais, intrínsecas, e inalteráveis, que a Ética dos mesmos Romanos havia estabelecido, e que os Direitos Divino, e Natural, formalizaram para servirem as Regras Moraes, e Civis, entre o Cristianismo: Ou aquela boa razão, que se funda nas outras Regras, que de universal consentimento estabeleceu o Direito das Gentes para a direcção, e governo de todas as Nações civilizadas: Ou aquela boa razão, que se estabelece nas Leis Políticas, Económicas, Mercantis, e Marítimas, que as mesmas Nações Cristãs tem promulgado com manifestas utilidades, do socego público, do estabelecimento da reputação, e do aumento dos cabedais dos Povos, que com as disciplinas destas sábias, e proveitosas Leis vivem felizes à sombra dos tronos, e debaixo dos auspícios dos seus respectivos Monarcas, Príncipes Soberanos: Sendo muito mais racionável, e muito mais coerente, que nestas interessantes matérias se recorra antes em casos de necessidade ao subsídio próximo das sobreditas Leis das Nações Cristãs, iluminadas, e polidas, que com elas estão resplandecendo na boa, depurada, e sã Jurisprudência; em muitas outras erudições úteis, e necessárias*».

[10] Vejam-se, entre outros, os acórdãos daquele Tribunal de 24 de outubro de 1995, no *BMJ* 450 (1995), pp. 443 ss., e de 14 de janeiro de 1997, na *CJSTJ*, ano V, tomo I, pp. 42 ss. Sobre o recurso a precedentes estrangeiros pelo Tribunal Constitucional português, veja-se Rui Manuel Moura Ramos, «Le recours aux précedents étrangers par le juge constitutionnel», *BFDUC*, 2014, pp. 31 ss. Acerca do apelo ao Direito Comparado pelos tribunais macaenses, veja-se Salvatore Mancuso, «The Use of Comparative Law in the Judiciary in Macao», *in* Tong Io Cheng/Salvatore Mancuso (orgs.), *New Frontiers of Comparative Law*, Hong Kong, 2013, pp. 141 ss.

parado, como é o caso dos Estados Unidos da América, a experiência jurídica estrangeira não tem deixado, ultimamente, de ser tida em conta em importantes arestos do Supremo Tribunal[11].

Não menos significativo é o papel desempenhado pelo Direito Comparado na *reforma legislativa*, a qual é muitas vezes precedida de estudos comparativos acerca dos regimes consignados noutros ordenamentos jurídicos quanto às matérias que tem por objeto[12]. Foi, por exemplo, o que sucedeu em Portugal aquando da elaboração do Código Civil de 1966, como o atestam os trabalhos preparatórios dos respetivos anteprojetos[13].

O Direito Comparado releva igualmente na coordenação dos sistemas jurídicos nacionais, tendo em vista a regulação das situações privadas internacionais.

Essa coordenação é feita designadamente através dos mecanismos próprios do chamado Direito Internacional Privado[14]. Este desincumbe-se da sua missão

[11] Cfr., por exemplo, a decisão proferida em 2005 no caso *Roper v. Simmons*, 543 U.S. 551, em que aquele Tribunal julgou (por 5 votos contra 4) que a VIII e a XIV Emendas à Constituição proíbem a imposição da pena de morte a menores de 18 anos, sob a invocação, entre outros argumentos, de que a maioria dos demais países abolira a pena capital em tais casos.

[12] Ver, sobre o ponto, David Duarte/Alexandre Sousa Pinheiro/Miguel Lopes Romão/Tiago Duarte, *Legística. Perspectivas sobre a concepção e redação de actos normativos*, Coimbra, 2002, pp. 44 e 73 ss.

[13] Pode consultar-se o elenco desses trabalhos na obra *Código Civil português. Exposição documental*, Lisboa, Ministério da Justiça, 1966, pp. 58 ss. Sobre a relevância do Direito Comparado nas reformas recentemente introduzidas no Direito português, *vide* Moura Vicente, «Legal Reforms in the Context of the Financial Crisis: the Case of Portugal», *in* Mauro Bussani/Lukas Heckendorn Urscheler (orgs.), *Comparisons in Legal development. The Impact of Foreign and International Law on National Legal Systems*, Zurique, 2016, pp. 133 ss.

[14] Sobre as relações entre o Direito Comparado e o Direito Internacional Privado, vejam-se, além das obras gerais indicadas no § 10º: Henri Batiffol, «Les apports du droit comparé au droit international privé», *in eiusdem, Choix d'articles rassemblés par ses amis*, Paris, 1976, pp. 113 ss.; Arthur T. von Mehren, «L'apport du droit comparé à la théorie et pratique du droit international privé», *RIDC*, 1977, pp. 493 ss.; Th. M. de Boer, «The Missing Link. Some thoughts on the relationship between private international law and comparative law», *in* Katharina Boele-Woelki e outros (orgs.), *Comparability and Evaluation. Essays on Comparative Law, Private International Law and International Commercial Arbitration in Honour of Dimitra Kokkini-Iatridou*, Haia, 1994, pp. 15 ss.; Erik Jayme, «Identité culturelle et intégration: le droit international privé postmoderne. Cours général de droit international privé», *Rec. cours*, t. 251 (1995), pp. 9 ss. (pp. 105 ss.); António Ferrer Correia, *Lições de Direito Internacional Privado*, vol. I, Coimbra, 2000, pp. 51 ss.; Christian von Bar/Peter Mankowski, *Internationales Privatrecht*, vol. I, 2ª ed., Munique, 2003, pp. 93 ss.; Mathias Reimann, «Comparative Law and Private International Law», *in* Mathias Reimann/Reinhard Zimmermann (orgs.), *The Oxford Handbook of Comparative Law*, Oxford, 2006, pp. 1363 ss.; *idem*, «Comparative law and neighbouring disciplines», in Mauro Bussani/Ugo Mattei (orgs.), *The Cambridge Companion to Comparative Law*, Cambridge, 2012, pp. 13 ss.; Horatia Muir Watt, «Private International Law», *in* Jan M. Smits (org.), *Elgar Encyclopedia of Comparative Law*, Cheltenham, Reino Unido/Northampton, Estados Unidos, 2006, pp. 566 ss.; Diego Fernández Arroyo, «Private International Law and Comparative Law: A Relationship Challenged by International and Supranational Law», *YPIL*,

estabelecendo para cada categoria de situações ou questões jurídicas um elemento de conexão, que designa a lei aplicável[15]. Daqui resulta não raro a necessidade de conhecer, interpretar e aplicar normas de Direito estrangeiro a essas situações e questões jurídicas; o jurista é pois obrigado a transpor as fronteiras do Direito nacional em que é versado. Refere-se àquelas operações o artigo 23º do Código Civil português, que manda interpretar a lei estrangeira «dentro do sistema a que pertence e de acordo com as regras interpretativas nele fixadas». Essa interpretação, assim como a própria aplicação da lei estrangeira com vista à resolução de questões privadas internacionais, hão de pois de fazer-se tomando em consideração as fontes, a organização judiciária, o sistema de controlo da constitucionalidade, os modos de descoberta do Direito aplicável, etc., das ordens jurídicas em apreço. É o Direito Comparado que faculta ao jurista estes elementos[16].

Pode assim dizer-se que a disciplina jurídica das situações privadas internacionais é tributária da comparação de Direitos. Disto mesmo dá testemunho o disposto no artigo 15º do Código Civil português. Segundo este preceito, «a competência atribuída a uma lei abrange somente as normas que, pelo seu conteúdo e pela função que têm nessa lei, integram o regime do instituto visado na regra de conflitos». É o sistema que denominamos de *referência seletiva* à lei competente[17]. Dele nasce o problema dito da *qualificação* no Direito Internacional Privado. Esta consiste, no essencial, em aferir se existe correspondência funcional entre as normas ou institutos da lei designada pela regra de conflitos e os que são visados através do conceito-quadro que delimita o âmbito desta regra. A sua relevância prática deriva de os mesmos problemas sociais serem frequentemente resolvidos nos diversos sistemas jurídicos por meios técnicos diferentes. Ora bem: é o Direito Comparado que permite apurar se e em que medida instituições jurídicas que desempenham em ordenamentos jurídicos distintos funções sociais análogas ou equivalentes são reconduzíveis às mesmas regras de conflitos de leis no espaço.

2009, pp. 31 ss.; Maria Helena Brito, «A utilização do método comparativo em Direito Internacional Privado. Em especial, o problema da qualificação», in AAVV, *Estudos em homenagem ao Professor Doutor Carlos Ferreira de Almeida*, Coimbra, 2011, vol. I, pp. 103 ss.; Giesela Rühl, «Rechtsvergleichung und europäisches Kollisionsrecht: Die vergessene Dimension», in Reinhard Zimmermann (org.), *Zukunftsperspektive der Rechtsvergleichung*, Tubinga, 2016, pp. 103 ss.; e Ralf Michaels, «Comparative law and private international law», in Jürgen Basedow/Giesela Rühl/Franco Ferrari/Pedro de Miguel Asensio, *Encyclopedia of Private International Law*, Cheltenham, 2017, vol. I, pp. 417 ss.

[15] Sobre o método do Direito Internacional Privado podem ver-se o nosso estudo «Método jurídico e Direito Internacional Privado», in *Direito Internacional Privado. Ensaios*, vol. II, Coimbra, 2005, pp. 7 ss., e os demais autores e obras aí referenciados.

[16] Ver sobre o tema, por último, Carlos Esplugues/José Luís Iglesias/Guillermo Palao (orgs.), *Application of Foreign Law*, Munique, 2011.

[17] Sobre o ponto, veja-se o nosso *Da responsabilidade pré-contratual em Direito Internacional Privado*, Coimbra, 2001, pp. 381 ss.

INTRODUÇÃO

O Direito Comparado é ainda imprescindível à determinação da *lei mais favorável* a certa categoria de sujeitos (*v.g.* a parte mais fraca na relação jurídica), que algumas regras de conflitos de leis no espaço mandam aplicar tendo em vista protegê-los. É o que fazem, por exemplo, os artigos 6º, nº 2, e 8º, nº 1, do Regulamento (CE) nº 593/2008 do Parlamento Europeu e do Conselho, de 17 de junho de 2008, sobre a lei aplicável às obrigações contratuais[18], relativos, respetivamente, aos contratos celebrados por consumidores e ao contrato individual de trabalho. Deles resulta a necessidade de proceder, previamente à determinação da lei aplicável, ao que já foi designado na doutrina alemã por *Günstigkeitvergleich*: a comparação do *grau de favorecimento* reservado a certa categoria de sujeitos da relação jurídica *sub judice* nas leis com ela conexas.

Há por vezes que reconhecer efeitos no Estado do foro a um direito subjetivo pertencente a certa categoria que é desconhecida da ordem jurídica local. Levanta-se então o problema de saber como «traduzir» esse direito subjetivo para os quadros conceituais próprios do ordenamento jurídico do foro: é o problema dito da *transposição* em Direito Internacional Privado. Na realização desta operação, que obedece igualmente a um critério de equivalência funcional, a comparação de Direitos desempenha um papel fundamental[19].

Também na modelação pelos interessados do regime jurídico aplicável às situações privadas internacionais se manifesta a importância do Direito Comparado. É o que sucede, por exemplo, no tocante aos contratos internacionais: a escolha pelas partes da lei que lhes é aplicável, consentida nomeadamente pelos artigos 41º do Código Civil e 3º do Regulamento de Roma I, assim como a própria estipulação das suas cláusulas, pressupõem muitas vezes o confronto das soluções oferecidas pelas diferentes leis em presença – o mesmo podendo dizer-se da eleição da lei sob a égide da qual há de constituir-se uma sociedade comercial ou em conformidade com a qual será registado um navio ou uma aeronave.

---

[18] «Regulamento de Roma I», publicado no *JOUE* nº L177, de 4 de julho de 2008, pp. 6 ss. Ver, sobre este ato da União Europeia, Franco Ferrari/Stefan Leible (orgs.), *Rome I Regulation. The Law Applicable to Contractual Obligations in Europe*, Munique, 2009; Franco Ferrari (org.), *Rome I Regulation. Pocket Commentary*, Munique, 2013; Rui de Moura Ramos, *Estudos de Direito Internacional Privado da União Europeia*, Coimbra, 2016, pp. 73 ss.; e Francisco Garcimartín Alférez, «Rome Convention and Rome I Regulation (contractual obligations)», *in* Jürgen Basedow/Giesela Rühl/Franco Ferrari/Pedro de Miguel Asensio, *Encyclopedia of Private International Law*, Cheltenham, 2017, vol. II, pp. 1553 ss.

[19] Veja-se, a título de exemplo, o acórdão de 11 de março de 1991 do Tribunal Federal alemão, *IPRax*, 1993, pp. 176 e ss. (com anotação de Karl Kreuzer, *in ibidem*, pp. 157 ss.), em que aquele Tribunal considerou equivalente à *ipoteca automobilistica* italiana a «propriedade fiduciária para efeitos de garantia» (*Sicherungseigentum*), a qual preencheria na ordem jurídica alemã as finalidades que presidem àquele instituto.

Possibilitar a descoberta de *princípios comuns* aos diferentes sistemas jurídicos nacionais é outra função de relevo da nossa disciplina, designadamente no quadro da aludida coordenação desses sistemas jurídicos[20]. Dela se acham hoje expressamente incumbidos, por força de disposições constantes de convenções internacionais, certos tribunais supra- e internacionais.

Entre esses tribunais sobressai o Tribunal Internacional de Justiça, que, nos termos do art. 38º, nº 1, alínea *c*), do seu Estatuto[21] aplica como fonte de Direito Internacional os «princípios gerais de direito, reconhecidos pelas nações civilizadas»[22].

Outro tanto pode dizer-se do Tribunal de Justiça da União Europeia[23]. Este é competente, nos termos do art. 268º do Tratado Sobre o Funcionamento da União Europeia, para conhecer dos litígios relativos à reparação de danos causados pelas instituições da União ou pelos seus agentes no exercício das respetivas funções. Ora, por força do disposto no art. 340º, segundo parágrafo, do mesmo Tratado, a União deve indemnizar esses danos de acordo com os «princípios gerais comuns aos direitos dos Estados-Membros»[24]. Igualmente significativa é a competência conferida ao Tribunal de Justiça pelo art. 267º do Tratado a fim de decidir, a título prejudicial, sobre a interpretação dos atos adotados pelas ins-

---

[20] Sobre o tema, veja-se, em especial, Josef Esser, *Grundsatz und Norm in der richterlichen Fortbildung des Privatrechts. Rechtsvergleichende Beiträge zur Rechtsquelle- und Interpretationslehre*, 4ª ed., Tubinga, 1990, pp. 28 ss. (existe tradução castelhana, por Eduardo Valente Fiol, com o título *Principio y norma en la elaboración jurisprudencial del derecho privado*, Barcelona, s.d.).

[21] Publicado em anexo ao Aviso nº 66/91 do Ministério dos Negócios Estrangeiros, in *D.R.*, I série-A, nº 117, de 22 de maio de 1991, pp. 2746 ss.

[22] Ver, sobre esse preceito, Lord McNair, «The General Principles of Law Recognized by Civilized Nations», *BYIL*, 1957, pp. 1 ss.; Alfred Verdross, «Les principes généraux de droit dans le système des sources de droit international public», in *Recueil d'études de droit international en hommage à Paul Guggenheim*, Genebra, 1968, pp. 521 ss.; André Gonçalves Pereira/Fausto de Quadros, *Manual de Direito Internacional Público*, 3ª ed., Coimbra, 1993, pp. 257 ss.; Ian Brownlie, *Princípios de Direito Internacional Público* (tradução portuguesa de Maria Manuela Farrajota/Maria João Santos/Victor Stockinger/Patrícia Galvão Teles), Lisboa, 1997, pp. 27 ss.; e Nguyen Quoc Dinh/Patrick Dailler/Alain Pellet, *Direito Internacional Público* (tradução portuguesa de Vítor Marques Coelho), Lisboa, 1999, pp. 315 ss.

[23] Ver Pierre Pescatore, «Le recours, dans la jurisprudence de la Cour de Justice des Communautés Européennes, à des normes déduites de la comparaison des droits de États membres», *RIDC*, 1980, pp. 337 ss.; François R. van der Mensbrugghe (org.), *L'utilisation de la méthode comparative en droit européen*, Namur, 2003; e Andreas Schwartze, «Die Rechtsvergleichung», in Karl Riesenhuber (org.), *Europäische Methodenlehre. Grundfragen der Methoden des Europäischen Privatrechts*, Berlim, 2006, pp. 5 ss.

[24] Sobre a determinação desses princípios vejam-se, entre outros, os acórdãos do Tribunal de Justiça de 25 de maio de 1978, *Bayerische HNL e outros contra Conselho e Comissão das Comunidades Europeias*, *CJTJ*, 1978, pp. 1209 ss., e de 4 de outubro de 1979, *P. Dumortier Frères S.A. e outros contra Conselho das Comunidades Europeias*, *CJTJ*, 1979, pp. 3091 ss.

tituições, órgãos ou organismos da União. Ao abrigo desse preceito (bem como do art. 234º do Tratado da Comunidade Europeia que o precedeu), o Tribunal tem sido frequentemente chamado a definir conceitos e a construir soluções na base da comparação dos Direitos nacionais. Assim tem sucedido, *v.g.*, em matéria de competência judiciária, de reconhecimento e de execução de decisões judiciais, porquanto no entender do Tribunal só por apelo à comparação de Direitos se assegura uma interpretação autónoma dos conceitos visados nas disposições do Regulamento (UE) nº 1215/2012 do Parlamento Europeu e do Conselho, de 12 de dezembro de 2012[25], que disciplina aquela matéria; o que é indispensável a fim de garantir a sua aplicação uniforme e a igualdade de tratamento dos nacionais dos respetivos Estados membros.

Não menos relevante é a comparação dos Direitos dos Estados membros da Convenção Europeia dos Direitos do Homem[26] levada a cabo pelo Tribunal Europeu dos Direitos do Homem na interpretação e no desenvolvimento das regras constantes desse instrumento internacional.

Um tanto diversa é a posição do Tribunal Penal Internacional, cujo Estatuto[27] estabelece, no art. 21º, nº 1, alínea *c*), que, na falta de princípios e normas de Direito Internacional, o Tribunal aplicará «os princípios gerais do direito que [...] retire do direito interno dos diferentes sistemas jurídicos existentes, incluindo, se for o caso, o direito interno dos Estados que exerceriam normalmente a sua jurisdição relativamente ao crime», ficando todavia a aplicabilidade desses princípios subordinada à condição de os mesmos não serem «incompatíveis com o presente Estatuto, com o direito internacional nem com as normas e padrões internacionalmente reconhecidos».

Por fim, recorde-se a este propósito que os tribunais arbitrais adotam, não raro, como critério de decisão do mérito da causa em situações internacionais os princípios comuns aos sistemas jurídicos em presença[28] ou os princípios gerais de Direito[29]. Também para este efeito há que proceder à comparação de Direitos nacionais[30].

---

[25] «Regulamento de Bruxelas I (reformulado)», publicado no *JOUE*, nº L 351, de 20 de dezembro de 2012, pp. 1 ss.
[26] Concluída em Roma em 4 de novembro de 1950. Em Portugal, a Convenção foi aprovada para ratificação pela Lei nº 65/78, de 13 de outubro.
[27] Ratificado pelo Decreto do Presidente da República nº 2/2002, de 18 de janeiro.
[28] Assim, por exemplo, o contrato de empreitada relativo à construção do túnel sob o Canal da Mancha submetia os litígios dele emergentes ao Regulamento de Arbitragem da Câmara de Comércio Internacional; e mandava aplicar às questões atinentes à sua interpretação, validade e execução os princípios comuns aos Direitos inglês e francês: cfr. *Channel Group v. Balfour Beatty Ltd.*, [1993] A.C. 334.
[29] Foi o que sucedeu, *v.g.*, nas arbitragens relativas às nacionalizações, nos anos 70, das concessões de exploração petrolífera líbias: cfr. as sentenças arbitrais de 10 de outubro de 1973, caso *British*

A comparação de Direitos é, além disso, indispensável à harmonização e à unificação dos Direitos nacionais[31], a que se vem procedendo há vários anos sob a égide de certas organizações supra- e internacionais, como a União Europeia, a Comunidade Andina, a Organização para a Harmonização do Direito dos Negócios em África (OHADA) e a Comissão das Nações Unidas para o Direito Comercial Internacional (CNUDCI)[32]: a adoção de instrumentos de Direito uniforme ou de atos de Direito Comunitário tendentes à harmonização dos sistemas jurídicos nacionais tem, com efeito, sido amiúde precedida de estudos comparativos[33].

Certos trabalhos levados a cabo nas últimas décadas na base de tais estudos têm, por outro lado, procurado identificar um «núcleo comum» (*common core*) dos sistemas jurídicos nacionais[34] ou as melhores soluções dentre as que estes consagram, não raro desenvolvendo a partir delas novas regras.

Desses trabalhos resultaram, nomeadamente, os *Princípios Relativos aos Contratos Comerciais Internacionais*, publicados pelo Instituto Internacional para a Unificação do Direito Privado (UNIDROIT)[35]; os *Princípios de Direito Europeu dos Contratos*, elaborados entre 1995 e 2003 pela Comissão de Direito Europeu

---

Petroleum Company (Libya), Ltd., v. The Government of the Libyan Arab Republic, in YCA, 1980, pp. 143 ss., e *in Rev. arb.*, 1980, pp. 117 ss.; de 19 de janeiro de 1977, caso *Texaco Overseas Petroleum Company, California Asiatic Oil Company c. Gouvernement de République arabe libyenne, in Clunet*, 1977, pp. 319 ss., e *in YCA*, 1979, pp. 177 ss.; e de 12 de abril de 1977, caso *Libyan American Oil Company (Liamco) v. The Government of the Libyan Arab Republic*, in *Rev. arb.*, 1980, pp. 132 ss.

[30] Ver, sobre o tema, Wilhelm Wengler, «Allgemeine Rechtsgrundsätze als wählbares Geschäftsstatut», *ZfRV*, 1982, pp. 11 ss.; Georges Delaume, «Comparative Analysis as a Basis of Law in State Contracts: The Myth of the Lex Mercatoria», *Tulane L.R.*, vol. 63 (1988-1989), pp. 575 ss.; Mauro Rubino-Sammartano, «The Channel Tunnel and the Tronc Commun Doctrine», *J. Int. Arb.*, 1993, pp. 59 ss.; e Emmanuel Gaillard, «Du bon usage du droit comparé dans l'arbitrage international», *Rev. arb.*, 2005, pp. 375 ss. Sobre os tribunais arbitrais, ver *infra*, §§ 19º, alínea *c*), 27º, alínea *c*), 34º, alínea *h*), 44º, alínea *c*), 50º, alínea *d*), e 57º.

[31] Sobre este tema, veja-se ainda o que dizemos *infra*, no § 82º, e os instrumentos normativos aí mencionados.

[32] Cfr. Reinhard Zimmermann, «Comparative Law and the Europeanization of Private Law», *in* Mathias Reimann/Reinhard Zimmermann (orgs.), *The Oxford Handbook of Comparative Law*, Oxford, 2006, pp. 539 ss.; *idem*, *Die Europäisierung des Privatrechts und die Rechtsvergleichung*, Berlim, 2006.

[33] De que é exemplo a influente obra de Ernst Rabel *Das Recht des Warenkaufs. Eine rechtsvergleichende Darstellung*, 2 vols., Berlim/Leipzig/Tubinga, 1936/58.

[34] Cfr. Rudolf Schlesinger, «The Common Core of Legal Systems: an Emerging Subject of Comparative Study», *in* K. Nadelmann/A. Von Mehren/J. Hazard (orgs.), *XXth Century Comparative and Conflicts Law. Legal Essays in Honor of Hessel E. Yntema*, Leida, 1961, pp. 65 ss.; Mauro Bussani/ Ugo Mattei (orgs.), *The Common Core of European Private Law. Essays on the Project*, Haia/Londres/ Nova Iorque, 2002; Ugo A. Mattei/Teemu Ruskola/Antonio Gidi, *Schlesinger's Comparative Law*, 7ª ed., Nova Iorque, 2009, pp. 95 ss.

[35] Cfr. International Institute for the Unification of Private Law, *Unidroit Principles of International Commercial Contracts*, 4ª edição, Roma, 2016 (disponível em http://www.unidroit.org).

dos Contratos[36]; os *Princípios de Direito Europeu dos Trusts,* da responsabilidade de um grupo de peritos constituído sob a égide da Universidade de Nijmegen[37]; os *Princípios de Direito Europeu da Família relativos ao Divórcio e aos Alimentos entre Ex-Cônjuges*[38] e os *Princípios de Direito Europeu da Família Relativos às Responsabilidades Parentais*[39], ambos emanados da Comissão de Direito Europeu da Família; os *Princípios de Direito Europeu da Responsabilidade Civil,* divulgados em 2005 pelo Grupo Europeu de Direito da Responsabilidade Civil[40]. Na mesma linha fundamental de orientação se inserem o projeto de um *Quadro Comum de Referência* («Common Frame of Reference») em matéria de Direito Privado Europeu, publicado em 2008[41], e os *Princípios de Direito Europeu dos Contratos de Seguro,* publicados em 2009[42].

Estes textos não constituem, é certo, fontes de Direito. Não obstante isso, é muito relevante o papel que podem assumir na disciplina jurídica das situações plurilocalizadas, pois é admissível, dentro de certos limites, que as partes os incorporem, por remissão, em contratos por si celebrados, como fontes da disciplina a observar na sua execução, ou que as mesmas para eles remetam como critérios de resolução de litígios.

III – Importa notar que a comparação jurídica não serve apenas para detetar as soluções comuns aos Direitos nacionais (ou as melhores soluções quando estes divirjam entre si), como supunha a doutrina universalista do Direito Comparado no início do século XX[43]. Ela pode também propor-se determinar quais os limites a que se subordinam tanto a harmonização como a unificação desses Direitos, em particular os que resultam da circunstância de as diferenças entre

---

[36] Cfr. Ole Lando e outros (orgs.), *Principles of European Contract Law. Parts I and II Combined and Revised,* Haia/Londres/Boston, 2000; *Part III,* Haia/Londres/Nova Iorque, 2003.

[37] Cfr. D. J. Hayton e outros (orgs.), *Principles of European Trust Law,* Haia, 1999.

[38] Cfr. Katharina Boele-Woelki e outros (orgs.), *Principles of European Family Law Regarding Divorce and Maintenance Between Former Spouses,* Antuérpia, 2004.

[39] Cfr. Katharina Boele-Woelki e outros (orgs.), *Principles of European Family Law Regarding Parental Responsibilities,* Antuérpia, 2007.

[40] Cfr. European Group on Tort Law, *Principles of European Tort Law. Text and Commentary,* Viena/ Nova Iorque, 2005.

[41] Cfr. Christian von Bar *et al.* (orgs.), *Principles, Definitions and Model Rules on EC Private Law. Draft Common Frame of Reference. Interim Outline Edition,* Munique, 2008.

[42] Cfr. Jürgen Basedow *et al.* (orgs.), *Principles of European Insurance Contract Law,* Munique, 2009.

[43] Cfr. Édouard Lambert, «Conception générale et définition de la science du droit comparé, sa méthode, son histoire; le droit comparé et l'enseignement du droit», *in* AAVV, *Congrès International de Droit Comparé. Procès-Verbaux des Séances et Documents,* t. I, Paris, 1905, pp. 26 ss. (reproduzido *in* Konrad Zweigert/Hans-Jürgen Puttfarken, ob. cit., pp. 30 ss.).

eles existentes se fundarem em divergências de caráter axiológico ou ideológico, que devem ser respeitadas pelos legisladores[44].

Este é, no entanto, um ponto a respeito do qual existem hoje orientações muito díspares na literatura especializada: uns (como é o caso dos autores que se inserem na denominada *corrente funcionalista* do Direito Comparado[45]) veem nesta disciplina sobretudo um meio de identificar as semelhanças entre sistemas jurídicos, em ordem à sua harmonização ou unificação, falando-se a este propósito de uma «comparação integradora» (*integrative comparison*)[46]; outros (especialmente aqueles que sublinham a relevância dos fatores culturais na comparação jurídica e a necessidade de preservação do pluralismo jurídico[47]) preferem ver no Direito Comparado primordialmente um instrumento de determinação das diferenças entre esses sistemas e, portanto, daquilo que obsta à sua aproximação, aludindo-se a este respeito a uma «comparação contrastante» (*contrastive comparison*).

Embora nenhuma destas orientações detenha o monopólio da verdade, depõe favor da segunda a necessidade de preservar a denominada *diversidade sustentável* do Direito, que resulta da estreita ligação entre este e as tradições e os valores próprios de cada comunidade humana[48]. A própria globalização, longe de sancionar a «comparação integradora», joga contra ela, na medida em que fomenta a concorrência entre os sistemas jurídicos nacionais[49].

§ 5º Direito Comparado e dogmática jurídica

O que dissemos até aqui permite-nos estabelecer a relação entre o Direito Comparado e a chamada dogmática jurídica[50].

---

[44] Ver sobre o tema, por ultimo, Esin Örücü, «*Unde venit, quo tendit* Comparative Law?», *in* Andrew Harding/Esin Örücü (orgs.), *Comparative Law in the 21st Century*, Londres/Haia/Nova Iorque, 2002, pp. 1 ss. (pp. 7 ss.); Gerhard Danemann, «Comparative Law: Study of Similarities or Differences?», *in* Mathias Reimann/Reinhard Zimmermann (orgs.), *The Oxford Handbook of Comparative Law*, Oxford, 2006, pp. 383 ss.

[45] Cujos principais expoentes são Konrad Zweigert/Hein Kötz, *Einführung in die Rechtsvergleichung*, cit., pp. 33 s. (na tradução inglesa, pp. 34 s.). Ver *infra*, § 8º.

[46] Cfr. Ugo A. Mattei/Teemu Ruskola/Antonio Gidi, *Schlesinger's Comparative Law*, cit., p. 69.

[47] Ver, por exemplo, Mark van Hoecke/Mark Warrington, est. cit.; Pierre Legrand, *Le droit comparé*, 2ª ed., Paris, 2006, *passim*; *idem*, «La comparaison des droits expliquée à mes étudiants», *in eisudem* (org.), *Comparer les droits, résolument*, Paris, 2009, pp. 209 ss. (especialmente pp. 221 ss.) ; e Roger Cotterrell, «Comparative Law and Legal Culture», *in* Mathias Reimann/Reinhard Zimmermann (orgs.), *The Oxford Handbook of Comparative Law*, Oxford, 2006, pp. 709 ss.

[48] Cfr. H. Patrick Glenn, *Legal Traditions of the World. Sustainable Diversity in Law*, 4ª ed., Oxford, 2010.

[49] Ver, neste sentido, Pier Giuseppe Monateri, «Élements de comparaison des études comparatives», *in* Pierre Legrand (org.), *Comparer les droits, résolument*, cit., pp. 69 ss. (p. 93).

[50] Sobre o ponto, *vide* Hans Dölle, «Rechtsdogmatik und Rechtsvergleichung», *RabelsZ*, 1970, pp. 403 ss.; e Hein Kötz, «Rechtsvergleichung und Rechtsdogmatik», *RabelsZ*, 1990, pp. 203 ss.

Esta desempenha uma função essencial: a recondução à unidade da multidão de dados normativos que o sistema jurídico oferece, mediante a sua ordenação em princípios, conceitos, institutos, etc.[51]. O seu papel não é, contudo, apenas esse. Uma vez que o próprio sistema assim construído pode ser fonte de soluções novas, a dogmática exerce também uma função heurística.

Diversamente porém do que por vezes se supõe, a dogmática não se encontra num plano superior ao da comparação jurídica, nem esta desempenha um papel meramente auxiliar dela. Por três ordens de razões, que passamos a expor.

Desde logo, em virtude da variabilidade no espaço dos fenómenos jurídicos e da consequente relatividade dos conceitos e princípios a partir deles elaborados. A dogmática dificilmente pode aspirar a conclusões universalmente válidas, pois toda a teorização dos fenómenos jurídicos tem como limite de validade a ordem ou as ordens jurídicas em que esses fenómenos se inserem. A dogmática não se basta, por isso, a si mesma nem dispensa a comparação jurídica. Só na base desta última se pode, com efeito, precisar o exato alcance das fórmulas abstratas a que conduz o labor construtivo do jurista[52].

Depois, porque o próprio Direito Comparado se serve das conclusões da dogmática em ordem a desempenhar as suas funções. Assim sucede, nomeadamente, quando o comparatista procura definir *tipos de soluções* para certos problemas concretos. O Direito Comparado não pode, com efeito, prescindir da referência aos conceitos e institutos jurídicos que constituem como que a síntese dos comandos normativos vigentes nos ordenamentos a comparar. Nesta medida, é a dogmática que se revela instrumental relativamente à comparação jurídica.

Finalmente, porque as preocupações com a reconstrução e a sistematização do material jurídico, que dominam a dogmática, não são alheias ao próprio Direito Comparado: também este se ocupa, como vimos, da ordenação dos dados normativos singulares em grandes categorias, que melhor permitem captar o que neles há de essencial: as famílias, tradições ou culturas jurídicas, no caso da *macrocomparação*, e os tipos de soluções jurídicas para problemas concretos, na *microcomparação*. O Direito Comparado tem, *hoc sensu*, a sua própria dogmática.

O que, note-se, não importa adesão à tese segundo a qual existiria um *Direito Comparado dogmático*, ao qual caberia a formulação de novas regras jurídicas,

---

[51] Ver Adriano Vaz Serra, *BMJ* 21 (1944), pp. 1 ss.; Luís Cabral de Moncada, «Dogmática jurídica», *Enciclopédia Verbo Luso-Brasileira de Cultura. Edição século XXI*, vol. 9, Lisboa/São Paulo, 1999, cols. 781 s.; e José de Oliveira Ascensão, *O Direito. Introdução e teoria geral*, 13ª ed., Coimbra, 2005, pp. 416 s.

[52] Não podemos, por isso, acompanhar René David, Camille Jauffret-Spinosi e Marie Goré quando estes autores sustentam que «não há Ciência do Direito que não seja universal» e que «o Direito Comparado é um dos elementos deste universalismo»: cfr. *Les grands systèmes de droit contemporains*, 12ª ed., Paris, 2016, p. 14.

mormente de *Direito comum* aos países ditos civilizados[53]: o Direito Comparado auxilia decerto o jurista, como dissemos, na descoberta de soluções, mas estão fora do seu alcance os juízos de valor exigidos pela formulação de novas regras jurídicas, os quais apenas competem às disciplinas normativas.

Comparação de Direitos e dogmática jurídica podem, à luz do exposto, dizer-se atividades mutuamente complementares.

§ 6º Direito Comparado e Antropologia Jurídica

I – Vejamos agora a relação do Direito Comparado com a Antropologia Jurídica.

Por Antropologia entende-se geralmente o ramo da ciência que estuda o Homem (*anthropos*, em grego). Entre os domínios nela compreendidos conta-se a Antropologia Cultural, ou Etnologia, que se ocupa do Homem como ser cultural e da pluralidade de experiências culturais humanas, procurando analisá-las e confrontá-las entre si. A Antropologia Jurídica constitui uma especialização deste ramo da ciência, que toma como objeto o Direito enquanto expressão de cultura[54].

Daqui se retira já que a Antropologia Jurídica e o Direito Comparado têm objetos parcialmente coincidentes: ambos tratam do Direito na sua pluralidade e diversidade de expressões. Ambos são, por outro lado, ciências auxiliares do Direito, que o observam e estudam nas suas diferentes manifestações, procurando, de acordo com métodos próprios, torná-lo inteligível segundo certa perspetiva[55].

Como, então, distinguir a Antropologia Jurídica do Direito Comparado?

Durante muito tempo, este último centrou-se no estudo dos sistemas jurídicos dos povos ditos civilizados, com especial ênfase para os que integram as famílias jurídicas romano-germânica e de *Common Law*[56]. À Antropologia Jurídica caberia, por seu turno, o estudo dos sistemas jurídicos considerados primitivos, nomeadamente os Direitos de fonte predominantemente consuetudinária vigentes em África, na Ásia, na América e na Oceânia[57]. Por outro lado, o Direito

---

[53] Neste sentido, Pierre Arminjon/Boris Nolde/Martin Wolff, *Traité de Droit Comparé*, tomo I, Paris, 1950, pp. 28 ss.

[54] Ver, com diversas perspetivas sobre o âmbito da disciplina, Norbert Rouland, *L'anthropologie juridique*, 2ª ed., Paris, 1995; Jacques Vanderlinden, *Anthropologie juridique*, Paris, 1997; Rebecca Redwood French, «Law and anthropology», *in* Dennis Patterson (org.), *A Companion to Philosophy of Law and Legal Theory*, reimpressão, Oxford, 2005, pp. 397 ss.; Armando Marques Guedes, *Entre factos e razões. Contextos e enquadramentos da antropologia jurídica*, Coimbra, 2005; Fernanda Pirie, *The Anthropology of Law*, Oxford, 2013; Wolfgang Fikentscher, *Law and Anthropology*, 2ª ed., Munique, 2016.

[55] Sobre a relação entre o Direito Comparado e a Antropologia, veja-se, por último, Lawrence Rosen, «Comparative law and anthropology», *in* Bussani/Mattei (orgs.), *The Cambridge Companion to Comparative Law*, cit., pp. 73 ss.

[56] Subscreviam esta orientação, por exemplo, Arminjon/ Nolde/ Wolff, ob. cit., tomo I, pp. 29 e 47.

[57] Vejam-se, nesta linha de entendimento, Zweigert/Kötz, *Einführung in die Rechtsvergleichung*, cit., pp. 9 s. (na tradução inglesa, pp. 9 s.).

Comparado visaria como finalidade última promover a unificação internacional dos Direitos[58]. À Antropologia Jurídica escaparia necessariamente tal propósito, uma vez que teria como objeto específico os Direitos vigentes em comunidades humanas com graus de desenvolvimento inferiores; pertencer-lhe-ia quando muito fixar as leis universais de evolução dos sistemas jurídicos[59].

Supomos que este entendimento, acentuadamente etnocêntrico, não tem hoje razão de ser.

O estudo comparativo dos sistemas jurídicos tradicionais, ou de base religiosa, pelos quais se regem certos povos africanos e asiáticos pertence também ao Direito Comparado. Enquanto manifestações da pluralidade e diversidade de formas e conteúdos de que o Direito é suscetível, a sua relevância para o desempenho das funções cometidas à nossa disciplina não é menor do que a dos sistemas jurídicos europeus e norte-americanos. Pelo contrário: a compreensão da essência destes é grandemente facilitada pelo confronto com aqueles. A sua omissão no estudo comparativo dos Direitos daria, pois, uma visão redutora do objeto desta disciplina. Como nota Mario Losano, «o direito europeu não é superior aos outros, mas apenas diferente»[60].

Em contrapartida, à moderna Antropologia Jurídica interessam também os sistemas jurídicos ocidentais enquanto manifestações de um específico *modo de pensar* – isto é, como fenómenos culturais[61].

Além disso, não falta hoje quem veja na pluralidade e na diversidade dos sistemas jurídicos um fator de enriquecimento cultural da Humanidade e até de progresso do Direito, recusando por conseguinte como finalidade precípua do Direito Comparado a unificação dos sistemas jurídicos nacionais[62].

Afigura-se-nos, por outro lado, altamente duvidosa a possibilidade de formulação de leis gerais sobre a evolução dos sistemas jurídicos, ainda que vigentes em sociedades sem quaisquer conexões entre si.

---

[58] Cfr. Édouard Lambert, «Conception générale et définition de la science du droit comparé, sa méthode, son histoire; le droit comparé et l'enseignement du droit», in AAVV, *Congrès International de Droit Comparé. Procès-Verbaux des Séances et Documents*, t. I, Paris, 1905, pp. 26 ss. (reproduzido *in* Konrad Zweigert/Hans-Jürgen Puttfarken, *Rechtsvergleichung*, cit., pp. 30 ss.).

[59] Assim, por exemplo, para Henry Sumner Maine, tido como o fundador da Antropologia Jurídica, a evolução das sociedades progressivas far-se-ia do *status* para o contrato («the movement of the progessive societies has hitherto been a movement from Status to Contract»): cfr. *Ancient Law*, originariamente publicado em Londres, 1861, p. 165 (existe reimpressão, Tucson, Arizona, 1986).

[60] Cfr. *Os grandes sistemas jurídicos*, Lisboa, 1979, p. 10.

[61] Haja vista, por exemplo, aos estudos de Wolfgang Fikentscher, *Modes of Thought. A Study in the Anthropology of Law and Religion*, Tubinga, 1995, pp. 355 ss., e de Sally Falk Moore, «Certainties Undone: Fifty Turbulent Years of Legal Anthropology, 1949-1999», reproduzido *in eiusdem* (org.), *Law and Anthropology. A Reader*, Maden/Oxford/Carlton, 2005, pp. 346 ss.

[62] Ver *infra*, § 82º, alínea *e*).

II – A distinção entre Direito Comparado e Antropologia Jurídica há de, por isso, estabelecer-se noutras bases: avultam para este efeito não tanto o objeto, mas antes as finalidades científicas e os métodos de trabalho próprios de cada uma destas disciplinas.

A Antropologia Jurídica ocupa-se da determinação das regras jurídicas efetivamente observadas nas diferentes comunidades humanas, tomando-as como *dados culturais*. Para tanto, analisa os comportamentos dos membros dessas comunidades, dando particular importância ao costume. Procede à recolha da informação de que carece através do chamado *método etnográfico*, que privilegia o contacto direto com aquelas comunidades, através de «trabalhos de campo» ou «pesquisas no terreno». Procura depois relacionar os elementos assim obtidos com outras manifestações culturais, como os sistemas de valores, as crenças religiosas, as ideologias, etc.

Diferentemente, ao Direito Comparado interessam os fenómenos jurídicos sobretudo como *realidades normativas*. Compete-lhe proceder, de acordo com os cânones metodológicos que adiante se referirão, ao confronto sistemático dessas realidades, em ordem a determinar os tipos fundamentais de soluções que o Direito positivo consagra para os problemas sociais que toma como objeto de regulação e a classificar os sistemas jurídicos em categorias mais vastas, como as famílias jurídicas.

Os estudos de Antropologia Jurídica podem ser de grande valia para os comparatistas que aspirem a ir além do Direito escrito (seja ele de fonte legal ou jurisprudencial) e se interroguem sobre o *Direito vivo* e as suas conexões com outras manifestações culturais. Compreende-se assim que certos autores hajam qualificado a Antropologia Jurídica como um ramo do Direito Comparado[63]. Mas este não pode bastar-se com tais estudos. Primeiro, porque nos seus desígnios não se compreende apenas a indagação do teor das instituições ou dos sistemas jurídicos examinados, ou o seu confronto sistemático, mas também, como resulta do que dissemos atrás, uma teorização do Direito na sua pluralidade e diversidade de manifestações. Segundo, porque na busca de uma explicação para as diferenças e semelhanças detetadas entre as instituições e os sistemas jurídicos estudados não pode o comparatista ignorar aspetos históricos, metodológicos e dogmáticos, que geralmente escapam à Antropologia. Terceiro, porque o Direito Comparado exerce, como se viu, funções práticas (em que sobressaem as ligadas à reforma legislativa e à harmonização dos Direitos), que transcendem as que são desempenhadas por aqueloutro ramo da ciência.

Dir-se-á pois, em conclusão, que, embora a Antropologia Jurídica e o Direito Comparado constituam ambas ciências auxiliares do Direito, cujos objetos se

---

[63] Neste sentido, Max Rheinstein, *Einführung in die Rechtsvergleichung*, cit., p. 15.

sobrepõem parcialmente, têm finalidades e métodos distintos, que lhes conferem autonomia recíproca.

§ 7º Direito Comparado e Sociologia Jurídica
Estreitamente relacionada com a Antropologia Jurídica encontra-se a Sociologia Jurídica, outra ciência auxiliar do Direito do maior relevo para a nossa disciplina[64]. Vejamos porquê.

O Direito é ordem em vigor na sociedade e, em parte, dela emanada; mas tem simultaneamente um impacto relevante sobre ela, modelando-a em conformidade com os seus comandos. De ambas as realidades se ocupa a Sociologia Jurídica, que examina os fenómenos jurídicos quer como *factos sociais* quer como *instrumentos de controlo e mudança social*. Compete-lhe, antes de mais, averiguar em que medida as condutas regularmente observadas em cada sociedade e as instituições jurídicas nela vigentes são fruto da particular estrutura dessa sociedade (*v.g.* da composição da sua população, dos modos de vida nela predominantes, dos recursos económicos de que dispõe, do modo como estes se encontram distribuídos pelos diferentes estratos sociais, etc.). Cabe-lhe, além disso, aferir quais os efeitos das leis e das decisões judiciais sobre a vida social ou, vista a questão sob outro ângulo, quais os limites de eficácia do Direito de fonte oficial[65].

O Direito Comparado e a Sociologia Jurídica compartilham a ideia, de que ambas as disciplinas procedem, segundo a qual o Direito é essencialmente múltiplo e heterogéneo; ideia esta que, no domínio próprio da Sociologia Jurídica, encontra a sua principal expressão nos fenómenos ditos de *pluralismo jurídico* – conceito que tomamos aqui na aceção de coexistência na mesma sociedade de

---

[64] Vejam-se, sobre o tema, os estudos recolhidos *in* Ulrich Drobnig/Manfred Rehbinder (orgs.), *Rechtssoziologie und Rechtsvergleichung*, Berlim, 1977; e Anneliese Riles, «Comparative Law and Socio-Legal Studies», *in* Mathias Reimann/Reinhard Zimmermann (orgs.), *Comparative Law*, Oxford, 2006, pp. 775 ss.

[65] *Vide* Max Weber, *Wirtschaft und Gesellschaft. Grundriß der Verstehenden Soziologie*, 5ª ed., revista por Johannes Winckelmann, Tubinga, 1972, pp. 387 ss. (existem traduções da mesma obra em castelhano, com o título *Economía y sociedad*, por José Medina Echavarría, Pánuco, 1944; em inglês, com o título *Economy and Society*, por Guether Roth e Claus Wittich, Berkeley/Los Angeles, 1978; e em francês, com o título *Sociologie du droit*, por Jacques Grosclaude, Paris, 1986); Niklas Luhmann, *Rechtssoziologie*, 3ª ed., Opladen, 1987; Henri Lévy-Bruhl, *Sociologie du droit*, 7ª ed., Paris, 1990 (há tradução brasileira, com o título *Sociologia do Direito*, por Antonio de Pádua Danesi, 2ª ed., São Paulo, 1997); Roger Cotterrell, *The Sociology of Law: An Introduction*, 2ª ed., Londres/Dublin/Edimburgo, 1992; Manfred Rehbinder, *Rechtssoziologie*, 5ª ed., Munique, 2003; Jean Carbonnier, *Sociologie juridique*, 2ª ed., Paris, 2004 (há tradução portuguesa da 1ª ed., com o título *Sociologia Jurídica*, por Diogo Leite de Campos, Coimbra, 1979); M. P. Baumgartner, «The Sociology of Law», *in* Dennis Patterson (org.), *A Companion to Philosophy of Law and Legal Theory*, reimpressão, Oxford, 2005, pp. 406 ss.; e Thomas Raiser, *Grundlagen der Rechtssoziologie*, 4ª ed., Tubinga, 2007.

diferentes sistemas jurídicos e de resolução de conflitos criados por diversos grupos sociais[66].

É a nosso ver inequívoca a importância dos estudos de Sociologia Jurídica para o Direito Comparado. Em primeiro lugar, porque, como se verá a seguir, há muito que se atribui às funções sociais desempenhadas pelas regras e instituições jurídicas (ou seja, à sua *causa final*) uma relevância fundamental na respetiva comparação. Em segundo lugar, porque na explicação das semelhanças e diferenças entre sistemas e institutos jurídicos importa tomar em consideração as *estruturas sociais* que se encontram por detrás deles e determinar se e em que medida as primeiras são imputáveis às segundas (ou seja, até que ponto podem ser consideradas a sua *causa eficiente*). Em terceiro lugar, porque na comparação de sistemas jurídicos não se pode deixar de ter em conta a efetividade do Direito na regulação das condutas sociais: como se demonstrará adiante, regras idênticas têm amiúde sorte muito diversa nas diferentes sociedades em que vigoram, particularmente quando são fruto da receção de Direito estrangeiro. Finalmente, porque, como o comprovará o estudo dos Direitos africanos e asiáticos, a existência em certo espaço social de uma pluralidade de ordens normativas ou de relações humanas subtraídas ao Direito – o *não-Direito*, como lhe chamou Jean Carbonnier (1908-2003)[67] – constitui um dado incontornável quer na caracterização do sistema jurídico nele vigente, para o efeito da sua comparação com outro ou outros sistemas, quer na descoberta do modo como nesse espaço social são resolvidos os problemas que constituem objeto de comparação.

Como aspetos comuns ao Direito Comparado e à Sociologia Jurídica podem ainda apontar-se os seguintes: *a)* A utilização pela nossa disciplina, como *tertia comparationis*, de conceitos de facto, delimitados na base de certo problema social e não do regime para este estabelecido por determinada ordem jurídica; *b)* O recurso, na fixação do teor dos Direitos a comparar, a técnicas oriundas da

---

[66] Sobre a noção e os pressupostos do pluralismo jurídico, vejam-se, além das obras citadas na nota anterior, Santi Romano, *L'ordinamento giuridico*, 2ª ed., Florença, 1946, pp. 86 ss.; John Gilissen (org.), *Le pluralisme juridique*, Bruxelas, 1971, pp. 19 ss.; M. B. Hooker, *Legal Pluralism. An Introduction to Colonial and Neo-Colonial Laws*, Oxford, 1975; John Griffiths, «What is Legal Pluralism?», *Journal of Legal Pluralism*, 1986, pp. 1 ss.; Sally Engle Merry, «Legal Pluralism», *Law and Society Review*, 1988, pp. 869 ss.; Masaji Chiba, *Legal Pluralism. Toward a General Theory through Japanese Legal Culture*, Tóquio, 1989; Norbert Rouland, «Pluralisme juridique», *in* André-Jean Arnaud (diretor), *Dictionnaire encyclopédique de théorie et de sociologie du droit*, 2ª ed., Paris, 1993, pp. 449 s.; Étienne Le Roy (org.), *Les pluralismes juridiques*, Paris, 2003; e Baudouin Dupret, «Legal Pluralism, Plurality of Laws, and Legal Practices: Theories, Critiques, and Praxiological Resspecification», *European Journal of Legal Studies*, 2007 (disponível em http://www.ejls.eu). Cfr. ainda, *infra*, os §§ 47º, alínea *c)*, e 63º, alínea *c)*, e a demais bibliografia aí indicada.

[67] Cfr. «L'hypothèse du non-droit», *in* Jean Carbonnier, *Flexible droit. Pour une sociologie du droit sans rigueur*, 6ª ed., Paris, 1988, pp. 24 ss.

investigação sociológica, como a recolha de estatísticas, a realização de inquéritos e entrevistas e a análise de documentos autênticos e registos oficiais; e *c)* A fixação, em ordem a facilitar a compreensão dos sistemas jurídicos comparados, de *tipos de soluções* para os problemas examinados, nas quais ressumam os *tipos ideais* preconizados por Max Weber (1864-1920)[68] como instrumento da análise sociológica[69].

Daqui não se infere porém que a comparação de Direitos, ainda que norteada por um critério funcional, se identifique com a Sociologia Jurídica[70]. Por um lado, porque a primeira desempenha funções (já apontadas) e obedece a métodos (que examinaremos a seguir) claramente distintos dos da segunda: cabe-lhe averiguar as semelhanças e diferenças entre regras e institutos pertencentes a sistemas jurídicos diversos, ou entre estes últimos, e apurar as respetivas causas e efeitos; não já indagar autonomamente as correlações entre o Direito e a sociedade, matéria que pertence à Sociologia Jurídica. Por outro lado, porque a circunstância de o Direito interessar a esta última essencialmente como fenómeno social implica que o tem em vista mais como facto – como «coisa» na terminologia de Émile Durkheim (1858-1917)[71] – do que como a expressão normativa de certos valores, que o Direito Comparado, através do seu método próprio, procura captar. Por outras palavras: para a Sociologia Jurídica é essencial a questão da *eficácia social* das normas jurídicas; mas escapa-lhe o problema da *validade* ou do *sentido* destas, que no nosso modo de ver é incontornável na comparação de Direitos. Daí que, apesar de interdependentes, também estas duas disciplinas devam ser tidas como autónomas.

§ 8º Metodologia da comparação jurídica

I – Elemento distintivo de toda a investigação científica é o emprego de um método que confira fiabilidade aos seus resultados e a torne socialmente útil. Também assim sucede no Direito Comparado[72].

---

[68] Cfr. *Wirtschaft und Gesellschaft*, cit., pp. 3 ss.
[69] Desenvolveremos estas noções no parágrafo seguinte.
[70] Como sustentaram eminentes comparatistas: cfr. Édouard Lambert, «Concéption générale et définition de la science du droit comparé...», cit., p. 35, e Max Rheinstein, *Einführung in die Rechtsvergleichung*, cit., p. 28, cujas obras denotam aliás a influência de sociólogos coevos (respetivamente Émile Durkheim e Max Weber).
[71] Cfr. *Les règles de la méthode sociologique*, 6ª ed., Paris, 1912, pp. 20 ss.
[72] Sobre o tema, vejam-se, além das obras gerais indicadas adiante no § 10º, Konrad Zweigert, «Méthodologie du droit comparé», in *Mélanges offerts à Jacques Maury*, tomo I, Paris, s.d., pp. 579 ss.; Ernst Rabel, «Aufgabe und Notwendigkeit der Rechtsvergleichung», cit.; Otto Sandrock, Über Sinn und Methode zivilistischer Rechtsvergleichung, cit.; Viktor Knapp, «Quelques problèmes méthodologiques dans la science du droit comparé», *Revue Roumaine de Sciences Sociales*, 1968, pp. 75 ss. (reproduzido *in* Zweigert/ Puttfarken, *Rechtsvergleichung*, cit., pp. 334 ss.); Folke Schmidt,

É, com efeito, a observância de certas regras metodológicas que permite distinguir uma investigação de Direito Comparado das comparações mais ou menos empíricas que quotidianamente se fazem na resolução das mais diversas questões jurídicas, assim como da simples recolha e justaposição de informações acerca de Direitos estrangeiros (sem menoscabo da relevância que estas podem ter como trabalhos preparatórios da comparação jurídica).

Não será por certo viável definir um método único a que deva obedecer a atividade comparativa: há hoje, ao invés, uma *pluralidade de métodos* utilizados na comparação de Direitos[73]. Entre estes sobressaem: o que consiste na *análise funcional* das regras e institutos jurídicos[74]; o que privilegia a investigação das suas

---

«The Need for a Multi-Axial Method in Comparative Law», *in* Herbert Bernstein/Ulrich Drobnig/Hein Kötz (orgs.), *Festschrift für Konrad Zweigert zum 70. Geburtstag*, Tubinga, 1981, pp. 525 ss.; Basil Markesinis, «Comparative Law – A Subject in Search of an Audience», *MLR*, 1990, pp. 1 ss.; *idem*, *Foreign Law and Comparative Methodology: a Subject and a Thesis*, Oxford, 1997; Josef Esser, *Grundsatz und Norm*, cit., pp. 6, 28 ss. e 346 ss.; José de Oliveira Ascensão, «Parecer sobre "O ensino do Direito Comparado" do Doutor Carlos Ferreira de Almeida», *RFDUL*, 1997, pp. 573 ss.; Hein Kötz, «Comparative Law in Germany Today», *RIDC*, 1999, pp. 753 ss. (pp. 755 ss.); Carlos Ferreira de Almeida, *Direito Comparado. Ensino e método*, Lisboa, 2000, pp. 113 ss.; Michele Graziadei, «The functionalist heritage», *in* Pierre Legrand/Roderick Munday (orgs.), *Comparative Legal Studies: Traditions and Transitions*, Cambridge, 2003, pp. 100 ss.; Mark van Hoecke (org.), *Epistemology and Methodology of Comparative Law*, Portland, Oregon, 2004; Béatrice Jaluzot, «Méthodologie du droit comparé. Bilan et prospective», *RIDC*, 2005, pp. 29 ss.; Ralf Michaels, «The Functional Method of Comparative Law», *in* Mathias Reimann/Reinhard Zimmermann (orgs.), *The Oxford Handbook of Comparative Law*, Oxford, 2006, pp. 339 ss.; A. Esin Örücü, «Methodology of comparative law», *in* Jan M. Smits (org.), *Elgar Encyclopedia of Comparative Law*, 2ª ed., Cheltenham, Reino Unido/Northampton, Estados Unidos, 2012, pp. 560 ss.; Antonio Emmanuel Platsas, «The Functional and the Dysfunctional in the Comparative Method of Law: Some Critical Remarks», *EJCL*, 2008, vol. 12.3; Pier Giuseppe Monateri, *Methods of Comparative Law*, Cheltenham, 2014; e Geoffrey Samuel, *An Introduction to Comparative Law Theory and Method*, Oxford/Portland, 2014.

[73] Neste sentido se pronunciam também Béatrice Jaluzot, «Méthodologie du droit comparé. Bilan et prospective», *RIDC*, 2005, pp. 29 ss. (p. 44); Esin Örücü, «Developing Comparative Law», *in* Esin Örücü/David Nelken (orgs.), *Comparative Law. A Handbook*, Oxford/Portland, Oregon, 2007, pp. 43 ss. (p. 52) ; *idem*, «Methodology of comparative law», *in Elgar Encyclopedia of Comparative Law*, cit., p. 560 ss.; Ugo A. Mattei/Teemu Ruskola/Antonio Gidi, *Schlesinger's Comparative Law*, cit., p. 48; Michael Bogdan, *Concise Introduction to Comparative Law*, Groningen, 2013, p. 10; Geoffrey Samuel, *An Introduction to Comparative Law Theory and Method,,* pp. 79 ss; e Jaako Husa, *A New Introduction to Comparative Law*, Oxford/Portland, 2015, pp. 117 ss.

[74] Em defesa desta orientação metodológica, vejam-se especialmente Max Rheinstein, *Einführung in die Rechtsvergleichung*, cit., pp. 25 ss.; e Konrad Zweigert/Hein Kötz, *Einführung in die Rechtsvergleichung*, cit., pp. 31 ss. (na tradução inglesa, pp. 32 ss.). Para uma crítica, vejam-se, por último, Geoffrey Samuel, «Dépasser le fonctionnalisme», *in* Pierre Legrand (org.), *Comparer les droits, résolument*, Paris, 2009, pp. 405 ss. ; *idem*, *An Introduction to Comparative Law Theory and Method*, pp. 79 ss.; Mathias Siems, *Comparative Law*, Cambridge, 2014, pp. 37 ss.; e Uwe Kischel, *Rechtsvergleichung*, Munique, 2015, pp. 95 ss.

causas e origens históricas[75]; o que coloca em primeiro plano a *análise económica* dessas regras e institutos[76] (o que, vendo bem, não é senão uma nova modalidade de funcionalismo, centrada na eficiência económica das regras e institutos jurídicos em causa); e o que procura integrá-los no seu *contexto cultural* em ordem a compreendê-los devidamente[77].

Tais métodos não são mutuamente excludentes: a metodologia a observar na comparação de Direitos depende do objeto e das finalidades que esta concretamente prossiga. Podem por isso comparações relativas ao mesmo objeto ser validamente efetuadas segundo métodos diferentes, que assim se revelarão equivalentes ou complementares entre si.

Em todo o caso, qualquer comparação metodicamente empreendida deve a nosso ver incluir pelo menos três operações intelectuais distintas: *a)* A delimitação do objeto da comparação a realizar; *b)* A análise dos termos a comparar; e *c)* A identificação, numa síntese comparativa, das semelhanças e diferenças entre esses termos e das respetivas causas. Vejamo-las sucintamente.

II – A respeito da primeira dessas operações levantam-se duas ordens de problemas.

---

[75] Nesta linha de entendimento, consultem-se, por exemplo, as obras de John P. Dawson, *The Oracles of the Law*, reimpressão, Buffalo/New York, 1986; James Gordley, *The Philosophical Origins of Modern Contract Doctrine*, Oxford, 1991, *idem*, «Comparative Law and Legal History», *in* Mathias Reimann/Reinhard Zimmermann (orgs.), *The Oxford Handbook of Comparative Law*, Oxford, 2006, pp. 753 ss.; e Jean-Louis Halpérin, *Histoire des droits en Europe de 1750 à nos jours*, Paris, 2006. Ver ainda Michele Graziadei, «Comparative Law, Legal History, and the Holistic Approach to Legal Cultures», *ZEuP*, 1999, pp. 531 ss.

[76] Cfr. Ugo Mattei, *Comparative Law and Economics*, Ann Arbour, 1998; Gerrit De Geest/Roger Van den Bergh (orgs.), *Comparative Law and Economics*, 3 vols., Cheltenham/Northampton, 2004; Florian Faust, «Comparative Law and Economic Analysis of Law», *in* Mathias Reimann/Reinhard Zimmermann (orgs.), *The Oxford Handbook of Comparative Law*, Oxford, 2006, pp. 837 ss.; e Raffaele Caterina, «Comparative law and economics», *in* Jan M. Smits (org.), *Elgar Encyclopedia of Comparative Law*, Cheltenham, Reino Unido/Northampton, Estados Unidos, 2006, pp. 161 ss. Sobre as origens e os pressupostos da análise económica do Direito, cfr. *infra*, § 37º, alínea *f)*.

[77] Cfr. Mark van Hoecke/Mark Warrington, «Legal Cultures, Legal Paradigms and Legal Doctrine: Towards a New Model for Comparative Law», *ICLQ*, 1998, pp. 495 ss.; Erik Jayme, «Die kulturelle Dimension des Rechts – ihre Bedeutung für das Internationale Privatrecht und die Rechtsvergleichung», *RabelsZ*, 2003, pp. 211 ss.; Roger Cotterrell, «Comparative Law and Legal Culture», *in* Mathias Reimann/Reinhard Zimmermann (orgs.), *The Oxford Handbook of Comparative Law*, Oxford, 2006, pp. 709 ss.; John Bell, «De la culture», *in* Pierre Legrand (org.), *Comparer les droits, résolument*, Paris, 2009, pp. 247 ss.; Pierre Legrand, *Le droit comparé*, 4ª ed., Paris, 2011; e Siems, *Comparative Law*, pp. 101 ss. Para uma defesa da «comparação contextual» (*kontextuelle Rechtsvergleichung*) como método através do qual se procura explicar as normas e institutos jurídicos à luz do seu ambiente conceptual, dogmático e cultural, *vide* Kischel, *Rechtsvergleichung*, especialmente pp. 187 s. e 238 ss.

O primeiro consiste na formulação da questão sobre a qual vai incidir a comparação, a que por vezes se chama, aliás impropriamente, *tertium comparationis*, na suposição de que se trataria de um terceiro elemento, ou denominador comum, situado entre os termos a comparar.

Trata-se de um momento crítico do processo comparativo, pois da correta formulação dessa questão ou questões depende em larga medida o êxito da comparação a empreender. Não devem, na verdade, ignorar-se os riscos, decorrentes da aludida relatividade dos conceitos jurídicos, de uma delimitação do objeto da comparação em termos puramente conceptuais. É que, como se sabe, certos conceitos tidos por fundamentais em alguns ordenamentos jurídicos são desconhecidos noutros: tal o caso, por exemplo, do de negócio jurídico, que ocupa um lugar central nos Direitos português e alemão, mas não encontrou acolhimento enquanto tal nos sistemas de *Common Law*. Por outro lado, sob os mesmos conceitos albergam-se por vezes em ordenamentos jurídicos distintos realidades diversas: assim sucede com o conceito de contrato, que compreende os contratos gratuitos informais nos sistemas romano-germânicos, mas não nos de *Common Law*. Ocorre ainda que o mesmo conceito desempenhe numa ordem jurídica funções que noutra são repartidas por diversos institutos: é o que acontece, por exemplo, com o *trust* dos Direitos inglês e norte-americano[78].

Eis por que, na senda de Ernst Rabel (1874-1955), a doutrina dominante tem preconizado que a delimitação do objeto da microcomparação obedeça a um *critério funcional*: parte-se de um problema social e procura-se determinar quais as formas pelas quais esse problema é resolvido em diferentes sistemas jurídicos; ou, quando muito, parte-se de um instituto vigente em determinada sociedade, indaga-se qual a sua função (i. é, os problemas que visa resolver) e pesquisam-se as instituições funcionalmente equivalentes noutra ou noutras sociedades[79]. O mesmo é dizer, a comparação deve incidir sobre o modo como certas necessidades ou finalidades sociais são satisfeitas ou prosseguidas por diferentes ordens jurídicas, independentemente de o serem através de institutos jurídicos diversos[80]. Deste entendimento se fez eco o art. 15º do Código Civil português, que, como vimos, alude expressamente à função das normas de Direito material como cri-

---

[78] Ver *infra*, § 26º, alínea c).
[79] Pode ver-se uma investigação de Direito Comparado empreendida nesta ótica em Reinhart Zimmermann/Simon Whittaker, *Good Faith in European Contract Law*, Cambridge, 2000, onde a comparação dos Direitos nacionais no tocante à boa fé em matéria contratual é feita a partir de casos idênticos analisados por juristas de diferentes países. No sentido de que é a identificação da função desempenhada pelos institutos jurídicos que possibilita uma compreensão efetiva do fenómeno jurídico nos diferentes povos e culturas, veja-se J. Michael Rainer, *Introduction to Comparative Law*, Viena, 2010, p. 26.
[80] O que está de acordo com a ideia, sustentada por Josef Esser, de que é o *problema*, e não o *sistema* em sentido racional, o centro do pensamento jurídico: cfr. *Grundsatz und Norm*, cit., p. 6.

tério de determinação da sua correspondência aos institutos visados pelas regras de conflitos de leis no espaço[81].

Acontece, na verdade, com relativa frequência que figuras jurídicas distintas desempenhem a mesma função social e conduzam, ao menos em parte, aos mesmos resultados práticos. Será esse o caso, por exemplo, da adoção – hoje consagrada no Direito da maior parte dos países ocidentais como fonte de relações jurídicas familiares, mas rejeitada enquanto tal pelo Corão (33:4-5) e pela lei de vários países muçulmanos – e da denominada *kafala*, ou «acolhimento», do Direito islâmico – a qual não cria os laços de filiação que decorrem entre nós da adoção, mas permite que uma pessoa tome a seu cargo o sustento, a educação e a proteção de um menor nascido de terceiros. É também isso o que sucede com a prescrição extintiva dos sistemas jurídicos continentais e a «limitação de ações» (*limitation of actions*) dos Direitos anglo-saxónicos, a qual, sem extinguir propriamente o direito subjetivo, impede a sua invocação em juízo decorrido que esteja certo lapso de tempo sem que o seu titular o tenha exercido, pondo assim cobro à situação de incerteza que de outro modo daí resultaria. Outro tanto pode dizer-se, até certo ponto, do direito do cônjuge sobrevivo à meação dos bens do casal, previsto na lei alemã, e do direito da viúva a uma parte da herança do marido, que a lei inglesa lhe reconhece; bem como da *culpa in contrahendo* germânica e do *promissory estoppel* acolhido por certa jurisprudência norte-americana, que examinaremos adiante, na parte especial desta obra[82].

Não pode todavia ignorar-se que, como se notou acima, nem todas as sociedades se defrontam com os mesmos problemas, mesmo no atual quadro de «globalização» da economia: a proteção do investidor não institucional, por exemplo, será hoje uma necessidade premente nos países capitalistas, mas é irrelevante naqueles em que não existe um mercado de capitais (como é o caso de vários países africanos e asiáticos). Quanto mais específico for um problema social, menos provável será, por conseguinte, que tenha alcance universal. Tal o motivo pelo qual por vezes só a um nível de grande generalidade poderá achar-se o denominado *tertium comparationis* na base de um critério funcional[83].

O segundo problema suscitado nesta fase da comparação jurídica prende-se com a seleção dos ordenamentos jurídicos a comparar – os *comparanda*. Essa seleção há de ser feita tendo em conta diversos fatores, entre os quais avulta a própria finalidade visada através da comparação de Direitos.

---

[81] Para uma explanação do pensamento subjacente a esse preceito, *vide* António Ferrer Correia/ João Baptista Machado, «Aplicação das leis no espaço. Direito dos estrangeiros e conflitos de leis», *BMJ* 136 (1964), pp. 17 ss.

[82] Para um confronto das figuras por último referidas, *vide* o nosso *Da responsabilidade pré-contratual em Direito Internacional Privado*, cit., pp. 284 ss.

[83] Neste sentido, Ralf Michaels, est. cit., p. 368.

Consideremos a este respeito, antes de mais, a macrocomparação. Notámos já que a caracterização dos sistemas jurídicos a comparar se torna tanto mais nítida quanto mais distantes estes forem uns dos outros. A inclusão na macrocomparação dos sistemas jurídicos não ocidentais possui sob este ponto de vista grandes vantagens, embora apresente também dificuldades e riscos não despiciendos, entre os quais sobressai a maior dificuldade de que muitas vezes se reveste o acesso às fontes originais. Um princípio de economia de meios determina em todo o caso que a macrocomparação tome como objeto precípuo de análise os sistemas jurídicos mais representativos das grandes famílias ou tradições jurídicas – as suas *cabeças de estirpe*. Como se verá melhor adiante, a macrocomparação não pode todavia dispensar-se de examinar os sistemas jurídicos na sua *dinâmica*, i. é, sob o ponto de vista dos fenómenos de aproximação recíproca entre eles, *maxime* por via da formação de sistemas jurídicos híbridos e da harmonização ou unificação de legislações.

A questão coloca-se noutros moldes pelo que respeita à microcomparação. Quando esta vise a resolução de um problema de Direito Internacional Privado (*v.g.* de qualificação), os ordenamentos jurídicos a considerar serão em regra apenas os que se encontram conexos com a situação da vida *sub judice*. Já se a comparação em apreço for efetuada no contexto da harmonização ou unificação das legislações de diversos países, esses ordenamentos serão principalmente os desses países. Mas se se pretender apurar através de um estudo microcomparativo as soluções preferíveis para certo problema jurídico tomado em abstrato (por exemplo, no quadro de uma reforma da legislação nacional), os ordenamentos a confrontar deverão ser os que consagrem os principais *tipos ou modelos de soluções* de que esse problema é suscetível[84].

III – Na análise comparativa cuida-se de descobrir o Direito vigente em cada um dos sistemas jurídicos escolhidos quanto a um problema previamente enunciado. Também nesta operação importa observar certas regras metodológicas fundamentais.

Em primeiro lugar, há que decompor o *tertium comparationis* em diferentes subquestões ou problemas específicos relativamente aos quais se indagarão depois as soluções consagradas nos sistemas jurídicos considerados. É o chamado *esquema*

---

[84] Tal o critério observado, por exemplo, na elaboração da *Enciclopédia Internacional de Direito Comparado*: cfr. Ulrich Drobnig, «Methodenfragen der Rechtsvergleichung im Lichte der "International Encyclopedia of Comparative Law"», *in* Ernst von Caemmerer/Soia Mentschikoff/Konrad Zweigert (orgs.), *Ius Privatum Gentium. Festschrift für Max Rheinstein zum 70. Geburtstag am 5. Juli 1969*, vol. I, *Rechtsmethodik und Internationales Recht*, Tubinga, 1969, pp. 221 ss.; idem, «The International Encyclopedia of Comparative Law: Efforts Toward a Worldwide Comparison of Law», *Cornell International Law Journal*, 1972, pp. 113 ss.

comparativo[85], ou *grelha comparativa*[86], cuja elaboração tem não raro na sua base as respostas dadas a um questionário por juristas versados nos sistemas a comparar. Na macrocomparação, uma vez que se tem em vista caracterizar sistemas jurídicos na sua globalidade, põe-se a questão de saber quais os elementos a considerar para este efeito. A nosso ver, não basta atender a aspetos como as fontes do Direito, o sistema judiciário, o ensino do Direito e as profissões jurídicas. Estes dão-nos quando muito a *forma*, mas não o *conteúdo*, do sistema jurídico examinado – o seu *estilo* e não o seu *espírito*. Ora, é sobretudo este último que importa captar a fim de compreender devidamente qualquer sistema jurídico. Para tanto, haverá que ter ainda em conta, entre outros aspetos, os fatores determinantes da formação desse sistema (incluindo fatores metajurídicos como a religião, a ideologia e os traços característicos da mentalidade coletiva), os seus conceitos estruturantes, o método prevalentemente empregado pelos tribunais na decisão dos casos singulares e os meios de resolução extrajudicial dos conflitos.

Em segundo lugar, impõe-se determinar o Direito em vigor (a *law in action*) de acordo com o sistema de fontes do sistema ou sistemas jurídicos considerados. Para tal, há que aceder às respetivas fontes originárias (leis, decisões judiciais, textos sagrados, etc.); mas sem prejuízo da concomitante utilização de outras fontes, por vezes ditas secundárias ou não normativas (entre as quais avultam as obras doutrinais e os contratos-tipo). Como escreveu Otto Kahn-Freund (1900--1979), «a investigação empreendida pelo comparatista não pode deter-se naquilo que no seu e em outros sistemas jurídicos constitui a fronteira do Direito. Comparar Direito e Não-Direito, ou, se se quiser, Direito positivo e moral positiva na aceção austiniana, pode ser uma das suas tarefas fundamentais. Caso deixe de fazê-lo, poderá o comparatista dar-se uma imagem distorcida do Direito»[87]. Vendo a questão sob outro ângulo, dir-se-á que, em ordem a determinar a regra ou as regras aplicáveis ao problema que constitui o objeto da análise comparativa, importa tomar em consideração os diferentes *elementos formativos* desse sistema jurídico – ou, como prefere dizer Rodolfo Sacco, os «formantes» (*formanti*)[88] –, entre os quais se incluem os legislativos, os jurisprudenciais e os doutrinais, mas

---

[85] Cfr. Léontin-Jean Constantinesco, *Traité de droit comparé, cit.*, t. II, *La méthode comparative*, Paris, 1974, pp. 131 s.

[86] Sobre esta, veja-se Carlos Ferreira de Almeida, *Direito Comparado. Ensino e método*, cit., pp. 127 ss.; Carlos Ferreira de Almeida/Jorge Morais de Carvalho, *Introdução ao Direito Comparado*, 3ª ed., Coimbra, 2013, pp. 22 ss.

[87] Cfr. «Comparative Law as an Academic Subject», *LQR*, 1966, pp. 40 ss.

[88] Cfr. «Legal Formants: A Dynamic Approach to Comparative Law», *AJCL*, 1991, pp. 1 ss. e 343 ss. *Vide* também Antonio Gambaro/Rodolfo Sacco, *Sistemi giuridici comparati*, 2ª ed., reimpressão, Turim, 2004, pp. 4 ss.; e Rodolfo Sacco/Piercarlo Rossi, *Introduzione al diritto comparato*, 6ª ed., reimpressão, Turim, 2017, pp. 55 ss.

não só. Mesmo nos sistemas jurídicos ditos ocidentais, é possível discernir, como nota Mauro Bussani[89], diferentes «camadas» (*layers*) de regras que ao comparatista importa considerar, nas quais se comprendem não apenas as do Direito de fonte oficial, mas também o Direito consuetudinário gerado no seio das comunidades locais e as regras próprias do comércio internacional.

Apenas se chegará à determinação daquelas regras no termo de um processo interpretativo, que necessariamente conjuga todos estes elementos. O esclarecimento de eventuais problemas de interpretação ou integração das regras vigentes deve ser feito à luz da doutrina e da jurisprudência do sistema jurídico considerado: nesta matéria, o comparatista deve, tanto quanto possível, colocar-se na posição de um jurista do sistema jurídico que se propõe examinar[90].

IV – Num terceiro e último momento, procede-se à síntese comparativa, sem a qual não há verdadeira comparação de Direitos. Trata-se agora de enunciar sistematicamente as semelhanças e as diferenças entre os ordenamentos examinados – se possível, identificando os principais *tipos* ou *modelos de soluções* de que o problema visado é objeto nesses ordenamentos –, para de seguida as explicar à luz dos fatores que as determinam. Ambas as operações se apoiam necessariamente em elementos recolhidos na análise comparativa; devem por isso, a nosso ver, considerar-se como integrantes da síntese comparativa.

A este respeito, propôs Konrad Zweigert (1911-1996) que se adotasse como princípio metodológico da comparação de Direitos uma «presunção de semelhança» entre os sistemas jurídicos considerados[91]. Partir-se-ia assim do princípio de que, apesar da diversidade das regras jurídicas nacionais, estas conduzem geralmente a soluções idênticas. Existiriam, quando muito, *vias diversas* para se chegar às mesmas soluções. Como é bom de ver, o funcionalismo, assim entendido, constitui afinal uma outra forma de universalismo.

Supomos, no entanto, que o ponto de partida da síntese comparativa deve ser outro. Por diversas ordens de razões.

Em primeiro lugar, porque a diversidade das instituições jurídicas nacionais radica muitas vezes na diferente valoração dos mesmos problemas nos ordenamentos jurídicos considerados[92]. Uma *praesumptio similitudinis* pode, nesses casos,

---

[89] Cfr. «Comparative Law beyond the Trap of Western Positivism», *in* Tong Io Cheng/Salvatore Mancuso (orgs.), *New Frontiers of Comparative Law*, Hong Kong, 2013, pp. 1 ss.
[90] Neste sentido, Constantinesco, *Traité de droit comparé*, cit., t. II, pp. 34 s.
[91] Cfr. «Des solutions identiques par des voies différentes (quelques observations en matière de droit comparé)», *RIDC*, 1966, pp. 5 ss. (p. 6). Ver ainda Konrad Zweigert/Hein Kötz, *Einführung in die Rechtsvergleichung*, cit., p. 39 (na tradução inglesa, p. 40).
[92] Vê-lo-emos com nitidez no vol. II desta obra, a propósito dos institutos de Direito das Obrigações que aí serão examinados.

distorcer os resultados da comparação, escamoteando as conexões entre as instituições jurídicas e os fatores históricos, sociais, económicos e culturais que explicam tal diversidade de valorações. Nessa medida, desvia a disciplina da sua função que consiste em dar a conhecer as diferentes possibilidades de solução dos mesmos problemas sociais[93].

Em segundo lugar, porque há institutos profundamente radicados em certos sistemas jurídicos para os quais não se encontra equivalente funcional em muitos outros sistemas. Pense-se, por exemplo, no casamento poligâmico, que não tem correspondente no Direito dos países ocidentais. Uma presunção de semelhança seria, nestes casos, destituída de sentido.

Em terceiro lugar, porque vigoram hoje em muitos países regras formalmente idênticas (como é o caso das disposições constitucionais relativas à estruturação do sistema político na base do princípio democrático ou à salvaguarda dos direitos humanos, que a partir da Europa e da América do Norte se disseminaram por outros continentes), embora os resultados da sua aplicação sejam profundamente diversos. O que se explica, além do mais, por tais regras vigorarem em sociedades também elas muito diferentes entre si.

Em quarto lugar, porque mesmo quando os resultados imediatos do funcionamento de certas instituições jurídicas nacionais são idênticos, o seu espírito e o seu sentido último revelam-se não raro muito diversos. Tal o caso, por exemplo, das figuras da causa dos contratos, exigida por certos Direitos continentais como condição de eficácia destes, e da *consideration*, prevista como elemento do contrato nos sistemas jurídicos de *Common Law*[94].

Eis, em suma, por que nos parece preferível partir na comparação jurídica de uma *praesumptio dissimilitudinis* ou de um *principium individuationis*[95], ainda que este, enquanto hipótese científica, não dispense o comparatista de indagar as causas de diversidade dos sistemas jurídicos confrontados ou dos pontos de convergência entre eles identificados.

O que nos conduz a estoutra questão: quais os fatores com base nos quais se deve procurar uma explicação para as semelhanças e diferenças detetadas entre

---

[93] Como refere Franz Werro, «a semelhança, pelo menos se for proclamada como princípio geral de investigação, envolve o risco de violentar algumas diferenças interessantes e importantes» (cfr. «Comparative studies in private laws«, in Bussani/Mattei (orgs.) *The Cambridge Companion to Comparative Law*, p. 134).
[94] Sobre o ponto, que será desenvolvido no vol. II, veja-se também o nosso *Da responsabilidade pré-contratual em Direito Internacional Privado*, pp. 162 ss.
[95] Como preconizam, por exemplo, Richard Hyland, «Comparative Law», *in* Dennis Patterson (org.), *A Companion to Philosophy of Law and Legal Theory*, reimpressão, Oxford, 2005, pp. 184 ss. (p. 194); Pierre Legrand, *Le droit comparé*, p. 105; e Geoffrey Samuel, *An Introduction to Comparative Law Theory and Method*, p. 55.

os termos da comparação empreendida? É neste ponto que se revela mais nitidamente a estreita conexão do Direito Comparado com outras disciplinas científicas. Porquanto para aquele efeito haverá que atender quer a *fatores jurídicos* – como a hierarquização feita em cada sistema jurídico, a respeito da matéria considerada, dos valores e interesses em presença e os objetivos de política legislativa prosseguidos através dos regimes jurídicos em causa – quer a *fatores metajurídicos* – entre os quais avultam a História, a ideologia, a religião, as conceções filosóficas dominantes, o sistema económico, a Geografia, a demografia, as mentalidades, etc.

V – Para além da explicação das semelhanças e diferenças entre os sistemas comparados, pode ainda proceder-se a uma avaliação crítica das soluções encontradas, *maxime* em ordem a determinar qual a preferível (*hoc sensu*, a *better law*); o que tem óbvia relevância, por exemplo, quando a comparação empreendida se destine a servir de base a trabalhos de reforma legislativa.

Mas essa avaliação apenas tem sentido se for precedida de uma identificação dos fins prosseguidos na matéria em causa pelos sistemas em presença, os quais podem não ser os mesmos. Tomemos como exemplo o consumo de drogas. Alguns países proíbem-no: é o caso da Suécia, da Finlândia e da Noruega e era também esse o caso de Portugal até recentemente. Outros países descriminalizaram-no, sem todavia o legalizarem, mediante a respetiva punição através de sanções administrativas (assim em Espanha, na Itália e, desde 2000, em Portugal[96]). Outros ainda adotam uma política de tolerância ou «legalização de facto» do consumo: é o que sucede na Holanda. Por fim, há os que consagraram uma legalização controlada do consumo, como a Suíça[97]. Ora bem: estes regimes não podem ser dissociados dos objetivos de política legislativa visados em matéria de consumo de drogas e toxicodependência. Na verdade, enquanto que em alguns deles se almeja a instituição de uma *sociedade sem drogas*, noutros tem-se em vista tão-só uma redução de danos traduzida na diminuição do número de mortes por *overdose* ou das incidências do consumo de drogas sobre a saúde pública. Poderá, por isso, formular-se um juízo a respeito da eficácia das referidas soluções na prossecução dos objetivos através delas visados em cada um dos países mencionados; mas já seria descabida uma avaliação comparativa delas tendente a determinar qual, em abstrato, a melhor. Só aqueles objetivos, e não os regimes que os prosseguem, são suscetíveis de semelhante juízo valorativo; e este situa-se, como é bom de ver, para além da comparação de Direitos, pertencendo antes à política legislativa.

---

[96] Haja vista à Lei nº 30/2000, de 29 de novembro.
[97] Cfr., sobre este tema, para mais desenvolvimentos, Dário Moura Vicente (coordenador), *Problemas jurídicos da droga e da toxicodependência*, 2 vols., Lisboa, 2003/2004.

A avaliação comparativa de diferentes soluções jurídicas para os mesmos problemas sociais pressupõe, em suma, a determinação dos objetivos de política legislativa ou dos valores que subjazem a essas soluções, e apenas é válida enquanto meio de aferir a eficácia destas na prossecução de tais objetivos ou valores. Ao comparatista é, pois, vedado estabelecer qualquer hierarquia entre as soluções em apreço sob o ponto de vista moral ou axiológico. Eis aqui outra diretriz metodológica que importa ter presente na nossa disciplina.

VI – Esta diretriz reveste-se de particular relevância quando a comparação de Direitos ou regimes jurídicos for levada a efeito tendo em vista aferir a eficiência económica das soluções confrontadas. Tal o propósito de certos estudos comparativos recentemente elaborados na perspetiva da chamada *análise económica do Direito*[98]. O recurso a esta, como se deixou dito acima, tem sido ultimamente preconizado por alguns como metodologia apropriada à comparação de sistemas e institutos jurídicos, dando lugar ao que já se denominou *Comparative Law and Economics*.

Mas os resultados a que porventura conduza uma avaliação comparativa de regimes jurídicos empreendida nessa base apenas poderão ter-se como probantes à luz dos fins últimos que a *Law and Economics* imputa ao sistema jurídico – entre os quais sobressaem a maximização das utilidades suscetíveis de serem extraídas dos recursos disponíveis na sociedade e a minimização dos denominados custos de transação –; não já, por exemplo, do ponto de vista dos valores éticos prosseguidos pelos diferentes institutos jurídicos ou do contexto cultural destes[99].

O que acabamos de dizer em nada diminui, importa notá-lo, o interesse da análise económica do Direito como modelo explicativo das semelhanças e dife-

---

[98] Estudos esses assentes na tese de que as «origens» dos sistemas jurídicos («*legal origins*») de alguma sorte determinam a sua predisposição para o desenvolvimento e o crescimento económicos (cfr., a este respeito, Ralf Michaels, «Comparative Law by Numbers? Legal Origins Thesis, *Doing Busines* Reports, and The Silence of Traditional Comparative Law», *AJCL*, 2009, pp. 765 ss.; Nuno Garoupa/Tom Ginsburg, «Economic Analysis and Comparative Law», *in* Bussani/Mattei (orgs.), *The Cambridge Companion to Comparative Law*, cit., pp. 57 ss.; e Raffaele Caterina, «Comparative law and economics», in Jan Smits (org.), *Elgar Encyclopedia os Comparative Law*, 2ª ed., Cheltenham. Reino Unido/Northampton, Estados Unidos, 2012, pp. 191 ss.). Essa tese exerceu grande influência, designadamente, sobre a atividade do Banco Mundial. Vejam-se, nomeadamente, os relatórios *Doing Business* anualmente publicados por esta instituição (disponíveis em http://www.doingbusiness.org), em alguns dos quais se conclui genericamente pela superioridade dos sistemas de *Common Law* relativamente aos de matriz romano-germânica sob o ponto de vista da promoção da actividade económica (sobre esses relatórios veja-se ainda o que dizemos *infra*, § 17º, alínea *d*), III).

[99] Nesta linha fundamental de orientação, veja-se também Horatia Muir Watt, «Comparer l'efficience des droits?», in Pierre Legrand (org.), *Comparer les droits, résolument*, Paris, 2009, pp. 433 ss.

renças entre sistemas jurídicos e até como critério de avaliação das soluções neles consagradas.

Com efeito, se é certo que todo sistema jurídico tem impacto sobre o funcionamento da economia, a determinação dos objetivos de política económica prosseguidos em cada país e da medida em que uns – *v.g.* o crescimento económico – são preferidos a outros – por exemplo, a distribuição do rendimento – pode ajudar a compreender as soluções acolhidas pelo sistema jurídico local e as razões da sua semelhança ou dissemelhança relativamente a outro ou outros sistemas jurídicos.

Por outro lado, na medida em que permite desvendar as consequências económicas de diferentes soluções para os mesmos problemas jurídicos, acolhidas por sistemas jurídicos diversos, a análise económica do Direito fornece ao comparatista um meio adicional de avaliação dessas soluções. O confronto de sistemas e institutos jurídicos efetuado nesta perspetiva pode revelar, por exemplo, que as regras de proteção dos consumidores vigentes em certo país desincentivam a oferta de produtos e serviços a consumidores nele domiciliados, em virtude dos custos que implicam para as empresas e os profissionais, ou redundam em preços mais elevados do que aqueles que são praticados noutros países onde tais regras não existem ou têm um conteúdo diverso. O que tem óbvia importância, por exemplo, na reforma legislativa.

A análise económica do Direito pode, nesta medida, desempenhar uma importante função auxiliar do Direito Comparado.

§ 9º Plano da exposição

Uma palavra agora a respeito do percurso que seguiremos na exposição subsequente.

Concluída a presente introdução à nossa disciplina, que compreenderá ainda uma orientação bibliográfica, ocupar-nos-emos, no Título I do presente volume, da comparação de sistemas jurídicos ou macrocomparação. Num primeiro momento, procuraremos aí caracterizar as principais tradições ou famílias jurídicas: a romano-germânica, a de *Common Law*, a muçulmana, a hindu e a chinesa. Tentaremos também determinar qual o lugar dos sistemas jurídicos africanos entre as famílias jurídicas. Num segundo momento, importará proceder a uma síntese comparativa dessas tradições ou famílias. Esta operação visará duas finalidades essenciais. Por um lado, determinar a essência dos sistemas jurídicos examinados, isto é, o *conceito de Direito* que deles se desprende. Por outro, servir de base à averiguação, que empreenderemos subsequentemente, das possibilidades de uma convergência entre esses sistemas, que alguns hoje apontam como inexorável.

No Título II, curar-se-á da interação entre os sistemas jurídicos anteriormente considerados e, em particular, da questão – que se encontra na ordem do dia –

de saber se, como já foi defendido, está presentemente em curso uma *diluição das fronteiras* entre as famílias jurídicas examinadas, tanto por via da formação de um número crescente de sistemas jurídicos híbridos (o que nos levará a examinar sucintamente os mais significativos sistemas desta espécie), como através da progressiva aproximação dessas famílias possibilitada, *v.g.*, pela intensificação dos fenómenos de receção de conteúdos jurídicos estrangeiros, que a chamada globalização veio favorecer, e pela harmonização e unificação jurídicas a que se tem procedido com crescente frequência, não apenas no âmbito das organizações de integração económica regional mas também no das Nações Unidas.

No II volume da presente obra, indagaremos o modo pelo qual a diversidade das famílias jurídicas previamente examinadas se projeta na regulação do Direito das Obrigações[100].

§ 10º Orientação bibliográfica

I – Obras gerais de Direito Comparado em língua portuguesa

ALMEIDA, Carlos Ferreira de – *Direito Comparado. Ensino e método*, Lisboa, Cosmos, 2000.
— e Jorge Morais de Carvalho – *Introdução ao Direito Comparado*, 3ª edição, Coimbra, Almedina, 2013.
CAETANO, Marcello – *Legislação Civil Comparada*, Lisboa, J. Fernandes Júnior, 1926.
DUARTE, Rui Pinto – «Uma introdução ao Direito Comparado», *O Direito*, 2006-IV, pp. 769 ss.
MENDES, João de Castro – *Direito Comparado*, Lisboa, AAFDL, 1982/1983 (com a colaboração de Armindo Ribeiro Mendes e Maria Fernanda Rodrigues).
MIRANDA, Jorge – *Notas para uma introdução ao Direito Constitucional Comparado*, separata de *O Direito*, Lisboa, 1970.
VICENTE, Dário Moura – *O Direito Comparado após a reforma de Bolonha. Relatório*, Lisboa, Coimbra Editora, 2009.

II – Obras gerais de Direito Comparado em línguas estrangeiras

AGOSTINI, Eric – *Droit comparé*, Paris, Presses Universitaires de France, 1988 (existe tradução portuguesa, por Fernando Couto, com o título *Direito Comparado* s.l., Res Jurídica, s.d.).
AJANI, Gianmaria – *Sistemi giuridici comparati. Lezioni e materiali*, Turim, G. Giappichelli Editore, 2005.
ALPA, Guido – *Il diritto privato nel prisma della comparazione*, Turim, G. Giappichelli Editore, 2004.

---

[100] Ver Dário Moura Vicente, *Direito Comparado*, vol. II, *Obrigações*, Coimbra, 2017.

— Michael Joachim BONELL, Diego CORAPI, Luigi MOCCIA, Vicenzo ZENO-ZENCOVICH e Andrea ZOPPINI – *Diritto Privato Comparato. Istituti e problemi,* 5ª ed., Roma, Editori Laterza, 2004.

ALTAVA LAVALL, Manuel Guillermo (coordenador) – *Leciones de Derecho Comparado,* Castelló de la Plana, Universitas, 2003.

ARMINJON, Pierre, Boris NOLDE e Martin WOLFF – *Traité de droit comparé,* Paris, Librairie Générale de Droit et Jurisprudence, tomos I e II, 1950; tomo III, 1952.

BLANC-JOUVAN, Xavier, e outros – *L'avenir du droit comparé,* Paris, Société de Législation Comparée, 2000.

BOGDAN, Michael – *Concise Introduction to Comparative Law,* s.l., Europa Law Publishing, 2013.

CARROZA, Paolo, Alfonso DI GIOVANE e Giuseppe F. FERRARI – *Diritto costituzionale comparato,* 2ª ed., Roma/Bari, Editori Laterza, 2010.

CHENG, Tong Io, e Salvatore MANCUSO (coordenadores) – *New Frontiers of Comparative Law,* Hong Kong, etc., Lexis Nexis, 2013.

CONSTANTINESCO, Léontin-Jean – *Traité de droit comparé,* 3 tomos, Paris, L.G.D.J./Economica, 1972/1983 (existe edição brasileira, com o título *Tratado de Direito Comparado. Introdução ao Direito Comparado,* traduzida por Maria Cristina de Cicco, Rio de Janeiro, Renovar, 1998).

CRUZ, Peter de – *Comparative Law in a Changing World,* 3ª ed., Londres/Nova Iorque, Routledge/Cavendish, 2007.

CUNIBERTI, Gilles – *Grands systèmes de droit contemporains,* Paris, L.G.D.J., 3ª ed., 2015.

DAVID, René (Chief Editor) – *The Legal Systems of the World. Their Comparison and Unification, in IECL,* Tubinga/Haia/Paris, J.C.B. Mohr/Mouton, 1975.

—, Camille JAUFFRET SPINOSI e Marie GORÉ – *Les grands systèmes de droit contemporains,* 12ª edição, Paris, Dalloz, 2016 (existe tradução brasileira de edição anterior com o título *Os grandes sistemas do direito contemporâneo,* São Paulo, Martins Fontes, 2002).

DAWSON, John P. – *The Oracles of the Law,* Ann Arbor, The University of Michigan Law School, 1968 (existe reimpressão, Buffalo/Nova Iorque, William S. Hein & Co., Inc., 1986).

DERRETT, J. Duncan M. – *An Introduction to Legal Systems,* reimpressão, Nova Deli, Universal Law Publishing Co., 1999.

FAIRGRIEVE, Duncan, e Horatia MUIR WATT – *Common Law et tradition civiliste,* Paris, Presses Universitaires de France, 2006.

FIKENTSCHER, Wolfgang – *Methoden des Rechts in vergleichender Darstellung,* 5 vols., Tubinga, J.C.B. Mohr, 1975/1977.

FRANCHIS, Francesco de – *Il Diritto Comparato dopo la riforma. Lezioni e apputi di una ricerca per l'insegnamento,* Milão, Giuffrè, 2006.

FROMONT, Michel – *Grands systèmes de droit étrangers,* 7ª ed., Paris, Dalloz, 2013.

GALGANO, Francesco – *Atlante di diritto privato comparato,* 3ª ed., Bolonha, 1999 (com a colaboração de Franco Ferrari e Gianmaria Ajani).

GAMBARO, Antonio, e Rodolfo SACCO – *Sistemi Giuridici Comparati*, 3ª ed., reimpressão, Turim, Unione Tipografico ed Editrice Torinense, 2008.

GILISSEN, John – *Introduction historique au droit*, Bruxelas, Bruyant, 1979 (existe tradução portuguesa, por António Botelho Hespanha e Manuel Macaísta Malheiros, com o título *Introdução histórica ao Direito*, 4ª edição, Lisboa, Fundação Calouste Gulbenkian, 2003).

GLENDON, Mary Ann, Paolo G. CAROZZA e Colin G. PICKER – *Comparative Legal Traditions. Text, Materials and Cases on Western Law*, 3ª ed., St. Paul, Minesota, Thomson/West, 2007.

GLENN, H. Patrick – *On Common Laws*, Oxford, Oxford University Press, 2005.

— *Legal Traditions of the World. Sustainable Diversity in Law*, 5ª ed., Oxford, Oxford University Press, 2014.

GUARNERI, Attilio – *Lineamenti di Diritto Comparato*, Pádua, CEDAM, 2003.

GUTTERIDGE, Harold Cooke – *Comparative Law. An Introduction to the Comparative Method of Legal Study and Research*, 2ª ed., Cambridge, Cambridge University Press, 1949 (existe tradução espanhola, por Enrique Jardí, com o título *El Derecho Comparado*, Barcelona, 1954).

HARDING, Andrew, e ESIN ÖRÜCÜ (orgs.) – *Comparative Law in the 21st Century*, Londres/Haia/Nova Iorque, Kluwer Academic Publishers, 2002.

HEAD, John W. – *Great Legal Traditions. Civil Law, Common Law, and Chinese Law in Historical and Operational Perspetive*, Durham, North Carolina, Carolina Academic Press, 2011.

HUSA, Jaako – *A New Introduction to Comparative Law*, Oxford/Portland, Hart, 2015.

KISCHEL, Uwe – *Rechtsvergleichung*, Munique, C.H. Beck, 2015.

KOCH, Harald, Ulrich MAGNUS e Peter WINKLER VON MOHRENFELS – *IPR und Rechtsvergleichung. Ein Studien- und Übungsbuch zum Internationalen Privat- und Zivilverfahrensrecht und zur Rechtsvergleichung*, 4ª ed., Munique, C.H. Beck, 2010.

LAITHIER, Yves-Marie – *Droit comparé*, Paris, Dalloz, 2009.

LAWSON, Frederick Henry – *A Common Lawyer Looks at the Civil Law*, Ann Arbor, The University of Michigan Law School, 1953.

LEGEAIS, Raymond – *Grands systèmes de droit contemporains. Une approche comparative*, 3ª ed., Paris, Litec, 2016.

LEGRAND, Pierre – *Le droit comparé*, 5ª ed., Paris, Presses Universitaires de France, 2016.

LOSANO, Mario – *I grandi sistemi giuridici*, Turim, Einaudi, 1978 (existe tradução portuguesa com o título *Os grandes sistemas jurídicos*, Lisboa, Presença, 1979).

MARKESINIS, Basil S. – *Foreign Law and Comparative Methodology: a Subject and a Thesis*, Oxford, Hart Publishing, 1997.

— *Comparative Law in the Courtroom and Classroom*, Oxford/Portland, Oregon, Hart Publishing, 2003.

MATTEI, Ugo, e Pier Giuseppe MONATERI – *Introduzione breve al diritto comparato*, Pádua, Cedam, 1997.

MENSKI, Werner – *Comparative Law in a Global Context. The Legal Systems of Asia and Africa*, 2ª ed., Cambridge, Cambridge University Press, 2006.

MERRYMAN, John Henry, e Rogelio PÉREZ-PERDOMO – *The Civil Law Tradition. An Introduction to the Legal Systems of Europe and Latin America*, 3ª ed., Stanford, Stanford University Press, 2007.

MÜLLER-CHEN, Markus, Christoph MÜLLER e Corinne WIDMER LÜCHINGER (orgs.) – *Comparative Private Law*, Dike, Zurique/St.Gall, 2015.

ÖRÜCÜ, Esin, e David NELKEN (orgs.) – *Comparative Law. A Handbook*, Oxford/Portland, Oregon, Hart Publishing, 2007.

PEGORARO, Lucio, e Angelo RINELLA – *Le fonti nel diritto comparato*, Turim, G. Giappichelli Editore, 2000 (existe tradução espanhola, por Marta Léon, Daniel Bergozsa e Jhoana Delgado, com o título *Las fuentes en el Derecho Comparado*, Lima, Instituto Iberoamericano de Derecho Constitucional, 2003).

PORTALE, Giuseppe B. – *Introduzione ai sistemi giuridici comparati*, 2ª ed., Turim, G. Giappichelli Editore, 2007.

RAINER, J. Michael – *Europäisches Privatrecht. Die Rechtsvergleichung*, Frankfurt a. M., Peter Lang, 2002.

— *Introduction to Comparative Law*, Viena, Manz, 2010.

RAMBAUD, Thierry – *Introduction au droit comparé. Les grandes traditions juridiques dans le monde*, Paris, PUF, 2014.

RHEINSTEIN, Max – *Einführung in die Rechtsvergleichung*, 2ª ed., por Reimer von Borries e Hans-Eckart Niethammer, Munique, C.H. Beck, 1987.

RODIÈRE, René – *Introduction au droit comparé*, Paris, Dalloz, 1979.

SACCO, Rodolfo, e Piercarlo ROSSI – *Introduzione al diritto comparato*, 6ª ed., reimpressão, Turim, Unione Tipografico ed Editrice Torinense, 2017.

SAMUEL, Geoffrey – *An Introduction to Comparative Law Theory and Method*, Oxford/Portland, 2014.

SCHNITZER, Adolf F. – *Vergleichende Rechtslehre*, 2 vols., 2ª ed., Basileia, Verlag für Recht und Gesellschaft, 1961.

SÉROUSSI, Roland – *Introduction au droit comparé*, 3ª ed., Paris, Dunod, 2008.

SIEMS, Matthias – *Comparative Law*, Cambridge, Cambridge University Press, 2014.

VERGOTTINI, Giuseppe de – *Diritto costituzionale comparato*, 2 vols., 6ª ed., Pádua, CEDAM, 2004.

WATSON, Alan – *Comparative Law: Law, Reality and Society*, s.l., Vandeplas Publishing, 2007.

WIEACKER, Franz – *Privatrechtsgeschichte der Neuzeit unter besonderer Berücksichtigung der deutschen Entwicklung*, 2ª ed., Göttingen, Vandenhoek & Ruprecht, 1967 (existe tradução portuguesa, por António Hespanha, com o título *História do Direito Privado Moderno*, 2ª ed., Lisboa, Fundação Calouste Gulbenkian, 1989).

YOUNGS, Raymond – *English, French & German Comparative Law*, 3ª ed., Londres/Nova Iorque, Routledge, 2014.

ZWEIGERT, Konrad, e Hein KÖTZ – *Einführung in die Rechtsvergleichung*, 3ª edição, Tubinga, J.C.B. Mohr (Paul Siebeck), 1996 (existe tradução inglesa, por Tony Weir, com o título *An Introduction to Comparative Law*, Oxford, Clarendon Press, 1998).

III – Enciclopédias

BASEDOW, Jürgen, Klaus J. HOPT, Reinhard ZIMMERMANN e Andreas STIER (orgs.) – *Max-Planck Encyclopedia of European Private Law*, Oxford, Oxford University Press, 2012.

BLANPAIN, Roger (org.) – *International Encyclopaedia of Laws*, Alphen aan den Rijn, Kluwer Law International, em publicação desde 1991.

DROBNIG, Ulrich, e Konrad ZWEIGERT (orgs.) – *International Encyclopedia of Comparative Law*, Tubinga, etc., J.C.B. Mohr e outros, em publicação desde 1971.

REIMANN, Mathias, e Reinhard ZIMMERMANN (orgs.) – *The Oxford Handbook of Comparative Law*, Oxford, Oxford University Press, 2006.

SMITS, Jan M. (org.) – *Elgar Encyclopedia of Comparative Law*, 2ª edição Cheltenham, Reino Unido/Northampton, Estados Unidos, Edward Elgar, 2012.

IV – Coletâneas de textos legislativos, jurisprudenciais e doutrinais

ALMEIDA, Carlos Ferreira, José ALLEN FONTES e José CUNHAL SENDIM (orgs.) – *Direito Comparado. Textos de apoio pedagógico*, 2ª edição, Lisboa, AAFDL, 1999.

BARTON, John H., James LOWELL GIBBS JR., Victor HAO LI e John Henry MERRYMAN – *Law in Radically Different Cultures*, St. Paul, Minesota, West Publishing Co., 1983.

BEALE, Hugh, e outros (orgs.) – *Cases, Materials and Text on Contract Law*, Oxford, Hart Publishing, 2002.

BEATSON, Jack, e Elto SCHRAGE (orgs.) – *Cases, Materials and Texts on Unjustified Enrichment*, Oxford/Portland, Oregon, Hart Publishing, 2003.

BUSSANI, Mauro, e Ugo MATTEI (orgs.) – *The Cambridge Companion to Comparative Law*, Cambridge, Cambridge University Press, 2012.

GEEST, Gerrit De, e Roger VAN DEN BERGH (orgs.) – *Comparative Law and Economics*, 3 vols., Cheltenham/Northampton, Edward Elgar Publishing, 2004.

GERVEN, Walter van, e outros (orgs.) – *Tort Law. Scope of Protection*, Oxford, Hart Publishing, 1998.

GINSBURG, Tom, Pier G. MONATERI e Francesco PARISI (orgs.) – *Classics in Comparative Law*, Cheltenham, Edward Elgar Publishing, 2014.

GOUVEIA, Jorge Bacelar (org.) – *As Constituições dos Estados de língua portuguesa*, 2ª ed., Coimbra, Almedina, 2006.

MEHREN, Arthur Taylor von – *The Civil Law System. Cases and Materials for the Comparative Study of Law*, Englewood Cliffs, N. J., Prentice Hall, Inc., 1957.

MERRYMAN, John Henry, David S. CLARK e John O. HALEY –*Comparative Law: Historical Development of the Civil Law Tradition in Europe, Latin America, and East Asia*, New Providence, N.J., Lexis Nexis, 2010.

MIRANDA, Jorge (org.) – *Textos históricos do Direito Constitucional*, 2ª ed., Lisboa, Imprensa Nacional/Casa da Moeda, 1990.

RIESENFELD, Stefan A., e WALTER J. PAKTER (orgs.) – *Comparative Law Casebook*, Nova Iorque, Transnational Publishers, Inc., 2001.

RILES, Anneliese – *Rethinking the Masters of Comparative Law*, Oxford/Portland, Hart Publishing, 2001.

Schlesinger's Comparative Law. Cases – Text – Materials, 7ª ed., por Ugo A. MATTEI, Teemu RUSKOLA e Antonio GIDI, Nova Iorque, Foundation Press, 2009.

SCHWENZER, Ingeborg, e Markus MÜLLER-CHEN (orgs.) – *Rechtsvergleichung. Fälle und Materialien*, Tubinga, J.C.B. Mohr (Paul Siebeck), 1996.

ZWEIGERT, Konrad, e Hans-Jürgen PUTTFARKEN (orgs.) – *Rechtsvergleichung*, Darmstadt, Wissenschaftliche Buchgesellschaft, 1978.

V – Publicações periódicas

African Journal of Legal Studies (Otava)
American Journal of Comparative Law (Berkeley, Califórnia)
Annuario di Diritto Comparato e di Studi Legislativi (Roma)
Asian Journal of Comparative Law (Singapura)
The Chinese Journal of Comparative Law (Oxford)
Comparative Law Review (Torun, Polónia)
Direito e Cidadania (Cidade da Praia)
Documentação e Direito Comparado (Lisboa)
Electronic Journal of Comparative Law (Maastricht/Tilburg/Utreque)
European Journal of Comparative Law and Governance (Leiden)
European Journal of Legal Studies (Florença)
German Law Journal (s.l.)
Global Journal of Comparative Law (Leiden/Boston)
The International and Comparative Law Quarterly (Londres)
Jahrbuch für afrikanisches Recht (Colónia)
Journal of African Law (Londres)
Maastricht Journal of European and Comparative Law (Maastricht)
Opinio Juris in Comparatione – Studies in Comparative and National Law (Pisa)
Oxford University Comparative Law Forum (Oxford)
Penant. Revue de Droit des Pays d'Afrique (Paris)
Rabels Zeitschrift für ausländisches und Internationales Privatrecht (Tubinga)
Recht in Afrika (Colónia)
Revista Brasileira de Direito Comparado (Rio de Janeiro)

Revue de Droit International et de Droit Comparé (Bruxelas)
Revue Internationale de Droit Comparé (Paris)
Scientia Iuridica. Revista de Direito Comparado Luso-Brasileiro (Braga)
The Chinese Journal of Comparative Law (Oxford)
The Journal of Comparative Law (Londres)
Tulane Journal of International and Comparative Law (Nova Orleães, Luisiana)
Yearbook of Islamic and Middle Eastern Law (Londres)
Zeitschrift für Rechtsvergleichung (Viena)
Zeitschrift für vergleichende Rechtswissenschaft (Heidelberga)

VI – Bases de dados genéricas disponíveis em linha[101]

http://www.biicl.org (British Institute of International and Comparative Law).
http://www.civil.udg.es/ecplp (European and Comparative Private Law Page).
http://www.comparativelaw.org/ (American Society of Comparative Law).
http://comparativelawblog.blogspot.com (Comparative Law Blog).
http://www.constitution.org (Constitution Society).
http://www.dvr.euv-frankfurt-o.de/Welcome.html (Der virtuelle Rechtsvergleicher).
http://www.ejcl.org (Electronic Journal of Comparative Law).
http://www.ejls.eu (European Journal of Legal Studies).
http://www.gddc.pt (Gabinete de Documentação e Direito Comparado).
http://www.germanlawjournal.com (German Law Journal).
http://www.glin.gov (Global Legal Information Network).
http://www.henricapitant.org (Association Henri Capitant des Amis de la Culture Juridique Française).
http://www.isdc.ch (Institut Suisse de Droit Comparé).
http://www.iuscomp.org (The Comparative Law Society).
http://www.iuscomparatum.org (Académie Internationale de Droit Comparé).
http://www.juriguide.com (Juriguide).
http://jurisdiversitas.blogspot.com (Jurisdiversitas).
http://en.jurispedia.org (Jurispedia).
http://www.law.cornell.edu/world/ (Legal Information Institute/Cornell University Law School).
http://www.lexadin.nl/wlg (World Legal Guide).
http://www.lexinter.net (Lexinter).
http://www.legiscompare.com (Société de Legislation Comparée).
http://www.loc.gov/law/guide (Library of Congress/Guide to Law Online).

---

[101] Acerca da utilização da Internet como instrumento de investigação no domínio do Direito Comparado, *vide* Norman Witzleb/Dieter Martiny/Ulrich Thoelke/Tim Frericks, *Comparative Law and the Internet*, disponível em http://www.ejcl.org.

http://www.loc.gov/law/public/glm (Library of Congress/Global Legal Monitor).
http://www.mpipriv-hh.mpg.de (Max-Planck-Institut für Ausländisches und Internationales Privatrecht).
http://www.nyulawglobal.org/globalex (New York University/Globalex).
http://www.ouclf.iuscomp.org (Oxford University Comparative Law Forum).
http://ucl.ac.uk/laws/global_law/index.shtml (Institute of Global Law, University College London).
http://www.utexas.edu/law/academics/centers/transnational/work_new (Institute for Transnational Law University of Texas at Austin).
http://www.verfassungsvergleich.de (International Constitutional Law).

TÍTULO I
SISTEMAS JURÍDICOS COMPARADOS

Capítulo I
Dos sistemas jurídicos em geral

§ 11º **Modelos de análise e critérios de classificação dos sistemas jurídicos**

a) **Posição do problema**
Vamos agora examinar os principais sistemas jurídicos contemporâneos. Tendo em conta as finalidades gerais da nossa disciplina, atrás enunciadas, cingiremos a análise a empreender aos sistemas jurídicos representativos dos modos mais característicos de conceber o Direito. Em ordem a identificá-los, têm sido preconizadas na doutrina diversas classificações dos sistemas jurídicos. O modelo mais comummente utilizado é a *família jurídica*. Alguns preferem, no entanto, recorrer à noção de *tradição jurídica*; outros, à de *cultura jurídica*. Importa pois, antes de mais, esclarecer em que consistem estas categorias e quais os critérios que devem adotar-se na classificação dos sistemas jurídicos. Tais as questões que procuraremos dilucidar em seguida.

b) **Famílias, tradições e culturas jurídicas**
É há muito reconhecido que os sistemas jurídicos não se encontram todos no mesmo plano, antes existe um certo número deles que operam como «centros de irradiação», a partir dos quais os restantes se foram autonomizando, constituindo com eles como que uma *família*. É neste símile que radica a tendência, que logrou afirmar-se na literatura de Direito Comparado sobretudo a partir dos meados do século pretérito, para recorrer ao conceito de *família jurídica* a fim

de designar um conjunto de sistemas jurídicos que possuem afinidades entre si quanto a certos aspetos fundamentais[102].

A comparação de Direitos assente neste modelo enfrenta hoje, todavia, certa oposição na doutrina especializada[103]. Por várias ordens de razões: *a)* Desde logo, pela impossibilidade de reconduzir às famílias jurídicas identificadas pela doutrina todos os sistemas jurídicos vigentes, em virtude da existência de *sistemas jurídicos mistos, ou híbridos,* que congregam características próprias de duas ou mais famílias jurídicas e que por isso assumem uma fisionomia específica; *b)* Depois, porque a classificação de um sistema jurídico em determinada família nem sempre é válida para todos os ramos do Direito, podendo o mesmo sistema, em consequência disso, ser integrado em famílias distintas consoante a matéria que se considere; *c)* Finalmente, porque há sistemas jurídicos que refletem uma particular conceção do Direito, de especial relevo técnico ou cultural, mas que não se inserem em qualquer família jurídica, sendo por conseguinte ignorados numa análise comparativa empreendida sob a égide deste conceito.

O certo porém é que tais dificuldades são de alguma sorte inevitáveis em todas as representações simplificadas da realidade. Por outro lado, são inegáveis as virtualidades do conceito de família jurídica no plano pedagógico, dada a maior facilidade que confere à compreensão do fenómeno da pluralidade e da diversidade dos Direitos e à determinação do lugar que cada sistema jurídico singularmente considerado ocupa no universo dos sistemas jurídicos[104]. Daí que ele continue a ser utilizado em obras de referência[105].

---

[102] Cfr., por todos, Arminjon/Nolde/Wolff, *Traité de droit comparé*, tomo I, Paris, 1950, pp. 47 ss. (que distinguiam, nesta base, as famílias jurídicas francesa, germânica, escandinava, inglesa, russa, islâmica e hindu); e René David, *Traité élementaire de droit civil comparé. Introduction à l'étude des droits étrangers et à la méthode comparative*, Paris, 1950, pp. 215 ss. (que autonomizava os sistemas de Direito ocidental, soviético, muçulmano, hindu e chinês).

[103] Ver sobre o ponto: Hein Kötz, «Abschied von der Rechtskreisenlehre?», *ZEuP*, 1998, pp. 493 ss.; William Twining, «Globalisation and comparative law», *in eiusdem, Globalisation and Legal Theory*, Evanston, Illinois, 2000, pp. 174 ss.; Basil Markesinis, *Comparative Law in the Courtroom and Classroom. The Story of the Last Thirty-Five Years*, Oxford/Portland, Oregon, 2003, p. 4; Jakko Husa, «Classification of Legal Families Today. Is it Time for a Memorial Hymn?», *RIDC*, 2004, pp. 11 ss.; Armindo Ribeiro Mendes, «A existência de famílias de ordenamentos jurídicos e as críticas recentes às classificações tradicionais», *in Estudos jurídicos e económicos em homenagem ao Prof. Doutor António de Sousa Franco*, Lisboa, 2006, vol. I, pp. 317 ss.; Esin Örücü, «A General View of "Legal Families" and of "Mixing Systems"», in Esin Örücü/David Nelken (orgs.), *Comparative Law. A Handbook*, Oxford/Portland, Oregon, 2007, pp. 169 ss.; Giuseppe Portale, *Introduzione ai sistemi giuridici comparati*, 2ª ed., Turim, 2007, pp. 34 ss.; e Siems, *Comparative Law*, pp. 80 ss. e 93 ss.

[104] Sublinha também este ponto Jaako Husa, «Legal families», *in* Jan M. Smits (org.), *Elgar Encyclopedia of Comparative Law*, 2ª ed., Cheltenham, Reino Unido/Northampton, Estados Unidos, 2012, pp. 491 ss. (p. 494).

[105] Cfr., nomeadamente, Zweigert/Kötz, *Einführung in die Rechtsvergleichung*, 3ª ed., Tubinga, 1996, pp. 62 ss. (na tradução inglesa, pp. 63 ss.); Peter de Cruz, *Comparative Law in a Changing World*, 3ª

No entanto, vários autores empregam preferencialmente o conceito de *tradição jurídica* a fim de designarem os sistemas jurídicos a que aludiremos adiante[106]. Compreende-se neste conceito, para uns, «qualquer conjunto de atitudes historicamente condicionadas, relativas à natureza do Direito, ao papel deste na sociedade e na *polis*, à organização e ao funcionamento do sistema jurídico, bem como ao modo pelo qual o Direito deve ser criado, aplicado, estudado, aperfeiçoado e ensinado»[107]. Para outros, trata-se antes de toda a informação normativa transmitida através das gerações (ou, melhor, de um complexo de institutos, valores e conceitos jurídicos objeto dessa transmissão)[108]. Ambas as orientações colocam, pois, a ênfase na *genealogia* dos sistemas jurídicos e na *continuidade* da ideia de Direito que os caracteriza. O que, em si, nada tem de objetável. A verdade porém é que, tomada a rigor qualquer daquelas definições, cada sistema jurídico corresponderia a uma tradição *a se stante*. Como modelo destinado a reduzir a complexidade dos fenómenos sociais que o Direito Comparado tem por objeto e a facilitar a sua compreensão, a prestabilidade do conceito de tradição jurídica, definido nos referidos moldes, é assim limitada.

O mesmo reparo pode ser dirigido ao conceito de *cultura jurídica*, pelo menos quando este seja tomado como sinónimo de tradição jurídica, como sugere Alan Watson[109], ou de «padrões estáveis de conduta social juridicamente orientados»,

---

ed., Londres/Nova Iorque, 2007, pp. 27 s. e 32 ss.; René David/Camille Jauffret-Spinosi/Marie Goré, *Les grands systèmes de droit contemporains*, pp. 15 ss.; e Raymond Legeais, *Les grands systèmes de droit contemporains. Une approche comparative*, 3ª ed., Paris, 2016, pp. 107 ss., que observa, a p. 114: «Même si elle a de "l'usure", la notion de "famille" est encore utilisable. Mais elle ne suffit pas à présenter les systèmes de droit, d'où le recours, que nous pensons nécessaire, à la notion de "groupe" et de "sous-groupe"».

[106] Ver, designadamente, H. Patrick Glenn, «Doin' the Transsystemic: Legal Systems and Legal Traditions», McGill L.J., 2005, pp. 864 ss.; *idem*, «Comparative Legal Families and Comparative Legal Traditions», in Mathias Reimann/Reinhard Zimmermann (orgs.), *The Oxford Handbook of Comparative Law*, Oxford, 2006, pp. 421 ss.; *idem*, «The National Legal Tradition», *EJCL*, 2007, vol. 11.3; *idem, Legal Traditions of the World*, cit., *passim*; Mary Ann Glendon/Paolo G. Carozza/Colin G. Picker, *Comparative Legal Traditions. Text, Materials and Cases on Western Law*, 3ª ed., St. Paul, Minesota, 2007; John Henry Merryman/Rogelio Pérez-Perdomo, *The Civil Law Tradition. An Introduction to the Legal Systems of Europe and Latin America*, 3ª ed., Stanford, 2007, *passim*; John Henry Merryman/David S. Clark/John O. Haley, *Comparative Law: Historical Development of the Civil Law Tradition in Europe, Latin America, and East Asia*, New Providence, N.J., 2010, *passim*; John W. Head, *Great Legal Traditions. Civil Law, Common Law and Chinese Law in Historical and Operational Perspective*, Durham (Carolina do Norte), 2011; e Thierry Rambaud, *Introduction au droit comparé. Les grandes traditions juridiques dans le monde*, Paris, 2014, pp. 1 ss.

[107] Assim Merryman/Pérez-Perdomo, *The Civil Law Tradition*, cit., p. 2; Head, *Great Legal Traditions*, cit., pp. 5 ss.

[108] Cfr., neste sentido, H. Patrick Glenn, *Legal Traditions of the World*, cit., pp. 13 ss.

[109] Vide «Legal Culture v. Legal Tradition», in Mark Van Hoecke (org.), *Epistemology and Methodology of Comparative Law*, Oxford/Portland, Oregon, 2004, pp. 1 ss. Em sentido discordante, veja-se,

consoante propõe David Nelken[110]. É certo que alguns autores classificam as culturas jurídicas de acordo com o que entendem ser as grandes *famílias culturais* da atualidade: a africana, a asiática, a islâmica e a ocidental[111]. A verdade, todavia, é que, independentemente do acerto deste enunciado de culturas, existem, como a exposição subsequente tornará claro, diferenças muito acentuadas entre os sistemas jurídicos que integram cada uma dessas famílias culturais, quer quanto ao modo de conceber o Direito que neles prevalece, quer no tocante à relevância que a este é conferida na regulação da vida social, quer ainda relativamente aos ideais através dele prosseguidos e às técnicas e métodos por ele adotados. Essas diferenças retiram, a nosso ver, todo o interesse à agregação na mesma cultura jurídica de tais sistemas jurídicos. Entendido do referido modo, este conceito é, assim, inservível para os fins que aqui temos em vista.

Pode, no entanto, tomar-se a noção de tradição jurídica (bem como a de cultura jurídica) numa aceção diversa, *maxime* como uma *forma típica de conceber o Direito historicamente encarnada em certo ou certos sistemas jurídicos*. Sempre que seja partilhada por diferentes sistemas jurídicos, uma tradição ou cultura jurídica, assim entendida, corresponderá a uma *família jurídica*. Nesta medida, não haverá antinomia entre os modelos de análise atrás referidos.

c) Critérios de classificação

Mas qual o critério com base no qual havemos de ordenar os sistemas jurídicos em tradições ou famílias?

Duas ordens fundamentais de critérios têm sido propostos para esse efeito: o que se baseia nas características técnico-jurídicas do sistema ou sistemas jurídicos considerados e o que apela preferencialmente à sua filiação cultural e ideológica.

De acordo com o primeiro, haveria que atender sobretudo a aspetos como as fontes do Direito, o método de descoberta da solução dos casos concretos, a organização judiciária e o regime a que se subordina o exercício das principais profissões jurídicas. Em suma, cuidar-se-ia essencialmente de apurar o modo como se formam, revelam e são aplicadas em cada sistema jurídico as normas que o integram.

Nos termos do segundo (que conheceu na doutrina formulações muito diversas), avultariam antes como fatores atendíveis as instituições jurídicas que

---

porém, H. Patrick Glenn, «Legal Cultures and Legal Traditions», *in ibidem*, pp. 7 ss.
[110] Cfr. «Defining and Using the Concept of Legal Culture», *in* Esin Örücü/David Nelken (orgs.), *Comparative Law. A Handbook*, Oxford/Portland, Oregon, 2007, pp. 109 ss. (p. 113); e «Legal culture», *in* Jan M. Smits (org.), *Elgar Encyclopedia of Comparative Law*, 2ª ed., Cheltenham, Reino Unido/Northampton, Estados Unidos, 2012, pp. 480 ss..
[111] Ver Mark van Hoecke/Mark Warrington, «Legal Cultures, Legal Paradigms and Legal Doctrine: Towards a New Model for Comparative Law», *ICLQ*, 1998, pp. 495 ss.

caracterizam cada sociedade, as conceções religiosas, filosóficas e políticas que historicamente as determinaram e os valores fundamentais através delas prosseguidos.

Supomos que nenhum dos referidos fatores pode ser desprezado nem erigido em critério único. Uma caracterização dos sistemas jurídicos não pode evidentemente descurar a sua componente normativa e por conseguinte as formas pelas quais as normas jurídicas são criadas, reveladas e aplicadas. Mas também não pode, sob pena de distorcer a realidade a que se reporta, ignorar os valores que constituem o fundamento último do ordenamento jurídico, os princípios que os exprimem normativamente e as instituições que os personificam – em suma, a *ideia de Direito* que o inspira.

A chave do problema em apreço está portanto na combinação dos critérios referidos. Eis por que na exposição subsequente observaremos um *critério compósito*, em conformidade com o qual atenderemos não apenas às fontes do Direito em cada um dos sistemas considerados, ao método ou métodos de descoberta da solução do caso singular neles observados, aos meios de resolução de litígios neles disponíveis, ao regime da formação dos juristas e do exercício das profissões jurídicas, mas também aos elementos formativos (históricos, religiosos, ideológicos e outros) desses sistemas, aos conceitos fundamentais por eles empregados e ao lugar que o Direito ocupa neles como instrumento de regulação da vida em sociedade.

Em suma, não nos importará tanto o conteúdo regulatório dos sistemas jurídicos em causa, mas antes o *conceito de Direito* que deles se desprende.

Precisando o que dissemos anteriormente, definiremos o conceito de família jurídica como *um conjunto de sistemas jurídicos dotados de afinidade técnico-jurídica, ideológica e cultural, representativo de determinado conceito de Direito.*

Esses sistemas jurídicos podem corresponder ao Direito em vigor no território de determinado Estado; mas podem igualmente, como se verá adiante, vigorar apenas num âmbito territorial mais restrito ou até ter um escopo meramente pessoal.

d) Sistemas jurídicos e civilizações

Já se tem visto nas civilizações o critério fundamental de repartição dos sistemas jurídicos por famílias ou categorias análogas[112]. Embora, como resulta do acima

---

[112] Assim Léontin-Jean Constantinesco, *Traité de droit comparé*, tomo III, cit., pp. 456 ss.; e Eric Agostini, *Droit comparé*, Paris, 1988, pp. 9 s. Entre nós, vejam-se, na mesma linha geral de orientação, Paulo Ferreira da Cunha, *Princípios de Direito. Introdução à Filosofia e Metodologia Jurídicas*, Porto, s.d., p. 184; idem, *Filosofia do Direito*, Coimbra, 2006, pp. 260 s.; e José de Oliveira Ascensão, *O Direito. Introdução e teoria geral*, 13ª ed., Coimbra, 2005, p. 147 (que todavia reconhece dificuldades a esse critério: cfr. p. 151). Do referido entendimento se faz também eco Patrícia Jerónimo em *Os direitos*

exposto, nos identifiquemos com a preocupação fundamental que subjaz a esta tese – a de adotar um critério de diferenciação das famílias ou tradições jurídicas que transcenda os aspetos puramente técnicos ou formais –, não a acompanharemos aqui.

Quando falamos de civilizações queremos, por certo, aludir a formas duradouras e homogéneas de organização da vida social, vigentes em determinado espaço geográfico e assentes, além do mais, em certas regras comummente aceites de conduta individual. O Direito é, pois, um elemento constitutivo das civilizações e as suas fontes escritas – códigos, sentenças, manuais, etc. – contam-se não raro entre as mais relevantes manifestações civilizacionais.

Tal não significa, porém, que os modelos fundamentais de estruturação jurídica das comunidades humanas correspondem às grandes civilizações. Por várias ordens de razões, que a exposição subsequente tornará mais nítidas: *a)* Há, desde logo, civilizações no seio das quais é possível discernir sistemas jurídicos fortemente diferenciados entre si, inclusive no plano dos ideais que servem; *b)* Existem, por outro lado, civilizações que baseiam o seu Direito no de outras, ou que conjugam características próprias dos sistemas jurídicos de várias civilizações; *c)* Além disso, para certas civilizações o Direito não tem a mesma relevância que assume noutras ou não apresenta uma pujança análoga à que nelas atingiram outras expressões culturais (como a arte, a ciência, etc.); *d)* E há, finalmente, nas civilizações uma perenidade que transcende em muito a das formas e até a dos ideais jurídicos.

Tomemos, a fim de ilustrar o que acabamos de dizer, o elenco das civilizações proposto por Fernand Braudel (1902-1985) na sua *Gramática das Civilizações*[113]. O autor distingue nesta obra seis civilizações: a islâmica, a da África negra, a do Extremo Oriente, a europeia, a norte-americana e a russa ou soviética. Como se verá adiante, à primeira corresponde uma família jurídica autónoma. Mas o mesmo não se pode dizer a respeito de qualquer das demais civilizações identificadas por Braudel: não há, por exemplo, uma família jurídica africana (nem sequer uma família que congregue os sistemas jurídicos da África subsariana); no Extremo Oriente (tal como Braudel o concebe) encontramos pelo menos duas famílias jurídicas (a hindu e a chinesa), bem como diversos sistemas jurídicos híbridos (por exemplo, o filipino, o indonésio e o japonês); a Europa reparte-se também por diferentes famílias jurídicas (a de *Common Law* e a romano-germânica); na América do Norte vigoram distintos sistemas jurídicos, em que

---

do homem à escala das civilizações. Proposta de análise a partir do confronto dos modelos ocidental e islâmico, Coimbra, 2001, especialmente pp. 181 ss.

[113] Cfr. *Grammaire des Civilisations*, Paris, reimpressão, 1993 (existe tradução portuguesa, por Telma Costa, com o título *Gramática das Civilizações*, Lisboa, 1989).

sobressaem os de *Common Law*; e a denominada família jurídica socialista (cuja autonomização nunca foi pacífica na doutrina) desagregou-se após a queda do muro de Berlim, embora não haja desaparecido a civilização russa.

Conduziria a dificuldades semelhantes a transposição para o domínio jurídico dos elencos das civilizações contemporâneas apresentados por Arnold Toynbee (1852-1883), em *Um Estudo de História*[114], onde se distinguem as civilizações cristã ocidental, cristã ortodoxa, islâmica, hindu e extremo-oriental; e, mais recentemente, por Samuel Huntington, em *O Choque das Civilizações*[115], no qual se autonomizam as civilizações sínica, japonesa, hindu, islâmica, ortodoxa, ocidental, latino-americana e africana.

À mundividência própria de cada civilização não corresponde, pois, necessariamente determinado modelo de organização jurídica da vida em sociedade. Vendo a questão sob outro ângulo, dir-se-á que não é possível caracterizar uma civilização pelo seu Direito. O que a nosso ver se explica essencialmente pelas influências externas que se fazem sentir na formação dos sistemas jurídicos e pela diferente importância que é atribuída ao Direito por cada civilização como modo de regulação das condutas individuais. Tanto basta para que o conceito em análise seja inservível como critério de diferenciação das famílias de Direitos.

§ 12º Elenco e características dos principais sistemas jurídicos

a) Principais sistemas jurídicos na atualidade

I – Na base do critério referido, é possível distinguir atualmente cinco grupos de sistemas jurídicos, que correspondem a outras tantas famílias jurídicas. Por ordem decrescente da sua proximidade relativamente ao sistema jurídico português, estas são:

  a) A *família jurídica romano-germânica*, também dita continental ou de *Civil Law*. No seio desta podem autonomizar-se três ramos: o dos sistemas jurídicos de matriz francesa (que compreendem, além do Direito francês, o belga, o espanhol e os dos países sul-americanos de língua castelhana); o dos sistemas de matriz germânica (alemão, suíço e austríaco); e o dos sistemas dos países nórdicos ou escandinavos em sentido lato (Dinamarca, Noruega, Suécia, Finlândia e Islândia). Embora estes sistemas jurídicos

---

[114] Cfr. *A Study of History*, Nova Iorque/Oxford, reimpressão, 1987, tomo I, *Abridgement of volumes I-VI*; tomo II, *Abridgement of volumes VII-X*, por D.C. Somervell (existe tradução portuguesa, por Francisco Vieira de Almeida, com o título *Um estudo de história*, Lisboa, 1964).
[115] Cfr. *The Clash of Civilizations and the Remaking of World Order*, Nova Iorque, 1997 (há tradução portuguesa, por Henrique M. Lajes Ribeiro, com o título *O choque das civilizações e a mudança na ordem mundial*, 2ª ed., Lisboa, 2001).

possuam características distintas, que têm levado alguns a reconduzi-los a famílias jurídicas diversas[116], não prevalecem neles, como veremos, *conceitos de Direito* diferentes, razão pela qual cremos poder agregá-los numa só família jurídica[117];

b) A *família jurídica de Common Law*, ou anglo-americana, na qual pontificam o Direito inglês e o dos Estados Unidos da América;

c) A *família jurídica muçulmana*, ou *islâmica*, na qual se compreendem os sistemas jurídicos vigentes nos países africanos e asiáticos onde predomina o Islamismo e em que a *Xaria* constitui a fonte primordial de Direito;

d) A *família jurídica hindu*, com expressão em diversos países africanos e asiáticos, entre os quais se destacam a Índia e o Nepal, onde as suas regras são aplicáveis aos que professam o Hinduísmo; e

e) A *família jurídica chinesa*, na qual se compreendem os Direitos da República Popular da China e de Taiwan.

II – A estas famílias jurídicas acrescia, até recentemente, a *família dos Direitos socialistas*, na qual se incluía a generalidade dos sistemas jurídicos que vigoravam nos países da Europa de Leste, bem como nos demais países onde predominavam regimes de economia planificada, assentes na socialização dos meios de produção, e onde prevaleciam regimes políticos autoritários assentes na ideologia marxista. Como traços característicos desses sistemas jurídicos podiam apontar-se a subordinação do Direito a finalidades de índole política e ideológica, a ausência de uma verdadeira separação de poderes e a restrição das liberdades cívicas e económicas.

Com a mudança de regimes políticos verificada em muitos desses países a partir de 1989, modificou-se também a natureza dos sistemas jurídicos neles vigentes[118]. Vários deles passaram, com efeito, a integrar a família dos sistemas romano-germânicos (donde, aliás, segundo alguns, nunca haviam saído). Tal o

---

[116] Cfr. Zweigert/Kötz, *Einführung in die Rechtsvergleichung*, cit., p. 68 (na tradução inglesa, p. 69). No sentido da autonomização de uma família jurídica nórdica, que todavia considera um «parente próximo» da de *Civil Law*, veja-se Jaako Husa, *A New Introduction to Comparative Law*, pp. 227 ss.

[117] Neste sentido também, Gilles Cuniberti, *Grands systèmes de droit contemporains*, 3ª ed., Paris, 2015, p. 33 ; René David/Camille Jauffret-Spinosi/Marie Goré, *Les grands systèmes de droit contemporains*, pp. 17 s.; Raymond Legeais, *Grands systèmes de droit contemporains*, p. 116 ; e Kischel, *Rechtsvergleichung*, pp. 389 ss. (aludindo a este propósito a um «contexto continental europeu») Entre nós, sustentam opinião semelhante Ferreira de Almeida/Morais de Carvalho, *Introdução ao Direito Comparado*, cit., p. 40. Não é outra a orientação seguida pelos autores anglo-saxónicos que denominam esta família jurídica de *Civil Law Tradition*: ver, por muitos, John Henry Merryman/Rogelio Pérez-Perdomo, *The Civil Law Tradition*, p. 1.

[118] Ver, sobre o ponto, Francesco Galgano et al., *Atlante di Diritto Privato Comparato*, 3ª ed., Bolonha, 1999, pp. 2 s.; Denis Tallon, «Existe-t-il encore un système de droit socialiste?», in Ingeborg

caso, nomeadamente, do Direito da antiga República Democrática Alemã, a cujo território se estendeu, após a reunificação ocorrida em 1990, o Direito vigente na República Federal da Alemanha.

Importa no entanto reconhecer que vários sistemas jurídicos de países da Europa Central, entretanto integrados na União Europeia (como é o caso da Polónia), retiveram alguns traços identitários da cultura jurídica própria dos Direitos socialistas, entre os quais o «*hiperpositivismo*» que caracteriza o respetivo pensamento jurídico – patente, designadamente, na preferência pela interpretação literal da lei, na redução das fontes de Direito a esta última e no pronunciado formalismo das decisões judiciais –, que levam alguns a sustentar a sobrevivência de uma *tradição jurídica socialista*, que constituiria o esteio de uma *família jurídica centro-europeia*[119].

Um tanto diverso é também o caso do Direito russo.

Não houve, por certo, na Rússia uma receção do Direito Romano como a que ocorreu no centro e no sul da Europa e que foi determinante da formação da família jurídica romano-germânica. Porém, a conversão no século IX dos povos eslavos ao Cristianismo ortodoxo colocou-os sob a esfera de influência da Igreja e do Direito bizantinos (este último baseado, além do mais, nas fontes justinianeias)[120]. Ao longo dos séculos subsequentes, em particular durante a ocupação mongol, a civilização e o Direito russos distanciaram-se muito significativamente dos da Europa Ocidental. Predominaram então as fontes consuetudinárias.

A História da Rússia nos séculos XVIII e XIX revela um intenso esforço de ocidentalização, que no plano cultural eliminou boa parte desse distanciamento. O Direito não foi exceção neste vasto movimento de aculturação, tendo a pandectística alemã encontrado seguidores na Rússia. Não surpreende, por isso, que a ciência jurídica russa seja há muito tributária da dos demais países do continente europeu, em particular da alemã[121].

Enquanto existiu a União Soviética (1922-1991), a ligação do Direito russo à família jurídica romano-germânica esbateu-se, porém, consideravelmente, mercê, entre outros aspetos, da coletivização dos meios de produção, da sujeição dos contratos económicos aos planos estatais (e da correlativa obrigatoriedade da sua

---

Schwenzer/Günter Hager (orgs.), *Festschrift für Peter Schlechtriem zum 70. Geburtstag*, Tubinga, 2003, pp. 413 ss.

[119] Ver, neste sentido, Rafał Mańko, «Survival of the Socialist Legal Tradition? A Polish Perspective», *Comparative Law Review*, 2013, pp. 1 ss., que conclui: «The Socialist Legal Family may well be dead and buried, but the same cannot be said of the Socialist Legal Tradition».

[120] Sobre o ponto, cfr. Rodolfo Sacco, «Il sustrato romanistico del diritto civile dei paesi socialisti», *Riv. Dir. Civ.*, 1969, pp. 115 ss.

[121] Ver Franz Wieacker, *História do Direito Privado Moderno* (tradução portuguesa, por António Hespanha, Lisboa, s.d.), p. 583.

celebração em certas circunstâncias), da generalização da responsabilidade objetiva e da subordinação do aparelho judiciário ao Partido Comunista. A conceção socialista do Direito é, aliás, fundamentalmente hostil à regulação das relações económicas pelo Direito Privado, afastando-se também neste ponto capital da tradição romano-germânica[122].

Na Constituição de 1993[123] e no Código Civil de 1994 (completado entre 1996 e 2006)[124] foi retomada a ligação do Direito russo à família romano-germânica, em virtude da consagração nesses textos de alguns dos princípios estruturantes dos sistemas jurídicos que integram aquela família de Direitos. Assim, a atual Constituição russa prevê a separação dos poderes legislativo, executivo e judiciário (art. 10º) e acolhe um vasto catálogo de direitos fundamentais (que têm efeito direto segundo o art. 18º). Por seu turno, o novo Código Civil consigna como princípios fundamentais, entre outros, a igualdade, a liberdade contratual e a propriedade privada[125]; e adota a técnica legislativa característica dos sistemas romanistas.

Permanecem todavia na Rússia contemporânea algumas instituições características do Direito anterior à dissolução da União Soviética. Tal o caso da *Prokuratura*, que congrega funções geralmente atribuídas ao Ministério Público nos sistemas romano-germânicos, assim como outras, que contendem com o controlo da legalidade dos atos da administração pública. Por outro lado, apesar da consagração do princípio do Estado de Direito na Constituição (art. 1º), permanece incerto o efetivo alcance desse princípio na vida social russa, nomeadamente em razão da debilidade das instituições judiciárias. Além disso, a intervenção maciça do Estado na vida social através dos órgãos administrativos diminui o impacto

---

[122] Veja-se a carta dirigida por Lenine a Dmitry Kursky, então Comissário do Povo para a Justiça, em 20 de fevereiro de 1922, na qual o primeiro declarava a respeito da nova legislação civil russa em preparação: «Não reconhecemos nada que seja "privado" e encaramos tudo o que releva da esfera económica como pertencente ao Direito Público e não ao Direito Privado. Só permitimos o capitalismo de Estado [...]. Portanto, a nossa tarefa consiste em alargar a intervenção do Estado nas relações jurídicas "privadas"; em alargar o direito do Estado de anular contratos "privados"; em aplicar às "relações jurídicas civis" não o *corpus juris romani*, mas antes o nosso conceito revolucionário de Direito». Cfr. *Lenin Collected Works*, vol. 36, Moscovo, 1971, pp. 560 ss.

[123] De que existem traduções inglesa, francesa e alemã disponíveis em http://www.constitution.ru.

[124] Disponível, em inglês, em http://www.russian-civil-code.com.

[125] Cfr. o art. 1º, nº 1: «Os princípios em que se funda a legislação civil são a igualdade das partes nas relações civis, a intangibilidade da propriedade, a liberdade contratual, a inadmissibilidade de interferências arbitrárias em assuntos privados, o exercício sem impedimentos dos direitos civis e a garantia da reparação dos direitos lesados, bem como da sua protecção judicial» (tradução da nossa responsabilidade, a partir da versão alemã de Stefanie Solotych, *Das Zivilgesetzbuch der Russischen Föderation. Textübersetzung mit Einführung*, Baden-Baden, vol. I, 2ª ed., 1997; vol. II, 2001).

real do novo Código Civil; a própria sociedade russa não terá ainda assimilado inteiramente o espírito da nova codificação[126].

Eis, em suma, por que o Direito russo é hoje, para alguns, um sistema jurídico «em transição», sendo nessa medida por enquanto indeterminado o seu lugar entre as famílias jurídicas[127].

Já se tem posto a questão de saber se, em razão das afinidades que o atual Direito russo possui com os de outros Estados membros da denominada Comunidade de Estados Independentes (CEI)[128] – decorrentes nomeadamente de em 1994 ter sido por eles adotado um *Código Civil Modelo* baseado na codificação russa – não deveriam os mesmos ser integrados numa nova família jurídica, que teria sucedido à família socialista. A verdade, porém, é que não existe, ao menos por enquanto, um Direito comum a esses Estados. O que se deve principalmente a duas ordens de razões. Por um lado, a CEI não dispõe de órgãos dotados de poderes normativos. Por outro, vários dos seus Estados membros possuem populações maioritariamente muçulmanas, que se regem pelo Direito islâmico. Acresce que se regista contemporaneamente uma certa «atração europeia» da Rússia e das outras antigas repúblicas soviéticas, bem patente na adesão de várias delas à Convenção Europeia dos Direitos do Homem, que depõe no sentido de se qualificarem os respetivos sistemas jurídicos como um subgrupo da família jurídica romano-germânica[129]. Os ordenamentos jurídicos desses Estados não constituem, por isso, uma família jurídica autónoma.

O Direito da República Popular da China, embora mantenha na Constituição, como se verá[130], a referência aos princípios fundamentais do comunismo, não pode hoje ter-se como representativo de um sistema socialista, atenta a opção, feita em 1992, pela economia de mercado e a subsequente reorganização do ordenamento jurídico chinês (que incluiu a consagração da propriedade privada).

Quanto aos Direitos dos países que preservam, em maior ou menor medida, sistemas socialistas, como Cuba e a Coreia do Norte, não se nos afiguram poderem ser erigidos, por si sós, numa família jurídica, dado o seu restrito alcance e as profundas diferenças que os separam um do outro no plano cultural.

---

[126] Neste sentido, Bernard Dutoit, *Le droit russe*, Paris, 2008, p. 46.
[127] *Vide* William E. Butler, *Russian Law*, Oxford, 2003, p. 5; *idem*, «Russian law», *in* Jan M. Smits (org.), *Elgar Encyclopedia of Comparative Law*, 2012 Cheltenham, Reino Unido/Northampton, Estados Unidos, 2006, pp. 777 ss. (p. 782).
[128] Constituída em 1991. São actualmente membros dela, além da Rússia, a Arménia, o Arzebaijão, a Bielorrússia, o Casaquistão, a Moldávia, o Quirguistão, a Ucrânia (que, embora tenha participado na fundação da Comunidade e intervenha regularmente nos seus trabalhos, não ratificou a Carta que a instituiu, sendo por isso tida como membro de facto), o Uzbequistão e o Tadjiquistão. O Turquemenistão retirou-se em 2005 (tendo todavia mantido a condição de membro associado).
[129] Cfr. Raymond Legeais, *Les grands systèmes de droit contemporains*, pp. 250 ss.
[130] Cfr. *infra*, § 63º, alínea *a*).

III – Deve notar-se, antes de prosseguirmos, que a classificação de sistemas jurídicos assim preconizada, sendo válida para o Direito Privado, não o é necessariamente para o Direito Público, e em particular para o Direito Constitucional. Este último apresenta, com efeito, na ótica do Direito Comparado, importantes especialidades, pois nele o *Common Law* dá lugar a duas famílias jurídicas (a inglesa e a americana) e o Direito alemão (tal como outros que em matéria de Direito Privado integram a família romano-germânica) é irredutível a uma única família jurídica[131].

Não falta, aliás, quem ponha em dúvida a própria admissibilidade do agrupamento de sistemas constitucionais em famílias, dada a intensidade e a extensão das interações entre esses sistemas e o contraste entre os regimes de Estado de Direito e os que o repelem[132].

Um dos aspetos incontornáveis de todas as classificações de sistemas jurídicos é, assim, a sua *relatividade*: consoante o domínio do Direito que se considere, descobrir-se-ão potencialmente diferentes famílias ou tradições jurídicas.

b) Sua caracterização

Vejamos agora o que de essencial caracteriza as famílias e tradições jurídicas atrás referidas.

I – Na família jurídica romano-germânica, o Direito assume uma função nuclear na regulação da vida social.

Revela-o, por um lado, a tendência ainda hoje prevalecente (pese embora a contemporânea crise do normativismo) para deduzir o comando que há de governar as situações concretas da vida a partir de normas previamente formuladas para uma generalidade de situações abstratamente delimitadas. Frequentemente, a aplicação dessas normas traduz-se no reconhecimento de direitos subjetivos,

---

[131] Ver, sobre o ponto, Jorge Miranda, *Notas para uma introdução ao Direito Constitucional Comparado*, Lisboa, 1970, pp. 80 ss.; idem, *Manual de Direito Constitucional*, tomo I, 9ª ed., Coimbra, 2011, pp. 115 ss.; Giuseppe de Vergottini, *Diritto costituzionale comparato*, vol. I, 6ª ed., Pádua, 2004, p. 2; Giuseppe F. Ferrari, «"Civil law" e "common law": aspetti pubblicistici», in Paolo Carroza/Alfonso di Giovane/Giuseppe F. Ferrari (orgs.), *Diritto costituzionale comparato*, 2ª ed., Roma/Bari, 2010, pp. 645 ss. Marie-Claire Ponthoreau, *Droit(s) Constitutionnel(s) comparé(s)*, Paris, 2010, pp. 43 ss.; Günter Frankenberg, "Comparative Constitutional law", in Bussani/Mattei (orgs.), *The Cambridge Companion to Comparative Law*, cit., pp. 171 ss.; e Ricardo Fiuza, *Direito Constitucional Comparado*, 5ª ed., Belo Horizonte, 2013; e José Melo Alexandrino, *Lições de Direito Constitucional*, vol. I, Lisboa, 2015, pp. 59 ss. A respeito da autonomia do Direito Constitucional Comparado, vejam-se Catarina Santos Botelho, «*Lost in Translations* – A crescente importância do Direito Constitucional Comparado», in AAVV, *Estudos em homenagem ao Professor Doutor Carlos Ferreira de Almeida*, vol. I, Coimbra, 2011, pp. 49 ss.; e Roberto Scarciglia, *Introducción al Derecho Constitucional Comparado*, Madrid, 2011, pp. 17 ss.

[132] Neste sentido, Jorge Miranda, *Manual*, cit., p. 111.

consistentes no poder de exigir de outrem certa conduta ou de produzir certos efeitos na esfera jurídica alheia e na correlativa imposição de deveres jurídicos. Há nesta família jurídica uma *cultura dos direitos*, bem patente na ideia, proclamada por Rudolph von Jhering (1818-1892), segundo a qual a «luta pelo direito subjetivo» constitui um dever do seu titular para consigo próprio e de todos para com a sociedade[133].

Por outro lado, o funcionamento dos poderes constituídos subordina-se nesta família jurídica a regras jurídicas, que visam impedir o arbítrio e a prepotência: tal a ideia reitora do *princípio do Estado de Direito* («*Rechtsstaat*», «*État de Droit*»), que, nascido na Alemanha no século XIX, daí irradiou para os demais países do continente europeu. Esse princípio postula, além do mais, a *separação de poderes*, que já anteriormente obtivera expressão literária de relevo na obra fundamental de Montesquieu (1689-1755)[134]. São ainda corolários dele a soberania popular, a salvaguarda dos direitos fundamentais da pessoa humana, a independência dos tribunais, a vinculação da administração pública à lei e a proteção da confiança individual nas suas diferentes expressões[135].

É igualmente a separação de poderes (ou pelo menos certo entendimento dela) que explica a importância conferida à lei como fonte de Direito na família jurídica romano-germânica. No mesmo sentido concorre a circunstância de a lei ser tida nesta família jurídica, desde Rousseau (1712-1778)[136], como a expressão por excelência da *vontade geral*, na qual radica essencialmente a legitimidade do poder político. Nascido com a revolução francesa, o *culto da lei* marca ainda hoje muito profundamente os sistemas jurídicos da Europa continental, que sob este ponto de vista se distinguem claramente dos de *Common Law*.

Outra nota característica desta família jurídica é a influência fundamental que exerceu na sua formação o Direito Romano, o qual está na origem de muitas das suas instituições civis. Vigorou, além disso, como Direito subsidiário em vários países, onde coexistiu com Direitos locais fundados nos costumes germânicos.

---

[133] Cfr. *Der Kampf um's Recht*, Viena, 1872 (existe tradução portuguesa, por Fernando Luso Soares Filho, com o título *A luta pelo Direito*, Lisboa, 1992).
[134] Cfr. *De l'esprit des lois*, Genebra, 1748, livro XI, onde o autor sustenta a necessidade da separação dos poderes legislativo, executivo e judicial como condição de liberdade.
[135] Sobre o tema, vejam-se, numa perspectiva de comparação de Direitos, Luc Heuschling, *État de droit, Rechtsstaat, Rule of Law*, Paris, 2002; e Emílio Kafft Kosta, *Estado de Direito, O paradigma zero: entre lipoaspiração e dispensabilidade*, Coimbra, 2007, pp. 77 ss. Podem ainda consultar-se a este respeito: Marcello Caetano, *Manual de Ciência Política e Direito Constitucional*, t. I, 6ª ed., Lisboa, 1970, pp. 320 ss.; Jorge Miranda, *Manual de Direito Constitucional*, t. IV, 2ª ed., Coimbra, 1998, pp. 177 ss.; José Joaquim Gomes Canotilho, *Direito Constitucional e Teoria da Constituição*, 7ª ed., Coimbra, 2006, pp. 243 ss.; Paulo Otero, *Direito Constitucional Português*, vol. I, *Identidade Constitucional*, Coimbra, 2010, pp. 51 ss.; e Diogo Freitas do Amaral, *História do Pensamento Político Ocidental*, Coimbra, 2011, pp. 211 ss.
[136] Cfr. *Du contrat social ou principes de droit politique*, Amesterdão, 1752, Livro II, capítulo VI.

Foi, de resto, a influência concorrente destes últimos na formação da família jurídica em apreço que, como veremos, lhe deu a sua designação.

Como ideais ou valores jurídicos fundamentais avultam nesta família jurídica, desde a revolução francesa, a liberdade, a igualdade e a solidariedade.

II – Diferentemente do que sucede na família romano-germânica, os sistemas jurídicos de *Common Law* ficaram, no essencial, imunes à influência do Direito Romano.

Não obstante isso, também neles o princípio do Estado de Direito («*rule of law*») desempenha um papel nuclear na legitimação do poder político e do Direito constituído – posto que o entendimento dominante desse princípio seja, nestes sistemas jurídicos, diverso daquele que prevaleceu na família romano-germânica[137]. O *rule of law* compreende, com efeito, na formulação que lhe deu Albert Venn Dicey (1835-1922) numa obra clássica[138], três elementos fundamentais: *a)* O Estado («*Government*») está subordinado ao Direito e exerce o seu poder sobre os cidadãos exclusivamente através dele («*primacy of law*»); *b)* Todos os cidadãos, incluindo os funcionários e agentes administrativos, estão igualmente submetidos ao Direito e à jurisdição dos tribunais comuns («*equality before law*»); e *c)* As regras da Constituição não são a fonte, mas antes a consequência, das decisões pelas quais os tribunais definem e tornam efetivos os direitos individuais. A separação de poderes não integra, pois, os corolários do *rule of law*. Como se verá adiante, a separação de poderes é, no Reino Unido, *imperfeita*[139]; e mesmo o sistema de *freios e contrapesos* que o Direito Constitucional norte-americano consagrou não implica uma rigorosa autonomização do poder judicial relativamente aos demais poderes constituídos.

Compreende-se, à luz do exposto, o lugar proeminente conferido à jurisprudência nos sistemas de *Common Law*, aí elevada, através da força vinculativa reconhecida aos precedentes judiciais, à condição de fonte primordial de Direito. Já as normas legais possuem neles caráter excecional; e quando existem revestem-se de um grau de abstração notoriamente inferior ao das normas legais dos sistemas romano-germânicos.

Prefere-se geralmente, nos sistemas em apreço, a valoração das situações concretas da vida à luz da solução anteriormente dada a casos idênticos ou análogos e dos *policy issues* por elas suscitados. Por isso pôde um dos mais ilustres juízes

---

[137] Veja-se, confrontando a situação em Inglaterra e nos Estados Unidos com a do continente europeu, Friedrich Hayek, *The Constitution of Liberty*, reimpressão, Londres, 1990, pp. 193 ss.
[138] Cfr. *Introduction to the Study of the Law of the Constitution*, 8ª ed., reimpressão, Indianapolis, 1982 (originariamente publicado em 1885), pp. 120 s.
[139] Assim, Raymond Youngs, *English, French & German Comparative Law*, 3ª ed., Londres/Nova Iorque, 2014, p. 12.

norte-americanos do século XIX, Oliver Wendell Holmes (1841-1935), sustentar que «a essência do Direito não é a lógica, mas antes a experiência».[140]. Mais do que um conjunto de normas, o Direito é, assim, tido como um conjunto de «remédios jurídicos» criados caso a caso pela jurisprudência. Tende pois a vingar uma *perspetiva jurisdicionalista* do Direito. Este evolui essencialmente por pequenos incrementos gerados sobretudo pelas decisões judiciais e ditados pelas próprias necessidades da vida; não através de grandes reformas legislativas.

Dá-se prioridade, além disso, à formação de regras «da base para o topo» (*bottom up*) e não «do topo para a base» (*top down*). A *autorregulação*, ou regulação pelos próprios interessados, goza por isso de especial favor nos sistemas de Common Law.

Da mesma conceção fundamental flui a reserva com que são encaradas em Inglaterra as declarações de direitos individuais. «Não há qualquer dificuldade», escreveu Dicey[141], «e frequentemente há muito pouco a ganhar com isso, em declarar a existência de um direito à liberdade pessoal. A verdadeira dificuldade está em assegurar a sua aplicação efetiva. As leis sobre o *habeas corpus* lograram realizar este objetivo e por conseguinte fizeram mais pela liberdade dos ingleses do que teria feito qualquer declaração de direitos».

A liberdade e a igualdade são, no mundo de *Common Law*, os grandes ideais jurídicos (porventura mais a primeira do que a segunda, como o revelam a História dos Estados Unidos da América no tocante ao tratamento conferido às minorias étnicas e a contemporânea preocupação com a eficiência económica). É justamente a intenção de preservar a liberdade individual que justifica algumas das características distintivas dos sistemas de *Common Law*, às quais nos referiremos mais de espaço adiante: o julgamento das causas cíveis e criminais por um júri; o *habeas corpus*; o recrutamento dos magistrados entre antigos advogados; e a adoção do princípio acusatório em processo civil. Já a ideia de solidariedade tem, ao menos na disciplina das relações entre privados, menor expressão nesses sistemas jurídicos.

III – Muito diversa desta é a conceção de Direito prevalecente na família jurídica muçulmana ou islâmica.

Desde logo, porque nela o Direito se subordina à religião. Melhor: é parte desta, pois a base fundamental em que repousam os sistemas que integram esta família jurídica – o seu núcleo essencial – consiste na *Xaria*[142] (também grafada

---

[140] Cfr. *The Common Law*, 1881 (reimpressão, Boston/Nova Iorque/Toronto/Londres, 1963), p. 5: «The life of the law has not been logic: it has been experience».
[141] Ob. cit., p. 134.
[142] Termo árabe que na linguagem comum significa «o caminho que leva ao bebedouro» (cfr. J. D. Garcia Domingues, «Xaria», in *Enciclopédia Verbo Luso-Brasileira de Cultura. Edição século XXI*,

Charia ou *Shari'a*), ou seja, o conjunto de regras reveladas que todos os muçulmanos devem observar.

Essas regras constam designadamente do Corão e da *Suna*, i. é, os relatos acerca das falas e atos de Maomé, recolhidos pelos doutores do Islão.

O Direito muçulmano é, assim, um *Direito revelado*. Nenhuma entidade humana tem, por isso, autoridade para decretá-lo ou modificá-lo. Nisto se distingue do Direito Canónico. Este, dado que emana na sua maior parte das autoridades eclesiásticas, é fundamentalmente obra humana. Em virtude do seu idealismo, o Direito muçulmano já foi aproximado do Direito Natural. Mas, como se verá adiante, é mais o que os separa do que aquilo que os une.

Pelo exposto, a lei, na aceção ocidental do termo, não integra as fontes do Direito muçulmano. O que não significa que não existam hoje leis nos países onde vigora o Direito muçulmano. Tirando, porém, as leis constitucionais (onde existem) e, em casos excecionais, certas leis ordinárias, estas apenas visam complementar a *Xaria*.

O Direito muçulmano é, além disso, um *Direito de base pessoal*, pois apenas vale nas relações entre muçulmanos e em certos aspetos das relações entre estes e não muçulmanos.

A ideia de Estado de Direito é fundamentalmente estranha ao Direito muçulmano – além do mais, porque não é do Estado que, no essencial, ele provém. Por outro lado, o Direito muçulmano rejeita, em pontos capitais, a ideia de igualdade: a posição da mulher no casamento, por exemplo, é subordinada à do marido, dado que lhe deve obediência e não pode repudiá-lo, estando além disso sujeita a correção por parte do seu consorte. Além disso, o Direito muçulmano não confere tratamento igual a muçulmanos e não muçulmanos. Só nas relações entre muçulmanos do sexo masculino se pode afirmar que o Direito muçulmano é igualitário. Também a ideia de liberdade individual lhe é estranha, tanto no plano religioso como no da participação cívica. Mas não o é uma ética de solidariedade, patente designadamente na proibição da usura e no dever de dar esmola aos pobres, que o Corão consagra.

IV – Passemos ao Direito hindu. Também este é de base religiosa e pessoal, aplicando-se essencialmente aos mais de mil milhões de hindus que vivem na Índia e noutros países asiáticos (como a Malásia, o Nepal, o Paquistão, Singapura e a Indonésia, onde se concentram essencialmente na ilha de Bali), africanos (*v.g.* o Quénia, o Uganda e a Maurícia) e oceânicos (de que são exemplo as Ilhas Fiji). Não se confunde, pois, com o Direito indiano, que é um Direito híbrido e complexo, integrado por vários ordenamentos jurídicos pessoais e locais, alguns dos

vol. 29, col. 1107).

quais, como veremos adiante, de matriz europeia. No entanto, os aspectos mais característicos do Direito indiano, que permitem distingui-lo dos sistemas jurídicos integrados nas famílias jurídicas atrás referidas, consistem precisamente em certas regras e instituições inspiradas no Direito hindu clássico. O mesmo se pode dizer de outros sistemas jurídicos, como o nepalês.

O Direito hindu tem na sua origem o denominado *Dharma*. Este conceito, de difícil tradução, exprime em sânscrito, entre outras, a ideia de dever. Não se trata, porém, apenas – ou sequer principalmente – do dever jurídico, mas antes do dever ético-religioso. Funda-se numa ordem transcendente ao Homem, ao qual este há de ajustar as suas condutas. O *Dharma* exerce, no entanto, uma influência determinante nas instituições jurídicas vigentes nas comunidades hindus. O Direito hindu apresenta, nesta medida, um cunho religioso, embora as fontes reveladas estejam neste caso mais distantes do que no Direito muçulmano.

Na evolução do Direito hindu podem distinguir-se pelo menos quatro fases: *a)* Na primeira, dita de Direito hindu clássico, as principais fontes escritas são as *Dharmasastras*, elaboradas entre 200 a. C. e 400 d.C. por sacerdotes brâmanes, a partir da tradição relativa aos livros sagrados do Hinduísmo (os denominados *Vedas*) e dos usos e costumes coevos. Entre esses textos sobressai o chamado *Código de Manu* (sécs. II a III d.C.), que examinaremos adiante. *b)* Na segunda, que se inicia no século XII, com a formação do Sultanato de Deli, ao qual sucedeu, a partir do século XVI, o Império mongol da Índia, o Direito hindu sofreu o influxo do Direito muçulmano, com o qual conviveu de então em diante, sendo nessa época a sua aplicação não raro confiada a juízes muçulmanos (*cádis*). *c)* Na terceira, correspondente à colonização europeia da Índia, ganham relevo como fontes de Direito, sobretudo a partir dos meados de século XIX, os precedentes formados com base nas decisões proferidas pelos magistrados ingleses na Índia e pelo Conselho Privado da Rainha, assim como as codificações portuguesas de usos e costumes hindus, que deram origem, respetivamente, ao *Direito anglo-hindu* e ao *Direito luso-hindu*. *d)* Na quarta, que se abre com a independência da Índia, em 1947, são adotadas pelo Parlamento indiano novas leis aplicáveis aos hindus em matéria de casamento, menores, sucessões, adoção e alimentos, as quais formam o denominado *Código Hindu*. Este introduz reformas fundamentais no Direito hindu, tendentes a ajustá-lo à Constituição indiana. É a fase do Direito hindu moderno. Os preceitos deste cingem-se agora praticamente às relações familiares e sucessórias, visto que durante a fase antecedente o *Common Law* praticamente se lhe substituíra, na Índia britânica, em matéria de tráfico corrente de bens e serviços e da propriedade.

Muito mais acentuadamente do que o Direito muçulmano, o Direito hindu rejeita a ideia de *igualdade*: o próprio *Dharma* comporta deveres diferentes em função do sexo, da idade e, em especial, da *casta*. A discriminação com base nesta foi decerto proibida pela Constituição indiana de 1949; mas continua a ser praticada nas comunidades hindus. Estas regem-se ainda hoje por um princípio de *hierarquia*.

Por outro lado, o Direito hindu comporta uma *forte diversidade* em razão dos territórios onde se aplica, motivo pelo qual tem sido qualificado como uma família jurídica[143]. Essa diversidade está, de resto, em consonância com o caráter muito heterogéneo do Hinduísmo, por vezes caracterizado mais como uma *comunidade de credos* do que como uma religião propriamente dita.

V – Consideremos, por último, o Direito chinês. Este tem sido caracterizado ora como uma tradição jurídica[144], ora como uma cultura jurídica *sui generis*[145]. A pluralidade de expressões de que esse Direito se reveste, da qual daremos conta adiante, permite também caracterizá-lo como uma família jurídica. Seja porém qual for a sua qualificação mais exata, afigura-se-nos que, dada a singularidade das conceções que lhe subjazem acerca da função do Direito, bem como sobre o modo preferível de regular a vida em sociedade[146], e atenta também a influência que em diversos momentos da História exerceu sobre outros sistemas jurídicos (mormente o japonês, o vietnamita e o coreano), o Direito chinês merece ser colocado no mesmo plano que os demais sistemas jurídicos aqui considerados e examinado separadamente deles.

O Direito chinês distingue-se, entre outros aspetos, pelo desfavor com que encara o Direito (*Fa*). O ideal de vida em sociedade é a *harmonia*, mesmo que isso implique renúncia aos direitos subjetivos. O Direito só é aplicado na resolução dos conflitos sociais quando a conciliação falhar: esta corresponde ao modo preferível de assegurar a paz social. O Direito é, pois, um *mal necessário*. Eis o que permite diferenciar a conceção chinesa do Direito da islâmica e da hindu, para as quais o Direito, ainda que suprapositivo ou ideal, constitui um pilar essencial da vida em sociedade.

Ao Direito contrapõe-se na China o *Li*, isto é, os ritos cuja observância permite evitar os conflitos e assegurar a paz social. Ritos esses de que decorrem deveres de conduta diferenciados em função do *status* de cada um. Também aqui não há, pois, lugar para a ideia de igualdade perante a lei.

---

[143] Neste sentido, Werner Menski, *Comparative Law in a Global Context. The Legal Systems of Asia and Africa*, 2ª ed., Cambridge, 2006, pp. 19 e 201.

[144] Cfr. Jerome Alan Cohen/R. Randle Edwards/Fu-Mei Chang-Chen, *Essays on China's Legal Tradition*, Princeton, N.J., 1980; Hélène Piquet, *La Chine au carrefour des traditions juridiques*, Bruxelas, 2005, pp. 27 ss.

[145] Cfr. Robert Heuser, *Einführung in die chinesische Rechtskultur*, Hamburgo, 2002, p. 39.

[146] Reconhecida, entre outros, por René David/Camille Jauffret-Spinosi/Marie Goré, que incluem o Direito chinês entre os «grandes sistemas de Direito contemporâneos» por si examinados: cfr. *Les grands systèmes de droit contemporains*, pp. 22 e 435 ss.

Estes traços essenciais refletem a influência que tiveram no pensamento chinês certas doutrinas filosóficas, sociais e morais, entre as quais avultou, até ao séc. XX, o Confucionismo. Para este, há uma ordem natural no mundo físico, que deve ser imitada nas relações entre os seres humanos, em ordem a atingir-se a harmonia, que é tida como a perfeição.

A abertura à economia de mercado levou, é certo, ao surgimento na República Popular da China de leis de tipo ocidental, entre as quais os *Princípios de Direito Civil* adotados em 1986. Por outro lado, na Região Administrativa Especial de Macau, assim como na de Hong Kong, mantiveram-se basicamente inalteradas, em conformidade com o princípio «um país, dois sistemas», as leis vigentes à data da transferência da administração para a República Popular da China[147]. E em Taiwan vigoram ainda hoje, posto que muito alteradas, as codificações adotadas nos anos vinte do século pretérito pelo regime nacionalista que, no termo do conflito militar que o opôs ao Partido Comunista chinês, viria a radicar-se na Ilha Formosa.

Mas é duvidoso que essas leis tenham na vida social chinesa a mesma relevância de que gozam as fontes homólogas dos países ocidentais: preferentemente, na China as leis não são aplicadas, nem se recorre aos tribunais, se for possível eliminar os conflitos sociais de outra forma. O Direito chinês tem, nesta medida, um *papel subsidiário* na preservação da ordem social, que o distingue nitidamente do Direito dos países ocidentais.

c) Sistemas jurídicos híbridos

Como referimos acima, nem todos os sistemas jurídicos existentes na atualidade se integram numa única família ou tradição jurídica: há também *sistemas jurídicos híbridos*, ou mistos, que apresentam características próprias de diferentes famílias ou tradições jurídicas.

Estão neste caso, em matéria de Direito Privado:

a) Os sistemas jurídicos da Escócia, do Quebeque, da Luisiana, da África do Sul e de Israel, que combinam elementos característicos da família romano-germânica com outros, extraídos da família de *Common Law* ou de Direito religioso (no caso de Israel);

b) Os sistemas jurídicos de vários países do Magrebe, como Marrocos, a Líbia, a Argélia, a Tunísia e o Egito, nos quais se entrecruzam o Direito romano-germânico e o islâmico;

---

[147] Veja-se a *Declaração Conjunta do Governo da República Portuguesa e do Governo da República Popular da China Sobre a Questão de Macau*, aprovada para ratificação pela Resolução da Assembleia da República nº 25/87, publicada no D.R., I série, nº 286, de 14 de dezembro de 1987.

c) Os sistemas jurídicos de certos países muçulmanos que foram colónias inglesas, como o Paquistão, os quais conjugam a influência do *Common Law* com o Direito islâmico; e

d) O Direito do Japão, no qual se fazem sentir as influências do Direito chinês, do Direito romano-germânico e do *Common Law*.
Voltaremos a este tema adiante[148].

d) Sistemas jurídicos e religiões

I – Do que dissemos até aqui resulta já ser muito significativa a relevância da religião na formação dos sistemas jurídicos[149]. O que bem se compreende, pois as ideias religiosas contam-se entre os elementos que mais profundamente moldam a mentalidade e os valores de cada povo; e o Direito não é, na sua essência, senão uma expressão desses valores.

Sob o ponto de vista das suas relações com a religião, os sistemas jurídicos acima sumariamente descritos repartem-se por duas categorias fundamentais.

De uma banda, temos os sistemas de *subordinação do Direito à religião*: o muçulmano, o judaico e o hindu (pese embora, no tocante a este último, a pluralidade de credos que caracteriza o Hinduísmo). Estes sistemas jurídicos surgem por vezes agrupados na categoria dos *Direitos religiosos*[150] – *hoc sensu*, Direitos cujas fontes primordiais são textos religiosos ou em que a religião fornece o funda-

---

[148] Cfr. os §§ 70º a 79º.

[149] Ver, sobre o tema, Walter Simons, «La signification des réligions pour la science du droit comparé», *in* AAVV, *Introduction à l'étude du droit comparé. Recueil d'études en l'honneur d'Édouard Lambert*, vol. I, Paris, 1938, pp. 82 ss.; Lorde MacMillan, «Law and Religion», *in Law and Other Things*, Cambridge, 1937, pp. 55 ss.; AAVV, *La révélation chrétienne et le droit. Colloque de Philosophie du Droit*, Paris, 1961; Adolf Schnitzer, *Vergleichende Rechtslehre*, 2ª ed., Basileia, 1961, vol. II, pp. 412 s.; Luís Cabral de Moncada, *Filosofia do Direito e do Estado*, vol. 2º, Coimbra, 1966, pp. 142 s.; Helmut Coing, *Grundzüge der Rechtsphilosophie*, 5ª ed., Berlim/Nova Iorque, 1993, pp. 164 ss.; Paulo Otero, *Lições de Introdução ao Estudo do Direito*, I vol., 1º t., Lisboa, 1998, pp. 254 ss.; Harold J. Berman, *Faith and Order. The Reconciliation of Law and Religion, reimpressão*, Grand Rapids, Michigan/Cambridge, Reino Unido, 2000; *idem*, «Comparative Law and Religion», *in* Mathias Reimann/Reinhard Zimmermann (orgs.), *The Oxford Handbook of Comparative Law*, Oxford, 2006, pp. 739 ss.; Andrew Huxley (org.), *Religion, Law and Tradition. Comparative studies in religious law*, Londres, 2002; Diogo Freitas do Amaral, *Manual de Introdução ao Direito*, vol. I, Coimbra, 2004, pp. 98 ss.; Jorge Bacelar Gouveia, «Religião e Estado de Direito – Uma visão panorâmica», *in Estudos jurídicos e económicos em homenagem ao Prof. Doutor António de Sousa Franco*, Lisboa, 2006, pp. 429 ss. (especialmente pp. 431 ss.); e José Hermano Saraiva, *O que é o Direito?*, Lisboa, 2009, pp. 103 ss; e Ralf Michaels, «Religiöse Rechte und postsäkulare Rechtsvergleichung», *in* Reinhard Zimmermann (org.), *Zukunftsperspektive der Rechtsvergleichung*, Tubinga, 2016, pp. 39 ss. Vejam-se ainda os estudos coligidos no tomo 38 dos *Arch. Phil. Droit*, com o título *Droit et réligion*.

[150] Assim, Adolf Schnitzer, *Vergleichende Rechtslehre*, cit., vol. I, pp. 325 ss.; Zweigert/Kötz, ob. cit., pp. 296 ss. (na tradução inglesa, pp. 303 ss.).

mento dos principais institutos e regras jurídicas – ou dos *Direitos revelados*, i. é, Direitos que se entende procederem, direta ou indiretamente, de uma divindade e cujas finalidades últimas têm caráter transcendente. Nesses sistemas, os livros sagrados contêm preceitos jurídicos diretamente aplicáveis aos casos singulares; e o seu âmbito pessoal de aplicação é definido em razão da pertença do indivíduo a certa comunidade identificada pela religião que nela é predominantemente observada. A comparação destes Direitos envolve de alguma sorte a comparação das religiões de que eles fazem parte; e a compreensão destas últimas não pode ignorar a sua vertente normativa[151]. Observe-se, a este propósito, que se situam num plano algo diverso os *Direitos eclesiásticos*, ou sejam, os Direitos próprios das Igrejas, de que é exemplo o Direito Canónico. Este, sendo decerto também um Direito religioso[152], tem não apenas fontes divinas (a Sagrada Escritura e a Tradição), mas também fontes humanas (*maxime* o Código de Direito Canónico); e deixa ao Direito estadual um espaço de regulação das relações entre os seus destinatários que não tem paralelo, por exemplo, no Direito muçulmano[153].

No pólo oposto dos sistemas jurídicos religiosos situam-se os que se caracterizam, ao menos no plano formal, pela *independência recíproca* entre Direito e religião e que, nesta medida, se podem dizer laicos. Estes são, fundamentalmente, os sistemas jurídicos integrados nas famílias romano-germânica e de *Common Law*[154]. Nalguns destes sistemas jurídicos admitem-se, não obstante o princípio da laicidade do Estado, *relações de coordenação* entre o Direito emanado deste último e o Direito eclesiástico. É o que sucede, *v.g.*, em Portugal, em Espanha e em Itália, em virtude das Concordatas celebradas entre estes países e a Santa Sé[155]: por força delas, reconhecem-se efeitos na ordem jurídica interna desses Estados aos casamentos católicos e às sentenças proferidas sobre certas matérias pelos tribunais eclesiásticos.

---

[151] Cfr., nesta linha de orientação, Jacob Neusner/Tamara Sonn, *Comparing Religions through Law. Judaism and Islam*, Londres/Nova Iorque, 1999.
[152] Haja vista designadamente ao cânone 1752 do Código de Direito Canónico, segundo o qual «a salvação das almas [...] deve ser sempre a lei suprema na Igreja».
[153] Para um confonto entre este e o Direito Canónico, veja-se o que dizemos adiante, no § 42º, alínea *a*).
[154] A autonomia do Direito relativamente à religião (assim como relativamente à moral e à política) é, por isso, apontada como um dos traços distintivos dos sistemas jurídicos ocidentais. Cfr. Mauro Bussani, "Democracy and the Western legal tradition", *in* Bussani/Mattei (orgs.), *The Cambridge Companion to Comparative Law*, cit., p. 387.
[155] A Concordata entre Portugal e a Santa Sé data de 18 de maio de 2004 e foi aprovada para ratificação pela Resolução da Assembleia da República nº 74/2004, de 16 de Novembro. Cfr. Saturino Gomes (coordenador), *Estudos sobre a Nova Concordata Santa Sé-República Portuguesa, 18 de Maio de 2004*, Lisboa, 2006.

II – Abster-nos-emos, em todo o caso, nesta obra de agrupar os sistemas jurídicos referidos em primeiro lugar numa única família jurídica ou categoria análoga[156]. Por diversas razões.

Em primeiro lugar, porque para nós as relações entre o Direito e a religião constituem, como dissemos, um dos fatores a considerar na classificação dos sistemas jurídicos em famílias, mas não o único. Não podem, pois, ser tomadas como critério determinante da classificação de certo ou certos sistemas jurídicos.

Em segundo lugar, porque mesmo nos sistemas ditos de independência recíproca entre Direito e religião o fundamento último de muitas instituições jurídicas é confessional. Este é, aliás, um dos motivos por que a nosso ver não pode haver uma «comparação pura» de sistemas jurídicos, circunscrita à análise de normas ou institutos jurídicos: a fim de se captar a *essência* dos sistemas jurídicos, há que de tomar em conta os fatores metajurídicos que os moldaram – e entre estes sobressai a religião. Em maior ou menor grau, todos os sistemas jurídicos se acham impregnados de valores religiosos: todos eles têm, por assim dizer, um *fundo religioso*, dado pelas crenças e valores religiosos dominantes na sociedade em que vigoram. O princípio da igualdade perante a lei, por exemplo, é essencialmente uma noção cristã[157]. E a própria distinção entre Direito secular e eclesiástico tem as suas raízes no Cristianismo. De resto, não são só os textos sagrados do Islamismo e do Judaísmo que contêm preceitos jurídicos: também os primeiros cinco livros da Bíblia cristã (o *Pentateuco*) são em boa parte um repositório de regras de conduta, que marcaram indelevelmente os sistemas jurídicos ocidentais. Na realidade, todas as religiões originárias do Médio Oriente contêm, em maior ou menor medida, um *corpus* de regras jurídicas reveladas, plasmadas num livro sagrado. O que não significa que seja idêntico o espaço que reconhecem ao Direito estadual na disciplina das relações interindividuais: este é, como se verá adiante, bastante mais amplo no Cristianismo[158] do que no Islamismo[159] e no Judaísmo[160].

Em terceiro lugar, porque também as religiões exprimem em alguma medida os usos, os costumes e o sentimento de justiça dos povos que as professam. Tal a razão por que diversas religiões comportam no seu seio diferentes escolas de pensamento cujo âmbito de influência se define na base de critérios territoriais ou pessoais. A própria religião tende, nesta medida, a ajustar-se à sociedade em

---

[156] Ver porém, Zweigert/Kötz, ob. cit., pp. 296 ss. (na tradução inglesa, pp. 303 ss.), que autonomizam sob a epígrafe «sistemas jurídicos religiosos» os Direitos islâmico e hindu, examinando-os separadamente dos demais.
[157] Voltaremos a este ponto adiante, no § 14º, alínea *d*), nº I.
[158] Haja vista, em especial, ao que dizemos no § 14º, alínea *d*), nº VII.
[159] Ver *infra*, § 41º, alínea *a*).
[160] Ver *infra*, § 76º.

que é observada e àquilo que os seus membros têm por justo ou desejável nas relações interindividuais. A ideia de subordinação do Direito à religião não pode, assim, ser tomada em sentido absoluto. A sua prestabilidade como critério de classificação dos sistemas jurídicos em famílias é, também por isso, limitada.

e) Lugar do Direito português entre os sistemas jurídicos

Mas qual o lugar do Direito português entre os sistemas jurídicos até aqui considerados?

Parece claro que ele se integra na família romano-germânica. Desde logo, pela sua matriz histórica: o Direito Romano vigorou em Portugal até ao séc. XIX como Direito subsidiário (posto que a partir da *Lei da Boa Razão* apenas na medida em que se mostrasse conforme com a *recta ratio*); e influenciou decisivamente o Direito Privado português[161]. Depois, pelo seu sistema de fontes, em que avulta a lei. Finalmente, pelo método segundo o qual no âmbito dele são predominantemente resolvidos os casos concretos, isto é, a partir de regras gerais e abstratas, e não de precedentes.

Pode, no entanto, perguntar-se a qual dos ramos em que se divide essa família pertence o Direito português.

Para alguns autores, seria ao que designam por *domínio, família, grupo ou círculo romanístico* (*romanischer Gebiet, famille de droits romanistes, romanische Gruppe, romanischer Rechtskreis*)[162].

Há muito, porém, que a ciência jurídica portuguesa incorporou os quadros mentais do pandectismo germânico[163]. E desde a entrada em vigor do Código Civil de 1966 o Direito Privado português está muito mais próximo do alemão do que do francês[164]. Neste sentido depõem nomeadamente: *a)* A adoção no Código Civil português da sistematização germânica do Direito Civil; *b)* A inclusão na Parte Geral do Código de uma regulamentação minuciosa do negócio jurídico e da declaração negocial, claramente tributária da dogmática germânica e da conceção abstrata do Direito que a inspira; *c)* O regime da formação dos contra-

---

[161] Ver infra, § 14º, alíneas *b)* e *e)*.
[162] Ver, respectivamente, Adolf Schnitzer, ob. cit., vol. I, p. 207; Constantinesco, ob. cit., p. 84; Max Rheinstein, *Einführung in die Rechtsvergleichung*, cit., p. 78; e Zweigert/Kötz, ob. cit., p. 68 (na tradução inglesa, p. 69).
[163] Ver António Menezes Cordeiro, *Teoria geral do Direito Civil. Relatório*, Lisboa, 1988, pp. 131 ss.; idem, *Tratado de Direito Civil*, I, 4ª ed., Coimbra, 2012, pp. 235 ss. Sobre o fenómeno paralelo ocorrido no Brasil, veja-se Otavio Luiz Rodrigues Junior, "A influência do BGB e da doutrina alemã no Direito Civil brasileiro do século XX", *Revista dos Tribunais*, 2013, pp. 79 ss.
[164] Cfr., a respeito da influência exercida pela doutrina e pela legislação germânicas sobre o anteprojecto de Código Civil, Wilhelm Wengler, «Der Entwurf für ein neues portugiesisches Zivilgesetzbuch», *AcP*, 1967, pp. 64 ss.; e Jorge Sinde Monteiro, «Manuel de Andrade e a influência do BGB sobre o Código Civil português de 1966», *BFDUC*, 2002, pp. 1 ss.

tos, nomeadamente no que respeita à perfeição da declaração negocial e à revogabilidade da proposta, o qual provém do Direito alemão; *d)* As regras sobre a *culpa in contrahendo*, que, embora recebidas do Código Civil italiano, se filiam na doutrina alemã da relação obrigacional sem deveres primários de prestação constituída com a entrada em negociações; *e)* O regime da interpretação e da integração dos negócios jurídicos, assente no binómio declarante-declaratário; *f)* As múltiplas referências feitas no Código à boa-fé, largamente tributárias do labor da doutrina e da jurisprudência alemãs ao longo do séc. XX e da conceção social do Direito que as inspirou; *g)* A distinção entre a representação e o mandato, que o Direito francês desconhece; *h)* O regime da modificação ou resolução do contrato por alteração de circunstâncias, igualmente sem paralelo no Código Civil francês; *i)* A inclusão entre as fontes das obrigações da gestão de negócios e do enriquecimento sem causa, a respeito do qual o Código Civil francês não contém qualquer disposição genérica; e *j)* A regra geral sobre a responsabilidade civil extracontratual, que procura delimitar as factispécies geradoras do dever de indemnizar, definindo como tais apenas as violações de direitos absolutos e de disposições legais de proteção de interesses alheios, o que importa a rejeição de uma cláusula geral de estilo francês.

A filiação do Direito português no germânico não resulta, aliás, apenas do Código Civil, antes se revela também em outros diplomas legais posteriores a ele, que adotaram a técnica legislativa e os conceitos próprios do Direito alemão, como o Regime Jurídico das Cláusulas Contratuais Gerais[165] e o Código das Sociedades Comerciais[166].

O Direito Privado português pertence hoje, por todo o exposto, ao ramo alemão da família romano-germânica.

No Direito Público, é mais mitigada a influência germânica. A Constituição portuguesa, por exemplo, recebeu essencialmente o modelo francês de organização do poder político, patente *inter alia* no estatuto, no regime de eleição e nas competências do Presidente da República[167]. Não obstante isso, ela aproxima-se em diversos aspetos do sistema alemão[168]. É o caso, nomeadamente, de eficácia

---

[165] Aprovado pelo D.L. nº 446/85, de 25 de outubro.
[166] Aprovado pelo D.L. nº 262/86, de 2 de setembro.
[167] Ver, sobre o impacto daquele modelo no Direito Constitucional português, Jorge Miranda, *Manual de Direito Constitucional*, tomo I, 8ª ed., Coimbra, 2009, pp. 167 s.
[168] Cfr. André Thomashausen, «Der Einfluss des Grundgesetzes auf ausländisches Verfassungsrecht: Portugal», *in* Klaus Stern (org.), *40 Jahre Grundgesetz. Entstehung, Bewährung und internationale Ausstrahlung*, Munique, 1990, pp. 243 ss.; Paulo Otero, *Direito Constitucional português*, vol. I, *Identidade constitucional*, cit., pp. 290 e 295 s.; Fausto de Quadros, "Der Einfluss des Grundgesetzes auf die portugiesische Verfassung aus der Sicht eines portugiesischen Verfassungsrechtlers", *in Jahrbuch des Öffentlichen Rechts der Gegenwart*, vol. 58, Tubinga, 2010, pp. 41 ss.

reconhecida ao Direito Internacional na ordem interna[169], do regime de aplicabilidade direta e de eficácia em relação a terceiros (*Drittwirkung*) dos preceitos sobre direitos liberdades e garantias[170], da consagração do direito ao livre desenvolvimento da personalidade[171] e do sistema de fiscalização da constitucionalidade[172].

Pode, nesta medida, dizer-se que o Direito português recebeu e combinou os contributos alemão e francês para a família jurídica romano-germânica.

f) O Direito comum de língua portuguesa

I – Como se verá ao longo desta obra, a evolução dos sistemas jurídicos sempre dependeu, em alguma medida, de fenómenos de *receção* ou *transplante* de ordens jurídicas estrangeiras ou passadas[173].

Vários fenómenos dessa natureza tiveram por objeto o Direito português. Está neste caso o que ocorreu no Brasil após a independência, onde, em virtude do art. 1º da Lei de 20 de outubro de 1823[174], as Ordenações Filipinas permaneceram em vigor, em matéria civil, até 1 de janeiro de 1917, data em que começou a aplicar-se o novo Código Civil, cujo art. 1807 as revogou no tocante às matérias por ele reguladas. Mas também este diploma legal, não obstante os traços de originalidade que o caracterizavam, preservou em múltiplos aspetos a tradição jurídica portuguesa – porventura até mais fielmente do que o próprio Código Civil português de 1867[175].

A receção do Direito português deu-se igualmente em outras antigas possessões ultramarinas portuguesas.

Foi o que sucedeu em Goa, Damão e Diu. Aí foram mantidas em vigor, pelo *Goa, Daman and Diu Administration Act 1962*, enquanto não fossem modificadas

---

[169] Cfr. o art. 8º, nº 1.
[170] Consignado no art. 18º, nº 1.
[171] Acolhido no art. 26º, nº 1.
[172] Haja vista aos arts. 277º e seguintes.
[173] Ver especialmente os §§ 14º, alíneas b), II, e f), e 80º.
[174] Que dispôs: «As Ordenações, Leis, Regimentos, Alvarás, Decretos e Resoluções promulgadas pelos Reis de Portugal, e pelas quais o Brazil se governava até o dia 25 de Abril de 1821, em que Sua Magestade Fidelissima, actual Rei de Portugal, e Algarves, se ausentou desta Corte; e todas as que foram promulgadas daquella data em diante pelo Senhor D. Pedro de Alcântara, como regente do Brazil, em quanto Reino, e como Imperador Constitucional delle, desde que se erigiu em Império, ficam em inteiro vigor na parte em que não tiverem sido revogadas, para por ellas se regularem os negocios do interior deste Império, emquanto se não organizar um novo Código, ou não forem especialmente alteradas».
[175] Neste sentido, Guilherme Braga da Cruz, «Formação histórica do moderno direito privado português e brasileiro», *in Obras esparsas*, vol. II, *Estudos de História do Direito e Direito moderno*, Coimbra, 1981, pp. 25 ss. (pp. 66 s.). Ver ainda, sobre o assunto, António Santos Justo, «A base romanista do Direito Luso-Brasileiro das Coisas (Algumas figuras jurídicas)», *ROA*, 2009, pp. 73 ss.

ou revogadas, as disposições do Código Civil português de 1867[176]. Têm ainda aplicação naqueles territórios da União Indiana, por isso, as regras do Código respeitantes, designadamente, à capacidade civil, às coisas e à sua ocupação, posse e propriedade, às relações familiares (como, por exemplo, as que estabelecem o regime supletivo de bens do casamento, que é naqueles territórios, como dispunha o referido Código, o da comunhão geral) e à responsabilidade civil, assim como diversa legislação avulsa portuguesa sobre as mesmas matérias, incluindo a Lei do Divórcio de 1910[177]. Tais disposições aplicam-se não apenas aos cristãos nascidos durante o período da administração portuguesa e aos seus descendentes, mas também aos hindus, muçulmanos e outros habitantes não cristãos em todas as matérias não reguladas pelos respetivos códigos de usos e costumes. Desempenham, por isso, um importante papel na integração das diferentes comunidades religiosas que habitam esses territórios, incorporados na União Indiana em 1961[178].

Também nos países africanos de expressão oficial portuguesa foi preservado, por força de disposições constitucionais transitórias, o Direito português anterior à independência[179].

---

[176] De que existem traduções em língua inglesa, organizadas por Manohar Sinai Usgãocar, *Family Laws of Goa, Daman and Diu*, 2 vols., Goa, 1979/1988; *idem*, *Civil Code in Goa*, Pangim, 2017; Ave Cleto Afonso, *The "Portuguese" Law of Goa (Succession and Inventory)/O Direito "Português" de Goa (Sucessão e Inventário)*, Goa, 2009; Dário Moura Vicente e outros (orgs.), *O Direito da Família e das Sucessões no Código Civil Português de 1867: Uma Perspetiva do Século XXI/ Family and Succession Law in the Portuguese Civil Code of 1867: A 21st Century Approach*, Lisboa, 2ª ed., Pangim, 2014; e F. E. Noronha, *Portuguese Civil Code 1867*, Pangim, 2016.

[177] Outro tanto sucedia até recentemente em Goa com o Direito das Sucessões, que foi objeto de um diploma legal intitulado *The Goa Succession, Special Notaries and Inventory Proceeding Act, 2012*, publicado em 2016. Este incorpora, no essencial, o regime sucessório do Código Civil de 1867, mas revoga as suas disposições sobre a matéria.

[178] Cfr., sobre a situação do Direito português em Goa, Damão e Diu: Líbia Lobo Sardesai (org.), *Glimpses of Family Law of Goa, Daman and Diu*, Margão, s.d.; Dirk Otto, «Das Weiterleben des portugiesischen Rechts in Goa», *in* Erik Jayme (org.), *2. Deutsch-Lusitanische Rechtstage. Seminar in Heidelberg 20.-21.11.1992*, Baden-Baden, 1994, pp. 124 ss.; Carmo D'Souza, *Legal System in Goa*, vol. II, *Laws and Legal Trends (1510-1969)*, Pangim, 1994/1995, pp. 253 ss.; *idem*, «Evolução do Direito português em Goa», *RFDUL*, 1999, pp. 275 ss.; *idem*, «Civil Law Studies: An Indian Perspective», *in* Anthony D'Souza/Carmo D'Souza (orgs.), *Civil Law Studies. An Indian Perspective*, Newcastle Upon Tyne, 2009, pp. 2 ss.; Manohar Sinai Usgãocar, «Bird's Eye View of the Portuguese Civil Code of 1867 and of the Portuguese Civil [Procedure] Code of 1939», *ROA*, 1998, pp. 19 ff.; *idem*, «Civil Code as a Source of Civil Rights», *Goa Law Times*, 2001, vol. 1, pp. 1 ss.; F. E. Noronha, *Understanding the Common Civil Code. An Introduction to Civil Law*, Nagpur, 2008, pp. 95 ss. e 111 ss.

[179] Cfr., relativamente à Guiné-Bissau, o art. 1º da Lei nº 1/73, de 27 de Setembro de 1973; quanto a São Tomé e Príncipe, o art. 158º da Constituição de 1990; no tocante a Angola, o art. 165º da Lei Constitucional de 1992; quanto a Cabo Verde, o art. 288º da Constituição de 1992; e a respeito de Moçambique, o art. 305º da Constituição de 2004.

Foram, é certo, entretanto adotadas novas leis, algumas das quais alteraram significativamente o Direito anterior[180]. Mas em muitos casos essas leis inspiram-se, pelo menos em parte, no Direito português e acompanham a evolução recente deste. Assim sucedeu, por exemplo, em Angola, com a lei sobre as cláusulas contratuais gerais, de 2002, a lei da arbitragem voluntária[181], e a lei sobre as sociedades comerciais, de 2004[182]; na Guiné-Bissau, com a lei da arbitragem voluntária, de 2000[183]; em Moçambique, com o Código Comercial de 2005[184]; em Cabo Verde, o Código de Processo Civil de 2010[185].

Em Macau, o Direito vigente filia-se também na tradição portuguesa, tendo a Lei Básica deste território mantido em vigor a legislação local após a transferência da respetiva administração para a República Popular da China, ocorrida em 1999[186]. Deu-se assim cumprimento ao que ficara acordado na *Declaração Conjunta Luso-Chinesa*, de 1987[187]. Na referida legislação incluem-se o Código Penal, o Código de Processo Penal, o Código Civil, o Código de Processo Civil e o Código Comercial, adotados entre 1995 e 1999, através dos quais se procurou modernizar e adaptar à realidade local a legislação portuguesa[188].

---

[180] Veja-se o levantamento feito por Helena Leitão, «O Código Civil português de 1966 nos PALOP e as tendências de reforma», *Themis*, 2008, pp. 129 ss.

[181] Cfr. o respetivo texto comentado em Manuel Gonçalves/Sofia Vale/Lino Diamvutu, *Lei da Arbitragem Voluntária Comentada*, Luanda, 2014.

[182] Cujo texto pode ser confrontado em Carlos Feijó, *O novo Direito da Economia de Angola. Trabalhos preparatórios. Legislação básica*, Coimbra, 2005. Para uma análise dessa lei, vejam-se: Joaquim Marques de Oliveira, *Manual de Direito Comercial Angolano*, 3 vols. Coimbra/Luanda, 2009/2012; António Pereira de Almeida, *Direito angolano das sociedades comerciais*, 2ª ed., Coimbra, 2014; e Sofia Vale, *As empresas no Direito angolano. Manual de Direito Comercial*, Luanda, 2015.

[183] Reproduzida *in* Emílio Kafft Kosta/Ricardo Borges, *Legislação Económica da Guiné-Bissau*, Coimbra, 2005; e *in* Faculdade de Direito de Bissau/Centro de Estudos e Apoio às Reformas Legislativas (orgs.), *Guiné-Bissau. Código Civil (com anotações) e legislação complementar*, 2ª ed., Lisboa, 2007.

[184] Ver Eduardo Saturnino, *Colectânea de Legislação Comercial*, Maputo, 2008.

[185] Disponível *in* http://www.legis-palop.org.

[186] *Vide* o art. 8 desse diploma legal, segundo o qual: «As leis, os decretos-leis, os regulamentos administrativos e demais actos normativos previamente vigentes em Macau mantêm-se, salvo no que contrariar esta Lei ou no que for sujeito a emendas em conformidade com os procedimentos legais, pelo órgão legislativo ou por outros órgãos competentes da Região Administrativa Especial de Macau».

[187] Cfr. o anexo I a essa Declaração, nos termos do qual: «após o estabelecimento da Região Administrativa Especial de Macau não serão nela aplicados o sistema e as políticas socialistas, mantendo-se inalterados os actuais sistemas social e económico, bem como a respectiva maneira de viver, durante cinquenta anos».

[188] Cfr. Teresa Vieira da Silva/Carlos Dias (coords.), *Direito e Justiça em Macau*, Macau, 1999; Luís Miguel Urbano, «Breve nota justificativa», *in Código Civil. Versão portuguesa*, Macau, 1999, pp. VII ss.; Alexandre Dias Pereira, *Business Law: A Code Study. The Commercial Code of Macau*, Coimbra, 2004; Rute Saraiva, «Ventos de Este, Ventos de Oeste. A "questão de Macau" nas relações internacionais»,

Timor-Leste é um caso particular. A ocupação deste antigo território português pela Indonésia, entre 1975 e 1999, determinou a aplicabilidade, durante este período, das leis indonésias[189]. O Direito português cessou então a sua vigência de facto. Mas o novo Direito deste país, em formação desde a independência, reflete também a cultura jurídica portuguesa – bem patente, por exemplo, na Constituição de 2002 e no Código Civil de 2011.

II – Em razão dos referidos fenómenos de receção, os sistemas jurídicos dos Estados membros da Comunidade de Países de Língua Portuguesa (CPLP)[190], bem como os de Goa, Damão, Diu e Macau, apresentam hoje importantes traços de união, que permitem configurá-los, sob este prisma, como um grupo dotado de certa autonomia e coesão.

Esta circunstância decorre, desde logo, do facto de nesses sistemas jurídicos vigorarem *fontes legais comuns*.

No Direito Privado, não será demais sublinhar a este respeito o facto de o Código Civil português de 1966 ser aplicável nos países africanos de língua oficial portuguesa, exceto em matéria de Direito da Família: a *Constituição Civil* destes países (como já se lhe chamou) é, pois, ainda hoje fundamentalmente a mesma[191].

Além disso, o Código português serviu de base ao Código Civil de Macau e à codificação civil timorense.

No Brasil, o Código Civil de 2002 recebeu também do Código português importantes elementos de inspiração[192]: foi o que sucedeu com a tutela dos direi-

---

in *Estudos em honra de Ruy de Albuquerque*, vol. II, Lisboa, 2006, pp. 707 ss.; José de Oliveira Ascensão, *A legislação de Macau no termo da administração portuguesa*, disponível em http://www.fd.ulisboa.pt; Tong Io Cheng/Wu Yanni, «Legal Transplant and the On-Going Formation of Macau Legal Culture», in Salvatore Mancuso/Tong Io Cheng (coordenadores), *XVIIIth International Congress on Comparative Law. Macau Regional Reports*, Macau, 2010, pp. 14 ss.; Paula Nunes Correia, «The Macanese Legal System: A Comparative Law Perspective», in Tong Io Cheng/Salvatore Mancuso (orgs.), *New Frontiers of Comparative Law*, Hong Kong, 2013, pp. 133 ss.; Augusto Teixeira Garcia, «The Commercial Code and Comparative Law: A Happy Marriage?», in ibidem, pp. 141 ss.

[189] Ver Paulo Otero, «A lei aplicável às relações jurídico-privadas envolvendo timorenses e constituídas em Timor-Leste entre 1975 e 199», in Jorge Miranda (org.), *Timor e o Direito*, Lisboa, 2000, pp. 37 ss.; António Marques dos Santos, «O sistema jurídico de Timor-Leste – Evolução e perspectivas», in *Estudos de Direito Internacional Privado e de Direito Público*, Coimbra, 2004, pp. 595 ss.; e Florbela Pires, «Fontes do direito e procedimento legislativo na República Democrática de Timor Leste – alguns problemas», in *Estudos em memória do Professor Doutor António Marques dos Santos*, vol. II, Coimbra, 2005, pp. 101 ss.

[190] Angola, Brasil, Cabo Verde, Guiné-Bissau, Moçambique, Portugal, São Tomé e Príncipe e Timor-Leste.

[191] Cfr., sobre o Direito Civil de expressão portuguesa, Menezes Cordeiro, *Tratado*, cit., I, pp. 181 ss.

[192] Cfr. A. Santos Justo, «O Direito luso-brasileiro: codificação civil», *BFDUC*, 2003, pp. 1 ss.; Francisco Amaral, «A parte geral do novo Código Civil brasileiro. Influência do Código Civil

tos de personalidade[193], o negócio jurídico[194] e a representação[195], figuras que o Código de 1916 não disciplinava autonomamente. Outro tanto pode dizer-se da boa-fé, acolhida no Código como cânone hermenêutico dos negócios jurídicos e como regra de conduta dos contraentes[196], da proscrição do abuso de direito[197] e da inserção do enriquecimento sem causa entre as fontes das obrigações[198].

Importa notar a este respeito que também o Direito português se tem mostrado permeável à influência brasileira. Esta pode ser detetada, por exemplo, no texto da Carta Constitucional de 1826 e da Constituição de 1911, que tiveram como fontes, respectivamente, a Carta Constitucional brasileira de 1824 e a Constituição brasileira de 1891[199]; mais recentemente, ela manifestou-se no Anteprojeto de Código do Consumidor[200], que é tributário de várias soluções consignadas no Código brasileiro de Defesa do Consumidor (a vários títulos pioneiro), desde a própria opção pela codificação até à consagração, no plano organizacional, de um «sistema nacional de defesa do consumidor»[201].

No Direito Público, destaca-se a afinidade entre a Constituição portuguesa e as de vários países africanos de língua portuguesa e de Timor-Leste, patente, designadamente, na consagração: *a)* Do *princípio republicano*, com a eleição direta do Chefe de Estado; *b)* Do *princípio do Estado unitário*, com a rejeição do federalismo; e *c)* Do *princípio do Estado social*, com a atribuição de um relevante papel ao Estado na organização social e económica[202]. Igualmente significativo é o aco-

---

português», *in* Faculdade de Direito da Universidade de Coimbra (org.), *Comemorações dos 35 anos do Código Civil e dos 25 anos da Reforma de 1977*, vol. II, *A parte geral do Código e a teoria geral do Direito Civil*, Coimbra, 2006, pp. 43 ss.; e Judith Martins-Costa, «A contribuição do Código Civil Português ao Código Civil Brasileiro e o abuso de direito. Um caso exemplar de transversalidade cultural», *Themis*, 2008, pp. 107 ss.

[193] Arts. 11 e seguintes.
[194] Arts. 104 e seguintes.
[195] Arts. 115 e seguintes.
[196] Arts. 113 e 422, respectivamente.
[197] Art. 187.
[198] Art. 884.
[199] Ver Jorge Miranda/Kafft Kosta, *As Constituições dos Estados de Língua Portuguesa. Uma visão comparativa*, Lisboa, 2013, p. 17.
[200] Cfr. Comissão do Código do Consumidor, *Código do Consumidor – Anteprojecto*, Lisboa, 2006.
[201] Vejam-se, sobre o projecto, José de Oliveira Ascensão, «O Anteprojecto do Código do Consumidor e a publicidade», *in Estudos do Instituto de Direito do Consumo*, vol. III, Coimbra, 2006, pp. 7 ss.; e António Pinto Monteiro, «Sobre o Direito do Consumidor em Portugal e o Anteprojecto do Código do Consumidor», *in ibidem*, pp. 37 ss.
[202] Cfr. Jorge Bacelar Gouveia, *As Constituições do Estados de Língua Portuguesa*, 2ª ed., Coimbra, 2006, p. 19; *idem, Manual de Direito Constitucional*, vol., I, 4ª ed., Coimbra, 2011, pp. 342 ss. Ver ainda Jorge Miranda/Kafft Kosta, ob. cit., pp. 23 ss.; Jorge Miranda, "As Constituições dos Estados da Língua Portuguesa", *in* AAVV, *Estudos em homenagem ao Professor Doutor Alberto Xavier*, vol. III, Coimbra, 2013,

lhimento dado em alguns países lusófonos ao sistema de Governo semipresidencialista, posto que o mesmo assuma neles diferentes cambiantes[203]. E não menos relevantes são as semelhanças entre os regimes constitucionais desses países em matéria de atos legislativos, particularmente em virtude do papel central conferido ao Governo a este respeito[204].

As manifestações da cultura jurídica portuguesa no Brasil, nos países africanos de língua oficial portuguesa e em Timor-Leste, de que demos conta acima, revelam, a nosso ver, a adesão dos respetivos sistemas jurídicos não apenas à técnica jurídica, mas também a muitos dos *valores* que inspiram o Direito português: princípios como a *igualdade*, a *autonomia privada* e a *boa-fé*, que são o esteio do sistema jurídico português, encontraram acolhimento na Constituição e na lei ordinária dos referidos países. Porventura mais significativa é a relevância que nesses sistemas jurídicos assume o valor da *tolerância*. Já em 1928 Pontes de Miranda salientava "a tolerância, a affectividade, cercadas, porém, de sugestões patriarcas e capitalistas", como caraterísticas distintivas do Direito brasileiro[205]. Hoje constitui traço comum a vários sistemas jurídicos lusófonos a amplitude com que neles se acolhem, em condições de igualdade, os estrangeiros[206], e o relevo por aqueles dado à liberdade religiosa[207].

Igualmente relevante é o facto de os juristas formados nesses sistemas partilharem, em larga medida, os mesmos quadros mentais. Em virtude da comunhão de fontes, de conceitos e de referências axiológicas existente entre estes sistemas jurídicos, e também graças à cooperação nos domínios da produção legislativa, do ensino universitário do Direito e da formação dos magistrados, é hoje manifesta a facilidade de comunicação entre os juristas oriundos dos países e territórios mencionados. Dessa facilidade de comunicação dá testemunho

---

pp. 337 ss.; Ricardo Fiuza, «A Comunidade luso-brasileira do Direito Constitucional», *RBDC*, 2014, pp. 305 ss.; e os trabalhos recolhidos em José Melo Alexandrino, *Estudos sobre o constititucionalismo no mundo de língua portuguesa*, vol. I, Lisboa, 2015.

[203] Ver Carlos Blanco de Morais, «Tópicos sobre a formação de uma comunidade constitucional lusófona», *in* Antunes Varela/Diogo Freitas do Amaral/Jorge Miranda/J.J. Gomes Canotilho (orgs.), *Ab uno ad omnes. 75 anos da Coimbra Editora 1920-1995*, Coimbra, 1998, pp. 55 ss. (pp. 61 s.); Carlos Feijó, «O Semi-Presidencialismo em África e, em especial, nos PALOP», *RFDUAN*, nº 2 (2002), pp. 27 ss.; e Jorge Bacelar Gouveia, «Sistemas constitucionais africanos de língua portuguesa: a caminho de um paradigma», *Themis*, 2006, pp. 119 ss. (pp. 139 s.).

[204] Cfr. José de Melo Alexandrino, *Elementos de Direito Público Lusófono*, Coimbra, 2011, pp. 95 ss.

[205] Cfr. *Fontes e evolução do Direito Civil brasileiro*, Rio de Janeiro, 1928, p. 487.

[206] De que é exemplo o *Estatuto da igualdade* entre portugueses e brasileiros consagrado nos arts. 12º e seguintes do Tratado da Amizade, cooperação e consulta entre a República Portuguesa e a República Federativa do Brasil em 2000.

[207] Cfr., por exemplo, o art. 5º incisos VI a VIII da Constituição brasileira de 1988; a Lei da Liberdade de Religião e Culto, nº 5/98, de Macau; e a Lei portuguesa da Liberdade Religiosa, nº 16/2001, de 22 de junho.

a citação frequente de autores portugueses e brasileiros pela doutrina dos países em referência. Pode, nesta medida, falar-se de uma *cultura jurídica comum* a eles ou de uma *comunidade de língua e de cultura jurídica*[208].

III – Não obstante o exposto, fazem-se também sentir hoje, tanto em Portugal como nos demais países e territórios lusófonos, poderosas *forças centrífugas*, que operam no sentido de uma diferenciação dos respetivos sistemas jurídicos.

Entre elas avultam: *a)* Em Portugal, a integração na União Europeia (pese embora o interesse que os atos de Direito Comunitário têm suscitado nos demais países de língua oficial portuguesa e a repercussão que têm tido nos Direitos locais); *b)* No Brasil, a integração no Mercosul e a proximidade geográfica, económica e jurídica relativamente aos Estados Unidos (particularmente sentida no Direito Público); *c)* Nos países africanos de língua oficial portuguesa, a integração na Comunidade Económica dos Estados da África Ocidental (CEDEAO), de que são membros Cabo Verde e a Guiné-Bissau, na Organização Para a Unificação do Direito dos Negócios em África (OHADA), cujos atos uniformes são hoje diretamente aplicáveis em dezasseis países deste continente, incluindo a Guiné-Bissau[209], na União Económica e Monetária Oeste-Africana (UEMOA), de que é também parte a Guiné-Bissau, e na Comunidade de Desenvolvimento do África Austral (SADC), a que pertencem Angola e Moçambique; *d)* Em Goa, a integração na República da Índia, posto que como Estado dotado de autonomia legislativa; *e)* Em Macau, a integração como Região Administrativa Especial na República Popular da China; e *f)* Em Timor-Leste, a projetada adesão deste país à Associação de Nações do Sudeste Asiático (ASEAN), na qual já possui o estatuto de observador.

Por outro lado, nos países africanos de língua oficial portuguesa e em Timor-Leste o Direito consuetudinário assume – por força até de disposições constitucionais[210] – uma importância sem paralelo em Portugal e no Brasil, sendo muitas vezes observado (sobretudo nos meios rurais) em detrimento do Direito oficial[211]. A efetividade do Direito de fonte legal é, por isso, muito menor nesses sistemas jurídicos.

---

[208] Assim Jorge Miranda/Kafft Kosta, ob. cit., p. 15.
[209] Ver M. Januário da Costa Gomes/Rui Ataíde, *OHADA. Tratado, regulamento e actos uniformes*, Coimbra, 2008. Acerca do Direito da OHADA, cfr. *infra*, § 49º, *e)*, e a bibliografia aí citada.
[210] Haja vista aos arts. 4º da Constituição moçambicana, 2º, nº 4, da Constituição de Timor-Leste e 7º da Constituição de Angola.
[211] Sobre o tema, veja-se o nosso estudo «Unidade e diversidade nos actuais sistemas jurídicos africanos», *in* António Menezes Cordeiro/ Luís Menezes Leitão/Januário Costa Gomes (orgs.), *Prof. Doutor Inocêncio Galvão Telles: 90 anos. Homenagem da Faculdade de Direito de Lisboa*, Coimbra, 2007, pp. 317 ss. No sentido do texto, cfr. também Luís de Lima Pinheiro, *in* Erik Jayme (org.), *2. Deutsch-Lusitanische Rechtstage. Seminar in Heidelberg 20.-21.11.1992*, Baden-Baden, 1994, p. 122.

Não menos relevante é o surgimento nestes países de codificações autóctones, que procuram atender a necessidades particulares da vida jurídica local e que em parte integram o Direito consuetudinário vigente neles, como o *Código da Família* de Angola e a *Lei da Família* de Moçambique.

Em alguns casos, os sistemas jurídicos em apreço assumem hoje, em razão destes fatores, um *caráter híbrido ou misto*.

É o que sucede com o Direito de Goa, Damão e Diu. As disposições do Código Civil português de 1867, que, como dissemos, ainda aí vigoram, coexistem nesses territórios do antigo Estado Português da Índia com outras, de inspiração anglo-saxónica, cuja aplicabilidade resulta da extensão aos mesmos do Direito vigente na República da Índia[212]. Lentamente, porém, a técnica legislativa anglo-saxónica tem-se alargado à regulação das matérias em que persiste, quanto às soluções de fundo, a tradição portuguesa[213].

A convergência entre os sistemas jurídicos de *Civil* e *Common Law* deu-se também, posto que de forma mais mitigada, no Brasil, onde se manifestou sobretudo no Direito Constitucional. A Constituição brasileira de 1891 consagrou o modelo constitucional norte-americano, reconhecível, designadamente, no modelo federal do Estado, então adotado, no acolhimento do sistema de governo presidencialista e no papel atribuído ao poder judiciário, que passou a ter no seu vértice um Supremo Tribunal Federal dotado de poderes de fiscalização da constitucionalidade das leis[214]. Este esquema constitucional passou, bem que atenuado, para as constituições brasileiras posteriores[215]. Mas a influência norte-americana não se cingiu à conformação dos poderes constituídos: à época da referida Constituição, o *Common Law* e a *Equity* valiam como Direito subsidiário nos casos submetidos aos tribunais federais brasileiros[216].

---

[212] Está neste caso, por exemplo, o *Indian Contract Act 1872*. Ver, para um confronto deste com o regime do Código Civil português, Luís Menezes Leitão, «The Formation of Contracts: A Comparison between the Indian Contract Act of 1872 and the Portuguese Civil Code of 1966», *in* Anthony d'Souza/Carmo d'Souza (orgs.), *Civil Law Studies: An Indian Perspective*, Newcastle upon Tyne, 2009, pp. 171 ss.

[213] Veja-se, por exemplo, o *The Goa Succession, Special Notaries and Inventory Proceeding Bill, 2008*, que em larga medida conserva, na regulação das matérias que tem por objecto, o regime do Código de 1867.

[214] Cfr. Ana Lúcia de Lyra Tavares, «Identidade do sistema jurídico brasileiro, recepções de direito e função do direito comparado», *RBDC*, 2009, pp. 59 ss. (p. 70).

[215] Neste sentido, Jorge Miranda/Kafft Kosta, ob. cit., p. 75.

[216] Cfr. o Decreto nº 848, de 11 de outubro de 1890, que organizou a justiça federal brasileira, o qual estabeleceu no art. 386: «Constituirão legislação subsidiaria em casos omissos as antigas leis do processo criminal, civil e commercial, não sendo contrarias ás disposições e espírito do presente decreto. Os estatutos dos povos cultos e especialmente os que regem as relações jurídicas na República dos Estados Unidos da América do Norte, os casos de *common law* e *equity*, serão também subsidiários da jurisprudência e processo federal».

Mais recentemente, a influência dos sistemas de *Common Law* tem-se feito sentir também em Macau. A título de exemplo, refira-se a este respeito a consagração, nos arts. 928 e seguintes do Código Comercial desta Região Administrativa Especial da República Popular da China, da figura do *floating charge* (aí denominada «garantia flutuante»), característica daqueles sistemas.

A tudo isto acresce a circunstância de estes países se encontrarem em estádios muito diferentes de desenvolvimento económico, o que tem consequências inevitáveis nos respetivos sistemas jurídicos, *v.g.* no tocante ao regime da atividade comercial e da proteção do consumidor; e bem assim de certas conceções políticas europeias – como as que se prendem com o papel reservado ao Chefe de Estado – se mostrarem por vezes inadequadas à cultura e às tradições de outros continentes[217].

Não falta, por outro lado, quem, tendo em conta os diferentes graus de realização das liberdades fundamentais e dos direitos sociais nos países lusófonos, saliente o *caráter nominal* das Constituições de alguns deles, o qual contrastaria com a *índole normativa* de outras[218].

IV – Não obstante o que acabamos de dizer, deve reconhecer-se que nos sistemas jurídicos dos países e territórios de língua portuguesa vigora hoje um *Direito comum*; e que esses sistemas jurídicos constituem um subgrupo no seio da família jurídica romano-germânica[219].

A formação deste subgrupo resulta da existência nesses países e territórios de uma comunhão de institutos, valores e soluções para determinados proble-

---

[217] Ao que não será estranha, por exemplo, a reforma constitucional angolana de 2010. Ver, sobre esta, Jorge Miranda, «A Constituição de Angola de 2010», *O Direito*, 2010, pp. 9 ss.
[218] Cfr., sobre o ponto, o estudo de Luís Carlos Martins Alves Jr., «O sistema constitucional dos países lusófonos (um breve passeio no modelo jurídico-político de Angola, do Brasil, de Cabo Verde, Guiné-Bissau, Moçambique, Portugal, São Tomé e Príncipe e Timor-Leste)», na *RBDC*, nº 39 (2º semestre de 2010), pp. 179 ss.
[219] Ver, na mesma linha fundamental de orientação, Manuel Malheiros/Marliese Reinert-Schoerer, «Die Entkolonialisierung und die Verbreitung der portugiesischen Rechtskultur», *in* Erik Jayme (org.), *2. Deutsch-Lusitanische Rechtstage*, Baden-Baden, 1994, pp. 99 ss., que caracterizam os Direitos dos países lusófonos como um «subsistema» da família romano-germânica (p. 108); António Marques dos Santos, «As relações entre Portugal, a Europa e o Mundo Lusófono e as suas Repercussões no plano jurídico», *in Estudos de Direito Internacional Privado e de Direito Público*, Coimbra, 2004, pp. 579 ss. (p. 585), para quem se trataria de «uma família jurídica mais chegada dentro da grande família romano-germânica de direito»; e António Menezes Cordeiro, «O sistema lusófono de Direito», *ROA*, 2010, pp. 17 ss., que define, a p. 119, o que designa por sistema lusófono como «um subsistema com elementos híbridos e uma elaboração coerente própria, dentro de uma família alargada de Direito romano-germânico» (no mesmo sentido, *Tratado*, cit., I, p. 272).

mas jurídicos[220], a qual reflete os intensos laços históricos, culturais, sociais e afetivos existentes entre os mesmos – a *alma comum* a que aludia Sérgio Buarque de Holanda[221] –, sem que todavia os respetivos sistemas jurídicos deixem de comungar também da ideia de Direito que caracteriza aquela família jurídica[222].

A tendência atual é claramente para o reforço desses laços e, concomitantemente, dos traços comuns aos sistemas em presença. Entre os fatores que mais significativamente têm contribuído para tal destacam-se a paulatina formação, por via do ensino e da investigação científica, de uma doutrina específica sobre os problemas nucleares dos Direitos dos países e territórios de língua portuguesa e a cooperação entre estes países e territórios no domínio da formação dos juristas. Às Universidades cabe, assim, um papel fundamental na consolidação do *Direito comum de língua portuguesa*.

§ 13º Indicação de sequência

Na exposição subsequente, vamos examinar os sistemas jurídicos romano-germânicos, de *Common Law*, muçulmanos, hindu e chinês.

Entre os primeiros, tomaremos como objeto precípuo de análise o Direito francês, o alemão e o português. Nos segundos, examinaremos os Direitos inglês e norte-americano.

---

[220] Comunhão essa igualmente salientada por José de Oliveira Ascensão: cfr. «No encerramento das I Jornadas de Direito Civil Luso-Moçambicanas», *RFDUL*, 1994, pp. 221 s. (p. 222).

[221] «No caso brasileiro», escreveu aquele ilustre historiador em *Raízes do Brasil*, 26ª ed., São Paulo, 1995, p. 40, «a verdade, por menos sedutora que possa parecer a alguns dos nossos compatriotas, é que ainda nos associa à península ibérica, a Portugal especialmente, uma tradição longa e viva, bastante viva para nutrir, até hoje, uma alma comum, a despeito de tudo quanto nos separa. Podemos dizer que de lá nos veio a forma atual de nossa cultura; o resto foi matéria que se sujeitou mal ou bem a essa forma».

[222] No sentido, porém, da autonomização de uma *família jurídica lusitana*, ver Erik Jayme, «Betrachtungen zur Reform des portugiesischen Ehegüterrechts», *in Festschrift für Imre Zajtay*, Tubinga, 1982, pp. 262 ss.; *idem*, «Das Familienrecht von São Tomé und Príncipe. Zu den Konstante der Lusitanischen Rechtsfamilie», *in* Sibylle Hofer/Diethelm Klippel/Ute Walter (orgs.), *Perspektiven des Familienrechts. Festschrift für Dieter Schwab*, Bielefeld, 2005, pp. 1411 ss. Este autor sublinha a originalidade de certas soluções do Direito português (*v.g.* em matéria de regimes de bens do casamento, em que se sucederam, como regimes supletivos, a comunhão geral – que valeu como tal até 1967 – e a comunhão de adquiridos – em vigor desde então, posto que com certas limitações) e a influência que essas soluções tiveram no Direito de outros países, mormente o brasileiro (que teve evolução análoga à do português) e os dos países africanos de língua oficial portuguesa. Ver também, sobre o ponto, Carl Friedrich Nordmeier, *Zulässigkeit und Bindungswirkung gemeinschaftlicher Testamente im Internationalen Privatrecht*, Tubinga, 2008, pp. 16 ss.; Benjamin Herzog, *Anwendung und Auslegung von Recht in Portugal und Brasilien*, Tubinga, 2014, pp. 31 ss. e 745 ss.; e José Carlos de Medeiros Nóbrega, *Die Entwicklung des portugiesischen Sachenrechts*, Osnabrück, 2015, pp. 39 ss.

A opção a este respeito efetuada tem na sua base duas ordens de considerações. Por um lado, a preocupação em centrar a análise comparativa nos sistemas mais representativos das famílias e tradições jurídicas atrás referidas. Por outro, a necessidade de incluir nessa análise o Direito português, que, numa exposição primordialmente dirigida aos estudantes e juristas dos países de língua portuguesa, não pode deixar de servir de termo de referência na comparação a efetuar.

Procuraremos ainda caracterizar nesta parte da obra os Direitos africanos e determinar se correspondem a uma família ou tradição jurídica *a se stante* ou se, ao invés, se integram nalguma das já examinadas.

Importa referir que, devido às diferenças linguísticas e à dificuldade de acesso às fontes, o desenvolvimento adiante conferido aos sistemas jurídicos muçulmano, hindu e chinês, bem como aos Direitos africanos, não poderá ser o mesmo que reservamos aos Direitos romano-germânicos e de *Common Law*. As vantagens que, do ponto de vista pedagógico, se colhem do confronto desses sistemas com estes últimos justificam, todavia, que os mesmos não sejam excluídos da comparação a empreender. Julgamos, com efeito, que é o cotejo desses sistemas, mais distantes do nosso, com a ordem jurídica nacional, que melhor permite captar os elementos mais profundos e estáveis desta última – e esta é, a nosso ver, uma das missões essenciais do ensino do Direito Comparado. No mesmo sentido depõe a circunstância de, noutro contexto histórico, vários desses sistemas jurídicos (*maxime* o Direito muçulmano, o Direito hindu e os Direitos tradicionais africanos) terem vigorado em territórios portugueses ou sob administração portuguesa, motivo por que não são de modo algum estranhos à experiência jurídica nacional – como o revela, além do mais, a produção científica existente entre nós acerca desses sistemas jurídicos.

Bibliografia específica

ALEXANDRINO, José de Melo – *Elementos de Direito Público Lusófono*, Coimbra, Coimbra Editora, 2011.

ALVES JR., Luís Carlos Martins – «O sistema constitucional dos países lusófonos (um breve passeio no modelo jurídico-político de Angola, do Brasil, de Cabo Verde, Guiné--Bissau, Moçambique, Portugal, São Tomé e Príncipe e Timor-Leste»), *RBDC*, nº 39 (2º semestre de 2010), pp. 179 ss.

ANCEL, Marc – «Le comparatiste devant les systèmes (ou "familles") de droit», *in* Herbert Bernstein, Ulrich Drobnig e Hein Kötz (orgs.), *Festchrift für Konrad Zweigert zum 70. Geburtstag*, Tubinga, J. C. B. Mohr, 1981, pp. 355 ss.

BERMAN, Harold J. – «Comparative Law and Religion», *in* Mathias Reimann/Reinhard Zimmermann (orgs.), *The Oxford Handbook of Comparative Law*, Oxford, Oxford University Press, 2006, pp. 739 ss.

CHENG, Tong Io, e Wu YANNI – «Legal Transplant and the On-Going Formation of Macau Legal Culture», *in* Salvatore Mancuso/Tong Io Cheng (coordenadores), *XVIIIth International Congress on Comparative Law. Macau Regional Reports*, Macau, Imprensa Wah Ha, 2010, pp. 14 ss.

CONSTANTINESCO, Léontin-Jean – «Ideologie als determinierendes Element zur Bildung der Rechtskreise», *ZfRV*, 1978, pp. 161 ss.

CORDEIRO, António Menezes – «O sistema lusófono de Direito», *ROA*, 2010, pp. 17 ss.

— *Tratado de Direito Civil*, vol. I, *Introdução. Fontes do Direito. Interpretação da lei. Aplicação das leis no tempo. Doutrina geral*, 4ª ed., Coimbra, Almedina, 2012.

CORREIA, Paula Nunes – «The Macanese Legal System: A Coparative Law Perspective», *in* Tong Io Cheng e Salvatore Mancuso (orgs.), *New Frontiers of Comparative Law*, Hong Kong, Lexis Nexis, 2013, pp. 133 ss.

D'SOUZA, Carmo – *Legal System in Goa*, vol. I, *Judicial Institutions (1510-1982)*; vol. II, *Laws and Legal Trends (1510-1969)*, Pangim, Agnelo D'Souza, 1994/1995.

— «Evolução do Direito português em Goa», *RFDUL*, 1999, pp. 275 ss.

— «Civil Law Studies: An Indian Perspective», *in* Anthony D'Souza/Carmo D'Souza (orgs.), *Civil Law Studies. An Indian Perspective*, Newcastle Upon Tyne, Cambridge Scholars Publishing, 2009, pp. 2 ss.

GALGANO, Francesco – *Atlante di Diritto Privato Comparato*, 3ª ed., Bolonha, Zanichelli Editore, 1999 (com a colaboração de Francesco Ferrari, Gianmaria Ajani e outros).

GARCIA, Augusto Teixeira – «The Commercial Code and Comparative Law: A Happy Marriage?», *in* Tong Io Cheng e Salvatore Mancuso (orgs.), *New Frontiers of Comparative Law*, Hong Kong, Lexis Nexis, 2013, pp. 141 ss.

GLENN, H. Patrick – «Legal Cultures and Legal Traditions», *in* Mark Van Hoecke (org.), *Epistemology and Methodology of Comparative Law*, Oxford/Portland, Oregon, Hart Publishing, 2004, pp. 7 ss.

— «Doin' the Transsystemic: Legal Systems and Legal Traditions», *McGill L.J.*, 2005, pp. 864 ss.

— «Comparative Legal Families and Comparative Legal Traditions», *in* Mathias Reimann/Reinhard Zimmermann (orgs.), *The Oxford Handbook of Comparative Law*, Oxford, Oxford University Press, 2006, pp. 421 ss.

— «The National Legal Tradition», *EJCL*, vol. 11.3 (2007).

HUSA, Jakko – «Classification of Legal Families Today. Is it Time for a Memorial Hymn?», *RIDC*, 2004, pp. 11 ss.

— «Legal families», *in* Jan M. Smits (org.), *Elgar Encyclopedia of Comparative Law*, 2ª ed., Cheltenham, Reino Unido/Northampton, Estados Unidos, Edward Elgar, 2012, pp. 491 ss.

HUXLEY, Andrew (org.) – *Religion, Law and Tradition. Comparative studies in religious law*, Londres, RoutledgeCurzon, 2002.

Kötz, Hein – «Abschied von der Rechtskreislehre?», *ZEuP*, 1998, pp. 493 ss.

Malheiros, Manuel, e Marliese Reinert-Schoerer – «Die Entkolonialisierung und die Verbreitung der portugiesischen Rechtskultur», *in* Erik Jayme (org.), *2. Deutsch--Lusitanische Rechtstage. Seminar in Heidelberg 20.-21.11.1992*, Baden-Baden, Nomos Verlagsgesellschaft, 1994, pp. 99 ss.

Manko, Rafał – «Survival of the Socialist Legal Tradition? A Polish Perspective», *Comparative Law Review*, 2013, pp. 1 ss.

Mattei, Ugo – «Three Patterns of Law: Taxonomy and Change in the World's Legal Systems», *AJCL*, 1997, pp. 5 ss.

Mendes, Armindo Ribeiro – «A existência de famílias de ordenamentos jurídicos e as críticas recentes às classificações tradicionais», *in* AAVV, *Estudos jurídicos e económicos em homenagem ao Prof. Doutor António de Sousa Franco*, vol. I, Lisboa, Coimbra Editora, 2006, pp. 317 ss.

Miranda, Jorge – "As Constituições dos Estudos de língua portuguesa", *in* AAVV, *Estudos em homenagem ao Professor Doutor Alberto Xavier*, vol. III, Coimbra, 2013, pp. 337 ss.

— e E. Kafft Kosta – *As Constituições dos Estados da Língua Portuguesa*, Lisboa, Juruá, 2013.

Monteiro, Jorge Sinde – «Manuel de Andrade e a influência do BGB sobre o Código Civil português de 1966», *BFDUC*, 2002, pp. 1 ss.

Morais, Carlos Blanco de – «Tópicos sobre a formação de uma comunidade constitucional lusófona», *in* Antunes Varela/Diogo Freitas do Amaral/Jorge Miranda/J.J. Gomes Canotilho (orgs.), *Ab uno ad omnes. 75 anos da Coimbra Editora 1920-1995*, Coimbra, Coimbra Editora, 1998, pp. 55 ss.

Nelken, David – «Defining and Using the Concept of Legal Culture», *in* Esin Örücü/David Nelken (orgs.), *Comparative Law. A Handbook*, Oxford/Portland, Oregon, Hart Publishing, 2007, pp. 109 ss.

— "Legal Culture", in Jan M. Smits (org.), *Elgar Encyclopedia of Comparative Law*, 2ª ed., Cheltenham, Reino Unido/Northampton, Estados Unidos, 2012, pp. 480 ss.

Noronha, F. E. – *Understanding the Common Civil Code. An Introduction to Civil Law*, Nagpur, All India Reporter, 2008.

— *Portuguese Civil Code 1867*, Pangim, ed. do autor, 2016.

Otto, Dirk – «Das Weiterleben des portugiesischen Rechts in Goa», *in* Erik Jayme (org.), *2. Deutsch-Lusitanische Rechtstage. Seminar in Heidelberg 20.-21.11.1992*, Baden-Baden, Nomos Verlagsgesellschaft, 1994, pp. 124 ss.

Rodrigues Junior, Otávio Luiz – "A influência do BGB e da doutrina alemã no Direito Civil brasileiro do século XX", *Revista dos Tribunais*, 2013, pp. 79 ss.

Santos, António Marques dos – «As relações entre Portugal, a Europa e o Mundo Lusófono e as suas Repercussões no plano jurídico», *Lusíada. Direito*, 2003, pp. 73 ss. (reproduzido em *Estudos de Direito Internacional Privado e de Direito Público*, Coimbra, 2004, pp. 579 ss.).

TALLON, Denis – «Existe-t-il encore un système de droit socialiste?», *in* Ingeborg Schwenzer/Günter Hager (orgs.), *Festschrift für Peter Schlechtriem zum 70. Geburtstag*, Tubinga, J.C.B. Mohr, 2003, pp. 413 ss.

TAVARES, Ana Lucia de Lyra – «A tradição jurídica brasileira», *RBDC*, nº 33 (2º semestre de 2007), pp. 139 ss.

— «Conexões entre o sistema constitucional português e o sistema constitucional brasileiro», *RBDC*, nº 34 (1º semestre de 2008), pp. 81 ss.

— «O Direito Comparado na história do sistema jurídico brasileiro», *RBDC*, nº 36 (1º semestre de 2009), pp. 161 ss.

THOMASHAUSEN, André – «Der Einfluss des Grundgesetzes auf ausländisches Verfassungsrecht: Portugal», *in* Klaus Stern (org.), *40 Jahre Grundgesetz*, Munique, 1990, pp. 243 ss.

TWINING, William – «Globalisation and comparative law», *in* William Twining (org.), *Globalisation and Legal Theory*, Evanston, Ilinóis, Northwestern University Press, 2000, pp. 174 ss.

USGĀOCAR, Manohar Sinai – «Bird's Eye View of the Portuguese Civil Code of 1867 and of the Portuguese Civil [Procedure] Code of 1939», *ROA*, 1998, pp. 19 ff. (=*in Souvenir Dedicated to Dr. Luiz da Cunha Gonçalves: A Conference on The Civil Code in Goa*, Goa, 1997, pp. 11 ss.).

— «Civil Code as a Source of Civil Rights», *Goa Law Times*, 2001, vol. 1, pp. 1 ss.

VICENTE, Dário Moura – «O lugar dos sistemas jurídicos lusófonos entre as famílias jurídicas», *in* AAVV, *Estudos em homenagem ao Professor Doutor Martim de Albuquerque*, Coimbra, 2010, pp. 401 ss. (reproduzido na *RBDC*, nº 36, 1º semestre de 2010, pp. 85 ss.).

— «The Common Law of Portuguese-Speaking Countries and Territories», *in* Tong Io Cheng e Salvatore Mancuso (orgs.), *New Frontiers of Comparative Law*, Hong Kong, Lexis Nexis, 2013, pp. 119 ss.

— «Das gemeinsame Recht der Portugiesichsprachigen Länder», *in* Stefan Grundmann et al. (orgs.), *Schriften zum Portugiesischen und Lusophonen Recht*, vol. 6, Baden-Baden, Nomos Verlag, 2014, pp. 179 ss.

— «The Civil Code in Portugal and in Other Portuguese-Speaking Countries and Territories: Common Heritage and Future Prospects», *in Family and Succession Law in the Portuguese Civil Code of 1867: A 21st Century Approach*, Pangim, Goa, Broadway Publishing House, 2014, pp. 7 ss.

WALD, Arnoldo – «Doit-on repenser les "familles juridiques"?», *in* AAVV, *De tous horizons. Mélanges Xavier Blanc-Jouvan*, Paris, Société de Législation Comparée, 2005, pp. 187 ss.

— e Camille JAUFFRET-SPINOSI (orgs.) – *Le droit brésilien hier, aujourd'hui et demain*, Paris, Société de Législation Comparée, 2005.

WATSON, Alan – «Legal Culture *v* Legal Tradition», *in* Mark Van Hoecke (org.), *Epistemology and Methodology of Comparative Law*, Oxford/Portland, Oregon, Hart Publishing, 2004, pp. 1 ss.

ZWEIGERT, Konrad – «Zur Lehre von der Rechtskreisen», *in* Kurt H. Nadelmann/Arthur T. von Mehren/John N. Hazard (orgs.), *XXth Century Comparative and Conflicts Law. Legal Essays in Honor of Hessel E. Yntema*, Leida, 1961, pp. 42 ss.

Bases de dados específicas

http://www.droitcivil.uottawa.ca/world-legal-systems/eng-monde.htm (World Legal Systems)
http://www.cjlp.org (Comunidade de Juristas de Língua Portuguesa)
http://www.cplp.org (Comunidade dos Países de Língua Oficial Portuguesa)
http://www.dhnet.org.br/direitos/cplp/ (Legislação dos Povos de Língua Portuguesa)
http://www.dre.pt/iolp (Imprensa Oficial de Língua Portuguesa)
http://www.fd.ul.pt/CooperaçãoeRelInternacionais/InstitutodeCooperacaoJuridica/BibliotecadigitalIusCommune.aspx (Biblioteca Digital *Ius Commune*).
http://www.legis-palop.org (Base de Dados Oficial dos PALOP)

Capítulo II
A família jurídica romano-germânica

§ 14º **Formação**

a) A civilização grega

Na origem da família jurídica romano-germânica está a civilização grega, que floresceu nas costas e ilhas do Mar Egeu entre 800 e 300 a.C. A Grécia antiga não se notabilizou decerto pelo seu Direito, em boa parte de fonte consuetudinária. Tão-pouco se gerou no seu seio uma ciência jurídica propriamente dita. Mas os seus ideais, instituições e modos de pensamento, assim como a reflexão empreendida pelos filósofos gregos acerca dos fundamentos do Direito e da delimitação deste relativamente a outras ordens normativas, marcaram indelevelmente, em primeiro lugar, o Direito Romano e, depois, toda a cultura jurídica europeia. O conhecimento deles é, por isso, imprescindível a fim de se compreender o que de essencial caracteriza esta família jurídica e a distingue das restantes.

Aos gregos deve-se, antes de mais, um importante contributo para a afirmação no domínio jurídico do primado da razão humana e a superação do misticismo: uma das características fundamentais do pensamento grego – e, na esteira dele, de toda a civilização ocidental – é justamente a propensão para o racionalismo. Neste se baseiam não só a Ética e o conhecimento científico em geral, mas também o reconhecimento de uma esfera de autonomia à pessoa humana e a sua subordinação voluntária à lei. Encarnou esta última o filósofo ateniense Sócrates (c. 469-399 a.C.), ao sujeitar-se à pena de morte – a que fora condenado por ter alegadamente violado as leis da cidade, incitando os seus concidadãos a questionarem os Deuses e corrompendo a juventude com os seus ensinamentos – em vez de exilar-se, como lhe propunha Críton. «Sempre me guiei», afirmou, respondendo às instâncias deste, «pela razão que as minhas reflexões demonstraram ser a melhor; as razões que aduzi no passado, não as posso enjeitar agora em vista da minha sorte presente; os princípios que até aqui honrei, ainda os honro; e a menos que encontremos agora outros melhores, não posso concordar contigo»[223]. Eis aqui colocado, com notável agudeza, o problema do fundamento e dos limites do dever de obediência à lei. Sócrates opta por se sujeitar a esta, ainda que manifestamente injusta. Personifica nesse gesto a atitude dos gregos em relação à lei[224]: emanação da *polis*, a obediência àquela é condição da sobrevivência desta e não consente exceções; o seu valor é, nesta medida, absoluto. Por isso observou a filóloga francesa Jacqueline de Romilly: «Os latinos fundaram o Direito e os códigos, a democracia ateniense formulou a ideia de soberania das leis»[225].

Nas sociedades primitivas, o Direito tinha essencialmente fonte divina ou consuetudinária; o Homem não estava, pois, em condições de modificá-lo e a sujeição às respetivas prescrições era independente da sua vontade. Só na Grécia antiga se afirma a ideia de que o Direito é obra humana, por natureza mutável em razão do tempo e do lugar, e de que, por conseguinte, a subordinação às regras que o integram corresponde a um ato de vontade. Produz-se assim uma *secularização* do Direito.

Não menos relevante foi a reflexão teórica empreendida pelos pensadores gregos acerca do Estado e da sua relação com o indivíduo. Foi, com efeito, em Atenas que despontou a ideia de democracia, descrita por Péricles (c. 495-429 a.C.) como uma forma de organização da vida em sociedade assente na igualdade, na liberdade e na obediência à lei[226].

Já o ideal de Estado que se encontra vertido na obra de Platão (427-347 a.C.)[227] é essencialmente autoritário e aristocrático: não há nele espaço para os direitos fundamentais, nem para a separação de poderes[228]. Não obstante isso, encontra-se

---

[223] Cfr. Platão, *Críton*, tradução portuguesa por José Trindade dos Santos, Lisboa, 1985. Sobre o sentido paradigmático deste diálogo, vejam-se Erik Wolf, *Griechisches Rechtsdenken*, vol. IV/1, *Platon. Frühdialoge und Politeia*, Frankfurt a.M., 1968, pp. 63 ss.; e Gregory Vlastos, *Socrates. Ironist and Moral Philosopher*, reimpressão, Cambridge, 1992, pp. 194 ss.

[224] Ver, sobre o tema, Jacqueline de Romilly, *La loi dans la pensée grecque des origines à Aristote*, 2ª ed., Paris, 2002.

[225] Cfr. *Pourquoi la Grèce?*, s.l., 1992, p. 118.

[226] Veja-se a oração fúnebre de Péricles relatada por Tucídides na *História da Guerra do Peloponeso* (de que existe tradução portuguesa por Raul Rosado Fernandes e M. Gabriela P. Granwehr, Lisboa, 2010), Livro II, § 37.

[227] Cfr. *A República* (tradução portuguesa, por Maria Helena Rocha Pereira, 9ª ed., Lisboa, 2001).

[228] Veja-se, para uma crítica desse ideal, Karl Popper, *The Open Society and its Enemies*, 5ª ed., reimpressão, Londres, 1991/1992, vol. I, *The Spell of Plato*, especialmente pp. 86 ss.; e vol. II, *The High Tide of Prophecy: Hegel, Marx, and the Aftermath*, pp. 1 ss. (existe tradução portuguesa, por Anabela Sottomayor, Catarina Labisa e Teresa Curvelo, revista por João Carlos Espada, com o título *A sociedade aberta e os seus inimigos*, Lisboa, 1993). Entre nós, cfr. Diogo Freitas do Amaral, *História do Pensamento Político Ocidental*, cit., pp. 41 ss.

sujeito aos limites que decorrem, por um lado, de se reger por uma Constituição e não por quaisquer regras ou princípios resultantes de uma revelação divina; e, por outro, de estar colocado ao serviço de um *fim ético*: a realização da Justiça.

Saliente-se ainda o papel do pensamento grego na definição dos conceitos de Direito e Justiça. Avulta a este respeito a obra de Aristóteles (384-322 a.C.)[229]. Para ele, o Direito é fundamentalmente a realização objetiva da Justiça. Distingue duas formas de Justiça: a *distributiva* e a *corretiva*. A primeira diz respeito à repartição de bens comuns; a segunda, às transações particulares, voluntárias ou involuntárias. Em ambos os casos visa-se a *igualdade* – é esta, *hoc sensu*, o princípio da justiça[230] –, mas a diferente natureza das situações em causa impõe o recurso, a fim de assegurá-la, a critérios diversos: a proporção em que cada um contribui para os bens comuns (i.é, o seu mérito), no primeiro caso; a equivalência das prestações ou o ressarcimento do dano, no segundo. Ao binómio referido acrescenta Aristóteles a distinção entre o que designa por *Justiça natural*, por um lado, e *Justiça convencional* ou *legal*, por outro: a primeira teria a mesma validade em toda a parte e ninguém estaria em condições de a aceitar ou rejeitar; já as determinações da segunda não teriam alcance universal, antes admitiriam diferentes modos de formulação. Tal a base da doutrina do Direito Natural, de que Aristóteles é tido como o fundador. A Justiça pode ter lugar, para Aristóteles, mesmo que aquele que a realiza não seja intimamente um justo – isto é, independentemente das suas intenções. E a situação inversa é também possível: quem pratica uma injustiça pode não ser considerado injusto se, por exemplo, o dano que causou não teve como motivo a maldade. O Direito apenas contende diretamente, por conseguinte, com o *resultado externo* das ações humanas; as *meras intenções* transcendem-no. Está assim encontrado o critério fundamental de distinção entre o Direito e a Moral. Foi na conceção restrita de Direito daqui resultante (a qual, como veremos, é desconhecida de outras civilizações) que se basearam tanto o Direito Romano clássico como o moderno Direito europeu[231].

Esboça-se, em suma, no pensamento dos autores gregos uma *conceção particular do Direito*, de cariz *secular* e *racional*, que posteriormente os jurisconsultos romanos aprofundaram e constitui o fundamento precípuo da autonomização da família jurídica romano-germânica relativamente às demais.

---

[229] Cfr., em especial, a *Ética a Nicómaco*, onde o tema da justiça é versado no Livro V (existe tradução portuguesa, por António C. Caeiro, Lisboa, 2004; pode também consultar-se a tradução francesa, com anotações, de Jules Tricot, *Éthique à Nicomaque*, Paris, 1979).

[230] Ver, sobre o ponto, Martim de Albuquerque, *Da igualdade. Introdução à jurisprudência*, Coimbra, 1993, especialmente pp. 13 ss. e 22.

[231] Neste sentido, Michel Villey, *La formation de la pensée juridique moderne*, Paris, 2006, p. 84.

b) A herança romana

I – Entre os fatores que mais acentuadamente marcaram a formação da família jurídica em exame sobressai ainda, como a sua designação logo inculca, o Direito Romano: este, pela sua receção nas ordens jurídicas de diversos países europeus, tornou-se no Direito de boa parte do mundo ocidental – e em certa medida ainda o é[232].

Compreende-se no Direito Romano o conjunto de normas e princípios jurídicos que vigoraram em Roma e nos territórios administrados por esta desde a sua fundação, no século VIII a.C., até pelo menos à queda do Império, ocorrida no século V, a Ocidente, e no século XV, a Oriente.

A redução a escrito dessas normas e princípios ter-se-á iniciado cerca de 450 a.C., com a *Lei das Doze Tábuas*[233]. Esta marca também o começo da laicização da jurisprudência, que deixa de constituir um privilégio dos pontífices.

Foi, porém, sobretudo nos primeiros dois séculos da era cristã que os jurisconsultos romanos produziram as obras que os celebrizaram e chegaram até aos nossos dias fundamentalmente através da compilação levada a cabo no século VI d.C. sob a égide do Imperador Justiniano (c. 482-565): o denominado *Corpus Iuris Civilis*[234]. Este é para muitos o maior monumento jurídico de todos os tempos: em nenhuma civilização antiga se encontra obra semelhante, nem terá o Direito tido relevância análoga[235].

---

[232] Sobre o Direito Romano como fundamento da cultura jurídica europeia, *vide*, em especial, Paul Koschaker, *Europa und das Römische Recht*, 4ª ed., Munique/Berlim, 1966; Franz Wieacker, "The Importance of Roman Law for Western Civilization and Western Legal Trought", *Boston College International and Comparative Law Review*, 1981, pp. 257 ss.; Reinhard Zimmermann, *Roman Law, Contemporary Law, European Law. The Civilian Tradition Today*, Oxford, 2001; Peter Stein, *Roman Law in European History*, reimpressão, Cambridge, 2004; e Randall Lesaffer, *European Legal History. A Cultural and Political Perspective*, Cambridge, 2009, pp. 15 ss. Em especial sobre a influência do Direito Romano em Portugal, vejam-se António Santos Justo, «O Direito Romano em Portugal», *BFDUC*, 2014, pp. 5 ss.; e Christian Baldus, «A importância do Direito Romano e da tradição romanista para o Direito português. Uma introdução para estudantes de Direito», *Interpretatio Prudentium*, 2016, I, pp. 39 ss.

[233] De cujo texto pode ver-se uma reconstituição, em edição bilingue, *in* Rafael Domingo (coordenador), *Textos de Derecho Romano*, s.l., 2002, pp. 19 ss.

[234] No qual se compreendem: *a)* As *Institutiones*, um manual com noções fundamentais de Direito publicado em 533; *b)* O *Digesto* (do latim *digero*, pôr em ordem, classificar) ou *Pandectas* (designação proveniente do termo grego *pandektes*, que significa receber – *dektes* – tudo – *pan*), no qual se coligem, em cinquenta livros, excertos das obras dos principais jurisconsultos romanos (especialmente Ulpiano, Paulo, Papiniano, Gaio e Modestino), também publicado em 533; *c)* O *Codex*, uma compilação de leis imperiais parcialmente revistas por uma comissão dirigida por Triboniano, que, na sua versão final, foi publicada em 534; e *d)* As *Novellae*, uma compilação de leis novas, promulgadas entre a publicação do *Codex* e a morte de Justiniano. A expressão *Corpus Iuris Civilis* corresponde ao título da edição conjunta destas obras, originariamente feita em 1583 por Dionísio Godofredo.

[235] Veja-se a tradução alemã por Okko Behrends, Rolf Knüttel e outros, com o título *Corpus Iuris Civilis. Text und Übersetzung*, Heidelberga, 1995/2005. Existe também tradução inglesa das

Mas como pôde o sistema jurídico originariamente concebido para uma pequena comunidade rural do Lácio tornar-se no Direito de um Império com uma intensa atividade comercial?

A fim de respondermos a esta questão, importa ter presentes as características fundamentais do Direito Romano. Entre elas destacaremos as seguintes: *a)* O reconhecimento de uma certa esfera de *liberdade individual*, que permitia ao cidadão romano (*rectius*: ao *pater familias*) reger com autonomia a sua pessoa e os seus bens; *b)* A *certeza, a precisão e a racionalidade dos seus preceitos*, proporcionadas nomeadamente pela clara distinção do Direito relativamente às prescrições da moral e da religião, sempre mais imprecisas e sujeitas a discussão, logo menos suscetíveis de aceitação universal; *c)* A *flexibilidade* e a *abertura à inovação* possibilitadas pela admissão, a partir pelo menos do século II a.C., da criação jurisprudencial do Direito e pela circunstância de o aparelho judiciário ter ao seu dispor uma classe de jurisconsultos – alguns dos quais providos pelo Imperador, a partir de certa altura, de uma *auctoritas* oficial (o denominado *ius respondendi*) –, que orientou os litigantes e os magistrados (os quais em Roma não eram juristas profissionais) e fez o Direito evoluir a partir dos casos concretos, na base das respostas a consultas[236].

Para esta última característica do Direito Romano contribuiu decisivamente o modo como se achava organizado o processo civil. Este subordinava-se a um *princípio de tipicidade*: só obtinha tutela judiciária a pretensão a que correspondesse uma ação (*actio*). Em rigor, a pretensão não se distinguia da ação, assim como o Direito Privado não tinha autonomia relativamente ao Direito Processual[237]. O reconhecimento de um direito subjetivo dependia, assim, da existência de uma ação apropriada.

Mas como se determinava a existência dessa ação?

Originariamente, a pretensão deduzida em juízo tinha de se subsumir rigorosamente numa das ações legais (*legis actiones*). No século II a.C., porém, a *lex Aebutia de formulis* permitiu que o magistrado incumbido da administração da

Institutiones, por Peter Birks e Grant McLeod, com o título *Justinian's Institutes*, reimpressão, Londres, 2001. Do *Digesto*, há traduções em castelhano, por A. D'Ors, F. Hernandez-Tejero, P. Fuenteseca, M. Garcia-Garrido e J. Burillo, com o título *El Digesto de Justiniano*, 3 vols., Pamplona, 1968/1975; e em inglês, por Alan Watson, com o título *The Digest of Justinian*, 4 vols., Filadélfia, 1985. Podem ainda consultar-se em linha a edição de Theodor Mommsen, Paul Krueger, Rudolf Scholl e Wilhelm Kroll, disponível em http://www.justinien.net e em http://www.archive.org/details/corpusjuriscivil01krueuoft; e a tradução francesa de Henry Hulot, disponível em http://www.histoiredudroit.fr.

[236] Cfr. Michel Villey, *Direito Romano* (tradução portuguesa, por Fernando Couto, Porto, s.d.), especialmente pp. 50 ss.

[237] O que, segundo Uwe Wesel, constitui um sinal distintivo dos Direitos primitivos: cfr. *Geschichte des Rechts*, 3ª ed., Munique, 2006, p. 178.

justiça nas causas civis (o *praetor*), depois de ouvir os interessados e de verificar que existia fundamento jurídico para a concessão de uma ação, lhes entregasse um documento escrito (a *formula*), em que, além de nomear o juiz (*iudex*) escolhido pelas partes ou sorteado e de sintetizar o litígio, ordenava àquele que condenasse ou absolvesse consoante se demonstrassem ou não certos factos. Em Roma, ter uma *actio* passou assim a ser equivalente a ter uma *formula*[238]. Ora, o pretor, além de colocar sob a alçada do *Ius Civile* certa pretensão, podia também, se a justiça ou a equidade o exigissem, recusar a concessão da *actio*, ainda que esta se achasse prevista no *Ius Civile*, ou criar uma *actio* própria. Desta forma, o pretor passou não apenas a interpretar, mas também a integrar e corrigir, por via processual, o *Ius Civile*[239].

Foi o que sucedeu, por exemplo, em matéria de transferência voluntária da propriedade. Inicialmente, esta apenas se processava, no tocante às *res mancipi* (categoria em que se compreendiam certos bens particularmente valorizados pelos romanos, como os prédios sitos em Itália, os escravos, os equídios, etc.), mediante um ato solene: a *mancipatio*. Esta, por seu turno, pressupunha a presença de cinco testemunhas e de um sujeito que segurasse uma balança, além das partes no negócio. Se uma *res mancipi* fosse entregue sem a *mancipatio*, a propriedade sobre ela apenas se transferia para o adquirente, por usucapião, decorridos um ano, no caso de coisas móveis, ou dois, tratando-se de imóveis. Embora praticável numa pequena comunidade, a exigência da *mancipatio* deixou de o ser após a formação do Império. Por isso se generalizou o expediente que consistia em o pretor conceder uma exceção (a *exceptio rei venditae et traditiae*) ao possuidor de coisa entregue sem *mancipatio* (*bonorum possessor*), caso este fosse demandado pelo transmitente, ou uma ação moldada sobre a *rei vindicatio* (a *actio publiciana*), na hipótese de ser desapossado dela, as quais lhe conferiam a necessária proteção antes de decorrido o prazo da usucapião[240]. Daqui resultou uma forma pretoriana de propriedade (a *propriedade honorária* ou *bonitária*), que acrescia à prevista no *Ius Civile* (a propriedade *quiritária*).

Surgiu assim, a par do *Ius Civile* corporizado no costume, nas leis e na interpretação destas pelos juristas, o *Ius Praetorium* ou *Ius Honorarium*[241]. Este tinha como fonte primordial o edito (*edictum*), i. é, o programa de ação que o pretor fazia publicar anualmente no início do mandato para que fora eleito, no qual anun-

---

[238] Assim, Sebastião Cruz, *Direito Romano (Ius Romanum)*, vol. I, 4ª ed., Coimbra, 1984, pp. 333 s.
[239] *Idem, ibidem*, p. 335.
[240] Cfr. Max Kaser, *Direito Privado Romano* (tradução portuguesa da edição de 1992, por Samuel Rodrigues e Ferdinand Hämmerle), Lisboa, 1999, pp. 166 s.
[241] Isto é, na definição de Papiniano, «*quod praetores introduxerunt adiuvandi vel supplendi vel corrigendi iuris civilis gratia propter utilitatem publicam*» («o que, por utilidade pública, os pretores introduziram com o propósito de corroborar, suprir e corrigir o direito civil»): D. 1, 1, 7, 1.

ciava as circunstâncias em que concederia ou não as *actiones*. Como os pretores não eram necessariamente juristas, parece razoável supor que se faziam aconselhar na elaboração dos seus editos por jurisconsultos. Também por essa via estes terão conquistado influência na formação do Direito Romano.

É, por outro lado, inequívoco que a doutrina dos jurisconsultos (*iurisprudentia*), originada no exercício das três atividades fundamentais que lhes competiam (*cavere, agere* e *respondere*, i. é, aconselhar, assistir e responder) e parcialmente recolhida no *Digesto*, constituía, inclusive por determinação imperial, fonte imediata do *Ius Civile*[242]. O desenvolvimento do Direito Romano deveu-se, aliás, em boa medida à *iurisprudentia*[243]. Por isso pôde Celso defini-lo como a «arte do bom e do justo»[244]. E pela mesma razão fundamental integrou Paul Koschaker (1879-1951) o Direito Romano no conceito de *Direito de juristas*, cunhado por este autor a fim de designar os sistemas jurídicos em que o desenvolvimento do Direito pertence a um grupo de pessoas que dele se ocupa profissionalmente[245].

Em contrapartida, a legislação tinha em Roma caráter excecional[246]. Os romanos eram, como notou Fritz Schulz (1879-1957)[247], fundamentalmente avessos à codificação e, em geral, ao Direito emanado do Estado. Por três ordens de razões, que o mesmo autor compendiou do seguinte modo: *a)* A codificação é suscetível de conduzir à interpretação literal dos seus preceitos, distraindo a atenção do

---

[242] Veja-se Gaio, *Institutiones*, I, 7: «*Responsa prudentium sunt sententiae et opiniones eorum, quibus permisum est iura condere. Quorum omnium si in unum sententiae concurrunt, id, quod ita sentiunt, legis uicem optinet, si uero dissentiunt, iudici licet quam uelit sententiam sequi; idque rescripto diui Hadriani significatur*» («As respostas dos prudentes são sentenças e opiniões daqueles a quem foi permitido criar direito. Se as sentenças de todos eles forem unânimes, o seu conteúdo obtém força de lei, mas se divergirem, o juiz pode seguir a sentença que entender; assim consta de um rescrito do divino Adriano»).

[243] Ver sobre o ponto, com mais referências, Hans Julius Wolff, *Roman Law. An Historical Introduction*, Norman (Oklahoma), 1951, pp. 91 ss.; Barry Nicholas, *An Introduction to Roman Law*, Oxford, 1962, pp. 28 ss.; Raul Ventura, *Manual de Direito Romano*, vol. I, tomo I, Lisboa, 1964, pp. 104 ss.; Sebastião Cruz, ob. cit., pp. 292 ss.; A. Santos Justo, *Direito Privado Romano*, vol. I, 2ª ed., Coimbra, 2003, pp. 86 ss.; Eduardo Vera-Cruz Pinto, «As fontes do Direito Romano (O contributo de Raul Ventura para o seu ensino na Faculdade de Direito de Lisboa)», *in Estudos em homenagem ao Prof. Doutor Raúl Ventura*, Lisboa, 2003, pp. 33 ss. (pp. 113 ss.); e Ricardo Panero Gutiérrez, *Derecho Romano*, 4ª ed., Valencia, 2008, pp. 91 ss.

[244] D. 1, 1, 1, pr.: «*Iuri operam daturum prius nosse oportet, unde nomen iuris descendat. Est autem a iustitia appellatum: nam, ut eleganter celsus definit, ius est ars boni et aequi*».

[245] Cfr. *Europa und das Römische Recht*, 4ª ed., Munique/Berlim, 1966, pp. 96 s. e 164 ss. Ver ainda, sobre o mesmo assunto, A. Arthur Schiller, «Jurists' Law», *Columbia L.R.*, 1958, pp. 1226 ss.

[246] Note-se, porém, que ao longo do Principado (27 a.C.-284 d.C.) e sobretudo no Dominado (285-476 d.C.), em virtude da concentração do poder no Imperador que então se verificou, as leis imperiais (*edicta, decreta, rescripta* e *mandata*) foram ganhando crescente relevância. A partir do séc. IV, esse *Ius Novum* adquiriu a condição de principal fonte de Direito.

[247] Cfr. *Principles of Roman Law* (tradução inglesa, por Marguerite Wolff), Oxford, 1936, pp. 5 ss.

jurista da essência da matéria considerada; *b)* Um código apresenta-se como um todo completo e acabado, posto que na realidade não o seja; *c)* O código exige a formulação abstrata das regras jurídicas, algo que ao espírito romano se antolhava pleno de riscos e demasiado rígido[248].

Deste ponto de vista, o Direito Romano clássico contrasta fortemente com os sistemas jurídicos que mais tarde vieram a formar-se na Europa continental sob a sua influência, os quais se caracterizam justamente, como veremos, pela relevância que neles assume a lei escrita. A explicação para este aparente paradoxo está a nosso ver, ao menos em parte, na circunstância de o Direito Romano recebido na Europa a partir do século XII não ter sido propriamente o sistema jurídico vivo e em permanente mutação que vigorou no Império Romano do Ocidente, mas antes o *corpus* normativo que entretanto se cristalizara na compilação levada a efeito sob a égide de Justiniano.

Ocupar-nos-emos deste fenómeno adiante. Antes, porém, importa notar que, apesar do casuísmo e do desapego à abstração e ao sistema que caracterizaram o pensamento jurídico romano, também este não dispensava a referência a princípios. Entre eles contam-se os que se acham enunciados no conhecido fragmento de Ulpiano reproduzido no *Digesto*: *honeste vivere, alterum non laedere, suum cuique tribuere* (viver honestamente, não lesar ninguém, dar a cada um o que é seu)[249].

II – *Lato sensu*, o Direito Romano abrange ainda todo o período, que durou vários séculos, em que vigorou noutras sociedades que não aquelas para que fora originariamente concebido. Como se sabe, no Império Romano do Oriente o *Ius Romanum* continuou a vigorar até à tomada de Constantinopla pelos turcos otomanos, em 1453, e mesmo para além dela. No Ocidente, porém, as invasões bárbaras haviam provocado a desintegração do Império, consumada em 476 com a destituição do último Imperador, Romulus Augustulus; o que teve como consequência um certo declínio do Direito Romano, substituído em larga medida pelos costumes dos povos germânicos. Durante vários séculos o âmbito de aplicação destes foi no entanto fundamentalmente definido em razão do *princípio da personalidade*: cada indivíduo ficava exclusivamente submetido ao Direito da sua estirpe ou ascendência. O Direito Romano continuou por isso a aplicar-se aos súbditos romanizados dos novos reinos bárbaros[250]. Algumas compilações de leis romanas aplicadas nesses reinos ficaram aliás célebres: é o caso da *Lex*

---

[248] Cfr. ob. cit., p. 13.
[249] D. 1, 1, 10, 1.
[250] Recorde-se, a este propósito, que pela *Constitutio Antoniniana* (ou *edicto de Caracalla*), de 212 d.C., a cidadania romana foi estendida a todos os habitantes do Império, ficando também os denominados peregrinos a reger-se pelo Direito Romano.

Romana Visigothorum (ou *Breviário de Alarico*), promulgada em 506 d.C. na Gália por Alarico II, rei dos Visigodos. Por força delas, o Direito Romano *vulgarizou-se*.

A partir do século XII, os princípios e as instituições do Direito Romano ganharam nova projeção nas sociedades europeias, onde passaram a ser de novo estudados, interpretados e aplicados. O *Corpus Iuris Civilis* é então tomado como *ratio scripta*. Este fenómeno, a que se convencionou chamar *receção* ou *renascimento do Direito Romano*[251], produziu-se gradualmente até ao século XIX: primeiro em Itália, depois em França, Espanha e Portugal, a seguir na Holanda e finalmente na Alemanha.

A intensidade dessa receção variou também no tempo e no espaço.

Na Alemanha, onde o estudo científico do Direito Romano assumiu o máximo relevo, a receção foi favorecida por dois fatores: por um lado, a circunstância de o Sacro Império Romano-Germânico, entretanto formado, se ter apresentado, na base de uma ideia de *traslatio imperii*, como sucessor do antigo Império Romano[252]; por outro, a inexistência nele, até aos finais do século XIX, de um poder político centralizado e, em consequência disso, de um Direito Civil unificado.

Em França, ao invés, a codificação dos costumes locais, levada a cabo por ordem real no século XVI, atenuou muito a necessidade de os tribunais se socorrerem do Direito Romano; o que explica, em parte, que não haja ocorrido neste país uma receção tão intensa como a verificada na Alemanha. A este facto não terá sido alheio, por outro lado, o conflito que opôs a França, durante boa parte do século XVI, ao Império dos Habsburgos, em cuja unificação o Direito Romano desempenhara papel de relevo.

Independentemente, porém, da intensidade da receção, é inequívoco que em todos os países mencionados o Direito Romano foi reconhecido em determinado momento como fonte de Direito, ainda que com caráter subsidiário relativamente às leis e costumes locais. Assim sucedeu também em Portugal[253].

---

[251] Sobre esta, vejam-se, em especial, Paul Koschaker, *Europa und das Römische Recht*, cit., pp. 114 ss.; e Franz Wieacker, *História do Direito Privado Moderno* (tradução portuguesa, por António Hespanha, cit.), pp. 97 ss. Sobre o significado do Direito Romano para a História da civilização ocidental, *vide* F. H. Lawson, «The Contribution of Roman Law to Western Civilisation», *in Selected Essays*, vol. I, *Many Laws*, Amesterdão/Nova Iorque/Oxford, 1977, pp. 124 ss.
[252] No sentido de que o Direito Romano foi recebido na Europa medieval não em virtude da sua qualidade intrínseca, mas antes por ser o Direito do *imperium romanum*, *vide* Koschaker, *op. cit.*, pp. 80 e 114 s.
[253] Cfr. as *Ordenações Afonsinas*, livro II, título IX; as *Ordenações Manuelinas*, livro II, título V; e as *Ordenações Filipinas*, livro III, título LXIV. Dispunha este último preceito: «quando o caso de que se trata, naõ for determinado por Lei, Stilo, ou costume de nossos Reinos, mandamos que [...] sendo matéria que naõ traga peccado, seja julgado pelas Leis Imperiaes [...]».

III – Na receção do Direito Romano desempenharam um papel fundamental as Universidades de vários países europeus.

Com efeito, entre os séculos XII e XVIII, o que se ensinava nas Universidades europeias (entre as quais se destacou, no ensino jurídico, a de Bolonha) não era o Direito local, de fonte predominantemente consuetudinária: isso apenas sucedeu a partir do século XVIII (em Portugal, a partir de 1772, ano em que os *Estatutos da Universidade de Coimbra* passaram a determinar que se ensinassem nela também as instituições de Direito Pátrio[254]). Durante o referido período, o ensino jurídico centrou-se no Direito Romano, tal como este se encontrava compilado no *Corpus Iuris* justinianeu (entre nós ministrado na *Faculdade de Leis*) e no Direito Canónico (ensinado em Portugal na *Faculdade de Cânones*)[255].

Este fenómeno é atribuível a diversos fatores. Em primeiro lugar, a necessidade de superar a multidão de costumes e leis vigentes à época, muitas vezes conflituantes entre si, e de tomar como base do ensino jurídico um conjunto minimamente coerente de princípios gerais. Em segundo lugar, o facto de o Direito Romano ser então tido como o único ordenamento jurídico com caráter universal e por isso o mais apropriado a fim de constituir o objeto de um ensino universitário que não se dirigia exclusivamente aos naturais de certo país ou território. Em terceiro lugar, o acesso relativamente fácil às fontes romanas proporcionado pela compilação justinianeia. Em quarto lugar, a circunstância de o Direito Romano estar escrito em latim, língua que havia sido conservada e difundida pela Igreja em toda a Europa. Finalmente, o enorme prestígio conquistado pelo *Ius Romanum*, tido por muitos como verdadeira *ratio scripta*.

Deve notar-se, a este propósito, que também em Inglaterra se ensinaram até muito tarde o Direito Romano e o Direito Canónico: em Oxford, por exemplo, só em 1758, sob o impulso de William Blackstone, começou a privilegiar-se o ensino do Direito inglês. Simplesmente, a relevância do ensino universitário do Direito era então em Inglaterra completamente diferente da que o mesmo tinha no Continente europeu. Enquanto que os juristas radicados neste último recebiam a sua formação essencialmente na Universidade, os ingleses formavam-se predominantemente no próprio exercício das profissões jurídicas – o que aliás ainda

---

[254] Ver Mário Júlio de Almeida Costa, *História do Direito Português*, 3ª ed., Coimbra, 1996, pp. 333 ss.; Faculdade de Direito da Universidade de Coimbra, *O ensino e a investigação do Direito em Portugal e a Faculdade de Direito da Universidade de Coimbra*, s.l., 1999. Sobre a reforma pombalina dos estudos universitários, *vide* Rómulo de Carvalho, *História do Ensino em Portugal*, 3ª ed., Lisboa, 2001, pp. 423 ss. Quanto às suas incidências no ensino jurídico, cfr. Luís Menezes Leitão, *O ensino do Direito das Obrigações*, Coimbra, 2001, pp. 29 ss.

[255] Ver David Clark, «The Medieval Origins of Modern Legal Education: Between Church and State», *AJCL*, 1987, pp. 653 ss.; Harold Berman, «The Origins of Western Legal Science», *Harvard L.R.*, 1976/77, pp. 894 ss.

hoje sucede, pois em Inglaterra qualquer diploma universitário é aceite como habilitação suficiente para o acesso à advocacia, ainda que não haja sido obtido através da frequência e aprovação num curso de Direito[256]. A circunstância de o Direito Romano ter sido (e ser ainda) ensinado nas Universidades inglesas não significa, pois, que tenha ocorrido neste país uma receção do Direito Romano[257].

IV – Ao longo do período em apreço, o Direito Romano foi submetido a uma intensa elaboração doutrinal pelas várias escolas que dele se ocuparam. Entre estas destacaram-se, em Itália, a dos Glosadores e a dos Comentadores; em França, a Escola Humanista; e na Alemanha, a do *usus modernus pandectarum*. Daqui resultou a formação de um *Direito Comum (Ius Commune)*, assim denominado por contraposição ao *Ius Proprium* ou *Ius Municipale*, constituído pelos estatutos e costumes locais. O *Ius Commune* foi aplicado em vários países da Europa continental como Direito subsidiário até aos finais do século XVIII[258]. Vigora ainda hoje, como se verá adiante, na África do Sul[259]. Correspondeu, no entanto, mais a um fenómeno doutrinal do que a um sistema normativo[260]. A sua formação e desenvolvimento deveram-se ao labor científico; não a um ato de autoridade[261]. A sua aplicação pelos tribunais baseou-se geralmente na interpretação das fontes originárias (*maxime* o *Corpus Iuris Civilis*) feita pelos autores: entre nós, primeiro a glosa de Acúrcio e a opinião de Bártolo, depois a *communis opinio doctorum*. Na relevância assim conquistada pela doutrina no continente europeu ao longo da Idade Média radica, como veremos no lugar oportuno, outro importante fator de diferenciação entre a família jurídica romano-germânica e a de *Common Law*.

V – As grandes codificações europeias de Oitocentos não retiraram importância ao Direito Romano, antes consumaram a sua receção[262]. Assim aconteceu

---

[256] Voltaremos a este ponto adiante: cfr. *infra*, § 28º.
[257] Neste sentido, Koschaker, *op. cit.*, p. 126.
[258] Cfr. Helmut Coing, «The Roman Law as *Ius Commune* on the Continent», *LQR*, 1973, pp. 505 ss.; idem, *Europäisches Privatrecht*, vol. I, *Älteres Gemeines Recht (1500 bis 1800)*, Munique, 1985; F. Brandsma, «Some Remarks on Dutch Private Law and the *Ius Commune*», *EJCL*, 2007, vol. 11.1.
[259] Cfr. *infra*, § 74º, alínea *a*).
[260] Neste sentido, António Manuel Hespanha, *Cultura jurídica europeia. Síntese de um milénio*, 3ª ed., Mem Martins, 2003, p. 90, n. 129.
[261] Contudo, na História do Direito espanhol pode ver-se uma expressão legislativa do *Ius Commune* nas denominadas *Siete Partidas*, promulgadas no reinado de Afonso X, *O Sábio* (1252-1284), com o intuito de dotar o Reino de Castela de certa uniformidade jurídica, as quais chegaram a ser utilizadas em Portugal como Direito subsidiário. Veja-se a reedição em fac-símile intitulada *Las Siete Partidas, glosadas por Gregorio López*, Madrid, 2011, em 3 vols.
[262] Ver, sobre o tema, Koschaker, ob. cit., pp. 288 ss.; Menezes Cordeiro, *Teoria Geral do Direito Civil. Relatório*, cit., pp. 51 ss.; Sebastião Cruz, *Direito Romano (Ius Romanum)*, vol. I, cit., pp. 90 ss.; Alan

nomeadamente com o Código Civil francês de 1804 e com o Código Civil alemão de 1900. O que bem se compreende: os redatores desses códigos fizeram largo uso das obras de juristas coevos, nomeadamente Robert-Joseph Pothier (1699-1772) em França e Bernhard Windscheid (1817-1892) na Alemanha, que haviam procurado ordenar e sintetizar os textos do Direito Romano. Importa em todo o caso notar que não foi inteiramente pacífica essa receção legislativa: criticou-a severamente na Alemanha, por exemplo, Otto Gierke, que viu no projeto de Código Civil um texto estranho ao Direito efetivamente observado pelo povo alemão[263].

A sistemática das *Institutiones* de Justiniano, em que toda a matéria jurídica era repartida por três categorias fundamentais (pessoas, coisas e ações[264]), inspirou como veremos o legislador francês, que (embora com desvios) a adotou no Código Civil.

Outro exemplo da sobrevivência do Direito Romano nas codificações do século XIX é-nos dado pela classificação das fontes das obrigações. Terá sido Gaio quem, nas suas *Institutiones*, primeiro preconizou a respetiva divisão em contratuais e delituais[265]. A *summa divisio* do Direito das Obrigações nasceu pois aí. Posteriormente, na compilação de Justiniano as *Institutiones* passaram a incluir também as obrigações quase-contratuais e quase-delituais[266]. Foi esta classificação das obrigações que no século XVIII Pothier acolheu no seu *Tratado das Obrigações* (acrescentando-lhe todavia a referência à lei e à equidade como causas possíveis das obrigações)[267] e que posteriormente o Código Civil francês consagrou no art. 1370[268].

Watson, *Roman Law and Comparative Law*, Atenas, Geórgia/Londres, 1991, pp. 86 ss.; Reinhard Zimmermann, *Roman Law, Contemporary Law, European Law. The Civilian Tradition Today*, Oxford, 2001, *passim*; e Peter Stein, *Roman Law in European History*, Cambridge, 2004, pp. 104 ss.

[263] Cfr. *Deutsches Privatrecht*, vol. I, *Allgemeiner Teil und Personenrecht*, Leipzig, 1895, prefácio e p. 25.

[264] I. 2, 12: «*Omne autem ius, quo utimur, vel ad personas pertinet vel ad res vel ad actiones*» («Todo o direito que usamos refere-se às pessoas, às coisas ou às acções»). No mesmo sentido, cfr. Gaio, *Institutiones*, 1, 8.

[265] *Institutiones*, 3, 88: «*Nunc transeamus ad obligationes. Quarum summa divisio in duas species diducitur; omnis enim obligatio vel ex contractu nascitur vel ex delicto*».

[266] I. 3, 13: «*Nunc transeamus ad obligationes* [...]. 2. *Sequens divisio in quattuor species dediciitur: aut enim ex contractu sunt aut quasi ex contractu aut ex maleficio aut quasi ex maleficio* [...]».

[267] Cfr. *Traité des obligations selon les regles tant du for de la conscience que du for extérieur*, Nouvelle édition, tomo I, Paris/Orleães, 1777, p. 4 : «As causas das obrigações são os contratos, os quase-contratos, os delitos, os quase-delitos, por vezes apenas a lei ou a equidade».

[268] Segundo o qual: «Certos vínculos formam-se sem que haja qualquer convenção, nem por parte daquele que se obriga, nem por parte daquele perante o qual este se encontra obrigado. Os primeiros são os vínculos formados involuntariamente, tais como os que existem entre proprietários vizinhos, ou os dos tutores ou outros administradores que não podem recusar a função que lhes é atribuída. Os vínculos que nascem de um acto pessoal daquele que se encontra obrigado resultam ou dos quase-contratos ou dos delitos ou quase-delitos; estes constituem a matéria do presente título».

Diversos aspetos do atual Direito francês dos contratos filiam-se também no Direito Romano. Estão neste caso, por exemplo, as regras em matéria de determinação do preço (art. 1592 do Código Civil), de exceção de não cumprimento (*ibidem*, art. 1653), de renovação dos contratos (*ibidem*, art. 1738), etc., que dos escritos de Gaio, Papiniano ou Ulpiano passaram às obras de Domat e Pothier – e destas ao Código Civil[269].

Outro exemplo ainda da sobrevivência do Direito Romano nas codificações contemporâneas é dado pelo regime do enriquecimento sem causa. Este tem como antecedente no Direito Romano clássico as ações denominadas *condictiones*[270]. Estas podiam ser utilizadas pelo autor sempre que pretendesse recuperar do réu uma quantia ou bem, qualquer que fosse a causa da obrigação, inclusive para a restituição do enriquecimento[271]. Na compilação justinianeia (*Digesto* e *Codex*) distinguiram-se várias modalidades de *condictiones* destinadas a tutelar as situações em que ocorresse uma deslocação patrimonial injustificada: *a)* A *condictio indebiti* (restituição de uma prestação realizada por erro desculpável, *v.g.*, com vista ao cumprimento de uma obrigação que se supunha existir)[272]; *b)* A *condictio ob rem* ou *causa data causa non secuta* (restituição de uma prestação por não se ter verificado o resultado através dela visado, *maxime* a contraprestação que lhe correspondia)[273]; *c)* A *condictio ob turpem vel iniustam causam* (restituição de uma prestação recebida por causa injusta ou reprovável)[274]; e *d)* A *condictio sine causa* (com caráter residual, nela se abrangendo situações não previstas nas anteriores; abrange a denominada *condictio ob causam finitam*, à qual se reconduziam os casos em que, tendo havido uma causa para a transferência patrimonial, esta deixou posteriormente de existir)[275]. São estas *condictiones* que constituem o esteio da regulamentação do enriquecimento sem causa nos §§ 812 a 822 do Código Civil alemão[276]. Assim, a *condictio indebiti* tem lugar com base no disposto

---

[269] Sobre o tema, *vide* Pierre-Yves Gautier, «Sous le Code Civil des français: Rome (L'origine du droit des contrats)», in AAVV, *1804-2004. Le Code Civil, un passé, un présent, un avenir*, Paris, 2004, pp. 51 ss.

[270] De *condicere*, i. é, notificar: na primeira audiência, o autor notificava o réu, no caso de este negar a sua pretensão, para comparecer de novo perante o magistrado em trinta dias; durante esse prazo as partes podiam chegar a acordo; caso contrário, o processo iniciava-se efectivamente.

[271] Ver Reinhard Zimmermann, *The Law of Obligations. Roman Foundations of the Civilian Tradition*, Oxford, 1996, pp. 834 ss.; e Santos Justo, *Direito Privado Romano*, II, Coimbra, 2003, pp. 113 ss.

[272] D. 12, 6.

[273] D. 12, 4.

[274] D. 12, 5.

[275] D. 12, 7.

[276] Ao que não terá sido alheio o facto de as *condictiones* terem sido minuciosamente examinadas por Savigny no vol. V do *System des heutigen römischen Rechts*, Berlim, 1841, a pp. 503 ss. Sobre a consagração do sistema das *condictiones* no BGB, vejam-se Reinhard Zimmermann/Jacques du Plessis, «Basic Features of the German Law of Unjustified Enrichment», *Restitution Law Review*,

no § 812 (I) (1)[277]; a *condictio causa data causa non secuta* figura no § 812 (I) (2)[278]; a *condictio ob turpem vel iniustam causam* está prevista no § 817 (1)[279]; e a *condictio ob causam finitam* consta do § 812 (I) (2)[280]. A partir destes preceitos, a doutrina alemã contemporânea construiu uma outra classificação, mais racional e adaptada aos desenvolvimentos entretanto registados no Direito dos Contratos, das situações de restituição por enriquecimento sem causa (denominadas também elas, na esteira do Direito Romano, *Kondiktionen*)[281]. As *condictiones* romanas já não constituem, por isso, as categorias com que a doutrina e a jurisprudência alemãs hoje operam nesta matéria. Mas isso em nada diminui a relevância fundamental que tiveram na formação do sistema vigente.

Nos Direitos Reais, os romanos legaram-nos a distinção entre a propriedade (*proprietas*) e a posse (*possessio*), i.é, a situação em que alguém tem o poder de facto sobre uma coisa, independentemente de ser proprietário dela[282]. Diversos

---

1994, pp. 14 ss.; e Luís Menezes Leitão, *O enriquecimento sem causa no Direito Civil*, reimpressão, Coimbra, 2005, pp. 343 ss.

[277] Que dispõe: «Quem através da prestação de outrem ou por outra forma obtiver algo à sua custa sem fundamento jurídico, está obrigado a restituir».

[278] Na parte em que prevê: «Esta obrigação existe também quando [...] o resultado visado através de uma prestação não se verificar».

[279] Segundo o qual: «Se a finalidade de uma prestação tiver sido determinada de forma tal que o credor haja violado uma proibição legal ou os bons costumes através da respectiva aceitação, fica o credor obrigado a restituí-la».

[280] Na parte em que estabelece: «Esta obrigação existe também quando o fundamento desaparecer posteriormente [...]».

[281] A primeira dessas situações compreende as hipóteses de *enriquecimento por prestação* (*Leistungskondiktionen*), que têm lugar nos casos em que a situação de enriquecimento provém de uma prestação feita pelo autor ao réu (*v.g.*, em cumprimento de um contrato inválido). A ela se reporta o § 812 (I) (1). Incluem-se nesta categoria as situações em que o enriquecido adquire à custa alheia um valor patrimonial, se liberta de um dívida ou poupa despesas. Na segunda, incluem-se as situações de *enriquecimento não baseado numa prestação* (*Nichtleistungskondiktionen*), a que se refere a segunda parte do mesmo preceito. Nesta categoria avulta o *enriquecimento por intervenção* (*Eingriffskondiktion*), obtido mediante a ofensa de um interesse protegido do empobrecido (consistente, *v.g.*, no uso ou fruição de bens de outrem). Dela se ocupa o § 816. Mas são admitidos outros casos de *Nichtleistungskondiktionen* fundados em eventos que não cabem nessa categoria, como por exemplo o pagamento de dívidas alheias (*Rückgriffskondiktion*) ou a realização de despesas não autorizadas que beneficiam bens alheios (*Verwendungskondiktion*). Ver Karl Larenz/Claus-Wilhelm Canaris, *Schuldrecht*, vol. II/2, Munique, 1994, pp. 127 ss.

[282] Veja-se o fragmento de Ulpiano reproduzido em D., 43, 17, 1, 2: «*Huius autem interdicti proponendi causa haec fuit, quod separata esse debet possessio a proprietate: fieri etenim potest, ut alter possessor sit, dominus non sit, alter dominus quidem sit, possessor vero non sit: fieri potest, ut et possessor idem et dominus sit*» («A razão de ser deste interdito foi que a posse deve ser separada da propriedade: porquanto o possuidor pode não ser o proprietário, o proprietário pode não ser o possuidor e o possuidor pode também ser o proprietário»).

A FAMÍLIA JURÍDICA ROMANO-GERMÂNICA

sistemas jurídicos continentais consagram essa distinção[283], que todavia é desconhecida daqueles que ficaram imunes à influência romana (como o inglês)[284].

A situação é muito diversa no Direito da Família e das Sucessões. Aí o individualismo das instituições romanas (bem patente, por exemplo, na inexistência no Direito Romano de regimes de comunhão de bens conjugais e no amplo acolhimento por ele concedido à liberdade de testar) deu lugar, nos sistemas jurídicos contemporâneos, a soluções mais fortemente inspiradas na noção de solidariedade, cujas principais fontes foram os Direitos germânicos e os princípios do Cristianismo. Do impacto destes na formação da família jurídica romano-germânica nos ocuparemos em seguida.

c) Os Direitos germânicos

I – O segundo termo do binómio pelo qual se designa correntemente a família jurídica em apreço visa exprimir a relevância que tiveram na sua formação os Direitos dos povos germânicos (Francos, Lombardos, Visigodos, etc.) que invadiram o Império Romano do Ocidente e provocaram a sua queda. Direitos esses marcados por um espírito comunitário que contrastava profundamente com o individualismo característico do Direito Romano e cuja importância relativa na formação desta família jurídica importa por isso determinar.

Os povos germânicos conservaram o seu Direito próprio, de fonte essencialmente consuetudinária, após se terem fixado nos territórios do antigo Império[285]. O Direito Romano continuou no entanto, como se referiu acima, a aplicar-se às populações romanizadas, o que levou ao surgimento naqueles territórios de uma pluralidade de ordens jurídicas de base pessoal. A fim de se determinar a lei pessoal de cada indivíduo, generalizou-se a prática chamada *professio iuris*: o juiz a que fosse cometido o julgamento de uma causa ou a autoridade perante a qual se celebrasse um ato jurídico perguntavam aos interessados sob que lei viviam. Foi em parte este sistema, dito de *personalidade das leis,* que assegurou a sobrevivência do Direito Romano na Europa Ocidental após a queda do Império[286].

---

[283] Ver, por exemplo, os §§ 854 e seguintes do BGB e os arts. 1251º e seguintes do Código Civil português.

[284] Cfr., sobre o ponto, Max Kaser, *Direito Privado Romano*, cit., pp. 124 ss.; A. Santos Justo, *Direito Privado Romano*, cit., vol. III, pp. 148 ss.; Ricardo Panero Gutiérrez, *Derecho Romano*, cit., pp. 347 ss.; e José Alberto Vieira, *Direitos Reais,* Coimbra, 2008, pp. 514 ss.

[285] Algumas manifestações desse Direito chegaram até nós sob a forma de compilações redigidas em latim, entre as quais se destacam: a *Lex Burgundionum*, possivelmente de 501, aplicável ao povo burgúndio que se fixara no sul de França na segunda metade do século V; a *Lex Salica,* reduzida a escrito entre 507 e 511, que regeu os francos sálios; e a *Lex Visigothorum*, de 654, à qual estavam submetidos os visigodos instalados na Península Ibérica.

[286] Sobre o âmbito de aplicação das leis visigóticas vigentes na Península, vejam-se: Paulo Merêa, *Estudos de Direito Visig*ótico, Coimbra, 1948, pp. 199 ss.; Mário Júlio de Almeida Costa, *História do*

A partir do século X, deu-se porém gradualmente a unificação do Direito Privado, com a substituição dos Direitos de estirpe por costumes de âmbito regional, que absorveram mais ou menos intensamente elementos de Direito Romano vulgarizado. Em virtude da fusão das populações, da redução do tráfico jurídico sobrefronteiras, do aumento da importância da riqueza imobiliária e da ligação dos indivíduos à comunidade local, bem como do fracionamento do poder político, o princípio da territorialidade tomou o lugar do princípio da personalidade. Foi na base dos Direitos locais deste modo formados que se edificaram posteriormente os Direitos dos modernos Estados europeus.

II – Agora pergunta-se: qual a importância relativa do Direito Romano e dos Direitos germânicos na formação dos sistemas jurídicos da família romano-germânica?

Supomos que a questão não é suscetível de uma resposta unívoca. Os domínios em que esses sistemas jurídicos hoje mais se assemelham entre si, como o Direito das Obrigações e os Direitos Reais, são aqueles em que se deu a receção do Direito Romano; aqueloutros em que apresentam maiores divergências, como o Direito da Família e o das Sucessões, correspondem às matérias em que sobreviveram, mais ou menos intactas, as regras do Direito consuetudinário introduzido na Europa Ocidental pelos povos germânicos[287]. O que não quer dizer que não haja influência germânica naqueles dois primeiros ramos do Direito: dela é exemplo a proteção concedida ao adquirente de boa-fé de uma coisa que não seja propriedade do respetivo alienante[288].

A própria existência, atrás assinalada, de diferentes ramos na família romano--germânica está ligada a este fenómeno. Como veremos, por obra da Escola Histórica do Direito e da Pandectística, registou-se na Alemanha, no século XIX, uma nova receção do Direito Romano, que culminou no Código Civil de 1900. Já em França a receção do Direito Romano deu-se de forma mais mitigada, por via de uma lenta infiltração, que durou até à publicação do Código Civil. No decurso desse processo, as regras e os princípios romanos miscigenaram-se com costumes locais. Estes, por seu turno, foram reduzidos a escrito por ordem real e posteriormente objeto de comentários doutrinais, como o de Dumoulin ao costume de Paris, publicado em 1538; o que consolidou a sua autoridade e diminuiu a necessidade de recorrer ao Direito Romano. Eis por que a codificação germânica está mais próxima do Direito Romano do que a francesa. Ou, como refere

---

Direito Português, cit., pp. 133 ss.; Ruy de Albuquerque/Martim de Albuquerque, *História do Direito Português,* I volume, 9ª ed., Lisboa, 1998, pp. 161 ss.; e Marcello Caetano, *História do Direito Português (sécs. XII-XVI),* 4ª ed., Lisboa/São Paulo, 2000, pp. 100 ss., todos com mais referências.
[287] Neste sentido, F. H. Lawson, *A Common Lawyer Looks at the Civil Law,* Ann Arbor, 1953, p. 7.
[288] Cfr. Jacob H. Beekhuis e outros, «Structural Variations in Property Law», *IECL,* vol. VI, *Property and Trust,* Tubinga, 1972, cap. 2, p. 4.

Menezes Cordeiro, por que «o *Ius Romanum* atual – o Direito Civil – tem hoje dois estilos distintos a que, provisoriamente, se poderá chamar francês e alemão»[289].

d) O Cristianismo

I – Outro fator determinante da formação da família jurídica romano-germânica foi o Cristianismo. É nele que repousa, designadamente, o personalismo jurídico[290], que constitui uma das características fundamentais dos Direitos integrados nesta família[291].

A Revelação Cristã reconhece a cada ser humano a condição de filho de Deus e atribui-lhe, por isso, um valor eminente: o Homem – e só ele –, tendo sido criado, segundo a Sagrada Escritura, à imagem de Deus[292], e participando dos Seus atributos, representa-O na Terra e continua nela, com autonomia, a Sua obra, respondendo pelo cumprimento dessa missão. O Homem – *rectius*: cada Homem concretamente considerado – adquire a esta luz um valor transcendente. Nisto se traduz a sua *dignidade de pessoa*, que nenhum outro ser terreno iguala. Tal a razão por que, para a Doutrina Social da Igreja, «tudo quanto existe sobre a terra deve ser ordenado em função do homem, como seu centro e seu termo»[293].

Ora, a dignidade da pessoa humana foi expressamente reconhecida por vários sistemas jurídicos integrados na família romano-germânica como o próprio fundamento do Direito; e a respetiva salvaguarda foi erigida por estes em finalidade precípua da ação dos poderes públicos[294]: haja vista, por exemplo, ao art. 16 do

---

[289] Cfr. *Teoria Geral do Direito Civil. Relatório*, cit., pp. 19 s.

[290] Sobre este, vejam-se, na literatura jurídica portuguesa, Manuel Duarte Gomes da Silva, *Esboço de uma concepção personalista do Direito. Reflexões em torno da utilização do cadáver humano para fins terapêuticos e científicos*, Lisboa, 1965, particularmente pp. 131 ss.; Paulo Otero, *Instituições políticas e constitucionais*, vol. I, Coimbra, 2007, *passim*; e João Carlos Loureiro, «Pessoa, dignidade e Cristianismo», *in* Jorge Figueiredo Dias/José Joaquim Gomes Canotilho/José de Faria Costa (orgs.), *Ars Iudicandi. Estudos em homenagem ao Prof. Doutor António Castanheira Neves*, vol. I, *Filosofia, Teoria e Metodologia*, Coimbra, 2008, pp. 669 ss. Com referência ao Direito alemão, consulte-se por último, a este respeito, Manfred Wolf/Jörg Neuner, *Allgemeiner Teil des Bürgerlichen Rechts*, 11ª ed., Munique, 2016, pp. 94 ss.

[291] Ou, como sustenta Franz Wieacker, da *cultura jurídica europeia*: cfr., deste autor, *Voraussetzungen europäischer Rechtskultur*, Göttingen, 1985, pp. 20 ss. (existe tradução inglesa, com o título «Foundations of European Legal Culture», *AJCL*, 1990, pp. 1 ss.).

[292] Gn., I, 27.

[293] Cfr. a *Constituição Pastoral Gaudium et Spes Sobre a Igreja no Mundo Actual*, promulgada pelo Papa Paulo VI em 7 de Dezembro de 1965, nº 12.

[294] Ver Jorge Miranda, *Manual de Direito Constitucional*, tomo IV, *Direitos Fundamentais*, 2ª ed., Coimbra, 1998, pp. 166 ss.; José de Oliveira Ascensão, «A dignidade da pessoa humana e o fundamento dos direitos humanos», *ROA*, 2008, pp. 97 ss.; Paulo Otero, *Direito Constitucional português*, vol. I, cit., pp. 34 ss.; e José de Melo Alexandrino, «Perfil constitucional da dignidade da pessoa humana: um esboço traçado a partir da variedade de concepções», *in eiusdem*, *O discurso dos direitos*, Coimbra, 2011, pp. 15 ss.

Código Civil francês[295], ao art. 1, nº 1, da Lei Fundamental alemã[296] e ao art. 1º da Constituição portuguesa[297].

Desse princípio fluem, como corolários, múltiplas normas que integram estes sistemas jurídicos. Tal o caso, nomeadamente, das que reconhecem personalidade jurídica a todas as pessoas humanas[298] e das que consagram (inclusive como direitos fundamentais) os direitos de personalidade: os direitos à vida[299], à integridade física e moral[300], à identidade pessoal, ao desenvolvimento da personalidade, à capacidade civil, ao bom nome e reputação, à imagem, à palavra, à reserva da intimidade da vida privada e familiar[301], etc., todos decorrem do reconhecimento, que nesses sistemas se faz, da dignidade da pessoa humana e da centralidade desta na ordem jurídica. Outro corolário fundamental da mesma ideia é a tutela civil dos direitos de personalidade[302].

Do mesmo passo, proscrevem-se nos sistemas jurídicos em apreço as diferenciações entre pessoas fundadas na ascendência, no sexo, na raça, na língua, no território de origem, na religião professada, etc.[303], as quais necessariamente representam, na ótica de uma conceção personalista do Direito, a negação da dignidade da pessoa humana. Verifica-se assim que o princípio da igualdade (que o Direito Romano desconhecia, pois graduava a capacidade jurídica do indivíduo em razão da liberdade, da cidadania e da sua posição na família[304]) é uma noção de raiz cristã. Na afirmação desse princípio tiveram, de resto, papel de relevo a Igreja e o clero católico: recorde-se por exemplo a defesa dos índios do Brasil levada a cabo entre nós pelo Padre António Vieira (1608-1697)[305].

---

[295] No qual se declara: «A lei assegura o primado da pessoa, proíbe toda a ofensa à dignidade desta e garante o respeito pelo ser humano desde o início da sua vida».

[296] Que dispõe: «A dignidade humana é inviolável. Respeitá-la e protegê-la constituem deveres de todos os poderes do Estado».

[297] Segundo o qual: «Portugal é uma República soberana, baseada na dignidade da pessoa humana e na vontade popular e empenhada na construção de uma sociedade livre, justa e solidária».

[298] Cfr. o art. 8 do Código Civil francês, o § 1 do Código Civil alemão e o art. 66º do Código Civil português.

[299] Cfr. os arts. 2 (2) da Lei Fundamental alemã e 24º da Constituição portuguesa.

[300] Cfr. os arts. 16-1 a 16-3 do Código Civil francês, 2 (2) da Lei Fundamental alemã e 25º da Constituição portuguesa.

[301] Cfr. os arts. 9 do Código Civil francês, 2 (1) e 16 da Lei Fundamental alemã e 26º da Constituição portuguesa.

[302] Cfr. os arts. 9, § 2, e 16-2 do Código Civil francês, os §§ 823 e 824 do Código Civil alemão e os arts. 70º e seguintes do Código Civil português.

[303] Cfr. os arts. 1 da Declaração dos Direitos do Homem e do Cidadão de 1789, 3 da Lei Fundamental alemã e 13º da Constituição portuguesa.

[304] Ver Max Kaser, *Direito Privado Romano*, cit., p. 99 s.

[305] Cfr. *Obras escolhidas*, vol. V, *Obras várias (III). Em defesa dos índios*, Lisboa, 1951.

II – A doutrina cristã exerceu, por outro lado, forte influência no Direito da Família dos países latinos, onde o regime jurídico das relações familiares correspondeu durante largo período de tempo, nos seus traços essenciais, ao pensamento da Igreja.

Entre esses traços destacam-se: *a)* A proscrição do concubinato; *b)* A unidade e a perpetuidade do casamento (o qual era, por conseguinte, indissolúvel por divórcio); *c)* A exigência do mútuo consentimento dos cônjuges para a celebração do casamento; *d)* A igualdade de deveres dos cônjuges (em especial o de fidelidade); e *e)* A chefia marital da família.

Há, nesta medida, um *modelo cristão*, ou *católico*, de família, fortemente contrastante com o que prevaleceu nas culturas pagãs que o antecederam. A ele se contrapôs mais tarde o *modelo burguês ou individualista*, implantado na Europa pela revolução francesa, de que falaremos a seguir[306].

Aquele modelo estará hoje porventura em regressão, tanto em Portugal como nos demais países onde teve originariamente acolhimento, dada a latitude com que passaram a admitir-se neles o divórcio, a igualdade entre os cônjuges, a proteção jurídica da união de facto e, por último, o casamento entre pessoas do mesmo sexo. Não obstante isso, é muito significativa a marca que esse modelo deixou nos referidos países, até sob o ponto de vista sociológico.

III – Mas não é apenas no domínio dos direitos de personalidade e do Direito da Família que ressuma a conceção cristã do Direito. Ela está também patente no Direito patrimonial de vários sistemas jurídicos romano-germânicos.

O personalismo jurídico postula, na verdade, o reconhecimento a todos os seres humanos da liberdade de agir, que aqueles sistemas jurídicos consagram, *maxime* em matéria contratual[307]. Mas dele decorrem também importantes limitações a essa liberdade, reclamadas nomeadamente pela ideia de *solidariedade* traduzida na consideração pelos interesses legítimos da contraparte[308]. Nela radica, por exemplo, a consagração, nos Direitos alemão e português, de deveres pré-contratuais de conduta fundados no princípio da boa-fé[309].

---

[306] Ver Mário Bigotte Chorão, «A concepção cristã da família e o direito português», in *Temas fundamentais de Direito*, Coimbra, 1991, pp. 277 ss.; e João Antunes Varela, *Direito da Família*, 1º vol., 5ª ed., Lisboa, 1999, pp. 46 s. e 58 s.

[307] Vejam-se, no Código Civil francês, o art. 1102, e, entre nós, o art. 405º do Código Civil.

[308] *Solidarische Rücksichtnahme*, na expressão de Karl Larenz/Manfred Wolf, *Allgemeiner Teil des Bürgerlichen Rechts*, 9ª ed., Munique, 2004, p. 25.

[309] Cfr. os §§ 241 (2), 242 e 311 (2) do BGB e o art. 227º, nº 1, do Código Civil português. Sobre o tema, consultem-se os nossos estudos *Da responsabilidade pré-contratual em Direito Internacional Privado*, cit., pp. 239 ss., e «Culpa na formação dos contratos», in Faculdade de Direito da Universidade de Coimbra, *Comemorações dos 35 anos do Código Civil e dos 25 anos da Reforma de 1977*, vol. III, *Direito das Obrigações*, Coimbra, 2007, pp. 265 ss., e a demais bibliografia neles citada.

DIREITO COMPARADO

Outras limitações àquela liberdade e à conformação autónoma das relações contratuais entre particulares, por ela postulada, decorrem da preocupação com a *justiça comutativa*, que está na base dos princípios da proibição da usura e da equivalência das prestações, este último com expressão relevante, na ordem jurídica nacional, *v.g.*, em matéria de interpretação dos negócios jurídicos e de revisão dos contratos por alteração das circunstâncias[310].

Ora, esses princípios não têm o mesmo acolhimento nos Direitos inglês e norte-americano, que não admitem a modificação do contrato por alteração de circunstâncias, tida por incompatível com os princípios *pacta sunt servanda* e da *sanctity of contracts*[311]. Ao que não será alheia a circunstância de os juristas anglo-saxónicos do século XIX, que lançaram as bases do atual Direito inglês dos contratos, não terem sido recetivos à ética contratual aristotélica[312] e tomística[313], que erigiu o equilíbrio das prestações em corolário da justiça e reclamou dos comerciantes a prática do *justo preço (iustum pretium)*. Nela se reflete a conceção cristã da vida, que vê no comércio uma atividade humana não indiferente à consecução do bem eterno. Na mesma ordem de ideias se fundou, aliás, a condenação do liberalismo económico pela Doutrina Social da Igreja[314].

Segundo S. Tomás de Aquino (1225-1274), constituíam também exigências da justiça comutativa – sendo, por isso, condições da salvação – a restauração natural ou, em alternativa, a indemnização por equivalente, sempre que alguém tirasse a vida ou lesasse a integridade física ou outro bem de um terceiro[315].

IV – Importa ainda referir neste lugar a influência exercida pelo Direito Canónico (que tomaremos aqui como o ordenamento jurídico da Igreja Católica) sobre os sistemas jurídicos da família romano-germânica.

---

[310] Haja vista, respectivamente, aos arts. 237º e 437º do Código Civil.
[311] Cfr., sobre o ponto, o nosso *Da responsabilidade pré-contratual em Direito Internacional Privado*, cit., pp. 183 ss., e a bibliografia aí citada. O tema será desenvolvido no vol. II da presente obra.
[312] Cfr. Aristóteles, *Ética a Nicómaco*, Livro V, Capítulo V, 1133a33 (na tradução portuguesa, cit., p. 118): «Quando se estabelece a igualdade, há uma justa retribuição proporcional de acção recíproca, de tal sorte que, assim como o agricultor está para o sapateiro, também parte do trabalho do sapateiro está para parte do trabalho do agricultor».
[313] Cfr. S. Tomás de Aquino, *Summa Theologica* (citamos a edição bilingue, em português e latim, com tradução de Alexandre Corrêa, 2ª ed., Porto Alegre, 1980), parte II-II, questão 77, art. 1: «se o preço exceder a quantidade do valor da coisa ou se, inversamente, a coisa exceder o preço, desaparece a igualdade da justiça. Por onde, vender mais caro ou comprar mais barato do que a coisa vale é em si mesmo injusto e ilícito».
[314] Vejam-se, designadamente, as encíclicas *Rerum Novarum*, promulgada em 1891 por Leão XIII; *Quadragesimo Anno*, promulgada em 1931 por Pio XI; e *Centesimmus Annus*, promulgada em 1991 por João Paulo II.
[315] *Op. cit.*, parte II-II, questão 62, art. 2.

A FAMÍLIA JURÍDICA ROMANO-GERMÂNICA

Durante a Idade Média, foi muito grande a relevância do Direito Canónico na Europa[316]. Para tal contribuiu não apenas o papel nuclear desempenhado pela Igreja nos domínios espiritual e social, o qual lhe permitiu preencher o vácuo criado pelo colapso do Império Romano, mas também a circunstância de esse Direito ter sido reduzido a escrito muito cedo. As suas disposições fundamentais foram coligidas nos meados do século XII pelo monge italiano João Graciano (tido como o «pai» do Direito Canónico) no tratado intitulado *Concordia Discordantium Canonum* («*Concordância de cânones discordantes*»), também dito *Decreto de Graciano*[317], mais tarde incorporado no *Corpus Iuris Canonici*, do qual constitui a primeira parte[318]. O *Decreto* foi, a par das *Decretais* dos Papas, um dos mais relevantes textos jurídicos produzidos na Idade Média. Recolhem-se nele, à imagem do *Digesto*, várias centenas de fragmentos de autoridades religiosas e seculares, que o autor procurou sistematizar, interpretar e conciliar entre si. Apenas foi substituído como principal fonte reveladora do Direito Canónico em 1917, aquando da promulgação do primeiro *Código de Direito Canónico* (*Codex Iuris Canonici*) pelo Papa Bento XV[319].

Surgiu assim na Europa uma sistemática autónoma das que se formariam mais tarde com base no Direito Romano[320]. O seu impacto na formação da família jurídica romano-germânica foi vastíssimo. Através dele, forjou-se um instrumento indispensável à legitimação e à organização interna da Igreja e esta assegurou a sua autonomia relativamente às autoridades seculares, dando expressão formal às regras disciplinadoras das situações da vida submetidas à sua jurisdição. Esse instrumento era por certo obra humana; mas nele se entendia estarem também refletidos o Direito Natural e o Direito divino. Nesta medida, o Direito Canónico pôde servir de modelo aos Direitos seculares. Foi o que sucedeu no Direito da Família e no Direito das Obrigações, pelas razões já apontadas.

---

[316] Para uma síntese da evolução histórica do Direito Canónico, veja-se Constant Van De Wiel, *History of Canon Law*, Lovaina, 1991.

[317] Cfr. *Decretum Gratiani emendatum et notationibus illustratum, una cum glossis*, Turim, 1620. Existe tradução inglesa, intitulada *Gratian. The Treatise on Laws (Decretum DD.1-20) with the Ordinary Gloss*, por Augustine Thompson e James Gordley, Washington, D.C., 1993, com uma introdução por Katherine Christensen.

[318] Veja-se a edição de Emil Ludwig Richter e Emil Friedberg, com o título *Corpus Iuris Canonici*, Leipziga, 1879.

[319] Entretanto substituído pelo Código promulgado em 1983 pelo Papa João Paulo II.

[320] Para Harold J. Berman, o Direito Canónico foi mesmo o primeiro sistema jurídico moderno do Ocidente: vejam-se, deste autor, os estudos *Law and Revolution*, vol. I, *The Formation of the Western Legal Tradition*, Cambridge, Massachussets/Londres, 1983, especialmente pp. 199 ss. e 530; e «The Religious Foundations of Western Law», *in Faith and Order. The Reconciliation of Law and Religion*, reimpressão, Grand Rapids/Cambridge, 2000, pp. 35 ss. (p. 43).

Deve-se também ao Direito Canónico uma certa atenuação do formalismo que caracterizava o Direito Romano, pois através dele introduziu-se no *Ius Commune* medieval o princípio do consensualismo, que os Direitos antigos desconheciam. Para os romanos, os contratos concluídos por simples consenso entre as partes (*nuda pacta*) só davam origem a obrigações em casos muito limitados (compra e venda, locação, mandato e sociedade)[321]. Vigorou, assim, em Roma um *numerus clausus* dos contratos concluídos *nudo consensu*. Por isso pôde Ulpiano afirmar: *nuda pactio obligationem non parit*[322]. As *Decretais* do Papa Gregório IX consagraram, porém, o princípio oposto: *pacta quantumcunque nuda servanda sunt*[323].

Remonta, por outro lado, a uma glosa ao *Decreto* de Graciano a primeira formulação conhecida da cláusula mais tarde designada por *rebus sic stantibus*, nos termos da qual os contratos de longa duração apenas vinculam se e na medida em que se mantenham as circunstâncias contemporâneas da sua conclusão[324]. Esta regra, introduzida no Direito Civil por Bártolo de Sassoferrato (1314-1357), viria a ser abandonada pelas codificações de Oitocentos; mas foi recuperada pela jurisprudência e pela doutrina do século XX, em particular pela teoria dita da «base do negócio» (*Geschäftsgrundlage*)[325], na qual se inspira o art. 437º do Código Civil português.

Igualmente relevante foi o contributo do Direito Canónico para o regime do processo civil na família jurídica romano-germânica, designadamente em matéria probatória. Entre os povos primitivos, e na própria Europa cristã até aos primórdios do século XIII, foi bastante comum o recurso às ordálias, consistentes na utilização, em processos judiciais, de elementos da natureza (ferro em brasa, água a ferver, etc.), por ação dos quais se supunha manifestar-se a verdade: consoante o aspeto da chaga causada por esses elementos nos que a eles se sujeitavam, assim estes seriam declarados inocentes ou culpados. A essas provas irracionais se opôs o *Decreto* de Graciano, tendo as mesmas sido definitivamente proi-

---

[321] Ver, por muitos, Reinhard Zimmermann, *The Law of Obligations. Roman Foundations of the Civilian Tradition*, cit., pp. 230 ss.

[322] D. 2, 14, 7, 4: «*Sed cum nulla subest causa, propter conventionem hic constat non posse constitui obligationem: igitur nuda pactio obligationem non parit, sed parit exceptionem*».

[323] Cfr. X 1.35.1. Alude-se neste trecho à questão submetida ao Concílio de Cartago pelo bispo Antigonus, que acordara com Optantius certa divisão das respectivas congregações. Optantius alegadamente violara o acordo. O Concílio declarou unanimemente: «*pax servetur, pacta custodiantur*» («preserve-se a paz, respeitem-se os pactos»).

[324] Referimo-nos à glosa de Johannes Teutonicus ao *Decretum Gratiani*, cit., Secunda Pars, Causa XXII, Quaestio II, cap. 14, coluna 1258, onde se pode ler: «*Ergo semper subintelligitur haec conditio, si res in eodem statu manserit*» («Portanto, subentende-se sempre a condição de que as coisas se mantenham no mesmo estado»).

[325] Sobre cuja genealogia pode ver-se, entre nós, António Menezes Cordeiro, *Da boa fé no Direito Civil*, Coimbra, 1985, vol. II, pp. 1032 ss.

bidas no IV Concílio de Latrão (1215)[326]. Não se cingiu, porém, a isso o influxo do Direito Canónico na formação do moderno processo civil, pois vários outros traços fundamentais deste (que, como se verá, não lograram penetrar nos sistemas de *Common Law*) têm sido reconduzidos ao processo medieval romano-canónico elaborado sob a égide da Igreja desde o século XII. Entre eles incluem-se: *a)* A atribuição a um juiz profissional, com formação académica, da competência para julgar as questões de facto e de Direito e para proferir a sentença; *b)* O ónus de cada uma das partes alegar os factos constitutivos das respetivas pretensões, na base dos quais o juiz delimita as questões a julgar; *c)* O caráter fundamentalmente escrito do processo; e *d)* O reconhecimento de uma ampla possibilidade de apelação da sentença[327].

O próprio conceito de Direito como um sistema autónomo, integrado e em permanente desenvolvimento de regras e princípios – que como veremos caracteriza a família jurídica em apreço – terá tido a sua origem no Direito Canónico[328].

V – Em Portugal e noutros países, o Direito Canónico valeu também, sucessivamente, como *Direito preferencial* e como *Direito subsidiário*, aplicando-se inicialmente com primazia sobre o Direito nacional e, depois, quando este faltasse[329]. As próprias Ordenações do Reino mandavam entre nós que o Direito Canónico prevalecesse sobre o Direito Romano quando se tratasse de «*matéria que traga peccado*»[330].

Em 1769, é certo, a *Lei da Boa Razão* posta em vigor por iniciativa do Marquês de Pombal proibiu a sua aplicação pelos tribunais seculares. Apesar disso, o Direito Canónico continuou a ser aplicado em Portugal, bem como em outros países, não apenas às questões respeitantes à organização e ao funcionamento das pessoas jurídicas canónicas, mas também à definição do regime jurídico dos casamentos católicos.

Ainda hoje assim sucede, por força da Concordata celebrada entre Portugal e a Santa Sé, a que fizemos alusão no capítulo I. Mesmo onde não existem instrumentos jurídicos semelhantes, podem os católicos submeter-se voluntariamente

---

[326] Cfr. John Gilissen, *Introdução histórica ao Direito* (tradução portuguesa, por António Hespanha e L. Macaísta Malheiros, 4ª ed., Lisboa, 2003), p. 715.
[327] Ver R. C. van Caenegem, «History of European Civil Procedure», *in IECL*, vol. XVI, *Civil Procedure*, capítulo 2, pp. 16 ss.
[328] Neste sentido, Berman, *Law and Revolution, cit.*, p. 116.
[329] O ponto é porém controvertido. Podem ver-se, a este respeito, Mário Júlio de Almeida Costa, *História do Direito português*, 3ª ed., Coimbra, 1996, pp. 253 s.; Ruy de Albuquerque/Martim de Albuquerque, *História do Direito Português*, vol. I, 9ª ed., Lisboa, 1999, pp. 154 s.; Marcello Caetano, *História do Direito português (sécs. XII-XVI)*, 4ª ed., Lisboa/São Paulo, 2000, pp. 241 s. e 333 s.
[330] Cfr. *Ordenações Filipinas*, livro III, título LXIV.

ao Direito Canónico, *v.g.* cometendo aos tribunais eclesiásticos a resolução das causas respeitantes ao casamento católico[331].

VI – Não menos significativa do que a influência que exerceu sobre o Direito positivo foi a marca deixada pelo Cristianismo na teorização do Direito Natural e das suas relações com o Direito positivo.

Na *lei natural* vê o pensamento cristão, tal como o expôs S. Tomás de Aquino, «a participação da lei eterna na criatura racional»[332], ou seja, a própria ordem estabelecida pela Providência Divina para toda a Criação enquanto apreensível pela razão humana[333]. A ela se encontra subordinada a *lei humana*[334].

Se bem que àquela definição esteja subjacente o reconhecimento da capacidade da razão humana para discernir os preceitos do Direito Natural a partir da observação da natureza das coisas e dos fins essenciais a que o Homem se dirige, não sofre dúvida o lugar primordial que no jusnaturalismo tomista ocupa a Sagrada Escritura[335]. Já o *Decreto* de Graciano, na *Distinctio Prima*, definia o Direito Natural como «o que se contém na Lei [*scl.*, o Decálogo] e no Evangelho»[336]; e reproduzia no mesmo lugar a *regra de ouro* deste[337]. S. Tomás, ao interpretar este trecho, embora haja reconhecido que nem tudo o que se encontra na Lei e no Evangelho pertence à lei natural, afirmou que tudo o que a esta pertence está aí plenamente presente[338]; e os «preceitos da justiça» que examinou na *Suma Teológica* são precisamente os do Decálogo[339]. A conceção cristã do mundo e da vida viu-se assim elevada a critério de aferição da validade do Direito positivo.

VII – Deste entendimento do Direito se afastaria, ainda na Idade Média, outro teólogo cristão: o franciscano inglês Guilherme de Ockham (c. 1280-c.1350), para alguns *o primeiro protestante*.

---

[331] Veja-se o cânone 1671 do Código de Direito Canónico, segundo o qual «[a]s causas matrimoniais dos baptizados competem por direito próprio ao juiz eclesiástico».

[332] *Summa Theologica*, cit., parte I-II, questão 91, art. 2.

[333] *Ibidem*, parte I-II, questão 91, art. 4: «pela lei natural o homem participa da lei eterna segundo a participação da sua capacidade».

[334] *Ibidem*, parte I-II, questão 95, art. 2: «se nalgum caso uma lei se contrapõe à lei natural, já não é lei, mas corrupção da lei»; e questão 96, art. 5: «a lei do Espírito Santo é superior a toda a lei humana».

[335] Ver, sobre o ponto, Michel Villey, «L'Écriture Sainte comme source du droit dans la Somme Théologique de Saint Thomas d'Aquin», *in* AAVV, *La révélation chrétienne et le droit. Colloque de Philosophie du Droit*, Paris, 1961, pp. 63 ss.

[336] «*Ius naturale est, quod in lege et evangelio continetur*».

[337] Mt., 7, 12: «o que quiserdes que vos façam os homens, fazei-o também a eles».

[338] Ob. cit., parte I-II, questão 94, art. 4.

[339] *Ibidem*, parte II-II, questão 122.

O pensamento deste autor filia-se no *nominalismo*, de acordo com o qual as ideias ou conceitos universais (i. é, as categorias abstratas que representam as coisas existentes no mundo, *v.g.*, homem, animal, planta, etc.) não têm existência fora do espírito: são simples nomes[340]. As únicas realidades são, para aquela doutrina, os *indivíduos* – os seres singulares e concretos (certo homem, certo animal, certa planta, etc.) –, pois só estes foram objeto da vontade criadora de Deus e só a eles pode aceder a razão humana. Por outro lado, as questões de fé não são suscetíveis de demonstração[341]. Nesta ordem de ideias, não é possível fundar as regras jurídicas na sua necessidade racional segundo a «natureza das coisas» ou a «natureza humana»: todo o Direito tem a sua fonte na vontade divina ou na consciência individual dos homens[342]. Há, assim, um Direito divino, posto por Deus e plasmado nas Escrituras, e um Direito humano, resultante do consentimento dos governados[343].

Para Ockham, resultam do Direito humano, em benefício dos indivíduos, direitos sancionados pelo poder temporal. A este autor se deve, por conseguinte, uma das primeiras formulações do conceito de direito subjetivo; o que bem se compreenderá se se tiver presente que, como deixámos dito, o nominalismo vê o mundo exclusivamente na ótica do indivíduo. O direito subjetivo caracteriza-se, no entender de Ockham, pelo poder de o seu titular o vindicar ou defender em juízo («*potestas vindicandi et defendendi in humano judicio*»)[344]. Do direito subjetivo distingue-se o simples «uso de facto» de bens, como aquele que era levado a cabo pelos franciscanos, os quais teriam renunciado àquela *potestas*. Na polémica que manteve com o Papa João XXII a respeito da regra franciscana, Ockham sustentou, nesta base, que os membros da Ordem de S. Francisco não seriam titulares

---

[340] Ver Guilherme de Ockham, *Summa logicae*, in *Opera philosophica et theologica*, St. Bonaventure, Nova Iorque, 1974, parte I, capítulo 25, p. 83: «*universalia non sunt res extra animam* [...] *sunt quaedam entia in anima*».
[341] *Ibidem*, parte III, capítulo 1, p. 360: «*Et sic articuli fidei nec sunt principia demonstrationis nec conclusiones, nec sunt probabiles, quia omnibus vel pluribus vel maxime sapientibus apparent falsi*».
[342] É, segundo Michel Villey, o positivismo que desponta na obra deste autor. Cfr. *La formation de la pensée juridique moderne*, cit., pp. 229 ss.
[343] Observe-se que a expressão *Direito natural* é também usada por Ockham; mas tão-só a fim de designar os «princípios evidentes [...] que nos ocorrem imediatamente quando somos obrigados a fazer ou a omitir algo», bem como os respectivos corolários, e não os princípios jurídicos que se inferem da natureza das coisas e que servem de critério suprapositivo de aferição da validade do Direito positivo: cfr. *Dialogus*, parte III/II, capítulo 15, reproduzido *in* Arthur Stephen McGrade/John Kilcullen (orgs.), *A Letter to the Friars Minor and Other Writings*, tradução de John Kilcullen, Cambridge, 1995, pp. 273 s.
[344] Cfr. *Opus nonaginta dierum*, nº 2.2397 (reproduzido *in Opera plurima*, vol. II, reimpressão, Hants, 1962; existe tradução inglesa, por John Kilkullen e John Scott, com o título *A Translation of William of Ockham's Work of Ninety Days*, Lewiston/Queenston/Lampeter, 2001).

de direitos de propriedade[345]. O direito é, em suma, visto por Ockham também como uma *prerrogativa* ou um *poder* individual. Na sua construção está a raiz mais próxima do individualismo liberal e utilitarista, que, como veremos a seguir, inspirou o moderno Direito ocidental[346].

VIII – A partir da Reforma protestante e da Contra-Reforma católica do século XVI, deixa de se poder falar na Europa de uma única mundividência cristã, que possa servir de fundamento ou critério comum de aferição da legitimidade dos regimes jurídicos positivos. Na filosofia jurídica cristã autonomizam-se então duas orientações fundamentalmente diversas acerca do papel do Estado e das suas relações com os indivíduos, bem como a respeito da esfera de autonomia que a estes deve ser reconhecida e às relações dos indivíduos entre si; o que teve profundas repercussões na evolução subsequente tanto do Direito Público como do Direito Privado.

O Protestantismo terá decerto contribuído para uma certa «democratização» da religião cristã, graças à tradução da Bíblia para as línguas vernáculas levada a cabo pelos seus principais mentores[347]. Mas a radical separação entre o mundo espiritual e o terreno, entre a fé e a razão, que constitui o cerne da doutrina dos «dois reinos» de Lutero[348] – nesta matéria tributário do nominalismo de Ockham –, inevitavelmente o afastou de um Direito Natural suscetível de ser captado pela razão humana, como aquele que S. Tomás concebera, e colocou-o na senda do positivismo[349]. Essa doutrina conduziu-o, por outro lado, a desinteressar-se do estabelecimento de limites jurídicos à atuação das autoridades seculares, às

---

[345] Sobre o conceito de direito subjetivo em Ockham, vejam-se: Michel Villey, «La genèse du droit subjectif chez Guillaume d'Occam», *Arch. Phil. Droit*, 1964, pp. 97 ss.; *idem, La formation de la pensée juridique moderne*, cit., pp. 240 ss.; e, entre nós, Pedro Pais de Vasconcelos, *A participação social nas sociedades comerciais*, Coimbra, 2005, pp. 420 ss.; *idem, Teoria Geral do Direito Civil*, 7ª ed., Coimbra, 2012, pp. 218 ss.; e Isabel Banond, «Fundamentação jus-filosófica-histórica de um pensamento actuante na Europa e no Portugal medievo: os direitos individuais», *in Estudos em homenagem ao Professor Doutor Marcello Caetano no centenário do seu nascimento*, Lisboa, 2006, pp. 455 ss. (pp. 472 s.).
[346] Ver, neste sentido, Michel Villey, ob. cit., p. 267; e António Manuel Hespanha, *Cultura jurídica europeia. Síntese de um milénio*, cit., p. 85.
[347] Entre os quais se destaca Martinho Lutero (1483-1546), cuja tradução do Novo Testamento foi originariamente publicada em 1522 sob o título *Das Neue Testament Unsers Herrn Und Heylandes Jesu Christi*.
[348] Veja-se nomeadamente o texto de Lutero intitulado *Von weltlicher Obrigkeit* («Da autoridade temporal»), originariamente publicado em 1523 (há reimpressão, Gütersloh, 2004).
[349] A conclusão é de Franz Wieacker, *História do Direito Privado Moderno*, cit., pp. 295 s. e 695 s. Perfilham também este ponto de vista Michel Villey, *La formation de la pensée juridique moderne*, cit., pp. 291 ss.; e Harold J. Berman, «Western Legal Philosophy in Lutheran Germany», *in eiusdem, Faith and Order. The Reconciliation of Law and Religion*, cit., pp. 141 ss. (p. 147); *idem, Law and Revolution.*, vol. II, *The Impact of the Protestant Reformations on the Western Legal Tradition*, Cambridge, Massachussets/

quais era devida, segundo Lutero, obediência incondicional. Estará aqui, segundo alguns, a raiz de um dos traços distintivos da personalidade coletiva dos alemães, com todas as consequências históricas daí decorrentes[350]. O Direito era, de resto, tido por Lutero como coisa meramente terrena e religiosamente indiferente – por conseguinte, algo de não essencial[351].

Ao pensamento de Lutero – que Thomas Mann (1875-1955) apodou de «gigantesca encarnação da natureza alemã»[352] – era fundamentalmente estranha a ideia de liberdade política. Aliás, segundo o mesmo autor, o conceito alemão de liberdade foi sempre dirigido para o exterior, significando acima de tudo o direito de ser alemão, apenas alemão e nada mais do que isso; na ordem interna, sempre tolerou uma surpreendente medida de opressão, de menoridade e de pesada submissão[353].

Deve, no entanto, observar-se que uma certa interpretação da defesa feita por Lutero da liberdade de consciência dos cristãos, assim como da sua tese acerca da igualdade de cada pessoa perante Deus e os seus semelhantes[354], constituiu o esteio de uma nova doutrina sobre a organização do poder político e sobre os limites a que este deve subordinar-se, a qual foi particularmente desenvolvida pela vertente calvinista do protestantismo. Este último tornou-se assim uma importante fonte de inspiração do constitucionalismo democrático dos séculos XVII e XVIII na Europa Ocidental e na América do Norte[355].

Uma das preocupações centrais da teologia luterana foi, desde o início da reforma, o casamento. Este deixou, nos principados alemães e noutros países a que o luteranismo estendeu a sua esfera de influência, de ser tido como um sacramento que originava entre os cônjuges um vínculo perpétuo, para passar a constituir entre protestantes um contrato cuja celebração era aberta a leigos e clérigos. O *status* assim criado podia, além disso, ser dissolvido por divórcio,

---

Londres, 2003, p. 68. Sobre o pensamento de Lutero e o Direito, veja-se ainda Karl H. Hertz, «Luther and the Law», *Hastings L.J.*, 1977-1978, pp. 1505 ss.

[350] Ver Peter F. Wiener, *Martin Luther: Hitler's Spiritual Ancestor*, Londres/Nova Iorque, 1945 (reimpressão, Cranford, New Jersey, 1999).

[351] Há mesmo na sua obra uma certa depreciação do Direito e dos juristas: «*Jurist, böser Christ*» («jurista, mau cristão») é justamente um dos seus mais conhecidos aforismos.

[352] Cfr. *Deutschland und die Deutschen 1945*, reimpressão, Hamburgo, 1992, p. 16.

[353] *Ibidem*, pp. 22 s. Sobre o papel de Lutero e da Reforma protestante na formação da cultura e da consciência nacional alemãs, veja-se ainda Dietrich Schwanitz, *Bildung. Alles, was man wissen muss*, 26ª ed., Frankfurt a.M., 2006, pp. 111 s. (na tradução portuguesa, com o título *Cultura. Tudo o que é preciso saber*, por Lumir Nahodil, 7ª ed., Lisboa, 2006, pp. 115 ss.).

[354] Veja-se, em especial, o escrito intitulado *Von der Freiheit eines Christen Menschen* («Da liberdade de um cristão»), originariamente publicado em 1520 (reimpressão, Gütersloh, 2004).

[355] Voltaremos a este tema no capítulo seguinte, a propósito das projecções da ética protestante nos sistemas de *Common Law*.

sendo permitida aos ex-cônjuges a celebração subsequente de novo casamento. A partir de Lutero, o modo de conceber uma das instituições nucleares da vida social deixou, pois, de ser o mesmo nos países católicos e nos protestantes[356].

A Reforma protestante abriu ainda o caminho ao surgimento de uma nova escola de pensamento jurídico – um *usus modernus protestantorum*[357]. Este revela--se fundamentalmente hostil ao Direito Canónico e recusa ao Direito Romano a condição de *ratio scripta*: os princípios orientadores do Direito secular devem antes buscar-se na razão e na consciência cristãs.

e) O jusracionalismo e as codificações

I – No século XVII, abre-se na História da família jurídica romano-germânica um novo período, marcado por uma crescente emancipação do pensamento jurídico relativamente à moral religiosa. Enquanto que o Cristianismo sublinhara o valor transcendente da pessoa humana, que erigiu em fim último da ordem jurídica, a Europa de seiscentos caracteriza-se pela confiança muito mais acentuada nas potencialidades da razão humana a fim de, sem referência a elementos históricos ou metafísicos, construir e sistematizar as leis jurídicas[358].

Triunfa neste período o *jusracionalismo moderno,* no qual pontificam, nos Países-Baixos, Hugo Grócio (1583-1645)[359], na Alemanha, Samuel Pufendorf (1632-1694)[360], Christian Thomasius (1655-1728)[361] e Christian Wolff (1679-1754)[362] e, em França, Jean Domat (1625-1696)[363] e Robert-Joseph Pothier (1699-1772)[364].

---

[356] Para uma desenvolvida análise deste ponto, veja-se John Witte, Jr., *Law and Protestantism: The Legal Teachings of the Lutheran Reformation*, Cambridge, 2002, pp. 199 ss. Ver também Berman, *op. cit.*, pp. 184 s.

[357] Assim Harold J. Berman/Charles Reid Jr., «Römisches Recht in Europa und das ius commune. Ein historischer Überblick unter besonderer Berücksichtigung der Neuen Rechtswissenschaft des 16. Jahrhunderts», *ZEuP*, 1995, pp. 3 ss. (p. 14); Harold J. Berman, *Law and Revolution*, vol. II, *The Impact of the Protestant Reformation on the Western Legal Tradition*, Cambridge, Massachussets/ Londres, 2003, pp. 108 ss.

[358] Sobre esta matéria, vejam-se, em especial, Franz Wieacker, *História do Direito Privado Moderno*, cit., pp. 279 ss.; e Michel Villey, *La formation de la pensée juridique moderne*, pp. 454 ss.

[359] Cfr. *De jure belli ac pacis libri tres*, Paris, 1625 (existem traduções inglesa, por A. C. Campbell, Londres, 1814, e alemã, com uma introdução, por Walter Schätzel, Tubinga, 1950).

[360] Cfr. *De iure naturae et gentium libri octo, Editio nova*, Frankfurt a. M., 1694.

[361] Cfr. *Fundamenta juris naturae et gentium*, originariamente publicado em 1705 (existe tradução espanhola, por Salvador Rus Rufino e Maria Asunción Sánchez Manzano, com o título *Fundamentos de derecho natural y de gentes*, Madrid, 1995).

[362] Cfr. *Jus naturae methodo scientifica pertractatum. Editio novissima emendatior et auctior*, 8 vols., Frankfurt/Leipzig, 1764.

[363] Cfr. *Les loix civiles dans leur ordre naturel*, 3 vols., Paris, 1689/1694.

[364] Cfr. *Traité des obligations*, cit. *supra*.

Observa-se nas obras destes autores o esforço de elaboração de um sistema, deduzido de certas máximas da razão, o que os distingue nitidamente não apenas dos jurisconsultos romanos e do jusnaturalismo tomista, mas também da doutrina inglesa, muito mais propensa, como veremos, ao empirismo e ao casuísmo. Esse sistema é, com efeito, totalmente independente dos casos concretos, na base dos quais se formara a *iurisprudentia* romana e se desenvolveria mais tarde o *case law* inglês. Por isso pôde Koschaker afirmar que o Direito Natural racionalista foi na Alemanha essencialmente um Direito de Professores (*Professorenrecht*)[365].

A Thomasius ficou a dever-se, por outro lado, uma importante elaboração doutrinal acerca da distinção entre o Direito, que segundo o autor se caracteriza pela exterioridade e pela coactividade, e a Moral, que para ele pertence ao foro interno do Homem e é destituída de coactividade.

Data deste período, em Portugal, a *Lei da Boa Razão*, já referida. Esta, reflectindo o espírito da época, mandou observar as leis imperiais romanas «*somente pela boa razão, em que são fundadas*» e apenas enquanto fonte subsidiária de Direito[366].

As manifestações mais emblemáticas do novo espírito que então prevaleceu na família jurídica romano-germânica seriam contudo os *códigos*, isto é, as leis que visam unificar, sistematizando-os à luz de certos princípios gerais, determinados setores da ordem jurídica[367]. Exprimiu-se neles, com efeito, a crença jusracionalista no poder reformador da lei: o Direito não deriva já da natureza das coisas, como precedentemente se admitira, mas da razão humana vertida nos textos legais.

Entre os primeiros esforços no sentido da codificação sobressaem os que tiveram lugar na Alemanha – não por ação revolucionária, mas antes sob o impulso de governantes que se haviam por *déspotas esclarecidos*. Assim, em 1756 foi publicado na Baviera o *Codex Maximilianeus Bavaricus civilis*; e em 1794 foi posto em vigor na Prússia o *Allgemeines Landesrecht*, o qual, aliás, não tinha exclusivamente por objeto o Direito Privado, pois ocupava-se também de matérias de Direito Público. Não se tratava, em qualquer destes casos, propriamente de códigos na aceção acima referida, mas antes de compilações de regras (a primeira das quais, aliás, com caráter meramente subsidiário relativamente aos Direitos territoriais). Por outro lado, enquanto expressões de uma razão imposta autoritariamente, não se mostravam aptas a fim de conquistar a adesão das populações a que se dirigiam.

---

[365] Cfr. *Europa und das römische Recht*, cit., p. 251.
[366] Veja-se a versão anotada por José Homem Correia Telles, *Commentario Critico á Lei da Boa Razão em data de 18 de Agosto de 1769*, Lisboa, 1836, § 9.
[367] Ver, sobre o ponto, Afonso Queiró, «Codificação», *in Enciclopédia Verbo Luso-Brasileira de Cultura. Edição Século XXI*, vol. 7, cols. 257 ss.; *idem*, «Código», *in ibidem*, cols. 264 s.

II – O verdadeiro ponto de partida do movimento codificador, e o seu fruto mais duradouro, viria a ser o Código Civil francês de 1804.

A elaboração de um código que consagrasse os ideais da liberdade, da igualdade e da fraternidade e que unificasse o Direito francês inscrevia-se entre os objetivos da revolução francesa de 1789. A Assembleia Constituinte havia já apreciado e rejeitado dois projetos quando, em 1799, Napoleão Bonaparte tomou o poder. No ano seguinte, foi nomeada pelo Primeiro Cônsul uma comissão, integrada por quatro juristas (Tronchet, presidente da Cassação, Maleville, magistrado do mesmo tribunal, Portalis e Bigot de Préameneau, advogados), que foi incumbida de preparar um projeto de código civil. Este ficou concluído em quatro meses. A sua filiação no jusnaturalismo racionalista estava patente logo no art. 1º (posteriormente suprimido)[368] e no *Discurso preliminar* em que Portalis (1746-1807) expôs as motivações fundamentais do novo código[369].

O projeto foi depois submetido à apreciação de diversos órgãos jurisdicionais e políticos, entre os quais o Conselho de Estado, onde Napoleão tomou parte ativa na respetiva discussão[370]. Uma lei de 21 de março de 1804 reuniu num texto único, a que foi dada a designação de *Code Civil des français*, as diversas partes do Código anteriormente votadas e aprovadas. Foi esse Código, redenominado *Código Napoleão* no I e no II Impérios[371], que, tendo sobrevivido (posto que com múltiplas alterações[372]) a dez Constituições, perfez duzentos anos em 2004[373]. O seu impacto na sociedade francesa foi muito profundo, encontrando-se documentado, inclusive, na literatura da época[374].

---

[368] O qual declarava: «Il existe un droit universel et immuable, source de toutes les lois positives: il n'est que la raison naturelle, en tant qu'elle gouverne tous les hommes».

[369] Cfr. Jean-Étienne-Marie Portalis, *Discours préliminaire du prémier projet de Code Civil* (1801), onde se pode ler: "Le droit est la raison universelle, la suprême raison fondée sur la nature même des choses. Les lois sont ou ne doivent être que le droit réduit en régles positives, en préceptes particuliers".

[370] Cfr. Jean-Louis Sourioux, «Le rôle du premier consul dans les travaux préparatoires du code civil», *in* AAVV, *1804-2004. Le Code Civil, un passé, un présent, un avenir*, Paris, 2004, pp. 107 ss.

[371] Cfr., sobre o acerto dessa denominação, Diogo Leite de Campos, «Código Civil dos franceses, ou Código Civil de Napoleão?», *RBDC*, 2005, pp. 13 ss.

[372] Entre as quais sobressaem as que foram levadas a cabo pela *Ordonnance* n.º 2006-346, de 23 de março de 2006, que introduziu no Código o Livro IV sobre as garantias; pela Lei nº 2008-561, de 17 de junho de 2008, que alterou os arts. 2219 e seguintes relativos ao regime da prescrição; e pela *Ordonnance* nº 2016-131, de 10 de fevereiro de 2016, que reformou o Direito dos Contratos e o regime geral e da prova das obrigações. Para uma síntese da evolução do conteúdo do Código Civil, vide Jacques Ghestin/Hugo Barbier, *Traité de droit civil. Introduction générale*, t. I, *Droit objectif et droits subjectifs, Sources du droit*, 5ª ed., Paris, 2018, pp. 190 ss.

[373] Vejam-se os estudos comemorativos do bicentenário do Código recolhidos em AAVV, *1804--2004. Le Code Civil, un passé, un présent, un avenir*, Paris, 2004; e L. Beaudoin/P.-G. Jobin, *Le Code Civil 1804-2004. Livre du Bicentenaire*, Paris, 2004.

[374] Dele deu conta profusamente Honoré de Balzac (1799-1850) na sua obra: veja-se deste autor, por exemplo, o romance *Le Père Goriot*, originariamente publicado em 1835.

Poderá estranhar-se a celeridade com que, nos primórdios do século XIX, foi elaborado um Código que duraria mais de dois séculos. Os legisladores franceses de Oitocentos tinham porém ao seu dispor as sistematizações levadas a cabo pelos civilistas dos séculos precedentes, entre os quais Domat e Pothier, para alguns «os verdadeiros autores do Código Civil»[375], as quais foram retomadas em muitas passagens deste[376].

O Código compreende atualmente 2534 artigos, repartidos por cinco livros, de desigual extensão, cuja sistematização evoca em certos aspetos, como já notámos, a das *Institutiones* de Justiniano. O primeiro tem por epígrafe «Das pessoas» e contém a regulamentação dos direitos de personalidade, da nacionalidade, do estado civil, do domicílio e da generalidade das relações familiares. O segundo, intitulado «Dos bens e das diferentes modificações da propriedade», ocupa-se dos direitos reais. O terceiro, com a epígrafe «Das diferentes formas pelas quais se adquire a propriedade», inclui um vasto número de regras que não cabem nos livros anteriores, disciplinando-se nele matérias tão díspares como as sucessões, os contratos, os regimes matrimoniais, a penhora, a prescrição e a posse. O quarto (acrescentado em 2006) disciplina as garantias pessoais e reais. E o quinto (aditado em 2002 e renumerado em 2006) contém as disposições relativas à aplicação do Código no Departamento francês de Maiote, situado no Oceano Índico.

A esta arrumação de matérias aponta-se não raro alguma falta de rigor, a qual, aliás, contrasta com a clareza e a elegância do texto legal. Ter-se-á pretendido que este fosse acessível também aos leigos em Direito. O teor de alguns preceitos revelou-se, no entanto, excessivamente sintético. Particularmente lacónicos são os arts. 1240 a 1245 (ex-arts. 1382 a 1386), nos quais se contêm as regras sobre a responsabilidade civil extracontratual. A jurisprudência teve, por isso, de precisá-las e desenvolvê-las, particularmente no tocante ao conceito de *faute*, em que se fez assentar aquela responsabilidade, o qual não é definido em qualquer dessas regras. Razão pela qual hoje o seu alcance apenas pode ser compreendido à luz das decisões dos tribunais superiores que deles se ocuparam.

O espírito do Código é em larga medida o da própria revolução francesa[377]. Esta, dando expressão política ao ideário iluminista, proclamou como princípios fundamentais a igualdade civil, a liberdade individual, a separação de poderes e a garantia da propriedade privada, formalmente consagradas na *Declaração dos*

---

[375] Assim Villey, ob. cit., p. 479. *Vide* também, sobre a filiação do Código francês nas obras dos autores dos séculos XVI e XVII, André-Jean Arnaud, *Les origines doctrinales du code civil français*, Paris, 1969 (com um prefácio de Michel Villey).

[376] Para um cotejo das obras de Domat e Pothier com o Código francês, veja-se Rodolfo Batiza, «Roman Law in the French and Louisiana Codes: a Comparative Textual Survey», *Tulane L. R.*, 1995, pp. 1601 ss.

[377] Cfr. Jean-Philippe Lévy, «La révolution française et le droit civil», *in* AAVV, *1804-2004. Le Code Civil, un passé, un présent, un avenir*, Paris, 2004, pp. 87 ss.

Direitos do Homem e do Cidadão adotada pela Assembleia Nacional francesa em 26 de agosto de 1789[378].

Daqui fluíram o primado da lei entre as fontes de Direito e a elevação a princípios fundamentais do Direito Privado da inviolabilidade da propriedade privada, da liberdade contratual e da igualdade sucessória dos filhos, que ao longo do século XIX as codificações civis europeias (e não só) de um modo geral acolheram.

Entre os traços distintivos do Código Civil francês destacam-se os seguintes: *a)* O *individualismo liberal* expresso, por exemplo, no dogma da vontade[379] e no caráter absoluto dos poderes conferidos ao proprietário[380]; *b)* O *laicismo* patente, nomeadamente, no reconhecimento de efeitos apenas ao casamento civil e na permissão do divórcio e da adoção (segundo se diz, por influência do próprio Napoleão); e *c)* A preferência pelo modelo da *família patriarcal*, subjacente, por exemplo, à consagração do dever de obediência da mulher ao marido e da incapacidade negocial da mulher casada[381].

Outras influências, de índole muito diversa, se manifestam ainda no Código francês. Entre estas inclui-se o pensamento jansenista, que, segundo Jean Carbonnier, terá impregnado Domat e Pothier e se manifesta no regime de alguns dos denominados «pequenos contratos»: o mútuo, o jogo e a transação[382]. Ressuma, com efeito, nas disposições relativas a estes tipos contratuais a aversão do legislador à usura, ao jogo e aos processos judiciais, a qual se terá refletido, *v.g.*, nas exigências de forma em matéria de estipulação de juros (art. 1907), na inexigibilidade em juízo das dívidas de jogo (art. 1965) e no favorecimento da transação (arts. 2044 e seguintes).

De França, o Código irradiou para diversos outros países, sobretudo aqueles em que se fez sentir duradouramente a influência política e cultural francesa. Estão neste caso, por exemplo, os Países Baixos, a Itália e a Espanha, que se dotaram, respetivamente, em 1838, 1865 e 1889, de códigos civis de matriz francesa. Alude-se, a este propósito, a uma «segunda vaga de receções», tendo por objeto o *Code Civil*[383], a qual aliás não se cingiu à Europa. Voltaremos a este ponto adiante.

---

[378] Reproduzida em Jorge Miranda (org.), *Textos históricos do Direito Constitucional*, Lisboa, 1990, pp. 57 ss.

[379] Cfr. o art. 1134, 1º parágrafo: «As convenções legalmente formadas valem como leis entre aqueles que as fizeram».

[380] Art. 544: «A propriedade é o direito de gozar e dispor das coisas da forma mais absoluta, contanto que não se faça delas uso proibido por lei ou regulamento».

[381] Art. 213 da versão original do Código: «O marido deve proteção à sua mulher, a mulher obediência ao seu marido». *Idem*, art. 1124: «Os incapazes de contratar são os menores, os interditos, as mulheres casadas nos casos expressos na lei e, de um modo geral, todos aqueles a quem a lei interditou certos contratos».

[382] Ver *Flexible droit*, 6ª ed., Paris, 1988, pp. 292 ss.

[383] Neste sentido, Koschaker, *op. cit.*, p. 135.

O movimento codificador prosseguiu em França com quatro outros diplomas adotados durante o governo de Napoleão Bonaparte: o Código de Processo Civil (de 1806), o Código Comercial (de 1807), o Código de Instrução Criminal (de 1808) e o Código Penal (de 1810). Também estes códigos exerceram forte influência além-fronteiras.

III – A codificação francesa colocou a Alemanha perante a questão da oportunidade de uma codificação do seu próprio Direito Civil. Essa questão deu azo, em 1814, a uma célebre polémica entre Anton Friedrich Thibaut (1772-1840), professor em Heidelberga, e Friedrich Carl von Savigny (1779-1861), professor em Berlim e governante da Prússia, em que o primeiro pugnou pela codificação, ao passo que o segundo, fiel à sua conceção do Direito como emanação do *espírito do povo* (*Volksgeist*), a contestou com veemência[384]. É uma reedição dessa polémica que alguns veem na discussão travada nos últimos anos acerca da necessidade, da oportunidade e da viabilidade de um *Código Civil europeu*[385].

A orientação favorável à codificação viria a triunfar; mas só muito mais tarde. Ao que não foi alheia a circunstância de apenas em 1871 se ter consumado, com a proclamação de Guilherme I como Imperador do *II Reich*, a unificação da Alemanha, que durante largo período de tempo fora um conjunto de reinos e principados independentes, desprovido de um Direito Privado uniforme. No mesmo sentido concorreu o ambiente intelectual prevalecente na Alemanha no século XIX, caracterizado por uma certa descrença no racionalismo – cujos fundamentos haviam sido postos em causa por Kant (1724-1804)[386] e Savigny – e pelo advento do romantismo, que teve em Johann Wolfgang von Goethe (1749-1832) um dos seus principais expoentes no plano literário.

Os trabalhos preparatórios do Código Civil alemão (*Bürgerliches Gesetzbuch* ou BGB) iniciaram-se em 1873, tendo sido elaborados três projetos, concluídos respetivamente em 1887, 1895 e 1896. Foi este último, publicado a 18 de agosto de 1896, que entrou em vigor a 1 de janeiro de 1900[387].

---

[384] Cfr., do primeiro, *Über die Notwendigkeit eines allgemeinen bürgerlichen Rechts für Deutschland*, Heidelberga, 1814; e do segundo, *Vom Beruf unserer Zeit für Gesetzgebung und Rechtswissenschaft*, Heidelberga, 1814. Ambos os textos se encontram recolhidos em Jacques Stern (org.), *Thibaut y Savigny. La codificación*, Madrid, 1970 (tradução espanhola por José Díaz García).
[385] Sobre o tema, cfr. *infra*, § 82º.
[386] Cfr. a *Crítica da razão pura*, originariamente publicada em 1781 (há tradução portuguesa, por Manuela Pinto dos Santos e Alexandre Fradique Morujão, 5ª ed., Lisboa, 2001).
[387] Outros Códigos haviam já sido adotados à data: o Código Penal (*Strafgesetzbuch*), de 1871, o Código de Processo Civil (*Zivilprozessordnung*) e o Código de Processo Penal (*Strafprozessordnung*), ambos de 1877, e o Código Comercial (*Handelsgesetzbuch*), de 1897. A ordem das codificações foi assim na Alemanha a inversa da seguida em França.

A sistematização e o aparato conceptual do Código Civil alemão são essencialmente os da *ciência das Pandectas*, tal como esta havia sido exposta, entre outros, por Bernhard Windscheid (1817-1892), que integrara a comissão redatora do primeiro projeto e exercera sobre ela grande influência[388]. Também o Código Civil alemão reflete, nesta medida, um «Direito de Professores».

Assim, o Código compreende uma Parte Geral (que abrange os §§ 1 a 240), na qual se contêm as regras comuns a todas as categorias de relações jurídicas e em que é dada particular ênfase aos conceitos de declaração de vontade (*Willenserklärung*) e de negócio jurídico (*Rechtsgeschäft*). Seguem-se quatro livros, dedicados, respetivamente, ao Direito das Obrigações (§§ 241 a 853), ao Direito das Coisas (§§ 854 a 1296), ao Direito da Família (§§ 1297 a 1921) e ao Direito das Sucessões (§§ 1922 a 2385). O Código é complementado por uma Lei de Introdução (*Einführungsgesetz zum Bürgerlichen Gesetzbuch* ou EGBGB), na qual figuram regras gerais sobre a aplicação das leis no tempo e no espaço, além de várias disposições transitórias.

Esta sistematização, em particular a inclusão no Código de uma Parte Geral, fundam-se num princípio de economia normativa, a que já o Direito Romano fora sensível. De acordo com esse princípio, o sistema jurídico deve ser integrado pelo menor número possível de elementos. O que, evidentemente, impõe que se generalize ao máximo cada um deles. Assim, em lugar de se criarem regras próprias para cada categoria de situações típicas da vida (*v.g.* os contratos e os testamentos), procura-se aplicar as mesmas regras ao maior número possível de situações, disciplinando-se primeiramente nos códigos o que há de comum a essas situações (por exemplo, a declaração de vontade). A Parte Geral do Código Civil alemão obedece justamente a este propósito[389].

Fruto tardio do movimento codificador[390], o Código alemão inspira-se, tal como o francês, no individualismo liberal próprio do século XIX, caracterizado pela exaltação das liberdades de contratar (a que se referia o § 305 da versão originária), de dispor dos bens de que se é proprietário (§ 903) e de testar (§ 1937). Na sua redação original, o Código era omisso, designadamente, quanto ao con-

---

[388] Cfr., do autor citado, *Lehrbuch des Pandektenrechts*, cuja 1ª ed. foi publicada entre 1862 e 1870; existe reimpressão da 9ª edição (publicada em Frankfurt, 1906, sob a responsabilidade de Theodor Kipp), Aalen, 1984. É a seguinte a ordem de exposição das matérias aí apresentada pelo autor, a pp. 70 s.: «I. Do Direito em geral. II. Dos direitos em geral. III. Direito das coisas. IV. Direito das obrigações. V. Direito da Família. VI. Direito das sucessões».

[389] Ver, sobre o ponto, Dieter Medicus/Jens Petersen, *Allgemeiner Teil des BGB*, 11ª ed., Heidelberga, 2016, pp. 15 ss., aludindo a um «efeito de racionalização» (*Rationalisierungseffekt*) da parte geral do Código Civil.

[390] Assim Reinhard Zimmermann, «The German Civil Code and the Development of Private Law in Germany», *in eiusdem, The New German Law of Obligations. Historical and Comparative Perspetives*, Oxford, 2005, pp. 5 ss. (p. 6).

trolo judicial das cláusulas contratuais gerais e ao abuso de direito. Em matéria familiar, prevaleceu no BGB a conceção patriarcal que vimos inspirar também a codificação francesa. Assim, por exemplo, o § 1354 (entretanto revogado) conferia ao marido o poder de decisão em todas as questões relativas à vida conjugal.

O Código foi, após a sua entrada em vigor, objeto de diversas revisões, que atenuaram significativamente estas características. Entre elas, destacam-se as que foram introduzidas pela *Lei sobre a igualdade de direitos entre marido e mulher no domínio do Direito Civil*, de 18 de junho de 1957 (em vigor desde 1 de julho de 1958); pela *Lei de Modernização do Direito das Obrigações*, de 26 de novembro de 2001 (em vigor desde 1 de janeiro de 2002)[391]; pela *Segunda Lei de Modificação das Disposições Sobre Indemnização*, de 19 de julho de 2002 (em vigor desde 1 de agosto de 2002)[392]; e pela *Lei de Modificação do Direito das Sucessões e da Prescrição*, de 18 de setembro de 2009 (em vigor desde 1 de janeiro de 2010).

Estas leis deram expressão a algumas tendências salientes do Direito Civil alemão contemporâneo – *maxime* a evolução do Direito da Família e das Sucessões num sentido mais individualista, a abertura do Direito das Obrigações a considerações de índole social, como a proteção do consumidor e da vítima de danos pessoais, e a adaptação do Direito interno aos padrões europeus –, incorporando no texto do Código diversos desenvolvimentos doutrinais e jurisprudenciais, assim como regras constantes de legislação avulsa que visavam transpor várias Diretivas comunitárias em matéria de defesa do consumidor.

Se nas suas orientações fundamentais o Código alemão não se afastava substancialmente do francês, já em matéria de estilo se registam diferenças consideráveis entre os dois textos. A linguagem do BGB é, com efeito, tecnicamente bastante mais precisa do que a do código francês. Revelou-se, por isso, muito menos acessível aos leigos.

Aliás, esta é uma consequência da própria sistematização do Código alemão, em particular da consagração nele de uma Parte Geral. Porquanto essa sistematização, tendo evidentes vantagens sob o ponto de vista da economia normativa, como se deixou dito acima, requer uma preparação técnica especial naqueles que hajam de aplicar os preceitos legais. Tomemos como exemplo as regras aplicáveis a um litígio emergente de uma compra e venda. Estas podem ser achadas, no Código alemão, entre as disposições sobre a declaração de vontade constantes da Parte Geral (§§ 116 e seguintes); mas também se encontrarão nas disposições sobre as obrigações em geral (§§ 241 e seguintes), nas regras gerais sobre os contratos (§§ 311 e seguintes) e nas disposições sobre a compra e venda propria-

---

[391] Ver, sobre esta lei, Claus-Wilhelm Canaris, *Schuldrechtsmodernisierung 2002*, Munique, 2002; António Menezes Cordeiro, «A modernização do Direito das Obrigações», *ROA*, 2002, pp. 91 ss., 319 ss., 711 ss.; e Reinhard Zimmermann, *The New German Law of Obligations*, cit., *passim*.
[392] Sobre a qual pode ver-se Ulrich Magnus, «The Reform of German Tort Law», *InDret*, nº 2/2003.

mente dita (§§ 433 e seguintes). É manifesta a complexidade de que se reveste a resolução dos casos singulares num sistema como este: nele a regulação legal de matérias estreitamente interligadas encontra-se amiúde dispersa por diferentes partes do Código.

Outra consequência da técnica adotada na redação do Código alemão, em particular do alto grau de abstração dos preceitos que o integram, é o relevo que confere à subsunção do caso concreto carecido de tutela jurídica sob os conceitos gerais e abstratos que delimitam o âmbito das regras potencialmente aplicáveis, das quais se deduz depois a solução daquele. Uma vez que ao juiz é em princípio vedada a criação de Direito, a sua tarefa centrar-se-á muitas vezes nessa subsunção, sem olhar às finalidades sociais visadas pelas normas em causa. Ficam assim na sombra os valores e interesses em jogo, bem como as circunstâncias do caso concreto. Não falta, por isso, quem veja na Parte Geral do Código Civil alemão o triunfo do formalismo jurídico[393].

Uma dificuldade adicional decorrente da adoção de uma Parte Geral prende-se com a circunstância de as regras comuns dela constantes frequentemente não se adequarem a determinadas categorias de situações típicas da vida, dada a especial correlação de interesses em presença nestas. Assim, por exemplo, o casamento não pode ser anulado com base nas regras comuns sobre o erro, dada a insegurança que isso traria à vida familiar; e a interpretação da declaração negocial de acordo com o sentido que lhe imputaria um declaratário normal é descabida pelo que respeita aos testamentos. Daí a necessidade, reconhecida pelo próprio legislador alemão, de se introduzirem desvios e exceções às regras comuns no tocante a essas categorias de situações. É o que sucede quanto às relações familiares e sucessórias, que, como se disse acima, são no Código alemão objeto de livros próprios. Mas a coerência da sistematização adotada fica assim comprometida: dois dos livros que compõem o Código (os respeitantes às obrigações e às coisas) têm subjacente um critério que atende à estrutura da relação jurídica; outros dois (os que regem as relações familiares e sucessórias), um critério institucional[394]. Estas dificuldades são, por outro lado, uma consequên-

---

[393] Cfr. Franz Wieacker, *História do Direito Privado Moderno*, cit., p. 559. Ver também, nesta linha fundamental de orientação, Folke Schmidt, «The German Abstract Approach to Law. Comments on the System of the Bürgerliches Gesetzbuch», *Scandinavian Studies in Law*, 1965, pp. 131 ss. (p. 156); Zweigert/Kötz, *Einführung in die Rechtsvergleichung*, cit., pp. 143 ss. (na tradução inglesa, pp. 144 ss.); Reinhard Zimmermann, «Characteristic Aspects of German Legal Culture», *in* Mathias Reimann/Joachim Zekoll (orgs.), *Introduction to German Law*, Munique, 2005, pp. 1 ss. (p. 11); Uwe Wesel, *Geschichte des Rechts*, cit., pp. 465 ss. e 489; e Franz Jürgen Säcker, in *Münchener Kommentar zum Bürgerlichen Gesetzbuch*, vol. 1, Allgemeiner Teil, 7.ª ed., Munique, 2015, p. 15.

[394] Ver, sobre o ponto, Orlando de Carvalho, «A Teoria Geral da Relação Jurídica. Seu sentido e limites», *RDES*, 1969, pp. 55 ss. (pp. 86 ss.). Cfr. ainda Claus-Wilhelm Canaris, «Funções da Parte Geral de um Código Civil e limites da sua prestabilidade», *in* Faculdade de Direito da Universidade

cia da amplitude conferida pelo BGB ao conceito de negócio jurídico[395]. Nele se compreendem, com efeito, situações muito heterogéneas – da compra e venda ao casamento, do testamento às deliberações sociais. Pensadas essencialmente para o contrato, as disposições da Parte Geral relativas ao negócio jurídico revelam-se por vezes inadequadas a outras categorias de situações jurídicas.

Não surpreende, por isso, que os legisladores de outros países, que o BGB indubitavelmente influenciou, hajam optado por não incluir uma parte geral nos respetivos códigos, disciplinando neles tão-somente certas situações mais comuns (*v.g.* o contrato bilateral) e determinando que as regras que se lhes referem possam ser aplicadas, com as necessárias adaptações, às situações menos frequentes (por exemplo, os negócios unilaterais). Foi o que sucedeu, por exemplo, no Código Civil suíço de 1907[396], no Código Civil italiano de 1942[397] e no Código Civil holandês de 1992[398].

Outra característica da técnica adotada pelo Código alemão revelar-se-ia particularmente controversa. Referimo-nos à consagração nesse diploma de um considerável número de cláusulas gerais e conceitos indeterminados, como os bons costumes (§§ 138 e 826) e a boa-fé (§ 242). Esta permitiu à jurisprudência, ao longo do século XX, ajustar o Direito Civil alemão às novas necessidades sociais e aos sistemas de valores imperantes[399]. O que, como observa Reinhard Zimmermann[400], tendo-se revelado uma bênção na vigência da Lei Fundamental de 1949, foi uma maldição durante o regime nacional-socialista.

IV – Deve ainda notar-se, a este propósito, que na *Consolidação das Leis Civis*, de que foi autor o jurista brasileiro Augusto Teixeira de Freitas (1816-1883), publicada no Brasil em 1858 como trabalho preparatório do futuro Código Civil deste

---

de Coimbra (org.), *Comemorações dos 35 anos do Código Civil e dos 25 anos da Reforma de 1977*, vol. II, *A parte geral do Código e a teoria geral do Direito Civil*, Coimbra, 2006, pp. 23 ss.

[395] O qual é objeto da secção III da Parte Geral (§§ 104 a 185).

[396] Veja-se o art. 7, segundo o qual: «As regras gerais do Direito das Obrigações relativas à conclusão, aos efeitos e à extinção dos contratos são igualmente aplicáveis às demais matérias de Direito Civil».

[397] Cujo art. 1324 dispõe: «Salvo disposição legal em contrário, as normas que regulam o contrato aplicam-se também, na medida em que forem com eles compatíveis, aos atos unilaterais entre vivos com conteúdo patrimonial».

[398] Que estabelece, no art. 6.5.4.1, nº 2: «As disposições relativas aos contratos bilaterais aplicam-se, *mutatis mutandis*, a outras relações jurídicas que tenham em vista realização recíproca de prestações, na medida em que a tal não se oponha a natureza dessas relações jurídicas».

[399] Fundou-se na boa fé a jurisprudência alemã relativa, designadamente, ao desaparecimento da base do negócio (*Wegfall der Geschäftsgrundlage*), à proibição do abuso de direito (*Rechtsmissbrauch*), ao controlo das cláusulas contratuais gerais (*allgemeine Geschäftsbedingungen*), aos deveres contratuais de proteção (*Schutzpflichten*) e à responsabilidade pré-contratual (*culpa in contrahendo*). Voltaremos a este tema adiante, no § 18º, alíneas *c*) e *d*).

[400] Cfr. «The German Civil Code and the Development of Private Law in Germany», cit., p. 26.

país, já se continha uma Parte Geral, que veio depois a obter consagração no Código Civil de 1916, bem como no de 2002, ainda que em moldes um tanto diversos.

Nessa Parte Geral incluíam-se regras relativas às pessoas e às coisas. Não figuravam nela, portanto, regras comuns a todos os institutos constantes da Parte Especial, *maxime* os atos jurídicos; uma Parte Geral concebida nesses moldes só surgiu no Código de 1916.

Vale isto por dizer que o grau de abstração e de completude da Parte Geral da *Consolidação* brasileira é menor do que a do Código Civil alemão: em rigor, o que encontramos nela são disposições que não cabem no regime das relações jurídicas especiais.

Mas parece inequívoco que através dessa obra a Parte Geral do Direito Civil teve num sistema jurídico lusófono um importante precursor[401].

V – Importa ainda dizer uma palavra acerca das codificações civis portuguesas.

A primeira, como se sabe, foi o Código Civil de 1867. Este resultou de um projeto elaborado pelo desembargador António Luís de Seabra (1798-1895), juiz no Tribunal da Relação do Porto, que fora incumbido dessa missão por um Decreto de 1850. O projeto foi aprovado por Carta de Lei de 1 de julho de 1867, tendo o Código entrado em vigor a 23 de março de 1868.

Tal como sucedera em França e na Alemanha, a codificação civil portuguesa de oitocentos foi antecedida de uma «pré-codificação doutrinária»[402]. Entre os autores que lhe deram corpo destacaram-se Manuel Borges Carneiro (1774--1833)[403], José Homem Correia Teles (1780-1849)[404] e Manuel Coelho da Rocha (1793-1850)[405].

---

[401] Ver, sobre o tema, Arthur Lacerda Neto, *As codificações e Teixeira de Freitas*, Lisboa, 1995 (polic.); António Santos Justo, «O Direito Luso-Brasileiro: codificação civil», *RBDC*, 2003, pp. 167 ss.; *idem*, «Encontros e desencontros da ciência jurídico-civilística luso-brasileira do século XIX: Coelho da Rocha e Teixeira de Freitas», *RBDC*, nº 34 (1º semestre de 2008), pp. 153 ss.; Ivan Pereira Borges, «O pensamento codificador de Augusto Teixeira de Freitas», *Universitas JUS – Revista da Faculdade de Ciências Jurídicas e de Ciências Sociais do Centro Universitário de Brasília*, 2004, pp. 61 ss.; José Carlos Moreira Alves, «O papel de Teixeira de Freitas na formação do Direito brasileiro», *RBDC*, nº 34 (1º semestre de 2008), pp. 141 ss.; e Zeno Veloso, *Teixeira de Freitas e Pontes de Miranda*, Belém, 2010.

[402] A expressão é de António Pedro Barbas Homem, *O movimento de codificação do Direito em Portugal no século XIX*, Lisboa, 2007, p. 40.

[403] Cfr. *Direito Civil de Portugal*, 4 tomos, Lisboa, 1827/40. Sobre este autor, *vide* Adelino da Palma Carlos, *Manuel Borges Carneiro*, separata da *ROA*, Lisboa, 1956.

[404] Cfr. *Digesto portuguez ou tratado dos direitos e obrigações* civis accomodado ás leis e costumes da nação portugueza para servir de subsídio ao «Novo Código Civil», Coimbra, 1835 (nova edição revista, 4 tomos, 1909), obra de que o Visconde de Seabra terá importado muitos preceitos do Código Civil: cfr. Ruy de Albuquerque, «Correia Teles: um advogado de outrora», *BOA*, 2001, pp. 18 ss.

Embora se inspirasse no Código napoleónico, o Código português de 1867 adotou uma sistematização diversa da deste. Compreende quatro partes: a primeira é respeitante à capacidade civil; a segunda, à aquisição de direitos (subdividindo-se esta em três livros, dos quais o primeiro se ocupa dos direitos originários e dos que se adquirem por facto e vontade própria independentemente da cooperação de outrem, o segundo dos direitos que se adquirem por facto e vontade própria e de outrem conjuntamente e o terceiro dos que se adquirem por mero facto de outrem e dos que se adquirem por simples disposição da lei); a terceira, ao direito de propriedade; e a quarta, à ofensa dos direitos e à sua reparação (esta também dividida em dois livros, o primeiro relativo à responsabilidade civil e o segundo à prova dos direitos e da restituição deles).

Subjaz a esta sistematização uma *visão dinâmica* dos direitos, e não estática como a do Código francês. Mas uma visão, em todo o caso, fundamentalmente *individualista*, pois toda a ênfase é posta, ao ordenarem-se as matérias reguladas no Código, no sujeito de direitos – ao que não terá sido estranha a influência de Immanuel Kant sobre o pensamento do autor do projeto[406].

O Código não comunga, em todo o caso, do laicismo próprio da codificação francesa, além do mais, porque nele se reconhecem efeitos civis ao casamento católico (art. 1069º).

Muito diversa desta é a orientação fundamental que preside ao Código Civil de 1966. Os seus trabalhos preparatórios iniciaram-se em 1944, tendo sido levados a cabo por uma comissão maioritariamente composta por universitários, presidida por Adriano Vaz Serra (1903-1919), professor da Faculdade de Direito da Universidade de Coimbra. Na revisão ministerial desempenhou papel preponderante João de Matos Antunes Varela (1919-2005), Ministro da Justiça entre 1954 e 1967 e igualmente professor daquela Faculdade. O Código foi aprovado pelo D.L. nº 47.344, de 25 de novembro de 1966, e entrou em vigor a 1 de junho de 1967.

A sistematização do Código é análoga à do BGB; e no estilo, técnico e rigoroso, encontram-se igualmente fortes semelhanças com a codificação germânica. Bem se compreende esta inflexão na técnica legislativa. Porquanto também neste caso a codificação civil foi precedida de uma importante evolução doutrinária, neste caso inicialmente protagonizada pelo professor de Coimbra Guilherme

---

[405] Cfr. *Instituições de Direito Civil Portuguez*, 4ª ed., 2 tomos, Coimbra, 1857, obra que à época da sua publicação terá constituído, «na prática, o Código Civil que se ambicionava»: cfr. Inocêncio Galvão Telles, «Coelho da Rocha e o Código Civil Napoleónico», *Dir.*, 2005, pp. 443 ss.

[406] Cfr., sobre o ponto, Francisco José Velozo, «Orientações Filosóficas do Código de 1867 e do futuro Código», *SI*, 1967, pp. 155 ss.; e António Braz Teixeira, «Sobre os pressupostos filosóficos do código civil português de 1867», *Fides. Direito e Humanidades*, 1994, pp. 137 ss.

Moreira (1861-1922), cuja obra se mostrara, logo nos primórdios do século XX, recetiva à pandectística alemã[407].

Mas o Código português de 66 reflete também a evolução para o Estado social, patente, designadamente, nas múltiplas referências à boa-fé, erigida em critério de integração e revisão dos contratos (arts. 239º e 437º) e em regra de conduta que se impõe às partes na sua conclusão e execução (arts. 227º e 762º, nº 2). Outro tanto pode dizer-se da proibição da usura (art. 282º), da subordinação do exercício dos direitos subjetivos aos limites impostos pela boa-fé, pelos bons costumes e pelo seu fim social económico (art. 334º), da consagração de um certo *favor debitoris*, tido como uma exigência da proteção devida à parte mais fraca da relação jurídica (veja-se, por exemplo, o art. 694º), e da suscetibilidade de redução pelo tribunal da cláusula penal manifestamente excessiva (art. 812º)[408].

Em 1966, no discurso em que apresentou o novo Código Civil à Assembleia Nacional, o ministro Antunes Varela apontou como traços fundamentais da conceção de fundo que lhe subjaz a *reação contra o individualismo*, o *coletivismo nacionalista* e o *personalismo cristão*. Assim se ligaria o Código, segundo o mesmo governante, ao pensamento de Oliveira Salazar (1889-1970)[409]. Em parte, esses traços mantêm-se hoje no Código Civil. Não pode nesta medida dizer-se (como já foi dito) que a revolução portuguesa de 1974 haja alterado completamente a *ideia de Direito* subjacente ao ordenamento jurídico nacional. O que, aliás, não é senão o reflexo do profundo enraizamento na sociedade portuguesa do coletivismo a que aludia Antunes Varela[410].

Mas o Código não passaria incólume a revolução, tendo sido reformado, em 1976/1977, a fim de ser compatibilizado, em certos pontos, com a nova ordem política e constitucional entretanto instaurada. As alterações então introduzidas incidiram essencialmente sobre o Direito das Coisas, no qual se aboliu a enfiteuse (prevista nos arts. 1491º a 1523º, que foram revogados); o Direito da Família, que passou a acolher o princípio da igualdade entre os cônjuges (art. 1671º); e o Direito das Sucessões, em que o cônjuge sobrevivo passou a ser herdeiro legitimário e foi elevada a sua posição sucessória como herdeiro legítimo, passando a integrar a primeira e a segunda classes de sucessíveis, ao lado, respetivamente, dos descendentes e dos ascendentes

---

[407] Cfr. *Instituições do Direito Civil português*, Coimbra, vol. I, *Parte geral*, 1907; vol. II, *Das obrigações*, 1911. Sobre o papel de Guilherme Moreira na receção da pandectística em Portugal, *vide* Menezes Cordeiro, *Teoria Geral do Direito Civil. Relatório*, cit., pp. 131 ss.
[408] Cfr. Antunes Varela, «Código Civil», *Polis*, vol. I, cols. 930 ss.; António Pinto Monteiro, «La codification en Europe: le Code Civil portugais», *BFDUC*, 1992, pp. 1 ss.
[409] Cfr. Antunes Varela, «Do projeto ao Código Civil», *BMJ* 161 (1966), pp. 5 ss.
[410] Sobre o tema, que não podemos desenvolver aqui, vejam-se, por todos, Oliveira Martins, *Portugal Contemporâneo*, prefácio à 3ª ed., reimpressão, Lisboa, 1976; e António Sérgio, *Breve interpretação da História de Portugal*, 14ª ed., Lisboa, 1998, especialmente pp. 95 e 133 ss.

do *de cuius* (arts. 2132º e 2133º)⁴¹¹. Mais recentemente, o Código foi objeto de outras alterações de relevo⁴¹². Entre elas incluem-se as que, em 2003, visaram reformar o regime jurídico da adoção e as que, em 2010, aboliram a diversidade de géneros como requisito do casamento, permitindo a sua celebração por pessoas do mesmo sexo.

VI – Analisados que foram alguns dos exemplos mais significativos de codificações civis na família jurídica romano-germânica, pergunta-se agora: qual o significado atual da ideia de codificação? Exprimirá ela ainda uma característica distintiva desta família jurídica?

Relativamente ao Código Civil português, é notória a profunda modificação no seu âmbito de aplicação, decorrente da publicação nas últimas décadas de abundante legislação avulsa sobre matérias civis, na qual se destacam os diplomas sobre as cláusulas contratuais gerais⁴¹³, o direito real de habitação periódica⁴¹⁴, a venda de bens de consumo⁴¹⁵, o comércio eletrónico⁴¹⁶ e o arrendamento urbano⁴¹⁷. Em consequência disso, uma parte muito significativa das relações jurídicas civis já não tem hoje no Código Civil a sua sede legislativa fundamental.

O fenómeno não é, de resto, privativo do Direito português: ele tem afetado também outros sistemas jurídicos, entre os quais o francês e o alemão. Em parte, ele prende-se com a maior intervenção do Estado na vida social, que caracteriza os países europeus desde o segundo pós-guerra. Noutra, ele é induzido a partir do exterior e resulta da necessidade de os Estados-Membros da União Europeia transporem as Diretivas desta em matéria de Direito Privado⁴¹⁸.

Alude-se, a este respeito, a uma *crise da ideia de codificação*⁴¹⁹ e ao advento da *idade da descodificação*⁴²⁰. A verdade, porém, é que o ideal codificador se mantém

---

[411] Ver sobre o impacto da reforma de 1977 sobre o Direito da Família, Antunes Varela, *Direito da Família*, vol. I, 5ª ed., Lisboa, 1999, pp. 58 ss.; e Jorge Duarte Pinheiro, *O Direito da Família Contemporâneo*, 3ª ed., Lisboa, 2010, pp. 88 ss.

[412] Ver Heinrich Hörster, «Evoluções legislativas no Direito da Família depois da reforma de 1977», in *Comemorações dos 35 anos do Código Civil e dos 25 anos da reforma de 1977*, vol. I, *Direito da Família e das Sucessões*, Coimbra, 2004, pp. 63 ss.

[413] Cfr. o D.L. nº 446/85, de 25 de outubro, com diversas alterações introduzidas por diplomas posteriores.

[414] Cfr. o D.L. nº 275/93, de 5 de agosto, igualmente alterado por diplomas posteriores.

[415] Cfr. o D.L. nº 67/2003, de 8 de abril.

[416] Cfr. o D.L. nº 7/2004, de 7 de janeiro.

[417] Cfr., por último, a Lei nº 6/2006, de 27 de fevereiro.

[418] Ver *infra*, § 82º, alínea *c*).

[419] Cfr. Franz Wieacker, «Aufstieg, Blüte und Krisis der Kodifikationsidee», in *Festschrift für Gustav Boehmer*, Bona, 1954, pp. 34 ss.

[420] Expressão cunhada e posta a circular por Natalino Irti: ver, deste autor, *L'età della decodificazione*, 4ª ed., Milão, 1999. Sobre o tema, consultem-se ainda Hein Kötz, «Taking Civil Codes Less Seriously», *MLR*, 1987, pp. 1 ss.; Reinhard Zimmermann, «Codification: history and present

vivo na família jurídica romano-germânica[421]. Revela-o o surgimento em diversos países, na última década e meia, de novas codificações civis: recordem-se tão-somente os Códigos Civis holandês (de 1992), russo (de 1994) e brasileiro (de 2002), a que já fizemos alusão. E também a circunstância de vários países dotados de codificações mais antigas terem procurado ultimamente *recodificar* o Direito Civil, incorporando nos códigos parte da legislação avulsa entretanto publicada[422]. Foi o que sucedeu na Alemanha e em França, como vimos, no domínio do Direito das Obrigações. Também em Portugal se têm feito sentir apelos nesse sentido[423]. Compreende-se que assim seja. Pois a codificação tem um valor intrínseco, que decorre da maior acessibilidade, coerência e inteligibilidade que ela confere ao sistema jurídico; por outro lado, enquanto corpo de normas comuns a todos os cidadãos, ela promove a efetiva observância do princípio da igualdade perante a lei[424].

f) Fenómenos de aculturação jurídica

Na formação da família romano-germânica, bem como na definição do seu lugar entre as demais famílias jurídicas, desempenharam ainda papel de relevo *fenómenos de aculturação jurídica*, que podemos definir como a assimilação por um grupo humano dos valores jurídicos e modos de organização da vida em sociedade próprios de uma cultura diferente da sua.

Esses fenómenos produziram-se em grande parte como consequência da *receção de Direito estrangeiro*[425] (também dita *importação de Direito*[426] e *transplante*

---

significance of an idea. À propos the recodification of private law in the Czech Republic», *Eur. Rev. Priv. Law*, 1995, pp. 95 ss.

[421] Ver Julio César Rivera, «The Scope and Structure of Civil Codes: Relations with Commercial Law, Family Law, Consumer Law and Private International Law. A Comparative Approach», *in eiusdem* (org.), *The Scope and Structure of Civil Codes*, Heildelberga, 2013, pp. 3 ss.; Pietro Rescigno, *Codici. Storia e geografia di un'idea*, Roma/Bari, 2013.

[422] Cfr., sobre o tema, Mário Luiz Delgado, *Codificação. Descodificação. Recodificação do direito civil brasileiro*, São Paulo, 2011.

[423] Cfr. António Menezes Cordeiro, *Da modernização do Direito Civil*, vol. I, *Aspetos gerais*, Coimbra, 2004, pp. 59 ss.

[424] Para mais desenvolvimentos sobre este ponto, *vide* o nosso estudo «Tendências da codificação do Direito Civil no século XXI: Algumas reflexões», in AAVV, *Estudos comemorativos dos vinte anos da Faculdade de Direito de Bissau*, Lisboa, 2010, pp. 353 ss.

[425] Sobre esta, *vide* Andreas Schwartz, «La réception et l'assimilation des droits étrangers», *in* AAVV, *Introduction à l'étude du droit comparé. Recueil d'Études en l'honneur d'Édouard Lambert*, vol. I, Paris, 1938, pp. 581 ss.; Imre Zajtay, «La réception des droits étrangers et le droit comparé», *RIDC*, 1957, pp. 686 ss.; Franz Wieacker, *História do Direito Privado Moderno*, cit., pp. 129 ss.; Manfred Rehbinder, «Die Rezeption fremden Rechts in Soziologischer Sicht», *Rechtstheorie*, 1983, pp. 305 ss.; António Menezes Cordeiro, *Da boa fé no Direito Civil*, vol. I, Coimbra, 1985, pp. 25 ss.; idem, *Tratado de Direito Civil português*, cit., tomo I, p. 61; e Michele Graziadei, «Comparative Law as the

jurídico[427]), que tomaremos aqui como a introdução em determinada sociedade, no todo ou em parte, do sistema jurídico de uma sociedade diferente. Esta, por seu turno, encontra-se frequentemente associada à expansão ultramarina dos Estados europeus para os continentes americano, africano e asiático. Porém, como se verá adiante, nem toda a receção de Direitos estrangeiros leva à integração do sistema recetor na família jurídica de que o Direito recebido é originário: tal só acontece quando a receção é acompanhada ou seguida de uma verdadeira aculturação.

Referimos já, a este propósito, o caso do Brasil[428]. A continuidade e a profundidade das manifestações da cultura jurídica portuguesa no Brasil, ao longo dos quase duzentos anos de independência, inculcam a adesão do sistema jurídico brasileiro aos valores que a inspiram; o que, só por si, justifica a integração desse sistema jurídico na família romano-germânica.

A assimilação de valores jurídicos portugueses deu-se igualmente noutros países e territórios. Estão neste caso, como se viu, Goa, Damão e Diu[429]. Assim sucedeu também nos países africanos de expressão oficial portuguesa, onde foi preservado o Direito português em vigor à data da respetiva independência, ainda que com exceções, mormente no domínio do Direito da Família, que é hoje em vários desses países objeto de codificações autónomas (assim, *v.g.*, em Angola e Moçambique)[430].

Um tanto diversa desta é a situação das antigas colónias francesas em África e na América. Também aí, é certo, o Código Civil da potência colonizadora moldou as codificações locais[431]. Foi o que sucedeu, por exemplo, em Marrocos (onde o Código das Obrigações e dos Contratos, alterado por último em 1995, segue de

---

Study of Transplants and Receptions», *in* Mathias Reimann/Reinhard Zimmermann (orgs.), *The Oxford Handbook of Comparative Law*, Oxford, 2006, pp. 441 ss.

[426] A expressão é de Eric Agostini, *Droit comparé*, Paris, 1988, pp. 245 ss.

[427] Assim Alan Watson, *Legal Transplants. An Approach to Comparative Law*, 2ª ed., Atenas, Geórgia/Londres, Inglaterra, 1993; idem, *Comparative Law: Law, Reality and Society*, s.l., 2007, pp. 5 ss.

[428] Cfr., *supra*, o § 12º, alínea *f*), e o § 14º, alínea *e*).

[429] Cfr. *supra*, § 12º, alínea *f*).

[430] Também por aqui se vê que é maior a resistência, a que já havíamos aludido acima a propósito do Direito Romano, das matérias integradas no estatuto pessoal das pessoas singulares aos fenómenos de receção.

[431] Vejam-se, sobre o tema, AAVV, *La circulation du modèle juridique français (Journées franco-italiennes)*, Travaux de l'Association Henri Capitant, tomo XLIV, Paris, 1993; Conseil d'État, *L'influence internationale du droit français*, Paris, 2001; Michel Moreau, «A propos de l'influence internationale du droit français», *Annuaire Français de Relations Internationales*, 2003, pp. 359 ss.; Selim Jahel, «Code Civil et codification dans les pays du monde arabe», *in* AAVV, *1804-2004. Le Code Civil. Un passé, un présent, un avenir*, Paris, 2004, pp. 831 ss.; Marie Goré, «L'influence du Code Civil en Amérique du Nord», *in ibidem*, pp. 845 ss.; e Xavier Blanc-Jouvan, *Worldwide Influence of the French Civil Code of 1804, on the Occasion of its Bicentennial Celebration*, Cornell Law School Berger International Speaker Series, Paper 3, s.l., 2004 (disponível em http://lsr.nellco.org).

perto o Direito francês sobre a matéria) e no Quebeque (em cujo Código Civil, de 1994, é igualmente reconhecível a matriz francesa). Mas essa influência conjuga-se nesses países com outras, de diversa proveniência (a islâmica, no primeiro caso, e a anglo-saxónica, no segundo). Estas conferem um caráter híbrido aos sistemas jurídicos de vários desses países ou territórios. Os fenómenos de aculturação jurídica deram-se, assim, de forma menos intensa nas antigas colónias francesas do que nas portuguesas.

O Código francês projetou ainda a sua influência nos antigos territórios ultramarinos de outras potências europeias cujas codificações civis se haviam inspirado nele. Assim aconteceu, por exemplo, na Indonésia, que se tornou independente da Holanda em 1945: o Código holandês de 1838 (*Burgerlijke Wetboek*) fora, como dissemos, profundamente marcado pelo francês; ele ficou a vigorar neste país após a sua independência, por força de uma disposição transitória da Constituição local.

Já na América do Sul o influxo do Direito francês deu-se de forma mais direta, aquando da adoção, ainda no século XIX, de novos códigos pelos Estados que entretanto haviam ascendido à independência. Foi o que sucedeu, por exemplo, na Argentina, cujo Código Civil de 1869 tomou como principal fonte de inspiração o Código francês. Está aqui outra manifestação, de cariz diverso, dos fenómenos de aculturação a que aludíamos acima. Neste caso, com efeito, a adoção como modelo legislativo de uma codificação estrangeira não constitui uma sequela da colonização pelo Estado de que esta dimana, antes se deve ao prestígio dessa codificação[432].

Completamente diferente deste foi o alcance da receção do BGB no Japão, em 1898, e na China, entre 1929 e 1931, bem como do Código Civil suíço na Turquia, em 1926, que, como veremos adiante, não se traduziu numa verdadeira aculturação[433]. Daí que, a nosso ver, os sistemas jurídicos destes países não se integrem na família jurídica romano-germânica.

§ 15º Âmbito atual

À luz do exposto, podemos agora ensaiar uma delimitação do âmbito geográfico da família romano-germânica.

Compreendem-se hoje nela, na Europa continental, os sistemas jurídicos vigentes em países latinos (Portugal, Espanha, França e Itália), em países germânicos (Alemanha, Áustria e Suíça), nos países do chamado Benelux (Bélgica, Holanda e Luxemburgo), em países eslavos (Eslováquia, Hungria, Polónia, República Checa e Rússia) e em países do sudeste europeu (Grécia e Turquia).

---

[432] Ver, sobre a matéria, Arnoldo Wald, «L'influence du Code Civil en Amérique Latine», *in* AAVV, *1804-2004. Le Code Civil. Un passé, un présent, un avenir*, Paris, 2004, pp. 855 ss.

[433] Ver *infra*, §§ 61º, alínea *b*), 77º e 81º.

Quanto aos Direitos dos países nórdicos (Suécia, Noruega, Finlândia, Dinamarca e Islândia), não falta quem os considere um grupo autónomo relativamente a esta família jurídica[434]. O que, em parte, se deve ao facto de dois dos elementos formativos dos sistemas jurídicos que a integram, a que acima fizemos referência (a receção do Direito Romano e a codificação), não terem exercido sobre aqueles Direitos a mesma influência que tiveram nos demais sistemas mencionados. Os aspetos originais dos Direitos nórdicos, que se notabilizaram, designadamente, pela institucionalização precoce de sistemas de segurança social e pela consagração, ainda no século XIX, do chamado *Ombudsman* (correspondente ao nosso Provedor de Justiça) não se afiguram, porém, bastantes a fim de que estes possam ser erigidos numa família jurídica autónoma. Devem antes, quanto a nós, ser integrados na família romano-germânica, com a qual possuem maiores afinidades do que com qualquer outra, mormente em razão da importância que neles assume a lei como fonte de Direito[435].

Os sistemas jurídicos dos países que resultaram da independência das antigas colónias africanas de Portugal, da Espanha, da França e da Bélgica, que em larga medida preservaram o Direito nelas anteriormente vigente, cabem também na família jurídica romano-germânica, como se demonstrará quando examinarmos os Direitos africanos, ainda apresentem especificidades. Outro tanto sucede com os sistemas jurídicos das antigas possessões europeias na América Latina (como o Brasil e o México), não obstante o crescente influxo que sobre eles hoje exerce o Direito dos Estados Unidos da América.

Na América do Norte, autonomizaram-se do *Common Law* dois sistemas jurídicos em virtude do impacto que sobre eles exerceu o Direito francês: o do Quebeque e o da Luisiana. A relevância que neles assumem certos elementos característicos dos Direitos anglo-saxónicos leva, no entanto, a que devam ser preferentemente caracterizados como sistemas híbridos. Deles nos ocuparemos *ex professo* noutro lugar desta obra[436].

Também nos sistemas jurídicos de vários países asiáticos, entre os quais o Japão, a China, a Tailândia, a Indonésia e as Filipinas, se regista hoje uma forte influência dos Direitos europeus continentais. Mas esta não parece bastante a fim de que possam ser integrados na família romano-germânica[437].

---

[434] Assim, por exemplo, Zweigert/Kötz, *Einführung in die Rechtsvergleichung*, cit., pp. 270 ss. (na tradução inglesa, pp. 276 ss.); Ole Lando, «Nordic Countries, a Legal Family? A Diagnosis and a Prognosis», *Global Jurist Advances*, vol. 1, nº 2 (2001), artigo 5.
[435] Pronunciam-se também neste sentido Jacob Sundberg, «Civil Law, Common Law and the Scandinavians», *Scandinavian Studies in Law*, 1969, pp. 179 ss.; Michael Bogdan, *Concise Introduction to Comparative Law*, cit., p. 76; e Kischel, *Rechtsvergleichung*, p. 628.
[436] Ver *infra*, título II, capítulo I.
[437] Cfr. *ibidem*.

§ 16º Conceitos fundamentais

Examinados os elementos formativos da família romano-germânica e delimitado o respetivo âmbito, importa agora estudar as suas fontes e o modo como estas são utilizadas pelos tribunais e outros órgãos jurisdicionais na resolução de casos concretos. Algumas das diferenças fundamentais entre esta família jurídica e as demais radicam, efetivamente, nestes aspetos. Mas não todas. Em parte, essas diferenças estão nos próprios conceitos que sintetizam os regimes jurídicos consagrados nos sistemas jurídicos em questão.

O conhecimento desses conceitos é, por isso, essencial à compreensão dessas famílias jurídicas. Alguns deles apenas poderão ser analisados na parte especial desta obra. Outros, porém, irão sê-lo desde já, atento o seu alcance geral: estão neste caso os de Direito constituído e equidade, de Direito Público e Privado, de Direito material e processual e de Direito objetivo e direito subjetivo. É o que faremos em seguida.

a) Direito constituído e equidade

I – Nos três sistemas jurídicos que aqui nos servem de referência, a decisão segundo o Direito constituído (ou Direito estrito) distingue-se daquela que se baseia em critérios de equidade (*equité, Billigkeit*). Nisto se diferenciam esses sistemas, como se verá adiante, dos de *Common Law*, aos quais é fundamentalmente estranho este binómio; e também de certos sistemas jurídicos não ocidentais onde, consoante demonstraremos, há uma preferência muito mais acentuada pelo recurso a critérios não normativos de resolução dos conflitos.

Não é em todo o caso rigorosamente igual, nos sistemas jurídicos romano-germânicos, o sentido que se atribui a cada um dos conceitos em apreço, nem o modo como estes se articulam entre si. Tão-pouco são idênticos nesses sistemas os pressupostos de que depende o exercício pelos órgãos jurisdicionais de poderes de julgamento segundo a equidade. Finalmente, diferem também as matérias relativamente às quais os referidos sistemas consentem que as partes elejam a equidade como critério de decisão de um litígio. Eis aqui, por conseguinte, os tópicos que importa agora examinar.

II – À equidade acha-se geralmente associada a ideia, que remonta ao pensamento de Aristóteles, de *justiça do caso concreto*. Caber-lhe-ia a função de corrigir a solução que se extrai da norma legal porventura inadequada ao caso em razão das circunstâncias particulares deste[438].

Em França utiliza-se, em matéria de arbitragem, a expressão *composição amigável*[439]. Esta tem contudo um alcance parcialmente diverso da equidade: o árbi-

---

[438] Cfr. Aristóteles, *Ética a Nicómaco*, cit., Livro V, X (na tradução portuguesa, cit., pp. 129 s.).
[439] Cfr. os arts. 1478 e 1512 do Código de Processo Civil.

tro a quem hajam sido conferidos poderes para decidir como *amiable compositeur* pode decerto julgar o litígio segundo critérios de equidade; mas deve também procurar uma solução aceitável para ambas as partes, suscetível de favorecer a prossecução das relações comerciais entre elas. Tratar-se-ia pois, como já foi notado, de «criar de novo um clima amistoso entre as partes»[440].

É este conceito que se encontra atualmente acolhido no art. 39º, nº 3, da Lei portuguesa da arbitragem voluntária (aprovada pela Lei nº 63/2011, de 14 de dezembro), nos termos do qual: «No caso de as partes lhe terem confiado essa missão, o tribunal pode decidir o litígio por apelo à composição das partes na base do equilíbrio dos interesses em jogo». Diversamente, porém, do que sucede em França, a composição amigável é em Portugal uma noção distinta do recurso à equidade, que a mesma Lei regula no art. 39º, nºs 1 e 2[441].

III – Também não existe consenso nos ordenamentos jurídicos em apreço quanto ao modo como se articula a decisão segundo a equidade com o Direito constituído e em especial com as normas legais imperativas.

A este respeito, debatem-se duas orientações fundamentais[442]. Para uma, a decisão *ex aequo et bono* prescinde de qualquer referência ao Direito constituído. Para a outra, o julgador com tais poderes não está dispensado de qualificar juridicamente os factos em apreço, devendo subsumi-los a uma ou mais normas potencialmente aplicáveis. Pode, é certo, quando isso se justifique, aplicar-lhes uma sanção diversa da que estas preveem, atendendo às circunstâncias do caso singular; mas, para tanto, tem de indicar as razões de conveniência, de oportunidade e de justiça concreta em virtude das quais se afasta da solução consignada na norma legal. A equidade seria, assim, *um modo específico de realizar o Direito*. É este último o entendimento que hoje tende a prevalecer nos ordenamentos jurídicos em referência[443].

---

[440] Ver, sobre o tema, Eric Loquin, *L'amiable composition en droit comparé et international: contribution à l'étude du non-droit dans l'arbitrage commercial*, Paris, 1980.
[441] Como escrevemos noutro lugar, «a cláusula de composição amigável visa ainda permitir que os árbitros profiram uma decisão aceitável para ambas as partes e, portanto, capaz de favorecer a prossecução das relações negociais entre as mesmas» (cfr. *Da arbitragem comercial internacional. Direito aplicável ao mérito da causa*, Coimbra, 1990, p. 32). Veja-se ainda Mário Raposo, «Art. 35 da LAV ("composição amigável"): o grande equívoco», *ROA*, 2011, pp. 371 ss.
[442] Ver sobre o ponto, para mais desenvolvimentos, o nosso *Da arbitragem comercial internacional*, cit., pp. 201 e ss.; Luís de Lima Pinheiro, *Arbitragem transnacional. A determinação do estatuto da arbitragem*, Coimbra, 2005, pp. 157 ss.; António Sampaio Caramelo, «Arbitration in Equity and Amiable Composition under Portuguese Law», *Journal of International Arbitration*, 2008, pp. 569 ss.; bem como a demais bibliografia indicada nestas obras.
[443] Nesta linha de orientação, vejam-se designadamente Josef Esser, «Wandlungen von Billigkeit und Billigkeitsrechtsprechung im modernen Privatrecht», *in Summum ius summa iniuria. Individual

IV – Em Portugal e em França, tanto os tribunais judiciais como os arbitrais podem decidir segundo a equidade; mas apenas por força de disposição legal especial que o preveja ou em virtude de acordo das partes nesse sentido, e contanto que o litígio verse sobre direitos disponíveis[444].

Já no Direito alemão apenas se prevê o recurso pelos tribunais judiciais a critérios de equidade em determinadas hipóteses tipificadas na lei[445]. Só no tocante aos litígios submetidos a árbitros se prevê a admissibilidade da estipulação pelas partes de que os mesmos serão decididos segundo a equidade[446].

Em maior ou menor grau, os sistemas jurídicos em apreço admitem pois o recurso a *critérios não normativos* a fim de prover à resolução dos casos singulares. O Direito constituído, seja qual for a sua fonte, não é nesta medida o critério exclusivo de regulação da vida social. Contudo, as regras neles vigentes quanto aos pressupostos e ao âmbito da decisão segundo a equidade tornam clara a primazia atribuída na família jurídica romano-germânica ao *ius strictum*: na falta de disposição legal ou de estipulação das partes nesse sentido, os tribunais não têm poderes de equidade. Diversa desta é, como veremos, a orientação que vingou na família jurídica de *Common Law*.

b) Direito Público e Direito Privado

I – Outra característica dos sistemas romano-germânicos é a distinção, oriunda do Direito Romano[447], que neles tradicionalmente se estabelece entre Direito Público e Direito Privado.

De um modo geral, o primeiro compreende as normas e os princípios que disciplinam as relações jurídicas em que uma ou ambas as partes exercem poderes de soberania; o segundo, as normas e os princípios que têm em vista relações entre particulares ou entre particulares e entes públicos, mas em que estes

---

Gerechtigkeit und der Schutz allgemeiner Werte im Rechtsleben, Tubinga, 1963, pp. 22 s. (p. 26); Antunes Varela, «Valor da equidade como fonte de Direito», *CTF*, 1966, pp. 7 ss.; *idem*, anotação ao acórdão do Tribunal Arbitral de 31 de março de 1993, *RLJ*, ano 126º, 1993/94, pp. 128 ss. (pp. 181 ss.); António Menezes Cordeiro, «A decisão segundo a equidade», *Dir.*, 1990, pp. 261 ss. (p. 272); *idem*, "A equidade como fonte de Direito", *Dir.*, 2012, pp. 9 ss.; Manuel Carneiro da Frada, "Equidade (ou a "Justiça com coração"). A propósito da decisão arbitral segundo a equidade", *ROA*, 2012, pp. 109 ss.; e Miguel Nogueira de Brito, *Introdução ao Estudo do Direito*, Lisboa, 2017, p. 298 (definindo a equidade como «uma solução normativa adaptada às especificidades do caso concreto»).

[444] Cfr., no Direito português, designadamente os arts. 4º, 283º, 339º, nº 2, 400º, nº 1, 437º, 496º, 566º, nº 3, 812º e 883º do Código Civil e 39º, nº 1, da Lei da Arbitragem Voluntária; e no Direito francês, os arts. 565 e 1135 do Código Civil e 12, 1474 e 1497 do Código de Processo Civil.

[445] Relativas, nomeadamente, à determinação da prestação contratual e à imposição do dever de indemnizar certos danos causados *ex delicto*: cfr. os §§ 315 e 829 do BGB.

[446] § 1051, nº 3, do Código de Processo Civil.

[447] D.1,1,1,2: «*Publicum ius est quod ad statum rei Romanae spectat, privatum quod ad singulorum utilitatem*».

intervêm desprovidos de tais poderes, encontrando-se os respetivos sujeitos, por conseguinte, em posição de igualdade[448]. No primeiro, diz-se, prevalece o *princípio da legalidade*; no segundo, o da *liberdade*[449]. No Direito Público sobressaem os critérios de justiça distributiva; no Direito Privado, os de justiça comutativa[450].

A distinção suscita contudo, em todos os sistemas aqui considerados, numerosas dificuldades; certas relações jurídicas, e até ramos inteiros do Direito, não podem ser classificados com segurança em qualquer das duas categorias. Não surpreende, por isso, que os critérios que lhe presidem variem consoante o sistema jurídico considerado; e que dentro de cada sistema se recorra por vezes a mais do que um critério.

O alcance prático da distinção revela-se designadamente no exercício da competência legislativa e jurisdicional. Nos Estados federais, como a Alemanha, a competência legislativa em certas matérias de Direito Público (*maxime* o Direito Administrativo) tende a pertencer fundamentalmente aos Estados federados ou cantões (na Alemanha, os *Länder*); mas a competência para legislar em matéria de Direito Privado é reservada aos órgãos federais. Por outro lado, o contencioso de Direito Público é geralmente confiado a jurisdições especiais, de que daremos conta adiante; já a aplicação do Direito Privado é da competência dos tribunais comuns, aos quais é em princípio vedado julgar e anular atos administrativos. Além disso, os contratos e a responsabilidade civil entre particulares e entes públicos estão geralmente sujeitos a regras distintas das que regem as situações em que apenas intervêm particulares.

Os sistemas jurídicos em apreço apresentam pois, deste ponto de vista, uma estrutura pluralista ou complexa, diferenciando os regimes jurídicos aplicáveis, bem como os órgãos competentes para os editarem e para conhecerem das questões suscitadas pela sua aplicação, consoante a natureza das relações ou situações da vida em causa.

As razões dessa diferenciação são múltiplas, tendo algumas delas carácter essencialmente histórico. Entre elas sobressaem: o conceito de separação de poderes que prevaleceu em França após a revolução de 1789, em homenagem

---

[448] Cfr. Inocêncio Galvão Telles, *Introdução ao Estudo do Direito*, vol. I, 11ª ed., Coimbra, 1999, pp. 165 ss. Na mesma linha fundamental de orientação, vejam-se, quanto ao Direito francês, Ghestin/Barbier, *Traité de droit civil. Introduction générale*, t. I, pp. 139 ss.; e, pelo que respeita ao Direito alemão, Manfred Wolf/Jörg Neuner, *Allgemeiner Teil des Bürgerlichen Rechts*, pp. 4 ss., e Helmut Köhler, *BGB. Allgemeiner Teil*, 41ª ed., Munique, 2017, p. 5.

[449] Assim, quanto ao Direito alemão, Dieter Medicus/Jens Petersen, *Allgemeiner Teil des BGB*, pp. 4 ss. Ver no entanto, para uma diversa perspetiva do problema, Paulo Otero, *Legalidade e Administração Pública. O sentido da vinculação administrativa à juridicidade*, Coimbra, 2003.

[450] Neste sentido, *vide* Miguel Nogueira de Brito «Sobre a distinção entre Direito Público e Direito Privado», *in Estudos em homenagem ao Prof. Doutor Sérvulo Correia*, vol. I, Lisboa, 2010, pp. 43 ss. (pp. 71 ss.). Ver ainda, do mesmo autor, *Introdução ao Estudo do Direito*, pp. 64 ss.

ao qual foi vedada a apreciação pelos tribunais comuns de atos praticados pelo poder executivo; a tradição liberal do século XIX e a escassa intervenção do Estado nas relações entre privados que caracteriza dessa época, na qual se forjaram, por ação da Pandectística alemã, alguns dos conceitos fundamentais do Direito Privado moderno; a necessidade de proteger os direitos dos particulares perante a Administração Pública, especialmente sentida na Alemanha após a II Guerra Mundial; e a crença nas virtudes da especialização dos juízes.

II – Pese embora a sua centralidade nos sistemas romano-germânicos, a distinção em apreço não tem paralelo nas demais famílias jurídicas.

O contraste é particularmente nítido com a família de *Common Law*[451]. Por um lado, porque não existe nesta uma repartição de competência legislativa e jurisdicional equivalente à que acabamos de referir: mesmo onde existem órgãos jurisdicionais especiais incumbidos de conhecer de questões de Direito Público, estes não formam, como se verá, uma ordem judiciária *a se*. Por outro lado, porque o Direito Público tem nela um desenvolvimento mais modesto, sendo alguns dos seus ramos até recentemente desconhecidos como categorias autónomas (tal o caso, por exemplo, do Direito Administrativo em Inglaterra); em vários domínios prefere-se aliás a *autorregulação* à regulação pública da economia. Finalmente, porque os contratos e a responsabilidade civil entre os particulares e o Estado ou outros entes públicos estão essencialmente sujeitos às mesmas regras que valem para as relações entre particulares; mesmo a *judicial review* de atos praticados por entes públicos, levada a cabo pelo *Administrative Court* inglês desde 2000, não obedece a princípios essencialmente diversos dos que valem para as relações entre particulares[452].

A esta diversidade de regimes não é alheia a máxima, afirmada por Dicey no final do século XIX, da necessária universalidade do *Common Law*, tida como um corolário do princípio da igualdade e imprescindível à preservação da liberdade individual[453]. Mas ela prende-se, a nosso ver, sobretudo com a tradição de um maior grau de intervenção do Estado na vida social, e de dependência desta relativamente àquele, que caracterizam os países do continente europeu, especialmente a França e Portugal[454].

---

[451] Ver, sobre o ponto, John Henry Merryman, «The Public Law-Private Law Distinction in European and American Law», *Journal of Public Law*, 1968, pp. 3 ss.; Tony Weir, «The Common Law System», *in IECL*, vol. II, *The Legal Systems of the World. Their Comparison and Unification*, capítulo 2, *Structure and Divisions of the Law*, pp. 94 ss.

[452] Neste sentido, Dawn Oliver, "Porquoi n'y a-t-il pas vraiment de distinction entre droit public et droit privé en Anglaterre?", *RIDC*, 2001, pp. 327 ss.

[453] Cfr. Dicey, *Introduction to the Law of the Constitution*, cit., pp. 107 ss.

[454] Para uma análise do tema, veja-se, numa perspetiva sociológica, Alain Peyrefitte, *Le mal français*, 2ª ed., s.l., 2006.

c) Direito material e Direito processual

Importa agora examinar, na ótica dos sistemas romano-germânicos, uma outra distinção: a que opõe o Direito material ao Direito processual.

O primeiro compreende o conjunto das regras e princípios em que se contém a disciplina substantiva das relações e situações jurídicas, frequentemente traduzida na atribuição a alguém de um direito subjetivo e na correlativa imposição a outrem de um dever jurídico.

O segundo inclui as regras e princípios atinentes aos pressupostos, formas e trâmites das ações judiciais e outras providências de tutela jurisdicional destinadas a obter o reconhecimento ou a realização coativa daqueles direitos, bem como a prevenir ou reparar a sua violação.

Daqui resulta já que o Direito material e o Direito processual não se encontram no mesmo plano: o segundo é, na família jurídica romano-germânica, *instrumental* em relação ao primeiro[455]. Numa dupla aceção. Por um lado, o Direito processual não fornece diretamente a solução dos conflitos de interesses que dão lugar às referidas ações; ele disciplina apenas os meios necessários para se conseguir essa solução. É antes ao Direito material que cabe fornecer esta última. Não podem, por conseguinte, obter-se através do processo efeitos jurídicos que o Direito material não prevê. É a *vertente negativa* da instrumentalidade do processo. Por outro lado, como declara o art. 2º, nº 2, do Código de Processo Civil português, «[a] todo o direito, exceto quando a lei determine o contrário, corresponde a ação adequada a fazê-lo reconhecer em juízo, a prevenir a violação dele e a realizá-lo coercivamente, bem como os procedimentos necessários para acautelar o efeito útil da ação»: *ubi ius, ibi remedium*. É a *vertente positiva* daquela instrumentalidade.

Veremos adiante ser muito diversa desta a perspetiva acerca das relações entre o Direito material e o Direito processual que vingou na família de *Common Law*[456].

d) Direito objetivo e direito subjetivo

Refira-se, por último, a distinção entre Direito objetivo e direito subjetivo, não menos característica da família jurídica romano-germânica[457]. O primeiro designa, como é sabido, a própria *ordem jurídica*; o segundo tem sido predomi-

---

[455] Ver Miguel Teixeira de Sousa, «Aspetos metodológicos e didáticos do Direito Processual Civil», *RFDUL*, 1994, pp. 337 ss. (pp. 341 ss.); idem, *Introdução ao processo civil*, Lisboa, 2000, pp. 45 ss.

[456] Tal como o era a perspetiva que do mesmo problema tinha o Direito Privado Romano, igualmente assente na tipicidade das ações: cfr. *supra*, § 14º, alínea *b*). Ver ainda, sobre o ponto, Max Kaser, *Direito Privado Romano* (na tradução portuguesa, cit., pp. 427 ss.); e Santos Justo, *Direito Privado Romano*, vol. I, 2ª ed., Coimbra, 2003, pp. 233 ss.

[457] Sobre o tema, veja-se, numa perspetiva de comparação de Direitos, Adolf Schnitzer, *Vergleichende Rechtslehre*, cit., vol. II, pp. 418 ss.

nantemente definido, desde Savigny[458], como um *poder jurídico*: o poder atribuído pela ordem jurídica ao respetivo titular de prosseguir autonomamente interesses juridicamente protegidos[459].

Nos Direitos de base consuetudinária (como é o caso dos Direitos tradicionais africanos), assim como nos Direitos religiosos (*maxime* o muçulmano e o hindu), esta distinção não assume a mesma relevância que tem na família romano-germânica. Nos primeiros, porque da pertença do indivíduo a certo grupo deriva para aquele um *status*, de conteúdo fundamentalmente invariável, que determina no essencial a sua condição jurídica, restringindo muito significativamente a esfera de autodeterminação que o reconhecimento de direitos subjetivos justamente visa assegurar; e também porque frequentemente o aproveitamento dos bens disponíveis na comunidade se faz mediante o exercício pelo indivíduo de direitos coletivos (*v.g.* os que se prendem com a utilização da terra), não podendo nesses casos dizer-se que este seja titular de um direito subjetivo[460]. Nos segundos, porque toda a ênfase é posta nos deveres – cuja fonte última é a vontade divina, a que os crentes se encontram incondicionalmente submetidos – e não nos direitos[461]. Por outro lado, nos ordenamentos jurídicos especialmente influenciados pelo Confucionismo (como o chinês) a invocação em juízo de direitos subjetivos é geralmente encarada com reserva, preconizando-se antes, como meio preferencial de resolução dos litígios, a conciliação das partes desavindas[462]. O que implica, não raro, a renúncia por estas à *potestas vindicandi* que, na formulação de Ockham, caracteriza o direito subjetivo[463].

---

[458] Cfr. *System des heutigen Römischen Rechts*, vol. I, Berlim, 1840, p. 7.

[459] Assim, Larenz/Wolf, *Allgemeiner Teil des Bürgerlichen Rechts*, p. 239; Wolf/Neuner, *Allgemeiner Teil des Bürgerlichen Rechts*, p. 232. A noção de direito subjetivo permanece controvertida ao cabo de mais de século e meio de debate doutrinal. Podem ver-se, a este respeito, na literatura mais recente: na Alemanha, Hans-Martin Pawlowski, *Allgemeiner Teil des bürgerlichen Rechts*, 7ª ed., Heidelberga, 2003, pp. 136 ss., Hans Brox/Wolf-Dietrich Walker, *Allgemeiner Teil des BGB*, 40ª ed., Munique, 2016, pp. 269 ss., Helmut Köhler, *BGB. Allgemeiner Teil*, pp. 244 ss., e Dieter Medicus/Jens Petersen, *Allgemeiner Teil des BGB*, pp. 36 ss.; em França, Jean Carbonnier, *Droit Civil*, reimpressão, vol. I, Paris, 2004, pp. 315 ss., François Terré, *Introduction générale au droit*, 9ª ed., Paris, 2012, pp. 171 ss., e Ghestin/Barbier, *Traité de droit civil. Introduction générale*, t. I, pp. 199 ss.; e em Portugal, Luís Carvalho Fernandes, *Teoria geral do Direito Civil*, 3ª ed., vol. II, Lisboa, 2001, pp. 535 ss., José de Oliveira Ascensão, *Direito Civil. Teoria geral*, vol. III, Coimbra, 2002, pp. 63 ss., Rabindranath Capelo de Sousa, *Teoria geral do Direito Civil*, vol. I, Coimbra, 2003, pp. 175 ss., António Menezes Cordeiro, *Tratado de Direito Civil português*, vol. I, *Parte geral*, tomo I, cit., pp. 311 ss., Carlos Alberto da Mota Pinto, *Teoria geral do Direito Civil*, 4ª ed. (por António Pinto Monteiro e Paulo Mota Pinto), Coimbra, 2005, pp. 178 ss., e Pedro Pais de Vasconcelos, *Teoria geral do Direito Civil*, 7ª ed., Coimbra, 2012, pp. 242 ss. (todos com mais referências).

[460] Cfr. *infra*, § 48º, alínea *b*).

[461] Cfr. *infra*, §§ 42º, alínea *a*), 48º, alínea *b*), e 56º, alínea *b*).

[462] Cfr. *infra*, §§ 61º, alínea *a*), e 64º, alínea *a*).

[463] Cfr. *supra*, § 14º, alínea *d*).

Tem nesta medida razão Menezes Cordeiro quando observa: «no direito subjetivo joga-se um modo de pensar próprio do sistema cultural do Ocidente»[464]. Importa todavia notar que (como reconhece aquele autor) a ideia de direito subjetivo ficou igualmente na sombra em sistemas jurídicos, como o Direito Romano clássico, que puseram o acento tónico, em caso de violação da ordem jurídica, na *ação judicial* dirigida à reparação do dano[465]. Foi só com a autonomização por Bernhard Windscheid do conceito de *pretensão*[466] – definida pelo Código Civil alemão como o «direito de exigir de outrem uma ação ou omissão»[467] – que se operou nos sistemas jurídicos europeus a ligação da *actio* com o direito subjetivo, o qual constitui as mais das vezes o seu *prius*; a pretensão é hoje nesses sistemas jurídicos, por isso, o elemento que permite delimitar o objeto do litígio em processo civil e o ponto de partida metodológico da resolução do caso singular[468].

Ora, como se verá adiante, também o Direito inglês foi durante muito tempo tributário de uma conceção da ação como algo inteiramente autónomo do direito subjetivo; e em boa medida ainda o é, não obstante a abolição da tipicidade das ações, que vigorou até ao século XIX, pois a descoberta do Direito aplicável ao caso singular continua a centrar-se em Inglaterra muito mais na determinação dos meios processuais aptos à restauração da ordem jurídica (*remedies*) do que na indagação da existência de direitos subjetivos suscetíveis de serem exercidos em juízo[469].

Eis por que pôde Eugen Bucher distinguir nos sistemas jurídicos contemporâneos aqueles, como o inglês, em que prevalece um «pensamento baseado em ações» (*Aktionendenken*), daqueloutros, entre os quais sobressaem os sistemas jurídicos continentais, em que prevalece um «pensamento orientado para os direitos subjetivos» (*Denken in subjektiven Rechten*) – o que não é, aliás, senão a outra face de uma conceção normativa do Direito (*normative Rechtsbetrachtung*) –, para daí concluir que o conceito de direito subjetivo, embora transponível para qualquer sistema jurídico, não é de utilização necessária[470].

---

[464] Ob. cit., p. 325.
[465] Cfr. *supra*, § 14º, alínea *b*).
[466] Ver, do referido autor, *Die Actio des römischen Civilrechts vom Standpunkte des heutigen Rechts*, Düsseldorf, 1856; Windscheid/Kipp, *Lehrbuch des Pandektenrechts*, cit., vol. I, pp. 182 ss. e 547 ss.
[467] Cfr. o § 194, nº 1.
[468] Cfr., sobre o tema, Dieter Medicus, «Anspruch und Einrede als Rückgrat einer zivilistischen Lehrmethode», *AcP*, 1974, pp. 313 ss.; Jan Schapp, «Das Zivilrecht als Anspruchssystem», *JuS*, 1992, pp. 537 ss.; Larenz/Wolf, *Allgemeiner Teil des Bürgerlichen Rechts*, pp. 264 ss.; Leo Rosenberg/Karl Heinz Schwab/Peter Gottwald, *Zivilprozessrecht*, 16ª ed., Munique, 2004, pp. 612 ss.; Wolf/Neuner, *Allgemeiner Teil des Bürgerlichen Rechts*, pp. 235 ss. Entre nós, consulte-se, por todos, Miguel Teixeira de Sousa, *O concurso de títulos de aquisição da prestação. Estudo sobre a dogmática da pretensão e do concurso de pretensões*, Coimbra, 1988, pp. 19 ss.
[469] Cfr. *infra*, § 26º, alíneas *a*) e *b*).
[470] Cfr. *Das subjektive Recht als Normsetzungsbefugnis*, Tubinga, 1965, pp. 30 ss. Ver ainda, numa perspetiva histórica, Horst Kaufmann, «Zur Geschichte des aktionenrechtlichen Denkens», *JZ*, 1964, pp. 482 ss.

Bem se compreende esta diversidade de regimes. É que, pese embora o contributo precursor de Ockham, que referimos acima, o conceito de direito subjetivo – «palavra-chave do Direito moderno» na expressão de Michel Villey (1914-1988) – só vingou na Europa após a revalorização do indivíduo levada a cabo pelo humanismo renascentista[471]. Posteriormente, a doutrina do Direito Natural reforçou esse conceito, ao sustentar a existência de certos direitos inatos da pessoa humana[472]. Mas esta doutrina, que encontrou expressão na *Declaração dos Direitos do Homem e do Cidadão* aprovada pela Assembleia Nacional francesa em 1789, não logrou penetrar significativamente nos sistemas jurídicos de base consuetudinária e religiosa acima referidos, nem no Direito inglês; o que contribuiu poderosamente para o alheamento destes sistemas jurídicos relativamente ao conceito de direito subjetivo. No mesmo sentido terá concorrido a circunstância de o jusracionalismo – cuja preocupação com o sistema e os conceitos inevitavelmente afastou os juristas de um pensamento baseado em ações – ter exercido a sua influência predominantemente na Europa continental.

A diversidade de orientações em apreço tem assim uma raiz histórica; mas não pode deixar de ver-se também nela, sobretudo à luz do que acima se disse a respeito dos Direitos de base consuetudinária e religiosos, o reflexo da diferente medida em que a repartição dos bens disponíveis em cada sociedade é deixada pelos sistemas jurídicos aos próprios interessados – o mesmo é dizer, do diferente grau em que esses sistemas jurídicos acolhem o princípio da *autonomia privada*.

§ 17º **Fontes de Direito**

a) **Razão de ordem**

Consoante se referiu atrás, a lei é hoje, na família jurídica romano-germânica, a fonte de Direito predominante. O que não significa que seja a fonte exclusiva. Nos sistemas integrados nesta família jurídica são também fontes de Direito os tratados e as demais fontes de Direito Internacional Público, os atos de Direito

---

[471] Deve-se ao jurista francês Hugo Donellus, ou Hugues Doneau (1527-1591), autor de *Comentariorum Iuris Civilis Libri Vigintiocto*, publicado em Hanoviae (Hanau) em 1612, a primeira sistematização do Direito Civil assente na compreensão deste como um sistema de direitos subjetivos, que o autor definiu como *«specialiter facultas et potestas iure tributa»* (ob. cit., p. 4). Cfr., a este respeito, Helmut Coing, «Zur Geschichte des Begriffs "subjektives Recht"», *in* Helmut Coing/Frederick H. Lawson/Kurt Grönfors (orgs.), *Das subjektive Recht und der Rechtsschutz der Persönlichkeit*, Frankfurt a.M./Berlim, 1959, pp. 7 ss. (p. 15); e Peter Stein, *Roman Law in European History*, reimpressão, Cambridge, 2004, p. 81.
[472] Ver Helmut Coing, est. cit., p. 17; *idem*, «Signification de la notion de droit subjectif», *Arch. Phil. Droit*, 1964, pp. 1 ss.

Comunitário, o costume, a jurisprudência e a doutrina, ainda que a sua relevância como modos de formação ou revelação de normas jurídicas não seja necessariamente a mesma que possui a lei, designadamente porque a eficácia que lhes é reconhecida pelos tribunais na resolução de casos concretos não é idêntica à que é imputada a esta última.

Tão-pouco significa a referida preeminência da lei que os tribunais e os órgãos da administração pública se achem inibidos de atender, na decisão dos casos submetidos à sua apreciação, a princípios jurídicos – e até de lhes conferir primazia sobre as normas legais quando estas se revelem contrárias àqueles.

Veremos a seguir em que medida efetivamente assim sucede[473].

b) Tratados e outras fontes de Direito Internacional

Em todos os sistemas jurídicos em apreço se distingue o Direito Internacional do Direito de fonte interna. A vigência do primeiro na ordem jurídica interna é neles assegurada por disposições constitucionais (os arts. 25 e 59 da Lei Fundamental alemã, 55 da Constituição francesa e 8º da Constituição portuguesa).

Prevalece, a este respeito, o *sistema da receção*, por força do qual as normas e os princípios de Direito Internacional vigoram na ordem interna enquanto tais, sem se transformarem em Direito interno. Devem, por conseguinte, ser interpretados de acordo com os cânones hermenêuticos próprios do Direito Internacional e sujeitam-se às vicissitudes deste.

A receção do Direito Internacional pode, no entanto, revestir diferentes formas. Pode essa receção ser *automática*, sendo neste caso a introdução dos instrumentos de Direito Internacional na ordem interna independente de qualquer ato jurídico de fonte interna (a publicação, exigida quanto aos tratados, é tida como um puro ato material destinado a dar-lhe a necessária publicidade): assim sucede em França (posto que, no tocante aos tratados, a sua receção se encontre neste país sujeita a uma cláusula de reciprocidade), na Alemanha (apenas quanto ao Direito Internacional geral) e em Portugal. E pode também a receção do Direito Internacional ser *condicionada*, ficando então a sua vigência na ordem interna dependente de um ato jurídico de fonte interna, que todavia não altera a sua natureza: é o que ocorre na Alemanha, por força do art. 59, nº 2, da Lei Fundamental, quanto aos tratados que regulem relações políticas da Federação ou se refiram a matérias que devam ser objeto de legislação federal, para os quais se exige o assentimento ou a cooperação dos órgãos legislativos competentes, mediante uma lei federal (*Zustimmungsgesetz*), havendo quem, na doutrina alemã,

---

[473] Sobre esta matéria, *vide*, em especial, Lucio Pegoraro/Angelo Rinella, *Le fonti nel diritto comparato*, Turim, 2000 (existe tradução castelhana, por Marta Léon, Daniel Bergozsa e Jhoana Delgado, com o título *Las fuentes en el Derecho Comparado*, Lima, 2003).

veja nessa regra o acolhimento implícito do sistema da *transformação* do Direito Internacional em Direito interno[474].

No tocante à sua relação hierárquica com as fontes do Direito interno, distingue-se entre o Direito Internacional geral e o Direito convencional. O primeiro prevalece sobre a própria Constituição nacional; o segundo vigora subordinado a ela, posto que com primazia sobre a lei ordinária[475].

Parece a esta luz inequívoca, não obstante as diferenças acima assinaladas quanto à forma da sua receção na ordem interna, a importância que o Direito Internacional hoje assume como fonte de Direito nos sistemas jurídicos alemão, francês e português, que acolhem, em razão do exposto, um *monismo moderado* nas relações entre o Direito Internacional e o Direito interno. Destaca-se neste contexto, pelo impacto que teve na tutela dos direitos fundamentais naqueles sistemas jurídicos, a Convenção Europeia dos Direitos do Homem[476].

c) Direito supranacional

Também as normas emanadas de organizações supranacionais, entre as quais sobressai hoje a União Europeia, integram o elenco das fontes de Direito nos sistemas jurídicos romano-germânicos[477].

---

[474] O ponto é porém controvertido: cfr. Torsten Stein/Christian von Buttlar, *Völkerrecht*, 11ª ed., Colónia/Berlim/Munique, 2005, p. 73.

[475] Ver, sobre esta matéria, Nguyen Quoc Dinh/Patrick Dailler/Alain Pellet, *Direito Internacional Público* cit., pp. 210 ss.; André Gonçalves Pereira/Fausto de Quadros, *Manual de Direito Internacional Público*, cit., pp. 94 ss.; Malcom D. Evans (org.), *International Law*, 2ª ed., Oxford, 2006, pp. 429 ss.; Jorge Miranda, *Curso de Direito Internacional Público*, 4ª ed., Cascais, 2009, pp. 151 ss. e Maria Luísa Duarte, *Direito Internacional Público e ordem jurídica global do século XXI*, vol. I, Coimbra, 2014, pp. 299 ss.

[476] Ver, sobre o sistema de proteção dos direitos humanos instituído pela Convenção e pelos textos que a complementam, Ireneu Cabral Barreto, *A Convenção Europeia dos Direitos do Homem anotada*, 3ª ed., Coimbra, 2005; e Ana Maria Guerra Martins, *Direito Internacional dos Direitos Humanos*, Coimbra, 2006, pp. 191 ss.

[477] Sobre o que se segue, cfr. Fausto de Quadros, *Direito das Comunidades Europeias. Contributo para o estudo da natureza jurídica do Direito Comunitário Europeu*, Coimbra, 1984; *idem, Droit de l'Union européenne, Droit constitutionnel et administratif de l'Union européenne*, Bruxelas, 2008; *idem* (coord.), *O Tratado de Lisboa*, Coimbra, 2012; *idem, Direito da União Europeia*, 3ª ed., Coimbra, 2013; Rui de Moura Ramos, *Das Comunidades à União Europeia. Estudos de Direito Comunitário*, 2ª ed., Coimbra, 1999, pp. 69 ss.; Paul Craig/Gráinne de Búrca, *EU Law. Text, Cases, and Materials*, Oxford, 2008; Jean-Louis Clergerie/Annie Gruber/Patrick Rambaud, *L'Union Européenne*, 7ª ed., Paris, 2008; Vlad Constantinesco, «Le Traité de Lisbonne», *Revista de Estudos Europeus*, 2009, pp. 17 ss.; João Mota de Campos/João Luiz Mota de Campos, *Manual de Direito Europeu*, 6ª ed., Coimbra, 2010; Maria José Rangel de Mesquita, *A União Europeia após o Tratado de Lisboa*, Coimbra, 2010; Maria Luísa Duarte, *União Europeia. Estática e dinâmica da ordem jurídica eurocomunitária*, vol. I, Coimbra, 2011; e Ana Maria Martins, *Manual de Direito da União Europeia*, Coimbra, 2012.

Distinguem-se essas normas das do Direito Internacional Público pela circunstância de serem: *a)* Norteadas por um ideal de solidariedade ou coesão entre os Estados membros das organizações de que emanam; *b)* Adotadas e modificadas por órgãos para os quais são transferidas, ou nos quais são delegadas, competências originariamente pertencentes aos Estados; e *c)* Dotadas de primazia sobre os Direitos nacionais e, não raro, também de aplicabilidade direta.

As fontes supranacionais, por vezes ignoradas em obras de Direito Comparado, são atualmente de grande importância para este. Por várias razões. Primeiro, porque é por intermédio delas que nas últimas décadas têm sido levados a cabo os principais esforços de harmonização e unificação do Direito, na Europa e noutros continentes, com inevitáveis reflexos sobre o fenómeno da diversidade dos sistemas jurídicos nacionais, de que aqui nos ocupamos. Segundo, porque a circunstância de as organizações de que tais normas emanam, *maxime* a União Europeia, terem como membros países cujos sistemas jurídicos se integram em diferentes tradições jurídicas determinou que essas fontes apresentem traços característicos de diferentes proveniências (de que são exemplos o regime do recurso de anulação dos atos normativos da União Europeia, de nítida filiação francesa, e a relevância conferida pela jurisprudência do Tribunal de Justiça da União Europeia ao princípio da proporcionalidade, de inspiração alemã[478]). Terceiro, porque o próprio Direito supranacional tem sido o veículo através do qual certos princípios e conceitos oriundos dos sistemas jurídicos de alguns Estados membros daquelas organizações (como a boa-fé) são recebidos nas ordens jurídicas dos demais[479].

O exemplo porventura mais evoluído de Direito supranacional é atualmente o da União Europeia. Importa todavia notar que também se gerou Direito dessa natureza no seio de outras organizações regionais de integração económica, a que pertencem países cujos sistemas jurídicos fazem parte da família romano-germânica. Tal o caso, na América do Sul, do Mercado Comum do Sul (Mercosul)[480] e da Comunidade Andina[481]; e, em África, da União Económica e Monetária Oeste-Africana (UEMOA)[482]. Com efeito, são fontes de Direito no Mercosul, além do Tratado que o instituiu e dos respetivos protocolos e instrumentos adicionais ou complementares, os demais acordos celebrados no âmbito dele e os correspon-

---

[478] Ver Thijmen Koopmans, «The Birth of European Law at the Crossroads of Legal Traditions», *AJCL*, 1991, pp. 493 ss.

[479] Voltaremos a esta matéria adiante, no § 81º.

[480] Constituído pelo Tratado de Assunção, de 26 de março de 1991. Dele são partes a Argentina, o Brasil, o Paraguai e o Uruguai. Ver, por último, Augusto Jaeger Junior, *Mercados Comum e Interno e Liberdades Económicas Fundamentais*, Curitiba, 2010, pp. 59 ss.

[481] Criada criada pelo Acordo de Integração Subregional Andino (Acordo de Cartagena), de 26 de maio de 1969. Integram-na atualmente a Bolívia, a Colômbia, o Equador e o Peru. Cfr. Augusto Jaeger, ob. cit., pp. 84 ss.

[482] A que nos referiremos mais de espaço nos §§ 47º, alínea *e)*, e 49º, alínea *e)*.

dentes protocolos, bem como as normas emanadas dos seus órgãos sob a forma de Decisões, Resoluções e Diretrizes[483]. Na Comunidade Andina, para além dos tratados celebrados entre os respetivos Estados membros, vigoram as Decisões tomadas pela Comissão da Comunidade Andina[484].

Por outro lado, o Direito da União Europeia vigora, em parte, nos Estados que, não sendo Membros da União Europeia, todavia integram o denominado Espaço Económico Europeu[485]. Presentemente, esses Estados são apenas a Noruega e a Islândia[486].

Mas serão os princípios que regem o modo como o Direito da União Europeia vigora na ordem interna dos Estados-Membros desta os mesmos que valem para as outras organizações supranacionais acima referidas?

As normas do Direito da União Europeia vigoram nos respetivos Estados-Membros com primazia sobre as de fonte interna, inclusive as constitucionais, posto que sem prejuízo dos direitos fundamentais dos cidadãos. O princípio do *primado do Direito da União Europeia*, proclamado em diversos acórdãos do Tribunal de Justiça da União Europeia[487] e reafirmado na Declaração nº 17 anexa ao Tratado de Lisboa de 2007 que alterou o Tratado da União Europeia e o Tratado que Institui a Comunidade Europeia[488], é, de acordo com a jurisprudência daquele Tribunal, postulado pela própria natureza do Direito da União Europeia como uma ordem jurídica comum aos Estados-Membros.

Na Alemanha, esse princípio foi consagrado pela jurisprudência do Tribunal Constitucional Federal, posto que não de forma incondicional nem como efeito próprio do Direito da União Europeia[489]. Em França, admitiram-no igualmente a Cassação e o Conselho de Estado[490].

---

[483] Cfr. o Protocolo Adicional ao Tratado de Assunção, celebrado em Ouro Preto, a 17 de dezembro de 1994, art. 41º. Ver Maria Teresa Lobo, «A experiência de integração do Mercosul», *BFDB*, junho de 2004, nº 6, pp. 183 ss.

[484] Acordo de Cartagena, art. 21º.

[485] Cfr. o Acordo sobre o Espaço Económico Europeu, assinado no Porto em 2 de maio de 1992, ratificado pelo Decreto do Presidente da República nº 59/92, de 18 de dezembro.

[486] A Suíça assinou o Acordo que instituiu essa entidade, mas, na sequência de um referendo realizado em 1992, não o ratificou.

[487] Mormente os que foram proferidos nos casos *Costa-Enel*, em 15 de abril de 1964 (*in CJTJ*, 1964, pp. 1141 ss.), e *Simmenthal*, em 9 de março de 1978 (*in CJTJ*, 1978, pp. 629 ss.). Veja-se ainda o acórdão *Factortame*, a que nos referiremos adiante, *sub* § 29º, alínea *f*). Para uma análise desta jurisprudência, vide Sofia Oliveira Pais (coord.), *Princípios Fundamentais de Direito da União Europeia. Uma Abordagem Jurisprudencial*, 2ª ed., Coimbra, 2012, pp. 39 ss.

[488] Segundo a qual: «A Conferência lembra que, em conformidade com a jurisprudência do Tribunal de Justiça da União Europeia, os Tratados e o direito adotado pela União com base nos Tratados primam sobre o direito dos Estados-Membros, nas condições estabelecidas pela referida jurisprudência».

[489] Vejam-se, em especial, os acórdãos proferidos em 29 de maio de 1974, *BVerfGE*, 37, pp. 271 ss. (caso *Solange-I*,); em 22 de outubro de 1986, *BVerfGE*, 73, pp. 339 ss. (caso *Solange-II*); em 12 de

Em Portugal, o art. 8º, nº 4, da Constituição, sem afirmar expressamente o referido princípio, conduz ao mesmo resultado fundamental, pois devolve ao Direito da União Europeia a competência para regular na sua eficácia na ordem interna; mas não deixa de subordinar esta última ao «respeito pelos princípios fundamentais do Estado de direito democrático».

Certos atos jurídicos de Direito da União Europeia são ainda dotados de *aplicabilidade direta* na ordem jurídica dos Estados-Membros, na medida em que não carecem, a fim de serem aplicados, da intermediação de qualquer ato legislativo ou administrativo de Direito interno. É o caso dos Regulamentos. Outros atos normativos da União carecem desse atributo, necessitando por isso de uma lei ou outro diploma legal que os transponha para a ordem jurídica interna dos Estados-Membros. Assim sucede com as Diretivas.

Relativamente a estes últimos atos admite-se porém na jurisprudência do Tribunal de Justiça da União Europeia que as respetivas normas sejam, desde que suficientemente claras, precisas e incondicionais e dispensem medidas legislativas complementares, dotadas de *efeito direto,* no sentido de que os nacionais dos Estados-Membros podem invocá-las perante os órgãos nacionais de aplicação do Direito independentemente da sua transposição para a ordem jurídica interna. O que assume especial relevância se, como por vezes sucede, não tiver sido cumprido por um Estado-Membro o prazo fixado no próprio ato em causa para a respetiva transposição. No caso das Diretivas, o Tribunal de Justiça tem, no entanto, entendido que a suscetibilidade da sua invocação nestes termos se restringe aos litígios que oponham particulares aos Estados-Membros (produzindo-se neste caso o denominado *efeito direto vertical*), ficando excluídos dela os litígios entre particulares (*efeito direto horizontal*). De notar, a este respeito, que o efeito direto não tem assumido a mesma relevância em todos os Estados-Membros, sendo Portugal um dos países em que menor invocação se faz dessa figura

outubro de 1993, *BVerfGE,* 89, pp. 155 ss. (*Maastricht-Urteil*); e em 30 de junho de 2009, *BVerfGE* 123, pp. 267 ss. (*Lissabon-Urteil*). Neste último, declara-se, a propósito da ratificação do Tratado de Lisboa, que cabe ao Tribunal Constitucional alemão, nos termos dos arts. 23(1) e 79(3) da Lei Fundamental, controlar a conformidade dos atos jurídicos das instituições e órgãos da União Europeia com os limites dos poderes soberanos que lhes foram transferidos pelos Estados-Membros e bem assim com o núcleo intangível da identidade constitucional alemã.
[490] Cfr., respetivamente, o acórdão proferido em 24 de maio de 1975, no caso *Société Cafés Jacques Vabre, D.,* 1975, pp. 497 ss.; e o acórdão proferido em 20 de outubro de 1989, no caso *Nicolo,* disponível em http://legifrance.gouv.fr. Também o Conselho Constitucional francês não deixou de observar, na decisão proferida em 27 de julho de 2006, nº 2006-540 DC, disponível em http://www.conseil-constitutionnel.fr, que «la transposition d'une directive ne saurait aller à l'encontre d'une règle ou d'un principe inhérent à l'identité constitutionnelle de la France, sauf à ce que le constituant y ait consenti».

(o que, aliás, contrasta com a circunstância de ser o nosso país um dos que mais se tem atrasado na transposição das Diretivas europeias[491]).

No Mercosul, pese embora o maior peso que a via intergovernamental aí assume na integração regional, vale também o princípio do primado das normas emanadas dos respetivos órgãos, as quais, segundo o art. 42º do Protocolo de Ouro Preto, têm caráter obrigatório e devem, quando necessário, ser incorporadas nos ordenamentos jurídicos nacionais mediante os procedimentos previstos pela legislação de cada país; já a ideia de *efeito direto* de atos de Direito Comunitário é, por enquanto, estranha aos atos emanados dessa organização. Outra não é, como se verá adiante, a situação atual na UEMOA.

Parece, por outro lado, inequívoco que a relevância do Direito supranacional nos Estados partes destas organizações não é a mesma que ele tem atualmente na União Europeia, atendendo quer ao volume da produção normativa, quer ao grau de integração política, económica e jurídica através dele conseguido.

O Direito da União Europeia europeu permanece, nesta medida, uma realidade distinta do Direito que atualmente emana de entidades supranacionais congéneres[492].

d) Leis

I – Declara o Código Civil português que são fontes imediatas do Direito as leis, que esse diploma define como «todas as disposições genéricas provindas dos órgãos estaduais competentes» (art. 1º, nº 2). É por certo um tanto irrealista a pretensão subjacente a este preceito – sem paralelo nos Direitos francês e alemão – de regular num texto legal a eficácia jurídica de todos os factos normativos, incluindo aqueles que têm o mesmo valor que a lei[493]. Mas a preeminência nele conferida à lei como fonte de Direito reflete uma tendência comum a esses ordenamentos jurídicos, que despontou no século XIX, graças ao advento do constitucionalismo democrático e à preponderância conferida por este aos Parlamentos na emanação de normas, e se adensou no II pós-guerra, devido à intensa

---

[491] Ver, sobre a prática nacional nesta matéria, Marcelo Rebelo de Sousa, «A transposição das Directivas comunitárias na ordem jurídica portuguesa», in AAVV, *O Direito Comunitário e a construção europeia*, Coimbra, 1999, pp. 65 ss.; Francisco Pereira Coutinho, *Os tribunais nacionais na ordem jurídica da União Europeia: o caso português*, Coimbra, 2013.

[492] À mesma conclusão fundamental chega José Noronha Rodrigues, no estudo «Modelos de Integração Jurídica no Direito Comparado», *RBDC*, nº 39 (2º semestre de 2010), pp. 129 ss.

[493] Ver, sobre o ponto, nomeadamente José Hermano Saraiva, *Apostilha crítica ao projeto de Código Civil (capítulos I e II)*, Lisboa, 1966; João Baptista Machado, *Introdução ao Direito e ao discurso legitimador*, Coimbra, 1983, pp. 153 ss.; e Diogo Freitas do Amaral, «Da necessidade de revisão dos artigos 1º a 13º do Código Civil», *Themis*, 2000, pp. 9 ss.; *idem*, *Manual de Introdução ao Direito*, vol. I, Coimbra, 2004, pp. 357 ss.

intervenção do Estado na vida social que neles se regista desde então: a elevação da lei à condição de principal modo de produção de regras jurídicas[494]. Há nos sistemas romano-germânicos (sobretudo em França), como dissemos, um certo *culto da lei* – tida ao tempo da Revolução Francesa como a única expressão válida da vontade geral –, o qual contrasta, como veremos, com o caráter excecional que a mesma reveste nos sistemas de *Common Law*[495].

À referida tendência acha-se hoje associada, na família jurídica romano-germânica, a multiplicação dos órgãos competentes para legislar, os quais não se resumem às assembleias parlamentares, antes incluem crescentemente os próprios Governos. Constituem expressões deste fenómeno: em França, os *règlements autonomes* e as *ordonnances*, que os arts. 37 e 38 da Constituição de 1958 vieram permitir como formas de exercício pelo Governo de poderes legislativos; na Alemanha, as *Rechtsverordnungen*, que os Governos federal e regionais podem adotar, nos termos do art. 82 da Lei Fundamental, desde que para tanto autorizados por lei; e em Portugal os Decretos-Lei, cuja aprovação o art. 198º da Constituição comete ao Governo no exercício de funções legislativas. (Observe-se, em todo o caso, que a Constituição alemã, ao contrário da francesa e da portuguesa, não reconhece ao Governo um poder regulamentar autónomo, nem lhe confere a prerrogativa de fazer Decretos-Leis). Às leis do Estado acrescem, por outro lado, as de outros entes territoriais, como os *Länder* na Alemanha[496] e as Regiões Autónomas em Portugal.

Descrevemos anteriormente o movimento, comum aos sistemas jurídicos francês, alemão e português e com expressões relevantes nos mais diversos ramos do Direito, de *codificação* deste. Esse movimento tem, no entanto, sido contrariado nas últimas décadas, nomeadamente em Portugal, pela crescente dispersão das normas legais por diplomas avulsos («inflação legislativa») cuja adoção é muitas vezes induzida por Diretivas europeias. Não raro, esses diplomas subtraem aos códigos a regulação de vastos domínios por eles anteriormente disciplinados: foi o que sucedeu entre nós devido ao surgimento de leis avulsas sobre cláusulas contratuais gerais, contratos celebrados por consumidores, comércio marítimo

---

[494] Sobre a lei no ordenamento português, veja-se, em especial, Carlos Blanco de Morais, *Curso de Direito Constitucional*, tomo I, *A lei e os atos normativos no ordenamento jurídico português*, Coimbra, 2008.
[495] No Direito Penal, o legalismo traduziu-se na consagração, inclusive nos textos constitucionais, do princípio *nullum crimen sine lege, nulla poena sine lege*, originariamente proclamado por Cesare Beccaria (cfr. *Dei delitti e delle pene*, Livorno, 1766, tradução portuguesa, com o título *Dos delitos e das penas*, por José de Faria Costa, Lisboa, 1998, p. 66). Vejam-se, a este respeito, a *Déclaration des droits de l'homme et du citoyen*, art. VII; a *Grundgesetz* alemã, art. 103, II; e a CRP, art. 29º, nº 1.
[496] Cujas competências legislativas foram reforçadas pela revisão constitucional de 2006, que reformou o sistema federal: cfr. a *Gesetz zur Änderung des Grundgesetzes, in Bundesgesetzblatt*, parte I, nº 41, de 31 de agosto de 2006, pp. 2034 ss.

e arbitragem voluntária, entre outras matérias. Dá-se assim o fenómeno, a que já aludimos a propósito do Código Civil português, da *descodificação* do Direito.

Progressivamente, desvanece-se também um tanto a generalidade da lei, que o Código português consignou como sua característica distintiva: tal a consequência da crescente adoção das chamadas *leis-medida*.

II – No plano formal, é possível distinguir da lei o regulamento[497]. Tal como a lei, este é fonte de normas jurídicas; mas encontra-se subordinado à lei, na medida em que não pode contrariá-la e esta pode revogá-lo.

A proliferação de órgãos competentes para adotarem regulamentos acentua os fenómenos acima assinalados a respeito da lei, mormente a referida inflação legislativa. Isso é particularmente nítido em razão da recente tendência – que como veremos teve a sua origem nos Estados Unidos[498] – para a criação de *autoridades administrativas independentes* dotadas de amplos poderes regulamentares nas matérias da respetiva competência[499]. Tendência essa que se encontra ligada, por um lado, à preocupação de assegurar a concorrência entre os agentes económicos, mesmo em setores em que o Estado conserva interesses patrimoniais, e, por outro, ao alto grau de tecnicidade da regulação jurídica desses setores.

III – Estudos recentes têm procurado comparar os níveis de regulação pública das atividades económicas e do sistema judiciário em diferentes países e avaliar o seu impacto sobre o desempenho das economias locais (*benchmarking*), em ordem, nomeadamente, a fornecer orientações aos investidores e legisladores

---

[497] De que são exemplos, em Portugal, os Decretos-Regulamentares, as Resoluções do Conselho de Ministros, as Portarias ministeriais, os Despachos Normativos, etc.; em França, os *décrets* (emanados do Presidente da República e do Primeiro-Ministro) e os *arrêtés* (oriundos dos ministros e outras autoridades administrativas, como os Presidentes das Câmaras Municipais); e na Alemanha as *Rechtsverordnungen*.

[498] Cfr. *infra*, § 36º, alínea *e*).

[499] Tal o caso, entre nós, do Banco de Portugal, da Comissão do Mercado dos Valores Mobiliários, da Entidade Reguladora dos Serviços Energéticos e da Autoridade Nacional das Comunicações: cfr. o art. 6º, nº 4, do D.L. nº 10/2003, de 10 de janeiro. Em França, integram o referido conceito, por exemplo, a *Commission bancaire*, a *Autorité des marchés financiers*, a *Commisssion de régulation de l'énergie* e a *Autorité de régulation des communications électroniques et des postes*. Sobre o tema, *vide*, quanto ao Direito português, Ruy de Albuquerque/António Menezes Cordeiro (coordenadores), *Regulação e concorrência. Perspetivas e limites da defesa da concorrência*, Coimbra, 2005; Luís Morais *et al.* (orgs.), *Regulação em Portugal: Novos tempos, novo modelo*, Coimbra, 2009; e Carlos Blanco de Morais, "O estatuto híbrido das entidades reguladoras da economia", in *Estudos de homenagem ao Professor Doutor Jorge Miranda*, vol. IV, Lisboa, 2012, pp. 183 ss.; e quanto ao Direito francês, François Terré, *Introduction générale au droit*, pp. 316 ss., e Patrice Gélard, *Rapport sur les autorités administratives indépendantes*, Paris, 2006.

nacionais[500]. De um modo geral, esses estudos concluem que a regulação é mais intensa nos países onde vigoram sistemas jurídicos romano-germânicos. Em especial os sistemas jurídicos de matriz francesa vigentes nos países em desenvolvimento situados em África e na América Latina tendem a estabelecer maiores exigências, *v.g.*, para a constituição de empresas, a cobrança de dívidas através do sistema judicial, o recrutamento e despedimento de trabalhadores, bem como a declaração de empresas em situação de falência. Em consequência disso, diz-se, nesses países as atividades produtivas são desincentivadas, o clientelismo e a corrupção são maiores e os agentes económicos operam preferentemente na economia informal, em prejuízo, não raro, dos próprios grupos sociais (*maxime* as mulheres e os jovens) que se tem em vista proteger através da regulação. Em contrapartida, nos países nórdicos e naqueles onde vigoram sistemas de *Common Law* a regulação da atividade económica é mais limitada e a proteção dos credores é mais eficaz, sendo em consequência disso mais baixos os custos das empresas, maior a produtividade e menor o desemprego. Por outro lado, o elevado crescimento económico experimentado nas últimas décadas pelos países onde vigoram sistemas de *Common Law* estaria associado à maior liberdade económica por estes reconhecida aos particulares, decorrente *inter alia* da ausência de regulação[501]. Daqui têm inferido alguns a superioridade, sob o ponto de vista da eficiência económica, dos sistemas de *Common Law* relativamente aos Direitos francófonos e aos sistemas de *Civil Law* em geral[502].

A bondade destas conclusões, bem como dos métodos de análise a elas conducentes e do próprio postulado em que assentam, não permaneceu incontestada[503]. Questionam-se, em especial, o rigor das correlações estabelecidas entre certos indicadores económicos e as características dos sistemas jurídicos examinados

---

[500] Vejam-se os já referidos relatórios intitulados *Doing Business*, publicados pelo Banco Mundial desde 2004 (disponíveis em http://www.doingbusiness.org).

[501] Cfr. Paul G. Mahoney, «The Common Law and Economic Growth: Hayek Might be Right», *in* Gerrit De Geest/Roger Van den Bergh (orgs.), *Comparative Law and Economics*, vol. I, Cheltenham/Northampton, 2004, pp. 476 ss.

[502] *Vide* neste sentido, em especial, os trabalhos do Professor de Economia da Universidade de Harvard Andrei Shleifer e dos seus colaboradores: Rafael La Porta/Florencio Lopez-de-Silanes/Andrei Shleifer/Robert W. Vishny, «Law and Finance», *Journal of Political Economy*, 1998, pp. 1113 ss.; Edward L. Glaeser/Andrei Shleifer, «Legal Origins», *The Quarterly Journal of Economics*, 2002, pp. 1193 ss.; e Simeon Djankov/Rafael La Porta/Florencio Lopez–de-Silanes/Andrei Shleifer, «Courts», *The Quarterly Journal of Economics*, 2003, pp. 453 ss. Não anda longe da mesma perspectiva fundamental a obra de Hernando de Soto, *The Mystery of Capital. Why Capitalism Triumphs in the West and Fails Everywhere Else*, Nova Iorque, 2000.

[503] Cfr. Association Henri Capitant des Amis de la Culture Juridique Française, *Les droits de tradition civiliste en question. À propos des Rapports Doing Business de la Banque Mondiale*, Paris, 2006, especialmente pp. 29 ss.

(*v.g.* o grau de corrupção dos funcionários públicos e o número de procedimentos necessários à constituição das empresas), o alheamento desses estudos relativamente a algumas das regras fundamentais da comparação jurídica (como a de que institutos jurídicos estruturalmente diversos podem ser funcionalmente equivalentes entre si) e, acima de tudo, a ideia de que é essencialmente o quadro regulador da economia que determina o nível de desenvolvimento desta (o que ignora, por exemplo, o papel fundamental a este respeito desempenhado pelos recursos naturais existentes em cada país e o capital nele disponível). O facto de em três dos países que integram o chamado G8 vigorarem sistemas jurídicos integrados na família romano-germânica (a Alemanha, a França e a Itália) parece desmentir a relação de correspondência estabelecida nos referidos estudos entre o nível de desenvolvimento económico de cada país e a família ou tradição jurídica a que o respetivo sistema jurídico pertence. Não deixam todavia os referidos estudos de constituir um contributo relevante para a reflexão acerca da regulação pública de atividades económicas – o mesmo é dizer: acerca do grau desejável de intervenção do Estado nestas.

IV – Comum aos sistemas em apreço é ainda a existência, no topo da hierarquia das leis, de uma Constituição escrita[504]. Deste facto advêm duas consequências principais. Por um lado, a distinção entre lei constitucional e lei ordinária: a Constituição só pode ser revista por força da primeira, cuja adoção obedece a um procedimento especial, e tem primazia sobre a segunda. Por outro, a necessidade da introdução de mecanismos de fiscalização da constitucionalidade, destinados a assegurar o primado da Constituição sobre as normas da lei ordinária (bem como de outras fontes) com ela incompatíveis.

Esta última pode processar-se de diversos modos. Distinguem-se, com efeito, a este respeito: *a)* A fiscalização da constitucionalidade *concentrada* (da competência de um órgão adrede criado) e a *difusa* (a qual cabe a quaisquer tribunais perante os quais haja sido suscitada a questão da constitucionalidade de uma norma); *b)* A *abstrata* (exercida à margem de qualquer caso concreto) e a *concreta* (efetuada aquando da decisão de um caso concreto); *c)* A *efetuada a título principal* (em que a questão de inconstitucionalidade é suscitada num processo autónomo) e a que tem lugar *a título incidental* (em que essa questão é suscitada como incidente no decurso de uma ação judicial); e *d)* A *preventiva* (*hoc sensu*, prévia à entrada em vigor da norma cuja constitucionalidade é questionada) e a *sucessiva* (i. é, posterior a esse momento).

---

[504] As constituições em vigor datam, na Alemanha, de 1949, em França, de 1958, e em Portugal, de 1976. Todos esses textos foram entretanto objeto de significativas alterações.

Estas modalidades de fiscalização da constitucionalidade combinam-se hoje de diversas formas nos sistemas jurídicos referidos[505].

Em França, a fiscalização da constitucionalidade compete, em princípio, a um órgão político denominado Conselho Constitucional[506]. A fiscalização da conformidade dos atos legislativos do Governo com os princípios gerais enunciados, designadamente, na Declaração dos Direitos do Homem de 1789 e nos preâmbulos das Constituições de 1946 e 1958, tem, no entanto, sido levada a cabo pelo Conselho de Estado. Por outro lado, o controlo da observância do art. 55 da Constituição (que consagra, como dissemos, o primado do Direito Internacional convencional sobre as leis de fonte interna) compete também aos tribunais comuns, na medida em que, conforme decidiu a *Cour de Cassation* em 1975[507], estes devem recusar a aplicação da legislação contrária aos tratados internacionais celebrados pela França, ainda que a mesma seja posterior a eles.

A fiscalização da constitucionalidade levada a cabo pelo Conselho Constitucional era, até há pouco tempo, exclusivamente concentrada, abstrata, efetuada a título principal e preventiva[508]. A revisão constitucional de 2008, que introduziu na ordem jurídica francesa a denominada *question prioritaire de constitutionnalité* («QPC»), veio permitir a fiscalização concreta e sucessiva da constitucionalidade das leis pelo Conselho Constitucional[509]. Esta constitui, segundo alguns, uma

---

[505] Sobre o tema, vejam-se, na literatura nacional, Jorge Miranda, *Manual de Direito Constitucional*, tomo VI, *Inconstitucionalidade e garantia da Constituição*, Coimbra, 2001, pp. 100 ss.; idem, *Fiscalização da Constitucionalidade*, Coimbra, 2017, pp. 119 ss.; J. J. Gomes Canotilho, *Direito Constitucional e Teoria da Constituição*, 3ª ed., Coimbra, 1999, pp. 831 ss.; Carlos Blanco de Morais, *Justiça Constitucional*, tomo I, *Garantia da Constituição e controlo da constitucionalidade*, Coimbra, 2002, pp. 281 ss., e tomo II, *O Direito do contencioso constitucional*, 2ª ed., Coimbra, 2011, especialmente pp. 117 ss., 483 ss., 503 ss., 595 ss. e 1001 ss.; e Armindo Ribeiro Mendes, *Recursos em Processo Civil*, Coimbra, 2009, pp. 209 ss. Na doutrina estrangeira, consultem-se Giuseppe de Vergottini, *Diritto costituzionale comparato*, cit., vol. I, pp. 180 ss.; Andrew Harding/Peter Leyland (orgs.), *Constitutional Courts. A Comparative Study*, Londres, 2009; e Roberto Scarciglia, *Introducción al Derecho Constitucional Comparado*, cit., pp. 193 ss.
[506] Composto pelos antigos Presidentes da República e por mais nove membros, sendo três designados pelo Presidente da República, outros três pelo Presidente da Assembleia Nacional e os restantes pelo Presidente do Senado.
[507] Acórdão de 24 de maio de 1975, proferido pela *Chambre Mixte* no caso *Administration des Douanes c. Société des Cafés Jacques Vabre*, reproduzido em Henri Capitant/François Terré/Yves Lequette, *Les grands arrêts de la jurisprudence civile*, tomo 1, 11ª ed., Paris, 2000, pp. 15 ss.
[508] Cfr. F. L. Morton, «Judicial Review in France: A Comparative Analysis», *AJCL*, 1988, pp. 89 ss.; Marie-Claire Ponhoreau/Fabrice Hourquebie, «The French *Conseil Constitutionnel*: An Evolving Form of Constitutional Justice», *in* Andrew Harding/Peter Leyland (orgs.), *Constitutional Courts. A Comparative Study*, cit., pp. 81 ss.
[509] Para tanto, foi inserido no art. 61-1 da Constituição um preceito com o seguinte teor: «Sempre que num processo em curso perante uma jurisdição for alegado que uma disposição legislativa viola direitos e liberdades garantidos pela Constituição, pode essa questão ser submetida ao Conselho

«revolução para a ordem jurídica francesa», do ponto de vista institucional, processual e normativo, que pôs termo à exceção francesa nesta matéria[510].

Os pedidos de fiscalização formulados ao abrigo do novo regime são, no entanto, necessariamente «filtrados» pelo Conselho de Estado ou pela Cassação: um particular não pode impugnar a constitucionalidade de uma lei diretamente perante o Conselho Constitucional. Por seu turno, a lei orgânica n.° 2009-1523, de 10 de dezembro de 2009, que alterou a Lei Orgânica do Conselho Constitucional, acrescentou a esse mecanismo um *controlo prévio* do pedido de fiscalização da constitucionalidade pelo tribunal judicial ou administrativo a que o mesmo seja submetido. Há, pois, no atual Direito francês, um «duplo filtro» desses pedidos. Não falta, por isso, quem tenha o sistema francês de controlo da constitucionalidade das leis, mesmo após a reforma de 2008/2009, como incompleto – sobretudo quando confrontado com os de outros países europeus e americanos[511].

A este regime restritivo não é evidentemente estranha a preocupação em salvaguardar o entendimento próprio da separação de poderes que prevalece neste país, assim como o receio do «governo dos juízes», que se supõe ser inerente à fiscalização jurisdicional da constitucionalidade das leis[512].

Foi justamente o propósito de superar esse receio que esteve na base da proposta, formulada por Hans Kelsen (1881-1973) nos anos vinte do século pregresso, de um modelo de fiscalização da constitucionalidade concentrada num Tribunal Constitucional com poderes limitados[513]. Este modelo – que, como veremos, difere substancialmente do sistema de fiscalização judicial difusa (*judicial review*) adotado nos Estados Unidos mais de um século antes – viria a ser acolhido na Constituição austríaca de 1920 (de cujo projeto Kelsen foi redator) e influenciou decisivamente os atuais Direitos alemão e português, embora estes não se identifiquem com ele[514].

Assim, na Alemanha, a fiscalização da constitucionalidade é concentrada, mas tanto pode ser abstrata como concreta e pode ter lugar a título principal ou incidental. Além disso, têm competência para realizá-la o Tribunal Constitucional Federal e os tribunais constitucionais dos Estados federados (posto que a estes

---

Constitucional mediante reenvio do Conselho de Estado ou do Tribunal de Cassação, que se pronunciará num prazo determinado. Uma lei orgânica determinará as condições de aplicação do presente artigo».

[510] Assim Ghestin/Barbier, *Traité de droit civil. Introduction générale*, t. I, p. 412.

[511] Neste sentido, Michel Fromont, *Grands systèmes de droit étrangers*, 7ª ed., Paris, 2013, p. 269.

[512] Veja-se ainda a este respeito o que dizemos adiante, na alínea *f)*, sobre o art. 5 do Código Civil francês.

[513] Cfr., do autor citado, «La garantie juridictionnelle de la Constitution (La justice constitutionnelle)», *Revue de Droit Public et de la Science Politique en France et à l'étranger*, 1928, pp. 197 ss.

[514] Ver, sobre o modelo austríaco, Anna Gamper/Francesco Palermo, «The Constitutional Court of Austria: Modern Profiles of an Archetype of Constitutional Review», *in* Andrew Harding/Peter Leyland (orgs.), *Constitutional Courts. A Comparative Study*, cit., pp. 31 ss.

A FAMÍLIA JURÍDICA ROMANO-GERMÂNICA

últimos apenas caiba fiscalizar a compatibilidade do Direito desses Estados com as Constituições locais)[515]. Destaca-se no sistema alemão, como seu elemento caracterizador, a denominada «queixa constitucional» (*Verfassungsbeschwerde*), por via da qual é dado a qualquer pessoa reagir perante o Tribunal Constitucional Federal contra a violação dos seus direitos fundamentais pelos poderes públicos, quer através de atos administrativos, quer em sentenças ou diplomas legais[516].

Em Portugal, a fiscalização da constitucionalidade pode revestir qualquer das modalidades mencionadas, incluindo a difusa[517]. A fiscalização abstrata, bem como a preventiva, acha-se todavia exclusivamente cometida a um Tribunal Constitucional[518], que julga também os recursos das decisões dos outros tribunais que procedam à fiscalização concreta[519].

Pode, em suma, afirmar-se que na família jurídica romano-germânica existem hoje dois modelos fundamentais de fiscalização da constitucionalidade: *a)* O modelo da fiscalização concentrada, exclusivamente abstrata e a título principal, a cargo de um órgão político (adotado em França até recentemente); e *b)* O modelo da fiscalização concentrada, mas podendo também ser concreta e incidental, a cargo de órgãos jurisdicionais (adotado na Alemanha).

O sistema português (entretanto acolhido, com variantes, em diversos países de língua portuguesa, entre os quais Angola, Brasil, Cabo Verde e Moçambique[520]) apresenta-se neste contexto como um sistema híbrido. Por um lado,

---

[515] Cfr. Donald P. Kommers/Russel A. Miller, «*Das Bundesverfassungsgericht*: Procedure, Practice and Policy of the German Federal Constitutional Court», *in* Andrew Harding/Peter Leyland (orgs.), *Constitutional Courts. A Comparative Study*, cit., pp. 102 ss.

[516] Cfr. o art. 93 (1) (4a) da Lei Fundamental, segundo o qual: «O Tribunal Constitucional Federal decide [...] sobre queixas constitucionais, as quais podem ser apresentadas por qualquer pessoa que alegue ter sido violado por uma autoridade pública um dos seus direitos fundamentais ou um dos seus direitos previstos nos artigos 20, nº 4, 33, 38, 101, 103 e 104». Dos 222.922 processos decididos pelo Tribunal Constitucional Federal entre 1951 e 2016, 215.360 (ou seja, 96,61%) corresponderam a queixas constitucionais, das quais todavia apenas 4.989 (isto é, 2,3%) tiveram êxito (cfr. as estatísticas disponíveis em http://www.bundesverfassungsgericht.de). No sentido da introdução de um meio processual equivalente no Direito português, *vide* Melo Alexandrino, «Sim ou não ao recurso de amparo?», *Julgar*, 2010, pp. 41 ss.; contra, Blanco de Morais, *Justiça Constitucional*, tomo II, pp. 1102 ss., e Jorge Miranda, *Fiscalização da Constitucionalidade*, p. 292.

[517] «Nos feitos submetidos a julgamento», diz o art. 204º da Constituição portuguesa, «não podem os tribunais aplicar normas que infrinjam o disposto na Constituição ou os princípios nela consignados».

[518] Integrado por treze juízes, dos quais dez são designados pela Assembleia da República e três cooptados pelos demais.

[519] Ver o art. 280º da CRP.

[520] Para um estudo comparativo dos sistemas de fiscalização da constitucionalidade nos países africanos lusófonos, veja-se Simão Santos, *Sistema de fiscalização da constitucionalidade em Cabo Verde*, Coimbra, 2017, pp. 72 ss.

porque combina os modelos anteriores: além de poder revestir qualquer das modalidades referidas, é levada a cabo por um órgão jurisdicional que, atenta a sua composição e o modo como são designados os seus membros, difere substancialmente dos tribunais comuns. Por outro, porque comporta elementos do referido modelo norte-americano de fiscalização judicial difusa[521]. Finalmente, porque em sede de fiscalização concreta da constitucionalidade a decisão proferida pelo Tribunal Constitucional, caso dê provimento ao recurso, apenas faz caso julgado no processo em que foi proferida quanto à questão de inconstitucionalidade ou legalidade suscitada[522], não tendo, por si só, força obrigatória geral; esta última apenas pode ser declarada pelo Tribunal quando a norma em causa tenha sido julgada inconstitucional em três casos concretos[523]. O que tem como consequência, como nota Jorge Miranda[524], que as decisões do Tribunal Constitucional proferidas naquela sede «*ferem de morte a norma legal, mas não a eliminam imediatamente*».

O exposto permite-nos concluir que, embora em todos os sistemas jurídicos considerados se distinga a lei constitucional da ordinária, a preeminência da primeira sobre a segunda não tem o mesmo alcance em todos eles. O que, além do mais, tem reflexos na interpretação das leis, dos quais daremos conta adiante[525].

e) Costume

I – Antes da revolução de 1789, os costumes locais tinham grande importância em França.

Distinguiam-se a este respeito duas zonas no território nacional: o *pays de coutumes*, correspondente ao Norte, onde a principal fonte de Direito eram os costumes de origem germânica (muitos dos quais reduzidos a escrito no século XVI: tal o caso, por exemplo, do *coutume de Paris*); e o *pays de droit écrit*, correspondente ao Sul, onde se fez sentir mais intensamente a influência do Direito Romano.

A ideologia da revolução francesa era, porém, contrária à admissão da juridicidade do costume. Daí que o art. 7 da *Loi du 30 ventôse an XII*, que aprovou o novo

---

[521] Como se refere no acórdão do Tribunal Constitucional nº 298/2013, de 28 de maio de 2013 (disponível em http://www.tribunalconstitucional.pt), "[a] Constituição da República conferiu a cada juiz o poder e o dever de não aplicar normas que sejam contrárias à Constituição (artigo 204º da CRP). Diferentemente do que sucede nos restantes ordenamentos jurídico-constitucionais da Europa, o direito português atribui aos juízes não apenas o direito de *examinar* a constitucionalidade das normas a aplicar aos casos sob juízo; mais do que isso, devolveu-lhes *a competência para rejeitar a aplicação dessas normas*, caso se conclua pela sua inconstitucionalidade".
[522] Art. 80º, nº, 1, da Lei Orgânica do Tribunal Constitucional.
[523] Art. 281º, nº 3, da Constituição.
[524] *Fiscalização da Constitucionalidade*, p. 281.
[525] Cfr. *infra*, § 18º, alínea *c*).

Código Civil, haja revogado em bloco os costumes gerais e locais (assim como as leis romanas e o restante Direito antigo). Pode por isso afirmar-se que a atual unidade do Direito francês se deve à revolução e ao Império: a primeira trouxe consigo novos princípios, que ainda hoje o marcam; o segundo possibilitou a codificação civil na qual os mesmos encontraram a sua expressão mais duradoura[526].

Mas o próprio Código Civil francês remete em algumas disposições para o costume ou para os usos: assim sucede, por exemplo, em matéria de direitos reais (arts. 663, 671 e 674) e de contratos (art. 1194). E o costume *praeter legem* é geralmente admitido como fonte de Direito em França[527]. Pontualmente, admite-se mesmo a relevância do costume *contra legem*, de que são exemplos a validade da doação de coisas móveis feita mediante a sua simples tradição, apesar da exigência de ato notarial constante do art. 931 do Código Civil[528], e a solidariedade das obrigações, que é aceite em matéria comercial não obstante a regra do art. 1310 do Código Civil, segundo a qual «a solidariedade é legal ou convencional, não podendo ser presumida[529].

Em todo o caso, o costume não é em França senão uma fonte de Direito secundária, geralmente tida por acessória relativamente à lei e sujeita a revogação por esta. Reveladora dessa condição é, além do mais, a circunstância de a violação de regras consuetudinárias não constituir fundamento de recurso para a *Cour de Cassation*[530].

II – Na Alemanha, ao invés, o costume é uma fonte de Direito situada, ao menos teoricamente, no mesmo plano que a lei.

Na Idade Média, os costumes germânicos impuseram-se como fonte primordial dos Direitos locais («*Landrechte*») do Sacro Império Romano-Germânico. Foram objeto de diversas compilações, entre as quais sobressai o denominado *Espelho da Saxónia («Sachsenspiegel»)*[531], redigido entre 1225 e 1235 por Eike von Repgow, o qual vigorou na Prússia até 1794, na Saxónia até 1865 e noutros territórios alemães até à entrada em vigor do Código Civil de 1900.

No século XIX, destacou-se em defesa da relevância do costume como principal fonte de Direito o *caput* da *Escola Histórica do Direito*, Savigny. Não foi despro-

---

[526] Cfr. Raymond Legeais, *Les grands systèmes de droit contemporains*. p. 33.
[527] Ver Yvon Loussouarn, «The Relative Importance of Legislation, Custom, Doctrine, and Precedent in French Law», *Louisiana Law Review*, 1957-1958, pp. 235 ss. (p. 251).
[528] Ver Jean Carbonnier, *Droit Civil*, vol. I, pp. 18 e 250; François Terré, *Introduction générale au droit*, p. 324; Rémy Cabrillac, *Introduction générale du droit*, 9ª ed., Paris, 2011, pp. 154 s.
[529] Neste sentido, Ghestin/Barbier, *Traité de droit civil. Introduction générale*, t. I, p. 826.
[530] Carbonnier, ob. cit., p. 255; Terré, ob. cit., p. 325.
[531] De que existe tradução inglesa por Maria Dobozy, intitulada *The Saxon Mirror: A "Sachsenspiegel" of the Fourteenth Century*, Filadélfia, 1999.

vida de consequências essa tomada de posição doutrinal. Apesar da codificação entretanto empreendida, o costume mantém ainda hoje significativa relevância como fonte de Direito na Alemanha.

Assim, o art. 2º da Lei de Introdução ao Código Civil (*Einführungsgesetz zum Bürgerlichen Gesetzbuch*) declara que «lei», na aceção do Código Civil e dessa Lei, é «qualquer norma jurídica»[532], o que inclui as normas consuetudinárias[533].

Por outro lado, o costume jurisprudencial é hoje uma importante fonte de Direito naquele país. Certos institutos jurídicos firmemente implantados na ordem jurídica alemã são, com efeito, de origem integralmente consuetudinária: tal o caso, por exemplo, da *culpa in contrahendo*, do contrato com eficácia protetora de terceiros, da responsabilidade pelos prospetos, da liquidação de danos a terceiros («*Drittschadensliquidation*»), etc.

III – Em Portugal, o art. 1º do Código Civil não inclui o costume entre as fontes imediatas de Direito; e os usos apenas são atendíveis, segundo o art. 3º, nº 1, do Código, quando não forem contrários aos princípios da boa-fé e a lei o determine. Por seu turno, o art. 674º, do Código de Processo Civil restringe os fundamentos do recurso de revista à violação de lei substantiva, ou da lei de processo e a certas nulidades processuais; o que exclui, portanto, a violação do costume.

É, no entanto, limitada a relevância de quanto se dispõe no primeiro desses preceitos, no qual se refletem a influência exercida pelo positivismo legalista na doutrina portuguesa ao longo do século XX e a aspiração do legislador a reservar para si o monopólio da criação de regras jurídicas, própria de um Estado autoritário. A lei não tem, com efeito, legitimidade para definir a aptidão de outros factos sociais a fim de produzirem ou revelarem regras de conduta. Aliás, historicamente o costume assumiu relevância superior ao da lei como fonte de Direito: até ao século XIX, foi na Europa o principal modo de produção de normas jurídicas. E ainda hoje assim acontece em certas comunidades africanas, como se verá adiante. Este não é, de resto, senão um dos múltiplos aspetos em que se manifesta o facto de as sociedades humanas serem muito mais do que o mero produto da vontade ou da razão, e de o Direito não se resumir a uma *engenharia social*. Tem por isso razão Mario Losano quando observa que «o silêncio sobre o costume é um silêncio embaraçado»[534].

É, por outro lado, inequivocamente desejável que o costume seja tido em conta pelos tribunais na decisão das causas que lhes são submetidas. Pois só

---

[532] «Gesetz im Sinne des Bürgerlichen Gesetzbuchs und dieses Gesetzes is jede Rechtsnorm».
[533] Ver, neste sentido, Wolf/Neuner, *Allgemeiner Teil des Bürgerlichen Rechts*, p. 22; Säcker, *in Münchener Kommentar zum Bürgerlichen Gesetzbuch*, vol. 1, *Allgemeiner Teil*, p. 39; e Christian Grüneberg, in Otto Palandt, *Bürgerliches Gesetzbuch* (por Gerd Brudermüller e outros), 76ª ed., Munique, 2017, p. 2615.
[534] Cfr. *Os grandes sistemas jurídicos*, p. 114.

assim o Direito por eles aplicado se adequará à realidade social que se destina a regular e ao sentimento ético-jurídico dos seus destinatários, e haverá na atividade judicativa o respeito pela diferença, que importa assegurar em ordem a preservar a paz social.

A esta luz se compreende o disposto no art. 348º do Código Civil português, que incumbe os tribunais de procurar, oficiosamente, obter o conhecimento do Direito consuetudinário invocado por uma das partes em juízo ou com base no qual tenham de decidir[535], ainda que nenhuma das partes o tenha invocado ou a parte contrária tenha reconhecido a sua existência e conteúdo ou não haja deduzido oposição. O costume é, pois, fonte de Direito em Portugal[536].

Visto que nenhuma hierarquia existe entre lei e costume, este pode prevalecer sobre aquela quando lhe for contrário[537].

f) Jurisprudência

I – Em França, a revolução de 1789 pretendeu suprimir a eficácia normativa da jurisprudência: a criação de normas jurídicas pelos tribunais foi então tida por contrária à separação de poderes postulada pela ideologia triunfante. Daí que o art. 5 do Código Civil haja proibido que os juízes se pronunciem através de «disposições gerais e regulamentares»[538]. Tinham-se especialmente em vista neste preceito os *arrêts de règlement* dos tribunais reais (*Parlements*), os quais se haviam notabilizado, durante o Antigo Regime, não só pela arbitrariedade da sua jurisprudência[539], mas também pela tenaz defesa dos privilégios da nobreza e pela sistemática oposição a todas as reformas[540]. No mesmo sentido concorreu o acolhimento, no art. 1351 (atual art. 1355) do Código Civil[541], do princípio da eficácia relativa do caso julgado.

---

[535] Como sucede em matéria de divisão de águas, por força do disposto no art. 1400º do Código Civil, e de uso e fruição de baldios, nos termos do art. 5º da Lei nº 68/93, de 4 de setembro.

[536] Neste sentido, *vide* José de Oliveira Ascensão, «O costume como fonte do direito», *RTDC*, 2000, pp. 39 ss.; Diogo Freitas do Amaral, *Manual de Introdução ao Direito*, vol. I, pp. 381 ss.; e Miguel Nogueira de Brito, *Introdução ao estudo do Direito*, p. 135.

[537] Foi o que se passou, por exemplo, com o costume vigente na localidade de Barrancos em matéria de corridas de touros.

[538] Dispõe esse preceito: «Il est défendu aux juges de prononcer par voie de disposition générale et réglementaire sur les causes qui leur sont soumises».

[539] Donde o adágio: «Dieu nous protège de l'équité des parlements». Ver, sobre o ponto, Vernon Valentine Palmer, «"May God Protect Us From the Equity of the Parlements": Comparative Reflections on English and French Equity Power», *Tul. L.R.*, 1999, pp. 1287 ss.

[540] Ver John P. Dawson, *The Oracles of the Law*, reimpressão, Buffalo, Nova Iorque, 1986, pp. 362 ss.

[541] Segundo o qual: «A força de caso julgado apenas existe pelo que respeita àquilo que constitui objeto da decisão. É necessário que o pedido seja o mesmo, que a ação se funde na mesma causa, que tenha a mesmas partes e seja intentada por elas e contra elas na mesma qualidade».

Tal não tem contudo impedido a *Cour de Cassation* de proferir, a par dos *arrêts d'espèce*, os denominados *arrêts de principe*, que contêm na sua fundamentação um princípio de aplicação geral, suscetível de se estender a casos análogos, sem que todavia o tribunal fique a eles vinculado para futuro, como sucederia no caso de um *arrêt de règlement*[542].

Assim sucedeu, por exemplo, em matéria de responsabilidade civil extracontratual. As disposições gerais sobre esta matéria ocupam, na verdade, um número muito exíguo de preceitos do Código Civil francês (os arts. 1240 a 1245, ex-arts. 1382 a 1386), cujo alcance foi ao longo dos últimos duzentos anos precisado e desenvolvido pela jurisprudência. Sem atender a esta, é hoje impossível determinar o conteúdo do Direito francês sobre aquela matéria. Ilustrativo do que se acaba de dizer é o regime da responsabilidade por danos causados por acidentes de viação. O Código francês apenas previa a responsabilidade por atos culposos pessoais (arts. 1382 e 1383, atuais arts. 1240 e 1241) e certos casos de responsabilidade por factos imputáveis a pessoas pelas quais se deve responder ou a coisas de que se tem a respetiva guarda (arts. 1384 a 1386, atuais arts. 1242 a 1245). Não contemplava, pois, a responsabilidade por acidentes causados por máquinas. No início do século XX, esse regime tornou-se insuficiente, dada a multiplicação dos acidentes rodoviários. Foi no acórdão *Veuve Jand'heur c. Les Galeries Belfortaises*[543], proferido em 13 de fevereiro de 1930 pelas câmaras reunidas da *Cour de Cassation*, que este tribunal afirmou o princípio da responsabilidade objetiva do condutor pelos danos causados por um veículo em movimento. Para tanto, o tribunal invocou o disposto no art. 1384, § 1º, do Código Civil (atual art. 1242, § 1º). Mas não era esse, de modo algum, o sentido original deste preceito[544]. O tribunal elaborou, assim, uma regra de Direito, ainda que formulada tendo em vista apenas o caso a que se aplicava imediatamente. Em todo o caso, tratava-se de uma verdadeira *regra*, pois, como diz Carbonnier, «o juiz [...] atribui-lhe sempre no seu foro íntimo o valor de máxima universal»[545]. O que explica que, ulteriormente, o tribunal tenha tido a tendência para resolver casos semelhantes por apelo aos mesmos critérios. «Tendência natural que tem tecnicamente a designação de jurisprudência», conclui o citado autor[546].

---

[542] Cfr. François Terré, *Introduction générale au droit*, p. 290; Ghestin/Barbier, *Traité de droit civil. Introduction générale*, t. I, p. 627.

[543] Reproduzido em Henri Capitant/François Terré/Yves Lequette, *Les grands arrêts de la jurisprudence civile*, tomo 2, 11ª ed., Paris, 2000, pp. 254 ss.

[544] Como reconhece Jean Carbonnier, *Droit Civil*, vol. I, *Introduction. Les personnes. La famille, l'enfant, le couple*, Paris, 2004, p. 21.

[545] *Ibidem*, p. 22.

[546] *Ibidem, idem*.

A FAMÍLIA JURÍDICA ROMANO-GERMÂNICA

Onde, porém, o fenómeno em apreço ganhou a sua máxima expressão foi no Direito Administrativo, que em França é geralmente apontado como obra das jurisdições administrativas, em especial o *Conseil d'Etat*[547]; e no Direito Internacional Privado, essencialmente construído pela Cassação e pelas jurisdições a ela subordinadas a partir do art. 3 do Código Civil[548].

Também a doutrina do abuso de direito é em França essencialmente fruto de uma construção jurisprudencial, inicialmente referida ao direito de propriedade e depois estendida a outras categorias de direitos subjetivos[549].

Noutros domínios a Cassação não tem hesitado em consagrar importantes desvios às regras legais: tal o caso, por exemplo, da jurisprudência conforme a qual nas obrigações comerciais se presume a solidariedade dos codevedores, em derrogação do disposto no art. 1310 (ex-art.1202, 1º §), do Código Civil[550].

Mas qual a natureza dessa jurisprudência?

A questão não é pacífica na doutrina francesa. Para uns, tratar-se-ia de uma simples autoridade, dotada essencialmente de força persuasiva[551]. Para outros, a jurisprudência constituiria uma verdadeira fonte de Direito[552], ainda que uma «fonte oculta»[553] ou «excecional»[554]: a par do Direito legal, haveria, pois, em França um Direito jurisprudencial[555], ainda que subordinado à lei[556].

---

[547] Cfr. Jean Rivero/Jean Waline, *Droit administratif*, 19ª ed., Paris, 2002, pp. 62 ss.
[548] Ver Henri Batiffol/Paul Lagarde, *Traité de droit international privé*, tomo I, 8ª ed., Paris, 1993, pp. 31 s.
[549] Sobressaem nessa jurisprudência os acórdãos dos tribunais superiores franceses que julgaram abusiva a edificação em terrenos particulares de construções que visavam apenas perturbar o gozo por vizinhos dos respetivos imóveis. Veja-se, por exemplo, o acórdão da Cassação (*Chambre des requêtes*) de 3 de agosto de 1915, *Coquerel c. Clément-Bayard*, reproduzido *Grands arrêts*, cit., t. I, pp. 323 ss.
[550] O qual dispõe: «La solidarité est légale ou conventionnelle; elle ne se présume pas». Ver Muriel Fabre-Magnan, *Droit des obligations, I – Contrat et engagement unilatéral*, 4ª ed., Paris, 2016, pp. 174 ss.
[551] Neste sentido, Carbonnier, *Droit Civil*, vol. I, p. 274, e Raymond Legeais, *Les grands systèmes de droit contemporains*, p. 91.
[552] Cfr. Jacques Maury, «Observations sur la jurisprudence en tant que source de droit», *in* AAVV, *Le droit privé français au milieu du XXe siècle. Études offertes à Georges Ripert*, tomo I, *Études générales. Droit de la famille*, Paris, 1950, pp. 28 ss. (pp. 43 ss.); François Terré, *Introduction générale au droit*, pp. 293 ss.; Ghestin/Barbier, *Traité de droit civil. Introduction générale*, t. I, pp. 583 ss.
[553] Neste sentido, Michel Fromont, *Grands systèmes de droit étrangers*, p. 270.
[554] Assim, Gilles Cuniberti, *Grands systèmes de droit contemporains*, p. 57.
[555] Cfr. David/Jauffret-Spinosi/Goré, *Les grands systèmes de droit contemporains*, p. 122.
[556] Haja vista, a este propósito, à decisão proferida em 17 de novembro de 2000 pela Assembleia Plenária da Cassação no célebre *affaire Perruche* (*in* D., 2000, p. 332), que reconheceu o direito de uma criança nascida com uma grave deficiência, na sequência de um erro de diagnóstico a ser indemnizada. Uma lei de 4 de março de 2002 anulou essa jurisprudência, ao declarar: «Ninguém pode prevalecer-se de um prejuízo resultante do seu nascimento».

Parece em todo o caso pacífico entre os autores que defendem este último ponto de vista que a jurisprudência funda a sua eficácia como facto normativo na *repetição de julgados*: por si só, uma decisão, ainda que afirme um princípio, é insuficiente a fim de criar uma norma de aplicação geral; e não priva as jurisdições que tenham de se pronunciar posteriormente sobre a mesma questão da sua liberdade de decisão (o que, aliás, violaria o princípio da separação de poderes e a referida proibição dos *arrêts de règlement*). Pode, além disso, certa orientação jurisprudencial ser modificada por jurisprudência posterior: com frequência ocorrem em França «reviravoltas de jurisprudência» (*revirements de jurisprudence*), prevalecendo, em caso de contradição, a jurisprudência mais recente. É o que acontece, nomeadamente, quando o Tribunal da Cassação anula uma sentença de um tribunal de instância baseado em jurisprudência anteriormente estabelecida. A tal não se opõe, segundo aquele Tribunal, a segurança jurídica[557].

Nisto se distingue a jurisprudência francesa do precedente judicial inglês, de que nos ocuparemos adiante[558]. No Direito inglês, como veremos, a *ratio decidendi* de uma sentença dos tribunais superiores tem, por força do princípio *stare decisis*, o valor de regra obrigatória. Só em casos excepcionais pode essa regra ser modificada. Tem-se em vista, deste modo, assegurar a certeza do Direito e a segurança jurídica inerentes à imodificabilidade da jurisprudência. Eis por que, em caso de contradição, prevalece sempre em Inglaterra a *decisão mais antiga*.

A esta luz, havemos pois de concluir que não há em França precedentes judiciais vinculativos como aqueles com que deparamos em Inglaterra[559].

II – Na Alemanha, a função dos tribunais consiste também, essencialmente, em decidir casos singulares. Mas, para tal, é necessário esclarecer, precisar e concretizar os preceitos legais, bem como completá-los, se for caso disso. Nesta medida, os tribunais desenvolvem o Direito legal sem violarem a sua vinculação à lei, consagrada nos arts. 20, nº 3, e 97, nº 1, da Lei Fundamental[560].

A interpretação e a integração da lei feitas pelos tribunais só valem imediatamente para o caso *sub judice*. Nenhum tribunal está obrigado a interpretar ou integrar do mesmo modo que outro um caso que lhe caiba decidir. É, porém, isso

---

[557] Veja-se, neste sentido, o acórdão proferido pela Cassação em 21 de março de 2000 no caso *Le Collinet v. Compagnie d'assurances Rhin et Moselle*, em que se afirma: «la sécurité juridique invoquée ne saurait consacrer un droit acquis à une jurisprudence figée, l'évolution de la jurisprudence relevant de l'office du juge dans l'application du droit» (texto disponível em https://www.legifrance.gouv.fr).
[558] Ver, sobre o ponto, Eva Steiner, *French Law. A Comparative Approach*, reimpressão, Oxford, 2012, pp. 89 ss.
[559] Excetua-se ao exposto, porém, a jurisprudência do Conselho Constitucional francês, que em várias ocasiões se tem tido por vinculado às suas decisões anteriores.
[560] Ver *infra*, § 18º, alínea *d*).

o que fazem os tribunais quando se encontram persuadidos da justeza da interpretação ou integração feitas anteriormente. Ao fazerem-no, dão aplicação aos princípios da igualdade e da segurança jurídica.

A *jurisprudência constante* é hoje observada no tráfico jurídico alemão (*v.g.* na elaboração de contratos ou de cláusulas contratuais gerais) como se fosse integrada por normas, sempre que se possa presumir que os tribunais a seguirão em casos futuros. Contudo, os tribunais não estão vinculados a essa jurisprudência como o estão à lei.

O «Direito jurisprudencial» (*Richterrecht*) não é, por isso, tido pela doutrina dominante como fonte de Direito, no sentido de causa da formação de normas jurídicas vinculativas. Mas, na medida em que exprime o Direito efetivamente em vigor, constitui para a *praxis* um modo indispensável de revelação de regras jurídicas (i.é, uma *Rechtserkenntnisquelle*)[561].

Acresce que os tribunais podem a todo o tempo afastar-se da jurisprudência constante anteriormente seguida, caso se persuadam de que outras soluções são melhores: não há na Alemanha uma vinculação a precedentes como em Inglaterra.

De todo o modo, a jurisprudência constante pode dar origem ou revelar regras costumeiras, caso seja geralmente aceite no tráfico e corresponda ao sentimento jurídico comum[562].

Por outro lado, as decisões do Tribunal Constitucional Federal são vinculativas para todos os órgãos constitucionais da República Federal e dos *Länder*, bem como para todos os tribunais e serviços públicos[563].

III – Na ordem jurídica portuguesa, importa distinguir duas categorias de situações em que a jurisprudência pode adquirir a condição de fonte de Direito.

A primeira diz respeito às decisões dos tribunais dotadas de força obrigatória geral[564]. Nessa categoria se integravam, na vigência do art. 2º do Código Civil, os Assentos do Supremo Tribunal de Justiça. Em 1993, porém, estes foram declarados inconstitucionais pelo Tribunal Constitucional[565]; e em 1995 aquele preceito foi revogado[566]. Atualmente, apenas possuem a referida eficácia: *a*) Os acórdãos do Tribunal Constitucional que declarem, nos termos do art. 281º da

---

[561] Assim, Larenz/Wolf, *Allgemeiner Teil des Bürgerlichen Rechts*, p. 56; Wolf/Neuner, *Allgemeiner Teil des Bürgerlichen Rechts*, p. 25.
[562] Neste sentido, Helmut Köhler, *BGB. Allgemeiner Teil*, p. 4.
[563] Cfr. o § 31, nº 1, da Lei Sobre o Tribunal Constitucional Federal (*Gesetz über das Bundesverfassungsgericht*), de 1993.
[564] Previstas no art. 119º, alínea *g*), da Constituição, que determina a sua publicação no *Diário da República*.
[565] Acórdão nº 810/93, de 7 de dezembro, disponível em http://www.tribunalconstitucional.pt.
[566] Pelo D.L. nº 329-A/95, de 12 de dezembro, que alterou o Código de Processo Civil.

Constituição, a inconstitucionalidade ou a ilegalidade de quaisquer normas; e *b)* Os acórdãos do Supremo Tribunal Administrativo que declarem, em conformidade com o disposto nos arts. 72º, 73º, nº 3, e 76º do Código de Processo nos Tribunais Administrativos, a ilegalidade de normas que violem disposições genéricas do Direito Administrativo. Diversa é a natureza dos acórdãos de uniformização de jurisprudência (AUJ) do Supremo Tribunal de Justiça, previstos nos arts. 686º e seguintes do Código de Processo Civil, os quais só valem para o caso singular em que são proferidos.

São, por outro lado, hoje frequentes as referências, na fundamentação das sentenças judiciais, à *jurisprudência constante* dos tribunais superiores. Trata-se de correntes jurisprudenciais formadas pela reiteração de certo princípio ou máxima de decisão, ou de certa interpretação de uma norma jurídica. Não há, pois, a criação de uma norma geral e abstrata, mas tão-só a enunciação desse princípio ou máxima. A sua reiteração confere-lhe, porém, especial autoridade e pode até, por via do costume jurisprudencial, convertê-lo em norma jurídica. Por outro lado, a consciência de que os tribunais superiores podem anular ou modificar as decisões dos tribunais de primeira instância impele naturalmente estes últimos a observarem a jurisprudência constante dos primeiros.

IV – Do exposto resulta que, em termos conceptuais, o problema em apreço não se coloca em termos muito diferentes nos três sistemas jurídicos aqui considerados. Não há neles, com efeito, *precedentes judiciais obrigatórios*; e é este o principal ponto de clivagem, nesta matéria, entre eles e o *Common Law*.

Contudo, nos sistemas romano-germânicos a jurisprudência tem um papel fundamental no *desenvolvimento do Direito legislado*, sendo que esta eficácia das decisões singulares lhes advém essencialmente da sua repetição. O conhecimento das regras de qualquer destes sistemas pressupõe, assim, o conhecimento do modo como os tribunais as interpretam e aplicam. A comparação jurídica não pode, por isso, ignorá-lo[567].

Em termos fácticos, a importância da jurisprudência é, em todo o caso, superior em França e na Alemanha à que possui em Portugal, dado que estes países têm códigos mais antigos, que os tribunais tiveram de adaptar a novas necessidades sociais.

---

[567] Para uma análise deste tema numa ótica de Direito Comparado, *vide*, por todos, Mauro Capelletti, *The Judicial Process in Comparative Perspective*, Oxford, 1989, especialmente pp. 3 ss. Ver ainda Gabriel García Cantero, «¿*Civil Law* "versus" *Common Law* o vice-versa?», *Revista Jurídica del Notariado*, 2009, pp. 411 ss.

g) Doutrina

I – A Alemanha é um dos países em que a doutrina se mostra mais fecunda e onde tem maior influência social[568]. Alude-se aí ao *Direito de juristas* (*Juristenrecht*) precisamente para significar a atividade criadora que os juristas teóricos e práticos levam a cabo em ordem à explicitação dos conteúdos jurídicos e ao desenvolvimento do Direito[569].

O fenómeno tem, aliás, raízes longínquas. Dele é particularmente elucidativa a figura do «envio dos autos» (*Aktenversendung*) pelos tribunais às Faculdades de Direito, para emissão de parecer, que vigorou até 1876[570].

Existe, por outro lado, uma nítida correlação entre a evolução do Direito alemão e o labor doutrinal. A título de exemplo, mencione-se a figura da responsabilidade por *culpa in contrahendo*, que, tendo sido originariamente uma criação de Rudolph von Jhering (1818-1892), foi desenvolvida pelos tribunais ao longo do século XX e finalmente acolhida no Código Civil, em termos genéricos, aquando da sua revisão, em 2002, pela *Lei de Modernização do Direito das Obrigações*. Um percurso análogo foi seguido por outras figuras centrais do Direito Civil alemão, como a violação positiva do contrato (*Positive Vertragsverletzung*), o desaparecimento da base do negócio (*Wegfall der Geschäftsgrundlage*), os contratos com eficácia protetora de terceiros (*Verträge mit Schutzwirkung für Dritte*) e a responsabilidade pela confiança (*Vertrauenshaftung*).

Na construção, fundamentação e integração sistemática destes conceitos – alguns dos quais qualificados como verdadeiras descobertas jurídicas[571] – desempenhou um papel nuclear o trabalho científico de jurisconsultos como Hermann Staub (1856-1904)[572], Paul Oertmann (1865-1938)[573], Karl Larenz (1903-1993)[574]

---

[568] Vide, sobre o ponto, Hein Kötz, «Scholarship and the Courts: a Comparative Survey», in David S. Clark (org.), *Comparative and Private International Law. Essays in honor of John Henry Merryman on His Seventieth Birthday*, Berlim, 1990, pp. 183 ss.

[569] Ver Karl Engisch, *Einführung in das juristische Denken*, 9ª ed., Stuttgart, etc., 1997, pp. 134 ss. (na tradução portuguesa, por João Baptista Machado, intitulada *Introdução ao pensamento jurídico*, Lisboa, s.d., pp. 170 ss.).

[570] A *Aktenversendung* foi originariamente consagrada na primeira codificação penal alemã, a *Constitutio criminalis Carolina* de 1532 (cfr. o fac-símile disponível em http://de.wikisource.org). Nos termos do art. CCXIX desse diploma, em caso de dúvida deveriam os juízes solicitar conselho à «escola superior mais próxima» ou a «outro perito em Direito».

[571] Cfr. Hans Dölle, «Juristische Entdeckungen», in *Verhandlungen des Zweiundvierzigsten Deutschen Juristentages*, vol. II, Tubinga, 1958, pp. 1 ss. Sobre o tema, vejam-se ainda os estudos recolhidos in Thomas Hoeren (org.), *Zivilrechtliche Entdecker*, Munique, 2001.

[572] Cfr. *Die positiven Vertragsverletzungen*, Berlim, 1904 (reimpressão, Bad Homburg/Berlim/Zurique).

[573] Cfr. *Die Geschäftsgrundlage. Ein neuer Rechtsbegriff*, Leipzig/Erlangen, 1921.

[574] Cfr. *Lehrbuch des Schuldrechts*, vol. I, *Allgemeiner Teil*, 14ª ed., Munique, 1987, pp. 224 ss.

e Claus-Wilhelm Canaris[575], entre outros, o qual tornou possível a sua ulterior consagração jurisprudencial e legislativa.

De notar também a diversidade de modos de expressão da doutrina alemã relativamente aos sistemas jurídicos considerados anteriormente: ao passo que nestes últimos os autores preferem geralmente os manuais ou tratados, os juristas alemães cultivam, além deste género literário, os comentários aos códigos e outros textos legais.

De todo o modo, como observam Wolf/Neuner[576], as referências à doutrina dominante («*herrschende Lehre*») têm na Alemanha apenas valor argumentativo.

II – Em França, o papel condutor da doutrina é menos nítido. Os tribunais, por exemplo, não citam habitualmente obras doutrinais. Não obstante isso, é indiscutível a sua relevância na clarificação e na sistematização do Direito vigente e, sobretudo, da vastíssima jurisprudência produzida pelos tribunais superiores em certos domínios[577]. Dado o estilo altamente impessoal e mesmo um tanto elíptico das sentenças dos tribunais superiores franceses (as quais são geralmente desprovidas de conteúdo argumentativo)[578], a doutrina exerce também um importante papel no esclarecimento do sentido e alcance destas. Por outro lado, é indesmentível a sua influência sobre a jurisprudência e a legislação[579]. A doutrina é, assim, geralmente tida como uma «autoridade», posto que não como uma «fonte direta de Direito»[580]. No tocante ao Direito Internacional Privado, caracterizado pela especial complexidade do seu objeto e pela insuficiência das fontes legais, tem-se, no entanto, reconhecido em França o papel criador da doutrina[581].

III – Em Portugal, as Ordenações Afonsinas mandavam atender, na falta de norma aplicável de Direito Pátrio, de Direito Romano e de Direito Canónico, à *glosa de Acúrcio* e à *opinião de Bártolo*. Nas Ordenações Manuelinas, manteve-se a referência, como fontes subsidiárias, às obras destes autores; mas subordinou-

---

[575] Cfr. *Die Vertrauenshaftung im Deutschen Privatrecht*, Munique, 1971 (reimpressão, 1981).
[576] *Allgemeiner Teil des Bürgerlichen Rechts*, p. 26.
[577] Como é o caso, já referido, da responsabilidade civil. Sobressaem, quanto a esta, os escritos de Geneviève Viney: *Introduction à la responsabilité*, 2ª ed., Paris, 1995; *Les conditions de la responsabilité*, 2ª ed., Paris, 1998 (com Patrice Jourdain); e *La responsabilité: effets*, Paris, 1988 (obras integradas no *Traité de Droit Civil* dirigido por Jacques Ghestin).
[578] Cfr. *infra*, § 18º, alínea *b*).
[579] Destacando-se, a este propósito, o papel exercido por Jean Carbonnier (1908-2003) na renovação do Direito francês ao longo do século XX.
[580] Assim, Cabrillac, *Introduction générale du droit*, p. 162; Ghestin/Barbier, *Traité de droit civil. Introduction générale*, t. I, p. 372.
[581] Ver Bruno Oppetit, «Le droit international privé, droit savant», *Rec. cours*, t. 234 (1992-III), pp. 331 ss.

-se a sua atendibilidade à condição de não serem contrárias à *communis opinio doctorum*, deste modo elevada à condição de fonte subsidiária de Direito. Essa solução foi conservada nas Ordenações Filipinas[582]. Entre as fontes do Direito na Idade Média, e mesmo posteriormente, há por isso que autonomizar o *Direito prudencial* (*hoc sensu*, a ordem normativa criada pelos *prudentes*)[583] ou *Direito de juristas*[584].

Hoje, a doutrina é geralmente considerada, entre nós, como uma *fonte mediata* ou indireta de Direito[585]: não sendo um modo de criação de regras jurídicas, tem indiscutível influência nas decisões judiciais e na produção legislativa. Disso dão testemunho as múltiplas decisões dos tribunais superiores cuja fundamentação se apoia em obras doutrinais que explicitam e desenvolvem os conceitos e princípios jurídicos consignados na lei[586], assim como as codificações adotadas ao longo do século XX, nas quais se refletem o pensamento e a obra de vários autores portugueses contemporâneos[587].

h) Princípios jurídicos

Resta examinar a questão de saber se poderão qualificar-se como fontes de Direito os *princípios jurídicos*, que tomaremos aqui, antes de mais, como a expressão normativa das grandes linhas de orientação do ordenamento jurídico e dos valores nele imperantes.

---

[582] Livro III, título LXIV: «E se o caso de que se trata em pratica, naõ for determinado por Lei dos nossos Reinos, Stilo, ou costume acima dito, ou Leis Imperiaes, ou pelos Sagrados Cânones, entaõ mandamos que se guardem as Glosas de Acursio, incorporadas nas ditas Leis, quando por commum opiniaõ dos Doutores naõ forem reprovadas, e quando pelas ditas Glosas o caso naõ for determinado, se guarde a opiniaõ de Bartolo, porque sua opiniaõ comummente he mais conforme á razaõ, sem embargo que alguns Doutores tivessem o contrario, slavo se a commum opiniaõ dos Doutores, que depois delle screveraõ, for contraria». Cfr., sobre o ponto, Marcello Caetano, *História do Direito Português (sécs. XII-XVI)*, 4ª ed., Lisboa/São Paulo, pp. 549 e 628 s.

[583] Cfr. Ruy de Albuquerque/Martim de Albuquerque, *História do Direito Português*, I volume, nova versão, 9ª ed., Lisboa, 1998, pp. 235 ss.; José Duarte Nogueira, «Objeto e método na História do Direito (Algumas considerações)», in *Estudos em homenagem ao Prof. Doutor Raúl Ventura*, Lisboa, 2003, pp. 241 ss. (p. 255).

[584] Cfr. Ruy de Albuquerque, «Direito de juristas – Direito de Estado», *RFDUL*, 2001, pp. 751 ss.

[585] Ver, por muitos, José de Oliveira Ascensão, *O Direito. Introdução e teoria geral*, 2005, p. 263; e Miguel Nogueira de Brito, *Introdução ao estudo do Direito*, p. 154. Em sentido diverso, Miguel Teixeira da Sousa, *Introdução ao Direito*, Coimbra, 2012, p. 134.

[586] Como, por exemplo, o de boa fé, para cuja compreensão deu entre nós um contributo fundamental António Menezes Cordeiro, na sua dissertação de doutoramento intitulada *Da boa fé no Direito Civil*, 2 vols., originariamente publicada em 1985.

[587] É o caso, entre outros, do Código Administrativo (fortemente marcado por Marcello Caetano), do Código de Processo Civil (da autoria de José Alberto dos Reis) e do Código Civil (cuja revisão coube a Antunes Varela enquanto Ministro da Justiça).

A referência a princípios é hoje uma constante na atividade judicativa dos tribunais franceses, alemães e portugueses. Mesmo em França, onde o culto da lei escrita foi levado mais longe, a ordem jurídica compreende, segundo a jurisprudência, certos princípios não escritos[588], que o preâmbulo da Constituição de 1946, de resto, expressamente mencionou[589]. No mesmo sentido vai o Direito espanhol, onde a inclusão dos princípios jurídicos entre as fontes de Direito encontrou acolhimento expresso no Código Civil, cujo art. 1º, nº 1 (aditado em 1974), dispõe o seguinte:

> «As fontes do ordenamento jurídico espanhol são a lei, o costume e os princípios gerais do direito».

Bem se compreende que asssim seja. Por um lado, porque a interpretação das normas legais e a integração das suas lacunas não podem fazer-se sem apelo aos princípios que exprimem o *espírito* do sistema jurídico. Por outro, porque o desenvolvimento jurisprudencial do Direito, de que nos ocuparemos *ex professo* adiante, tem na formulação e concretização dos princípios jurídicos o seu esteio essencial.

Assim, por exemplo, em França foi por apelo a um princípio jurídico – o da proibição do enriquecimento sem causa à custa alheia – que a *Cour de Cassation* admitiu, desde a sentença proferida em 15 de junho de 1892 no caso *Julien Patureau c. Boudier*[590], a ação dita *de in rem verso*, tendente à restituição desse enriquecimento, que nenhum texto legal previa[591]. Utiliza-se, para designar os arestos dos tribunais superiores que explicitam um princípio jurídico em que se baseia a decisão neles contida, a expressão, a que já fizemos referência, de *arrêts de principe*[592].

---

[588] Haja vista, designadamente, à decisão nº 71-44 do Conselho Constitucional, de 16 de julho de 1971, fundamentando nos *«principes fondamentaux reconnus par les lois de la République et solennellement réaffirmés par le préambule de la Constitution»* a declaração de inconstitucionalidade de uma lei que permitia à Administração restringir a liberdade de associação (texto disponível em http://www.conseil-constitutionnel.fr).

[589] Aí se afirmava: «Au lendemain de la victoire remportée par les peuples libres sur les régimes qui ont tenté d'asservir et de dégrader la personne humaine, le Peuple français proclame à nouveau que tout être humain, sans distinction de race, de religion ni de croyance, possède des droits inaliénables et sacrés. Il réaffirme solennellement les droits et libertés de l'homme et du citoyen consacrés par la Déclaration des droits de 1789 et les principes fondamentaux reconnus par les lois de la République».

[590] Reproduzido em Henri Capitant/François Terré/Yves Lequette, *Les grands arrêts de la jurisprudence civile*, tomo 2, 11ª ed., Paris, 2000, pp. 383 ss.

[591] Cfr., sobre o ponto, Muriel Fabre-Magnan, *Droit des obligations*, vol. 2, *Responsabilité civile et quasi-contrats*, Paris, 2007, pp. 414 ss.

[592] Os quais não se confundem com os *arrêts de règlement*, que o Código Civil proscreve, nos quais se enuncia uma regra aplicável a casos futuros.

Na Alemanha, o *Bundesgerichthof* reconheceu, a partir de 1954, apoiando-se nos princípios da dignidade da pessoa humana e do livre desenvolvimento da personalidade, consignados, respetivamente, nos arts. 1º e 2º da Lei Fundamental, um *direito geral de personalidade*, com numerosas projeções, cuja ofensa é sancionada civilmente mediante a imposição de um dever de indemnizar nos termos do § 823 (1) do BGB[593].

Em Portugal, o apelo a princípios jurídicos como critério de decisão é legitimado pela própria Constituição (que se lhes refere expressamente, *v.g.*, nos arts. 204º, 266º, nº 2, e 277º, nº 1) e pela lei ordinária (pois não pode ser outro o entendimento correto das referências à «unidade do sistema jurídico» e à «norma que o intérprete criaria, se houvesse de legislar dentro do espírito do sistema», constantes, respetivamente, dos arts. 9º, nº 1, e 10º, nº 3, do Código Civil). Foi, por exemplo, na base do princípio do *Estado de Direito democrático*, consagrado no art. 2º da Constituição, que o Tribunal Constitucional português fundou a sua jurisprudência sobre a proteção da confiança[594].

Nem todos os princípios jurídicos são, decerto, imediatamente aplicáveis aos casos concretos: alguns carecem para o efeito de uma *concretização* na lei ou na jurisprudência; nem por isso, todavia, se deve deixar de lhes reconhecer a natureza de elementos do Direito positivo dotados de valor próprio e como tais suscetíveis de servirem de base à fundamentação de decisões jurídicas[595].

Reconhece-se, por outro lado, com particular ênfase desde o termo da II Guerra Mundial, que há princípios jurídicos que limitam o legislador, inclusive o constituinte, condicionando a validade do Direito por ele editado[596]. Ainda que tais princí-

---

[593] Ver a sentença de 25 de março de 1954, *BGHZ* 13, pp. 334 ss. Sobre o assunto, vejam-se Larenz/Wolf, *Allgemeiner Teil des Bürgerlichen Rechts*, pp. 125 ss.; Wolf/Neuner, *Allgemeiner Teil des Bürgerlichen Rechts*, pp. 137 s.

[594] Ver, em especial, o acórdão nº 128/2009, de 12 de março de 2009, *in D.R.*, nº 80/2009, série II, de 24 de abril de 2009, pp. 16743 ss.; e por último, os acórdãos nºs 474/2013, de 29 de agosto de 2013, e 3/2016, de 13 de janeiro de 2016, disponíveis em http://www.tribunalconstitucional.pt.

[595] Ver, quanto ao Direito português, António Menezes Cordeiro, «Princípios gerais de Direito», *in Polis*, vol. 4, cols. 1490 ss.; Diogo Freitas do Amaral, *Manual de introdução ao Direito*, vol. I, pp. 499 ss.; Luís Menezes Leitão, *O enriquecimento sem causa no Direito Civil*, reimpressão, Coimbra, 2005, pp. 29 ss., n. 1; e Miguel Nogueira de Brito, *Introdução ao estudo do Direito*, pp. 326 ss. Quanto ao Direito francês, cfr. François Terré, *Introduction générale au droit*, pp. 277 ss.; Cabrillac, *Introduction générale du droit*, p. 158. Relativamente ao Direito alemão, consultem-se Josef Esser, *Grundsatz und Norm in der richterlichen Rechtsfortbildung des Privatrechts*, cit., especialmente pp. 50 ss., 69 e 132; Karl Larenz, *Methodenlehre der Rechtswissenschaft*, 6ª ed., Berlim, etc., 1991, especialmente pp. 421 ss. e 474 ss. (na tradução portuguesa, por José Lamego, com o título *Metodologia da Ciência do Direito*, Lisboa, 1997, pp. 599 ss. e 674 ss.); e Larenz/Canaris, *Methodenlehre der Rechtswissenschaft*, 3ª ed., Berlim, etc., 1995, pp. 240 ss. e 302 ss. A respeito do Direito espanhol, consulte-se, por muitos, Luis Díez-Picazo/Antonio Gullón, *Sistema de Derecho Civil*, vol. I, 12ª ed., Madrid, 2012, pp. 140 ss., com mais referências.

[596] Neste sentido, veja-se Gustav Radbruch, «Cinco minutos de Filosofia do Direito», *in eiusdem*, *Filosofia do Direito* (tradução portuguesa, por Luís Cabral de Moncada), Coimbra, 1979, pp. 415 ss.,

pios se nos deem a conhecer através das fontes de Direito positivo atrás examinadas, a vigência deles não depende da sua concretização nas regras deste último, antes se funda na circunstância de serem expressões da *ideia de Direito*, i.é, dos valores ou fins últimos a cuja realização o sistema jurídico se dirige[597]. Entre estes sobressai, nas culturas ocidentais, a Justiça; por isso lhes chamou Karl Larenz (1903-1993) *princípios de Direito justo*[598]. Ora, se assim é, não pode deixar de se reconhecer que estes princípios correspondem, nos ordenamentos jurídicos em apreço, a um modo de formação e revelação do Direito distinto daqueles que foram atrás considerados.

§ 18º Método jurídico

a) Posição do problema

Importa agora comparar o sistema jurídico português com o francês e o alemão quanto a outro ponto capital para a respetiva compreensão: o método observado pelos tribunais a fim de chegarem à solução dos casos concretos.

Procuraremos para tanto responder aqui a três quesitos. Primeiramente: qual a relevância da norma na decisão do caso concreto e em que medida se admite a referência, nesta atividade, a critérios não normativos? Em segundo lugar: a que critérios se subordinam a interpretação das normas legais e a integração das lacunas da lei? Finalmente: podem os tribunais, no exercício da sua atividade judicativa, desenvolver o Direito legislado?

Alguns destes pontos já foram aflorados ao examinarmos as fontes do Direito nos referidos ordenamentos jurídicos. Pressupor-se-á aqui, por conseguinte, quanto a esse respeito se deixou dito acima.

b) Norma e critérios não normativos de decisão

I – A decisão judicial representa, segundo um entendimento muito difundido nos sistemas jurídicos de que aqui nos ocupamos, a conclusão de um silogismo, que tem como premissa maior a norma aplicável e como premissa menor os factos dados como provados no processo[599].

---

que escreveu: «Há também princípios fundamentais de direito que são mais fortes do que todo e qualquer preceito jurídico positivo, de tal modo que toda a lei que os contrarie não poderá deixar de ser privada de validade».

[597] Cfr. Arthur Kaufmann, *Rechtsphilosophie*, 2ª ed., Munique, 1997, pp. 151 ss.
[598] Ver *Richtiges Recht. Grundzüge einer Rechtsethik*, Munique, 1979 (existe tradução espanhola, por Luis Díez Picazo, com o título *Derecho justo. Fundamentos de etica juridica*, reimpressão, Madrid, 1991). Na doutrina portuguesa cfr., na mesma linha fundamental de orientação, João Baptista Machado, *Introdução ao Direito e ao discurso legitimador*, cit., pp. 163 s. e 286 ss.
[599] Nesta exclusiva subordinação à norma aplicável ao caso concreto residiria, segundo Antunes Varela, a raiz, não apenas da real independência do juiz, mas também da dignidade do poder

Este modelo essencialmente dedutivo reflete-se nas próprias regras legais atinentes à estrutura formal da sentença.

Assim, o Código de Processo Civil francês, depois de estabelecer que «[o] juiz decide o litígio em conformidade com as regras de direito que lhe são aplicáveis» e «deve dar ou restituir aos factos e atos litigiosos a sua exata qualificação sem se ater à denominação que as partes para eles houverem proposto»[600], dispõe que «[a] sentença deve expor sucintamente as pretensões das partes e os respetivos fundamentos; deve ser fundamentada. A sentença enuncia a decisão sob a forma de dispositivo»[601].

Na Alemanha, onde a matéria é também regulada no Código de Processo Civil, exige-se que a sentença inclua um relatório, contendo a identificação das partes e do tribunal, o enunciado do *Tatbestand* – a situação de facto descrita através das pretensões do autor e dos meios de defesa aduzidos pelo réu – e os fundamentos fácticos e de Direito da decisão tomada[602].

Por seu turno, o Código de Processo Civil português prevê que o tribunal deve, na fundamentação da sentença, «discriminar os factos que considera provados e indicar, interpretar e aplicar as normas jurídicas correspondentes, concluindo pela decisão final»[603].

Dentre estes países será porventura a França aquele em que os tribunais se mantêm mais fiéis, no plano formal, ao *modelo silogístico* da sentença[604]. Com efeito, na fundamentação das suas decisões os tribunais superiores franceses incluem sempre, sob a forma de considerandos (invariavelmente começados pela fórmula «*Attendu que...*»), a menção da norma aplicável (cujos fundamentos e interpretação não são, todavia, explicitados) e dos factos a ela subsumíveis; ao que se segue a conclusão, lapidarmente enunciada, representada pelo «dispositivo» consistente na anulação da decisão recorrida ou na rejeição do recurso. O raciocínio em que assenta a decisão é, nesta medida, *fundamentalmente dedutivo*. Diversamente do que sucede em Portugal e na Alemanha, não se encontram nas sentenças francesas citações de obras doutrinais ou de outras decisões jurisprudenciais, nem

---

judicial nos países do sistema continental. Cfr., deste autor, «Os juízos de valor da lei substantiva, o apuramento dos factos na ação e o recurso de revista», *CJSTJ*, 1995, t. IV, pp. 5 ss. (p. 14).

[600] Art. 12.
[601] Art. 455.
[602] Cfr. o § 313 do citado Código.
[603] Art. 607º, nº 3, aplicável aos acórdãos dos tribunais superiores por força dos arts. 713º e 726º.
[604] Cfr., sobre este tema, Hein Kötz, *Über den Stil höchstrichterlicher Entscheidungen*, Konstanz, 1973; André Tunc, «Methodology of the Civil Law in France», *Tul. L.R.*, 1975/76, pp. 459 ss. (pp. 466 s.); Mitchel Lasser, *Judicial Deliberations. A Comparative Analysis of Judicial Transparency and Legitimacy*, Oxford, 2009, pp. 27 ss.; Eva Steiver, *French Law*, pp. 139 ss.; e Ghestin/Barbier, *Traité de droit civil. Introduction générale*, t. I, pp. 77 ss.

(ao contrário do que frequentemente ocorre entre nós) se incluem nelas votos de vencido. Todas as considerações valorativas são omitidas. Tal a consequência de as sentenças emanadas dos tribunais superiores serem tidas como a mera revelação do sentido intemporal da lei.

A conceção do Direito, própria do normativismo[605], que o reduz às normas jurídicas, cingindo a resolução dos casos singulares à aplicação daquelas a estes, obteve assim acolhimento, ao menos formal, na prática judiciária francesa[606]. Essa conceção constitui um corolário de determinada ideia da *separação de poderes*, que remonta a Montesquieu, conforme a qual ao legislador competiria criar o Direito e aos tribunais exclusivamente aplicá-lo[607]. Cedo, porém, ela se revelaria irrealista, dada a inevitável incompletude dos textos legais e a frequente existência de momentos criadores na própria determinação da premissa maior do silogismo judiciário. Por outro lado, a experiência nefasta da II Guerra Mundial e dos regimes totalitários que estiveram na sua origem pôs em evidência os perigos do positivismo e a necessidade de temperar a sujeição do julgador à norma legal pela referência a outros comandos jurídicos.

II – Compreende-se assim que hoje se admita, em crescente medida, que o julgador atenda também, na decisão dos casos concretos, a critérios não normativos. O que constitui o resultado de uma longa maturação do pensamento jurídico, que assumiu cambiantes muito diversos nos diferentes países de cujos sistemas jurídicos aqui nos ocupamos[608], mas que apresentam como traço comum o que já se denominou *revolta contra o formalismo*[609]. É desse fenómeno, que apenas pode ser aqui sucintamente evocado, que nos ocuparemos agora.

---

[605] Ver Carl Schmitt, «Sobre as três modalidades científicas do pensamento jurídico», *BMJ* 26 (1959), pp. 5 ss., e 27 (1959), pp. 5 ss.; António Castanheira Neves, *Quadro das principais perspetivas atuais de compreensão da juridicidade na sua projeção metodológica*, Coimbra, 1995; idem, *Teoria do Direito*, Coimbra, 1998, pp. 59 ss.

[606] As conclusões dos advogados gerais e os relatórios dos conselheiros relatores que antecedem os acórdãos da Cassação e sobretudo as anotações destes regularmente publicadas nos periódicos franceses revelam, todavia, uma realidade bem diversa: a de uma jurisprudência altamente criativa, de que demos conta no § 17º, alínea *f)*.

[607] "[L]es juges de la nation ne sont [...] que la bouche qui prononce les paroles de la loi, des êtres inanimés qui n'en peuvent modérer ni la force ni la rigueur": cfr. Montesquieu, *De l'ésprit des lois*, cit., Livro XI, capítulo VI. Sobre o ponto, *vide* Ricardo Branco, «Ainda a submissão do juiz à lei. Breve apontamento sobre os paradigmas clássicos da resolução do problema e sobre o modo como se coloca no Direito português», *in Estudos em memória do Professor Doutor António Marques dos Santos*, vol. II, Coimbra, 2005, pp. 271 ss.

[608] Para uma minuciosa exposição desta matéria numa perspetiva de Direito Comparado, veja-se Wolfgang Fikentscher, *Methoden des Rechts in vergleichender Darstellung*, 5 vols., Tubinga, 1975/1977.

[609] Ver Mauro Cappelletti, *The Judicial Process in Comparative Perspetive*, Oxford, 1989, pp. 9 ss.

A FAMÍLIA JURÍDICA ROMANO-GERMÂNICA

A índole criadora da decisão judicial foi salientada, logo no início do século XX, pela *Escola do Direito Livre*, que viu nela essencialmente uma expressão do sentimento jurídico. Esta orientação doutrinal, que encontrou adeptos principalmente na Alemanha[610], não logrou impor-se na prática jurídica; mas é inequívoca a relevância da sua chamada de atenção para a irredutibilidade da decisão judicial à mera aplicação de normas.

Certa atenuação da vinculação do juiz à lei foi posteriormente preconizada, em termos mais moderados, pela *Jurisprudência dos Interesses*. Os seus consectários, entre os quais sobressaiu na Alemanha o Professor de Tubinga Philip Heck (1858-1943)[611], admitiram, com efeito, no quadro de uma «obediência pensante» à lei, a interpretação corretiva, com eventual preterição do texto legal, ou do seu sentido mais imediato, a favor do seu sentido profundo, dado pelos juízos de valor legais (*hoc sensu*, as preferências estabelecidas pelo legislador entre interesses concorrentes na regulação de certa matéria)[612].

Uma posição do julgador ainda mais livre em face da lei é sustentada pela *Jurisprudência dos Valores* – hoje maioritária na doutrina alemã[613] e com importan-

---

[610] Onde se destacou em defesa dela, pela síntese que efetuou do pensamento dos autores que a integraram, Hermann Isay: cfr. *Rechtsnorm und Entscheidung*, Berlim, 1929. Ver ainda sobre o tema: Fikentscher, ob. cit., vol. III, pp. 365 ss.; António Castanheira Neves, «Escola do Direito Livre», *in Digesta. Escritos acerca do Direito, do Pensamento Jurídico, da sua Metodologia e Outros*, vol. 2º, Coimbra, Coimbra, 1995, pp. 193 ss.

[611] Cfr. «Gesetzesauslegung und Interessenjurisprudenz», *AcP*, 112 (1914), pp. 1 ss. (há tradução portuguesa, por José Osório Albuquerque, com o título *Interpretação da lei e jurisprudência dos interesses*, Coimbra, 1947); *Begriffsbildung und Interessenjurisprudenz*, Tubinga, 1932. Em Portugal, integraram esta corrente do pensamento jurídico, nomeadamente: Adriano Vaz Serra, «Discurso do Ministro da Justiça pronunciado na sessão de abertura do ano judicial em 24 de janeiro de 1944», *BMJ* 21 (1944), pp. 1 ss.; Manuel de Andrade, *Ensaio sobre a teoria da interpretação das leis*, 4ª ed., Coimbra, 1987, pp. 84 ss.; e António Ferrer Correia, *Lições de Direito Internacional Privado*, vol. I, Coimbra, 2000, pp. 31 ss. Sobre a Jurisprudência dos Interesses, ver Fikentscher, ob. cit., vol. III, pp. 373 ss.; Castanheira Neves, ob. cit., pp. 215 ss.

[612] Cfr. Heck, «Gesetzesauslegung und Interessenjurisprudenz», cit., pp. 196 ss. (na tradução portuguesa, 204 ss.). Na doutrina portuguesa, aceitam este modo interpretativo: Manuel de Andrade, «Sentido e valor da jurisprudência», *BFDUC*, 1972, pp. 255 ss. (pp. 281 ss.); João Antunes Varela, *Ineficácia do testamento e vontade conjetural do testador*, Coimbra, 1950, pp. 333 ss.; João Baptista Machado, *Introdução ao direito e ao discurso legitimador*, cit., p. 186; Mário Bigotte Chorão, *Introdução ao Direito*, vol. I, Coimbra, 1989, pp. 150 s.; e Luís Cabral de Moncada, *Lições de direito civil*, 4ª ed., Coimbra, 1995, p. 159.

[613] Na qual se distinguiram como representantes desta orientação doutrinária Helmut Coing (cfr. *Grundzüge der Rechtsphilosophie*, 5ª ed., Berlim/Nova Iorque, 1993, pp. 192 ss., 214, 222, 277 e 279 ss.) e Karl Larenz, *Methodenlehre*, cit., *passim*. Ver sobre esta corrente metodológica Fikentscher, ob. cit., vol. III, pp. 405 ss.

tes adesões em Portugal[614] e no Brasil[615] –, a qual propugna que aquele se oriente na realização concreta do Direito pelo sistema de *valores e princípios normativos* fundamentantes da ordem jurídica em geral, entre os quais avultam os que se encontram acolhidos na Constituição, e da norma aplicanda em particular.

Tende-se a reconhecer, na senda aberta aberta por estas correntes da metodologia jurídica, que a aplicação da lei – *rectius*, a obtenção do Direito do caso singular – não é, como sublinhou Josef Esser[616], uma pura e simples operação lógica, mas antes a adequação ou adaptação de um comando geral ao caso singular[617]; e caracteriza-se mesmo o sistema jurídico como «cibernético», atribuindo-se às proposições que o integram validade limitada pelo seu escopo e resultados que concitem[618].

Tem-se por certo, além disso, que a decisão do caso concreto não tem de ser estritamente deduzida da lei, mediante a prévia subsunção da situação de facto na previsão da norma legal, antes pode fundar-se num juízo de valor sobre a aptidão da consequência jurídica nela estatuída à realização, no caso de espécie, dos fins práticos e morais através dela prosseguidos[619].

III – Esta evolução deixou marcas no próprio Direito positivo.

Em Portugal, a orientação conforme a qual a aplicação do Direito não se resume à subsunção das situações da vida na previsão das normas legais e à dedução, a partir destas, das consequências jurídicas correspondentes, antes constitui um *processo teleológico* em que assumem papel decisivo a descoberta e a tomada em consideração das valorações acolhidas nessas normas, encontra-se acolhida,

---

[614] Admitiram entre nós que a decisão do caso concreto importa também a referência das situações da vida a valores jurídicos, designadamente, Eduardo Correia, *A teoria do concurso em Direito Criminal*, 2ª reimpressão, Coimbra, 1996, p. 56, e Carlos da Mota Pinto, *Cessão da posição contratual*, reimpressão, Coimbra, 1982, p. 45, n. 1.

[615] Ver, por último, Francisco Amaral, «Código Civil e interpretação jurídica», *RBDC*, 2014, pp. 147 ss. (pp. 163 ss.).

[616] Cfr. *Vorverständnis und Methodenwahl in der Rechtsfindung*, 2ª ed., Frankfurt a.M., 1972, pp. 51, 69 e 103.

[617] Cfr. nesta linha de pensamento Luís Cabral de Moncada, *Filosofia do Direito e do Estado*, vol. 2º, Coimbra, 1966, p. 78; José Alberto dos Reis, *Código de Processo Civil anotado*, cit., vol. V, p. 139; Mário Bigotte Chorão, *Introdução ao Direito*, cit., vol. I, p. 104; Karl Larenz, ob. cit., tradução portuguesa, pp. 249 ss.

[618] Assim António Menezes Cordeiro, *Da boa fé no direito civil*, cit., vol. I, p. 39, e vol. II, pp. 1260 ss.; *idem*, «Lei (Aplicação da)», *Polis*, vol. 3, cols. 1046 ss. (col. 1058); *idem*, introdução à tradução portuguesa de *Systemdenken und Systembegriff in der Jurisprudenz*, de Claus-Wilhelm Canaris, cit., especialmente pp. CIX ss. e CXIII.

[619] Neste sentido, por todos, Helmut Coing, *Grundzüge der Rechtsphilosophie*, cit., p. 277. Na doutrina portuguesa, veja-se António Castanheira Neves, *Questão-de-facto – Questão-de-direito*, vol. I, Coimbra, 1967, pp. 261 s.

pelo que respeita à função judicial, no art. 4º, nº 2, do Estatuto dos Magistrados Judiciais[620]. Aí se estabelece, com efeito, que:

> «O dever de obediência à lei compreende o de respeitar os juízos de valor legais, mesmo quando se trate de resolver hipóteses não especialmente previstas.»

Aquele dever, que o referido Estatuto expressamente consagra (tal como a Constituição, no art. 203º, e o Código Civil, no art. 8º, nº 2) exprime, pois, entre nós muito mais uma vinculação do julgador à *ordem jurídica* – aos comandos legais que a integram e aos juízos de valor neles implicados – do que à lei propriamente dita.

Mais longe na relativização do dever de obediência do julgador à lei foi a Lei Fundamental alemã, ao admitir implicitamente, no seu art. 20, nº 3, a determinação concreta do Direito (*Rechtsfindung*) *contra legem* (desde que *intra ius*).

Dispõe, na verdade, esse preceito:

> «A atividade legislativa está sujeita à ordem constitucional, o poder executivo e o poder judicial estão vinculados à lei e ao Direito.»

Na base desta disposição, tem-se reconhecido na doutrina alemã que os tribunais podem decidir contra o preceituado numa norma legal quando a situação da vida *sub judice* se desvie de tal modo do caso típico por ela contemplado que a aplicação da norma conduza a um resultado manifestamente contrário à justiça e portanto socialmente inaceitável[621].

A referida contraposição entre lei e Direito encontrou acolhimento expresso no art. 9º, nº 1, do Código de Processo Penal português de 1987, o qual dispõe, a respeito do exercício da função jurisdicional penal:

> «Os tribunais judiciais administram a justiça penal de acordo com a lei e o direito.»

Esta evolução culminou no art. 6:2 do Código Civil holandês de 1992, que, pelo seu particular significado para a problemática em exame, importa aqui considerar. Estabelece esse preceito:

---

[620] Aprovado pela Lei nº 21/82, de 30 de julho.
[621] Cfr. Jörg Neuner, *Die Rechtsfindung contra legem*, Munique, 1992, pp. 163 s. O autor dá como exemplo, entre outros, o caso em que a aplicação da regra da reparação integral do dano consignada no § 249, nº 1, do BGB conduzisse o agente à ruína económica embora a vítima gozasse de uma situação patrimonial que lhe permitisse prescindir da indemnização do dano sofrido. Veja-se ainda, sobre o ponto, Wolf/Neuner, *Allgemeiner Teil des Bürgerlichen Rechts*, p. 40, onde se refere que as leis de teor nacional-socialista ou análogo não constituem «Direito» na aceção da Lei Fundamental alemã e não são, por isso, vinculativas para os tribunais.

«1. O devedor e o credor devem agir reciprocamente de acordo com as exigências da razoabilidade e da equidade.

2. Uma regra que vincule as partes em virtude da lei, dos usos ou de um ato jurídico não se aplica se, nas circunstâncias ocorrentes, tal for inaceitável segundo os critérios da razoabilidade e da equidade.»

E declara o art. 3:12 do mesmo diploma legal:

«Na determinação do que exigem a razoabilidade e a equidade devem ser tomados em consideração princípios jurídicos geralmente aceites, pontos de vista jurídicos correntes nos Países-Baixos e os interesses sociais e pessoais afetados pelo caso.»

IV – O reconhecimento, que assim se fez, de uma certa esfera de liberdade e de criatividade do julgador resulta da admissão de que uma aplicação puramente mecânica da norma legal é suscetível de conduzir a resultados intoleráveis sob o ponto de vista dos fundamentos últimos que justificam a sua vigência. Tal a raiz da contemporânea *crise do normativismo*, que é um traço comum aos sistemas jurídicos em apreço.

Não obstante isso, cumpre reconhecê-lo, mantém-se nesses sistemas jurídicos o princípio da sujeição dos juízes à lei, que aliás transparece nas próprias sentenças judiciais: estas tomam geralmente como ponto de partida as normas legais aplicáveis, delas se afastando apenas quando o sistema faculte ao julgador outros critérios de solução (*maxime* a equidade) ou nos raros casos em que a sua aplicação conduza a um resultado que repugne visivelmente aos critérios de justiça do sistema ou ainda quando seja de presumir que o legislador não pensou nesses casos ao elaborar a norma[622].

Nisto se distingue, como veremos, o método de resolução do caso concreto observado nesses sistemas jurídicos daquele que é correntemente adotado nos sistemas de *Common Law* e em outras famílias jurídicas.

c) Interpretação e integração da lei

I – O que acabamos de dizer é elucidativo da importância que assume, nos sistemas jurídicos romano-germânicos, o problema dos critérios que devem presidir à interpretação e à integração das lacunas da lei.

Em França, durante quase um século após a publicação do Código Civil, o método de interpretação foi predominantemente *exegético*: procurava-se determinar a vontade do legislador, a partir do texto da lei e dos seus trabalhos prepa-

---

[622] Na doutrina alemã, pode ver-se, nesta linha fundamental de orientação, Helmut Coing, *Grundzüge der Rechtsphilosophie*, cit., pp. 231 ss. Na literatura jurídica portuguesa, veja-se Mota Pinto, ob. e loc. cits.

ratórios[623]. Tal a consequência da identificação do Direito com a lei e do Direito Civil com o *Code Napoléon*, a que o ideário da Revolução conduzira[624].

Numa obra que marcou toda a doutrina subsequente, publicada no final do século XIX, este método foi, porém, posto em causa por François Gény (1861-1959)[625]. Este autor demonstrou os limites do texto na interpretação da lei e a necessidade de, quando esta se mostrasse insuficiente, recorrer a outras fontes, *maxime* o costume, a fim de determinar a solução do caso concreto. No silêncio das fontes formais, ou sendo elas insuficientes, caberia ao juiz achar essa solução «segundo os mesmos objetivos que seriam prosseguidos pelo legislador, caso este se propusesse regular a questão» – ou seja, na base do que Gény denominou a *libre recherche scientifique*[626].

Da *école de l'exegèse* transitou-se, assim, para a denominada *école scientifique*. Ao que, evidentemente, não foi alheia a necessidade de desenvolvimento do Direito Civil francês, que o tempo decorrido desde a publicação do Código e a desadaptação deste às necessidades sociais haviam tornado premente.

Modernamente, preconiza-se em França um pluralismo de métodos, ou, *rectius*, de elementos atendíveis na interpretação (*lato sensu*): a letra da lei continua a relevar, mas a finalidade ou o fim social desta tem uma importância crescente[627].

Em face de uma lacuna, admite-se, na esteira de Gény, que o juiz deve elaborar uma solução «*comme s'il avait à faire oeuvre de législateur*»[628].

II – Na doutrina alemã, apontam-se hoje como elementos ou cânones da interpretação da lei: o *gramatical* (i. é, o conteúdo semântico e a estrutura sintática da norma legal), o *genético* (*hoc sensu*, a intenção do legislador histórico), o *sistemático* (no sentido das relações entre a norma em aplicação e as demais que compõem a ordem jurídica), o *histórico* (entendido como os antecedentes dos conceitos, insti-

---

[623] Neste sentido apontava já o referido *Discurso preliminar* de Portalis, onde se declarava: «Quand la loi est claire, il faut la suivre; quand elle est obscure, il faut en approfondir les dispositions».

[624] Sobre o tema, *vide*, na literatura nacional, António Castanheira Neves, «Escola da Exegese», in *Digesta*, cit., vol. 2º, pp. 181 ss.; e Ana Simões Gaudêncio, «O culto do texto da lei na Escola da Exegese: seu sentido e limites», *BFDUC*, 2003, pp. 681 ss.

[625] Cfr. *Méthode d'interprétation et sources du droit privé positif. Essai critique*, 2 tomos, Paris, 1ª ed., 1899; 2ª ed., 1919 (há reimpressão facsimilada da 2ª ed., Paris, 1996).

[626] Cfr. ob. cit., tomo II p. 78. Semelhante orientação vê-a o autor (*ibidem*, p. 318) acolhida no art. 1º, nº 2, do Código Civil suíço, transcrito adiante (§ 18º, *c*), III).

[627] Cfr. Carbonnier, *Droit Civil*, vol. I, pp. 296 ss.; Terré, *Introduction générale au droit*, pp. 472 s.; Cabrillac, *Introduction générale du droit*, pp. 32 ss.; Michel Troper/Christophe Grzagorczyk/Jean-Louis Gardies, «Statutory Interpretation in France», in D. Neil MacCormick/Robert S. Summers (orgs.), *Interpreting Statutes. A Comparative Study*, Aldershot, etc., 1991, pp. 171 ss.; e Eva Steiner, *French Law*, cit., p. 73.

[628] Carbonnier, *Droit Civil*, vol. I, p. 299.

tutos ou doutrinas em causa), o *comparativo* (ou sejam, as soluções consagradas em normas ou institutos comparáveis de outros sistemas jurídicos) e o *teleológico* (as finalidades visadas pela lei ao propôr-se resolver certo conflito de interesses)[629]. A vontade do legislador só pode, no entanto, ser tida em conta na interpretação da lei se tiver nela uma expressão suficiente[630].

Na referência ao elemento sistemático vai implicado o reconhecimento da necessidade de uma *interpretação conforme à Constituição*[631], de que constitui aplicação, por exemplo, a citada jurisprudência sobre o direito geral de personalidade. Este critério interpretativo assume na Alemanha uma relevância claramente superior à que tem em França: por via dele, os valores constitucionais têm influenciado poderosamente a conformação jurídica das situações da vida privada, o que está longe de ser o caso em França. Tal não é, aliás, senão um corolário da circunstância, atrás assinalada, de o controlo da constitucionalidade das leis apenas ser admitido no segundo destes países dentro de pressupostos muito mais apertados[632]. Esta *constitucionalização do Direito Privado*, como já se lhe chamou[633], deu-se na Alemanha também por via do reconhecimento da eficácia reflexa ou em relação a terceiros dos direitos fundamentais (*Drittwirkung der Grundrechte*)[634]. De acordo com a decisão proferida pelo Tribunal Constitucional Federal no caso *Lüth*[635],

---

[629] Cfr. Fikentscher, *Methoden des Rechts*, cit., vol. III, pp. 668 ss.; Larenz, *Methodenlehre*, pp. 312 ss. (na tradução portuguesa, cit., pp. 439 ss.); Larenz/Canaris, *Methodenlehre*, pp. 133 ss.; Larenz/Wolf, *Allgemeiner Teil des Bürgerlichen Rechts*, pp. 80 ss.; Robert Alexy/Ralph Dreier, «Statutory Interpretation in the Federal Republic of Germany», *in* D. Neil MacCormick/Robert S. Summers (orgs.), *Interpreting Statutes. A Comparative Study*, Aldershot, etc., 1991, pp. 73 ss.; Patrick Melin, *Gesetzesauslegung in den USA und in Deutschland*, Tubinga, 2005, especialmente pp. 231 ss.; Wolf/Neuner, Allgemeiner Teil des Bürgerlichen Rechts, pp. 29 ss.; e Säcker, *in Münchener Kommentar zum Bürgerlichen Gesetzbuch*, vol. 1, *Allgemeiner Teil*, pp. 51 ss.

[630] Cfr., neste sentido, a decisão do II Senado do Tribunal Constitucional Federal, de 17 de Maio de 1960, *BVerfGE* 11, 126.

[631] Ver, acerca deste tema, Karl Larenz, *Methodenlehre*, pp. 339 ss. (na tradução portuguesa, cit., pp. 479 ss.); Larenz/Canaris, *Methodenlehre*, pp. 159 ss.; Larenz/Wolf, *Allgemeiner Teil des Bürgerlichen Rechts*, pp. 86 ss.; Alexy/Dreier, est. cit., pp. 110 ss.; Wolf/Neuner, *Allgemeiner Teil des Bürgerlichen Rechts*, pp. 52 s.; e Säcker, *op. cit.*, p. 52.

[632] Deve, no entanto, observar-se que em França o *Conseil d'État* e os outros tribunais administrativos têm vindo a alargar o emprego da técnica da interpretação conforme à Constituição: cfr. Sérvulo Correia, *Direito do Contencioso Administrativo*, vol. I, cit., p. 69.

[633] Cfr., Reinhard Zimmermann, «Characteristic Aspects of German Legal Culture», in Mathias Reimann/Joachim Zekoll (orgs.), *Introduction to German Law*, Munique, 2005, pp. 1 ss. (p. 22); Helge Dedek/Martin Schermaier, "German Law", in Jan Smits (org.), *Elgar Encyclopedia of Comparative Law*, 2ª ed., Cheltenham, Reino Unido/Northampton, Estados Unidos, pp. 349 ss. (p. 350).

[634] Ver, sobre o tema, Claus-Wilhelm Canaris, *Direitos fundamentais e Direito Privado*, Coimbra, 2003 (tradução portuguesa por Ingo Wolfgang Sarlet e Paulo Mota Pinto); Wolf/Neuner, *Allgemeiner Teil des Bürgerlichen Rechts*, pp. 48 s.

[635] Decisão de 15 de janeiro de 1958, *BVerfGE* 7, 198.

os direitos fundamentais formam, na verdade, uma «ordem objetiva de valores» (*objektive Wertordnung*), que as regras de Direito Privado não podem contrariar e à luz da qual estas devem ser interpretadas.

O elemento teleológico é particularmente valorizado na doutrina e na jurisprudência alemãs desde o advento da Jurisprudência dos Interesses. Na base desse elemento, admitem-se hoje na Alemanha, com certa largueza, as chamadas *redução e extensão teleológicas*, isto é, a restrição ou a ampliação do âmbito de aplicação da regra legal, concebida demasiado ampla ou restritamente segundo o seu sentido literal, àquele que lhe corresponde segundo o *fim da regulação* ou a *conexão de sentido* da lei[636]. Estas operações transcendem, porém, a interpretação propriamente dita, visto que excedem os limites postos pelo sentido literal possível do texto cujo sentido se procura determinar. Constituem, na realidade, formas de *desenvolvimento do Direito*, do qual nos ocuparemos adiante.

III – O Direito português apresenta nesta matéria a particularidade de consagrar regras legais que visam disciplinar as referidas operações.

O regime que nelas se acolhe não difere, porém, substancialmente do que vigora em França e na Alemanha, caracterizando-se pelo pluralismo de elementos atendíveis na interpretação. Assim, no art. 9º do Código Civil português manda-se atender, no tocante à interpretação da lei, não só ao *elemento literal*, mas também aos elementos *teleológico* (o «pensamento legislativo»), *sistemático* (a «unidade do sistema jurídico»), *histórico* (as «circunstâncias em que a lei foi elaborada») e *atualista* (as «condições específicas do tempo em que é aplicada»)[637].

Por seu turno, em matéria de integração de lacunas, o art. 10º do mesmo diploma determina, em primeira linha, que se recorra à *analogia* e, na falta de caso análogo, à norma que o próprio intérprete criaria, se houvesse de legislar dentro do espírito do sistema (no que já se tem visto uma consagração da doutrina dita do *juiz-legislador*, que o art. 1º, nº 2, do Código Civil suíço também acolhe[638]).

Também em Portugal se vem admitindo a *eficácia reflexa* das normas constitucionais no domínio das relações entre privados, a qual encontra apoio no art. 18º, nº 1, da Constituição, nos termos do qual «[o]s preceitos constitucionais respeitantes aos direitos, liberdades e garantias são diretamente aplicáveis e vinculam as entidades públicas e privadas»[639]. Assim, por exemplo, os preceitos constitu-

---

[636] Ver, por todos, Larenz, ob. cit., pp. 391 ss. (na tradução portuguesa, pp. 555 ss.).
[637] Para uma análise comparativa recente dessa regra, veja-se Benjamin Herzog, *Anwendung und Auslegung von Recht in Portugal und Brasilien*, cit., especialmente pp. 365 ss.
[638] Dispõe esse preceito: «Na falta de uma disposição legal aplicável, o juiz decide segundo o direito costumeiro e, na falta de costume, segundo as regras que ele próprio estabeleceria se tivesse de agir como legislador».
[639] Sobre este, vide, com amplos desenvolvimentos, Jorge Miranda/Rui Medeiros, *Constituição portuguesa anotada*, tomo I, Coimbra, 2005, pp. 148 ss.

cionais relativos aos direitos fundamentais podem servir de base à concretização da cláusula geral da ordem pública consignada no art. 280º do Código Civil, determinando a nulidade dos contratos em que se estipulem restrições a esses direitos (pense-se, por exemplo, num contrato de trabalho ou de prestação de serviços em que uma das partes se obriga a não casar ou a não ter filhos)[640].

d) Desenvolvimento jurisprudencial do Direito

I – Referimos acima que vigora nos sistemas jurídicos em apreço o *primado da lei* – *rectius*: das normas e princípios que compõem o ordenamento jurídico – sobre as conceções pessoais de justiça e razoabilidade do julgador.

Não significa isso, no entanto, que os tribunais se limitem nesses sistemas jurídicos (inclusive o nosso) a aplicar Direito preexistente; é, pelo contrário, muito relevante a sua atividade criadora, mormente por via do chamado *desenvolvimento jurisprudencial do Direito*, cuja imprescindibilidade no Estado moderno é hoje amplamente reconhecida[641].

Esse papel dos tribunais é muito nítido, por exemplo, quando estes preenchem lacunas «rebeldes à analogia» ou decidem com recurso a cláusulas gerais, como os bons costumes e a boa-fé, *maxime* concretizando-as por apelo aos direitos fundamentais constitucionalmente consagrados: foi o que sucedeu, por exemplo, no citado acórdão *Lüth* do Tribunal Constitucional Federal alemão, que aí caracterizou essas cláusulas como «portas de entrada» dos direitos fundamentais no Direito Privado, ou conceitos indeterminados.

Mas os tribunais exercem também esse papel criador quando interpretam a lei, na medida em que a referência ao sistema jurídico (que, como vimos, o Código

---

[640] Ver, sobre o ponto, Carlos da Mota Pinto, *Teoria geral do Direito Civil*, 4ª ed., por António Pinto Monteiro e Paulo da Mota Pinto, pp. 73 ss.

[641] Veja-se, por exemplo, a decisão do II Senado do Tribunal Constitucional Federal alemão, proferida em 19 de outubro de 1983, *in BVerfGE* 65, pp. 182 ss., na qual se pode ler: «O Tribunal Constitucional Federal tem continuadamente reconhecido a missão e a competência dos tribunais a fim de procederem ao desenvolvimento jurisprudencial do Direito [...]. O desenvolvimento do Direito não é apenas desde sempre uma função reconhecida à jurisprudência na História do Direito alemão; ela é verdadeiramente indispensável no Estado moderno». Na doutrina alemã, *vide* sobre o tema, em especial, Josef Esser, *Grundsatz und Norm in der richterlichen Fortbildung des Privatrechts*, 4ª ed., Tubinga, 1990 (existe tradução espanhola com o título *Principio y norma en la elaboración jurisprudencial del derecho privado*, por Eduardo Valente Fiol, Barcelona, 1961); Larenz, ob. cit., pp. 366 ss. (na tradução portuguesa, cit., pp. 519 ss.); Larenz/Wolf, *Allgemeiner Teil des Bürgerlichen Rechts*, pp. 93 ss.; Wolf/Neuner, *Allgemeiner Teil des Bürgerlichen Rechts*, p. 44; e Säcker, *in Münchener Kommentar zum Bürgerlichen Gesetzbuch*, vol. 1, *Allgemeiner Teil*, pp. 56 s. Na literatura portuguesa, vejam-se Francisco Pereira Coelho/Rui de Alarcão, «Rapport portugais», *in La réaction de la doctrine à la création du droit par les juges. Travaux de l'Association Henri Capitant*, t. XXXI (1980), pp. 163 ss.; e Miguel Nogueira de Brito, *Introdução ao estudo do Direito*, pp. 285 ss.

Civil português expressamente consagra), importa o reconhecimento de que é legítimo extrair dele normas que a lei não enuncia expressamente.

É certo que aquilo que se cria nas decisões assim proferidas é tão-só a máxima de decisão do caso *sub judice* e não uma norma aplicável a casos futuros. Não há, nesta medida, *precedentes judiciais* nos sistemas jurídicos romano-germânicos. Indiretamente, porém, essas decisões podem exercer influência para além do caso em que foram proferidas, na medida em que sejam tomados como modelos de decisão em casos semelhantes julgados posteriormente. E da repetição de decisões pode resultar, como frequentemente sucedeu na Alemanha ao longo do século XX, a formação de costume jurisprudencial. Para tanto é, porém, necessário que, além da repetição de decisões, haja por parte dos tribunais a convicção da obrigatoriedade de observarem tais modelos de decisão.

O princípio da separação de poderes não se opõe ao desenvolvimento jurisprudencial do Direito dentro dos parâmetros definidos por uma regra geral. Porquanto, como observou o Tribunal Federal alemão no parecer que proferiu em 1953 sobre a aplicabilidade direta do art. 3, nº 2, da Lei Fundamental (relativo à igualdade de direitos de homens e mulheres) ao Direito da Família[642], embora a Constituição confira ao poder legislativo uma posição dominante na criação do Direito, ela não lhe atribui em exclusivo essa função: a demonstrá-lo aí está o citado art. 20, nº 3, da Constituição alemã, que vincula os tribunais e a administração pública *à lei e ao Direito* – isto é, na expressão daquele Tribunal, ao *espírito* e às *opções valorativas* do sistema jurídico. Na mesma linha fundamental de orientação se pronunciou o Tribunal Constitucional Federal na decisão proferida em 14 de fevereiro de 1973 no caso *Soraya*[643], que opôs a ex-mulher do Xá da Pérsia ao editor e ao chefe de redação do semanário *Die Welt*, em que aquele Tribunal declarou ser conforme à Constituição alemã a jurisprudência dos tribunais civis segundo a qual em caso de violação grave do direito geral de personalidade pode ser reclamada pela vítima uma indemnização em dinheiro por danos não patrimoniais, apesar de o § 253 do BGB não a consentir. Em resposta à alegação dos réus de que o *Bundesgerichtshof* teria, ao decidir desse modo, violado o princípio da separação de poderes, aduziu o Tribunal Constitucional alemão:

> «A tradicional vinculação do juiz à lei, um elemento constitutivo fundamental do princípio da separação de poderes e como tal do Estado de Direito, foi modificado na Lei Fundamental, no sentido de o poder judicial estar vinculado à «lei e ao Direito» (art. 20, nº 3). Desta forma recusa-se, segundo a opinião geral, um estrito positivismo legal. A fórmula acolhe o sentimento comum de que, de facto, geralmente a lei e o Direito coincidem, embora tal não suceda necessariamente nem sempre. O Direi-

---

[642] *In BGHZ* 11, pp. 34 ss.
[643] *In BVerfGE*, 34, pp. 269 ss.

to não é idêntico ao conjunto das leis escritas. Para além das prescrições positivas do poder estadual, pode haver mais Direito, que tem a sua fonte na ordem jurídica constitucional tomada como um todo e que pode operar como um corretivo da lei escrita; cabe à jurisprudência descobri-lo e concretizá-lo em decisões. A Constituição não impõe que os juízes apliquem as disposições legais aos casos concretos nos limites do seu sentido literal possível. Um tal entendimento pressuporia a ausência de lacunas da ordem jurídica estadual, uma situação que, embora defensável enquanto postulado da segurança jurídica, é na prática inatingível. A atividade judicial não consiste apenas em reconhecer e declarar as opções do legislador. A missão do poder judicial pode exigir além disso que, num ato valorativo ao qual não faltarão também elementos volitivos, se ponham a descoberto e realizem em decisões juízos de valor imanentes à ordem jurídica constitucional, que não estão expressos nos textos legais ou só o estão de forma incompleta. O juiz deve nessa atividade abster-se de todo o arbítrio; a sua decisão deve fundar-se numa argumentação racional. É necessário tornar inteligível que a lei escrita não preenche a sua função de resolver de forma justa um problema jurídico. A decisão judicial preenche então essa lacuna de acordo com os critérios da razão prática e as conceções gerais de justiça da Comunidade.»

II – De quanto se disse acima acerca do valor da jurisprudência como fonte de Direito resulta já a importância do papel por esta desempenhado na adaptação de sistemas jurídicos, como o francês e o alemão, dotados de códigos centenários, às novas necessidades sociais.

Na Alemanha, um dos domínios em que mais acentuadamente se fez sentir o desenvolvimento jurisprudencial do Direito foi o da responsabilidade civil. Com efeito, em ordem a atenuar as consequências mais negativas do regime muito restritivo da responsabilidade delitual consagrado nos §§ 823 e seguintes do Código Civil, a jurisprudência alemã autonomizou, na base do princípio da boa-fé, consagrado no § 242 do BGB, os chamados deveres de proteção (*Schutzpflichten*), a *culpa in contrahendo* e o instituto do contrato com eficácia protetora de terceiros (*Vertrag mit Schutzwirkung für Dritte*), por via dos quais se deu tutela a muitas situações carecidas de proteção jurídica perante o Direito de fonte legal. O próprio sistema da responsabilidade delitual foi objeto de importantes desenvolvimentos, mormente através do reconhecimento da existência de deveres delituais no tráfico (*Deliktische Verkehrspflichten*), da inversão do ónus da prova em matéria de responsabilidade civil do produtor e do médico e da autonomização da chamada responsabilidade de Direito Civil pelo prospeto (*Zivilrechtliche Prospekthaftung*).

Por razões que se prendem com a amplitude da cláusula geral de responsabilidade civil extracontratual consignada no art. 1240 do Código Civil, muitos destes desenvolvimentos jurisprudenciais não têm paralelo em França; não obstante isso, também neste país a jurisprudência tem alargado o âmbito das vinculações emergentes do contrato, designadamente mediante a autonomização de uma *obligation de sécurité* implícita em certos contratos, como os de transporte e de prestação de serviços médicos. Também aí, por conseguinte, o desenvolvimento jurisprudencial do Direito constitui hoje uma realidade.

III – Importa em todo o caso ter presentes os limites a que se subordina semelhante atividade dos tribunais.

Na Alemanha, onde a questão foi mais aprofundada, distingue-se, a este respeito, o desenvolvimento do Direito *praeter legem* do desenvolvimento do Direito superador da lei (*extra* ou *contra legem*). O primeiro apenas estaria subordinado aos limites decorrentes da proibição da analogia vigente em certos domínios, como o que resulta, no Direito Penal, do princípio *nulla poena sine lege*; o segundo teria de se conformar com o princípio democrático, do qual resultaria a inadmissibilidade da correção pelos tribunais das opções jurídico-políticas efetuadas pelo legislador: à luz desse princípio, só o Parlamento teria legitimidade para este efeito[644].

Dito de outro modo, o limite do desenvolvimento do Direito superador da lei encontrar-se-ia onde já não fosse possível uma resposta a questões jurídicas baseada em considerações especificamente jurídicas, em especial quando se tratasse de questões de oportunidade, que reclamassem uma decisão política, ou fosse necessária uma regulamentação pormenorizada, que só o legislador estivesse em condições de definir[645].

A este limite excetuar-se-ia, no entanto, a correção do Direito legislado levada a cabo pelos tribunais quando, devido a uma recusa permanente do legislador, sobreviesse um autêntico *estado de necessidade jurídico*[646]. Foi, por exemplo, o que sucedeu após a I Guerra Mundial, quando o Tribunal Imperial admitiu, ao abrigo do princípio da boa-fé, a reavaliação das prestações devidas pelas partes em contratos sinalagmáticos, tendo em conta a alteração das circunstâncias económicas e, em particular, a desvalorização do marco entretanto ocorrida[647].

Por outro lado, na correção do Direito de fonte legal com base em normas constitucionais teria de ser observado o monopólio do controlo da constitucionalidade por parte dos tribunais constitucionais, pois na Alemanha não se admite, como vimos acima, a fiscalização difusa da constitucionalidade[648].

Não obstante o exposto, cumpre observar que o teor literal da norma legal aplicável, ainda que inequívoco, não limita por si só o desenvolvimento jurispru-

---

[644] Cfr. Melin, ob. cit., pp. 290 ss.
[645] Cfr. Larenz, ob. cit., pp. 426 s. (na tradução portuguesa, pp. 606 s.).
[646] *Idem, ibidem*, p. 427 (na tradução portuguesa, p. 608).
[647] Cfr. a decisão proferida pelo *Reichsgericht* em 23 de novembro de 1923, *in RGZ* 107, pp. 78 ss.
[648] Cfr. Melin, ob. cit., pp. 295 s.

dencial do Direito: as doutrinas do «ato claro» («*acte clair*»)[649] e do «significado óbvio» («*plain meaning*»)[650], com certa aceitação noutros sistemas jurídicos, não têm acolhimento na Alemanha, nem devem tê-lo em Portugal[651].

§ 19º Meios de resolução de litígios

A vida em sociedade implica inevitavelmente conflitos de interesses. Estes dizem-se litígios sempre que seja deduzida por alguém uma pretensão à qual seja ou possa ser oposta por outrem uma resistência[652]. Tomada neste sentido, a pretensão pressupõe a afirmação de que o interesse que lhe subjaz é tutelado pelo Direito. Pese embora a relevância que outras ordens normativas (como a moral e a religião) podem assumir na resolução dos conflitos sociais, é, pois, precipuamente ao Direito que compete assegurar a resolução dos litígios. Eis por que a comparação de Direitos não pode ignorar os meios pelos quais os diferentes sistemas jurídicos proveem a semelhante necessidade social. Entre eles avulta o recurso aos tribunais do Estado. Importará pois, a este respeito, conhecer a organização judiciária e os sistemas de recurso vigentes nos ordenamentos jurídicos aqui considerados[653]. Não menos relevante é, porém, o conhecimento dos meios de resolução extrajudicial de litígios (*maxime* a arbitragem e a conciliação ou mediação) e, em especial, a determinação da eficácia jurídica reconhecida às decisões e aos acordos em que estes culminem. Esta, em suma, a matéria de que nos ocuparemos agora.

a) Organização judiciária e composição dos tribunais

I – Em França, distinguem-se atualmente duas ordens jurisdicionais – a judiciária e a administrativa –, cada uma das quais compreende três graus. De um modo geral, o sistema judiciário francês revela-se altamente descentralizado.

Assim, a jurisdição da ordem judiciária inclui, na primeira instância: *a)* Em matéria civil, as *Juridictions de proximité* (compostas por juízes que não são magistrados profissionais e incumbidas de julgar as causas de valor inferior a 4.000 Euros), os *Tribunaux d'instance* (aos quais é atribuída competência para as causas cujo valor se situe entre 4.000 e 10.000 Euros) e os *Tribunaux de grande instance* (a que compete julgar os litígios de valor superior a 10.000 Euros); *b)* Em matéria comercial, os *Tribunaux de commerce* (para os quais são eleitos como juízes, pelas

---

[649] Acolhida designadamente no Direito da União Europeia: cfr., por último, o acórdão do Tribunal de Justiça da União Europeia de 9 de setembro de 2015, proc. C-160/14, *João Filipe Ferreira da Silva e Brito e o. contra Estado português*.

[650] Sobre o qual pode ver-se *infra*, § 37º, *b)*.

[651] Neste sentido, pelo que respeita ao sistema jurídico alemão, Wolf/Neuner, *Allgemeiner Teil des Bürgerlichen Rechts*, p. 43 s.

[652] Cfr. João de Castro Mendes, *Direito Processual Civil*, 1º vol., Lisboa, 1986, pp. 55 ss.

[653] A qual é aliás também imprescindível a fim de se determinar o valor das sentenças na resolução de litígios posteriores.

câmaras de comércio locais, comerciantes sem formação jurídica, mas com pelo menos cinco anos de experiência profissional, ditos *juges consulaires*); *c)* Em matéria laboral, os *Conseils de prud'hommes* (que integram igualmente juízes não togados, eleitos paritariamente em representação dos empregadores e dos trabalhadores); *d)* Em matéria de segurança social, os *Tribunaux des affaires de securité sociale* (que se ocupam das questões relativas aos regimes contributivos de segurança social e são também integrados por representantes dos empregadores e dos trabalhadores, cabendo, no entanto, a presidência ao Presidente do *Tribunal de grande instance* da respetiva circunscrição); *e)* Em matéria de arrendamento rural, os *Comités paritaires des beaux ruraux* (integrados por representantes dos senhorios e dos arrendatários e presididos por um *juge d'instance*); e *f)* Em matéria criminal, as *Juridictions de proximité* (que julgam certas contravenções), os *Tribunaux de police*, os *Tribunaux correctionnels* e as *Cours d'assises* (as quais julgam os crimes mais graves, são presididas por um juiz de um tribunal de apelação e funcionam com um júri composto por juízes profissionais e jurados).

A segunda instância é, na ordem judiciária, constituída pelas *Cours d'appel*, que são atualmente cerca de trinta e cinco. Julgam os recursos da primeira instância e funcionam com coletivos de três juízes.

O supremo tribunal nesta ordem jurisdicional é a *Cour de cassation*, dividida em seis câmaras (cinco civis e uma criminal), que podem também funcionar conjuntamente como *Assemblée plénière*. Julgam, além dos recursos interpostos das decisões da segunda instância, os das decisões proferidas pelas *Cours d'assises*. Funciona em Paris, no *Palais de Justice*.

O surgimento em França de uma ordem jurisdicional administrativa com diferentes graus hierárquicos é relativamente recente: durante cerca de 150 anos, o Conselho de Estado (*Conseil d'État*), criado em 1799, foi o único tribunal administrativo no país. Cabiam-lhe aliás inicialmente, como a sua designação inculca, apenas funções consultivas. Em 1953, foram criados, como tribunais de primeira instância, os *Tribunaux administratifs*; e em 1987, como tribunais de segunda instância, as *Cours administratives d'appel*. Apesar de exercer hoje funções substancialmente jurisdicionais, o Conselho de Estado acha-se ainda, em homenagem ao princípio da separação de poderes, organicamente ligado ao poder executivo, e não ao judiciário: a função de julgar a administração é tida em França como uma forma de administrar[654].

Há também, como se referiu acima, um *Conselho Constitucional*, que fiscaliza a constitucionalidade das leis.

II – Na Alemanha, existem cinco jurisdições: a ordinária, a administrativa, a financeira, a laboral e a social[655].

---

[654] Ver, sobre o ponto, Sérvulo Correia, ob. cit., pp. 43 ss.
[655] Cfr. os artigos 92 a 95 da Lei Fundamental.

A jurisdição ordinária é a competente em matéria civil, criminal e de jurisdição voluntária. Compreende três graus: *a)* A primeira instância, que é integrada pelos *Amtsgerichte* (tribunais de comarca, que julgam pequenas causas) e pelos *Landesgerichte* (tribunais estaduais para causas de maior valor); *b)* A segunda instância, constituída pelos *Oberlandesgerichte* (em Berlim designado por *Kammergericht*), que funcionam ao nível dos Estados, bem como pelos *Landesgerichte*, pelo que respeita aos recursos das decisões proferidas pelos *Amtsgerichte*; e *c)* O tribunal supremo da federação, denominado *Bundesgerichtshof*, o qual foi criado em 1950 e se encontra atualmente sedeado em Karlsruhe. Este tribunal sucedeu ao *Reichsgericht* (Tribunal do Império), que funcionou em Leipzig entre 1879 e 1945. Está dividido em quinze secções especializadas *(Senate)*, com cinco juízes cada uma. Cabe-lhe julgar as questões de Direito suscitadas nos recursos interpostos das decisões proferidas pelos *Oberlandesgerichte* e dos *Landsgerichte*, bem como do *Bundespatentgericht*, que funciona como um tribunal federal de segunda instância.

As restantes jurisdições são integradas pelos seguintes tribunais: *a)* A jurisdição administrativa, pelos *Verwaltungsgerichte* (primeira instância), pelos *Oberverwaltungsgerichte* (segunda instância) e pelo *Bundesverwaltungsgericht* (tribunal supremo); *b)* A jurisdição financeira, pelos *Finanzgerichte* (primeira instância) e pelo *Bundesfinanzhof* (tribunal supremo); *c)* A jurisdição laboral, pelos *Arbeitsgerichte* (primeira instância), pelos *Landesarbeitsgerichte* (segunda instância) e pelo *Bundesarbeitsgericht* (tribunal supremo); e *d)* A jurisdição social, pelos *Sozialgerichte* (primeira instância), pelos *Landessozialgerichte* (segunda instância) e pelo *Bundessozialgericht* (tribunal supremo).

Existem ainda um Tribunal Constitucional Federal *(Bundesverfassungsgericht)* e tribunais constitucionais em cada um dos Estados que compõem a República Federal. Estes são hoje um elemento particularmente saliente do sistema judiciário alemão: a abertura do Tribunal Constitucional Federal ao desenvolvimento do Direito Civil na base das disposições da Lei Fundamental, de que demos conta acima, tem-no levado por vezes a colocar-se na posição de um tribunal de última instância em matéria civil[656], o que não é pacífico na doutrina[657]. A instituição desses tribunais fundou-se largamente em razões históricas, *maxime* a preocupação em prevenir a ocorrência de novas violações dos direitos fundamentais como

---

[656] Haja vista à decisão proferida pelo Tribunal Constitucional Federal em 24 de fevereiro de 1971, *BVerGE* 30, 173 («*Mephisto-Entscheidung*»), em que aquela jurisdição considerou caber-lhe, no âmbito da «queixa constitucional», a que nos referimos acima (cfr. *supra*, § 17º, *d)*, IV), ajuizar se as decisões dos tribunais comuns que apliquem normas de Direito Civil (como sucedera na espécie com uma decisão do *Bundesgerichtshof)* se baseiam numa «visão fundamentalmente incorreta acerca do significado dos direitos fundamentais».

[657] Ver Uwe Diederichsen, «Das Bundesverfassungsgericht als oberstes Zivilgericht – ein Lehrstück der juristischen Methodenlehre», *AcP*, 1998, pp. 171 ss.

as que caracterizaram o regime totalitário deposto no termo da II Guerra Mundial[658]. Ao menos em parte, é a menor acuidade deste tipo de preocupações que explica a inexistência de tribunais constitucionais em outros sistemas jurídicos integrados na família jurídica romano-germânica, como os dos países nórdicos[659].

Em síntese, o sistema judiciário alemão apresenta duas características fundamentais, que lhe conferem maior complexidade do que a que possui o sistema francês (e, como veremos a seguir, o português): por um lado, o *alto grau de especialização* dos tribunais; por outro, a *descentralização* desse sistema. Ambas se prendem com particularidades da sociedade alemã contemporânea: a primeira, com a necessidade de garantir a instituição de um Estado de Direito no segundo pós-guerra; a segunda, com a estrutura federal do Estado alemão[660].

Tirando o *Bundespatentgericht*, não há, em todo o caso, tribunais federais de primeira e segunda instância. Por este aspeto, bem como pela proliferação de supremos tribunais federais e de tribunais constitucionais, a organização judiciária alemã distingue-se da de outro Estado federal cujo sistema jurídico examinaremos adiante: os Estados Unidos da América.

III – Em Portugal, a organização e o funcionamento dos tribunais acham-se disciplinados na Constituição (arts. 209º a 214º). Aí se prevê a existência de duas ordens de tribunais: os *tribunais judiciais*, que são os tribunais comuns em matéria civil e criminal e exercem a jurisdição em todas as matérias não atribuídas a outras ordens de tribunais; e os *tribunais administrativos e fiscais*, que julgam os litígios emergentes das relações jurídicas administrativas e fiscais. Consagra-se ainda a existência de um Tribunal Constitucional, a que já aludimos, e de um Tribunal de Contas, que fiscaliza a legalidade das despesas públicas e julga as contas que a lei lhe submete.

A ordem dos tribunais judiciais compreende três graus, cuja composição é objeto da Lei de Organização do Sistema Judiciário[661].

Os tribunais de primeira instância são, em regra, os tribunais de comarca. Estes desdobram-se em *instâncias centrais*, com competência para toda a área correspondente à comarca e integrando secções de competência especializada (cível, criminal, de instrução criminal, de família e menores, de trabalho, de comércio

---

[658] Ver, neste sentido, Mauro Cappelletti, *The Judicial Process in Comparative Perspetive*, Oxford, 1989, p. 161.
[659] Cfr. Veli-Pekka Hautamäki, «Reasons for Saying: no thanks! Analysing the Discussion about the Necessity of a Constitutional Court in Sweden and Finland», *EJCL*, 2006, p. 2.
[660] Cfr. Norbert Horn/Hein Kötz/Hans G. Lester, *German Private and Commercial Law: an Introduction*, Oxford, 1982, p. 4.
[661] Lei nº 62/2013, de 26 de agosto, alterada pela lei nº 40-A/2016, de 22 de dezembro, e republicada em anexo a esta.

e de execução), e *instâncias locais*, constituídas por secções de competência genérica. Há ainda *tribunais de competência territorial alargada*, abrangendo mais do que uma comarca (*v.g.* da propriedade intelectual, da concorrência, marítimo, etc.).

Os tribunais de segunda instância, denominados Tribunais da Relação, existem presentemente em Lisboa, Coimbra, Porto, Évora, Guimarães e Faro.

O Supremo Tribunal de Justiça é o órgão superior da ordem dos tribunais judiciais, sem prejuízo da competência própria do Tribunal Constitucional. Cabe-lhe apreciar os recursos interpostos das decisões das Relações e, *per saltum*, de tribunais de primeira instância (o que pode acontecer designadamente em matéria criminal). O Supremo só julga, em princípio, questões de Direito.

O júri, composto por juízes e jurados, apenas intervém no julgamento dos crimes mais graves, quando o Ministério Público, o assistente ou o arguido o requeiram.

São órgãos da jurisdição administrativa e fiscal, segundo o Estatuto dos Tribunais Administrativos e Fiscais (aprovado pela Lei nº 13/2002, de 19 de fevereiro, com diversas alterações posteriores): os Tribunais Administrativos de Círculo e os Tribunais Tributários (os quais julgam em primeira instância, podendo funcionar agregados, caso em que assume cada um deles a designação de Tribunal Administrativo e Fiscal); os Tribunais Centrais Administrativos (que julgam em segunda instância, compreendendo secções de contencioso administrativo e de contencioso tributário); e, como órgão superior, o Supremo Tribunal Administrativo.

b) Recursos

I – Entre os princípios fundamentais do Direito Processual dos sistemas jurídicos romano-germânicos conta-se a garantia de um *duplo grau de jurisdição*. Por força desse princípio, é assegurado aos sujeitos de Direito, nas condições que a lei define, o reexame de uma causa de que sejam partes; reexame esse que é geralmente (posto que não necessariamente) levado a cabo por uma instância superior à que proferiu a primeira decisão sobre a causa e é efetivado através do recurso interposto desta decisão pelo litigante vencido[662]. O seu fundamento precípuo consiste na prevenção e correção do *erro judiciário*, em que inevitavelmente incorre toda a administração da Justiça levada a cabo por Homens, a qual é por natureza falível, tanto no que se refere à determinação dos factos relevantes como pelo que respeita aos juízos de Direito: *humanum fuit errare, diabolicum est per animositatem in errore manere*[663]. Por outro lado, o duplo grau de jurisdição consti-

---

[662] Cfr. José Joaquim Gomes Canotilho, *Direito constitucional e teoria da constituição*, 5ª ed., Coimbra, 2002, pp. 660 s.
[663] «Errar é humano, insistir no erro por soberba é diabólico»: Santo Agostinho, Sermão 164, XIV (reproduzido em *Sancti Aurelii Augustini Opera*, vol. IV, Paris, 1838, p. 412).

tui uma garantia fundamental contra *abusos de poder* por parte do julgador, cuja ocorrência é prevenida pela simples circunstância de ser possível a reapreciação das decisões judiciais por uma instância distinta da que as proferiu.

Em parte alguma obteve este princípio consagração absoluta e universal: outros valores relevantes em matéria processual, como os da *celeridade* e da *economia processual*, justificam, com efeito, a imposição de limites ao seu funcionamento. Onde, porém, aqueles valores não reclamem tais limites, é o duplo grau de jurisdição que prevalece enquanto mecanismo tendente a acautelar a *boa administração da justiça*.

Dentre os sistemas jurídicos em exame, é o francês aquele que leva mais longe a garantia de um duplo grau de jurisdição: ao contrário do que sucede em Portugal, a interposição de recurso de apelação para um tribunal superior (*appel*) é admitido tanto em matéria de facto como de Direito e não depende de a causa ter um valor mínimo, salvo pelo que respeita aos processos submetidos às *Juridictions de proximité* e aos *Tribunaux d'instance*[664]. As *Cours d'appel* podem apreciar novos factos e novos meios de prova que lhes sejam presentes pelas partes[665].

Mesmo nos casos em que não é admissível a apelação, não fica precludido o denominado *pourvoi en cassation*, tendente a «fazer censurar pelo Tribunal de Cassação a desconformidade da sentença recorrida com as regras de Direito»[666]. Não existe qualquer mecanismo de seleção dos recursos a julgar por este Tribunal; o que se reflete no elevado número de casos que são anualmente presentes ao supremo tribunal francês[667].

Importa, no entanto, ter presente que o julgamento dos recursos submetidos a este tribunal é feito de acordo com o *sistema da cassação*: a *Cour de cassation* não julga propriamente o litígio, mas tão-só a sentença recorrida, anulando-a («cassando-a») se for caso disso. Subjaz a este regime o princípio – que, como veremos, não tem igual aceitação na Alemanha e em Portugal – de que à jurisdição suprema apenas cabe rever a base jurídica das decisões proferidas pelas instâncias, controlando a observância da lei por parte destas, e não julgar em terceira instância a questão de mérito. Princípio esse que tem na sua origem razões essencialmente históricas, *maxime* a já aludida desconfiança do poder legislativo francês, nos pri-

---

[664] Cfr. o art. 561 do Código de Processo Civil francês: «L'appel remet la chose jugée en question devant la juridiction d'appel pour qu'il soit à nouveau statué en fait et en droit».
[665] Cfr. o art. 563 do Código de Processo Civil, segundo o qual: «Pour justifier en appel les prétentions qu'elles avaient soumises au premier juge, les parties peuvent invoquer des moyens nouveaux, produire de nouvelles pièces ou proposer de nouvelles preuves».
[666] Art. 604 do Código de Processo Civil.
[667] Em 2016, a *Cour de Cassation* decidiu 21.777 recursos em matéria cível e 7.828 em matéria penal (dados disponíveis em http://www.courdecassation.fr).

mórdios da revolução, relativamente aos órgãos judiciários e o receio de que estes desvirtuassem, na decisão dos casos concretos, a legislação revolucionária[668].

Por outro lado, o *pourvoi en cassation* é tido em França como um recurso extraordinário – a par da oposição de terceiro (*tierce opposition*) e da revisão (*recours en révision*) –, pelo que não suspende a execução da decisão recorrida, salvo se a lei estabelecer o contrário[669].

Sendo anulada a sentença recorrida, a ação tem geralmente de ser de novo julgada (salvo na parte porventura não atingida pela cassação), por outro tribunal da mesma natureza que aquele que a proferiu ou pelo mesmo tribunal composto por outros magistrados, para a qual o processo é reenviado[670]. Este tribunal não está formalmente obrigado a seguir a posição expressa pela Cassação; se, porém, a decisão que proferir for também recorrida e subsequentemente anulada pela Cassação, que deverá neste caso funcionar em plenário (*Assemblée plenière*), o terceiro tribunal para o qual a causa for reenviada encontra-se no regime atual vinculado à orientação que for superiormente definida[671].

II – Em Portugal, o direito de recurso apenas está constitucionalmente consagrado no âmbito do processo penal[672]. Em matéria cível, só é, em princípio, admissível recurso ordinário quando a causa tenha valor superior à alçada do tribunal de que se recorre e desde que a decisão impugnada seja desfavorável ao recorrente em valor também superior a metade da alçada desse tribunal[673]. Não há, assim, no processo civil português uma garantia absoluta do duplo grau de jurisdição.

A decisão do tribunal de primeira instância sobre a matéria de facto deve ser alterada pela Relação, no âmbito de um recurso de apelação, se os factos tidos como assentes, a prova produzida ou um documento superveniente inpuserem

---

[668] Daí que aquele órgão se denominasse originariamente *Tribunal de cassation établi auprès du Corps législatif*: cfr. o art. 19 da Constituição de 1790. Dispunha ainda o art. 20 deste texto fundamental que «em matéria de cassação, o tribunal de cassação não poderá conhecer do mérito das causas».

[669] *Ibidem*, art. 579.

[670] *Ibidem*, art. 626.

[671] Há, no entanto, três exceções a esta regra, resultantes do art. 627 do Código de Processo Civil, conjugado com o art. L411-3 do Código da Organização Judiciária, na redação que lhe foi dada em 2016: 1º, quando a cassação não implique nova decisão sobre o mérito da causa; 2º, em matéria civil, quando o interesse na boa administração da justiça o justifique; 3º, em matéria penal, quando os factos, tal como os juízes de instância os determinaram, permitam à *Cour de Cassation* aplicar a regra de Direito apropriada.

[672] Art. 32º, nº 1, da CRP. Para uma análise deste problema, também numa ótica de Direito Comparado, Armindo Ribeiro Mendes, *Recursos em Processo Civil*, 2ª ed., Lisboa, 1994, pp. 95 ss.

[673] Art. 629º, nº 1, do CPC de 2013. O valor das alçadas em matéria cível encontra-se fixado no art. 44º, nº 1, da Lei nº 62/2013, de 26 de agosto (Lei de Organização do Sistema Judiciário), e é de 30.000 Euros para os tribunais da Relação e de 5.000 Euros para os de 1ª instância.

uma decisão diversa[674]. Além disso, deve a Relação, mesmo oficiosamente, ordenar a renovação da prova quando houver dúvidas sérias sobre a credibilidade do depoente ou o sentido do seu depoimento e ordenar a produção de novos meios de provas em caso de dúvida fundada sobre a prova realizada[675]. O regime português da apelação é, neste particular, consideravelmente mais restritivo do que o francês. É, não obstante isso, muito frequente a impugnação de decisões da 1ª instância sobre matéria de facto.

O recurso para o Supremo Tribunal de Justiça português denomina-se *recurso de revista* e pode ter como fundamentos: *a)* A violação de lei substantiva (a qual pode revestir duas modalidades fundamentais: o erro de interpretação ou aplicação da lei e o erro na determinação da norma aplicável); *b)* A violação ou errada aplicação da lei de processo; e *c)* As nulidades das sentenças dos tribunais de 1ª instância e dos acórdãos das Relações previstas nos arts. 615º e 666º do Código de Processo Civil[676]. O erro na apreciação das provas e na fixação dos factos materiais da causa não pode ser objeto de recurso de revista, salvo havendo ofensa de uma disposição expressa da lei que exija certa espécie de prova para a existência do facto ou que fixe a força de determinado meio de prova[677].

Não é, porém, admitida revista do acórdão da Relação que confirme, sem voto de vencido e sem fundamentação essencialmente diferente, a decisão proferida na 1ª instância[678]. Trata-se da regra dita da *dupla conforme*, introduzida no Código de Processo Civil pela Reforma de 2007[679]. Essa regra comporta, no entanto, três exceções: *a)* Quando esteja em causa uma questão cuja apreciação, pela sua relevância jurídica, seja claramente necessária para uma melhor aplicação do Direito; *b)* Quando estejam em causa interesses de particular relevância social; e *c)* Quando o acórdão da Relação esteja em contradição com outro, já transitado em julgado, proferido por qualquer relação ou pelo Supremo Tribunal de Justiça, no domínio da mesma legislação e sobre a mesma questão fundamental de Direito (salvo se tiver sido proferido acórdão de uniformização de jurisprudência com ele conforme). Nestes casos, admite-se a denominada *revista excecional*[680].

O recurso de revista é normalmente interposto de um acórdão da Relação. Mas a lei portuguesa admite também o recurso *per saltum* de uma decisão da 1ª instância para o Supremo Tribunal de Justiça, desde que o valor da causa seja

---

[674] Art. 662º, nº 1, do CPC.
[675] Art. 662º, nº 2, do CPC.
[676] Art. 674º, nº 1, do CPC.
[677] Art. 674º, nº 3, do CPC.
[678] Art. 671º, nº 3, do CPC.
[679] Sobre a qual pode ver-se Armindo Ribeiro Mendes, *Recursos em Processo Civil. Reforma de 2007*, Coimbra, 2009.
[680] Prevista no art. 672º do CPC.

superior à alçada da Relação, o valor da sucumbência seja superior a metade desta e as partes, nas suas alegações, suscitem apenas questões de Direito[681].

Além dos recursos ordinários, admitem-se recursos extraordinários, i.é, independentes do trânsito em julgado da decisão recorrida: *a)* Para *uniformização de jurisprudência* (a interpor para o pleno das secções cíveis do Supremo Tribunal de Justiça quando este profira acórdão que esteja em contradição com outro anteriormente proferido pelo mesmo tribunal, no domínio da mesma legislação e sobre a mesma questão fundamental de Direito)[682]; e *b)* De *revisão de sentença* (a interpor no tribunal que a proferiu quando a sentença ou o processo judicial que a ela conduziu padeçam de certos vícios particularmente graves, entre os quais se inclui a circunstância de ser inconciliável com decisão definitiva de uma instância internacional de recurso vinculativa para o Estado português)[683].

O Supremo julga os recursos para ele interpostos de acordo com o *sistema da substituição*, proferindo uma decisão definitiva sobre o fundo ou mérito da causa[684]. O processo pode, no entanto, voltar ao tribunal recorrido quando o Supremo entenda que a decisão de facto pode e deve ser ampliada, em ordem a constituir base suficiente para a decisão de Direito, ou que ocorrem contradições na decisão sobre a matéria de facto que inviabilizam a decisão jurídica do pleito[685].

III – Na Alemanha, chama-se apelação (*Berufung*) ao recurso interposto das decisões finais proferidas em primeira instância pelos *Amtsgerichte* e pelos *Landesgerichte*; revista (*Revision*) ao recurso interposto das decisões finais proferidas pelos *Landesgerichte* e pelos *Oberlandesgerichte*; e agravo (*Beschwerde*) ao recurso interposto de decisões interlocutórias.

Também neste país se reconhece não haver um direito subjetivo ao recurso, pelo menos em matéria cível[686].

Com efeito, o recurso de apelação só é admitido se o valor da sucumbência for superior a seiscentos Euros ou, sendo inferior, se estiverem em causa questões de «importância fundamental» (*grundsätzliche Bedeutung*) ou o desenvolvimento do Direito ou a uniformidade da jurisprudência reclamarem uma decisão do tribunal de apelação[687]. Esse recurso apenas pode ter como fundamento a violação do Direito ou a circunstância de os factos em que se baseia justificarem outra

---

[681] Art. 678º, nº 1, do CPC.
[682] Arts. 688º a 695º, do CPC.
[683] Arts. 696º a 702º, do CPC.
[684] Art. 682º, nº 1, do CPC: «Aos factos materiais fixados pelo tribunal recorrido, o Supremo Tribunal de Justiça aplica definitivamente o regime jurídico que julgue adequado».
[685] Art. 682º, nº 3, do CPC.
[686] Neste sentido, Leo Rosenberg/Karl Heinz Schwab/Peter Gottwald, *Zivilprozessrecht*, cit., p. 931.
[687] § 511 da *Zivilprozessordnung*.

decisão[688]. Tem-se por verificada uma violação do Direito quando não tenha sido aplicada, ou não tenha sido aplicada corretamente, uma norma jurídica[689]. No julgamento da apelação, o tribunal de recurso está vinculado aos factos dados como provados pela 1ª instância, salvo se se suscitarem dúvidas quanto à exatidão e à completude da decisão sobre os mesmos ou nos casos em que é excecionalmente admissível a consideração de novos factos[690]. Também o Direito alemão se mostra, por conseguinte, mais restritivo nesta matéria do que o francês.

Por outro lado, ao contrário do que sucede em França, o acesso ao tribunal de revista é na Alemanha limitado em razão do interesse geral. A admissibilidade da revista depende, na verdade, de esta ser autorizada pelo tribunal que proferiu a sentença recorrida ou pelo próprio tribunal *ad quem*. Essa autorização deve ser concedida nas situações já referidas a propósito da apelação, i. é, se estiverem em causa questões de importância fundamental ou se o desenvolvimento do Direito ou a uniformidade da jurisprudência reclamarem uma decisão do tribunal de revista[691]. Este recurso funda-se exclusivamente na violação, pela sentença recorrida, de Direito Federal ou de uma disposição cujo âmbito de aplicação exceda a esfera de competência de um *Oberlandesgericht*[692].

Além disso, não há na Alemanha recursos extraordinários, apenas podendo ser reabertos os processos no quadro de uma ação de nulidade ou de restituição[693].

Se o recurso for acolhido, o *Bundesgerichtshof* anula a sentença recorrida[694] e reenvia-a para o tribunal *a quo*[695]. A decisão deste tem, no entanto, de se conformar com a orientação definida por aquele tribunal quanto à questão de Direito controvertida[696], nisto se distinguindo o regime alemão do francês. Excecionalmente, porém, pode o tribunal de revista julgar definitivamente a causa, se a anulação da sentença se fundar exclusivamente em violação da lei aplicável à situação de facto e o processo contiver os elementos necessários para o efeito (i.é, se estiver *spruchreif*)[697].

O regime alemão de recurso para o supremo tribunal da jurisdição ordinária corresponde, assim, a um modelo intermédio entre a cassação e a substituição, embora se encontre mais próximo deste do que daquele[698].

[688] *Ibidem*, § 513.
[689] *Ibidem*, § 546.
[690] *Ibidem*, §§ 529 (1) e 531 (2).
[691] *Ibidem*, § 543.
[692] *Ibidem*, § 545.
[693] *Ibidem*, § 578. (1)
[694] *Ibidem*, § 562 (1).
[695] *Ibidem*, § 563 (1).
[696] *Ibidem*, § 563 (2).
[697] *Ibidem*, § 563 (3).
[698] Cfr., sobre o ponto, Leo Rosenberg/Karl Heinz Schwab/Peter Gottwald, ob. cit., pp. 935 e 1024 ss.

c) Meios extrajudiciais de resolução de litígios

Além do recurso às vias judiciais, os sistemas jurídicos francês, alemão e português admitem hoje com razoável amplitude a resolução de litígios por meios extrajudiciais. Entre estes avultam a arbitragem e a mediação ou conciliação, a que cumpre fazer agora sucinta referência.

I – A primeira destas figuras consiste num meio de resolução de litígios (bem como, em certos sistemas jurídicos, de questões não contenciosas) que se caracteriza pela atribuição da competência para julgá-los a um ou mais particulares escolhidos pelas próprias partes ou, em certos casos, por terceiros[699].

Denomina-se *convenção de arbitragem* o acordo pelo qual as partes submetem à decisão de árbitros um litígio atual ou litígios eventuais emergentes de determinada relação jurídica. No primeiro caso, fala-se de *compromisso arbitral*; no segundo, de *cláusula compromissória*.

No comércio internacional, a arbitragem é hoje um modo fundamental – e nalguns domínios até o modo normal – de resolução de litígios; o que, além do mais, se prende com a aludida possibilidade, que é deste modo reconhecida às partes, de escolherem os julgadores.

As questões fundamentais que a disciplina jurídica da arbitragem suscita prendem-se com a delimitação do poder jurisdicional dos tribunais arbitrais relativamente àquele que pertence aos tribunais judiciais e com a determinação dos efeitos da sentença arbitral. Pergunta-se, em especial, a este respeito: *a)* Que matérias podem ser cometidas à decisão de árbitros; *b)* Se, e em que medida, tem o tribunal arbitral jurisdição exclusiva sobre a questão de mérito que lhe foi submetida; *c)* Qual a medida em que o processo e a sentença arbitrais se encontram sujeitos ao controlo dos tribunais judiciais; *d)* Se a arbitragem internacional está, a este propósito, subordinada a um regime particular, distinto daquele que vale para a arbitragem puramente interna; e *e)* Sob que pressupostos podem as decisões arbitrais produzir os mesmos efeitos que as sentenças judiciais e, em particular, se a força executiva da decisão arbitral depende do *exequatur* de um tribunal judicial.

Vejamos quais as soluções que os sistemas jurídicos aqui considerados consagram para estes problemas[700].

---

[699] Ver Charles Jarrosson, *La notion d'arbitrage*, Paris, 1987.

[700] Sobre o tema podem consultar-se, numa perspetiva de Direito Comparado: René David, «Arbitrage et droit comparé», *RIDC*, 1959, pp. 5 ss.; idem, *L'arbitrage dans le commerce international*, Paris, 1982, pp. 117 ss.; Adelino da Palma Carlos, «La procédure arbitrale en droit comparé», *RDIDC*, 1965, pp. 133 ss.; Pieter Sanders, *Quo Vadis Arbitration? Sixty Years of Arbitration Practice. A Comparative Study*, Haia, 1999; Jean-François Poudret/Sébastien Besson, *Droit comparé de l'arbitrage international*, Zurique, etc., 2002; Julian Lew/Loukas Mistelis/Stefan Kröll, *Comparative International Commercial Arbitration*, Haia/Londres/Nova Iorque, 2003; Aldo Frignani, *L'arbitrato commerciale*

a) Em França, o critério geral da «arbitrabilidade» objetiva é o da *disponibilidade dos direitos*, entendida como a faculdade de o seu titular os alienar ou a eles renunciar[701]. Encontra-se esse critério enunciado no art. 2059 do Código Civil, segundo o qual: «Todas as pessoas podem celebrar compromisso arbitral sobre os direitos de que possam livremente dispor». O art. 2060 do mesmo diploma acrescenta, a este respeito, que «[n]ão pode ser celebrado compromisso arbitral sobre questões de estado e de capacidade das pessoas, sobre as relativas ao divórcio e à separação de pessoas e bens ou sobre os litígios respeitantes às coletividades públicas e aos estabelecimentos públicos e mais genericamente em todas as matérias respeitantes à ordem pública. Contudo, certas categorias de estabelecimentos públicos de caráter industrial e comercial podem ser autorizados por decreto a celebrar compromisso arbitral». Esta disposição foi inicialmente interpretada pelos tribunais franceses no sentido de excluir a arbitrabilidade de todas as matérias sujeitas a regras de ordem pública. Gradualmente, porém, evoluiu-se para o entendimento conforme o qual a mera aplicabilidade ao litígio de tais regras não afasta por si só a suscetibilidade da sujeição do mesmo a árbitros. Pode hoje, por conseguinte, celebrar-se um compromisso arbitral respeitante a um litígio sobre direitos disponíveis a que sejam aplicáveis essas regras, cabendo ao tribunal arbitral aplicá-las, se for caso disso, ainda que sob o controlo dos tribunais judiciais[702].

A faculdade de as partes se comprometerem em árbitros é disciplinada de forma mais rigorosa quando pretendam fazê-lo através de uma cláusula compromissória. Esta tem sido tradicionalmente encarada com maior desconfiança pelo legislador francês, por envolver uma renúncia antecipada à justiça estadual. Daí que apenas fosse admitida, até recentemente, em matéria comercial. Atualmente, é em princípio permitida a sua inclusão, de acordo com o art. 2061 do Código Civil (na redação que lhe foi dada em 2001), nos «contratos concluídos em razão de uma atividade profissional» independentemente da sua natureza civil ou comercial.

A arbitragem é neste país objeto do Livro IV do Código de Processo Civil (arts. 1442 a 1527)[703], que confere aos tribunais arbitrais um alto grau de autonomia perante os tribunais judiciais.

internazionale. Una prospettiva comparatistica, Pádua, 2004; Luís Sáragga Leal, «Instrumentos de resolução extrajudicial de litígios nos países lusófonos: cooperação e harmonização», in AAVV, *III Congresso do Centro de Arbitragem da Câmara de Comércio e Indústria Portuguesa (Centro de Arbitragem Comercial). Intervenções*, Coimbra, 2010, pp. 75 ss.

[701] Ver Patrice Level, «L'arbitrabilité», *Rev. arb.*, 1992, pp. 213 ss. (p. 219); Bernard Hanotiau, «L'arbitrabilité», *Rec. cours*, t. 296 (2002), pp. 27 ss. (p. 108).

[702] Vejam-se os acórdãos proferidos pela *Cour d'appel de Paris* em 16 de fevereiro de 1989, no caso *Almira* (in *Rev. arb.*, 1989, pp. 711 ss.), em 29 de março de 1991, no caso *Ganz* (*ibidem*, 1991, pp. 478 ss.), e em 19 de maio de 1993, no caso *Labinal* (*ibidem*, 1993, pp. 645 ss.).

[703] Cuja redação atual lhe foi dada pelo Decreto nº 2011-48, de 13 de janeiro de 2011. Veja-se, sobre este, *Rapport au Premier ministre relatif au décret nº 2011-48 du 13 janvier 2011 portant réforme de l'arbitrage*, reproduzido no *Journal officiel de la République française*, de 14 de janeiro de 2011.

Assim, aqueles tribunais têm competência para julgar questões de facto e de Direito e, caso as partes lhes confiem essa missão, podem decidir como *amiables compositeurs*[704]. Por outro lado, salvo estipulação em contrário, a sentença arbitral é insuscetível de recurso de apelação; é, quando muito, possível requerer a anulação da sentença com fundamento em certos vícios particularmente graves do processo ou da sentença arbitral.

A arbitragem internacional (definida como a que «põe em causa interesses do comércio internacional»[705]) é objeto de um regime especial, originariamente construído pela jurisprudência[706], que confere às partes grande liberdade no recurso à arbitragem e na definição das regras aplicáveis ao processo e ao mérito da causa. Nesta modalidade de arbitragem, atualmente disciplinada no Título II do Livro IV do Código de Processo Civil, as regras respeitantes à arbitragem interna têm caráter supletivo, só se aplicando se não houver estipulação em contrário. Por outro lado, a convenção de arbitragem internacional não está submetida a qualquer condição de forma. Admite-se, além disso, que as partes renunciem à faculdade de impugnar através de uma ação de anulação a sentença arbitral proferida em França numa arbitragem internacional, o que não é possível na arbitragem interna. Assim se consegue um certo grau de *deslocalização* da arbitragem internacional, que tem inclusivamente levado os tribunais franceses a reconhecerem sentenças arbitrais anuladas nos países onde foram proferidas, com fundamento em que «a sentença internacional, que não se encontra ligada a qualquer ordem jurídica estadual, é uma decisão de justiça internacional cuja regularidade é examinada em face das regras aplicáveis no país onde o seu reconhecimento e a sua execução são pedidos»[707].

Em contrapartida, exige-se a concessão do *exequatur* por um tribunal judicial à sentença arbitral, ainda que esta haja sido proferida em França, a fim de que possa aí produzir o efeito executivo. O Direito aplicado pelos árbitros ao mérito da causa está, em todo o caso, subtraído ao controlo dos tribunais estaduais[708].

b) Na Alemanha, a arbitragem encontra-se disciplinada no Livro 10 do Código de Processo Civil (§§ 1025 a 1066). Aí se acolhe como critério geral da arbitrabilidade

---

[704] Sobre esta figura, *vide supra*, § 16º, alínea *a).*

[705] Art. 1504: «Est international l'arbitrage qui met en cause des intérêts du commerce international».

[706] Cfr., sobre o ponto, Arthur Taylor von Mehren, «International Commercial Arbitration: The Contribution of the French Jurisprudence», *Louisiana Law Review*, 1985-86, pp. 1045 ss.

[707] *Cour de cassation*, sentença de 29 de junho de 2007 (caso *Putrabali c. Est Epices*), disponível em http://www.legifrance.gouv.fr.

[708] Ver, para uma síntese do Direito francês sobre a matéria, Yves Derains/Rosabel E. Goodman-Everard, «France», *in IHCA*, suplemento 26, Haia/Londres/Boston, 1998, com mais referências.

a *patrimonialidade da pretensão*[709]. Preenche este requisito a pretensão que se funde numa relação patrimonial ou que seja avaliável em dinheiro[710]. Admite-se ainda a eficácia de uma convenção de arbitragem sobre pretensões não patrimoniais, desde que as partes possam celebrar uma transação sobre o objeto do litígio. Exclui-se porém no Código a arbitrabilidade de litígios relativos à existência de um arrendamento para fins habitacionais, assim como das matérias referidas em disposições legais específicas (como é o caso das que se referem à falência, às operações de bolsa e às relações laborais). Embora o Código distinga o compromisso arbitral (*Schiedsabrede*) da cláusula compromissória (*Schiedsklausel*), não estabelece qualquer diferenciação entre estas modalidades da convenção de arbitragem (*Schiedsvereinbarung*) pelo que respeita à arbitrabilidade dos litígios que as mesmas tenham por objeto.

O Código consagra, por outro lado, uma *conceção unitária da arbitragem*, pois não se estabelece nele qualquer distinção de regimes entre a arbitragem interna e a internacional. Além disso, a fixação da sede da arbitragem no território da Alemanha determina a aplicabilidade à arbitragem das regras processuais locais. Apenas as decisões arbitrais estrangeiras estão sujeitas a reconhecimento a fim de produzirem efeitos na Alemanha. A execução da sentença arbitral, mesmo que proferida em território alemão, depende também de uma prévia declaração de exequibilidade (*exequatur*) por um tribunal judicial.

A impugnação da sentença arbitral apenas é possível através de uma ação judicial de anulação (*gerichtliche Aufhebung*)[711].

c) Em suma, a arbitragem tem em França um domínio mais restrito do que na Alemanha, onde além dos litígios sobre direitos disponíveis esta figura abrange em princípio todos os demais que tenham por objeto pretensões de natureza patrimonial.

Em contrapartida, ao passo que a legislação francesa estabelece um regime para a arbitragem altamente propício à sua *deslocalização*, conferindo maior autonomia às partes e aos árbitros na arbitragem internacional, e sujeita nesses casos as sentenças arbitrais a um controlo menos apertado por parte dos tribunais judiciais, o Direito alemão, tradicionalmente avesso a uma tal deslocalização, parifica a arbitragem interna e a internacional, instituindo um regime menos aberto à autonomia privada e sujeitando a arbitragem, tanto nas situações internas como nas internacionais, a um controlo judicial mais forte.

---

[709] § 1030, nº 1: «Jeder vermögensrechtliche Anspruch kann Gegenstand einer Schiedsvereinbarung sein».
[710] Cfr. Peter Hartmann, *in* Adolf Baumbach/Wolfgang Lauterbach/Jan Albers/Peter Hartmann, *Zivilprozessordnung*, 60ª ed., Munique, 2002, p. 38.
[711] *Vide* sobre a matéria, com mais referências, Karl-Heinz Böckstiegel, «Germany», *in IHCA*, suplemento 26, Haia/Londres/Boston, 1998.

Pode, nesta medida, falar-se de um *conceito francês* e de um *conceito alemão* de arbitragem.

d) Em Portugal, a possibilidade de a lei institucionalizar instrumentos de composição não jurisdicional de conflitos está prevista no art. 202º, nº 4, da Constituição.

A atual Lei da Arbitragem Voluntária[712] aproximou o regime português do Direito alemão. Com efeito, consagra-se nesse diploma a liberdade de as partes cometerem a árbitros a decisão de litígios respeitantes a interesses de natureza patrimonial – tanto por compromisso arbitral como por cláusula compromissória – contanto que não estejam submetidos exclusivamente, por lei especial, aos tribunais do Estado ou a arbitragem necessária (art. 1º, nº 1). É também válida uma convenção de arbitragem relativa a litígios que não envolvam interesses de natureza patrimonial, desde que as partes possam celebrar transação sobre o direito controvertido (art. 1º, nº 2); e permite-se ainda a resolução por arbitragem de certos *conflitos de interesses sem caráter contencioso*, como os que se prendem com «a necessidade de precisar, completar ou adaptar contratos de prestações duradouras a novas circunstâncias» (art. 1º, nº 4).

Limita-se, por outro lado, a intervenção dos tribunais estaduais no processo arbitral às situações em que a mesma se revele indispensável, como, por exemplo, para suprir a falta de acordo entre os litigantes quanto à constituição do tribunal arbitral (art. 10º) ou para as diligências instrutórias que importem o exercício de poderes de autoridade (art. 38º, nº 1).

Concede-se, além disso, às partes e aos árbitros uma certa *autonomia* na conformação do processo arbitral (art. 30º, nº 2). Estabelecem-se, no entanto, certas garantias de imparcialidade e de objetividade da justiça arbitral, através da fixação de princípios processuais que não consentem qualquer derrogação (art. 30º, nº 1) e da previsão de uma ação judicial de anulação da sentença arbitral como meio de impugnação da mesma, a que as partes não podem renunciar (art. 46º).

A sentença arbitral só é suscetível de recurso para o tribunal estadual se as partes o tiverem previsto na convenção de arbitragem e desde que a causa não haja sido decidida segundo a equidade ou mediante composição amigável (art. 39º, nº 4). A sentença de que não caiba recurso e que já não seja suscetível de alteração tem o mesmo caráter obrigatório entre as partes que a sentença do tribunal estadual transitada em julgado e a mesma força executiva que a sentença de um tribunal estadual (art. 42º, nº 7).

---

[712] Aprovada pela Lei nº 63/2011, de 14 de dezembro. Ver, sobre este diploma legal, Manuel Barrocas, *Lei da Arbitragem Comentada*, Coimbra, 2013; Esteves de Oliveira (coord.), *Lei da Arbitragaem Voluntária Comentada*, Coimbra, 2014; Menezes Cordeiro, *Tratado da Arbitragem*, Coimbra, 2015; Moura Vicente (coord.), *Lei da Arbitragem Voluntária Anotada*, 3ª ed., Coimbra, 2017; e os estudos recolhidos na *Revista Internacional da Conciliação e Arbitragem*, nº 5 (2012).

A *arbitragem internacional* é objeto de um regime específico (arts. 49º a 54º), que incide sobre a oponibilidade de exceções baseadas no Direito interno de uma das partes, a validade substancial da convenção de arbitragem, o Direito aplicável ao fundo da causa, a recorribilidade da sentença arbitral e a reserva de ordem pública internacional. Consagra-se, no tocante às regras aplicáveis à arbitragem, o *princípio da territorialidade* (art. 61º), por força do qual a lei portuguesa se aplica às arbitragens que tenham lugar em território nacional, bem como ao reconhecimento e à execução das sentenças proferidas em arbitragens localizadas no estrangeiro. Em contrapartida, as decisões proferidas em arbitragens internacionais que decorram em Portugal têm a mesma eficácia que possuem as decisões que ponham termo a arbitragens puramente internas, não carecendo, portanto, de *exequatur* a fim de aqui produzirem os efeitos executivo e de caso julgado. A *arbitragem deslocalizada* não é, por conseguinte, admitida[713].

II – Com a arbitragem não se confunde a mediação, ou conciliação, que tomaremos aqui como a atividade consistente na facilitação, pela intervenção de um terceiro, da resolução de um litígio por acordo entre as partes desavindas.

O mediador não julga, com efeito, qualquer litígio; limita-se (quando muito) a propor uma solução, que as partes aceitarão ou não, conforme entenderem. A mediação é, declara em Portugal o art. 2º, alínea *a*), da Lei nº 29/2013, de 19 de abril, que estabelece os princípios gerais aplicáveis à mediação, "a forma de resolução alternativa de litígios, realizada por entidades públicas ou privadas, através da qual duas ou mais partes em litígio procuram voluntariamente alcançar um acordo com assistência de um mediador de conflitos". Este último é, segundo a alínea *b*) do mesmo preceito, "um terceiro, imparcial e independente, desprovido de poderes de imposição aos mediados, que os auxilia na tentativa de construção de um acordo final sobre o objeto do litígio".

A mediação baseia-se integralmente na vontade das partes: qualquer delas pode pôr-lhe termo de forma unilateral, o que não é possível na arbitragem. A mediação é, assim, um meio de *composição autónoma de litígios*, ainda que com o auxílio de um terceiro. Diferentemente, o processo arbitral culmina em princípio numa decisão, que é suscetível, nos Direitos português, francês e alemão (ainda que sob distintos pressupostos), de ser executada coactivamente pelos tribunais judiciais. Há, pois, nesse processo uma *composição heterónoma de um litígio*.

Distingue-se por vezes a mediação da conciliação. Ao mediador pertenceria um papel mais ativo do que ao conciliador, na medida em que só a ele caberia

---

[713] Ver, para mais desenvolvimentos, o nosso *Da arbitragem comercial internacional. Direito aplicável ao mérito da causa*, cit.; Lima Pinheiro, *Arbitragem transnacional. A determinação do estatuto da arbitragem*, cit.

apresentar propostas de solução do litígio às partes desavindas[714]. Diferentemente, o conciliador limitar-se-ia a estimular o diálogo entre elas.

Perante as ordens jurídicas alemã, francesa e portuguesa não existem, todavia, diferenças substanciais entre os regimes legais das duas figuras: ambas designam a mesma atividade fundamental e visam os mesmos objetivos. Entre a mediação e a conciliação existirá, quando muito, uma diferença de grau, mas não de natureza, na intervenção do terceiro[715].

A mediação tem hoje inequívoca relevância como meio de composição de litígios emergentes de relações laborais, familiares e até mercantis, como o atesta a profusão de entidades que oferecem esse tipo de serviços, na ordem interna e internacional.

Deve, em todo o caso, notar-se que a viabilidade da mediação pressupõe algum grau de *cooperação das partes*, mormente através de concessões recíprocas. Onde ela não for possível, a mediação não tem interesse como modo de composição de litígios.

Ora, a predisposição das partes desavindas para essa cooperação é um *fenómeno cultural* eminentemente variável de país para país: muito intensa, como veremos adiante, em África, na China e no Japão, onde o recurso aos tribunais é tradicionalmente encarado com desconfiança, ela é mais ténue nos países ocidentais, ao que não é alheia a conceção da justiça como realização de direitos subjetivos, que neles prevalece. Razão por que a relevância social da mediação como modo de resolução de litígios é maior nos primeiros do que nos segundos.

Mesmo nos países ocidentais são muito significativas as diferenças que, no tocante ao recurso à mediação como meio de composição de litígios, separam aqueles em que vigoram sistemas de *Common Law* dos de *Civil Law*[716].

A figura encontra-se, na verdade, bastante mais disseminada nos primeiros do que nos segundos. Ao que não serão estranhas certas divergências entre os sistemas judiciários desses países, como, por exemplo, as que se prendem com os custos do acesso à justiça pública – bastante mais elevados em Inglaterra e nos Estados Unidos do que na Europa continental –, a existência ou não de seguros que cubram esses custos – como os que se encontram disponíveis na Alemanha – e a possibilidade de os próprios tribunais definirem as regras de processo a que devem obediência, integrando porventura nelas um procedimento de mediação – consoante é prática corrente nos Estados Unidos.

---

[714] Cfr. François Terré, *Introduction générale au droit*, p. 581.
[715] Assim também Charles Jarrosson, «Les modes alternatifs de règlement des conflits: présentation générale», *RIDC*, 1997, pp. 325 ss. (p. 330).
[716] Para uma análise comparativa, *vide* Klaus Hopt/Felix Steffek, *Mediation. Rechtstatsachen, Rechtsvergleich, Regelungen*, Tubinga, 2008.

De todo o modo, a tendência atual nos sistemas jurídicos romano-germânicos é claramente para a institucionalização de mecanismos de mediação ou conciliação, não raro integrados no próprio processo civil. Tal o sentido, designadamente, das disposições constantes do Título VI *bis* do Código de Processo Civil francês[717], dos §§ 15a da Lei de Introdução ao Código de Processo Civil alemão[718] e 278 deste Código[719], bem como da Diretiva 2008/52/CE do Parlamento Europeu e do Conselho, de 21 de maio de 2008, relativa a certos aspetos da mediação em matéria civil e comercial[720], transposta para a ordem jurídica portuguesa pela Lei nº 29/2009, de 28 de maio.

III – Importa ainda considerar, entre as formas possíveis de resolução extrajudicial de litígios, a sujeição destes às *autoridades administrativas independentes*, a que já nos referimos[721]. Trata-se, como a designação indica, de entidades que se encontram habilitadas a praticar atos administrativos, mas que são independentes do Governo, na medida em que se acham subtraídas ao poder hierárquico deste[722]. Nos sistemas jurídicos que vimos analisando, está prevista a sua existência, designadamente, em matéria bancária, de operações de bolsa, de proteção de dados pessoais, de concorrência, de comércio eletrónico, etc.

Não raro, são atribuídos a estas entidades importantes poderes jurisdicionais, tendo em vista a resolução de litígios surgidos nos domínios da sua competência[723]. O que bem se compreende à luz, por um lado, da necessidade de assegurar em alguns domínios (como o dos ilícitos praticados em rede) uma resolução

---

[717] Arts. 131-1 a 131-15, nele inseridos pelo Decreto nº 96-652, de 22 de julho de 1996.

[718] Que confere aos Estados federados a possibilidade de imporem que a instauração de uma ação perante os tribunais judiciais seja precedida de um processo de conciliação perante um organismo de conciliação oficialmente reconhecido.

[719] Que prevê que a audiência de julgamento será em princípio precedida de uma tentativa de conciliação levada a cabo pelo próprio tribunal.

[720] Publicada no *JOUE*, nº L 136, de 24 de maio de 2008, pp. 3 ss.

[721] Ver *supra*, § 17º, alínea *d*).

[722] Cfr. François Terré, *Introduction générale au droit*, pp. 270 s.

[723] Cfr., por exemplo, a Lei nº 67/98, de 26 de outubro (Lei de Proteção de Dados), que criou a Comissão Nacional de Proteção de Dados como entidade administrativa independente, dotada de poderes de autoridade, que tem como atribuição controlar e fiscalizar o cumprimento das disposições legais e regulamentares em matéria de proteção de dados pessoais. No exercício das suas atribuições, pode ordenar o bloqueio, o apagamento ou a destruição dos dados, bem como proibir, temporária ou definitivamente, o tratamento de dados pessoais, ainda que incluídos em redes abertas, a partir de servidores situados em território português. Por seu turno, o D.L. nº 7/2004, de 7 de janeiro (Lei do Comércio Eletrónico) admite o recurso, a fim de remover ou impossibilitar o acesso a conteúdos disponíveis em linha, a uma entidade de supervisão central (o ICP-ANACOM) ou sectorial.

célere, ainda que provisória, dos litígios e, por outro, do elevado grau de especialização técnica das matérias em causa.

A resolução de litígios por essas entidades tem, no entanto, de ser compaginada com o princípio da *reserva de jurisdição*, que impõe nos sistemas jurídicos em apreço que os litígios possam ser submetidos pelas partes aos tribunais e proscreve a delegação das competências destes órgãos de soberania noutros poderes do Estado. Princípio esse que obteve consagração nos preceitos constitucionais destes sistemas jurídicos que, a respeito de determinadas matérias (*maxime* a privação da liberdade), confiam em exclusivo aos tribunais o julgamento das questões a elas atinentes[724]. Pode-se ainda vê-lo acolhido nas disposições constitucionais que reservam aos tribunais a função de administrar a justiça[725].

A referida reserva, que constitui um corolário da separação de poderes, pode, no entanto, ser interpretada de diferentes formas: ou no sentido de um monopólio da «última palavra», a proferir por um tribunal em sede de recurso (*reserva relativa de jurisdição*), consoante tem entendido o Tribunal Constitucional português na sua jurisprudência relativa às indemnizações por nacionalizações; ou na aceção de que é também reservada ao tribunal a «primeira palavra» sobre o litígio em apreço (*reserva absoluta de jurisdição*), como sucede entre nós em certos domínios específicos[726].

Quando for o primeiro o alcance do princípio em questão, não haverá oposição entre ele e a atribuição às entidades referidas de poderes de julgamento, desde que das suas decisões possa ser interposto recurso para os tribunais judiciais ou seja dado aos interessados pedirem a estes últimos a resolução definitiva do litígio[727].

---

[724] Como é o caso, por exemplo, dos arts. 104, nº 1, da Lei Fundamental alemã e 27º, nº 2, da Constituição portuguesa.

[725] Cfr. Lei Fundamental alemã, art. 92; Constituição portuguesa, art. 202º.

[726] Cfr., sobre o ponto, na literatura jurídica nacional, José de Oliveira Ascensão, «A reserva constitucional da jurisdição», *Dir.*, 1991, pp. 465 ss.; Paulo de Castro Rangel, *Reserva de jurisdição. Sentido dogmático e sentido jurisprudencial*, Porto, 1997; e J. J. Gomes Canotilho, *Direito Constitucional e Teoria da Constituição*, 3ª ed., Coimbra, s.d., pp. 621 ss. Numa ótica de Direito Comparado, consultem-se Mauro Cappelletti, *The Judicial Process in Comparative Perspetive*, Oxford, 1989, pp. 222 ss., António Umberto de Souza Júnior, *Entre a primeira e a última palavra. Ensaio sobre a amplitude da reserva constitucional de jurisdição*, Lisboa, 2002 (polic.), e Saskia Lavrijssen/Maartje de Visser, «Independent administrative authorities and the standard of judicial review», *Utrecht Law Review*, 2006, pp. 111 ss.

[727] Assim sucede em Portugal pelo que respeita às decisões proferidas pela Comissão Nacional de Proteção de Dados, que têm força obrigatória mas são passíveis de reclamação e recurso para o Tribunal Central Administrativo. Também a solução definitiva dos litígios submetidos ao ICP--ANACOM é realizada nos termos e pelas vias comuns; e o recurso a essa entidade não prejudica a utilização pelos interessados, mesmo simultânea, dos meios judiciais comuns.

§ 20º Ensino do Direito e profissões jurídicas

a) Traços gerais da formação pré- e pós-graduada dos juristas
I – É há muito reconhecido que a estruturação de cada sistema jurídico, bem como o pensamento jurídico nele dominante, se acham estreitamente ligados, por um lado, ao regime de formação dos juristas nele adotado e, por outro, ao tipo de pessoas que dominam a administração da justiça, às quais Max Weber chamou *Rechtshonoratioren*[728].

Nos países cujos sistemas jurídicos foram até aqui examinados, um dos aspetos mais salientes a este respeito é o monopólio que a Universidade neles detém quanto à formação pré-graduada dos juristas: não é hoje possível exercer uma profissão jurídica em França, na Alemanha ou em Portugal sem uma licenciatura em Direito obtida numa Universidade (ou mesmo, em certos casos, um mestrado, consoante já sucede em França e em Portugal no que respeita ao acesso à magistratura).

Outro traço comum a esses países é a duração relativamente longa (entre um mínimo de três anos e meio na Alemanha e um máximo de seis anos em Portugal, nos casos em que é exigível o mestrado) que neles tem a formação universitária exigível para o ingresso numa profissão jurídica, por confronto com a que se requer nos países onde vigoram sistemas de *Common Law*. Observe-se, a este propósito, que na Alemanha a conclusão dos estudos universitários de Direito não tem lugar com a obtenção de um grau universitário, mas antes, de acordo com um sistema cujas origens remontam à Prússia do século XVIII, com a aprovação no *primeiro exame de Estado* – *erstes Staatsexam* –, atualmente organizado em cada *Land* por uma entidade autónoma das Universidades (*Justizprüfungsamt*). A esse exame segue-se, no termo de um estágio profissional – *Referendariat* –, um *segundo exame de Estado* – *zweites Staatsexam* –, que habilita ao exercício das principais profissões jurídicas[729].

Ora, a que se devem estes fenómenos?

Por certo que, em larga medida, a razões de índole histórica. Mas também, se bem se atentar, às características particulares dos sistemas jurídicos desses países, em especial a formulação altamente abstrata das normas jurídicas de fonte legal neles vigentes, a qual tornou o Direito inacessível a quem não domine os conceitos por elas empregados e os métodos de interpretação por elas reclamados – estes, por seu turno, muitas vezes fruto do labor científico de universitários.

---

[728] Cfr. *Wirtschaft und Gesellschaft*, cit., pp. 456 ss. Ver também Max Rheinstein, «Die Rechtshonoratioren und ihr Einfluss auf Charakter und Funktion der Rechtsordnungen», *RabelsZ*, 1970, pp. 1 ss.

[729] Em média, os estudantes alemães apenas requerem o primeiro exame de Estado ao fim de 10,6 semestres de estudo de Direito: cfr. a *Ausbildungsstatistik* relativa ao ano de 2004, disponível em http://www.bmj.bund.de.

Por outro lado, os referidos fenómenos refletem a prevalência nestes países de determinada conceção acerca da formação dos juristas, de acordo com a qual, mais do que uma formação profissional, importa proporcionar-lhes, por um lado, a disciplina mental a que se chama *espírito jurídico* e, por outro, uma compreensão do Direito e das suas conexões com outros aspetos da vida em sociedade (mormente os que são objeto da História, da Economia, da Ciência Política, etc.) que permita valorar criticamente as regras jurídicas vigentes e descobrir aquelas que as novas necessidades da vida social constantemente vão reclamando[730].

Ora, semelhante formação só a Universidade a pode dar; e apenas num lapso de tempo relativamente dilatado, consentâneo com a própria maturação intelectual do estudante.

II – Outro aspeto comum à formação dos juristas nos países europeus é a circunstância de o ensino universitário do Direito ser, pelo menos em parte, *pré--graduado*, ao contrário do que sucede nos Estados Unidos, onde, como se verá, é geralmente *pós-graduado*.

O que tem diversas consequências. Por um lado, na Europa o ensino universitário do Direito é geralmente ministrado a estudantes mais jovens, que não têm ainda planos profissionais definidos quando entram na Universidade. Uma parte dos licenciados em Direito vai, aliás, exercer profissões não jurídicas. Por outro, não existe na Europa um ensino universitário prévio à licenciatura em Direito, como o que é ministrado nos *Colleges* americanos, o que obriga a ministrar nas Faculdades de Direito europeias disciplinas relativas a matérias de outras ciências (História, Economia, Ciência Política, etc.); também por isso o ensino universitário do Direito é, na Europa, menos profissionalizante do que nos Estados Unidos.

III – Até ao século XVIII, ensinavam-se nas Universidades europeias, como vimos, essencialmente o Direito Romano e o Canónico. Só na segunda metade de setecentos se começou a ensinar o Direito Pátrio, que no século XX passou a constituir o objeto essencial do ensino jurídico.

A tendência atual é para uma maior internacionalização dos estudos jurídicos, não apenas por via da inclusão nos planos de estudos de disciplinas de Direito Internacional (Público e Privado), de Direito Comparado ou Estrangeiro e de Direito Comunitário, mas também através do aumento do intercâmbio de estudantes e professores.

---

[730] Ver, sobre o ponto, Inocêncio Galvão Telles, «Fins da Universidade», *RFDUL*, 1951, pp. 5 ss.; Marcello Caetano, «A reforma dos estudos jurídicos», *RFDUL*, 1966, pp. 407 ss.; e Charles Eisenmann, «El problema de la naturaleza y de los fines de la enseñanza del derecho», *Anuario de la Facultad de Derecho de la Universidad Autonoma de Madrid*, 2002, pp. 57 ss.

A FAMÍLIA JURÍDICA ROMANO-GERMÂNICA

Neste sentido, foi subscrita a 19 de junho de 1999, pelos ministros responsáveis pelo ensino superior de 29 países europeus, entre os quais Portugal, a *Declaração de Bolonha*, posteriormente complementada pelas declarações de Praga (2001), Berlim (2003), Bergen (2005), Londres (2007), Lovaina (2009) e Budapeste--Viena (2010)[731].

Em ordem a promover a mobilidade dos universitários, que constitui o desígnio oficial do *Processo de Bolonha* e da Área Europeia de Ensino Superior, criada em 2010 pelos 47 Estados que nele participam, foi instituído um sistema de graus de ensino superior facilmente comparáveis entre si, baseado em três ciclos: a licenciatura (ou bacharelato), o mestrado e o doutoramento. A conclusão de cada um deles depende da obtenção de certo número de créditos, que definem o volume de trabalho realizado pelo estudante. A fim de assegurar o reconhecimento mútuo destes graus, criou-se um *Sistema Europeu de Transferência de Créditos* (ECTS). Deve ainda ser atribuído, automática e gratuitamente, um *suplemento ao diploma* aos estudantes que completem cada ciclo, visando melhorar a transparência da certificação e facilitar a mobilidade e a empregabilidade dos titulares de graus académicos, bem como a prossecução por estes dos seus estudos[732].

A adequação deste modelo ao ensino universitário do Direito não é todavia pacífica, sobretudo pela redução do tempo total de duração do curso de licenciatura que implicou em alguns países, como o nosso; questiona-se também que a mobilidade seja, em si mesma, um valor (sobretudo no ensino pré-graduado) e que deva só por si justificar essa redução, particularmente numa época em que se acentuam a complexidade dos sistemas jurídicos e a especialização do conhecimento científico, as quais reclamam mais tempo de ensino e estudo[733]. Abreviar os cursos de licenciatura em Direito estará porventura indicado nos países onde a formação necessária ao exercício das profissões jurídicas se adquire essencial-

---

[731] Cujos textos estão disponíveis em http://www.ehea.info.
[732] Em Portugal, a implementação da Declaração de Bolonha iniciou-se com a publicação do D.L. nº 42/2005, de 22 de fevereiro, que aprovou os princípios reguladores de instrumentos para a criação do espaço europeu de ensino superior. A reforma postulada pela Declaração de Bolonha prosseguiu com a revisão da Lei de Bases do Sistema Educativo, levada a cabo pela Lei nº 49/2005, de 30 de agosto (alterada pelo D.L. nº 107/2008, de 25 de junho). Este regime foi posteriormente desenvolvido pelo D.L. nº 74/2006, de 24 de março, que aprovou o regime jurídico dos graus e diplomas do ensino superior (também alterado pelo D.L. nº 107/2008).
[733] Vejam-se, a este respeito, A. Santos Justo, «A Declaração de Bolonha e a reforma do ensino do Direito», *BFDUC*, 2003, pp. 615 ss.; Konstantinos D. Kerameus, «Some Reflections on Modern Legal Education», *in* Heinz-Peter Mansel e outros (orgs.), *Festschrift für Erik Jayme*, vol. 2, Munique, 2004, pp. 1149 ss.; Laurel S. Terry, «Living with the Bologna Process: Recommendations to the German Legal Education Community from a U.S. Perspetive», *German L.J*, 2006, pp. 863 ss.; e Jorge Miranda, «Sobre a aplicação da "Declaração de Bolonha" às Faculdades de Direito», *in eiusdem, Textos ao serviço da Faculdade de Direito de Lisboa*, vol. II, Lisboa, 2011, pp. 39 ss.

mente na prática, como aqueles onde vigoram sistemas de *Common Law*. Não assim, todavia, em Portugal e em outros países do continente europeu, onde a aptidão para o exercício daquelas profissões pressupõe o domínio de um complexo aparato conceptual, que não se adquire em três anos[734].

IV – Pelo que respeita à definição dos conteúdos dos cursos de licenciatura em Direito, não existe, por enquanto, qualquer harmonização na Europa. O que, aliás, reflete a própria diversidade dos sistemas jurídicos do Velho Continente.

Nesta matéria, os países a cujos sistemas jurídicos nos vimos referindo seguem modelos muito diversos. Assim, em França, onde vigora um sistema centralizado, é fundamentalmente o Estado quem define os programas ensinados; na Alemanha e em Portugal, onde se acolhe um sistema descentralizado, essa função cabe às próprias Universidades.

Deve, no entanto, acrescentar-se que na Alemanha a autonomia das Universidades neste particular é um tanto mitigada pela circunstância, já referida, de os candidatos ao exercício das profissões jurídicas se sujeitarem necessariamente, de acordo com o *modelo prussiano*, a dois exames de Estado, cujo teor e critérios de avaliação apenas em parte são definidos por aquelas.

V – Observe-se, por fim, que nos três países mencionados se exige ainda uma *formação complementar*, pós-universitária, para o exercício de certas profissões jurídicas.

Na Alemanha, essa formação consiste num estágio comum a todos os juristas, efetuado junto dos tribunais, de escritórios de advocacia e de serviços da administração pública. Só depois desse estágio se pode realizar o segundo exame de Estado. Orienta-se esse estágio, pois, para a formação de «juristas unitários» (*Einheitsjuristen*), que os outros Estados-Membros da União Europeia desconhecem[735]. A aprovação no segundo exame de Estado habilita o candidato (que assim obtém o título de *Assesor* ou *Volljurist*) ao exercício de qualquer profissão jurídica.

Em França e Portugal, diferencia-se essa formação complementar consoante a profissão pretendida[736]: o acesso à advocacia pressupõe a realização de um estágio, organizado em França pelos *Centres Régionaux de Formation Professionelle* e em

---

[734] Estas e outras razões – particularmente as que se prendem com a preservação do sistema de exames de Estado para o acesso às profissões jurídicas – ditaram que na Alemanha a Conferência dos Ministros da Justiça dos *Länder* manifestasse publicamente, em 2005, a sua oposição a uma reforma dos estudos jurídicos que implementasse a *Declaração de Bolonha*.

[735] Ver Annette Keilmann, «The *Einheitsjurist*: A German Phenomenon», *German L.J.*, 2006, pp. 293 ss.

[736] Ver, sobre a situação em França, Ulrich Hübner, «Die Juristenausbildung in Frankreich», *in* Heinz-Peter Mansel e outros (orgs.), *Festschrift für Erik Jayme*, vol. 2, Munique, 2004, pp. 1141 ss.

Portugal pela Ordem dos Advogados; o exercício da magistratura é também condicionado pela realização de um curso de formação, que em França tem lugar na *École Nationale de la Magistrature* (ou, pelo que respeita aos magistrados da jurisdição administrativa, junto da *École Nationale d'Administration*) e em Portugal no *Centro de Estudos Judiciários*. Em ambos os países, a seleção dos candidatos a essa formação complementar é feita através de provas públicas, em que é avaliada a preparação técnica dos candidatos, bem como de testes psicológicos, tendentes a aferir a sua aptidão para as funções em causa.

Nestes países, a experiência profissional anterior não é, pois, um elemento determinante no processo de recrutamento dos magistrados. Nisto se distingue fundamentalmente, como veremos, o método de seleção dos candidatos à magistratura neles adotado do que é seguido nos sistemas de *Common Law*.

b) Profissões jurídicas

I – A *profissionalização* da prática jurídica é há muito uma característica distintiva das sociedades ocidentais. Nela se reflete a própria autonomia do Direito relativamente a outros sistemas normativos, que igualmente caracteriza essas sociedades.

A este respeito é todavia possível estabelecer uma distinção. Por um lado, há sistemas jurídicos em que se verifica um alto grau de especialização profissional dos juristas, os quais se repartem por diferentes carreiras em geral dotadas de grande de autonomia e entre as quais existe escassa mobilidade: é o caso da maioria dos sistemas que se integram na família romano-germânica. Por outro lado, existem sistemas em que as profissões jurídicas não são objeto de uma separação tão nítida, fazendo-se a progressão profissional dos juristas de umas para outras: estão neste caso, como veremos adiante, os sistemas de *Common Law*.

II – Consideremos a este respeito, antes de mais, a magistratura[737]. Nela é hoje possível distinguir, no âmbito da família romano-germânica, dois corpos fundamentais. O primeiro é o dos magistrados judiciais (em França ditos *juges judiciaires, magistrats du siège* ou *magistrature assise* e na Alemanha *Richter*), os quais administram a justiça, nomeadamente julgando as causas submetidas aos tribunais que integrem. O segundo é o dos magistrados do Ministério Público (em França denominados *magistrats du parquet,* ou *magistrature debout,* porque os seus membros se levantam nas audiências a fim de tomarem a palavra; na Alemanha *Staatsanwälte* ou *Bundesanwälte*). Compete a estes representar o Estado e os interesses sociais que a lei define. A sua carreira é, nos três países em referência, autó-

---

[737] Veja-se, a este respeito, o estudo comparativo de John Bell, *Judiciaries within Europe. A Comparative Review,* Cambridge, 2006.

noma relativamente à magistratura judicial[738]. Em França, exercem ainda funções nos tribunais administrativos *juges administratifs*, que constituem um corpo distinto dos *juges judiciaires*, sujeito a regras próprias, e *commissaires du gouvernement*, os quais fazem as vezes dos magistrados do Ministério Público.

Nos sistemas jurídicos em apreço, os juízes são independentes, irresponsáveis pelas suas decisões (salvo nos casos especialmente previstos na lei) e inamovíveis. Em todos eles, no entanto, a magistratura judicial constitui uma *carreira profissional no Estado*, em que a promoção para as vagas em tribunais de nível hierárquico superior depende geralmente de uma apreciação do serviço prestado, feita por outros magistrados; o que, embora só por si não comprometa necessariamente a independência dos juízes, confere à sua função um perfil distinto da que esta tem nos sistemas de *Common Law*, em que não há uma carreira judicial propriamente dita.

Diferentemente dos juízes, os magistrados do Ministério Público integram-se numa hierarquia, na qual estão subordinados às diretivas, ordens e instruções previstas na lei. De notar, em todo o caso, que em Portugal o Ministério Público goza, nos termos da Constituição (art. 219º, nº 2) e do respetivo Estatuto, de uma vasta autonomia relativamente aos demais órgãos do poder central, regional e local. Em França, os procuradores gerais (que funcionam junto de cada *Cour d'appel*) dependem diretamente do Ministro da Justiça; ainda assim, o dever de obediência hierárquica não exclui neste país uma certa independência, ao menos na realização de alegações orais[739]. Na Alemanha, o Ministério Público (*Staatsanwaltschft*) está sujeito à direção do Governo, que pode, através do Ministério da Justiça, emitir diretrizes sobre a sua atuação e vigiar a sua execução.

Compreende-se, a esta luz, que a nomeação dos magistrados judiciais seja feita em moldes diversos da dos magistrados do Ministério Público. A nomeação dos primeiros tem lugar, em França, por Decreto do Presidente da República, sob recomendação do *Conseil supérieur de la magistrature*, que aí exerce igualmente o poder disciplinar sobre os magistrados[740]; na Alemanha, pelo Presidente da Repú-

---

[738] Todavia, nem sempre foi assim: em Portugal, durante largo período de tempo o acesso à magistratura judicial dependeu do exercício prévio de funções como magistrado do Ministério Público; e ainda hoje os Juízes Conselheiros podem ser recrutados dentre magistrados do Ministério Público.

[739] Implícita no adágio *si la plume est serve, la parole est libre*.

[740] Referimo-nos, bem entendido, aos *juges judiciaires*: além destes existem, como se disse acima, juízes leigos, ditos *juges consulaires* e *conseillers prud'hommes*, que exercem funções, respetivamente, nos tribunais de comércio e nos *Conseils de Prud'hommes*, mediante eleição pelos seus pares. Trata-se, aparentemente, de um resquício da revolução de 1789 e da preocupação, então dominante, de assegurar que os magistrados perfilhassem os ideais revolucionários. Quanto aos *juges administratifs*, são nomeados pelo Governo, maioritariamente dentre os graduados da *Ecole Nationale d'Administration* (ou énarques).

blica (no caso dos juízes dos tribunais federais) e pelos Ministros da Justiça dos *Länder*, sob parecer de uma comissão de nomeações (relativamente aos demais juízes); e em Portugal, por decisão do Conselho Superior da Magistratura e do Conselho Superior dos Tribunais Administrativos e Fiscais, que exercem também o poder disciplinar sobre os magistrados judiciais e os juízes dos tribunais administrativos e fiscais. Já a nomeação dos Magistrados do Ministério Público, bem como o exercício da ação disciplinar sobre estes, competem em França ao Governo, sob parecer do Conselho Superior da Magistratura; na Alemanha, ao Presidente da República, sob proposta do Ministro Federal da Justiça com a concordância do Conselho Federal (no caso do *Generalbundesanwalt* e dos *Bundesanwälte*); e, em Portugal, à Procuradoria-Geral da República, por intermédio do Conselho Superior do Ministério Público.

A intervenção do poder político na nomeação dos magistrados é, assim, mais intensa na Alemanha do que em França e em Portugal, onde prevaleceu nesta matéria, em homenagem ao princípio da separação de poderes, o modelo dos *conselhos judiciários*[741]. Dos sistemas jurídicos aqui considerados, o português é, no entanto, aquela que levou mais longe a ideia de autonomia das magistraturas.

III – Passemos aos advogados. Estes formam uma classe una na Alemanha (onde são designados por *Rechtsanwälte*) e em Portugal. Mas em França distinguem-se no seio dessa classe duas categorias: os *avocats*, que exercem funções de aconselhamento jurídico e de representação forense perante a generalidade dos tribunais; e os *avocats aux conseils*, únicos habilitados a pleitear perante a *Cour de Cassation* e o *Conseil d'Etat*[742]. A esta acresciam até recentemente os *avoués*, que detinham o monopólio da representação forense e da postulação perante as *Cours d'appel*; por força de uma Lei de 25 de janeiro de 2011, a profissão foi fundida com a de advogado. A fragmentação da advocacia era, assim, uma característica distintiva do regime desta profissão em França, com tendência, todavia, para se atenuar.

É condição do exercício da advocacia, nos três países, a inscrição numa associação profissional. Em Portugal esta é uma entidade de âmbito nacional (a Ordem dos Advogados); em França e na Alemanha trata-se, ao invés, de entes de escopo local (os *Barreaux*, cuja área de jurisdição corresponde à dos tribunais de grande instância, e as *Rechtsanwaltskammer*, de que existe uma por cada *Oberlandesgericht*); o que tem como consequência que nestes países um advogado admitido a exercer a profissão em certa circunscrição territorial não o é *ipso facto* no resto

---

[741] Modelo esse que não tem, todavia, permanecido imune à crítica: veja-se, na doutrina portuguesa, Nuno Garoupa, *O Governo da Justiça*, Lisboa, 2011.

[742] O número de advogados com esse título ronda a centena (cfr. http://www.ordre-avocats-cassation.fr).

do território nacional (na Alemanha, porém, desde 2000 esta restrição só existe quanto ao exercício da advocacia perante os tribunais superiores). Em França, os *avocats aux conseils* são necessariamente detentores de um *office ministériel*, que lhes confere o direito de exercer essa função. Por serem em número limitado, os *offices* são geralmente adquiridos a um anterior titular.

Dos advogados têm-se progressivamente destacado os *juristas de empresa*, que exercem funções de aconselhamento jurídico no âmbito das empresas a que estão ligados por um vínculo laboral. O exercício desta atividade não depende da pertença a qualquer ordem profissional.

IV – Com os advogados não se confundem, na família romano-germânica, os solicitadores, ou procuradores, que até à Revolução Francesa tinham o monopólio da representação forense. Estes são profissionais, em regra independentes, que exercem relevantes funções no âmbito da administração da justiça. Entre eles se incluem em Portugal, desde 2003, os *solicitadores de execução*, aos quais compete ordinariamente exercer, sob o controlo do juiz, as diligências que a lei atribui ao *agente de execução* na ação executiva. Não carecem, todavia, de formação universitária, antes obtêm a sua formação específica através da frequência de cursos ministrados por instituições de formação profissional e de estágios.

V – Uma palavra agora a respeito dos jurisconsultos. Estes são maioritariamente universitários, que exercem a sua atividade de modo independente, sobretudo através de pareceres escritos. À autonomização deste *nobile officium*, sem paralelo noutras famílias jurídicas, não são alheios, por um lado, o relevo histórico das Universidades e a matriz académica de boa parte do Direito positivo (sobretudo na Alemanha desde a receção do Direito Romano); por outro, a prevalência das fontes legais sobre as jurisprudenciais e a influência que os próprios universitários exercem na feitura das leis; e ainda a maior proximidade que os juízes têm nesta família jurídica (onde, como vimos, são predominantemente recrutados entre licenciados sem qualquer experiência profissional anterior) relativamente aos professores do que em relação aos advogados.

VI – A estas profissões jurídicas acresce a dos notários. Também quanto a estes existem diferenças de regime não despiciendas entre os ordenamentos jurídicos nacionais.

Na família romano-germânica prevalece, com efeito, o sistema dito do *notariado latino*[743]. De acordo com este, os notários acumulam duas qualidades.

---

[743] Sobre o qual podem ver-se: Jürgen Basedow, "Zwischen Amt und Wettbewerb – Perspektiven des Notariats in Europa", *RabesZ*, 1991, pp. 409 ss.; Pedro A. Malavet, «Counsel for the Situation:

Por um lado, são oficiais públicos nomeados pelo Estado, aos quais compete conferir autenticidade aos atos e negócios jurídicos contidos nos documentos que redigem a pedido dos interessados, bem como aconselhar e assessorar aqueles que solicitam os seus serviços. Nesta qualidade, são depositários da *fé pública*, simbolizada no selo branco que apõem nos documentos por si lavrados e autenticados. Aos atos que praticam assiste por isso especial força probatória e executiva. Estão, em contrapartida, sujeitos a certos deveres, *maxime* de imparcialidade e de independência. O acesso à respetiva profissão é regulado e fiscalizado pelo Estado.

Por outro lado, os notários são profissionais liberais, proprietários dos respetivos cartórios, por cuja gestão são responsáveis, podendo fixar os emolumentos pelos atos que praticam dentro dos limites previstos em tabelas oficialmente aprovadas.

Trata-se, pois, de juristas especializados, que exercem certas funções que nos sistemas de *Common Law*, como se verá adiante, são cometidas aos advogados. Na Alemanha, porém, os advogados podem em muitos *Länder* ser simultaneamente notários; alude-se aí, a fim de designá-los, a *Anwaltsnotäre*.

Em Portugal vigora hoje, nesta matéria, um regime híbrido[744]. Em parte, os notários são ainda, de acordo com o sistema instituído em 1949, funcionários públicos (posto que quanto aos serviços por eles prestados valha o *princípio da livre escolha*, e não o da competência territorial legalmente delimitada). Mas o D.L. nº 26/2004, de 4 de fevereiro, procedeu à privatização do notariado, de acordo com o modelo do notariado latino[745]. O Regime Jurídico do Processo de Inventário, aprovado pela Lei nº 23/2013, de 5 de março, atribui aos notários importantes competências no processamento dos atos e termos do processo de inventário e na habilitação de uma pessoa como sucessora por morte de outra.

VII – Os conservadores dos registos predial, civil e comercial são outros profissionais dos quais se requer, para o exercício da sua atividade, uma formação científica, que os habilite a resolverem questões jurídicas (como as de qualificação), não raro de grande complexidade. Assim sucede pelo menos em Portugal e em França, onde esses profissionais são funcionários do Estado e devem possuir uma licenciatura em Direito.

The Latin Notary, A Historical and Comparative Model», *Hastings Int'l & Comp. L. Rev.*, 1995-1996, pp. 389 ss.

[744] Sobre os antecedentes desse regime, veja-se Fernando Jorge Colaço, «The notarial institution», *RFDUL*, 1998, pp. 229 ss.

[745] Ver, sobre o regime instituído por esse diploma, Pedro Nunes Rodrigues, *Direito Notarial e Direito Registral. O novo regime jurídico do notariado privado*, Coimbra, 2005, com referências de Direito Comparado; e José Augusto Guimarães Mouteira Guerreiro, «A atividade notarial e registral na perspetiva do direito português», *RBDC*, nº 32 (2009), pp. 147 ss.

O regime vigente na Alemanha é, porém, diverso. Com efeito, o registo predial – que tem aí efeito constitutivo, pois dele depende a constituição e transferência de direitos reais sobre coisas imóveis – está neste país a cargo de serviços de registo predial (*Grundbuchämter*) integrados nos tribunais de primeira instância e dirigidos por juízes, embora a administração desses serviços seja da responsabilidade direta de funcionários (denominados *Rechtspfleger*). Não há, por conseguinte, na Alemanha conservadores do registo predial equivalentes aos portugueses e franceses[746].

VIII – Mencionem-se, por fim, os oficiais de justiça (que em França se dizem *greffiers* ou *huissiers de justice*, consoante as funções exercidas). Estes são os funcionários públicos que executam os atos dos magistrados e praticam os demais atos processuais (*v.g.* citações e notificações) de que a lei os incumbe. Apesar da relevância social das suas funções, não cabe a estes profissionais resolver questões jurídicas com base numa formação técnica ministrada segundo critérios de índole científica. São, *hoc sensu, auxiliares da justiça*.

§ 21º Conclusão

Existirão nos sistemas jurídicos até aqui examinados traços comuns que exprimam o seu *espírito*? A resposta deve, quanto a nós, ser positiva.

Por um lado, porque em todos os sistemas analisados o Direito desempenha um papel nuclear na vida social, sendo que por ele se entendem fundamentalmente as regras e os princípios a que os tribunais devem obediência na resolução dos casos concretos, e não os precedentes por eles formulados ou os ditames da religião e da moral. Nisto se revela o legado greco-romano que, como vimos, constitui um dos elementos formativos essenciais da família jurídica em apreço e a distingue da família de *Common Law* e dos demais sistemas jurídicos que analisaremos adiante. Decerto que nos Direitos alemão, francês e português se reconhece hoje amplamente a criatividade das decisões judiciais, bem como uma certa independência dos juízes relativamente à lei: o Direito não existe apenas nas regras legais, antes pode ser criado pelos julgadores ao decidirem os casos concretos, nomeadamente fazendo apelo aos valores que inspiram ao sistema jurídico e aos princípios que constituem a sua expressão normativa. Ainda assim, os tribunais movem-se nesta família jurídica essencialmente nos quadros da lei. O que confere a esta última (e em especial aos códigos, que constituem o *ex libris* desta família jurídica) uma preponderância que não possui noutros sistemas jurídicos. Acresce que, dada a inexistência nos Direitos continentais de um princípio

---

[746] Ver, sobre esta matéria, Alejandro Garro, «Recordation of Interests in Land», *in IECL*, vol. VI, *Property and Trust*, Tubinga, etc., 2004, capítulo 8.

de *stare decisis* como o que vigora nos sistemas de *Common Law*, as regras jurisprudenciais não têm neles, como notam René David, Camille Jauffret-Spinosi e Marie Goré, a mesma autoridade que as estabelecidas pelo legislador – não só porque não vinculam os tribunais inferiores nas decisões por estes proferidas em casos subsequentes, mas também pela relativa facilidade com que podem ser alteradas, como não raro sucede nos *revirements de jurisprudence* franceses[747].

Há, por outro lado, entre os sistemas jurídicos aqui considerados uma *comunhão de valores* que é testemunhada, além do mais, pela sua pertença a certos instrumentos internacionais com caráter estruturante, diretamente aplicáveis na ordem interna, entre os quais se destacam a Convenção Europeia dos Direitos do Homem e os tratados que instituíram a Comunidade e a União Europeias.

Não obstante isso, existem entre estes sistemas jurídicos diferenças não despiciendas.

Desde logo, no tocante às *fontes de Direito*. Sendo certo que se mantém em França e em Portugal, ao menos nos textos legais, o primado da lei, ele está claramente posto em crise na Alemanha, em virtude da distinção entre lei e Direito operada pela Lei Fundamental; e há também acentuadas diferenças entre estes países no plano da técnica legislativa e a respeito da relevância da jurisprudência como fonte de novas soluções, a qual é notoriamente maior na Alemanha e em França do que em Portugal.

Em seguida, pelo que respeita ao *pensamento jurídico*. Este evidencia na Alemanha e em Portugal um pendor conceptual e sistemático muito mais acentuado do que em França; o que se reflete, designadamente, no estilo fortemente abstrato e generalizador das codificações civis alemã e portuguesa, de que demos conta oportunamente, e na preocupação de coerência dogmática que impregna a ciência jurídica alemã contemporânea e, na esteira dela, a portuguesa.

Depois, em matéria de *organização judiciária e de recursos para os tribunais superiores*. Posto que todos os ordenamentos jurídicos em causa consagrem a existência de três graus na organização judiciária e distingam a jurisdição civil da administrativa, o sistema de recursos para o tribunal supremo varia entre o da cassação (em França) e o da substituição (em Portugal), com inevitáveis reflexos sobre o modo como os tribunais integrados naquela organização desempenham as suas funções; sendo que também o regime de fiscalização da constitucionalidade oscila entre a difusa (admitida em Portugal, embora não a título exclusivo) e a concentrada (cometida em França a um órgão político e na Alemanha e em Portugal a um órgão jurisdicional).

Finalmente, quanto às *profissões jurídicas* e ao *ensino do Direito*. Embora todos os sistemas considerados favoreçam, como se disse, a especialização profissional dos

---

[747] Cfr. *Les grands systèmes de droit contemporains*, p. 122.

juristas, esta é mais acentuada em França do que nos restantes países, com inevitáveis repercussões no plano da formação (a qual é comum a todos os profissionais na Alemanha e diferenciada em razão da profissão em França e em Portugal).

Dir-se-á, em suma, que, embora presida aos sistemas em apreço um *espírito comum*, traduzido essencialmente numa mesma forma de conceber o Direito, este obteve nesses sistemas *concretizações diversas*.

Bibliografia específica

I – Direito alemão

ALEXY, Robert, e RALPH DREIER – «Statutory Interpretation in the Federal Republic of Germany», *in* D. Neil MacCormick/Robert S. Summers (orgs.), *Interpreting Statutes. A Comparative Study*, Aldershot, etc., Dartmouth, 1991, pp. 73 ss.

BÖCKSTIEGEL, Karl-Heinz – «Germany», *in IHCA*, suplemento 26, Haia/Londres/Boston, Kluwer, 1998.

BROX, Hans, e WOLF-DIETRICH WALKER – *Allgemeiner Teil des BGB*, 40ª ed., Colónia, Carl Heymanns Verlag, 2016.

CANARIS, Claus-Wilhelm – *Systemdenken und Systembegriff in der Jurisprudenz*, 2ª ed., 1983, Berlim, Dunker & Humblot (existe tradução portuguesa, com o título *Pensamento sistemático e conceito de sistema na ciência do Direito*, por António Menezes Cordeiro, Lisboa, Fundação Calouste Gulbenkian, 1989).

— *Schuldrechtsmodernisierung 2002*, Munique, C.H. Beck, 2002.

— *Direitos fundamentais e Direito Privado*, Coimbra, Almedina, 2003 (tradução portuguesa por Ingo Wolfgang Sarlet e Paulo Mota Pinto).

— «Funções da parte geral de um Código Civil e limites da sua prestabilidade», *in* Faculdade de Direito da Universidade de Coimbra (org.), *Comemorações dos 35 anos do Código Civil e dos 25 anos da Reforma de 1977*, vol. II, *A parte geral do Código e a teoria geral do Direito Civil*, Coimbra, Coimbra Editora, 2006, pp. 23 ss.

CORDEIRO, António Menezes – «A modernização do Direito das Obrigações», *ROA*, 2002, pp. 91 ss., 319 ss., 711 ss.

DEDEK, Helge, e Martin SCHERMAIER – "German Law", *in* Jan M. Smits (org.), *Elgar Encyclopedia of Comparative Law*, 2ª ed., Cheltenham, Reino Unido/Nothampton, Estados Unidos, 2012, pp. 349 ss.

EBKE, Werner, e MATTHEW W. FINKIN (orgs.) – *Introduction to German Law*, Kluwer Law International, 1996.

ENGISCH, Karl – *Einführung in das juristische Denken*, 9ª ed. refundida por Thomas Würtenberger e Dirk Otto, Estugarda/Berlim/Colónia, Kohlhammer, 1997 (existe tradução portuguesa da 3ª ed. do original alemão, com o título *Introdução ao pensamento jurídico*, por João Baptista Machado, 5ª ed., Lisboa, Fundação Calouste Gulbenkian, s.d.).

Esser, Josef – «Wandlungen von Billigkeit und Billigkeitsrechtsprechung im modernen Privatrecht», in *Summum ius summa iniuria*. *Individual Gerechtigkeit und der Schutz allgemeiner Werte im Rechtsleben*, Tubinga, 1963, pp. 22 s.

— *Grundsatz und Norm in der richterlichen Fortbildung des Privatrechts*, 4ª ed., Tubinga, J.C.B. Mohr (Paul Siebeck), 1990 (existe tradução espanhola com o título *Princípio y norma en la elaboración jurisprudencial del derecho privado*, por Eduardo Valente Fiol, Barcelona, Bosch, 1961).

Horn, Norbert, Hein Kötz e Hans G. Leser – *German Private and Commercial Law: an Introduction*, Oxford, Clarendon Press, 1982.

Keilmann, Annette – «The *Einheitsjurist*: A German Phenomenon», *German L.J.*, 2006, pp. 293 ss.

Kleinheyer, Gerd, e Jan Schröder (orgs.) – *Deutsche und Europäische Juristen aus neun Jahrhunderten*, 4ª ed., Heidelberga, C.F. Müller, 1996.

Köhler, Helmut – *BGB. Allgemeiner Teil*, 41.ª ed., Munique, C.H. Beck, 2017.

Larenz, Karl – *Richtiges Recht. Grundzüge einer Rechtsethik*, Munique, C.H. Beck, 1979 (existe tradução espanhola e apresentação por Luis DíezPicazo com o título *Derecho justo. Fundamentos de etica juridica*, reimpressão, Madrid, Civitas, 1991).

— *Methodenlehre der Rechtswissenschaft*, 6ª ed., Berlim, etc., Springer Verlag, 1991 (existe tradução portuguesa, com o título *Metodologia da Ciência do Direito*, por José Lamego, Lisboa, Fundação Calouste Gulbenkian, 1997).

— e Claus-Wilhelm Canaris – *Methodenlehre der Rechtswissenschaft*, 3ª ed., Berlim, etc., Springer Verlag, 1995.

— e Manfred Wolf – *Allgemeiner Teil des Bürgerlichen Rechts*, 9ª ed., Munique, C. H. Beck, 2004.

Medicus, Dieter, e Jens Petersen – *Allgemeiner Teil des BGB*, 11ª ed., Heidelberga, C. F. Müller Verlag, 2016.

Münchener Kommentar zum Bürgerlichen Gesetzbuch, vol. 1, *Allgemeiner Teil* (por Franz Jürgen Säcker e outros), 7.ª ed., Munique, C.H. Beck, 2015.

outros), 7.ª ed., Munique, C.H. Beck, 2015.

Palandt, Otto – *Bürgerliches Gesetzbuch* (por Gerd Brudermüller e outros), 76ª ed., Munique, C.H. Beck, 2017.

Pawlowski, Hans-Martin – *Allgemeiner Teil des Bürgerlichen Rechts*, 7ª ed., Heidelberga, C. F. Müller Verlag, 2003.

Reimann, Mathias, e Joachim Zekoll (orgs.) – *Introduction to German Law*, Munique, C. H. Beck, 2005.

Robbers, Gerhard – *An Introduction to German Law*, 4ª ed., Baden-Baden, Nomos, 2006.

Schmidt, Folke – «The German Abstract Approach to Law. Comments on the System of the Bürgerliches Gesetzbuch», *Scandinavian Studies in Law*, 1965, pp. 131 ss.

Schmitt, Carl – «Sobre as três modalidades científicas do pensamento jurídico», *BMJ* 26 (1959), pp. 5 ss.; *BMJ* 27 (1959), pp. 5 ss.

STERN, Klaus, e outros – *Einführung in das deutsche Recht*, Munique, C.H. Beck, 1983.
VIEHWEG, Theodor – *Topik und Jurisprudenz*, 5ª ed., Munique, C.H. Beck, 1974.
WESEL, Uwe – *Geschichte des Rechts. Von den Frühformen bis zur Gegenwart*, 3ª ed., Munique, C.H.Beck, 2006.
WIEACKER, Franz – *Privatrechtsgeschichte der Neuzeit. Unter besonderer Berücksichtigung der Deutschen Entwicklung*, 2ª ed., Göttingen, Vandenhoeck & Ruprecht, 1967 (existe tradução portuguesa, com o título *História do Direito Privado Moderno*, por António Hespanha, 2ª ed., Lisboa, Fundação Calouste Gulbenkian, 1993).
WITZ, Claude – *Le droit allemand*, 3ª ed., Paris, Dalloz, 2018.
WOLF, Manfred, e Jörg NEUNER – *Allgemeiner Teil des Bürgerlichen Rechts*, 11ª ed., Munique, C. H. Beck, 2016.
ZIMMERMANN, Reinhard – *The New German Law of Obligations. Historical and Comparative Perspectives*, Oxford, Oxford University Press, 2005.
— «The German Civil Code and the Development of Private Law in Germany», *Oxford University Comparative Law Forum*, 2006 (disponível em http://www.ouclf.iuscomp.org).

II – Direito francês

AAVV – *La circulation du modèle juridique français (Journées franco-italiennes)*, Travaux de l'Association Henri Capitant, t. XLIV, Paris, Litec, 1993.
AAVV – *1804-2004. Le Code Civil. Un passé, un présent, un avenir*, Paris, Dalloz, 2004.
ARNAUD, André-Jean – *Les origines doctrinales du code civil français*, Paris, LGDJ/Pichon et Durand-Auzias, 1969 (com um prefácio de Michel Villey).
BATIZA, Rodolfo – «Roman Law in the French and Louisiana Civil Codes: A Comparative Textual Survey», *Tul. L.R.*, 1995, pp. 1601 ss.
BELL, John, SOPHIE BOYRON e SIMON WHITTAKER – *Principles of French Law*, Oxford, Oxford University Press, 1998.
BLANC-JOUVAN, Xavier – *Worldwide Influence of the French Civil Code of 1804, on the Occasion of its Bicentennial Celebration*, Cornell Law School Berger International Speaker Series, Paper 3, s.l., 2004 (disponível em http://lsr.nellco.org).
CABRILLAC, Rémy – *Introduction générale au droit*, 9ª ed., Paris, Dalloz, 2011.
CAPITANT, Henri, FRANÇOIS TERRÉ e YVES LEQUETTE – *Les grands arrêts de la jurisprudence civile*, 2 tomos, 11ª ed., Paris, Dalloz, 2000.
CARBONNIER, Jean – *Flexible droit. Pour une sociologie du droit sans rigueur*, 6ª ed., Paris, L.G.D.J., 1988.
— *Droit Civil*, vol. I, *Introduction. Les personnes. La famille, l'enfant, le couple*; vol. II, *Les biens. Les obligations*, reimpressão, Paris, Quadrige/PUF, 2004.
Conseil d'État – *L'influence internationale du droit français*, La documentation française, Paris, 2001.
DERAINS, Yves, e ROSABEL E. GOODMAN-EVERARD – «France», *in IHCA*, suplemento 26, Haia/Londres/Boston, Kluwer, 1998.

FAUVARQUE-COSSON, Bénédicte, e Alice FOURNIER – "France", *in* Jan M. Smits (org.), *Elgar Encyclopedia of Comparative Law*, 2ª ed., Cheltenham, Reino Unido/Northampton, Estados Unidos, 2012, pp. 344 ss.

FERID, Murad – *Das Französische Zivilrecht*, vol. I, *Allgemeine Lehren. Recht der Schuldverhältnisse*, Frankfurt a.M./Berlim, Metzner, 1971.

— e Hans-Jürgen SONNENBERGER – *Das Französische Zivilrecht*, vol. 2, *Schuldrecht: Die einzelnen Schuldverhältnisse. Sachenrecht*, 2ª ed., Heidelberga, Verlaggesellschaft Recht und Wirtschaft, 1986.

GHESTIN, Jacques – *Traité de droit civil. Introduction générale*, t. I, *Droit objectif et droits subjectifs, Sources du droit*, 5ª ed., Paris, LGDJ, 2018 (por Jacques Ghestin, Hugo Barbier e Jean-Sylvestre Bergé).

GÉNY, François – *Méthode d'interprétation et sources du droit privé positif. Essai critique*, 2ª ed., reimpressão, Paris, 1996.

HÜBNER, Ulrich – «Die Juristenausbildung in Frankreich», *in* Heinz-Peter Mansel e outros (orgs.), *Festschrift für Erik Jayme*, vol. 2, Munique, 2004, pp. 1141 ss.

— e Vlad CONSTANTINESCO – *Einführung in das französische Recht*, 3ª ed., Munique, C.H. Beck, 1991.

LASSER, Mitchel de S.O.l'E. – «Judicial (Self-)Portraits: Judicial Discourse in the French Legal System», *Yale L.J.*, 1995, pp. 1325 ss.

LOUSSOUARN, Yvon – «The Relative Importance of Legislation, Custom, Doctrine, and Precedent in French Law», *Louisiana Law Review*, 1957-1958, pp. 235 ss.

MAURY, Jacques – «Observations sur la jurisprudence en tant que source de droit», *in* AAVV, *Le droit privé français au milieu du XXe siècle. Études offertes à Georges Ripert*, tomo I, Études générales. Droit de la famille, Paris, L.G.D.J.,1950, pp. 28 ss.

MOREAU, Michel – «A propos de l'influence internationale du droit français», *Annuaire Français de Relations Internationales*, 2003, pp. 359 ss.

SONNENBERGER, Hans-Jürgen, e Christian AUTEXIER – *Einführung in das französische Recht*, 3ª ed., Heidelberga, Verlag Recht und Wirtschaft, 2000.

STEINER, Eva – *French Legal Method*, Oxford, Oxford University Press, 2002.

— *French Law. A Comparative Approach*, Oxford, Oxford University Press, 2012.

TERRÉ, François – *Introduction générale au droit*, 9ª ed., Paris, Dalloz, 2012.

TROPER, Michel, Christophe GRZAGORCZYK e Jean-Louis GARDIES – «Statutory Interpretation in France», *in* D. Neil MACCORMICK/Robert S. SUMMERS (orgs.), *Interpreting Statutes. A Comparative Study*, Aldershot, etc., Dartmouth, 1991, pp. 171 ss.

TUNC, André – «Methodology of the Civil Law in France», *Tul. L.R.*, 1975/76, pp. 459 ss.

III – Direito português

ALBUQUERQUE, Martim – *Da igualdade. Introdução à jurisprudência*, Coimbra, Almedina, 1993 (com a colaboração de Eduardo Vera Cruz Pinto).

ALBUQUERQUE, Ruy de, e Martim DE ALBUQUERQUE – *História do Direito Português*, I volume, nova versão, 9ª ed., Lisboa, Pedro Ferreira, 1998.

ALMEIDA, Carlos Ferreira de, Assunção CRISTAS e Nuno PIÇARRA (orgs.) – *Portuguese Law. An overview*, Coimbra, Almedina, 2007.

AMARAL, Diogo Freitas do – *Manual de Introdução ao Direito*, vol. I, com a colaboração de Ravi Afonso Pereira, Coimbra, Almedina, 2004.

ASCENSÃO, José de Oliveira – *Direito Civil. Teoria geral*, 3 vols., Coimbra, Coimbra Editora, 1997/2003.

— «Interpretação das leis. Integração das lacunas. Aplicação do princípio da analogia», *ROA*, 1997, pp. 913 ss.

— «O costume como fonte do direito», *RTDC*, 2000, pp. 39 ss.

— *O Direito. Introdução e teoria geral*, 13ª ed., Coimbra, Almedina, 2005.

BRANCO, Ricardo – «Ainda a submissão do juiz à lei. Breve apontamento sobre os paradigmas clássicos da resolução do problema e sobre o modo como se coloca no Direito português», in *Estudos em memória do Professor Doutor António Marques dos Santos*, vol. II, Coimbra, 2005, pp. 271 ss.

BRITO, Miguel Nogueira de – *Introdução ao estudo do Direito*, Lisboa, AAFDL, 2017.

BRONZE, Fernando José – *Lições de Introdução ao Direito*, Coimbra, Coimbra Editora, 2002.

CAETANO, Marcello – *História do Direito português (sécs. XII-XVI)*, 4ª ed., Lisboa/São Paulo, Verbo, 2000.

CANOTILHO, José Joaquim Gomes – *Direito Constitucional e Teoria da Constituição*, 7ª ed., Coimbra, Almedina, 2006.

CARVALHO, Orlando de – «A Teoria Geral da Relação Jurídica. Seu sentido e limites», *RDES*, 1969, pp. 55 ss.

CHORÃO, Mário Bigotte – *Introdução ao Direito*, vol. I, *O conceito de Direito*, Coimbra, Almedina, 1988.

— *Temas fundamentais de Direito*, Coimbra, Almedina, 1991.

CORDEIRO, António Menezes – *Da boa-fé no Direito Civil*, 2 vols. Coimbra, Almedina, 1985.

— «A decisão segundo a equidade», *Dir.*, 1990, pp. 261 ss.

— *Da modernização do Direito Civil*, vol. I, *Aspetos gerais*, Coimbra, Almedina, 2004.

— *Tratado de Direito Civil*, Coimbra, Almedina, vol. I, *Introdução. Fontes do Direito. Interpretação da Lei. Aplicação das Leis no Tempo. Doutrina Geral*, 4ª ed., 2012.

COSTA, Mário Júlio de Almeida – *História do Direito português*, 3ª ed., Coimbra, Almedina, 1996.

FERNANDES, Luís Carvalho – *Teoria geral do Direito Civil*, 5ª ed., 2 vols., Lisboa, Universidade Católica, 2009/2010.

GOUVEIA, Jorge Bacelar – *Manual de Direito Constitucional*, 2 vols., 4ª ed., Coimbra, Almedina, 2011.

HERZOG, Benjamin – *Anwendung und Auslegung von Recht in Portugal und Brasilien. Eine rechtsvergleichende Untersuchung aus genetischer, funktionaler und postmoderner Perspektive. Zugleich ein Plädoyer für mehr Savigny und weniger Jhering*, Tubinga, Mohr Siebeck, 2014.

Homem, António Pedro Barbas – *O movimento de codificação do Direito em Portugal no século XIX*, Lisboa, 2007.
Justo, António Santos – «O Direito Luso-Brasileiro: codificação civil», *RDBC*, 2003, pp. 167 ss.
Machado, João Baptista – *Introdução ao Direito e ao discurso legitimador*, Coimbra, Almedina, 1983.
Miranda, Jorge – *Manual de Direito Constitucional*, Coimbra, Coimbra Editora, t. I, 9ª ed., 2011; t. II, 6ª ed., 2007; t. III, 6ª ed., 2010; t. IV, 4ª ed., 2008; t. V, 4ª ed., 2011; t. VI, 3ª ed., 2008; t. VII, 2007.
— *Fiscalização da Constitucionalidade*, Coimbra, Almedina, 2017.
— e Rui de Medeiros (orgs.) – *Constituição portuguesa anotada*, Coimbra, Coimbra Editora, t. I, 2ª ed., 2010; t. II, 2006; t. III, 2007.
Moncada, Luís Cabral de – *Lições de Direito Civil*, 4ª ed., Coimbra, Almedina, 1995.
Monteiro, António Pinto – «La codification en Europe: le Code Civil portugais», *BFDUC*, 1992, pp. 1 ss.
Morais, Carlos Blanco de – *Justiça Constitucional*, Coimbra, Coimbra Editora, t. I, 2ª ed., 2006; t. II, 2ª ed., 2011.
— *Curso de Direito Constitucional*, tomo I, *A lei e os atos normativos no ordenamento jurídico português*, Coimbra, Coimbra Editora, 2008.
Neves, António Castanheira – *Metodologia jurídica. Problemas fundamentais*, Coimbra, Coimbra Editora, 1993.
Otero, Paulo – *Lições de Introdução ao estudo do direito*, 2 tomos, Lisboa, 1997/1998.
— *Direito Constitucional português*, Coimbra, Almedina, 2010, vol. I, *Identidade Constitucional*; vol. II, *Organização do poder político*.
Pereira, Alexandre Dias – «Equidade (fragmentos)», *BFDUC*, 2004, pp. 347 ss.
Pinto, Carlos Alberto da Mota – *Teoria geral do Direito Civil*, 4ª ed., por António Pinto Monteiro e Paulo Mota Pinto, Coimbra, Coimbra Editora, 2005.
Saraiva, José Hermano – *O que é o Direito?*, Lisboa, Gradiva, 2009.
Silva, Manuel Duarte Gomes da – *Esboço de uma conceção personalista do Direito. Reflexões em torno da utilização do cadáver humano para fins terapêuticos e científicos*, Lisboa, separata da *RFDUL*, 1965.
Silva, Nuno J. Espinosa Gomes da – *História do Direito Português. Fontes de Direito*, 4ª ed., Lisboa, Fundação Calouste Gulbenkian, 2006.
Sousa, Marcelo Rebelo de, e Sofia Galvão – *Introdução ao estudo do Direito*, 5ª ed., Lisboa, Lex, 2000.
Sousa, Miguel Teixeira de – *Introdução ao Direito*, Coimbra, Almedina, 2012.
Sousa, Rabindranath Capelo – *Teoria geral do Direito Civil*, vol. I, Coimbra, Coimbra Editora, 2003.
Teixeira, António Braz – «Sobre os pressupostos filosóficos do código civil português de 1867», *Fides. Direito e Humanidades*, 1994, pp. 137 ss.

TELLES, Inocêncio Galvão – *Introdução ao estudo do Direito*, I vol., 11ª ed., Coimbra, Coimbra Editora, 1999; II vol., 10ª ed., Coimbra, Coimbra Editora, 2000.

VARELA, João de Matos Antunes – «Do projeto ao Código Civil», *BMJ* 161 (1966), pp. 5 ss.

— «Valor da equidade como fonte de Direito», *CTF*, nº 92-93, 1966, pp. 7 ss.

— «Código Civil», *Polis*, vol. I, cols. 930 ss.

VASCONCELOS, Pedro Pais – *Teoria geral do Direito Civil*, 7ª ed., Coimbra, Almedina, 2012.

VELOZO, Francisco José – «Orientações Filosóficas do Código de 1867 e do futuro Código», *S.I.*, 1967, pp. 155 ss.

IV – Direito Romano

BALDUS, Christian – «A importância do Direito Romano e da tradição romanista para o Direito português. Uma introdução para estudantes de Direito», *Interpretatio Prudentium*, 2016, I, pp. 39 ss.

BEHRENDS, Okko, Rolf KNÜTTEL e outros (orgs.) – *Corpus Iuris Civilis. Text und Übersetzung*, Heidelberga, C.F. Müller, 1995-2005.

BIRKS, Peter, e Grant MCLEOD – *Justinian's Institutes*, reimpressão, Londres, Duckworth, 2001.

COING, Helmut – «The Roman Law as *Ius Commune* on the Continent», *LQR*, 1973, pp. 505 ss.

CRUZ, Sebastião – *Direito Romano (Ius Romanum)*, vol. I, 4ª ed., Coimbra, DisLivro, 1984.

D'ORS, Álvaro – *Derecho Privado Romano*, 10ª ed., Pamplona, Universidad de Navarra, 2004.

—, F. HERNANDEZ-TEJERO, P. FUENTESECA, M. GARCIA-GARRIDO e J. BURILLO – *El Digesto de Justiniano*, 3 vols., Pamplona, Aranzadi, 1968/1975.

DOMINGO, Rafael (coordenador) – *Textos de Derecho Romano*, s.l., Aranzadi, 2002.

JUSTO, António Santos – *Direito Privado Romano*, 3 vols., Coimbra, Coimbra Editora, 1997/2003.

— «O Direito Romano em Portugal», *BFDUC*, 2014, pp. 5 ss.

KASER, Max, e Rolf KNÜTEL – *Römisches Privatrecht*, 19ª ed., Munique, C.H. Beck, 2008 (existe tradução portuguesa da edição de 1992, por Samuel Rodrigues e Ferdinand Hämmerle, com o título *Direito Privado Romano*, Lisboa, Gulbenkian, 1999).

KOLBERT, C.F. – *The Digest of Roman Law. Theft, Rapine, Damage and Insult*, Londres, Penguin Books, 1979.

KOSCHAKER, Paul – *Europa und das Römische Recht*, 4ª ed., Munique/Berlim, Beck, 1966.

KUNKEL, Wolfgang, e Martin SCHERMAIER – *Römische Rechtsgeschichte*, 14ª ed., Estugarda, UTB, 2008.

LAWSON, F. H. – «The Contribution of Roman Law to Western Civilisation», in *Selected Essays*, vol. I, *Many Laws*, Amesterdão/Nova Iorque/Oxford, North-Holland Pub. Co., 1977.

NICHOLAS, Barry – *An Introduction to Roman Law*, Oxford, Oxford University Press, 1962.

NOGUEIRA, José Duarte – *Direito Romano. Relatório sobre o programa, o conteúdo e os métodos de ensino*, Lisboa, Coimbra Esditora, 2000, pp. 11 ss.

PANERO GUTIÉRREZ, Ricardo – *Derecho Romano*, 4ª ed., Valencia, Tirant lo Blanch, 2008.
PINTO, Eduardo Vera-Cruz – «As fontes do Direito Romano (O contributo de Raul Ventura para o seu ensino na Faculdade de Direito de Lisboa)», *in Estudos em homenagem ao Prof. Doutor Raúl Ventura*, Lisboa, 2003, pp. 33 ss.
— *Curso de Direito Romano*, Cascais, Principia 2009.
SCHMIDLIN, Bruno – *Droit privé romain*, vol. I, Genebra, Schulthess, 2008.
STEIN, Peter – *Roman Law in European History*, reimpressão, Cambridge, Cambrifge University Press, 2004.
SCHULZ, Fritz – *Prinzipien des römischen Rechts*, Munique/Leipzig, 1934 (existe tradução inglesa, por Marguerite Wolff, com o título *Principles of Roman Law*, Oxford, Clarendon Press, 1936).
THOMAS, J. A. C. – «Roman Law», *in* John Duncan Derrett, *An Introduction to Legal Systems*, reimpressão, Nova Deli, Universal Law Publishing Co., 1999, pp. 1 ss.
VENTURA, Raul – *Manual de Direito Romano*, vol. I, tomo I, Lisboa, Coimbra Editora, 1964.
VILLEY, Michel – *Droit Romain*, Paris, 2002 (existe tradução portuguesa, por Fernando Couto, com o título *Direito Romano*, Porto, Res Juridica, s.d.).
WATSON, Alan – *The Digest of Justinian*, 4 vols., Filadélfia, University of Pennsylvania Press, 1985.
— *Roman Law and Comparative Law*, Atenas (Geórgia)/Londres, University of Georgia Press, 1991.
— *The Spirit of Roman Law*, Atenas (Geórgia)/Londres, University of Georgia Press, 1995.
WOLFF, Hans Julius – *Roman Law. An Historical Introduction*, Norman (Oklahoma), University of Oklahoma Press, 1951.
ZIMMERMANN, Reinhard – *The Law of Obligations. Roman Foundations of the Civilian Tradition*, Oxford, Clarendon, 1996.
— *Roman Law, Contemporary Law, European Law. The Civilian Tradition Today*, Oxford, Oxford University Press, 2001.

Bases de dados específicas

I – Direito alemão

http://www.bundesgerichtshof.de (Tribunal Federal alemão)
http://www.bundesrecht.juris.de (Bundesministerium der Justiz)
http://www.bverfg.de (Tribunal Constitucional Federal alemão)
http://dlib-pr.mpier.mpg.de (Max-Planck-Institut für europäische Rechtsgeschichte)
http://www.germanlawjournal.com (German Law Journal)
http://www.gesetze-im-internet.de (Bundesministerium der Justiz)
http://www.iuscomp.org/gla (German Law Archive)

DIREITO COMPARADO

II – Direito francês

http://www.conseil-constitutionnel.fr (Conselho Constitucional francês)
http://www.conseil-etat.fr (Conselho de Estado francês)
http://courdecassation.fr (Tribunal da Cassação francês)
http://www.jounal-official.gouv.fr (Jornal Oficial)
http://www.justice.gouv.fr (Ministério da Justiça francês)
http://www.legifrance.gouv.fr (Legifrance)
http://www.rabenou.org (Pages juridiques Jerôme Rabenou)

III – Direito português

http://www.dgsi.pt (Instituto das Tecnologias da Informação na Justiça de Portugal)
http://www.dr.incm.pt (Diário da República)
http://www.dre.pt/ue (Imprensa Oficial dos Países da União Europeia)
http://www.tribunalconstitucional.pt (Tribunal Constitucional)

IV – Direito Romano

http://www.histoiredudroit.fr (Portail Numérique de l'Histoire du Droit)
http://www.archive.org/details/corpusjuriscivil01krueuoft (Internet Archive)
http://www.iuscivile.com (Roman Law Resources)
http://www.justinien.net (The Roman Law Library)

Capítulo III
A família jurídica de *Common Law*

SECÇÃO I - PRELIMINARES

§ 22º **Fatores determinantes da autonomização da família jurídica de *Common Law***
Compreende-se na família jurídica de *Common Law*, ou *Common Law lato sensu*, o conjunto dos sistemas jurídicos que têm por base o Direito comum (*Common Law stricto sensu*) criado pelos tribunais ingleses a partir do século XI[748].

Entre os fatores que historicamente determinaram a sua autonomização destaca-se, em primeiro lugar, a ausência em Inglaterra de uma receção em sentido próprio do Direito Romano. Apesar de os territórios que compõem aquele país terem sido parte do Império Romano durante cerca de quatro séculos, não há hoje no sistema jurídico inglês vestígios desse Direito. Não porque a sua receção tivesse deixado de ser tentada. Ela foi-o efetivamente na Idade Média, por iniciativa do clero católico (em parte de origem continental), segundo relata William Blackstone (1723-1780), nos seus *Comentários às Leis de Inglaterra*[749]. Mas a aplicação do Direito Romano nos tribunais ingleses foi rejeitada pelos juristas e proscrita por decisão real.

Na raiz deste fenómeno terá estado, por um lado, o receio de que a receção do Direito Romano (o qual consagrou, no Dominado, uma monarquia absoluta[750]),

---

[748] Sobre o conceito de *Common Law*, vide H. Patrick Glenn, *On Common Laws*, Oxford, 2005, e Pierre Legrand/Geoffrey Samuel, *Introduction au common law*, Paris, 2008.
[749] Cfr. *Commentaries on the Laws of England*, vol. I, 15ª ed., Oxford, 1809 (com anotações e aditamentos por Edward Christian), pp. 18 ss.
[750] Recordem-se, a este propósito, as *máximas* de Ulpiano *princeps legibus solutus est* («o Imperador não está sujeito à lei») e *quod principi placuit, legis habet vigorem* («o que o Imperador decretar, vale como lei»), reproduzidas, respetivamente, em D., 1, 3, 31, e em D., 1, 4, 1, pr.

implicasse uma restrição das liberdades individuais consagradas no Direito inglês, então de fonte essencialmente consuetudinária; receio esse especialmente justificado em face da experiência de dominação estrangeira sofrida pelos anglo--saxões após a ocupação normanda do país ocorrida a partir do século XI. Este sentimento de apego ao Direito autóctone, tido como penhor da liberdade individual, e de rejeição do Direito de origem continental, prevaleceu em Inglaterra até muito tarde. Dele se fazia ainda eco Blackstone, em 1758, ao afirmar na lição inaugural que proferiu em Oxford aquando da sua investidura na então recém--criada cátedra de Direito inglês: «não devemos preferir o edito do pretor ou o rescrito do imperador romano aos nossos costumes imemoriais ou às leis de um Parlamento inglês; a não ser que prefiramos também a monarquia despótica de Roma e Bizâncio, para cujas populações os primeiros foram gizados, à Constituição livre da Grã-Bretanha, que os últimos estão aptos a perpetuar»[751]. No mesmo sentido terá concorrido, por outro lado, a circunstância de a administração da justiça ter sido centralizada em Inglaterra, desde muito cedo, nos tribunais reais e de se ter formado, na base das decisões por estes proferidas, um *Direito comum* a todo o reino, que gradualmente absorveu e substituiu os costumes locais – algo que, como vimos, só muito mais tarde sucederia em França, na Alemanha e em Portugal. Assim, quando se deu na Europa continental o renascimento do Direito Romano já a Inglaterra possuía um sistema jurídico próprio.

Em segundo lugar, a autonomização da família de *Common Law* deve-se à continuidade do seu Direito, traduzida, por um lado, na subsistência de certos institutos de raiz medieval (como a tipicidade dos ilícitos delituais ou *torts*) e, por outro, na ausência de ruturas institucionais como a que foi provocada pela revolução francesa. Houve, é certo, revoluções em Inglaterra, posto que nenhuma tenha tido a ressonância mundial que teve a revolução francesa. Entre elas destacam-se a *Revolução Puritana* iniciada em 1642, que levou à deposição, em 1649, de Carlos I (1600-1649) e ao estabelecimento, durante um interregno que durou até 1660, de um governo republicano inicialmente dirigido por Oliver Cromwell (1599-1658); e a *Revolução Gloriosa* de 1688, que conduziu à abdicação de Jaime II (1633-1701), último rei da dinastia Stuart, e elevou ao trono sua irmã, Maria (1662-1694), casada com o príncipe holandês Guilherme de Orange (1650-1702). Ao invés, porém, do que sucedeu em França um século mais tarde, as revoluções inglesas de Seiscentos não se fizeram para subverter a ordem social, política e religiosa existente à época, mas antes para preservá-la. A revolução de 1642 surgiu, com efeito, em reação contra a tirania de Carlos I, que durante onze anos governara sem o consentimento do Parlamento, e contra os receios de retorno ao catolicismo gerados pelas práticas religiosas adotadas pelo rei e pelo arcebispo de Cantuária, por ele nomeado. Por seu turno, a revolução de 1688 visou impe-

---

[751] Ob. cit., p. 5.

dir que a Inglaterra revertesse ao catolicismo (que Jaime II professava) e garantir que os reis se mantivessem na dependência do Parlamento. A própria Declaração de Direitos (*Bill of Rights*) de 1689, de cuja aceitação o Parlamento fez depender a aclamação dos novos monarcas, Guilherme e Maria de Orange, reafirmou direitos e liberdades (referidos nesse texto como «legítimos, antigos e incontestáveis direitos do povo») que em parte já constavam da *Magna Carta* de 1215. Para esta ausência de ruturas terá por certo contribuído o facto de nos séculos XVII e XVIII a sociedade inglesa (tal como a holandesa) se mostrar bastante mais aberta do que, por exemplo, a francesa – como o revela, por exemplo, a circunstância de já então existir em Inglaterra um certo grau de liberdade religiosa e de imprensa. Para ela concorreu, além disso, a eficácia conferida como fontes do Direito ao precedente judicial – a marca distintiva do *Common Law* inglês – e ao costume.

Em terceiro lugar, importa ter presente a relevância que assumiram na modelação do espírito do *Common Law* duas correntes de pensamento que têm na respetiva origem obras de filósofos ingleses: o liberalismo, que encontrou a sua expressão primordial nos escritos de John Locke (1632-1704), e o utilitarismo, cujo fundador foi Jeremy Bentham (1748-1832). O primeiro proclamou o consentimento dos governados como fundamento precípuo da legitimidade do Governo e a vida, a liberdade e a propriedade como direitos humanos naturais[752], ideias que teriam um profundo impacto na evolução dos sistemas jurídicos inglês e norte-americano, nos quais se manifestaram designadamente através da proteção constitucional dos direitos e liberdades fundamentais. O segundo fundou toda a ação humana no princípio da utilidade[753], ou da máxima felicidade[754], gizando assim a base em que assentaria posteriormente a modelação jurisprudencial de diversos institutos do *Common Law*[755]. Estas orientações filosóficas, em parti-

---

[752] Cfr. *The Second Treatise of Civil Government. An Essay Concerning the True Original Extent and End of Civil Government and a Letter Concerning Toleration*, originariamente publicado em 1690 (reimpressão, Oxford, 1976, revista por J. W. Gough), especialmente §§ 22 e 25 ss.

[753] Cfr. *An Introduction to the Principles of Morals and Legislation*, originariamente publicado em 1789 (reimpressão, Londres, 1962), cap. I, nº I: «Nature has placed mankind under the governance of two sovereign masters, pain and pleasure. It is for them alone to point out what we ought to do do, as well as to determine what we shall do [...]. The principle of utility recognizes this subjection, and assumes it for the foundation of that system, the object of which is to rear the fabric of felicity by the hands of reason and of law».

[754] *Ibidem*, cap. I, nº II: «By the principle of utility is meant that principle which approves or disapproves of every action whatsoever, according to the tendency it appears to have to augment or diminish the happiness of the party whose interest is in question: or, what is the same thing in other words, to promote or to oppose that happiness».

[755] Entre os quais o contrato, que, como se verá no II volume desta obra, pressupõe nos Direitos inglês e norte-americano uma vantagem mútua para ambos os contraentes, em virtude da exigência que neles se faz, como condição de eficácia da promessa contratual, da existência da contrapartida

cular a primeira, jamais conseguiram na Alemanha, em França ou em Portugal relevância equivalente à que tiveram em Inglaterra desde o século XVII. Daqui derivam certas diferenças fundamentais entre os sistemas jurídicos destes países, *v.g.* no tocante ao âmbito da liberdade contratual.

Um quarto fator determinante da autonomização da família de *Common Law* foi a expansão colonial inglesa, que serviu de veículo à difusão do Direito inglês em outros continentes. Outro tanto sucedeu, conforme se assinalou oportunamente, com os sistemas jurídicos romano-germânicos. Com uma diferença, porém: enquanto que a disseminação do *Common Law* inglês se cingiu aos países e territórios onde a língua inglesa foi adotada como idioma oficial, a daqueloutros sistemas jurídicos ocorreu num número muito mais vasto de países, dotados de uma grande variedade de línguas oficiais, do português ao *bahasa*. Entre o *Common Law* e a língua inglesa há, assim, uma *relação de correspondência*, que não existe entre os Direitos romano-germânicos e qualquer outra língua. Não falta por isso quem veja nele «o Direito da língua inglesa»[756]. Mas não é só à colonização e à língua que se deve a difusão do Direito inglês: o predomínio inglês e norte-americano em muitos setores do comércio internacional – do transporte marítimo ao comércio eletrónico – foi igualmente decisivo para a receção por outros países, sobretudo na segunda metade do século XX, de múltiplas regras, tipos contratuais e institutos jurídicos caracteristicamente anglo-saxónicos[757].

§ 23º Âmbito atual

O âmbito atual desta família jurídica foi fundamentalmente determinado pelos fatores que acabamos de referir. Assim, compreendem-se nela, na Europa, o Direito vigente na Inglaterra, no País de Gales, na Irlanda do Norte e na República da Irlanda (o Direito escocês, como se verá adiante, não pertence a esta família jurídica, visto que constitui um sistema híbrido); na América, o Direito dos Estados Unidos (à exceção do da Luisiana) e o do Canadá (salvo o da província do Quebeque); na Oceânia, o da Austrália e o da Nova Zelândia; e em África, os Direitos da Nigéria, do Gana, da Tanzânia, do Quénia, do Uganda e da Libéria. Na Ásia, há países, como a Índia, o Paquistão e Israel, cujos sistemas jurídicos são fortemente tributários do *Common Law* inglês; mas, como veremos adiante, não se integram nesta família jurídica, antes constituem igualmente sistemas híbridos, dada a relevância fundamental que assumiram na sua formação os Direitos religiosos (respetivamente o hindu, o muçulmano e o judaico) observados pelas populações locais.

---

negociada a que se chama *consideration*. Sobre o ponto, veja-se também o nosso *Da responsabilidade pré-contratual em Direito Internacional Privado*, cit., pp. 159 ss.

[756] *Sic*, Antoine J. Bullier, *La Common Law*, 2ª ed., Paris, 2007, p. 1.
[757] Voltaremos a este ponto adiante, no § 81º, alínea *b)*.

Estima-se que cerca de um terço da Humanidade vive hoje em países cujo Direito se integra na família de *Common Law* ou se baseia significativamente no Direito inglês[758]. Na Europa, ela é, em todo o caso, claramente minoritária.

§ 24º Indicação de sequência

Até ao século XVIII, a História do *Common Law* confunde-se com a do Direito inglês. Por este começaremos, pois, o exame desta família jurídica. Seguir-se-á depois a análise do Direito vigente nos Estados Unidos da América, que, embora se tenha formado a partir do Direito inglês, se distingue hoje dele em considerável medida.

A ordem da exposição das matérias relativamente a cada um destes sistemas jurídicos não será a mesma que observámos no capítulo anterior. Com efeito, no *Common Law* a organização judiciária e o regime de recrutamento dos magistrados determinaram em larga medida o sistema de fontes do Direito. Esta circunstância leva-nos a antepor, quanto aos sistemas jurídicos que examinaremos em seguida, a análise daqueles aspetos à deste último.

---

[758] Cfr. Michael Bogdan, *Concise Introduction to Comparative Law*, cit., p. 116

SECÇÃO II – O DIREITO INGLÊS

§ 25º Formação

a) Características singulares do modo de formação do Direito inglês

O Direito inglês contemporâneo formou-se gradualmente, na base da experimentação de soluções pelos tribunais, e não a partir de um sistema de princípios gerais a que o legislador houvesse decidido dar expressão normativa. Subjaz-lhe a ideia de que o desenvolvimento do Direito se faz por pequenos ajustamentos: um *incremental approach*, no dizer de alguns. A este se contrapõe o *principled approach* característico dos sistemas jurídicos continentais atrás examinados. O Direito inglês é nesta medida mais um produto da História do que o resultado de um esforço de sistematização das instituições jurídicas na base de certas máximas da razão previamente definidas. Por isso observou William Geldart (1870-1922): «O *Common Law* cresceu em vez de ser criado»[759].

O que não quer dizer – importa notá-lo – que não exista no Direito inglês uma racionalidade própria, no sentido de que as suas disposições servem eficazmente determinadas finalidades, que podem ser inferidas quer a partir do respetivo teor quer na base de elementos a elas extrínsecos; racionalidade essa que explica inclusive a falta de sistematicidade do Direito inglês[760]. É o que procuraremos demonstrar na exposição subsequente.

b) Origens e evolução histórica do Direito inglês

A nosso ver, é possível distinguir pelo menos quatro períodos na evolução histórica do Direito inglês[761].

O primeiro, que podemos designar por *período anglo-saxónico*, decorreu a partir do termo da ocupação romana, ocorrido em 409. Durante este período estabeleceram-se no atual território do Reino Unido povos anglo-saxónicos oriundos

---

[759] «The Common Law has grown rather than been made»: cfr. *Introduction to English Law*, 11ª ed. (por David Yardley), Oxford/Nova Iorque, 1995, p. 2. No sentido de que «[a] abordagem do *Common Law* só pode ser feita, pelas suas características, através da história», veja-se, entre nós, António Menezes Cordeiro, «Common Law», *Polis*, vol. I, cols. 1003 ss.

[760] Ver, sobre o tema, F. H. Lawson, *The Rational Strength of English Law*, Londres, 1951.

[761] Sobre esta matéria, consultem-se, por todos, Frederick Pollock/Frederic William Maitland, *The History of English Law Before the Time of Edward I*, vol. I, reimpressão da 2ª ed., Cambridge, 1968; e Arthur R. Hogue, *Origins of the Common Law*, reimpressão, Indianapolis, s.d. (originariamente publicado em Bloomington, Indiana, 1966). Para uma sinopse da História de Inglaterra, com referência também às instituições jurídicas, vejam-se Christoph Haigh (org.), *The Cambridge Historical Encyclopedia of Great Britain and Ireland*, reimpressão, Cambridge, 1992; e John Oakland, *British Civilization. An Introduction*, 6ª ed., Londres/Nova Iorque, 2006.

da Escandinávia e da Europa Central, que formaram nele diversos reinos. Nestes primavam os costumes locais, dos quais chegaram até hoje alguns registos escritos. Não existia um sistema jurídico comum a todo o país. A função jurisdicional era exercida por assembleias públicas, que julgavam nomeadamente com recurso a ordálias. Os monarcas deste período adotaram também diversas leis, entre as quais sobressaem as aprovadas por Canuto, *O Grande* (995-1035), rei da Inglaterra, da Dinamarca e da Noruega.

O segundo período principiou com a conquista de Inglaterra pelos normandos, consumada em 1066 na batalha de Hastings, um dos factos mais marcantes da História deste país. Teve então início a primeira dinastia normanda, inaugurada por Guilherme, *O Conquistador* (1028-1087), duque da Normandia e posteriormente rei de Inglaterra. Foi nesta época que se deu a formação do *Common Law* em sentido estrito. Os normandos não impuseram o seu Direito nos territórios conquistados; mas procuraram instituir uma nova administração judiciária, baseada nos tribunais reais (entre os quais sobressaiu o *Court of Common Pleas*[762]), pelos quais os interessados podiam optar quando isso lhes fosse concedido por uma ordem real (*writ*), nos termos que referiremos adiante. Esses tribunais, que decidiam a matéria de facto com recurso a jurados (como, aliás, ao tempo sucedia em França), desenvolveram a partir dos costumes locais um Direito comum a todo o Reino, a que chamaram *Common Law*[763]. Este substituiu-se gradualmente aos referidos costumes, sem todavia excluir por completo a sua aplicabilidade. Daqui podemos retirar duas ilações fundamentais. A primeira é que a importância da jurisprudência como fonte de Direito em Inglaterra está estreitamente ligada à afirmação do poder real através da centralização da administração judiciária (para além, evidentemente, da já referida ausência de uma verdadeira receção do Direito Romano neste país). A segunda é que, sendo o *Common Law* inglês, como notam David e Jauffret-Spinosi[764], comum «por oposição aos costumes locais», o seu primado sobre estes não resultou de um ato de autoridade, mas antes da livre escolha das jurisdições reais pelos interessados. Ao que não terá sido alheia

---

[762] Criado no século XIII para julgar as causas de que o rei não fosse parte. Foi sediado em Westminster Hall (Londres), de modo a dar-se cumprimento à secção 17 da *Magna Carta*, segundo a qual: «Common pleas shall not follow our court, but shall be held in some definite place». Teve grande influência na formação e desenvolvimento do *Common Law* inglês, razão por que Edward Coke o apodou de «chave e fechadura do *Common Law*». A par dele existiam dois outros tribunais reais: o *Court of Exchequer*, encarregue de julgar as questões regidas pela *equity*, e o *Court of King's Bench*, competente em matéria criminal e para as questões que envolvessem os interesses da Coroa. Em 1873, os três tribunais foram fundidos no *High Court*.
[763] De *Comune Ley*, em francês normando, língua que se manteve em uso na corte e nos próprios tribunais.
[764] *Les grands systèmes de droit contemporains*, cit., p. 227.

a diferente natureza do processo observado por essas jurisdições. Neste período eram ainda relativamente escassas as leis escritas; mas data dele a *Magna Carta*, outorgada em 1215 por João *Sem Terra*, geralmente tida como a *pedra angular* da Constituição inglesa.

O terceiro período do Direito inglês começou com a dinastia Tudor (1485-1603). Coincidiu em parte com a renascença inglesa, a ascensão deste país à condição de grande potência mundial e a consolidação do Protestantismo, ocorrida durante o reinado de Isabel I (1558-1603). Caracterizou-se pela formação e pelo desenvolvimento do subsistema normativo a que mais tarde se chamaria *Equity*, que caracterizaremos adiante; e também pelo aumento da importância do Direito de fonte legal. Facto marcante deste período foi igualmente a Revolução de 1688, de que saiu, no ano seguinte, o denominado *Bill of Rights*. Este deu origem ao moderno constitucionalismo inglês. O rei foi então explicitamente colocado na dependência do Parlamento, podendo afirmar-se que em Inglaterra o Antigo Regime teve aí o seu termo. O *Bill of Rights* enunciou uma série de atos que foram vedados ao rei. Este ficava, assim, submetido ao Direito comum, aplicável aos seus próprios súbditos. Não existia, por conseguinte, um Direito especial para o soberano inglês. Vem daqui a tradicional indistinção entre Direito Público e Direito Privado no *Common Law* deste país. Ela representa, a esta luz, uma forma de preservação das liberdades individuais em face dos poderes constituídos.

Em 1873, com a aprovação do *Judicature Act* que reformou o sistema judiciário inglês, abriu-se o quarto período da evolução histórica do Direito inglês, dito de *Direito moderno*, que dura até à atualidade. Graças à abolição da tipicidade das ações, então consumada, foi finalmente reconhecido em Inglaterra um direito de ação. Por outro lado, foi nessa altura criado o *Supreme Court of Judicature*, no qual foram integrados o *High Court* e o *Court of Appeal*. A estes foi atribuída competência para aplicarem as regras do *Common Law* e da *Equity*. A aplicação desta última deixou, pois, de caber exclusivamente ao tribunal da chancelaria, como até então sucedera. Neste período, o Direito legislado desenvolveu-se extraordinariamente. Para tal contribuíram, por um lado, o advento do Estado-Providência (*Welfare State*) no II Pós-Guerra e, por outro, a adesão do Reino Unido às Comunidades Europeias, ocorrida em 1972, e a subsequente a introdução neste país do Direito Comunitário. Em 1965 foi criada a *Law Commission*, à qual foi atribuída a missão de preparar os diplomas legais necessários a fim de reformar e simplificar o Direito vigente. Entre estes sobressai o *Constitutional Reform Act*, publicado em 2005, que introduziu modificações de relevo no funcionamento do sistema judiciário. Delas se dará conta adiante.

§ 26º Conceitos fundamentais

a) *Writs e forms of action*

Até à referida reforma judiciária do século XIX, os tribunais reais tinham em Inglaterra, formalmente, caráter excecional: os tribunais comuns eram os de condado (*county courts*), os quais aplicavam o Direito consuetudinário local. Recorrer àqueles tribunais não era, pois, propriamente um direito, mas antes um privilégio reconhecido por uma autoridade régia[765]. Esse reconhecimento tinha lugar através de uma ordem (*writ*) emitida pelo chanceler (*Lord Chancellor*)[766] em nome do rei. Tratava-se de um documento que, por um lado, certificava a existência de uma ação apropriada à pretensão do autor e, por outro, ordenava a comparência do réu perante um tribunal real.

Os *writs*, tal como as ações a que os mesmos diziam respeito (*forms of action*), eram típicos. A suscetibilidade de ser julgada procedente dada pretensão dependia, assim, de haver um *writ* correspondente. Por isso se dizia: «*no writ, no right*».

A este sistema não seria alheia a intenção de conter dentro de certos limites o poder do rei e o exercício dele por via dos tribunais reais: onde o *Common Law* não consagrasse uma ação, esses tribunais não podiam intervir. Assim se preservava a descentralização do sistema judicial.

É interessante notar que este sistema apresentava certas semelhanças com o processo formulário romano, de cujas características gerais demos conta no capítulo anterior. Não parece, todavia, que a semelhança das soluções em apreço decorra de qualquer influência exercida pelo Direito Romano sobre o Direito inglês.

b) A preeminência do processo

Do referido sistema da tipicidade dos *writs* resultou a precedência, no *Common Law* inglês, dos remédios jurídicos sobre os direitos subjetivos: a dificuldade primordial consistia para o demandante em conseguir um *writ*, que serviria depois para obter tutela jurisdicional para a sua pretensão.

Daí que os juristas ingleses hajam inicialmente concentrado a sua atenção no processo, e não no Direito substantivo. Este, na célebre expressão de Henry Sumner Maine (1822-1888), foi sendo segregado «nos interstícios do processo»[767].

---

[765] O que, segundo Dawson, ob. cit., p. 3, explica que entre 1200 e 1800 o número de juízes afetos aos tribunais reais raramente haja ascendido a mais de quinze.
[766] Que até à entrada em vigor do *Constitutional Reform Act 2005* era também o Presidente da Câmara dos Lordes e o Ministro da Justiça.
[767] Cfr. *Dissertations on Early Law and Custom. Chiefly Selected From Lectures Delivered at Oxford*, Nova Iorque, 1886, p. 389: «So great is the ascendancy of the Law of Actions in the infancy of the Courts

Talvez o exemplo mais flagrante deste primado do processo sobre o Direito substantivo, acolhido pelo Direito inglês, seja dado pelas normas relativas ao *habeas corpus*, mediante o qual se ordena a comparência perante um juiz de uma pessoa detida, a fim de se determinar se a sua detenção é conforme à lei[768]. Manifesta-se nessas normas, com efeito, a preocupação inglesa em instituir processos que salvaguardem eficazmente os interesses e as liberdades individuais, de preferência a consignar direitos em declarações solenes: «*remedies precede rights*».

É certo que em Inglaterra, como se referiu acima, também existem declarações de direitos, entre as quai sobressai o *Bill of Rights* de 1689. Mas, como observou Dicey, o *Bill of Rights* não é uma «declaração de direitos» na aceção em que este conceito é empregue noutros sistemas jurídicos, mas antes uma condenação de certas pretensões ou práticas da Coroa, que são declaradas ilegais nesse texto[769].

Não menos reveladora do referido primado é a circunstância de certos institutos jurídicos, que nos sistemas romano-germânicos pertencem ao Direito substantivo, terem no Direito inglês natureza processual: tal o caso, por exemplo, da prescrição extintiva (que tem como correspondente funcional em Inglaterra a denominada *limitation of actions*) e da proscrição do *venire contra factum proprium* (a que corresponde no Direito inglês a exceção processual chamada *estoppel*).

Outra manifestação da mesma ideia fundamental é a tendência dos juristas ingleses para anteporem sistematicamente, no domínio do Direito Internacional Privado, a questão do tribunal competente (*jurisdiction*) à da lei aplicável ao mérito da causa (*choice of law*), não raro subordinando a determinação da segunda à solução dada à primeira[770].

Não surpreende, a esta luz, que o Professor de Oxford Arthur Goodhart (1891-1978) haja visto no *Common Law* «primariamente um método de administrar a justiça»[771].

É certo que em Inglaterra a tipicidade das ações foi abolida, como se disse acima, na reforma judiciária do século XIX. Mas a sua influência perdurou para além desse momento, nomeadamente por via da tipicidade dos delitos extracontratuais (*torts*). Foram, na verdade, os *writs* que historicamente delimitaram os ilícitos suscetíveis de fundarem uma ação tendente a impor ao réu o dever de indemnizar. Tal a razão por que ainda hoje não existe no *Common Law* inglês

---

of Justice, that substantive law has at first the look of being gradually secreted in the interstices of procedure».

[768] Inicialmente consagrado no *Common Law*, o instituto do *habeas corpus* foi depois regulado no *Habeas Corpus Act 1689*. Veja-se a respetiva tradução portuguesa in Jorge Miranda (org.), *Textos históricos do Direito Constitucional*, Lisboa, 1980, pp. 21 s.
[769] Cfr. *Introduction to the Study of the Law of the Constitution*, cit., pp. 118 s., nota 20.
[770] Ver, por todos, *Dicey, Morris and Collins on the Conflict of Laws*, 14ª ed., Londres, 2006, vol. 1, p. 4.
[771] Cfr. «What is the Common Law», *LQR*, 1960, pp. 45 ss. (p. 46).

uma cláusula geral de responsabilidade civil extracontratual, como as que vigoram nos Direitos alemão e português, por força das quais a violação ilícita e culposa de um direito subjetivo alheio obriga o agente a indemnizar a vítima pelos danos dela resultantes[772].

Daí que, como notou Frederick Henry Lawson (1897-1983)[773], em matéria delitual os juristas ingleses não se interroguem normalmente sobre se a vítima do dano é titular de um direito subjetivo que haja sido infringido pelo lesante, antes inquiram tão-somente se a conduta do segundo confere ao primeiro uma ação contra ele.

De um sistema de ações típicas transitou-se para um sistema de causas de pedir («*causes of action*») típicas[774]. O que releva no sistema jurídico inglês, em ordem ao reconhecimento de certa pretensão, não é, por isso, a existência de um direito subjetivo, mas antes a verificação de uma causa de pedir apropriada[775].

Um exemplo deste modo de proceder é dado pela decisão proferida pela Câmara dos Lordes em 2003 no caso *Wainwright and another (Appellants) v. Home Office (Respondents)*[776]. Tratava-se aí de uma ação de indemnização pela violação da privacidade de duas pessoas, que invocavam em abono da sua pretensão o direito à privacidade reconhecido pelo art. 8º da Convenção Europeia dos Direitos do Homem. A Câmara dos Lordes rejeitou essa pretensão – não porque negasse o direito à privacidade, mas tão-somente porque não existia no *Common Law* inglês um *tort* de *invasion of privacy* que pudesse, na espécie, funcionar como *cause of action*. A consagração de semelhante *tort* daria lugar, segundo o tribunal, a um inaceitável grau de incerteza. O que, evidentemente, limitaria de modo excessivo a liberdade individual de atuação. Por conseguinte, quando confrontado com uma pretensão de indemnização, o tribunal não procurou determinar a existência no *Common Law* de um direito subjetivo em cuja violação essa pre-

---

[772] Cfr., respetivamente, o § 823 (1) do BGB e o art. 483º, nº 1, do Código Civil português. Ver ainda, sobre o ponto, o nosso *Da responsabilidade pré-contratual em Direito Internacional Privado*, cit., pp. 187 ss., e a bibliografia aí mencionada.

[773] Cfr. «"Das subjektive Recht" in the English Law of Torts», *in Selected Essays*, vol. I, *Many Laws*, Amesterdão/Nova Iorque/Oxford, 1977, pp. 176 ss. (p. 179).

[774] Cfr. Geoffrey Samuel, «Common Law», *in* Jan Smits (org.), *Elgar Encyclopedia of Comparative Law*, 2ª ed., Cheltenham/Northampton, 2012, p. 181.

[775] Nesta linha de orientação, afirma-se numa decisão de 1986 do *Court of Chancery*: «os direitos de uma pessoa são de facto aqueles que se encontram protegidos por uma causa de pedir. Não está de acordo com os princípios do Direito inglês, tal como o entendo, analisar os direitos como algo distinto do remédio conferido ao indivíduo [...]. Nas situações comuns, em ordem a provar um direito é necessário demonstrar que todos os elementos da causa de pedir se encontram presentes ou ameaçados». Cfr. *Kingdom of Spain v. Christie, Manson & Woods Ltd.* [1986] 1 WLR 1120, p. 1129.

[776] [2003] UKHL 53.

tensão se fundasse, mas sim de um *remédio jurídico* específico. Uma vez que este não existia, não pôde o direito subjetivo em causa ser reconhecido[777].

Compreende-se assim que o historiador do Direito Frederic William Maitland (1850-1906) haja afirmado que «as ações típicas foram enterradas, mas ainda nos governam a partir das suas sepulturas»[778].

O conceito de direito subjetivo tem, pelo exposto, limitada relevância no Direito inglês[779]: ele é apenas um reflexo da ação, que continua a ocupar um lugar central neste sistema jurídico[780].

Revela-se aqui outra semelhança histórica do Direito inglês com o Direito Romano: também neste, como se viu atrás, a concessão de uma *actio* precedeu durante largo período de tempo o reconhecimento do direito subjetivo.

A fim de se compreender devidamente o alcance deste tópico, importa ainda notar que o processo judicial possuía em Inglaterra, até ao século XIX, características muito diversas daquele que era observado pelos tribunais do Continente europeu (moldado, como dissemos, pelo processo romano-canónico). Com efeito, naquele país o processo em primeira instância era originariamente oral, entre outros motivos porque as decisões sobre a matéria de facto cabiam a um júri e não a juízes togados; por outro lado, a possibilidade de recurso da sentença final para um tribunal superior era muito limitada. De ambas estas notas distintivas se mantêm, como veremos a seguir, importantes vestígios na atualidade.

c) *Common Law, Equity* e *Statute Law*

I – A tipicidade das ações teve ainda como consequência a criação de outro sistema normativo, destinado a complementar e corrigir o *Common Law* em sentido estrito.

A rigidez e o formalismo deste levaram, na verdade, a que a partir do século XV os litigantes inconformados com as decisões proferidas na base do *Common Law* se dirigissem pessoalmente ao rei a fim de lhe pedirem justiça. O chanceler,

---

[777] Podem ver-se outros exemplos jurisprudenciais desta metodologia em Phil Harris, *An Introduction to Law*, 7ª ed., reimpressão, Cambridge, 2008, pp. 100 s.

[778] «The forms of action we have buried, but they still rule us from their graves»: cfr. *The Forms of Action at Common Law*, Lecture I, reproduzido *in* James Gordley/Arthur Taylor von Mehren (orgs.), *An Introduction to the Comparative Study of Private Law. Readings, Cases, Materials*, Cambridge, 2006, pp. 10 ss.

[779] Neste sentido, Geoffrey Samuel, «"Le droit subjectif" and English Law», *Cambridge L.J.*, 1987, pp. 264 ss. (p. 286); H. Patrick Glenn, *Legal Traditions of the World. Sustainable Diversity in Law*, cit., p. 239.

[780] Compare-se este sistema com o que se encontra consignado no art. 2º, nº 2, do Código de Processo Civil português, segundo o qual: "A todo o direito, exceto quando a lei determine o contrário, corresponde a ação adequada a fazê-lo reconhecer em juízo, a prevenir ou reparar a violação dele e realizá-lo coercivamente, bem como os procedimentos necessários para acautelar o efeito útil da ação".

decidindo em nome do monarca e no exercício de uma prerrogativa deste, passou então a conceder remédios jurídicos que visavam corrigir a eventual injustiça resultante da recusa de um *writ* fundada em a pretensão deduzida pelo autor não corresponder, segundo o *Common Law*, a qualquer ação típica (donde a máxima: «*Equity is available when there is no adequate remedy at Law*»).

A chancelaria transformou-se assim num tribunal real. Aos remédios jurídicos por ela concedidos chamou-se *Equity*. Esta, apesar da sua designação, não se confunde com a equidade dos sistemas romano-germânicos, pois, ao contrário desta, trata-se – pelo menos atualmente – de um conjunto de normas jurisprudenciais fixadas em precedentes, que em caso de conflito primam sobre as do *Common Law*. O Direito inglês adquiriu, nesta medida, uma *estrutura dualista*.

Sob este prisma, o Direito inglês apresenta igualmente certa analogia com o Direito Romano. Também em Roma, como vimos acima, o pretor podia, se a justiça ou a equidade o reclamassem, negar uma *actio* ou criar uma *actio* própria, integrando ou corrigindo deste modo o *Ius Civile* (o Direito comum). Na base das decisões assim proferidas pelos magistrados, tal como dos editos deles emanados, formou-se um corpo normativo autónomo: o *Ius Praetorium*, ou *Honorarium*, que é o correspondente funcional da *Equity* no Direito Romano. Na sua origem encontram-se, em ambos os casos, duas ordens de fatores: o desajustamento das regras do Direito comum às necessidades sociais de regulação jurídica, por um lado, e a relutância ou impossibilidade de recorrer à lei a fim de corrigir esse desajustamento, por outro[781]. Mas ao desenvolvimento da *Equity* não foram alheias circunstâncias específicas da História inglesa, designadamente o absolutismo que caracterizou a dinastia Tudor e o reforço dos poderes do chanceler por ele propiciado. Acresce que o *Ius Civile* e o *Ius Honorarium* nunca constituíram, como sucedeu com o *Common Law* e a *Equity*, dois sistemas jurídicos distintos, aplicados por tribunais diferentes: tratava-se antes de duas vertentes de um único sistema jurídico, cuja aplicação cabia aos mesmos magistrados. As decisões destes não tinham, além disso, o valor de precedentes.

II – A criação mais significativa da *Equity* é o chamado *trust*. Este consiste na situação jurídica resultante de um ato, praticado *inter vivos* ou *mortis causa*, pelo qual uma pessoa – o instituidor (*settlor*) – coloca certo ou certos bens sob o controlo de outra pessoa – o gestor fiduciário (*trustee*) –, que fica obrigada a administrá-los em benefício de um terceiro ou do próprio instituidor – o beneficiário (*beneficiary*) –, ou tendo em vista certa finalidade específica, e porventura também

---

[781] Cfr., sobre o ponto, Hans Julius Wolff, *Roman Law. An Historical Introduction*, cit., pp. 79 ss.; Raul Ventura, *Manual de Direito Romano*, cit., vol. I, tomo I, pp. 195 ss.; e Stig Strömholm, *A Short History of Legal Thinking in the West*, Lund, 1985, p. 55.

a retransmiti-los após a verificação de certo facto. Os bens do *trust* constituem um património separado e não integram o património do gestor[782].

Já se tem visto no *trust* uma forma de propriedade fiduciária, de que são conhecidas outras manifestações nos sistemas romano-germânicos, como por exemplo, entre nós, o fideicomisso[783] e, em França, a denominada *fiducie*[784]. O *trust* acha-se, aliás, expressamente previsto no Direito português, pois o Decreto-Lei nº 352-A/88, de 3 de outubro, admitiu e disciplinou a sua criação na Zona Franca da Madeira (embora não seja permitida a constituição de *trusts* sobre bens imóveis situados em território português). E nada impede que em Portugal, mesmo fora do âmbito desta legislação, sejam criados *trusts* por contrato (posto que os direitos do beneficiário não sejam nesse caso oponíveis *erga omnes*)[785].

Nos sistemas de *Common Law*, o *trust* desempenha uma pluralidade de funções, nomeadamente em matéria sucessória, societária, de segurança social, de beneficiência e até de enriquecimento sem causa. Pode, por exemplo, quem queira deixar um bem a um menor designar por testamento um *trustee*, que o administrará até que o beneficiário atinja a maioridade. E podem também os acionistas de uma sociedade entregar as respetivas ações a um *board of trustees*, em troca da emissão por estes de certificados de pagamento de dividendos, ficando os membros daquele *board* encarregados de administrar tais ações. Assim como pode uma empresa instituir um fundo de pensões a favor dos seus empregados através de um *trust*. E pode ainda quem queira afetar um património a fins de caridade

---

[782] Sobre esta figura, vejam-se, numa perspetiva de comparação de Direitos: Frederic William Maitland, «Trust and Corporations», *in* H. A. L. Fisher (org.), *The Collected Papers of Frederic William Maitland*, vol. III, Cambridge, 1911, pp. 321 ss.; Hein Kötz, *Trust und Treuhand. Eine rechtsvergleichende Darstellung des anglo-amerikanischen Trust und funktionsverwandter Institute des deutschen Rechts*, Göttingen, 1963; Maurizio Lupoi, *Trusts*, Milão, 1997 (existe tradução inglesa com o título *Trusts. A Comparative Study*, Cambridge, 2000); Henry Hansmann/Ugo Mattei, «The Functions of Trust Law: A Comparative Legal and Economic Analysis», *N.Y.U.L. Rev.*, 1998, pp. 434 ss.; D. J. Hayton e outros (orgs.), *Principles of European Trust Law*, Haia, 1999; e Marius J. de Waal, «Trust law», *in* Jan M. Smits (org.), *Elgar Encyclopedia of Comparative Law*, 2ª ed., Cheltenham, Reino Unido/Northampton, Estados Unidos, 2012, pp. 926 ss. Na literatura jurídica portuguesa, podem ainda consultar-se: Castro Mendes, *Direito Comparado*, Lisboa, 1983, pp. 194 ss.; Maria João Tomé/Diogo Leite de Campos, *A propriedade fiduciária (trust). Estudo para a sua consagração no Direito Português*, Coimbra, 1999; e, com amplos desenvolvimentos, António Barreto Menezes Cordeiro, *Do Trust no Direito Civil*, Lisboa, 2013, especialmente pp. 415 ss.

[783] Neste sentido, Rui Pinto Duarte, *Direitos Reais*, Cascais, 2002, p. 151.

[784] Que o art. 2011 do Código Civil, introduzido neste diploma pela Lei nº 2007-211, de 19 de fevereiro de 2007, define como «a operação pela qual um ou vários constituintes transferem bens, direitos ou garantias, ou um conjunto de bens, direitos ou garantias, presentes ou futuros, para um ou vários fiduciários que, mantendo-os separados do seu próprio património, atuam com uma finalidade determinada em benefício de um ou mais beneficiários».

[785] Ver Pedro Pais de Vasconcelos, *Contratos atípicos*, Lisboa, 1995, pp. 272 s.

ou de fomento cultural instituir um *charitable trust* (ou *charity*), que o administrará tendo em vista esses fins. A figura em apreço exerce, pois, funções muito variadas, que nos sistemas de *Civil Law* são cometidas a outros institutos. A sua versatilidade nos sistemas de *Common Law* é comparável com a do contrato nos de *Civil Law*. Compreende-se assim a enorme relevância social que o *trust* possui nos países anglo-saxónicos[786].

A instituição de *trusts* era já prática corrente antes da criação da *Equity*. O *Common Law* não reconhecia, porém, a sujeição do *trustee* às referidas obrigações. Por essa razão, aquele que deixasse de administrar os bens que lhe haviam sido confiados em conformidade com o interesse do beneficiário, ou que não os retransmitisse para este quando se verificasse o facto para o efeito previsto pelo *settlor*, não podia ser condenado judicialmente a atuar em conformidade ou a ressarcir o lesado. Semelhante eficácia apenas foi reconhecida ao *trust* pela *Equity*, que colocou a cargo do *trustee* deveres de cuidado, lealdade e prudência na administração dos bens que lhe foram confiados, bem como o dever de se conformar com o ato constitutivo do *trust*[787]. Ao *trustee* cabe a «legal ownership» dos bens que lhe são confiados a esse título; ao *beneficiary*, a «equitable ownership» destes.

Outras criações da *Equity* incluem: *a)* As *injunctions*, isto é, as medidas (originariamente decretadas apenas pelo Chanceler) destinadas a prevenir ou impedir a comissão futura de um ato ilícito; *b)* A *specific performance*, ou seja, a execução específica de uma obrigação (que o *Common Law* não admitia, pois, segundo as disposições deste, a parte que obtivesse ganho de causa numa ação por incumprimento de uma obrigação apenas teria direito a uma indemnização); *c)* A anulabilidade de um contrato concluído sob *undue influence*, i.é, coação moral; e *d)* A *discovery*, que consiste no procedimento pelo qual uma das partes num processo judicial ou arbitral pode exigir da outra a revelação de informações ou a apresentação de documentos com interesse para o julgamento da causa.

III – A aplicação da *Equity* pertencia inicialmente, como vimos, ao *Lord Chancellor*. A partir do final do século XV, porém, passou a caber exclusivamente ao *Court of Chancery*. Quem quisesse obter o reconhecimento em juízo de determinada pretensão devia dirigir-se em primeiro lugar aos tribunais de *Common Law*. Caso estes negassem a competente ação, solicitava-a subsequentemente àquele tribunal. Contudo, desde a entrada em vigor, no último quartel do século XIX, dos já referidos *Judicature Acts*, todos os tribunais ingleses passaram a ser com-

---

[786] A título de exemplo, refira-se que em 2005 se estimavam em 200.000 os *charitable trusts* existentes no Reino Unido.
[787] Note-se porém que no Reino Unido a figura em apreço se encontra hoje parcialmente regulada na lei: cfr. o *Trustee Act 1925* e o *Trustee Act 2000*.

petentes para aplicar as regras da *Equity*. Procurou-se deste modo evitar a multiplicação de ações tendentes ao mesmo fim. A autonomia da *Equity*, cujas regras passaram a integrar em larga medida os diferentes ramos do Direito comum, desvaneceu-se assim consideravelmente.

IV – Mais recentemente, em virtude dos fatores atrás apontados, desenvolveu-se muito o Direito legislado, a que em Inglaterra se chama *Statute Law*. Por esta razão, o sistema jurídico inglês compreende atualmente três subsistemas normativos: o *Common Law*, a *Equity* e o *Statute Law*.

Estes não se encontram, todavia, exatamente no mesmo plano. Por um lado, porque, como se disse, as regras da *Equity* foram em muitos casos incorporadas no *Common Law*. Por outro, porque o *Statute Law* pressupõe em muitos casos o *Common Law*, que apenas visa complementar ou, mais raramente, reformar. O que tem evidente relevância na interpretação das normas legais, pois estas devem ser entendidas também à luz do disposto no *Common Law*. Por isso lhes chama Geldart «a adenda e a errata ao livro do *Common Law*»[788]. Este último é, assim, o elemento nuclear do sistema jurídico inglês.

§ 27º Meios de resolução de litígios

a) Organização judiciária e composição dos tribunais

I – É ainda a História que em larga medida explica a atual organização judiciária e o sistema de recursos vigente no Reino Unido.

Existem hoje neste país, para além de um Supremo Tribunal (*Supreme Court of the United Kingdom*) e do Comité Judiciário do Conselho Privado (*Privy Council*) da rainha, duas categorias de tribunais: os tribunais superiores (*senior courts*) e os tribunais subordinados (*subordinate courts*). Os primeiros decidem recursos, mas podem também funcionar, nos casos que se mencionarão adiante, como tribunais de primeira instância. Só as suas decisões podem constituir precedentes vinculativos.

No topo da hierarquia dos tribunais do Reino Unido encontrava-se até recentemente a Câmara dos Lordes (*House of Lords*), que além de funções legislativas desempenhava também as de supremo tribunal. Em outubro de 2009, porém, essas funções foram assumidas pelo Supremo Tribunal do Reino Unido, entretanto criado. A fim de se entenderem devidamente as razões que levaram à constituição deste tribunal, importa ter presentes os termos em que a Câmara dos Lordes funcionou como instância jurisdicional.

---

[788] Ob. cit., p. 2: «the statutes assume the existence of the Common Law [...], they are the addenda and errata of the book of the Common Law».

Até ao século XIX, todos os membros da Câmara dos Lordes participavam no julgamento dos casos que lhe eram submetidos. Desde, porém, o *Appellate Jurisdiction Act*, de 1876, essa competência passou a ser ordinariamente exercida apenas pelos denominados *Lords of Appeal in Ordinary*, ou *Law Lords*, que compunham o *Appellate Committee* daquela câmara do Parlamento inglês. Este órgão era presidido pelo *Lord Chancellor*, que todavia, regra geral, não participava nas respetivas deliberações. Estas eram normalmente tomadas por cinco juízes e tinham em princípio caráter definitivo. Mas a câmara podia reconsiderá-las e substituí-las por outras[789]. Os *Law Lords*, em número de doze, eram nomeados pela rainha sob proposta do primeiro-ministro, dentre indivíduos que tivessem exercido funções judiciárias de alto nível (como as de *Lord Chancellor* ou de juiz do *Court of Appeal*), durante pelo menos dois anos, ou dentre advogados (*barristers*) com pelo menos quinze anos de experiência profissional.

O maior problema suscitado por este sistema prendia-se com a circunstância de não haver nele uma integral separação dos poderes legislativo e judicial, uma vez que o supremo tribunal funcionava simultaneamente como uma das câmaras do Parlamento e o *Lord Chancellor* exercia ao mesmo tempo as funções de presidente (*speaker*) da Câmara dos Lordes, ministro da justiça, dirigente máximo do poder judicial (*Head of the Judiciary*) e juiz (presidindo nesta qualidade ao *Appellate Commitee* da Câmara dos Lordes e ao Comité Judiciário do *Privy Council*).

Foi por isso posta em dúvida, perante a Assembleia Parlamentar do Conselho da Europa[790], a compatibilidade deste aspeto do sistema constitucional inglês com a Convenção Europeia dos Direitos do Homem, de que entretanto o Reino Unido se tornara parte, cujo artigo 6º, nº 1, dispõe:

> «Qualquer pessoa tem direito a que a sua causa seja examinada, equitativa e publicamente, num prazo razoável por um tribunal independente e imparcial, estabelecido pela lei [...].»

II – Não há notícia de que a atribuição das referidas funções ao *Lord Chancellor* alguma vez tenha posto em causa a independência do poder judicial em Inglaterra. Pelo contrário: o regime de recrutamento, nomeação e remuneração dos juízes ingleses garantia a sua efetiva independência e a possibilidade de o chance-

---

[789] O que sucedeu, por exemplo, com a decisão tomada sobre a extradição de Augusto Pinochet para Espanha, a fim de aí ser julgado por crimes contra a humanidade, a qual foi revogada em 1999 com fundamento na ligação existente entre um dos membros do *Appellate Committee*, Lorde Hoffmann, e a *Amnesty International*, que era parte no processo. Ver *In Re Pinochet*, disponível em http://www.publications.parliament.uk.

[790] Cfr. Erik Jurgens, *Office of the Lord Chancellor in the constitutional system of the United Kingdom*, s.l., 2003 (disponível em http://assembly.coe.int).

ler influenciar as decisões judiciais era remota – até porque, como se disse, raramente participava nos trabalhos do *Appellate Committee* da Câmara dos Lordes.

No entanto, em 21 de março de 2005, o Parlamento do Reino Unido adotou o *Constitutional Reform Act 2005*, que introduziu no sistema judiciário deste país três reformas essenciais, visando de alguma sorte dar satisfação às preocupações do Conselho da Europa.

Em primeiro lugar, o *Lord Chancellor* deixou de exercer funções jurisdicionais e de ser o *speaker* da Câmara dos Lordes. Continua a integrar o Governo, dirigindo o Ministério da Justiça entretanto criado. Pode agora ser oriundo tanto da Câmara dos Lordes como da Câmara dos Comuns. O *Lord Chief Justice* assumiu as funções de Presidente dos tribunais de Inglaterra e do País de Gales, ficando responsável pela formação e colocação dos juízes. Cabe-lhe também representar o sistema judiciário perante o Parlamento e o Governo.

Em segundo lugar, foi criado o já referido Supremo Tribunal do Reino Unido, autónomo da Câmara dos Lordes, dotado do seu próprio pessoal, orçamento e instalações. Esse tribunal, que como dissemos iniciou funções em outubro de 2009, é integrado por doze juízes, designados por *Justices of the Supreme Court*, que não podem ser membros da Câmara dos Lordes. Os primeiros juízes do Supremo Tribunal foram, por força do próprio *Constitutional Reform Act*, os *Law Lords* à data da sua entrada em funcionamento.

Em terceiro lugar, estabeleceu-se que os juízes do Supremo Tribunal são nomeados pela rainha, por uma «carta patente» (*letter patent*), sob recomendação do Primeiro-Ministro, que para o efeito é notificado pelo *Lord Chancellor* da seleção feita, na base do mérito, por uma comissão independente, dirigida pelo Presidente do Supremo Tribunal, a qual inclui também representantes da *Judicial Appointment Commission* de Inglaterra e do País de Gales, do *Judicial Appointments Board* da Escócia e da *Appointments Commission* da Irlanda do Norte[791].

O Supremo Tribunal assumiu as funções jurisdicionais da Câmara dos Lordes, entre as quais sobressai a de julgar os recursos das decisões proferidas pelo *Court of Appeal* da Inglaterra e do País de Gales, bem como pelo *Court of Appeal* da Irlanda do Norte e pelo *Scottish Court of Session*. Em certos casos (ditos *leapfrog cases*), aprecia também recursos de decisões do *High Court of Justice*. Estão todavia subtraídas à competência do Supremo Tribunal, como instância de recurso, as decisões proferidas na Escócia em matéria criminal, pois o *High Court of Justiciary* escocês é nessa matéria a instância máxima de recurso. Aos *Justices of the Supreme Court* é também vedada a *judicial review* de atos do Parlamento inglês. Mas

---

[791] Sobre esta matéria, vide Andrew Le Sueur (org.), *Building the UK's New Supreme Court*, Oxford, 2004; Lord Mance, «Constitutional reforms, the Supreme Court and the Law Lords», *Civil Justice Quarterly*, 2006, pp. 155 ss.

A FAMÍLIA JURÍDICA DE COMMON LAW

podem remetê-los ao Tribunal de Justiça da União Europeia, para apreciação à luz do Direito desta; e podem também declará-los desconformes com a Convenção Europeia dos Direitos do Homem[792]. O Supremo Tribunal assumiu, além disso, as funções anteriormente desempenhadas pelo *Privy Council* no tocante aos litígios relacionados com a devolução de competências ao País de Gales, à Escócia e à Irlanda do Norte (*devolution issues*).

III – A par do Supremo Tribunal, o Comité Judiciário do Conselho Privado da rainha funciona também como supremo tribunal de alguns Estados integrados no *Commonwealth* britânico (entre os quais Antigua e Barbuda, as Bahamas, Belize, Granada e Jamaica) e de territórios ultramarinos do Reino Unido (como as Ilhas Falkland e Gibraltar). Esse órgão aplica, em tais casos, o Direito em vigor nestes Estados e territórios. As decisões proferidas nestes termos não constituem precedentes vinculativos.

O *Privy Council* tem vindo ultimamente a apagar-se como órgão judiciário, dado que os membros mais relevantes do *Commonwealth* aboliram, *de jure* ou *de facto*, a possibilidade de recurso para esse órgão, substituindo-o por recursos para os supremos tribunais nacionais. Tal o caso da Austrália, da Nova Zelândia, do Canadá e da Malásia. Em Singapura apenas se mantém tal possibilidade nos casos que impliquem a aplicação da pena de morte ou se as partes a houverem convencionado antes de 1989.

Internamente, o Conselho Privado pode ainda decidir questões suscitadas pelo exercício de competências «devolvidas» às assembleias parlamentares da Escócia, do País de Gales e da Irlanda.

O *Privy Council* é composto pelo *Lord Chancellor*, pelos antigos *Lords Chancellors*, pelos *Lords of Appeal in Ordinary*, por outros *Lords of Appeal* e pelos *Privy Counsellors* que são ou foram juízes do *Court of Appeal* de Inglaterra e do País de Gales, do *Court of Session* da Escócia e do *Court of Appeal* da Irlanda do Norte, bem como de certos tribunais superiores de países do *Commonwealth* britânico.

IV – Desde a reforma judiciária introduzida pelo *Constitutional Reform Act* de 2005, denominam-se em Inglaterra tribunais superiores (*senior courts*) o *Court of Appeal of England and Wales*, o *High Court of Justice* e o *Crown Court*.

O primeiro é o tribunal de segunda instância para as causas de maior relevo. Compreende uma Divisão Civil e uma Divisão Criminal atualmente providas com um total de 37 juízes. Estes têm o título de *Lord (ou Lady) Justices of Appeal* e

---

[792] Veja-se a secção 4 (2) do *Human Rights Act 1998*, segundo a qual: «Se o tribunal estiver persuadido de que a disposição é incompatível com um direito consagrado na Convenção, pode declarar essa incompatibilidade».

são nomeados pela rainha sob proposta do primeiro-ministro dentre juízes do *High Court* ou advogados com o título de *barrister*, que tenham mais de dez anos de experiência profissional. O *Court of Appeal* decide recursos em matéria civil e criminal, interpostos de decisões proferidas pelo *High Court*, pelo *Crown Court* ou pelo *County Court*. Em razão do elevado número de recursos que aprecia (bastante mais numerosos do que os que chegam à Câmara dos Lordes), diz-se que o *Master of the Rolls*, que preside à Divisão Civil do *Court of Appeal*, é o juiz mais influente de Inglaterra[793].

O *High Court of Justice* funciona como tribunal de primeira instância nos casos de maior importância e como tribunal de recurso de certas decisões proferidas pelos *subordinate courts*. É composto por pouco mais de uma centena de juízes, nomeados pela rainha dentre *barristers* com mais de dez anos de experiência (mais recentemente, também dentre *solicitors* que preencham certos requisitos). O *High Court* compreende três «divisões»: *a)* A *Queen's Bench Division*, que tem competência genérica em matéria civil, julgando a generalidade dos casos em matéria de *contracts* e de *torts*; *b)* A *Chancery Division*, com competência para as matérias a que é predominantemente aplicável *Equity* (nomeadamente as sucessões, os *trusts*, a *specific performance* de obrigações contratuais e as falências), bem como em questões de impostos, concorrência, sociedades e patentes; e *c)* A *Family Division*, que decide as ações de divórcio e de anulação de casamentos. Em 2000, autonomizou-se na *Queen's Bench Division* o *Administrative Court*, competente para a *judicial review* de decisões administrativas e a apreciação de pedidos de *habeas corpus*. Na *Queen's Bench Division* funcionavam ainda, como subdivisões especializadas, o *Commercial Court*, competente em matéria comercial, o *Admiralty Court*, com jurisdição em matéria marítima, e o *Technology and Construction Court*, que decide litígios no domínio da tecnologia e da construção; em 2017, estes tribunais foram agregados nos denominados *Business and Property Courts of England and Wales*, sediados na *City* de Londres e com centros regionais em Manchester, Birmingham, Leeds, Cardiff e Bristol, os quais passaram a integrar ainda a *Chancery Division* e as suas subdivisões especializadas, como o *Patents Court* e o *Companies Court*.

O *Crown Court* é exclusivamente competente em matéria penal. Funciona de modo descentralizado em todo o país, tendo em Londres a designação de *Central Criminal Court*. É a instância de recurso das decisões proferidas pelos *Magistrates' Courts* e julga em primeira instância os processos criminais mais importantes.

Compreendem-se nos tribunais subordinados o *County Court*, o *Family Court* e os *Magistrates' Courts*, que julgam a esmagadora maioria dos litígios.

---

[793] Assim aconteceu, por exemplo, com Lorde Denning (1899-1999), que exerceu essas funções entre 1962 e 1982.

O primeiro é, desde 2014, um único tribunal com jurisdição sobre a Inglaterra e o País de Gales[794], que funciona simultaneamente em diferentes *County Court Centers* e é competente, em matéria civil, para ações relativas a contratos, responsabilidade civil, falências, sucessões, adoções, *trusts*, etc. É integrado por *circuit judges* e *district judges* nomeados de entre *barristers* ou *solicitors* com um mínimo de sete anos de experiência profissional. Das suas decisões recorre-se para o *Court of Appeal*, exceto em matéria de falências e *trusts*, para as quais é competente, em segunda instância, a *Chancery Division* do *High Court*.

O segundo, criado em 2014, absorveu as competências anteriormente atribuídas aos *County Courts* e aos *Magistrates' Courts* em matéria familiar, *v.g.*, no tocante à regulação do poder paternal.

Os terceiros têm competência em matéria penal para pequenos delitos. Existem cerca de trezentos e trinta tribunais deste tipo em Inglaterra e no País de Gales. São geralmente constituídos por juízes de paz (*justices of the peace* ou *magistrates*) sem formação jurídica (não raro personalidades locais que trabalham a título voluntário). Em Londres e noutras cidades, porém, as suas funções são desempenhadas por magistrados nomeados pela rainha dentre *barristers* ou *solicitors*. Das suas decisões recorre-se para o *High Court* ou para o *Crown Court*, consoante a matéria em causa.

V – Aos tribunais comuns até aqui referidos acrescem atualmente as jurisdições denominadas *tribunals*, que, dada a sua natureza *sui generis*, até recentemente se situavam fora da hierarquia judiciária.

Compete-lhes resolver um vasto leque de litígios de natureza muito heterogénea, tanto entre particulares como entre estes e a administração pública, *maxime* em matéria regulatória, fiscal e de segurança social.

Compreendem hoje um *First-Tier Tribunal*, dividido em câmaras (*chambers*) e um *Upper Tribunal* (equiparado ao *High Court*). Das decisões do primeiro cabe recurso para o segundo e deste, em Inglaterra, para o *Court of Appeal*[795].

Estima-se que julguem por ano mais de um milhão de processos, desempenhando assim um papel de relevo no descongestionamento dos tribunais comuns.

VI – Embora, como se referiu, existam hoje *administrative courts*, estes não formam uma hierarquia independente. Não há, pois, em Inglaterra uma jurisdição administrativa autónoma, como sucede em Portugal, em França e na Alemanha. O sistema judiciário inglês caracteriza-se, nesta medida, pelo seu *monismo*: há neste país, *hoc sensu*, uma única ordem jurisdicional, que tem presentemente no

---

[794] Cfr. o *Crime and Courts Act 2013*.
[795] Cfr. o *Tribunals, Courts and Enforcement Act 2007*.

seu vértice o Supremo Tribunal do Reino Unido. Este é competente, ao contrário do que vimos suceder com os supremos tribunais alemão, francês e português, para todas as áreas do Direito.

A razão de ser deste sistema esclareceu-a Dicey na sua *Introdução ao Estudo do Direito Constitucional*[796]. Para o autor, a existência de tribunais especiais incumbidos de apreciarem os atos praticados pelos funcionários públicos no exercício das suas funções oficiais seria incompatível com o princípio da igualdade perante a lei (*equality before law*), que Dicey integrou, como vimos, entre as traves mestras do conceito de Estado de Direito (*rule of law*), tal como o entende o Direito Constitucional inglês. Esse princípio postularia, segundo Dicey, a submissão do Estado e dos seus servidores ao Direito aplicado por tribunais comuns integrados por juízes independentes e inamovíveis. Apenas deste modo seria possível sancionar eficazmente a arbitrariedade no exercício dos poderes constituídos e a violação por estes das liberdades individuais. A instituição de tribunais administrativos, como aqueles que ao tempo existiam em França, assim como a irresponsabilidade dos funcionários públicos pelos danos causados aos particulares através de atos praticados no exercício das suas funções (a *garantie des fonctionnaires* do Direito francês), seriam nesta medida proscritas pela Constituição inglesa.

Embora ao longo das últimas décadas o Direito Administrativo se tenha autonomizado em Inglaterra, inclusive sob o ponto de vista científico, não parece que isso haja afetado a unidade fundamental do sistema judiciário inglês[797].

b) Recursos

Demos conta anteriormente dos tribunais competentes para apreciarem os recursos das decisões proferidas em primeira e segunda instância. Resta agora acrescentar uma palavra a respeito do respetivo sistema de julgamento.

Este faz-se, tanto no Supremo Tribunal como no *Court of Appeal*, segundo o *sistema da substituição*, visto que estes tribunais se pronunciam sobre o próprio mérito das causas que lhe são presentes. Fazem-no sob a forma de pareceres (*opinions*) emitidos por cada um dos juízes aos quais é cometida a sua apreciação. O recurso é rejeitado se não tiver uma maioria de pareceres favoráveis. Não há, pois, propriamente um acórdão do tribunal, como entre nós.

Embora o *Court of Appeal* possa modificar a matéria de facto dada como provada nas decisões recorridas, raramente o faz, para o que contribui decisivamente o predomínio da forma oral nos processos judiciais ingleses. Também o Supremo Tribunal apenas se pronuncia sobre questões de Direito, estando vinculado às decisões proferidas pelas instâncias em matéria de facto.

---

[796] Cfr. *Introduction to the Study of the Law of the Constitution*, cit., pp. 107 ss. e 213 ss.
[797] Cfr. José Sérvulo Correia, *Direito do Contencioso Administrativo*, vol. I, Lisboa, 2005, pp. 123 ss.

Para que um recurso seja julgado pelo Supremo Tribunal, é necessário que seja concedida autorização («*leave to appeal*») pelo próprio Supremo Tribunal ou pelo *Court of Appeal*. Essa autorização é concedida quando o caso envolva uma questão de Direito de importância pública geral («*a point of law of general public importance*»), que deva ser apreciada pelo Tribunal. Este sistema permite restringir muito consideravelmente o número de recursos efetivamente julgados[798]. Bem se compreende este regime: como veremos a seguir, a vocação do Supremo Tribunal do Reino Unido (tal como sucedia com a Câmara dos Lordes antes da constituição deste) consiste muito mais em criar Direito do que em resolver litígios em última instância ou em garantir a interpretação uniforme do Direito vigente (função que em Inglaterra é desempenhada pelo *Court of Appeal*)[799].

São, em suma, perfeitamente distintas, por um lado, as conceções prevalecentes no sistema jurídico inglês e nos sistemas jurídicos do continente europeu quanto à existência e ao conteúdo de um direito de recurso; e, por outro, as funções sociais exercidas pelo Supremo Tribunal do Reino Unido e pelas jurisdições homólogas dos países de tradição jurídica romano-germânica.

c) Outros meios de resolução de litígios

I – Devido, em boa parte, à relevância do Reino Unido no comércio internacional durante o século XIX e no início do século XX, a cidade de Londres tornou-se, e manteve-se como tal até hoje, num dos mais importantes centros de arbitragem do mundo, particularmente nos domínios do comércio marítimo e das transações relativas a certas matérias-primas. Para o efeito, contribuíram também significativamente o regime bastante favorável à arbitragem como meio de composição de litígios que o Direito inglês há muito consagra e as garantias que esse Direito oferece aos litigantes.

O regime da arbitragem em Inglaterra difere no entanto, em aspetos capitais, do alemão, do francês e do português. Pode, por isso, falar-se de um *approach* inglês em matéria de arbitragem, cuja expressão legislativa se encontra hoje no *Arbitration Act 1996*.

Esse *approach* caracteriza-se pelos seguintes traços fundamentais:

Em primeiro lugar, não se estabelece na lei qualquer restrição à faculdade de os interessados submeterem a árbitros os litígios que os opõem. Nesta matéria, o *Arbitration Act* limita-se a consagrar na secção 1ª, alínea *b*), o princípio conforme o qual «as partes devem ser livres de acordar a forma pela qual os seus litígios são resolvidos, com ressalva apenas das limitações ditadas pelo interesse público».

---

[798] Na Câmara dos Lordes, esses recursos ascendiam, em média, a uma centena por ano, de entre aproximadamente trezentas petições de recurso normalmente apresentadas no mesmo lapso de tempo.

[799] Cfr., neste sentido, Peter de Cruz, *Comparative Law in a Changing World*, cit., p. 76.

Esclarece-se em todo o caso, na secção 81ª, nº 1, que esse diploma legal não afeta as regras do *Common Law* relativas às matérias insuscetíveis de resolução por arbitragem. De um modo geral, todas as questões atinentes aos «interesses civis das partes» são tidas pela doutrina como arbitráveis, incluindo as relacionadas com patentes, marcas e concorrência *antitrust* [800].

Em segundo lugar, tão-pouco se consagra na lei inglesa qualquer distinção de regimes entre a arbitragem interna e a internacional. Acolhe-se antes uma *conceção unitária* de arbitragem, nos termos da qual toda a arbitragem – interna ou internacional – se encontra sujeita à lei de certo país: *lex facit arbitrum*[801]. Daí que a fixação da sede da arbitragem em Inglaterra, no País de Gales ou na Irlanda do Norte determine a aplicação das normas do *Arbitration Act* em matéria de arbitragem[802]. Por outro lado, o tribunal deve decidir o mérito da causa em conformidade com a lei escolhida pelas partes ou determinada pelo próprio tribunal segundo as regras de conflitos que considere aplicáveis, a menos que as partes hajam conferido aos árbitros poderes para julgarem de acordo com «outras considerações»[803].

Em terceiro lugar, acolhe-se na lei inglesa um *sistema dualista* no tocante à impugnação da decisão arbitral, por força do qual se admitem com certa largueza quer a instauração de uma ação de anulação[804], quer a interposição de um recurso de apelação sobre questões de Direito[805]. Admite-se, é certo, a renúncia aos recursos, mas não à ação de anulação.

Por fim, a execução da sentença arbitral, ainda que interna, é subordinada a uma decisão prévia de exequibilidade a proferir por um tribunal judicial (*leave of the court*)[806].

---

[800] Cfr. V. V. Veeder, «England», *in IHCA*, suplemento 23, Haia/Londres/Boston, 1997, p. 21.

[801] Neste sentido, F. A. Mann, «*Lex Facit Arbitrum*», *in* Pieter Sanders (org.), *Liber Amicorum for Martin Domke*, Haia, 1967, pp. 157 ss.: «every arbitration is a national arbitration, that is to say, subject to a specific system of national law» (p. 159).

[802] Secção 2, nº 1, do *Arbitration Act*: «The provisions of this Part apply where the seat of the arbitration is in England and Wales or Northern Ireland».

[803] Secção 46 do *Arbitration Act*: «(1) The arbitral tribunal shall decide the dispute: (a) in accordance with the law chosen by the parties as applicable to the substance of the dispute, or (b) if the parties so agree, in accordance with such other considerations as are agreed by them or determined by the tribunal [...]. (3) If or to the extent that there is no such choice or agreement, the tribunal shall apply the law determined by the conflict of laws rules which it considers applicable».

[804] Cfr. a secção 68, nº 1, do *Arbitration Act*, que dispõe: «A party to arbitral proceedings may (upon notice to the other parties and to the tribunal) apply to the court challenging an award in the proceedings on the ground of serious irregularity affecting the tribunal, the proceedings or the award».

[805] Cfr. a secção 69, nº 1, do *Arbitration Act*, segundo a qual: «Unless otherwise agreed by the parties, a party to arbitral proceedings may (upon notice to the other parties and to the tribunal) appeal to the court on a question of law arising out of an award made in the proceedings».

[806] Cfr. a secção 66, nº 1, do *Arbitration Act*, em que se pode ler: «An award made by the tribunal pursuant to an arbitration agreement may, by leave of the court, be enforced in the same manner as a judgment or order of the court to the same effect».

Hoje já não tem acolhimento em Inglaterra o denominado *case stated procedure*, por força do qual qualquer das partes podia requerer ao tribunal arbitral que remetesse as questões de Direito suscitadas na arbitragem a um tribunal judicial, a fim de que este as julgasse; o que determinava uma repartição de tarefas entre tribunais judiciais e arbitrais, por força da qual estes últimos não tinham jurisdição exclusiva sobre o mérito da causa[807]. Mas nalguns sistemas jurídicos de *Common Law* (como o de Gibraltar[808]) mantém-se esse regime.

Parece, de todo o modo, inequívoco que o Direito inglês continua a sujeitar a arbitragem, tanto nas situações internas como nas internacionais, a um apertado controlo judicial, mostrando-se ainda hoje muito pouco recetivo à «deslocalização» da arbitragem[809]. É, pelo menos em parte, esse controlo que explica a liberalidade com que historicamente se admite em Inglaterra o recurso à arbitragem.

A essência do *approach* inglês em matéria de arbitragem definiu-a em 1953 Lorde Denning, ao declarar, na sentença proferida pelo *Court of Appeal* no caso *David Taylor & Son Ltd. v. Barnett Trading Co.*: «Não há uma lei para os árbitros e outra para o tribunal judicial. Há uma única lei para todos»[810].

II – A reforma do processo civil inglês empreendida em 1999[811], na base das recomendações formuladas num relatório elaborado por Lorde Woolf (*Chief Justice* até 2005)[812], procurou favorecer o recurso aos meios ditos alternativos de resolução de litígios (*alternative dispute resolution* ou *ADR*), entre os quais se inclui a mediação, figura que, ao contrário do que sucede nos sistemas jurídicos continentais, em Inglaterra não é distinguida da conciliação.

O recurso à mediação permanece todavia escasso neste país. Muito mais significativa como forma de resolução extrajudicial de litígios é a negociação, estimando-se em 90 por cento a proporção de causas que terminam por transação – ao que não é estranho o elevado custo dos processos judiciais em Inglaterra[813].

---

[807] Ver, sobre o ponto, Okezie Chukwumerije, «Judicial Supervision of Commercial Arbitration: The English Arbitration Act of 1996», *Arbitration International*, 1999, pp. 171 ss.
[808] Cfr. a *Arbitration Ordinance 1984*, secção 33.
[809] Cfr. F. A. Mann, «England rejects "delocalized" contracts and arbitration», *ICLQ*, 1984, pp. 193 ss.
[810] «There is not one law for the arbitrators and another for the court. There is one law for all». A decisão citada encontra-se reproduzida em [1953] 1 *All E.R.* 843.
[811] Cfr. *Civil Procedure Rules* (texto disponível em http://www.dca.gov.uk).
[812] Cfr. *Access to Justice. Final Report. By The Right Honourable the Lord Woolf, Master of the Rolls*, 1996.
[813] Ver, sobre o ponto, Lorde Phillips, "Alternative Dispute Resolution: An English Viewpoint", *Arbitration*, 2008, pp. 406 ss.

§ 28º Ensino do Direito e profissões jurídicas

a) O ensino do Direito em Inglaterra

O ensino do Direito em Inglaterra difere consideravelmente do que é ministrado na Europa continental. Entre outras razões, pela existência de três sistemas paralelos de formação dos juristas, a qual é concorrentemente ministrada pelas Universidades, pelas entidades representativas dos *barristers* e pelas que congregam os *solicitors*.

Vem de muito longe, neste país, a separação entre a formação jurídica proporcionada pelas Universidades, a qual se centrou até ao século XVIII no Direito Romano, e a que é requerida pelo exercício das profissões jurídicas, obtida designadamente nas corporações chamadas *Inns of Court*, às quais nos referiremos mais detidamente adiante.

Na Idade Média, o ensino do Direito Romano foi introduzido nas Universidades inglesas pelo clero, então subordinado ao Papa. O *Common Law*, tido por «pouco melhor do que herético»[814], era então menosprezado como objeto de estudo. Após a reforma protestante, várias causas concorreram no sentido da preservação deste *statu quo*: por um lado, o costume longamente enraizado nas instituições universitárias; por outro, a circunstância de o estudo do *Common Law* ter entretanto passado a ser cultivado em Londres, nos *Inns of Court*, como base da formação dos candidatos à advocacia.

Nesta evolução refletiu-se também o excecional peso institucional das referidas corporações, que, desde pelo menos o século XV, lograram reservar para si não apenas a seleção dos seus membros, mas também a formação profissional destes.

Atualmente, o curso de Direito conducente ao grau de *Bachelor of Laws* (que nas Universidades de Oxford e Cambridge se denomina *Bachelor of Arts*), ministrado em cerca de 75 instituições de ensino superior, tem a duração de três anos e versa sobre matérias obrigatórias dos exames a que os candidatos a *solicitor* e a *barrister* têm de se submeter. O ensino jurídico toma assim como paradigma do profissional de Direito o advogado (ao passo que na Alemanha, como vimos, ele se dirige essencialmente à formação de juízes). O que, de resto, bem se compreende, pois em Inglaterra a magistratura judicial não constitui uma carreira autónoma relativamente à advocacia.

A obtenção de um grau universitário em Direito não é, porém, requisito obrigatório do acesso às profissões jurídicas: basta para o efeito um diploma universitário sobre qualquer matéria. Quem não tenha frequentado o curso de Direito deve, no entanto, realizar o *Common Professional Examination*, obrigatoriamente

---

[814] Cfr. Blackstone, ob. cit. *supra*, vol. I, pp. 20 s.

precedido da frequência de um curso com a duração de um ano, ministrado por uma Universidade ou Instituto Politécnico.

O ensino universitário do Direito compreende lições magistrais (*lectures*), seminários (*seminars*) e, em Oxford e Cambridge, sessões de tutoria (*tutorials* ou *supervisions*). Estas últimas são dadas a pequenos grupos ou estudantes individuais, que nelas podem colocar questões e resolver dúvidas. O êxito do ensino ministrado naquelas Universidades assenta em boa parte no *tutorial system*.

b) As profissões jurídicas em Inglaterra

I – Diferentemente do que sucede na maior parte dos países do continente europeu, a advocacia acha-se cindida em Inglaterra em duas profissões distintas: a dos *barristers* e a dos *solicitors*.

Esta cisão assenta na distinção entre duas vertentes da atividade do advogado: a assistência jurídica às partes e a representação delas em juízo.

Historicamente, os *barristers*[815] tinham o monopólio da postulação oral perante os tribunais superiores. Pertencia-lhes, em exclusivo, o denominado *right of audience*. Hoje esse direito é partilhado com os *solicitors*, embora a maioria destes não o exerça.

No âmbito da sua profissão, os *barristers* redigem também peças processuais e outros documentos jurídicos. Além disso, dão pareceres e ocasionalmente ensinam Direito. Não representam, porém, as partes nem devem, segundo a praxe, ter contacto direto com elas, salvo na presença dos *solicitors* que os tenham escolhido. Quem queira contratar os seus serviços, terá, assim, de fazê-lo por intermédio destes.

Os *barristers* são geralmente juristas altamente qualificados, gozando de grande prestígio social. Existiam em 2016 16.045 *barristers*[816], dos quais 1604 com o título de *Queen's Counsel* (Q.C.). Estes constituem a elite da profissão e é entre eles que são recrutados os juízes dos tribunais superiores (bem como, frequentemente, os membros dos tribunais arbitrais). São coadjuvados por *junior barristers*.

Os *barristers* estão organizados em «câmaras» (*chambers*), com 20 a 60 membros cada, que em Londres se acham agregadas nos já referidos *Inns of Court*[817]. A pertença a um deles é condição do exercício da profissão. Além de fornecerem diversos serviços aos *barristers* (*maxime* proporcionando-lhes um domicílio profissional), os *Inns* ministram ensino aos candidatos à profissão (consistente num

---

[815] Do francês *barre* + sufixo *ster*; significa o advogado chamado à barra do tribunal. Esta última consistiu originariamente na separação física existente nos tribunais entre a parte onde se encontrava o público e o espaço reservado aos juízes e advogados.

[816] Cfr. *Practising barrister statistics*, disponível em https://www.barstandardsboard.org.uk.

[817] Atualmente, existem quatro instituições com essa designação: *Gray's Inn, Lincoln's Inn, Inner Temple* e *Middle Temple*.

curso com a duração de um ano), organizam o respetivo estágio profissional (dito *pupillage*) e decidem sobre a sua admissão ao exercício da profissão (a qual tem lugar mediante o denominado «*call to the bar*»). A entidade que regula o exercício da profissão e representa os *barristers* perante as demais entidades públicas e privadas é, porém, o *Bar Council*.

II – Aos *solicitors* (que não se confundem com os solicitadores do nosso sistema jurídico)[818], cabe geralmente representar em juízo e fora dele os seus clientes, exceto nas audiências perante os tribunais superiores. Só eles podem ser constituídos procuradores e agir em nome dos seus constituintes. Além disso, selecionam os *barristers* a contratar pelos seus clientes e preparam os processos para aqueles, nomeadamente recolhendo os documentos que servem de suporte às peças processuais. Fazem também a chamada advocacia de negócios, *v.g.* redigindo minutas de contratos e aconselhando clientes previamente à sua conclusão. Podem também advogar perante os *Subordinate Courts*.

Existiam em 2016 175.160 *solicitors*[819], organizados em sociedades (*law firms*), algumas das quais com centenas de sócios. São regulados e representados pela *Law Society*.

O acesso à profissão depende, além da posse do grau de *bachelor* em Direito ou da aprovação no *Common Professional Examination*, da frequência de um *Legal Practice Course* e da realização subsequente de um estágio de dois anos junto de uma firma de *solicitors*. A admissão denomina-se «*admission to the roll*»[820].

A distinção entre as duas profissões tem sido objeto de controvérsia. Contra ela invoca-se, designadamente, o elevado custo da representação forense em Inglaterra, a qual implica geralmente o pagamento de honorários cumulativamente a um ou mais *solicitors* e a outros tantos *barristers*.

III – Em Inglaterra, os juízes são, como se disse acima, geralmente recrutados de entre *barristers*. Na sua nomeação, o Governo tem, como se viu acima, um papel relevante (ainda que mitigado pela Reforma de 2005). Gozam, não obstante isso, de grande independência, sendo inamovíveis salvo por iniciativa de ambas as Câmaras do Parlamento[821]. A inexistência de uma carreira de magistrado judicial como a que se encontra prevista na generalidade dos ordenamentos

---

[818] Termo proveniente do francês *soliciteur*. Neste contexto, visa significar aquele que "solicita causas".
[819] Cfr. o *Annual Statistics Report 2016*, disponível em http://www.lawsociety.org.uk.
[820] O *roll* é justamente o registo das pessoas aptas a exercerem a profissão de *solicitor*. É conservado pelo *Master of the Rolls*, que preside ao *Court of Appeal*.
[821] Veja-se o *Ato de Estabelecimento* de 1701 (*Act of Settlement, 1701*), nº III, § 7º, de que existe tradução portuguesa *in* Jorge Miranda (org.), *Textos históricos do Direito Constitucional*, pp. 27 s.

A FAMÍLIA JURÍDICA DE COMMON LAW

jurídicos continentais e a circunstância de os juízes ingleses serem maioritariamente antigos advogados concorrem também no sentido de reforçar a sua independência pessoal[822].

O seu número é relativamente pequeno[823], o que se deve a várias ordens de razões: a proliferação de tribunais inferiores providos com magistrados (muitos deles leigos) aos quais não é conferido o título de juiz; a relevância da arbitragem e de outros meios extrajudiciais de composição de litígios, particularmente em matéria comercial; as restrições ao acesso aos tribunais decorrentes dos elevados custos dos processos judiciais e do regime assaz limitativo dos recursos para os tribunais superiores; e a significativa proporção (mais de 90%) de processos cíveis que findam sem julgamento do mérito da causa, por isso que, não tendo o réu comparecido em juízo, o *writ* através do qual este foi citado para a ação se converte automaticamente num título executivo (*judgment*).

Além disso, o papel dos juízes é em Inglaterra muito diferente daquele que desempenham no Continente europeu. Por um lado, porque em virtude do sistema acusatório (*adversarial system*) adotado no processo civil inglês, e da inexistência nele do princípio *iura novit curia*, os juízes tendem a assumir, nos processos que correm em primeira instância, uma posição mais passiva: o juiz é tradicionalmente concebido pelo *Common Law* como um árbitro entre dois adversários, aos quais deve ser concedida a mais ampla oportunidade possível de exporem os seus argumentos[824]. No mesmo sentido concorre a circunstância de, nas causas em que intervém o júri (que são hoje fundamentalmente os processos penais), apenas competirem aos juízes a decisão das questões de Direito e a emissão das denominadas *jury instructions*. Por outro lado, a força vinculativa dos precedentes confere às decisões judiciais (pelo menos quando emanadas dos tribunais superiores) uma repercussão social que as mesmas não possuem nos países de *Civil Law*. Acresce que, em razão do número limitado de juízes e do sistema alta-

---

[822] Ver, sobre esta matéria, John Bell, *Judiciaries within Europe. A Comparative Review*, cit., pp. 298 ss.
[823] Em 2017, encontravam-se em funções em Inglaterra e no País de Gales 155 *senior judges*, distribuídos pelo Supremo Tribunal (que contava com 11 juízes), pelo *Court of Appeal* (com 39 juízes), pelo *High Court* (com 100 juízes) e por cargos de chefia de tribunais (que absorviam 5 juízes). A estes magistrados acresciam várias centenas de *circuit judges*, *district judges* e *recorders* (juízes a tempo parcial), que exercem funções nos tribunais subordinados. Cfr. os dados disponíveis em http://www.judiciary.gov.uk.
[824] Ver, sobre esta matéria, Hein Kötz, «The role of the judge in the court-room: the common law and civil law compared», *TSAR*, 1987, pp. 35 ss.; J. A. Jolowicz, "Adversarial and Inquisitorial Models of Civil Procedure", *ICLQ*, 2003, pp. 281 ss. Compare-se o regime referido no texto com o disposto no art. 411º do Código de Processo Civil português, que estabelece, sob a epígrafe *princípio do inquisitório*: "Incumbe ao juiz realizar ou ordenar, mesmo oficiosamente, todas as diligências necessárias ao apuramento da verdade e à justa composição do litígio, quanto aos factos de que lhe é lícito conhecer".

mente seletivo do seu recrutamento, estes gozam na sociedade inglesa de uma notoriedade e de um estatuto social[825] que transcendem largamente (salvo raras exceções) os dos juízes continentais.

Os juízes são assim em Inglaterra (tal como nos Estados Unidos) elementos centrais do sistema jurídico. Não falta, por isso, quem veja neles verdadeiros *oráculos do Direito*[826].

IV – Não existe em Inglaterra um Ministério Público equiparável ao dos países continentes. Há, é certo, um *Crown Prosecution Office*, subordinado ao Governo e integrado por funcionários denominados *crown prosecutors*, que exercem algumas das funções entre nós reservadas aos magistrados do Ministério Público, nomeadamente a representação da Coroa perante os tribunais inferiores e a ação penal. Esta última, porém, não lhes cabe em exclusivo, visto que pode também ser exercida por outros agentes públicos e pelos próprios particulares.

A representação da Coroa perante os tribunais superiores continua, por outro lado, reservada a advogados. Alguns *barristers* e *solicitors* integram, por isso, o *Crown Prosecution Office*.

V – Entre as profissões jurídicas incluem-se ainda, em Inglaterra, os notários, aí denominados *notaries public*. O seu papel é, porém, significativamente mais restrito do que nos sistemas jurídicos da família romano-germânica, cingindo-se, no essencial, a lavrar ou a certificar documentos para uso no estrangeiro. O *notary* não controla, pois, a legalidade dos atos perante si celebrados[827].

Esta diversidade de regimes prende-se com a menor relevância da forma no Direito inglês, que desconhece, por exemplo, a escritura pública.

O desenvolvimento do *Common Law* inglês separadamente do Direito Romano teve como consequência que os notários apenas surgiram em Inglaterra no século XIII. Inicialmente, eram designados pelo Legado Papal. Muitos eram, por isso, clérigos. Após a reforma protestante, a nomeação de notários passou a caber exclusivamente ao Arcebispo de Cantuária. Este ainda hoje exerce essa prerrogativa através de um ente administrativo denominado *Court of Faculties*, o qual regula também o exercício da profissão.

Na sua maioria, os notários são também *solicitors*. Em Londres, porém, onde têm a designação de *scrivener notaries*, a função notarial é geralmente exercida em exclusividade.

---

[825] Simbolizado na concessão aos juízes do *High Court* do título de cavaleiro (*knight*) aquando da respetiva nomeação.
[826] Cfr. John P. Dawson, *The Oracles of the Law*, cit., *passim*.
[827] Veja-se, sobre o ponto, o acórdão do Supremo Tribunal de Justiça de 3 de outubro de 1995, *BMJ* 450 (1995), pp. 508 ss.

O acesso à profissão depende da posse de um *Postgraduate Diploma in Notarial Practice*, que atualmente apenas é conferido pela Universidade de Cambridge.

§ 29º Fontes de Direito

a) Jurisprudência

I – A jurisprudência, também dita *case law* ou (aliás impropriamente) *unwritten law*, é em Inglaterra a principal fonte de Direito: o modo normal de produção e revelação de regras jurídicas.

Vigora, com efeito, no sistema jurídico inglês o princípio do *precedente vinculativo* ou *stare decisis* (expressão latina que significa «ater-se ao que foi decidido»). De acordo com esse princípio, todos os tribunais se encontram obrigados a seguir, nos casos que lhes forem submetidos, as decisões sobre questões de Direito proferidas noutros casos com factos relevantes análogos pelos tribunais situados acima deles na hierarquia judiciária, estando os próprios tribunais de recurso (salvo o Supremo Tribunal e anteriormente a Câmara dos Lordes, bem como o *Court of Appeal* em certas hipóteses que referiremos adiante), vinculados às suas decisões anteriores[828].

Eis por que em matérias nucleares do Direito Privado é quase exclusivamente por referência a precedentes judiciais que os tribunais ingleses hão-de hoje resolver os litígios que lhes são submetidos. Seja, por exemplo, a responsabilidade civil pelo denominado *tort of negligence*: a fim de que esta se constitua, tem a vítima de um dano de demonstrar, além de mais, que o lesante agiu em violação de um "dever de cuidado" (*duty of care*) e que o dano foi o resultado "razoavelmente previsível" (*reasonably foreseeable*) da sua atuação[829]. Ora, estes requisitos, decantados ao longo de décadas pela jurisprudência, foram integralmente criados pelos tribunais superiores ingleses.

Observe-se, a este respeito, que o valor do precedente nos sistemas de *Common Law* é distinto daquele que possui nos sistemas romano-germânicos, em particular o francês, onde, como vimos, a jurisprudência tem também um papel fundamental, constituindo o esteio de ramos inteiros do Direito. Por dois motivos. Primeiro, porque, ao passo que nestes últimos sistemas a autoridade do precedente não é independente de uma apreciação crítica da decisão, e não subsiste se for demonstrado que enferma de erro, nos primeiros o precedente tem autoridade por si, ou seja, mesmo que o tribunal perante o qual é invocado possa aduzir uma razão válida para não o aplicar no caso *sub judice* (o que não impede, como veremos a seguir, que o precedente possa ser afastado em certas hipóteses ou que o

---

[828] Cfr. Rupert Cross/J. W. Harris, *Precedent in English Law*, 4ª ed., reimpressão, Oxford, 2004, p. 6.
[829] Ver o volume II desta obra, capítulo IV.

seu alcance possa ser restringido)[830]. Segundo, porque, como se notou acima, a autoridade do precedente judicial nos Direitos continentais assenta na repetição de julgados, sendo por isso uma única decisão sobre uma questão controvertida em geral insuscetível de operar como facto normativo[831].

Mesmo nos casos em que os sistemas jurídicos romano-germânicos conferem força obrigatória geral a certas decisões judiciais (como sucedia no Direito português com os *assentos* e sucede ainda no Direito brasileiro com as *súmulas vinculantes*[832]), são notórias as diferenças que as separam dos precedentes do *Common Law*: ao passo que aquelas valem por si mesmas, como textos normativos com caráter geral e abstrato, estes são, pelas razões que exporemos a seguir, inseparáveis dos casos concretos em que surgiram[833].

Porquê esta diversidade de regimes? Supomos que podem apontar-se três razões principais[834]. Por um lado, a necessidade de certeza da jurisprudência,

---

[830] Cfr., nesta linha de orientação, José de Oliveira Ascensão, *As fontes de Direito no sistema jurídico anglo-americano*, Lisboa, 1974, pp. 44 ss.

[831] Ver *supra*, § 17º, alínea *f*).

[832] A súmula vinculante foi introduzida na Constituição brasileira pela Emenda Constitucional nº 45, de 2004, que lhe aditou o artigo 103º-A, nos termos do qual: «O Supremo Tribunal Federal poderá, de ofício ou por provocação, mediante decisão de dois terços dos seus membros, após reiteradas decisões sobre matéria constitucional, aprovar súmula que, a partir de sua publicação na imprensa oficial, terá efeito vinculante em relação aos demais órgãos do Poder Judiciário e à administração pública direta e indireta, nas esferas federal, estadual e municipal, bem como proceder à sua revisão ou cancelamento, na forma estabelecida em lei». Ver, sobre esse preceito, Marcelo Alves Dias de Souza, *Do precedente judicial à súmula vinculante*, Curitiba, 2006. Por seu turno, o Código de Processo Civil brasileiro de 2015 consignou no art. 926 a regra conforme a qual: «Os tribunais devem uniformizar sua jurisprudência e mantê-la estável, íntegra e coerente. § 1º Na forma estabelecida e segundo os pressupostos fixados no regimento interno, os tribunais editarão enunciados de súmula correspondentes a sua jurisprudência dominante. § 2º Ao editar enunciados de súmula, os tribunais devem ater-se às circunstâncias fáticas dos precedentes que motivaram sua criação». E o art. 927 acrescenta que: «Os juízes e os tribunais observarão: [...] II – os enunciados de súmula vinculante; [...] IV – os enunciados das súmulas do Supremo Tribunal Federal em matéria constitucional e do Superior Tribunal de Justiça em matéria infraconstitucional».

[833] O novo Código de Processo Civil brasileiro atenua porém as diferenças referidas no texto, ao dispor no art. 489, § 1º, que: «Não se considera fundamentada qualquer decisão judicial, seja ela interlocutória, sentença ou acórdão, que: [...] V – se limitar a invocar precedente ou enunciado de súmula, sem identificar seus fundamentos determinantes nem demonstrar que o caso sob julgamento se ajusta àqueles fundamentos; VI – deixar de seguir enunciado de súmula, jurisprudência ou precedente invocado pela parte, sem demonstrar a existência de distinção no caso em julgamento ou a superação do entendimento». A lei processual brasileira acolheu assim uma forma particular de vinculação dos tribunais aos precedentes judiciais, admitindo do mesmo passo, quanto a estes. um procedimento análogo ao *distinguishing* anglo-saxónico (sobre o qual *vide infra*, § 30º, *b*)). Cfr. Ilana Bertagnolli/Andreza Cristina Baggio, «Os precedentes vinculantes do novo Código de Processo Civil e a aproximação entre *common law* e *civil law* no direito brasileiro», *Ius Gentium*, 2017, pp. 162 ss.

[834] Cfr. Cross/Harris, ob. cit., pp. 11 ss.

muito mais agudamente sentida em Inglaterra do que no Continente europeu, em virtude de os tribunais ingleses não operarem com o respaldo de códigos como aqueles em que se apoiam na sua atividade os tribunais dos sistemas jurídicos romano-germânicos. Por outro, o caráter altamente centralizado da organização judiciária inglesa, que favorece a formação e a efetiva observância de precedentes vinculativos. Finalmente, a diferente posição dos juízes ingleses, que gozam, pelas razões atrás apontadas, de uma autoridade pessoal de que os seus homólogos do Continente em geral não não desfrutam.

II – O *stare decisis* não significa, todavia, em Inglaterra que os juízes, ao julgarem um caso, estejam vinculados a tudo o que se declarou numa sentença anterior sobre um caso igual ou semelhante.

Nas sentenças inglesas há, com efeito, que distinguir quatro elementos: *a)* Os factos provados; *b)* A *ratio decidendi*, também denominada *the holding of the case*, ou seja, a razão de decidir – a regra jurídica, geralmente obtida por um processo de abstração, em que o tribunal se baseou a fim de resolver em certo sentido o caso *sub judice*; *c)* Os *obter dicta*, i. é, quaisquer proposições jurídicas aduzidas pelo tribunal, que não hajam sido decisivas para o julgamento do caso («*things said by the way*»); e *d)* A decisão propriamente dita.

Só as *rationes decidendi* constituem *precedentes vinculativos* e têm, por isso, de ser observadas em casos posteriores nos termos acima referidos. Já os *obter dicta* não obrigam para o futuro; o que se prende, além do mais, com a circunstância de não terem sido testados através da avaliação das suas consequências no caso em que foram proferidos, podendo por este motivo não ter sido suficientemente ponderados. Mas devem ser tomados em consideração em casos iguais ou semelhantes, podendo influir, pelo prestígio de quem os formula ou pela bondade das regras neles contidas, sobre a decisão desses casos. São, *hoc sensu, precedentes persuasivos*.

III – A vinculação a um precedente depende ainda de este emanar do próprio tribunal que o emite ou de um tribunal hierarquicamente superior. À data, porém, da cessação das suas funções jurisdicionais a Câmara dos Lordes já não se considerava, nos termos e pelas razões que se referirão adiante, vinculada aos seus próprios precedentes. Estes obrigam, pois, apenas o *Court of Appeal* e os tribunais situados abaixo dele na hierarquia judiciária ("efeito vertical"). Os precedentes do *Court of Appeal* vinculam, por seu turno, este último tribunal ("efeito horizontal"), exceto quando haja contradição entre eles ou com um precedente oriundo da Câmara dos Lordes ou do Supremo Tribunal, bem como nos casos em que a decisão haja sido proferida *per incuriam*, i. é, ignorando uma regra legal ou jurisprudencial aplicável ao caso, o *High Court of Justice* e outros tribunais de primeira instância. E os precedentes emanados das diferentes Divisões do *High*

Court vinculam não apenas os *Subordinate Courts* mas também os próprios juízes do *High Court* quando julguem individualmente.

O princípio do *stare decisis* não impede, por outro lado, que um tribunal superior revogue uma regra que tenha constituído a *ratio* de uma decisão proferida por um tribunal subordinado (*overruling*). Tecnicamente, diz-se, não se trata de uma modificação do Direito vigente, mas tão-só da correção de uma declaração errónea desse Direito[835]. Compreende-se assim que a revogação de um precedente, quando levada a cabo por um tribunal inglês, opere em princípio retroativamente[836].

IV – Ao contrário das sentenças emanadas dos tribunais integrados em sistemas jurídicos romano-germânicos, as sentenças inglesas são constituídas, como dissemos, por um conjunto de pareceres individuais (*speeches* ou *opinions*), formulados em separado por cada um dos juízes. A decisão do caso corresponde ao sentido maioritário desses pareceres. O sistema favorece assim, ao mais alto grau, a emissão e publicação de votos de vencido (*dissenting opinions*)[837]. Pode, no entanto, haver nas sentenças inglesas uma *leading opinion*, emanada de um dos juízes que intervêm no julgamento da causa, com o qual os demais manifestam a sua concordância através de *concurring opinions*. Há, assim, uma *forte personalização* das sentenças, que contrasta com o estilo impessoal, e por vezes mesmo elíptico, das sentenças oriundas dos tribunais franceses. Essa personalização reforça a autoridade individual dos juízes, na medida em que permite imputar-lhes os precedentes formados a partir das sentenças que proferem. As sentenças tendem a ser bastante extensas e minuciosas na análise dos casos e dos problemas jurídicos por estes suscitados: «os juízes ingleses são», escreve Lawson, «o terceiro lado de um triângulo argumentativo»[838]. Ao que não serão estranhas,

---

[835] Cfr. A. K. R. Kiralfy, *The English Legal System*, 8ª ed., Londres, 1990, p. 82.

[836] Cfr., neste sentido, Richard Ward/Amanda Akhtar, *Walker & Walker's English Legal System*, 10ª ed., Oxford, 2008, p. 90. O *prospective overruling* (também dito *non-retroactive overruling*), há muito admitido nos Estados Unidos (cfr. *infra*, § 36º, *h*)), tem sido tradicionalmente encarado com reserva em Inglaterra: veja-se, por último, a decisão proferida pela Câmara dos Lordes em 2005 no caso *National Westminster Bank plc (Respondents) v. Spectrum Plus Limited and others and others (Appellants)*, [2005] UKHL 41, na qual essa modalidade de *overruling* apenas foi admitida em situações excecionais (nas palavras de Lorde Nicholls: «cases where a decision on an issue of law, whether common law or statute law, was unavoidable but the decision would have such gravely unfair and disruptive consequences for past transactions or happenings that this House would be compelled to depart from the normal principles relating to the retrospective and prospective effect of court decisions»).

[837] Para um confronto, nesta matéria, dos sistemas de *Civil* e *Common Law*, veja-se Michael Kirby, «Judicial Dissent – Common Law and Civil Law Traditions», *LQR*, 2007, pp. 379 ss., que caracteriza a admissibilidade da «opinião dissidente» como um mecanismo de prevenção do erro judiciário.

[838] Cfr. F. H. Lawson, «Comparative Judicial Style», *AJCL*, 1977, pp. 364 ss. (p. 365).

por um lado, a circunstância de nas suas decisões amiúde se criar Direito novo e, por outro, a própria formação profissional dos juízes dos tribunais superiores, que na sua maioria foram anteriormente advogados[839].

V – Foi durante largo período de tempo controvertida a natureza jurídica do precedente.

Para uns, o precedente nada criaria de novo, antes se limitaria a declarar Direito preexistente. Neste sentido se pronunciou Blackstone, para quem os tribunais apenas exporiam, nas suas decisões, o *costume imemorial* vigente em Inglaterra[840].

Segundo outros, como Henry Sumner Maine[841] e John Austin (1790-1859)[842], o precedente teria, ao invés, valor constitutivo, criando Direito.

Dentro de certos limites, este segundo ponto de vista tende hoje a prevalecer[843]. Parece, com efeito, irrecusável que os juízes ingleses criam novas regras, mesmo quando se limitam a aplicar a novas categorias de situações as que já estavam enunciadas em precedentes anteriores. E o mesmo deve dizer-se de todos os casos em que não há um precedente nem um uso que possa legitimar a nova regra, como sucedeu, por exemplo, com as regras da *Equity* criadas pelo *Court of Chancery*[844].

Mas seria excessivo pretender que os tribunais ingleses se encontram na mesma posição que um legislador. Não raro, as novas regras já estavam de alguma sorte implícitas em decisões anteriores ou baseiam-se no costume. Mesmo nos

---

[839] A publicação das sentenças é feita, designadamente, nos denominados *Law Reports*, dos quais são presentemente publicadas três coleções para as decisões oriundas do *High Court (Queen's Bench, Chancery Division* e *Family Division)* e uma para as decisões do Supremo Tribunal (e anteriormente da Câmara dos Lordes) e do *Privy Council*. São editados pelo *Incorporated Council of Law Reporting for England and Wales*, constituído em 1865. Estão atualmente também disponíveis em diversas bases de dados acessíveis em linha, cujos endereços se indicam no final desta secção. Geralmente, o editor (*reporter*) das sentenças enuncia numa nota prévia a regra ou regras que, no seu entender, constituem a *ratio decidendi*. Mas essa nota exprime apenas o seu ponto de vista pessoal, não sendo por isso vinculativa. Sobre a utilização destas fontes, veja-se Glanville Williams, *Learning the Law*, 14ª ed. (por A.T.H. Smith), Londres, 2010, pp. 28 ss.

[840] Ob. cit., vol. I, p. 72.

[841] Cfr. *Ancient Law. Its Connection with the Early History of Society, and its Relation to Modern Ideas*, Londres, 1861 (reimpressão, Tucson, 1986), pp. 21 ss.

[842] Cfr. *Lectures on Jurisprudence*, 5ª ed., Londres, 1885, vol. II, p. 634.

[843] Cfr. Lord Reid, "The Judge as Law Maker", *Jounal of the Society of Public Teachers os Law*, 1972-1973, pp. 22 ss.; M. D. A. Freeman, *Lloyd's Introduction to Jurisprudence*, 7ª ed., Londres, 2001, p. 1403; Harris, *An Introduction to Law*, cit., pp. 203 ss.; Richard Ward/Amanda Akhtar, *Walker & Walker's English Legal System*, cit., p. 78; e Catherine Elliot/Frances Quinn, *English Legal System*, 11ª ed., Londres, 2010, p. 28.

[844] Cfr. Cross/Harris, ob. cit., p. 29.

leading cases (i. é, os precedentes que modificam claramente o Direito anterior e são bem conhecidos) observa-se a tendência dos tribunais para fundamentarem as novas soluções em casos julgados anteriormente. O que em parte se explicará pela preocupação de legitimar essas soluções, visto que a sua aplicação ao caso *sub judice* inevitavelmente implica algum grau de retroatividade.

O precedente é, em suma, constitutivo porque a regra que nele se formula ainda não foi explicitada; mas é simultaneamente declarativo sempre que essa regra esteja implícita no que anteriormente foi decidido[845].

VI – Qual o fundamento do princípio da força vinculativa dos precedentes judiciais?

Essencialmente, tem-se em vista através dele salvaguardar dois valores que dominam todo o Direito inglês: a *segurança jurídica* e a *liberdade individual*[846]. Com efeito, a fim de que cada um possa prever quais os efeitos das suas condutas e organizar a sua vida em conformidade com essa previsão, os casos iguais têm de ser decididos de modo igual: «*like cases must be decided alike*». O precedente vinculativo é, nesta medida, um meio de tutelar a confiança e também uma condição do exercício da autonomia privada.

Em abono do referido princípio depõe ainda a maior adequação do Direito às necessidades sociais, que a sua definição pela jurisprudência normalmente proporciona: por essa via, o Direito desenvolve-se à medida que os problemas postos pela convivência em sociedade efetivamente o requerem e tendo sempre presentes as consequências da aplicação das novas regras às situações concretas da vida.

Naturalmente que a consagração deste sistema apenas é possível em Inglaterra porque os juízes são ali selecionados, segundo critérios de mérito, dentre juristas altamente qualificados e experientes. Nos países, como os do Continente europeu, em que os juízes são recrutados entre jovens recém-licenciados (ou quase), dos quais não se requer qualquer experiência profissional anterior, o ordenamento jurídico não pode responsavelmente confiar aos tribunais de instância a criação de Direito através de precedentes.

Não obstante o exposto, o sistema inglês apresenta também, ao menos em potência, alguns inconvenientes. Entre estes sobressai o risco de o próprio *stare decisis* impedir o desenvolvimento do Direito, por os tribunais não se considerarem habilitados a afastar-se de regras jurisprudenciais bem estabelecidas, ainda que estas se revelem desfasadas das necessidades contemporâneas.

---

[845] Ver, nesta linha de orientação, Geldart, ob. cit., p. 11.
[846] Neste sentido, veja-se Gustav Radbruch, *Der Geist des englischen Rechts*, Göttingen, 1958 (na tradução italiana, da responsabilidade de Alessandro Baratta, com o título *Lo spirito del diritto inglese*, Milão, 1962, pp. 39 ss.). Sobre o ponto, consulte-se ainda Freeman, ob. cit., pp. 1387 ss.

A FAMÍLIA JURÍDICA DE COMMON LAW

Esse risco é, porém, acautelado por diferentes vias.

Por um lado, muitas regras jurisprudenciais têm, no dizer de Herbert Hart (1907-1992), uma «textura aberta»[847], que permite a adaptação do Direito às circunstâncias da época em que tem de ser aplicado. É o que sucede, por exemplo, em matéria de responsabilidade civil extracontratual. O regime desta caracteriza-se, já o dissemos, pela tipicidade dos ilícitos delituais (*torts*). Mas a aparente rigidez deste sistema é atenuada, no tocante ao denominado *tort of negligence*, pela circunstância de o critério fundamental de delimitação das situações por ele abrangidas ser, como notámos acima, a ocorrência da violação de um «dever de cuidado» (*duty of care*). O que, por seu turno, pressupõe a verificação de três requisitos: *a)* Que o dano fosse «razoavelmente previsível»; *b)* Que entre o agente e a vítima existisse uma «relação suficientemente próxima»; e *c)* Que seja «justo e razoável» impor esse dever[848]. O tribunal dispõe assim, através da aferição, que lhe compete fazer, da existência de um dever de cuidado, de uma larga margem de discricionariedade, que lhe permite ajustar o regime jurídico da imputação de danos às conceções dominantes na sociedade quanto ao comportamento exigível aos seus membros. Eis por que um reputado especialista afirma: «Cada novo "dever de cuidado" cria, de facto, um novo ilícito delitual»[849].

Por outro lado, a Câmara dos Lordes, numa «declaração de prática» (*practice statement*) feita em 1966 pelo *Lord Chancellor* em nome dos *Lords of Appeal in Ordinary*, anunciou o propósito de, daí em diante, se afastar das suas decisões anteriores «quando se afigure correto fazê-lo» («*when it appears right to do so*»), embora tencionasse continuar a tratá-las como «normalmente vinculativas»[850]. O próprio *Court of Appeal* decidiu em 1992 que de futuro não se consideraria

---

[847] Cfr. *The Concept of Law*, 2ª ed., Oxford, 1994, pp. 124 ss. (na tradução portuguesa, com o título *O conceito de Direito*, por Armindo Ribeiro Mendes, Lisboa, 1994, pp. 137 ss.).

[848] Cfr. Peter Kaye, *An Explanatory Guide to the English Law of Torts*, Chichester, 1996, p. 41.

[849] «Each new "duty of care" creates in effect a new tort»: cfr. John Fleming, *The Law of Torts*, 8ª ed., Sydney, p. 5, nota 21.

[850] É o seguinte o teor integral dessa declaração: «Their Lordships regard the use of precedent as an indispensable foundation upon which to decide what is the law and its application to individual cases. It provides at least some degree of certainty upon which individuals can rely in the conduct of their affairs, as well as a basis for orderly development of legal rules./ Their Lordships nevertheless recognize that too rigid adherence to precedent may lead to injustice in a particular case and also unduly restrict the proper development of the law. They propose therefore to modify their present practice and, while treating former decisions of this House as normally binding, to depart from a previous decision when it appear right to do so./ In this connection they will bear in mind the danger of disturbing retrospectively the basis on which contracts, settlements of property, and fiscal arrangements have been entered into and also the special need for certainty as to the criminal law. This announcement is not intended to affect the use of precedent elsewhere than in this House» (texto disponível em http://www.publications.parliament.uk).

vinculado a observar os seus precedentes em matéria de liberdade das pessoas sempre que daí resultasse uma injustiça. Estes tribunais não estão, por conseguinte, inibidos de fazer evoluir o Direito através da revogação ou alteração dos seus próprios precedentes.

Finalmente, avulta a este respeito o procedimento denominado *distinguishing* («distinção»), a que nos referiremos mais de espaço adiante, quando nos ocuparmos das questões de método[851].

Outros inconvenientes, não menos relevantes, do sistema do precedente vinculativo são a dificuldade do acesso ao Direito, disperso por milhares de páginas dos *Law Reports*, e o mencionado risco de retroatividade se a nova regra jurisprudencial for aplicada ao caso decidendo.

Também estes inconvenientes não devem, no entanto, ser sobrevalorizados. O primeiro, porque a já referida disponibilização da jurisprudência dos tribunais superiores em bases de dados acessíveis pelo público através de redes eletrónicas veio atenuar muito consideravelmente a referida dificuldade. O segundo, porque sempre que a decisão se funde num princípio ínsito no sistema jurídico, a sua aplicação ao caso *sub judice* é, tanto do ponto de vista da justiça como da segurança do tráfico, dificilmente objetável; e porque, no limite, a retroatividade pode ser um mal menor: os inconvenientes que para a sociedade decorrem da manutenção de uma regra inadequada devem sobrelevar aos que porventura resultem para os seus membros da aplicação retroativa da regra nova.

b) Lei

I – Tradicionalmente, a lei (*statute law* ou *written law*) não tem em Inglaterra a mesma relevância que possui nos sistemas romano-germânicos: a sua função consiste essencialmente em integrar o *Common Law* e, eventualmente, em corrigi-lo.

Só em domínios muito circunscritos constitui o *statute law* um corpo sistemático de normas, aptas a regularem a generalidade das questões suscetíveis de se colocarem nesse âmbito aos tribunais e que prescindem de toda a referência ao *Common Law*[852].

Neste papel secundário reservado à lei reflete-se o empirismo característico dos anglo-saxónicos, que em geral preferem lidar com os problemas da vida em sociedade à medida que estes surgem, em vez de os anteciparem[853], e veem por isso no Direito mais um meio de resolução dos problemas postos pelos casos concretos do que um sistema de princípios e regras gerais.

---

[851] Cfr. *infra*, § 30º.
[852] É o que sucede no Direito de Autor desde a abolição, pelo *Copyright Act 1911*, de direitos autorais fundados no *Common Law*.
[853] Bem patente no aforismo inglês *we'll cross that bridge when we get there* («atravessaremos essa ponte quando lá chegarmos»).

Ressuma nele também o entendimento, largamente prevalecente na sociedade inglesa, segundo o qual as mudanças sociais devem de preferência operar-se gradualmente, através da adaptação dos precedentes às novas circunstâncias, e não por via de reformas legislativas.

Mas – importa sublinhá-lo – o caráter *hoc sensu* subsidiário da lei como fonte de Direito é acima de tudo uma forma de salvaguardar o corpo social contra uma interferência excessiva do Estado no seu funcionamento.

Nos últimos anos, a lei vem, no entanto, assumindo uma importância crescente, mormente em virtude da integração do Reino Unido na União Europeia[854].

As leis mais importantes são os *acts of parliament*[855]. Embora alguns destes instrumentos normativos visem consolidar o Direito vigente em certa matéria (dizendo-se então *consolidating acts*), não há neste país códigos como aqueles que existem entre nós, na França e na Alemanha[856]. Em rigor, a necessidade deles nunca foi sentida em Inglaterra. As codificações ligam-se, como é sabido, à necessidade de um Direito comum a todo o território de certo país. Ora, em Inglaterra, ao contrário do que sucedeu na Europa continental, o Direito comum formou-se relativamente cedo, por ação dos tribunais reais cuja jurisprudência se sobrepôs aos costumes dos povos anglo-saxões após a conquista normanda. Não foi, portanto, necessário elaborar códigos para este efeito.

Tão-pouco se encontra em Inglaterra uma Constituição como as que são conhecidas nos sistemas continentais. A denominada *Constituição britânica* é antes um agregado de regras constantes de diversas fontes, algumas das quais escritas, outras não[857]. Entre as primeiras incluem-se a *Magna Carta* de 1215, a *Petição de Direito* de 1628, a *Lei de Habeas Corpus* de 1679, a *Declaração de Direitos* de 1689 e o *Ato de Estabelecimento* de 1701[858]. Entre as segundas contam-se as *convenções constitucionais*, a que nos referiremos adiante[859]. A Constituição, assim entendida, não ocupa em qualquer caso, no sistema jurídico do Reino Unido, um lugar hierarquicamente superior ao da lei ordinária; o que se prende com o princípio da *soberania do Parlamento*, que examinaremos a seguir.

---

[854] Neste sentido, Peter de Cruz, *Comparative Law in a Changing World*, cit., pp. 104 s.

[855] Acessíveis nomeadamente através da base de dados oficial com o endereço eletrónico http://www.opsi.gov.uk/acts.htm. Estão também coligidas nos *Halsbury's Statutes of England and Wales*, de que existe 4ª ed., em 50 volumes, Londres, 2004/2006, periodicamente atualizada através suplementos.

[856] Ver, sobre o ponto, F. H. Lawson, «A Common Lawyer Looks at Codification», *in Selected Essays*, vol. I, *Many Laws*, Amesterdão/Nova Iorque/Oxford, 1977, pp. 45 ss.

[857] Ver, sobre o ponto, Jorge Miranda, *Manual de Direito Constitucional*, tomo I, 7ª ed., Coimbra, 2003, pp. 130 ss.

[858] Parcialmente reproduzidos, em tradução portuguesa, *in* Jorge Miranda (org.), *Textos históricos de Direito Constitucional*, pp. 13 ss.

[859] Cfr. *infra*, § 29º, c).

No conceito de lei incluem-se em Inglaterra os regulamentos administrativos, a que neste país se chama *delegated* ou *subordinate legislation*, em conformidade com o entendimento de acordo com o qual o poder regulamentar é delegado pelo Parlamento, através de *primary legislation*, nas autoridades administrativas[860]. A justificação dessa prática consiste essencialmente num princípio de eficácia: a delegação de competência legislativa permite libertar o Parlamento do encargo de legislar sobre matérias de grande minúcia, cuja regulamentação pode ser assim atribuída a entidades especializadas.

II – A técnica legislativa que prevalece nas leis inglesas é também diversa da que é prevalentemente adotada nos sistemas romano-germânicos.

Com efeito, não se privilegiam em Inglaterra a abstração nem os conceitos gerais; pelo contrário, os preceitos legais ingleses tendem a ser muito extensos, minuciosos e por vezes até prolixos. À elegância francesa e ao rigor conceptual germânico prefere-se aqui a definição muito precisa das regras legais. Frequentemente, as leis inglesas contêm num dos seus primeiros preceitos uma definição dos conceitos nelas empregados. Trata-se de um reflexo do seu caráter excecional: como não há no Direito inglês conceitos legais válidos para todo o ordenamento jurídico (nem sequer para cada um dos diferentes ramos em que ele se desdobra), torna-se necessário definir em cada diploma legal os que são nele utilizados.

III – Em caso de conflito entre a lei e a jurisprudência prevalece, não obstante o exposto, a primeira. Uma sentença não pode, pois, revogar um preceito constante de um *Act of Parliament*; mas este pode abolir ou modificar um precedente. Foi, por exemplo, o que aconteceu em 1999 com o *Contracts (Rights of 3rd Parties) Act*, que reformou o princípio da *privity of contract*, permitindo a celebração de contratos a favor de terceiro, até então vedada pelo *Common Law*[861].

Não há, por outro lado, como já se referiu, controlo da constitucionalidade das leis pelos tribunais: o *princípio da soberania do Parlamento (sovereignty of Parliament)*, consagrado pela *Glorious Revolution* de 1688, é em Inglaterra levado às suas últimas consequências, tendo este órgão, por força dele, «o direito de fazer ou desfazer qualquer lei»; além disso, «não é reconhecido pelo Direito inglês a qualquer pessoa singular ou coletiva o direito de revogar ou anular as leis do Parlamento»[862]. A censura sobre as leis adotadas pelo Parlamento inglês exerce-se assim, fundamentalmente, no momento da eleição deste.

---

[860] Cfr. Kiralfy, *The English Legal System*, cit., p. 102; Geldart, *Introduction to English Law*, cit., p. 18.
[861] Sobre o ponto, consulte-se o II volume desta obra e a bibliografia aí citada.
[862] «Parliament», escreveu Dicey em *Introduction to the Law of the Constitution*, cit., p. xxxvi, «has the right to make or unmake any law whatever; and further, [...] no person or body is recognised by the law of England as having a right to override or set aside the legislation of Parliament».

É certo que em 1610, na decisão proferida sobre o célebre caso *Dr. Bonham*[863], o juiz Edward Coke (1552-1634), *Chief Justice* do Tribunal de *Common Pleas* durante o reinado de Jaime I, havia declarado nula uma lei do Parlamento que conferia ao *College of Physicians* de Londres o poder de julgar e sancionar as infrações aos seus regulamentos, invocando que essa lei violava o princípio do *Common Law* segundo o qual ninguém pode ser juiz em causa própria («*The censors cannot be judges, ministers, and parties*»). Afirmou ainda aquele ilustre magistrado nessa decisão:

> «[E]m muitos casos o *Common Law* controla as leis do Parlamento e por vezes tem-nas por completamente nulas: pois quando uma lei do Parlamento é contrária ao direito comum ou à razão, é repugnante ou impossível de cumprir, o *Common Law* controla-a e determina a sua nulidade».[864]

Mas a ideia de que os tribunais podem invalidar leis do Parlamento desvanecer-se-ia em Inglaterra ao longo do século XVII, para apenas ser recuperada nos Estados Unidos da América no início do século XIX: em lugar da soberania do Parlamento, vingaria aí o primado da Constituição[865].

Deve em todo o caso notar-se que o princípio da soberania do Parlamento conheceu recentemente certa atenuação. Entre os corolários desse princípio inclui-se, com efeito, o de que, havendo duas leis do Parlamento incompatíveis entre si, se tem a primeira por implicitamente revogada pela segunda; de outro modo, o Parlamento eleito para uma legislatura poderia vincular os vindouros, o que seria ofensivo daquele princípio. Ora, segundo a opinião expressa por Lorde Laws no caso *Thoburn v. Sunderland City Council*[866], a *Magna Carta*, o *Bill of Rights*, o *Act of Union*, o *European Communities Act*, o *Human Rights Act*, o *Scotland Act* e o *Government of Wales Act* são «leis constitucionais» (*constitutional statutes*), que, ao contrário das leis comuns (*ordinary statutes*), não podem ser tacitamente revogadas por leis posteriores com elas incompatíveis. Reconheceu-se, assim, nesta decisão a existência de uma hierarquia de leis emanadas do Parlamento inglês. Esta, em todo o caso, não afeta o caráter flexível da Constituição inglesa, na medida em que continua a admitir-se a revogação expressa das leis constitucionais por outras leis do Parlamento.

---

[863] Reproduzido em 8 Co. Rep. 107a.
[864] «[I]n many cases the common law will controul acts of Parliament and sometimes adjudge them to be utterly void: for when an Act of Parliament is against common right or reason, or repugnant, or impossible to be performed, the common law will controul it and adjudge such Act to be void».
[865] Ver adiante, § 36º, alínea *d*). Sobre a admissibilidade da *judicial review* das leis do Parlamento inglês à luz dos tratados internacionais concluídos pelo Reino Unido e do Direito da União Europeia, *vide infra*, § 29º, alíneas *e*) e *f*).
[866] [2002] 4 All E.R. 156.

c) Costume

Como se disse acima, o *Common Law* inglês baseia-se largamente nos costumes locais, que já vigoravam à data da ocupação normanda[867]. Nisto estaria, aliás, uma importante garantia da liberdade individual, uma vez que a vigência das regras consuetudinárias se baseia no consentimento dos respetivos destinatários[868].

A fim de ser aplicado pelos tribunais ingleses, o costume tem de obedecer a quatro requisitos: *a)* Ter vigorado ininterruptamente durante largo período de tempo; *b)* Ser aceite como obrigatório pelos seus destinatários; *c)* Ser compatível com outros costumes; e *d)* Ser razoável.

Um dos domínios em que o costume assume maior relevância é o Direito Comercial, no qual deu origem ao corpo de normas a que se convencionou chamar *Law Merchant*. Em parte, esta foi, no entanto, integrada no *Statute Law*, por via das leis que no final do século XIX regularam as letras de câmbio (*Bills of Exchange Act 1882*), as sociedades (*Partnership Act 1890*) e a compra e venda (*Sale of Goods Act 1893*).

Do costume distinguem-se em Inglaterra as *convenções*, que em parte correspondem a meros usos, desprovidos de caráter vinculativo. Estas assumem particular importância no Direito Constitucional[869]. Nenhuma regra legal impõe, por exemplo, que a rainha dê o seu consentimento (*royal assent*) às leis aprovadas por ambas as câmaras do Parlamento; mas tal corresponde a uma convenção[870]. Do mesmo modo, nenhuma lei prevê a existência de um primeiro-ministro nem as suas atribuições ou o modo da sua designação e exoneração; constitui, porém, uma convenção que o primeiro-ministro inglês seja escolhido dentre os membros da maioria parlamentar e que, caso não consiga obter a aprovação no Parlamento de um voto de confiança a que se haja submetido ou de uma proposta legislativa de relevo, deva demitir-se do cargo[871]. É ainda (ou era) uma convenção que o monarca inglês não deve consorciar-se com pessoa divorciada[872].

---

[867] Neste sentido, veja-se Blackstone, ob. cit., vol. I, p. 72: «o primeiro fundamento e a pedra angular do Direito inglês é o costume geral e imemorial, ou *common law*, de tempos a tempos declarado nas decisões dos tribunais judiciais; decisões estas que são conservadas nos nossos registos públicos, explicadas nas nossas crónicas e sumariadas para uso geral nos escritos dos jurisconsultos».

[868] «Constitui uma das marcas distintivas da liberdade inglesa a circunstância de que o nosso Direito comum se funda no costume; porquanto este último, tendo provavelmente sido introduzido com o consentimento do povo, traz consigo a prova dessa mesma liberdade» (Blackstone, ob. cit., vol. I, p. 74).

[869] Ver Dicey, *Introduction to the Study of the Law of the Constitution*, cit., pp. LXVI ss. e 277 ss.; e, entre nós, Jaime Valle, «As convenções constitucionais no quadro das fontes do Direito Constitucional», *O Direito*, 2010, pp. 169 ss.

[870] Cfr. Hart, ob. cit., p. 111 (na tradução portuguesa, p. 122).

[871] Como sucedeu, por exemplo, com a Primeira-Ministra Margaret Thatcher (que exerceu funções entre 1979 e 1990), na sequência da contestação de que foi objeto o seu projeto do imposto regressivo denominado *Poll Tax*. Ver Peter Clarke, *A Question of Leadership. From Gladstone to Thatcher*, Londres, 1992, pp. 313 ss.

[872] O que, como é sabido, levou à abdicação, em 1936, de Eduardo VIII.

d) Doutrina

A doutrina não é tida como fonte de Direito em Inglaterra: nas suas sentenças, os tribunais raramente citam obras doutrinais, pelo menos de autores contemporâneos (embora nas decisões mais recentes se observe uma tendência para conferir maior relevo às opiniões dos académicos); são antes aquelas obras que se baseiam fundamentalmente nas decisões jurisprudenciais a fim de exporem o Direito vigente[873].

Ao facto não será decerto alheia a escassez, durante séculos, de literatura jurídica em Inglaterra[874], posto que alguns escritos doutrinais gozem há muito neste país de inequívoca autoridade[875].

A razão de ser profunda do fenómeno apontado prende-se todavia, a nosso ver, com a natureza particular do pensamento jurídico inglês, baseado, como veremos a seguir, na analogia[876] e por isso fundamentalmente avesso à conceptualização. Eis por que não falta quem aponte aos sistemas de *Common Law* a ausência de uma noção de ciência jurídica[877].

---

[873] Daí o especial interesse de que se revestem para o jurista estrangeiro: na falta de codificações do Direito vigente em Inglaterra, é através delas que mais facilmente se pode determinar este Direito. Obra útil para o mesmo efeito é também a enciclopédia intitulada *Halsbury's Laws of England*, com várias dezenas de volumes.

[874] Como observa Dawson, entre 1256, quando Bracton deixou de escrever, e 1758, quando Blackstone iniciou as suas lições em Oxford, quase não houve um livro sobre Direito inglês que pudesse ser descrito como de doutrina (cfr. a obra citada *supra*, p. 47).

[875] Foi esse o caso dos referidos *Comentários às Leis de Inglaterra*, do advogado e professor de Oxford William Blackstone, originariamente publicados entre 1765 e 1769, os quais correspondem às primeiras lições universitárias sobre *Common Law* professadas em Inglaterra e constituem uma tentativa pioneira de sistematização doutrinal do Direito vigente neste país (sobre eles escrevia em 1809 Edward Christian, a pp. X e XII do seu introito à edição dos *Commentaries* publicada nesse ano: «The Commentaries on the Laws of England form an essential part of every Gentleman's library: the beautiful and lucid arrangement, the purity of the language, the classic elegance of the quotations and allusions, the clear and intelligible explanation of every subject, must always yeld the reader as much pleasure as improvement; and wherever any constitutional or legal question is agitated, they are the first, and in general the best authority referred to»). Um exemplo mais recente de uma obra dotada de particular autoridade é a mencionada *Introdução ao estudo do Direito Constitucional* de Albert Venn Dicey, também professor em Oxford (onde ocupou a mesma cátedra que Blackstone), a qual conheceu oito edições em vida do autor (a primeira em 1885, a última em 1915) e várias reimpressões póstumas, constituindo ainda hoje uma obra de referência sobre o Direito Público inglês. O mesmo pode dizer-se de outro escrito daquele autor, relativo ao Direito Internacional Privado: o tratado sobre os Conflitos de Leis, de que saíram até hoje quinze edições: cfr. *Dicey, Morris and Collins on the Conflict of Laws*, 15ª ed., 2 vols., Londres, 2012. Outro exemplo ainda de uma obra doutrinal de grande influência e longevidade é a *Introdução ao Direito Inglês*, de William Geldart, originariamente publicada em 1911: cfr. William Geldart/David Yardley, *Introduction to English Law*, 11ª ed., Oxford/Nova Iorque, 1995.

[876] Cfr. *infra*, § 30º.

[877] Cfr. Geoffrey Samuel, «Common law», *in* Jan M. Smits (org.), *Elgar Encyclopedia of Comparative Law*, 2ª ed., cit., pp. 187 s.

e) Tratados e outras fontes de Direito Internacional

Prevalece no Reino Unido uma *concepção dualista* acerca das relações entre o Direito Internacional convencional e o Direito interno. Por força dela, os tratados internacionais não passam a integrar, mediante a sua ratificação por este país, a respetiva ordem interna. Tais tratados não são, pois, diretamente aplicáveis pelos tribunais ingleses: é necessária, para tanto, uma lei do Parlamento que os *transforme* em Direito interno[878].

Foi o que sucedeu, por exemplo, com a Convenção Europeia dos Direitos do Homem, que o Reino Unido ratificou em 1951, mas que só após a publicação do *Human Rights Act 1998* passou a fazer parte da ordem jurídica deste país e pôde ser aplicada pelos tribunais ingleses[879]. Note-se, todavia, que já anteriormente estes se lhe referiam ocasionalmente e até a tomavam em consideração, *maxime* na interpretação de regras legais, em conformidade com o princípio segundo o qual deve presumir-se que o Parlamento, ao aprovar uma lei, terá tido a intenção de cumprir as obrigações internacionais do Reino Unido[880]. Daqui não se segue, cumpre sublinhá-lo, que em caso de incompatibilidade entre uma lei inglesa e a Convenção Europeia dos Direitos do Homem os tribunais do Reino Unido possam declarar a primeira inválida ou sequer recusar a sua aplicação: nos termos da secção 4 do referido *Human Rights Act*, apenas lhes é dado emitir uma «declaração de incompatibilidade», cabendo à Coroa e aos seus ministros promover, de acordo com a secção 10 do mesmo *Act*, as medidas necessárias a fim de remover essa incompatibilidade.

Em virtude deste regime, as leis prevalecem sobre os tratados anteriores se forem incompatíveis com elas. Não há, pois, em Inglaterra um *primado do Direito Internacional convencional* como aquele que vimos ser acolhido pelos Direitos continentais. Trata-se, como é bom de ver, de uma consequência da regra fundamental da Constituição inglesa a que fizemos referência acima: a *soberania do Parlamento*. Entende-se, com efeito, que se os tratados internacionais constituíssem fontes

---

[878] Cfr., neste sentido, a decisão proferida pela Câmara dos Lordes em 1989 no caso *J. H. Rayner (Mincing Lane) Ltd. v. Department of Trade and Industry and Others*, [1989] 3 W.L.R. 969, em que Lord Templeman declarou: «A treaty is a contract between the governments of two or more sovereign states. International Law regulates the relations between sovereign states and determines the validity, the interpretation and the enforcement of treaties. A treaty to which Her Majesty's Government is a party does not alter the laws of the United Kingdom. A treaty may be incorporated into or alter the laws of the United Kingdom by means of legislation. Except to the extent that a treaty becomes incorporated into the laws of the United Kingdom by statute, the courts of the United Kingdom have no power to enforce treaty rights and obligations at the behest of a sovereign government or at the behest of a private individual».

[879] Cfr. Jorge Miranda, *Curso de Direito Internacional Público*, cit., p. 143, n. 9.

[880] Neste sentido, veja-se Lorde Browne-Wilkinson, «Some Comparative Reflections», *in* Basil Markesinis (org.), *The Gradual Convergence: Foreign Ideas, Foreign Influences, and English Law on the Eve of the 21st Century*, reimpressão, Oxford, 2001, p. 202.

de direitos ou de obrigações na ordem jurídica interna, seria possível ao monarca inglês e ao Governo alterarem o Direito vigente sem a anuência do Parlamento, em contravenção àquela regra.

Parcialmente diverso é, porém, o regime do Direito Internacional consuetudinário, que em Inglaterra é objeto de uma receção automática, sendo as respetivas regras consideradas parte do Direito deste país[881].

f) Direito supranacional

Outra é também, neste particular, a situação do Direito da União Europeia. As disposições dos tratados que a instituíram são, com efeito, aplicáveis no Reino Unido, até à projetada saída deste da União Europeia (*Brexit*)[882], independentemente da sua transformação em Direito interno[883]. Entende-se, por outro lado, que pelo Tratado de Adesão do Reino Unido às Comunidades Europeias, de 1972, o Parlamento inglês delegou nos órgãos competentes desta o poder de legislarem nas matérias abrangidas por esse Tratado. A legislação europeia é, nos casos em que os tratados lhe conferem essa eficácia, diretamente aplicável neste país[884]. Sendo deduzida perante um tribunal do Reino Unido uma pretensão fundada no Direito da União Europeia, a que se oponha uma regra emanada do Parlamento, deve essa pretensão ser julgada procedente, não obstante o disposto em tal regra[885]. Este primado do Direito da União Europeia não afeta a soberania do Parlamento inglês, na opinião de Lorde Laws, pois ele resulta de uma lei do próprio Parlamento, o *European Communities Act* de 1972, e não do Direito Europeu[886].

---

[881] Ver, sobre esta matéria, Ian Brownlie, *Princípios de Direito Internacional Público*, cit., pp. 54 ss.; e Malcom D. Evans (org.), *International Law*, cit., pp. 433 ss.

[882] Deliberada em referendo realizado a 23 de junho de 2016 e notificada ao Conselho Europeu, ao abrigo do art. 50º, nº 2, do Tratado da União Europeia, por carta da Primeira-Ministra Theresa May de 29 de março de 2017, na sequência da autorização para o efeito concedida pelo Parlamento do Reino Unido através do *European Union (Notification of Withdrawal) Act 2017*.

[883] É o que resulta da secção 2 (1) do *European Communities Act 1972*, segundo a qual: «All such rights, powers, liabilities, obligations and restrictions from time to time created or arising by or under the Treaties, and all such remedies and procedures from time to time provided for by or under the Treaties, as in accordance with the Treaties are without further enactment to be given legal effect or used in the United Kingdom shall be recognised and available in law, and be enforced, allowed and followed accordingly; and the expression "enforceable Community right" and similar expressions shall be read as referring to one to which this subsection applies».

[884] Cfr., neste sentido, Kiralfy, ob. cit., p. 125; Peter de Cruz, ob. cit., p. 143.

[885] Vejam-se as decisões proferidas em 1991 pelo Tribunal de Justiça das Comunidades Europeias e pela Câmara dos Lordes, no caso *Regina v. Secretary of State for Transport, Ex parte Factortame Ltd. and Others* (ambas reproduzidas em *A.C.*, 1991, pp. 603 ss.).

[886] Por isso pôde aquele magistrado afirmar no mencionado caso *Thoburn v. Sunderland City Council*: «The fundamental legal basis of the United Kingdom's relationship with the EU rests with the domestic, not the European, legal powers».

Após a consumação do *Brexit,* os tratados europeus deixarão de se aplicar no Reino Unido, por força do art. 50º, nº 3, do Tratado da União Europeia. Na notificação de retirada do país[887] anuncia-se a intenção de, «*wherever practical and appropriate*», converter o atual acervo jurídico («*acquis*») da União Europeia em Direito interno do Reino Unido através da lei que revogar o *European Communities Act*. A saída do país na União Europeia não deixará contudo de se repercutir nas influências recíprocas entre *Common Law* e *Civil Law* até aqui registadas no seio da União[888].

§ 30º Método jurídico

a) O precedente e a sua aplicação ao caso singular

Já vimos que em Inglaterra a descoberta do Direito aplicável ao caso *sub judice* se centra, em razão do princípio *stare decisis*, na determinação dos precedentes relevantes. Nesse princípio está, pois, a raiz das principais diferenças entre o método observado pelos juízes ingleses e aquele que é seguido pelos seus homólogos do continente.

Com efeito, nos sistemas romano-germânicos é a norma que fornece ao julgador, as mais das vezes, o ponto de partida do *iter* conducente à solução do caso, posto que não raro ela se mostre por si só insuficiente para esse efeito. Os tribunais começam geralmente por reconduzir a espécie decidenda à norma ou normas relevantes e extraem delas a solução para o problema jurídico em apreço, ainda que depois corrijam o resultado assim alcançado com base em certos instrumentos que o ordenamento jurídico para o efeito consagra (entre os quais sobressaem, no domínio do Direito Internacional Privado, a reserva de ordem pública internacional e a chamada adaptação)[889].

Na aplicação do *Common Law* inglês o ponto de partida e o caminho a seguir são outros.

Por um lado, porque a determinação do teor do Direito aplicável ao caso singular não pode ser feita independentemente dos factos[890]. As normas jurisprudenciais não se encontram, com efeito, enunciadas de modo geral e abstrato: em rigor, elas não existem à margem das situações de facto que lhes estão na origem.

---

[887] Disponível em https://www.gov.uk/government/publications/prime-ministers-letter-to-donald-tusk-triggering-article-50.

[888] Neste sentido também René David/Camille Jauffret-Spinosi/Marie Goré, *Les grands systèmes de droit contemporains*, p. 268.

[889] Ver, sobre o ponto, o nosso *Da responsabilidade pré-contratual em Direito Internacional Privado*, cit., pp. 524 ss., e as demais indicações bibliográficas aí constantes.

[890] Cfr., neste sentido, Duncan Fairgrieve/Horatia Muir Watt, *Common Law et tradition civiliste*, Paris, 2006, p. 32.

Só à luz destas é possível apurar se determinada proposição jurídica contida numa decisão anterior era ou não necessária em ordem a chegar a certo resultado – o mesmo é dizer, se ela constitui uma *ratio decidendi* ou um *obter dictum*. Uma proposição aparentemente da maior relevância pode, em determinada situação de facto, não constituir a premissa maior da decisão sobre ela proferida pelo tribunal; razão por que não será vinculativa em casos posteriores[891].

Por outro lado, porque a aplicação da *ratio decidendi* de um caso anterior a um caso novo depende da semelhança dos factos relevantes em ambos os casos. Há, por conseguinte, que averiguar, para esse efeito, se as diferenças inevitavelmente existentes entre os dois casos são juridicamente irrelevantes («*immaterial*» na terminologia inglesa). Só na hipótese afirmativa devem os tribunais estender a proposição contida na sentença anterior à nova situação.

Consideremos, a fim de ilustrar o que se acaba de dizer, o caso *Haseldine v. C. A. Daw & Son Ltd.*, julgado em 1941 pelo *Court of Appeal* inglês[892]. O autor sofrera danos, dos quais pretendia ser indemnizado, em consequência da queda do elevador de um edifício, a qual se ficara a dever à sua deficiente reparação, dias antes da repectiva utilização pela vítima, por técnicos contratados pelo dono do edifício. Numa decisão anterior, proferida no caso *Donoghue v. Stevenson*[893], a Câmara dos Lordes condenara o fabricante de uma garrafa de refrigerante a indemnizar, por *tort of negligence*, a consumidora desse produto, que o adquirira a um terceiro, pelos danos sofridos em virtude de ter ingerido restos de um animal em decomposição que se encontrava no interior da garrafa, mas que não eram visíveis a partir do exterior dela. A decisão fundou-se na existência, segundo o tribunal, de um dever de cuidado a cargo do fabricante sempre que não haja a «possibilidade razoável» de o bem de consumo por ele posto em circulação ser inspecionado entre a sua produção e o ato de consumo. Perguntava-se, por isso, se valeria no caso *Haseldine* a regra em que se fundara a decisão anterior. A resposta dependia de haver suficiente analogia entre as duas situações. Ora, tal não era inequívoco, pois os réus no segundo caso não eram os fabricantes do elevador, mas tão-só os reparadores dele; e, ao contrário do produtor de refrigerantes, não haviam praticado quaisquer atos, como a colocação de produtos no mercado, dos quais resultasse uma *relação direta* entre eles e o lesado. A imputação de danos em casos como este poderia, assim, cercear indevidamente a atividade comercial. A verdade, porém, é que, tanto num caso como no outro, era previsível a utilização do bem em causa por pessoas diversas daquela com quem os réus haviam

---

[891] Como notam Adams/Brownsword, *Understanding Law*, 4ª ed., Londres, 2010, p. 129, «[t]he *ratio* of a decision is not printed in red ink or anything of that kind. Rather, it is up to later judges to interpret the scope of an earlier decision and to specify its *ratio* accordingly».
[892] [1941] All E. R. 156.
[893] [1932] A.C. 562.

contratado; e em nenhum deles essas pessoas tinham tido uma oportunidade razoável de examinar esse bem antes da respetiva utilização. Pelo que o reparador não se encontrava em posição substancialmente diversa da do produtor no caso antecedente. Eis por que o *Court of Appeal* (com uma *dissenting opinion*) estendeu a esta situação a *ratio decidendi* do caso *Donoghue*.

Em suma, enquanto que nos sistemas romano-germânicos a decisão do caso singular pressupõe geralmente um *juízo subsuntivo* (posto que não se resuma a ele), no *Common Law* inglês é fundamentalmente na base da *indução* e da *analogia* que se descobre a solução do caso *sub judice*, pois a regra aplicável a este tem primeiro que ser extraída de uma ou mais decisões proferidas em casos anteriores, que possuam analogia com ele.

Por isso pôde Hart escrever, referindo-se aos sistemas de *Common Law*, que neles «a subsunção e a extração de uma conclusão silogística já não caracterizam o cerne do raciocínio implicado na determinação do que é correto fazer»[894].

De novo deparamos com *distintas formas de pensar* que caracterizam os Direitos anglo-saxónicos e os da Europa continental[895].

Este contraste entre um pensamento jurídico essencialmente empírico e outro de cariz sistemático não pode decerto ser atribuído a uma causa única. Na origem dele encontra-se, entre outros fatores, a ausência em Inglaterra, durante muito tempo, de uma racionalização do Direito positivo por via legislativa ou doutrinal. Esta, por seu turno, deveu-se, segundo Max Weber[896], à influência e à autonomia conquistadas naquele país pelas corporações de advogados e à circunstância (a que aludimos acima[897]) de historicamente a formação dos candidatos à advocacia se achar aí monopolizada pelos denominados *Inns of Court*, onde era ministrada por outros advogados. Semelhante forma de ensino é naturalmente avessa a toda a conceptualização e sistematização, propendendo antes para uma visão do Direito dominada pelos precedentes e pela analogia. A sua atenção centra-se nas formas processuais e nos tipos contratuais mais comuns na *praxis*, e não na formulação de conceitos e princípios gerais. O desenvolvimento do sistema faz-se de forma essencialmente empírica, mediante o alargamento das categorias existentes às novas situações geradas pela evolução da vida social, se necessário com recurso a ficções. Na sua configuração externa, o sistema mostra-se por isso fortemente arcaico, ainda que substancialmente se ache adaptado às necessidades sociais.

---

[894] Cfr. *The Concept of Law*, cit., p. 127 (na tradução portuguesa, p. 140).
[895] Para um interessante confronto, nesta base, dos sistemas de *Common* e *Civil Law*, veja-se Lord MacMillan, «Two Ways of Thinking», *in Law and Other Things*, Cambridge, 1937, pp. 76 ss.
[896] Cfr. *Wirtschaft und Gesellschaft*, cit., pp. 456 ss.
[897] Ver *supra*, § 28º, alínea *a*).

b) O *distinguishing*

Na ponderação da aplicabilidade de um precedente a um caso novo os tribunais ingleses procedem frequentemente a distinções (*distinguishing*). Esta operação pode visar diferentes finalidades. Desde logo, a destrinça entre a *ratio decidendi* e os *obter dicta* contidos na mesma sentença. Não é nesta aceção, porém, que vamos aqui ocupar-nos do conceito. Interessa-nos antes a distinção, por vezes feita pelo tribunal, entre o caso que deu origem a certo precedente perante ele invocado e o que lhe compete decidir. Ao sublinhar a existência, no caso decidendo, de um ou mais factos relevantes («*material*») que não se verificavam naquele que originou o precedente, o tribunal restringe o âmbito deste e legitima uma decisão de sentido diverso da que foi proferida anteriormente. Através do *distinguishing* é assim possível ao tribunal, como refere Hart[898], formular uma exceção a uma regra jurisprudencial, que não foi anteriormente considerada. A operação em apreço constitui, nesta medida, um importante meio de fazer evoluir a jurisprudência. É a combinação do *distinguishing* com a força vinculativa dos precedentes que confere ao Direito inglês, a um tempo, a segurança e a capacidade de adaptação a novas necessidades sociais que o caracterizam[899].

Retomemos, em ordem a exemplificar o funcionamento desta figura, o já referido caso *Donoghue v. Stevenson*. Consoante se viu acima, a Câmara dos Lordes havia condenado neste caso o produtor de um refrigerante contaminado a indemnizar a respetiva consumidora pelos danos que esta sofrera em virtude de o ter ingerido, com fundamento na violação pelo primeiro de um dever de cuidado que o vincularia perante a segunda, não obstante a inexistência entre as partes de qualquer relação contratual. Num caso posterior, *Evans v. Triplex Safety Glass Ltd.*[900], o tribunal declinou, porém, a aplicação desse precedente a uma situação em que se discutia a responsabilidade do fabricante do para-brisas de um automóvel, que se quebrara causando danos a um passageiro, por entender que, tratando-se de um mero componente de um produto fabricado e posto em circulação por um terceiro, o defeito de que o mesmo padecia podia não ser atribuível aos réus. Esta circunstância foi, assim, tida pelo tribunal como suficientemente relevante a fim de distinguir o caso *Donoghue* da espécie decidenda.

Toda a dificuldade do *distinguishing* está, como é bom de ver, nos juízos de valor requeridos pela determinação da relevância jurídica das diferenças registadas entre os casos em confronto: são estas bastantes a fim de se afastar, no caso em apreço, a *ratio decidendi* do caso anterior? Sobre o ponto não existem diretrizes

---

[898] Ob. cit., p. 135 (na tradução portuguesa, p. 148).
[899] Neste sentido também René David/Xavier Blanc-Jouvan, *Le droit anglais*, 10ª ed., Paris, 2003, p. 66.
[900] [1936] 1 All E.R. 283.

precisas no Direito inglês; também a este respeito os tribunais ingleses gozam, portanto, de ampla discricionariedade.

c) **Regras sobre a interpretação e a integração das leis**
I – Tradicionalmente, a interpretação das leis atinha-se em Inglaterra muito mais à letra dos seus preceitos do que nos sistemas romano-germânicos: tal a consequência da *literal rule*, conforme a qual as palavras constantes das leis deviam ser tomadas no seu significado comum (*ordinary meaning*), independentemente da intenção do legislador[901].

Por outro lado, a interpretação da lei era frequentemente restritiva, dado o caráter anómalo que os juízes tendiam a imputar-lhe. Esta, aliás, uma das razões por que o Parlamento inglês ainda hoje procura formular as regras legais de forma muito precisa: assim se dificulta a sua interpretação restritiva pelos tribunais.

Entendia-se, além disso, que os trabalhos preparatórios das leis não podiam ser invocados em apoio de certa interpretação destas; a sua interpretação era sempre objetiva e indiferente aos antecedentes e às motivações do legislador. A lei, dizia-se, vale por si própria: «*the statute stands by itself*».

Este cariz altamente formalista das regras inglesas sobre a interpretação da lei não era senão uma consequência da ideia de *rule of law*: procurava-se através delas evitar que mediante expressões vagas ou genéricas a lei violasse os direitos consagrados no *Common Law*[902].

II – Mais recentemente, surgiram na jurisprudência e na lei inglesas outras regras interpretativas, que procuraram atenuar o rigor daquelas. Estão neste caso: *a)* A *golden rule*, segundo a qual o tribunal pode afastar-se da letra da lei para evitar resultados absurdos ou incoerentes[903]; *b)* A *mischief rule*, ou *purpose approach*, de acordo com a qual o tribunal pode, na sua interpretação da lei, atender aos fenómenos sociais negativos («*mischiefs*») que esta visa evitar ou corrigir e que o *Common Law* só por si não resolve[904]; *c)* A regra conforme a qual os textos legais emanados da União Europeia devem ser interpretados, não segundo os princípios tradicionais, mas antes de acordo com aqueles que o Tribunal de Justiça da

---

[901] Ver *Reg. v. Judge of the City of London Court* (1892), reproduzido em Mary Ann Glendon e outros, *Comparative Legal Traditions*, 2ª ed., St. Paul, Minesota, 1994, p. 718. Veja-se também o *Interpretation Act 1978*, onde se contém um glossário de termos técnicos utilizados nas leis do Parlamento, com a indicação dos respetivos significados.

[902] Cfr., neste sentido, Zenon Bankowski/D. Neil MacCormick, «Statutory Interpretation in the United Kingdom», *in* D. Neil MacCormick/Robert S. Summers (orgs.), *Interpreting Statutes. A Comparative Study*, Aldershot, etc., 1991, pp. 359 ss. (p. 404).

[903] Ver *Adler v. George* (1964), reproduzido em *ibidem*, pp. 722 s.

[904] Cfr. *Black-Clawson Ltd. v. Papierwerke A.G.* (1975), *in ibidem*, p. 724.

União Europeia formulou, entre os quais se inclui o do *efeito útil* dos atos de Direito Europeu; *d)* A regra de acordo com a qual o recurso aos trabalhos preparatórios das leis emanadas do Parlamento é admissível quando estas forem obscuras ou ambíguas[905]; e, finalmente, *e)* A regra segundo a qual a legislação primária, assim como a subordinada, devem ser interpretadas em conformidade com a Convenção Europeia dos Direitos do Homem[906].

Observa-se, assim, uma certa evolução no sentido de atribuir maior relevância aos elementos teleológico e histórico na interpretação da lei[907].

Note-se ainda que o princípio *stare decisis* se aplica às próprias decisões interpretativas das regras legais. As sentenças dos tribunais superiores que interpretem tais regras constituem, por isso, precedentes que vinculam os demais tribunais. O Direito legislado encontra aqui uma forma de integração no *Common Law*.

III – A orientação restritiva do Direito inglês relativamente à interpretação da lei reflete-se nas regras relativas à integração das lacunas. Em princípio, não é possível aplicar por analogia uma disposição legal a uma situação por ela não abrangida. Excetuam-se os casos em que a lei acolhe conceitos próprios do *Common Law*, os quais são suscetíveis de aplicação analógica enquanto tais. Só indiretamente, todavia, a lei é nestes casos aplicada analogicamente[908].

§ 31º Conclusão

Que conclusão pode extrair-se de quanto até aqui se disse acerca do Direito inglês?

Tal como vimos suceder nos países cujos sistemas jurídicos integram a família romano-germânica, em Inglaterra o Direito ocupa um papel nuclear na vida social; o que distingue claramente o sistema jurídico inglês (assim como o norte-americano) de outros que examinaremos adiante.

Não obstante isso, deparamos em Inglaterra com um conceito de Direito fundamentalmente diverso daquele que prevalece no continente europeu: mais

---

[905] Cfr. a decisão proferida pela Câmara dos Lordes em *Pepper (Inspector of Taxes) v. Hart* (1992), *All E. R.*, 1993, vol. 1, pp. 42 ss.

[906] Cfr. a secção 3 do *Human Rights Act 1998*, segundo o qual: «So far as it is possible to do so, primary legislation and subordinate legislation must be read and given effect in a way which is compatible with the Convention rights».

[907] Cfr. Freeman, ob. cit., pp. 1410 ss.; Ward/Akhtar, ob. cit., p. 51; Elliott/Quinn, ob. cit., pp. 59 s.; e Adams/Brownsword, *Understanding Law*, p. 109, que aludem, a este propósito, a um *"new purposivism"*, que teria ganho terreno em Inglaterra ao longo do séc. XX.

[908] Cfr., neste sentido, John H. Farrar, «Reasoning by Analogy in the Law», *Bond Law Review*, 1997, pp. 149 ss. (p. 158).

do que um conjunto de regras ou princípios gerais que disciplinam normativamente a vida social, o Direito é ali tido essencialmente como um instrumento de resolução de litígios. O processo assume por isso uma relevância ímpar no sistema jurídico inglês.

Por outro lado, favorece-se neste país a formação do Direito de modo casuístico, a partir das espécies submetidas aos tribunais; ao que não são alheios o consabido pragmatismo dos ingleses e a sua tradicional desconfiança relativamente aos princípios gerais. Em lugar de anteciparem os problemas jurídicos através de regras gerais e abstratas, os ingleses preferem criar o Direito à medida que esses problemas surgem e são trazidos aos tribunais a propósito dos casos concretos. O Direito desenvolve-se, assim, por pequenos incrementos, nomeadamente através da aplicação analógica dos precedentes a novas categorias de situações de facto. Dir-se-ia que o método de descoberta das novas regras jurídicas é, no *Common Law* inglês, essencialmente experimental: as regras surgem como meras hipóteses de trabalho, continuamente testadas pelos tribunais, os quais terão de reconsiderá-las à luz dos resultados da sua aplicação e de reformulá-las se for caso disso.

Não menos relevante é o facto de o conceito de direito subjetivo, que como vimos ocupa um lugar central nos sistemas romano-germânicos, perder no ordenamento jurídico inglês muita da sua relevância.

Mas não é só a noção de Direito que varia para além do Canal da Mancha: as próprias conceções dominantes acerca das funções legislativa e judiciária são aí fundamentalmente diversas. Graças ao princípio *stare decisis*, a jurisprudência adquiriu em Inglaterra um estatuto sem paralelo nos sistemas romano-germânicos. Já as regras legais, quando existem, têm reduzido grau de abstração e são tradicionalmente encaradas como um complemento ou, pontualmente, como uma correção do Direito Comum formado a partir dos precedentes judiciais.

Também a forma típica de argumentação dos juristas ingleses – o mesmo é dizer, o método por eles predominantemente observado – assume contornos muito diversos daqueles que lhe são conhecidos nos sistemas de *Civil Law*: um juiz continental, confrontado com um caso não previsto na lei, procurará a respetiva solução nos princípios gerais que a inspiram ou na norma aplicável aos casos análogos; diferentemente, o juiz inglês prescinde nessa hipótese da referência à lei e recorre a outro corpo normativo, o *Common Law*, em cuja formação, como vimos, os tribunais têm um papel essencial. Tal a razão por que já se apontou como traço distintivo do sistema jurídico inglês uma certa «ética de julgamento» (*ethic of adjudication*), que confere ao juiz e às suas decisões um papel preponderante[909].

Em face dos elementos até aqui aduzidos, não será decerto possível afirmar a superioridade de qualquer dos sistemas jurídicos que analisámos. Do que não

---

[909] Cfr. Patrick Glenn, *Legal Traditions of the World. Sustainable Diversity in Law*, cit., pp. 237 ss.

pode todavia duvidar-se é, atenta a experiência de vários séculos de funcionamento do Direito inglês, da sua especial aptidão a fim de salvaguardar a liberdade individual perante o Estado, tanto no plano cívico como no económico – aspeto, de resto, já salientado por Friedrich A. Hayek (1899-1992), ao observar que «o ideal da liberdade individual parece ter prosperado sobretudo entre os povos onde o Direito de fonte jurisprudencial predominou pelo menos durante longos períodos»[910]. Esta, a nosso ver, uma das virtudes fundamentais do Direito inglês.

Bibliografia específica

ADAMS, John N., e Roger BROWNSWORD – *Understanding Law*, 4ª ed., Londres, Sweet & Maxwell/Thomson Reuters, 2010.

ALBERT, Marie-France – *Le style de la Common Law*, Bruxelas, Bruylant, 2005.

ALISTE SANTOS, Tomás – *Sistema de Common Law*, Salamanca, Ratio Legis, 2013.

ASCENSÃO, José de – *As fontes do direito no sistema jurídico anglo-americano*, Lisboa, Centro de Estudos Fiscais, 1974.

AUSTIN, John – *Lectures on Jurisprudence or the Philosophy of Positive Law*, 5ª ed., revista por Robert Campbell, 2 vols, John Murray, Londres, 1885.

BANKOWSKI, Zenon, e D. Neil MACCORMICK – «Statutory Interpretation in the United Kingdom», *in* D. Neil MacCormick/Robert S. Summers (orgs.), *Interpreting Statutes. A Comparative Study*, Aldershot, etc., Dartmouth, 1991, pp. 359 ss.

BLACKSTONE, William – *Commentaries on the Laws of England*, 4 vols., 15ª ed., com anotações e aditamentos por Edward Christian, Londres, T. Cadell/W. Davies, 1809.

BENTHAM, Jeremy – *An Introduction to the Principles of Morals and Legislation*, Londres, 1789 (reimpressão, 1962).

BLUMENWITZ, Dieter – *Einführung in das anglo-amerikanische Recht*, 5ª ed., Munique, C. H. Beck, 1994.

BUCKLAND, William Warwick, e Arnold MCNAIR – *Roman Law and Common Law. A Comparison in Outline*, 2ª ed., por F.H. Lawson, Cambridge, Cambridge University Press, 1965.

BULLIER, Antoine J. – *La Common Law*, 2ª ed., Paris, Dalloz, 2007.

CHUKWUMERIJE, Okezie – «Judicial Supervision of Commercial Arbitration: The English Arbitration Act of 1996», *Arbitration International*, 1999, pp. 171 ss.

CORDEIRO, António Menezes – «Common Law», *Polis*, vol. I, cols. 1003 ss.

CORDEIRO, António Barreto Menezes – *Do Trust no Direito Civil*, Lisboa, 2013.

CROSS, Rupert, e J. W. HARRIS – *Precedent in English Law*, 4ª ed., reimpressão, Oxford, Clarendon Press, 2004.

---

[910] Cfr. *Law, Legislation and Liberty*, reimpressão, Londres, 1993, vol. I, *Rules and Order*, p. 94 («the ideal of individual liberty seems to have flourished chiefly among people where, at least for long periods, judge-made law predominated»).

DAVID, René, e Xavier BLANC-JOUVAN – *Le droit anglais*, 10ª ed., Paris, Presses Universitaires de France, 2003.

DICEY, Albert Venn – *Introduction to the Study of the Law of the Constitution*, 8ª ed., reimpressão, Indianapolis, Liberty Fund, 1982.

Dicey, Morris and Collins on the Conflict of Laws, 15ª ed., 2 vols., Londres, Sweet & Maxwell, 2012 (por Lawrence Collins e outros).

ELLIOT, Catherine, e Frances QUINN – *English Legal System*, 11ª ed., Londres, Longman, 2010.

FIKENTSCHER, Wolfgang – *Methoden des Rechts in vergleichender Darstellung*, vol. II, Anglo- -Amerikanischer Rechtskreis, Tubinga, J. C. B. Mohr, 1975.

FREEMAN, Michael – *Lloyd's Introduction to Jurisprudence*, 7ª ed., Londres, Sweet & Maxwell, 2001.

GELDART, William, e David YARDLEY – *Introduction to English Law*, 11ª ed., Oxford/Nova Iorque, Oxford University Press, 1995.

GOODHART, Arthur Lehman – «What is the Common Law», *LQR*, 1960, pp. 45 ss.

Halsbury's Laws of England, 4ª ed., 57 volumes, Londres, Butterworths, 2000/2005.

HARRIS, Phil – *An Introduction to Law*, 7ª ed., reimpressão, Cambridge, Cambridge University Press, 2008.

HART, Herbert – *The Concept of Law*, 2ª ed., Oxford, Clarendon Press, 1994 (existe tradução portuguesa, por Armindo Ribeiro Mendes, com o título *O conceito de Direito*, Lisboa, Fundação Calouste Gulbenkian, 1994).

HENRICH, Dieter – *Einführung in das Englische Privatrecht*, 2ª ed., Darmstadt, Wissenschaftliche Buchgesellschaft, 1993.

HOGUE, Arthur R. – *Origins of the Common Law*, reimpressão, Indianapolis, Liberty Fund, s.d. (originariamente publicado em Bloomington, Indiana, University Press, 1966).

HONDIUS, Ewoud – «Precedent and the Law», *EJCL*, vol. 11.3 (2007).

JOLOWICZ, John Anthony – *Droit anglais*, 2ª ed., Paris, Dalloz, 1992.

KIRALFY, Albert Kenneth Roland – *The English Legal System*, 8ª ed., Londres, Sweet & Maxwell, 1990.

— «English Law», *in* J. Duncan M. Derrett, *An Introduction to Legal Systems*, reimpressão, Nova Deli, Universal Publishing Co., 1999, pp. 157 ss.

KÖTZ, Hein – «The role of the judge in the court-room: the common law and civil law compared», *TSAR*, 1987, pp. 35 ss.

LAWSON, Frederick Henry – *The Rational Strength of English Law*, Londres, Stevens & Sons Limited, 1951.

— «A Common Lawyer Looks at Codification», *in Selected Essays*, vol. I, *Many Laws*, Amesterdão/Nova Iorque/Oxford, 1977, pp. 45 ss.

— «"Das subjektive Recht" in the English Law of Torts», *in Selected Essays*, vol. I, *Many Laws*, Amesterdão/Nova Iorque/Oxford, 1977, pp. 176 ss.

LEGRAND, Pierre, e Geoffrey SAMUEL – *Introduction au common law*, Paris, La Découverte, 2008.
MACMILLAN, Lord – «Two Ways of Thinking», in *Law and Other Things*, Cambridge, Cambridge University Press, 1937, pp. 76 ss.
MAINE, Henry Sumner – *Ancient Law. Its Connection with the Early History of Society, and its Relation to Modern Ideas*, Londres, 1861 (reimpressão, Tucson, 1986).
— *Dissertations on Early Law and Custom. Chiefly Selected From Lectures Delivered at Oxford*, Nova Iorque, Henry Holt and Company, 1886.
MAITLAND, Frederic William – «Trust and Corporations», in H. A. L. Fisher (org.), *The Collected Papers of Frederic William Maitland*, vol. III, Cambridge, Cambridge University Press, 1911, pp. 321 ss.
— *The Forms of Action at Common Law*, parcialmente reproduzido in James Gordley/Arthur Taylor von Mehren (orgs.), *An Introduction to the Comparative Study of Private Law. Readings, Cases, Material*, Cambridge, Cambridge University Press, 2006, pp. 10 ss.
MANCE, Lord – «Constitutional reforms, the Supreme Court and the Law Lords», *Civil Justice Quartely*, 2006, pp. 155 ss.
MANN, Frederick Alexander – «*Lex Facit Arbitrum*», in Pieter Sanders (org.), *Liber Amicorum for Martin Domke*, Haia, Martinus Nijhoff, 1967, pp. 157 ss.
— «England rejects "delocalized" contracts and arbitration», *ICLQ*, 1984, pp. 193 ss.
MARTIN, Elisabeth A., e Jonathan LAW (orgs.) – *A Dictionary of Law*, 6.ª ed., Oxford, Oxford University Press, 2006.
OAKLAND, John – *British Civilization. An Introduction*, 6.ª ed., Londres/Nova Iorque, Routledge, 2006.
PARTINGTON, Martin – *Introduction to the English Legal System*, Oxford, Oxford University Press, 2008.
POLLOCK, Frederick, e Frederic William MAITLAND – *The History of English Law Before the Time of Edward I*, 2 vols., reimpressão da 2.ª ed., Cambridge, Cambridge University Press, 1968 (com uma introdução de S.F.C. Milsom).
RADBRUCH, Gustav – *Der Geist des englischen Rechts*, Göttingen, Vanderhoeck & Ruprecht, 1958 (existe tradução italiana, por Alessandro Baratta, com o título *Lo spirito del diritto inglese*, Milão, Giuffrè, 1962).
SAMUEL, Geoffrey – «"Le droit subjectif" and English Law», *Cambridge L.J.*, 1987, 264 ss.
— *Law of Obligations and Legal Remedies*, 2.ª ed., Londres/Sidney, Cavendish, 2001.
— «Common law», in Jan M. Smits (org.), *Elgar Encyclopedia of Comparative Law*, 2.ª ed., Cheltenham, Reino Unido/Northampton, Estados Unidos, 2012, pp. 169 ss.
SMITH, Jamian, e William BULL – "England and Wales", in Jan M. Smits (org.), *Elgar Encyclopedia of Comparative Law*, 2.ª ed., Cheltenham, Reino Unido/Northampton, Estados Unidos, 2012, pp. 294 ss.
LE SUEUR, Andrew (org.) – *Building the UK's New Supreme Court*, Oxford, Oxford University Press, 2004.

VEEDER, V. V. – «England», in IHCA, suplemento 23, Haia/Londres/Boston, Kluwer, 1997.
WARD, Richard, e Amanda AKHTAR – *Walker & Walker's English Legal System*, 10ª ed., Oxford, Oxford University Press, 2008.
WILLIAMS, Glanville – *Learning the Law*, 14ª ed. (por A.T.H. Smith), Londres, Sweet & Maxwell, 2010.

Bases de dados específicas

http://www.bailii.org (British and Irish Legal Information Institute)
http://www.dca.gov.uk (Department for Constitutional Affairs)
http://www.hmcourts-service.gov.uk (Her Majesty's Court Service)
http://justis.com (Justis)
http://www.lawreports.co.uk/ca (Court of Appeal)
http://www.legislation.hmso.gov.uk (The Stationery Office)
http://www.lonang.com (The Laws of Nature and Nature's God)
http://www.opsi.gov.uk (Office of Public Setor Information)
http://www.parliament.uk (Parlamento)
http://www.privy-council.org.uk (Privy Council)
http://www.supremecourt.gov.uk (Supremo Tribunal do Reino Unido)

A FAMÍLIA JURÍDICA DE *COMMON LAW*

SECÇÃO III – O DIREITO DOS ESTADOS UNIDOS DA AMÉRICA

§ 32º Formação

a) A colonização inglesa e a receção do *Common Law*
I – Os Estados Unidos formaram-se, como se sabe, a partir das treze colónias britânicas da América do Norte (Carolina do Norte, Carolina do Sul, Connecticut, Delaware, Geórgia, Maryland, Massachussets, New Hampshire, Nova Iorque, Nova Jérsia, Pensilvânia, Rhode Island e Virgínia), as quais, por uma declaração subscrita em 4 de julho de 1776, se proclamaram Estados livres e independentes[911].

Os novos Estados pretendiam-se inovadores nas formas e nos princípios. O *Common Law* inglês continuou, porém, a vigorar neles após a independência, tendo sido objeto de uma receção material, que nalguns Estados perdura até hoje[912]. O que bem se compreende: a maioria dos colonos dos treze novos Estados era originária da Inglaterra, pelo que a língua e a cultura inglesas se achavam ali profundamente enraizadas; e o mesmo sucedia com o Direito inglês, no qual os juristas locais se haviam formado e que gozava de grande prestígio. No plano jurídico, a independência não implicou, pois, uma rutura com o passado.

O *approach*, os conceitos, os princípios fundamentais do Direito dos Estados Unidos da América são, por isso, ainda hoje os do Direito inglês: ideias como as de governo limitado e representantivo e de *rule of law*, o princípio *stare decisis*, a distinção entre *Common Law* e *Equity*, a relevância conferida ao júri no julgamento de certas causas civis e criminais, etc. – tudo isso são manifestações da influência duradoura que o Direito inglês exerceu sobre o dos Estados Unidos.

Só por si, esses traços justificam a integração do Direito dos Estados Unidos da América na família de *Common Law*: em virtude deles (bem como de outros aspetos que identificaremos adiante), há maior afinidade entre os Direitos inglês e dos Estados Unidos do que entre vários sistemas jurídicos dos países da Europa continental, da América latina e de certas partes da Ásia[913].

---

[911] Cfr. *The Declaration of Independence*, parcialmente reproduzida, em tradução portuguesa, *in* Jorge Miranda (org.), *Textos históricos do Direito Constitucional*, pp. 35 ss.
[912] Haja vista, por exemplo, à secção 22.2 do Código Civil da Califórnia, segundo a qual: «O direito comum da Inglaterra, na medida em que não seja incompatível ou contraditório com a Constituição dos Estados Unidos ou com a Constituição ou as leis deste Estado, é a regra de decisão em todos os tribunais deste Estado».
[913] Neste sentido, veja-se Peter Hay, *Law of the United States. An Overview*, Munique, etc., 2002, p. 6; *idem*, *US-Amerikanisches Recht*, 6ª ed., Munique, 2015, p. 5.

II – Não pode todavia ignorar-se que, dentro daquela família jurídica, pertence hoje ao Direito dos Estados Unidos uma certa autonomia, sendo menor a distância que o separa dos sistemas romano-germânicos do que a que existe entre estes e o Direito inglês. Por várias ordens de razões[914].

Por um lado, porque a influência inglesa não foi a única que, nos séculos XVIII e XIX, se fez sentir no novo país da América do Norte. No território que é hoje a Florida, os primeiros colonos eram maioritariamente originários de Espanha; na Luisiana, de França; e em Nova Iorque (que começou por se chamar Nova Amesterdão), da Holanda. Acresce que no primeiro meio século da sua existência, e de novo no século XX (mormente aquando da elaboração do *Uniform Commercial Code*), o Direito dos Estados Unidos sofreu certo influxo do pensamento jurídico romanista[915]. Eis por que a tradição de *Common Law* se conjuga em algumas partes dos Estados Unidos, e mesmo no plano federal, com a de *Civil Law*.

Por outro lado, porque várias instituições jurídicas inglesas de raiz medieval não sobreviveram no continente americano, fortemente marcado pelo espírito igualitário próprio de uma sociedade que se organizou a si mesma da base para o topo. Entre essas instituições incluem-se o direito de primogenitura (que foi todavia preservado nos Estados do Sul), a distinção entre *solicitors* e *barristers* e a formação destes exclusivamente pelas corporações que os congregavam, o recrutamento dos magistrados apenas entre *barristers* e a monarquia, que deu lugar nos Estados Unidos a um sistema de governo republicano.

Finalmente, porque o Direito norte-americano se revelou profundamente inovador em diversas matérias – do Direito Constitucional à defesa da concorrência –, relativamente às quais muitos outros sistemas jurídicos, inclusive europeus, são hoje fortemente tributários, como se verá adiante, da sua influência[916].

A fim de se compreender devidamente este ponto, importa, porém, reverter à revolução americana e ao constitucionalismo dela emergente, os quais moldaram o sistema jurídico deste país.

b) A revolução americana e o constitucionalismo

I – Na *Declaração de Independência* de 1776, redigida por Thomas Jefferson (1743-1826), que foi mais tarde embaixador em França e o terceiro Presidente dos Estados Unidos, enunciaram-se não apenas as razões da rutura das treze colónias com o Império Britânico (entre as quais avultavam a imposição pelo monarca inglês de tributos sem o consentimento dos colonos, em violação do princípio *no taxa-*

---

[914] Para uma desenvolvida explanação deste ponto de vista, cfr. Arthur von Mehren, *The U.S. Legal System. Between the Common Law and Civil Law Legal Traditions*, Roma, 2000.
[915] Ver Mattei/Ruskola/Gidi, *Schlesinger's Comparative Law*, cit., p. 341.
[916] Cfr. *infra*, § 81º, alínea *b*).

tion without representation), mas também as linhas fundamentais do pensamento político que marcaria toda a evolução dos Estados Unidos nos dois séculos subsequentes. Exprime-as com particular nitidez o segundo parágrafo dessa Declaração, onde se pode ler:

> «Consideramos de per si evidentes as verdades seguintes: que todos os homens são criaturas iguais; que são dotados pelo seu Criador com certos direitos inalienáveis; e que, entre estes, se encontram a vida, a liberdade e a busca da felicidade. Os governos são estabelecidos entre os homens para assegurar estes direitos e os seus justos poderes derivam do consentimento dos governados; quando qualquer forma de governo se torna ofensiva destes fins, é o direito do povo alterá-la ou aboli-la, e instituir um novo governo, baseando-o nos princípios e organizando os seus poderes pela forma que lhe pareça mais adequada a promover a sua segurança e felicidade [...].»[917]

À Declaração de Independência sucederam-se, em 1777, os *Artigos da Confederação*, em vigor desde 1781, pelos quais os treze novos Estados constituíram entre si uma Confederação desprovida de poderes executivo e judiciário centrais e também impossibilitada de cobrar impostos.

As limitações do modelo institucional criado por esse texto e as convulsões internas verificadas na Confederação devido à depressão económica que se seguiu à guerra da independência levaram os delegados de doze dos seus Estados (o Rhode Island não se fez representar), reunidos em 1787 numa Convenção realizada em Filadélfia, a adotar a *Constituição dos Estados Unidos da América*[918]. Esta exigia para a sua entrada em vigor a ratificação por pelo menos nove Estados, o que se verificou em 21 de junho de 1788 com a ratificação pelo New Hampshire. Menos de um ano depois, em 30 de abril de 1789, era empossado o primeiro Presidente dos Estados Unidos, George Washington.

II – A Constituição de 1787 consagrou um sistema de governo assente em quatro princípios cuja adoção representou um marco fundamental na História do constitucionalismo[919]:

Em primeiro lugar, o *princípio republicano*, que surge em contraponto ao sistema monárquico, encarado com suspeição pelos norte-americanos em virtude dos abusos imputados ao rei de Inglaterra.

---

[917] Tradução de Jorge Miranda, *op. cit.*, p. 35.
[918] Reproduzida, em tradução portuguesa, *in* Jorge Miranda, ob. cit., pp. 37 ss.
[919] A melhor explanação desses princípios é porventura a que consta dos ensaios originariamente publicados entre outubro de 1787 e agosto de 1788 por três dos *founding fathers* dos Estados Unidos da América – Alexander Hamilton, James Madison e John Jay – em jornais de Nova Iorque e posteriormente reunidos na obra intitulada *The Federalist Papers* (há reimpressão, org. por Clinton Rossiter, Nova Iorque, 2003).

Em segundo lugar, o *princípio da separação de poderes*, os quais foram repartidos por três ramos de Governo que se controlam reciprocamente, por isso se denominando o sistema assim instituído de «freios e contrapesos» (*checks and balances*). O *poder legislativo* foi atribuído ao Congresso, que compreende duas câmaras: o Senado, em que cada Estado tem igual representação, sendo integrado por dois senadores por cada Estado (atualmente em número de cem) eleitos por seis anos; e a Câmara dos Representantes, que representa o povo, sendo os seus membros (atualmente 435) distribuídos pelos Estados proporcionalmente à respetiva população e eleitos por dois anos (art. I). Por seu turno, o *poder executivo* foi confiado ao Presidente, que é simultaneamente Chefe de Estado e Chefe do Governo (não há nos Estados Unidos um Primeiro-Ministro). O Presidente e o Vice-Presidente são eleitos, por um período de quatro anos, por um colégio eleitoral que combina elementos nacionais e federais (sendo constituído por um número de membros correspondente à soma do número de senadores e representantes de cada Estado no Congresso[920]) (art. II). Finalmente, o *poder judicial* pertence a um Supremo Tribunal e aos tribunais inferiores que o Congresso definir, sendo os respetivos juízes investidos nas suas funções vitaliciamente «*during good behaviour*» (art. III). Como se verá a seguir, os tribunais dispõem nos Estados Unidos de amplos poderes de controlo da atividade legislativa e administrativa; mas os poderes legislativo e executivo detêm também importantes prerrogativas sobre o poder judicial, entre as quais as que se prendem com a nomeação dos juízes federais. O que significa que a separação de poderes não tem nos Estados Unidos o mesmo rigor de que se reveste noutros países, como a França. É este sistema de freios e contrapesos que, impedindo eficazmente a concentração do poder, constitui a chave da preservação da liberdade individual no sistema constitucional norte-americano.

Em terceiro lugar, o *princípio federal*, tido como condição da aceitação pelos Estados membros, altamente ciosos da sua independência, da sua pertença a uma União.

Em quarto lugar, o *princípio democrático*, patente desde logo nas palavras com que abre o preâmbulo da Constituição («*Nós o povo dos Estados Unidos...*»), através das quais se sublinha que a soberania reside na nação. Traduz-se esse princípio, designadamente, na previsão de eleições para os órgãos políticos da União.

---

[920] Cada eleitor vota normalmente no candidato que obteve a maioria dos votos aquando da eleição dos membros do colégio eleitoral no respetivo Estado; o que torna possível a eleição de um Presidente que não tenha a maioria dos votos nessa eleição. Foi, por exemplo, o que sucedeu em 2000, quando o candidato George W. Bush obteve menos cerca de 500.000 votos do que o seu opositor Albert Gore, mas ganhou por quatro votos a eleição pelo colégio eleitoral.

III – A principal crítica feita à Constituição durante o processo da sua ratificação foi a omissão nela de uma declaração de direitos fundamentais. Essa lacuna foi preenchida com os dez primeiros aditamentos, ou emendas, à Constituição, aprovados em 1789 e ratificados em 1791, os quais formam o *Bill of Rights* norte-americano[921] (até 1992, foram ratificadas mais dezassete emendas).

Entre os direitos consignados no *Bill of Rights* sobressaem a *vida*, a *liberdade* e a *propriedade*, que um século antes Locke proclamara como direitos naturais. Refere-os expressamente a V emenda[922], na qual pode ver-se o enunciado constitucional dos valores estruturantes da sociedade norte-americana.

III – A Constituição foi erigida, no seu art. VI, em «suprema lei do País», ficando a ela vinculados os juízes de todos os Estados. Isso conferiu-lhe um papel nuclear na evolução posterior do Direito dos Estados Unidos.

Alguns dos momentos cruciais da História deste país coincidem, aliás, com decisões proferidas pelo Supremo Tribunal, que resolveram à luz da Constituição questões que ao tempo dividiam a opinião pública norte-americana.

Foi o que sucedeu no caso *Dred Scott v. Sandford*[923], julgado em 1857, no qual o Supremo recusou aos escravos de origem africana e seus descendentes a condição de cidadãos dos Estados Unidos, sendo-lhes por isso vedado intentar ações perante os tribunais federais. Na mesma decisão, o Supremo julgou inconstitucional uma lei federal (o denominado *Compromisso do Missouri*, de 1820) que proibira a escravatura nos territórios da Luisiana situados a norte do paralelo 36º, com a exceção do Missouri, na medida em que daí resultaria a privação da propriedade sobre os escravos transportados pelos seus donos para esses territórios. Esta decisão acentuou a clivagem entre os Estados do Norte e do Sul, que conduziu à guerra civil de 1861-1865. A escravatura viria a ser abolida pela XIII Emenda à Constituição, de 1865; e a cidadania norte-americana foi reconhecida a todas as pessoas nascidas ou naturalizadas nos Estados Unidos pela XIV Emenda, de 1868.

No caso *Plessy v. Ferguson*[924], julgado em 1896, o Supremo Tribunal afirmou a doutrina «separados mas iguais», nos termos da qual as leis estaduais que impunham a segregação racial em certos espaços públicos (nomeadamente as escolas e os meios de transporte) seriam conformes à Constituição. Mais tarde, no caso

---

[921] Reproduzido, em tradução portuguesa, *in* Jorge Miranda, ob. cit., pp. 51 ss.
[922] Aí se declara, com efeito: «No person shall be (...) deprived of life, liberty, or property, without due process of law; nor shall private property be taken for public use without just compensation (...)» [«Ninguém será (...) privado da vida, da liberdade ou da propriedade sem observância dos trâmites legais. Não poderá haver requisição da propriedade particular sem justa indemnização»]. Tradução de Jorge Miranda, *op. cit.*, p. 52.
[923] 60 U.S. 393.
[924] 163 U.S. 537.

Brown v. Board of Education of Topeka[925], de 1954, o Supremo Tribunal declarou, todavia, que a segregação racial nas escolas violava a XIV Emenda, repudiando assim a doutrina legitimada pela decisão anterior.

Em *Furman v. Georgia*[926], julgado em 1972, o Supremo entendeu que a imposição e execução da pena de morte em certos casos, em que constituía uma punição «cruel e aberrante», violava as VIII e XIV Emendas; porém, no caso *Gregg v. Georgia*[927], decidido em 1976, o mesmo Tribunal julgou conforme à Constituição a lei da Geórgia sobre a pena de morte, alterada na sequência da decisão anterior.

No caso *Roe v. Wade*[928], de 1973, o Tribunal decidiu existir, em certas circunstâncias, um direito constitucionalmente protegido ao aborto. Este viria, no entanto, a ser restringido na decisão proferida em 1992 no caso *Planned Parenthood of Southeastern Pennsylvania v. Casey*[929].

Na decisão proferida em 1974 sobre o caso *United States v. Nixon*[930], o Tribunal julgou que o Presidente dos Estados Unidos devia obediência à ordem de um tribunal federal que lhe impunha a entrega, como elemento de prova na investigação conduzida no âmbito do caso *Watergate*, das gravações de certos diálogos mantidos com colaboradores seus; o que conduziu à renúncia daquele Presidente.

Mais recentemente, em *Reno v. American Civil Liberties Union*[931], julgado em 1997, o Supremo Tribunal considerou que as disposições do *Communications Decency Act*, de 1996, que sancionavam criminalmente a transmissão através da Internet de mensagens obscenas ou indecentes a menores, bem como o envio ou exibição a menores, pelo mesmo meio, de mensagens que representassem ou descrevessem atividades ou órgãos sexuais, violavam a liberdade de expressão consagrada na I Emenda.

Não menos relevante foi a decisão proferida no caso *Bush v. Gore*[932], de 2000, em que o Supremo pôs fim à recontagem de sufrágios no Estado da Florida, resolvendo assim a favor do candidato George W. Bush a eleição presidencial realizada nesse ano.

Pode, a esta luz, afirmar-se que o Supremo Tribunal dos Estados Unidos possui, sobretudo em razão das funções que exerce no âmbito da fiscalização da constitucionalidade das leis e das decisões judiciais[933], uma influência na vida

---

[925] 347 U.S. 483.
[926] 408 U.S. 232.
[927] 428 U.S. 153.
[928] 410 U.S. 113.
[929] 505 U.S. 833.
[930] 418 U.S. 683.
[931] 521 U.S. 844.
[932] 531 U.S. 98.
[933] Sobre esta, cfr. *infra*, § 36º, alínea *d*).

política, económica e social deste país sem paralelo em qualquer outro Estado contemporâneo[934].

c) A ética protestante

Como pano de fundo deste sistema encontra-se a mundividência própria da denominada ética protestante, que contribuiu decisivamente para a formação do Direito norte-americano e importa ter presente a fim de captar o seu espírito[935].

Entre os primeiros colonos da América do Norte contavam-se muitos membros das seitas protestantes calvinistas. Perseguidos em Inglaterra devido ao carácter subversivo da sua teologia, que preconizava a «purificação» da Igreja Anglicana em ordem a eliminar dela todos os resquícios do catolicismo (donde o termo *puritanos* por que eram designados), emigraram a partir de 1620 para a região que veio a denominar-se Nova Inglaterra, onde fundaram comunidades que se regeram, no século XVII, por «cartas» (*charters*), «pactos» (*compacts*) ou «alianças» (*covenants*), em que se consagravam, por um lado, a ideia de soberania popular e, por outro, diversas formas de autogoverno[936]. Esses instrumentos tinham como precedente bíblico a aliança que fez de Abraão e dos filhos de Israel o povo de Deus. Eram o corolário, no plano jurídico, da *teologia do pacto*, que, como se sabe, constitui uma das bases do protestantismo na formulação que lhe deu

---

[934] Ver José Carlos Barbosa Moreira, «A Suprema Corte Norte-Americana: um modelo para o mundo?», *RBDC*, 2004, pp. 33 ss.

[935] Vejam-se sobre esta matéria, para mais desenvolvimentos, Roscoe Pound, «Puritanism and the Common Law», *American Law Review*, 1911, pp. 811 ss. (reproduzido em *The Spirit of the Common Law*, reimpressão, New Brunswick, 1999, pp. 32 ss.); Georg Jellinek, *Teoria General del Estado* (tradução castelhana, por Fernando de los Rios, Buenos Aires, 1981), pp. 383 ss.; e Fernando Rey Martinez, «La ética protestante y el espíritu del constitucionalismo. La impronta calvinista del constitucionalismo norteamericano», *BFDUC*, 2003, pp. 225 ss.

[936] Tal o caso do *Mayflower Compact*, subscrito pelos passageiros do célebre navio homónimo, que levou os primeiros peregrinos à Nova Inglaterra. Nele se pode ler: «In the name of God, Amen. We, whose names are underwritten, the Loyal Subjects of our dread Sovereign Lord, King James, by the Grace of God, of England, France and Ireland, King, Defender of the Faith, e&. Having undertaken for the Glory of God, and Advancement of the Christian Faith, and the Honour of our King and Country, a voyage to plant the first colony in the northern parts of Virginia; do by these presents, solemnly and mutually in the Presence of God and one of another, covenant and combine ourselves together into a civil Body Politick, for our better Ordering and Preservation, and Furtherance of the Ends aforesaid; And by Virtue hereof to enact, constitute, and frame, such just and equal Laws, Ordinances, Acts, Constitutions and Offices, from time to time, as shall be thought most meet and convenient for the General good of the Colony; unto which we promise all due submission and obedience. In Witness whereof we have hereunto subscribed our names at Cape Cod the eleventh of November, in the Reign of our Sovereign Lord, King James of England, France and Ireland, the eighteenth, and of Scotland the fifty-fourth. Anno Domini, 1620».

João Calvino (1509-1564)[937]: para este, a lei, nas suas diferentes manifestações (a lei natural, a lei moral e a própria lei civil quando conforme às anteriores), não é senão uma especificação do pacto eterno estabelecido entre Deus e os Homens aquando da Criação. Reflete-se naqueles instrumentos, além disso, a profunda hostilidade do puritanismo relativamente a todas as formas de centralização do poder, civil ou religioso, a qual teve a sua expressão máxima na rejeição do Papado e da supremacia do monarca na Igreja Anglicana. Não falta, por isso, quem qualifique as colónias inglesas da América do Norte onde prevaleceu esta forma de organização comunitária como «pequenas teocracias»[938].

Ora, foi justamente naqueles instrumentos que se inspiraram os redatores da Constituição norte-americana ao gizarem as instituições democráticas e o sistema de governo federal nela acolhidos. Essa inspiração é, aliás, reconhecível no próprio preâmbulo da Constituição, ao qual subjaz a ideia de que os poderes constituídos se fundam num *pacto social* que constitui a base da comunidade política – do mesmo modo que, na ótica do calvinismo, um tal pacto constitui a base da comunidade religiosa[939]. A Constituição norte-americana radica portanto, em última análise, na teologia calvinista[940].

Aliás, a influência da ética protestante não se fez sentir apenas no Direito Constitucional, nem incidiu exclusivamente no plano jurídico. Ao puritanismo encontra-se associado, além do rigor nos costumes, do culto do trabalho árduo, da austeridade, da frugalidade e da autodisciplina, um certo utilitarismo, que está bem patente nas máximas que procuram justificar determinados postulados da moral por apelo a finalidades a ela estranhas, como as que foram cunhadas por um dos *founding fathers* do constitucionalismo norte-americano, Benjamin Franklin (1706-1790): «honesty is the best policy», «time is money», etc.[941]. Esse utilitarismo

---

[937] Cfr. *Institutio christianae religionis*, originariamente publicado em 1536 (existe tradução do próprio autor, com o título *Institution de la réligion chrestienne*, primeiramente publicada em 1541, de que há reedição, por Jean Daniel-Benoit, em 5 vols., Paris, 1957/1963). Sobre a doutrina jurídica de Calvino, vejam-se Jean Bosc, «Sur la doctrine du droit de Calvin», *in* AAVV, *La révélation chrétienne et le droit. Colloque de Philosophie du Droit*, Paris, 1961, pp. 87 ss.; e Mary Lane Potter, «The "Whole Office of the Law" in the Theology of John Calvin», *Journal of Law and Religion*, 1985, pp. 117 ss.
[938] Cfr. Lawrence Friedman, *Law in America. A Short History*, Nova Iorque, 2004, p. 26.
[939] Diz, com efeito, o preâmbulo da Constituição americana: «Nós, o povo dos Estados Unidos, pretendendo formar uma união mais perfeita, estabelecer a justiça, manter a tranquilidade pública, providenciar quanto à defesa do bem comum, promover o bem-estar geral e assegurar os benefícios da liberdade a nós e aos nossos descendentes, decretamos e estabelecemos esta Constituição para os Estados Unidos da América» (tradução de Jorge Miranda, *op. cit.*, p. 37).
[940] Esta conexão do sistema político norte-americano com o puritanismo já Alexis de Tocqueville a estabelecera na sua obra, originariamente publicada em 1835, *Da democracia na América* (tradução portuguesa, por Carlos Monteiro de Oliveira, Cascais, 2001), especialmente a pp. 65 ss.
[941] Cfr., do autor citado, *Writings*, s.l., s.d., especialmente, pp. 320 ss.

marcou decisivamente os sistemas de *Common Law*, tendo sido determinante, por exemplo, do não acolhimento neles de um genérico princípio de boa-fé, como o que consagram o Direito alemão e outros na esteira dele[942]. No mesmo sentido terá concorrido o caráter formalista do conceito de honestidade puritano.

A ética protestante moldou ainda vários outros aspetos centrais do *american way of life* – desde a exaltação do indivíduo até aos vários proibicionismos que, sucessiva ou concomitantemente, têm vigorado nos Estados Unidos (*v.g.* do jogo e do consumo de álcool, de drogas e, mais recentemente, do tabaco). Através da sua valorização do trabalho profissional como meio de regeneração e comprovação da fé, do ideal de vida ascético que preconiza e da reprovação do consumo excessivo que lhe está associada, a ética protestante acha-se também, segundo a conhecida tese de Max Weber[943], na origem do espírito capitalista moderno, que triunfou nos Estados Unidos. Esta tese foi, é certo, objeto de contestação por parte de um setor do pensamento católico, que se expressou com especial vigor nos escritos de Amintore Fanfani (1908-1999)[944]: para este, é antes a diminuição da fé que explica a afirmação do espírito capitalista ocorrida ainda na Idade Média no mundo católico[945]. Não obstante isso, reconhece aquele autor que «o protestantismo encorajou o capitalismo na medida em que sustentou a inexistência de qualquer nexo entre a ação terrena e o prémio eterno»[946] (ou, dito de outro modo, «legitimou o espírito do capitalismo, santificou-o»[947]). Eis por que, para o autor citado, a ética social católica se encontra «nos antípodas da capitalista»[948].

§ 33º Características gerais

a) O federalismo

Uma característica saliente do sistema político norte-americano, a que já aludimos, é a consagração nele do federalismo. Os Estados Unidos compreendem pre-

---

[942] Ver, sobre o ponto (que será desenvolvido no vol. II desta obra), o nosso *Da responsabilidade pré-contratual em Direito Internacional Privado*, cit., pp. 290 ss.

[943] Cfr. *Die protestantische Ethik und der Geist des Kapitalismus*, originariamente publicado em 1904/1905 (há tradução portuguesa, por Ana Falcão Bastos e Luís Leitão, com o título *A ética protestante e o espírito do capitalismo*, 2ª ed., Lisboa, 1996).

[944] Ver *Cattolicesmo e protestantesimo nella formazione storica del capitalismo*, 3ª ed., s.l., 2005 (originariamente publicado em 1934). Consulte-se ainda, para uma crítica mais recente da tese weberiana, Michael Novak, *The Catholic Ethic and the Spirit of Capitalism*, Nova Iorque, 1993 (de que existe tradução portuguesa, por Maria do Carmo Figueira, com o título *A ética católica e o espírito do capitalismo*, Cascais, 2001).

[945] Ob. cit., p. 141.

[946] *Ibidem*, p. 162.

[947] *Ibidem*, p. 165.

[948] *Ibidem*, p. 122. Ver também pp. 117, 121 e 127.

sentemente cinquenta Estados, agregados numa União, e um Distrito Federal (o Distrito de Columbia), onde se situa a capital federal, Washington[949].

Cada Estado tem uma organização política análoga à da federação: o poder legislativo pertence a uma assembleia (*State Legislature*), que geralmente se divide em duas câmaras, sendo estas frequentemente também designadas por Senado e Câmara de Representantes; o poder executivo cabe a um Governador eleito; o poder judiciário, aos tribunais estaduais.

Na repartição de competências entre os Estados e a federação observa-se o princípio (a que voltaremos adiante) de que todos os poderes que não hajam sido transferidos pela Constituição para órgãos federais se mantêm na titularidade dos órgãos estaduais. O Direito federal prima, no entanto, sobre o Direito estadual[950]: o princípio, que vimos estar na base do sistema constitucional inglês, da supremacia ilimitada do Parlamento não tem, assim, acolhimento nos Estados Unidos – como, de resto, não poderia deixar de ser, pois tal princípio é incompatível com os postulados fundamentais do federalismo. Consoante se verá, a ausência desse princípio no Direito norte-americano tem outras consequências importantes, designadamente pelo que respeita à admissibilidade da *judicial review* das leis adotadas pelos órgãos legislativos e à aceitação do primado do Direito Internacional sobre o Direito de fonte interna.

b) A complexidade do sistema jurídico

Uma das consequências desta organização do poder político é a complexidade do sistema jurídico norte-americano.

Este compreende dois níveis: o *federal e o estadual*. No primeiro incluem-se a Constituição e as leis federais. O segundo abrange, por seu turno, cinquenta Direitos estaduais, muitas vezes bastante diferentes uns dos outros. São bem conhecidas, por exemplo, as divergências que opõem os Direitos dos diferentes Estados norte-americanos em matéria societária e de valores mobiliários. Destaca-se a este respeito o Delaware, pelo liberalismo com que admite medidas defensivas contra ofertas públicas de aquisição hostis. A isso não será alheia a circunstância de estarem hoje incorporadas nele cerca de metade das sociedades cotadas na bolsa de Nova Iorque. Algo de semelhante ocorre em matéria de divórcio. Sobressai neste domínio o Estado do Nevada, que já foi apodado de *divorce*

---

[949] Não integram a União certas áreas insulares com o estatuto de territórios não incorporados, entre os quais se incluem as Ilhas Marianas Setentrionais, Guam, a Samoa, as Ilhas Virgens e Porto Rico.

[950] Art. VI, secção 2, da Constituição: «Esta Constituição, as leis dos Estados Unidos em sua execução e os tratados celebrados ou que houverem de ser celebrados em nome dos Estados Unidos constituirão o direito supremo do país. Os juízes dever-lhe-ão obediência, ainda que a Constituição ou as leis de algum estado disponham em contrário» (tradução de Jorge Miranda, *op. cit.*, p. 49).

mill pela extrema facilidade com que desde cedo se admitiu nele a decretação do divórcio, mesmo na ausência de um dos cônjuges[951]. No tocante aos regimes matrimoniais de bens, enquanto que a maioria dos Estados consagra a separação de bens (na esteira, aliás, do Direito inglês), oito Estados do Sul e do Oeste, bem como Porto Rico, acolhem regimes de comunhão. Mais recentemente, surgiram diferenças entre os Estados norte-americanos no tocante ao casamento de pessoas do mesmo sexo, que é hoje permitido em nove Estados (Connecticut, Iowa, Mayne, Maryland, Massachussets, New Hampshire, Nova Iorque, Vermont e Washington) e no Distrito de Columbia. Há ainda consideráveis disparidades quanto à admissibilidade da pena de morte, que foi abolida em 15 Estados e no Distrito de Columbia, mas que se mantém em vigor noutros 35 Estados.

Aos Direitos federal e estadual acrescem os ordenamentos próprios dos territórios norte-americanos de Porto Rico, de Guam e das Ilhas Virgens, bem como os Direitos de certos povos indígenas, como é o caso dos índios Navajo, que além de regras autónomas (constantes designadamente do *Navajo Nation Tribal Code*) têm um sistema de governo e judicial próprio.

Esta diversidade de Direitos, e a própria competição entre regimes jurídicos por ela proporcionada, estão longe de serem tidas por inconvenientes, antes são encaradas com favor por certa corrente de pensamento, na medida em que propiciam a adaptação daqueles regimes às necessidades sociais e a correção de eventuais erros legislativos.

Não há, pelo exposto, um Direito unitário nos Estados Unidos. Não pode, por isso, falar-se com propriedade de um *Direito norte-americano*. Daqui resulta a importância que assumem neste país os *conflitos de leis no espaço*, que nele são objeto de uma teorização válida tanto para as situações internas como para as internacionais.

À complexidade resultante destas diferentes categorias de regras acresce a que resulta da distinção entre *Common Law* e *Equity*, que mantém relevância, como veremos adiante, para efeitos de funcionamento do júri.

c) A relevância do processo

Tal como vimos suceder no Direito inglês, o processo ocupa no Direito dos Estados Unidos um papel nuclear. Não porque aí vigore, como sucedeu em Inglaterra, um regime de tipicidade das ações, mas antes em virtude do amplo acolhimento dado no Direito Processual Civil norte-americano ao *princípio dispositivo* e ao

---

[951] Para tanto foi decisiva a admissão pelo Supremo Tribunal, na sentença proferida em 21 de dezembro de 1942 no caso *Williams et al. v. State of North Carolina*, 317 U.S. 287, de que também os divórcios assim decretados deviam ser reconhecidos pelos demais Estados ao abrigo da *full faith and credit clause* consignada na Constituição: veja-se sobre esta o que dizemos adiante, no § 34º, alínea c).

modelo acusatório (adversary system), que coloca os trâmites processuais e o próprio objeto do processo em larga medida na disponibilidade das partes[952].

Este fenómeno é particularmente nítido no tocante à instrução do processo. Nela ocupam lugar de destaque, com efeito, diversas diligências probatórias que dependem essencialmente da iniciativa das partes e que hoje assumem muitas vezes importância crucial no desfecho da causa. Tal o caso, designadamente: *a)* Da «descoberta» (*discovery*) de documentos e outros meios de prova na posse de uma das partes, que a outra lhe pode exigir previamente ao julgamento da causa sem a intervenção do juiz; *b)* Da inquirição (*direct examination*) das testemunhas pelo advogado da parte que as ofereceu, seguida da contrainquirição (*cross examination*) pelo advogado da parte contrária; e *c)* Dos depoimentos testemunhais escritos (*witness statements*) que às partes é dado produzirem.

Ao juiz cabe, neste contexto, essencialmente assegurar a observância pelas partes das regras que disciplinam a tramitação do processo: o seu papel é, nesta medida, mais passivo do que o dos juízes do continente europeu[953]. Dado o grau de controlo do processo de que as partes assim dispõem, não supreende que nos Estados Unidos as questões processuais possam afetar muito significativamente o desfecho do litígio[954].

De notar, contudo, que muitos processos instaurados perante os tribunais norte-americanos não chegam à fase de julgamento: a maioria deles termina, com efeito, numa transação (*settlement*), frequentemente celebrada na fase da *discovery* e ditada pelos elevados custos que esta implica[955]. No mesmo sentido concorrem os elevados custos associados à preparação dos julgamentos com intervenção do júri (de que nos ocuparemos adiante), assim como a incerteza quanto aos veredictos deste emanados e as restrições à interposição de recurso das respetivas decisões. Não falta, por isso, quem aluda a um *declínio do processo civil* nos Estados Unidos[956].

---

[952] Para um confronto, sob este prisma, do processo civil norte-americano com o dos países europeus, vejam-se John Langbein, «The German Advantage in Civil Procedure», *The University of Chicago Law Review*, 1985, pp. 823 ss.; Hideo Nakamura, «Die zwei Typen des Zivilprozesses – Der Zivilprozess im kontinentalen und im anglo-amerikanischen Rechtskreis», *in* Institute of Comparative Law Waseda University (org.), *Law in East and West*, Tóquio, 1988, pp. 299 ss.; Hein Kötz, "Civil Justice Systems in Europe and the United States", *Duke Journal of Comparative & International Law*, 2003, pp. 61 ss.; Oscar G. Chase/Vicenzo Varano, "Comparative Civil Justice", *in* Bussani/Mattei (orgs.), *The Cambridge companion to Comparative Law*, cit., pp. 210 ss.; e C. H. (Remco) Van Rhee/Remme Verkerk, "Civil procedure", *in* Jan M. Smits (org.), *Elgar Encyclopedia os Comparative Law*, 2ª ed., Cheltenham, Reino Unido/Northampton, Estados Unidos, 2012, pp. 140 ss.
[953] Assim Haimo Schack, *Einführung in das US-amerikanische Zivilprozessrecht*, 3ª ed., Munique, 2003, p. 61.
[954] Neste sentido, veja-se Peter Hay, *Law of the United States*, cit., p. 47; *idem, US-Amerikanisches Recht*, cit., p. 45.
[955] Cfr. Ellen S. Podgor/John F. Cooper (orgs.), *Overview of U.S. Law*, s.l., 2009, p. 135.
[956] Cfr. Michaël Haravon, "Quel procès civil en 2010? Regard comparé sur l'accès à la justice civile en. Angleterre, aux Etats-Unis et en France", *RIDC*, 2010, pp. 895 ss.

§ 34º Meios de resolução de litígios

a) Organização judiciária e composição dos tribunais

I – A aludida complexidade do sistema jurídico vigente nos Estados Unidos estende-se ao próprio sistema judiciário. Também este compreende, com efeito, dois níveis: o federal e o estadual.

São tribunais federais: *a)* O Supremo Tribunal dos Estados Unidos (*Supreme Court of the United States*)[957]; *b)* Os Tribunais de Apelação dos Estados Unidos (*United States Courts of Appeals*), cuja área de jurisdição é o *circuito* (*circuit*)[958]; *c)* Os Tribunais de Distrito (*United States District Courts*)[959]; e *d)* Os Tribunais Federais de Competência Especializada (o *United States Tax Court*, o *United States Court of International Trade*, o *Patent and Trademark Office* e o *United States Claims Court*, que julga as ações contra os Estados Unidos).

Diferentemente do que sucede noutros Estados federais (como a Alemanha), os tribunais federais não se situam, nos Estados Unidos, apenas na cúpula do sistema judiciário, antes existem a todos os níveis deste, devendo certas ações ser obrigatoriamente propostas perante eles em primeira instância e podendo outras sê-lo ou não, consoante a opção das partes.

Os tribunais federais norte-americanos são, na verdade, competentes para julgar três categorias de casos: *a)* Os relativos a «questões federais» (falando-se então de *«federal question jurisdiction»*), isto é, aqueles a que é aplicável Direito federal ou um tratado internacional celebrado pela União; *b)* Aqueles em que as partes são cidadãos de Estados diferentes (*«diversity of citizenship jurisdiction»*), ou em que uma delas é estrangeira (exceto os divórcios e os casos de valor igual ou inferior a 75.000 dólares), entendendo-se para este efeito que uma pessoa singular é cidadã do Estado em que se encontra domiciliada e que uma sociedade é «cidadã» do seu Estado de incorporação ou onde tem o respetivo estabelecimento principal. Procura-se através deste fator de competência, diz-se, evitar o risco de os tribunais estaduais, caso lhes fossem submetidos esses processos, favorecerem os cidadãos locais; e *c)* Os processos em que uma das partes é a própria União.

A competência dos tribunais federais pode ser *exclusiva* (o que apenas sucede num núcleo restrito de matérias, como, por exemplo, os crimes federais, o Direito

---

[957] Atualmente integrado por nove juízes (o *Chief Justice* e oito *Associate Justices of the Supreme Court*), nomeados a título vitalício pelo Presidente dos Estados Unidos, embora sujeitos a confirmação pelo Senado. O próprio *Chief Justice* não é eleito pelos seus pares, como sucede noutros países, mas antes escolhido pelo Presidente.
[958] Há presentemente treze circuitos, dos quais onze correspondem a divisões geográficas, abrangendo três ou mais Estados, um ao Distrito de Colúmbia e outro ao denominado Circuito Federal, que revê as decisões de tribunais especializados. Os seus juízes são designados por *Circuit Judges*.
[959] Em número de noventa e quatro, havendo pelo menos um por cada Estado.

Marítimo, as falências e a propriedade intelectual) ou *concorrente* com a dos tribunais estaduais (em todas as outras hipóteses). Sendo a ação instaurada perante um tribunal estadual, o réu pode, nestes casos, obter a sua transferência para um tribunal federal. Mais do que um propósito de coordenação entre as diferentes categorias de tribunais, como sucede na Europa, preside ao sistema judiciário norte-americano um *ideal de competição*.

II – Cada Estado tem, nos Estados Unidos da América, a sua própria organização judiciária. O modelo mais comum compreende um supremo tribunal (que em Nova Iorque se diz *Court of Appeal*); um tribunal de apelação (em Nova Iorque denominado *Appellate Division of the Supreme Court*); e tribunais de primeira instância (também ditos *trial courts*, os quais podem ser de competência genérica – *county courts, municipal courts* ou *Supreme Court* em Nova Iorque – ou especializada – *small claims courts, family courts, traffic courts*, etc.).

Os tribunais estaduais têm competência em todos os casos que não sejam da competência exclusiva dos tribunais federais. Assim, os tribunais estaduais julgam causas para as quais são exclusivamente competentes (as respeitantes ao Direito da Família e das Sucessões e aos direitos reais sobre imóveis) e causas para as quais são concorrentemente competentes com os tribunais federais (o que sucede nas questões federais e de diversidade de cidadanias). Atualmente, a maioria dos processos é julgada pelos tribunais estaduais.

As esferas de competência dos tribunais federais e estaduais assemelham-se, em razão do exposto, a duas circunferências secantes: há uma zona (relativamente pequena) de competência exclusiva de cada uma destas categorias de tribunais e outra (bastante maior) de competência concorrente. Nas ações para que sejam concorrentemente competentes tribunais estaduais e federais, qualquer das partes pode solicitar a transferência do processo do tribunal estadual onde a mesma se encontre pendente para um tribunal federal (o que pode ter vantagens, *v.g.*, no tocante à composição do júri ou ao Direito Processual aplicável).

III – Tal como sucede em Inglaterra, não existe nos Estados Unidos uma jurisdição administrativa autónoma: as questões de Direito Administrativo são da competência dos tribunais comuns. Outro tanto sucede com as demais questões de Direito Público, de Direito do Trabalho, etc. Em consequência disso, o juiz norte-americano tende a ser, como observa Hay, um generalista[960]. Em contrapartida, o sistema judiciário norte-americano apresenta um grau de descentralização muito superior ao do sistema inglês.

---

[960] Cfr. *Law of the United States*, cit., p. 46; idem, *US-Amerikanisches Recht*, cit., p. 44.

b) Recursos

O Supremo Tribunal dos Estados Unidos julga recursos de decisões dos *United States Courts of Appeals* e dos supremos tribunais dos Estados.

O Supremo só emite, porém, o denominado *writ of certiorari* [961], e examina o recurso que em consequência disso lhe for presente, quando, no entender de pelo menos quatro dos seus juízes («*the rule of four*»), o caso suscite uma *questão federal importante, maxime* por a decisão recorrida ser incompatível com decisões anteriores do Supremo Tribunal, de um tribunal federal de apelação ou de um tribunal estadual de última instância. A decisão sobre a concessão ou não do *certiorari* é discricionária[962]. Não há, pois, um direito de recurso.

Como é bom de ver, este sistema limita muito o número de recursos de que o Supremo efetivamente toma conhecimento[963]. A recusa do *certiorari* não significa, em todo o caso, aprovação pelo Supremo da decisão do tribunal inferior.

No sentido da limitação dos recursos julgados concorre ainda a circunstância de o Supremo Tribunal dos Estados Unidos não efetuar uma fiscalização abstrata, mas tão-só concreta (isto é, a propósito de um litígio que lhe caiba julgar), da constitucionalidade das leis.

---

[961] Do latim *certiorem facere*, i. é, informar ou tornar certo: através do referido *writ*, o Supremo Tribunal ordena ao tribunal inferior de que emana a decisão em causa que este o informe do teor do processo, enviando-lhe uma certidão deste.

[962] Cfr. a regra 10ª das *Rules of the Supreme Court*, que dispõe, sob a epígrafe *Considerations Governing Review on Writ of Certiorari*: «Review on a writ of certiorari is not a matter of right, but of judicial discretion. A petition for a writ of certiorari will be granted only for compelling reasons. The following, although neither controlling nor fully measuring the Court's discretion, indicate the character of the reasons the Court considers: (a) a United States court of appeals has entered a decision in conflict with the decision of another United States court of appeals on the same important matter; has decided an important federal question in a way that conflicts with a decision by a state court of last resort; or has so far departed from the accepted and usual course of judicial proceedings, or sanctioned such a departure by a lower court, as to call for an exercise of this Court's supervisory power; (b) a state court of last resort has decided an important federal question in a way that conflicts with the decision of another state court of last resort or of a United States court of appeals; (c) a state court or a United States court of appeals has decided an important question of federal law that has not been, but should be, settled by this Court, or has decided an important federal question in a way that conflicts with relevant decisions of this Court. A petition for a writ of certiorari is rarely granted when the asserted error consists of erroneous factual findings or the misapplication of a properly stated rule of law».

[963] A taxa de sucesso das petições de *certiorari* submetidas ao Supremo Tribunal é hoje de aproximadamente 1,1%, tendo sido presentes ao Tribunal, em 2007/2008, 8241 petições: cfr. a *dissentig opinion* do *Chief Justice* John Roberts no caso *Caperton et al. v. A. T. Massey Coal Co., Inc., et al.*, 556 U.S. 868 (2009), julgado pelo Supremo Tribunal em 8 de junho de 2008. Sobre o tema, *vide* ainda David C. Thompson/Melanie F. Wachtell, «An Empirical Analysis of Supreme Court Certiorari Petition Procedures: The Call for Response and the Call for the Views of the Solicitor General», *Geo. Mason L. Rev.*, vol. 16, nº 2 (2009), pp. 237 ss.

O julgamento dos recursos é feito segundo o sistema de substituição. Para o efeito, são admitidos a pronunciarem-se sobre o recurso não apenas as partes no processo, mas também, como *amici curiae*, terceiros que nela tenham interesse.

O Supremo só se pronuncia sobre questões de Direito: se a matéria de facto tiver de ser ampliada, o processo é devolvido à instância de onde provém para novo julgamento dessa matéria.

A decisão é tomada por maioria de votos, sendo relativamente comum que os juízes se posicionem de acordo com uma de duas orientações ideológicas fundamentais (a conservadora e a liberal), embora nem sempre a posição assumida por cada juiz corresponda à do Presidente que o nomeou.

Na decisão, que é preparada por um relator designado pelo juiz mais graduado que vote com a maioria (o qual é o *Chief Justice*, se integrar esta última), são admitidas *dissenting* e *concurring opinions*[964].

Por seu turno, os Tribunais de Apelação dos Estados Unidos apreciam os recursos interpostos das decisões dos Tribunais de Distrito e dos tribunais federais de competência especializada. A anulação das decisões destes tribunais sobre matéria de facto apenas é, todavia, admitida se as mesmas forem «claramente erróneas»[965]; o que bem se compreende à luz da garantia constitucional de julgamento da matéria de facto por um júri[966], que a admissão de um duplo grau de jurisdição como o que existe em França inevitavelmente debilitaria. A designação destes tribunais como instâncias de apelação é assim, como nota Peter Hay, enganadora: uma vez que a sua competência se cinge às questões de Direito, eles assemelham-se mais aos tribunais de revista europeus[967].

Nos Estados há também, em regra, duas instâncias de recurso, com as designações atrás referidas. Nalguns Estados, porém, não existe um tribunal de apelação, sendo os recursos diretamente interpostos para o Supremo Tribunal local.

c) A *full faith and credit clause*

A Constituição federal consagra, no art. IV, secção 1ª, a denominada «*Full Faith and Credit Clause*», por força da qual os tribunais de cada Estado estão obriga-

---

[964] Tal como em Inglaterra, as *dissenting opinions* assumem nos Estados Unidos grande importância, sendo tidas como um elemento de flexibilização do *stare decisis* na medida em que antecipam por vezes a evolução do Direito de fonte jurisprudencial: cfr. Mattei/Ruskola/Gidi, *Schlesinger's Comparative Law*, cit., p. 559.

[965] Cfr. a decisão proferida pelo Supremo Tribunal em *Anderson v. City of Bessemer*, 470 U.S. 564 (1985), e a regra 52 (a) (6) das *Federal Rules of Civil Procedure*, segundo a qual: «Findings of fact, whether based on oral or other evidence, must not be set aside unless clearly erroneous».

[966] Ver *infra*, § 34º, d).

[967] Cfr. *US-Amerikanisches Recht*, pp. 46 s.

dos a reconhecer automaticamente as sentenças proferidas pelos tribunais dos outros Estados[968].

O que não significa, como se verá adiante, que as sentenças proferidas num Estado tenham o valor de precedente vinculativo nos demais Estados: da referida cláusula apenas resulta que aquilo que nelas se decidiu quanto à causa em que foram proferidas produz efeito de caso julgado e efeito executivo em toda a União.

Tão-pouco significa a *full faith and credit clause* que hajam de ser reconhecidas quaisquer sentenças proferidas por um tribunal estadual. Atenta a exigência de *due process of law* contida na XIV emenda à Constituição, as decisões emanadas de um tribunal incompetente para julgar a causa, por exemplo, não têm de ser reconhecidas pelos tribunais dos demais Estados[969]. A fim de que um tribunal seja competente é necessário que o caso possua com o Estado do foro uma «conexão mínima» (*minimum contacts*), como, por exemplo, a que resulta do exercício nele de uma atividade comercial pelo réu (*doing business*)[970].

d) O tribunal do júri

A Constituição dos Estados Unidos acolheu também a figura do tribunal do júri, que vimos ser originária do Direito inglês. Referem-se-lhe o art. III, secção 2ª, e as emendas VI e VII. Nos termos destas disposições, o júri é competente em matéria criminal e em matéria civil quando for aplicável o *Common Law*[971] e o valor da causa exceder 20 dólares.

Cabe ao júri (normalmente integrado por doze jurados, mas nalguns Estados apenas por seis) decidir as questões de facto, incluindo o montante das indemnizações eventualmente devidas às partes. As suas decisões (*verdicts*) não têm de ser fundamentadas, mas devem ser tomadas por unanimidade, sob pena de repetição do julgamento perante novo júri. O processo deliberativo do júri é em todo o caso secreto. Ficam reservados ao juiz, além da condução do julgamento e da supervisão do processo de seleção dos jurados, a formulação de instruções dirigidas a estes (*instructions to the jury*) e o julgamento das questões de Direito.

Em virtude da largueza com que foi admitido nos Estados Unidos, o julgamento pelo júri (*jury trial*) tem maior importância neste país do que em Inglaterra: nas ações de indemnização submetidas aos tribunais americanos, por

---

[968] Diz esse preceito: «Serão plenamente reconhecidos em qualquer estado os atos públicos, documentos e processos produzidos em qualquer outro estado, podendo o Congresso estabelecer regras gerais sobre o modo de eles e os seus efeitos servirem de meios de prova» (tradução de Jorge Miranda, ob. cit., p. 48).
[969] Cfr. *Pennoyer v. Neff*, 95 U.S. 714 (1877).
[970] Cfr. *International Shoe v. Washington*, 326 U.S. 310 (1945).
[971] O que exclui as matérias pertencentes à *Equity*, como a execução específica (*specific performance*) e as providências cautelares (*injunctions*). Daqui a importância atual da distinção nos Estados Unidos.

exemplo, é ainda relativamente comum a sua intervenção, ao passo que nos tribunais ingleses ela foi praticamente abolida. Eis por que não falta quem veja no júri a «marca distintiva» (*hallmark*) do Direito dos Estados Unidos: o elemento que o diferencia quer dos Direitos continentais, quer do Direito inglês[972].

Esta característica do Direito norte-americano mergulha as suas raízes na História do país: introduzido no Novo Mundo pelos ingleses, o júri viria a desempenhar um papel de relevo nos eventos que antecederam a Revolução Americana, pois em diversos casos os júris coloniais recusaram-se a condenar os insurretos pela violação das leis inglesas; o que levou a que passassem a ser encarados como baluartes da liberdade individual[973].

e) As *class actions*

I – Outro traço distintivo do sistema judiciário norte-americano é a consagração das denominadas *class actions*, as quais não obtiveram acolhimento, pelo menos com o mesmo alcance, na maior parte dos sistemas jurídicos romano-germânicos nem nos demais sistemas de *Common Law*[974].

Através delas, uma pessoa pode demandar, não só no seu próprio nome, mas também no de um número indeterminado de terceiros (a *classe*), que se arroguem a titularidade dos mesmos direitos ou de direitos emergentes dos mesmos factos (*v.g.*, o padecimento de um dano em virtude da utilização de um produto defeituoso ou de um acidente aéreo). A eficácia da sentença que for proferida sobre a ação estende-se a todos os membros da classe, com exceção daqueles que, tendo o direito de se autoexcluírem (*opting out*), o hajam exercido[975].

Esta figura tornou-se necessária em virtude da massificação da produção e do consumo que caracterizou a economia norte-americana a partir do termo da II Guerra Mundial. A reparação efetiva de danos nos casos em que são concomitantemente lesados dezenas, centenas ou mesmo milhares de consumidores não se compadece, as mais das vezes, com a propositura por cada um deles, individual ou conjuntamente, das necessárias ações judiciais, cujo custo seria provavelmente desproporcionado.

Mas as *class actions* exercem hoje uma outra função não menos importante: a limitação de situações de poder económico e social, decorrentes da formação de

---

[972] Cfr. George P. Fletcher/Steve Sheppard, *American Law in a Global Context. The Basics*, Nova Iorque, 2005, pp. 6 e 243.
[973] Veja-se, acerca deste tema, Richard D. Younger, «Grand Juries and the American Revolution», *The Virginia Magazine of History and Biography*, 1955, pp. 257 ss.
[974] Ver, sobre o ponto, Miguel Teixeira de Sousa, *A legitimidade popular na tutela dos direitos difusos*, Lisboa, 2003, pp. 111 ss.
[975] Observe-se a este propósito que, embora nas ações em apreço a classe seja normalmente constituída pelos autores, podem também integrá-la os réus.

grandes conglomerados empresariais, que o Estado, as agências administrativas independentes e os sindicatos se revelam incapazes de conter. O receio das *class actions* impõe, com efeito, a esses agentes económicos deveres de cuidado que noutros sistemas jurídicos decorrem da regulação pública. Assim se compreende que a figura haja sido estendida, por exemplo, à resolução de conflitos laborais[976].

As *class actions* ganharam também grande projeção como meio de reparação de danos ambientais[977]. Na última década, foram ainda utilizadas a fim de obter o ressarcimento de danos sofridos pelas vítimas do Holocausto[978].

A propositura de uma *class action* perante um tribunal federal depende, segundo a regra 23 (a) das *Federal Rules of Civil Procedure*, do preenchimento dos seguintes requisitos: 1º, que a classe seja tão numerosa que se mostre impraticável demandar conjuntamente todos os seus membros; 2º, que haja questões de Direito ou de facto comuns à classe; 3º, que as pretensões ou os fundamentos de defesa aduzidos pelos representantes da classe sejam típicas dos membros desta; 4º, que esses representantes protejam justa e adequadamente os interesses da classe.

A ação tem ainda de satisfazer, segundo a regra 23 (b) do mesmo texto, uma das seguintes condições: *a)* A prossecução de ações separadas contra os membros da classe criaria o risco de decisões incoerentes ou de impedir a satisfação dos interesses de alguns dos seus membros; *b)* O demandado agiu ou recusou-se a agir com fundamentos aplicáveis a toda a classe, sendo por isso apropriado impor-lhe uma providência que respeite a toda a classe; ou *c)* O tribunal entende que as questões de Direito ou de facto comuns a todos os membros da classe prevalecem sobre quaisquer questões que afetem apenas membros individuais dela e que a *class action* é superior a outros meios disponíveis para a resolução justa e eficaz do litígio.

---

[976] Foi o que sucedeu no caso *Dukes v. Wal-Mart Stores, Inc.*, em que a maior empresa norte-americana de comércio a retalho foi demandada por uma antiga trabalhadora, em nome de cerca de um milhão e meio de outras trabalhadoras e antigas trabalhadoras, com fundamento em discriminação sexual. Em 20 de junho de 2011, o Supremo Tribunal dos Estados Unidos decidiu todavia (por 5 votos contra 4) que o caso não preenchia os requisitos legais de admissibilidade das *class actions*: cfr. *Wal-Mart Stores, Inc. v. Dukes*, 564 U. S. (2011).

[977] Nomeadamente por força do caso *Anderson et al. v. Pacific Gas & Electric Company*, que opôs os habitantes de Hinkley, Califórnia, a uma empresa do mesmo Estado, à qual fora imputada a contaminação com crómio de lençóis de água existentes no subsolo daquela localidade, e que culminou no pagamento pela ré, em 1996, de uma indemnização de 333 milhões de dólares, a maior até então atribuída na sequência de uma *class action*. O caso foi celebrizado em 2000 pelo filme *Erin Brockovich*, de Steven Soderbergh.

[978] Referimo-nos nomeadamente às ações intentadas em 1996 e 1997, perante os tribunais de Nova Iorque, contra diversos bancos suíços, às quais foi posto termo em 1999 por um *class action settlement agreement* (disponível em http://www.swissbankclaims.com).

II – A *class action* norte-americana constitui, à luz do exposto, uma *ação coletiva* tendente à defesa dos interesses de certa classe. Não se confunde, por isso, com a denominada *ação popular*, que consiste na ação judicial intentada por qualquer cidadão com vista a obter a tutela jurisdicional de interesses públicos.

Entre nós, a ação popular acha-se, como se sabe, prevista no art. 52º, nº 3, da Constituição. Aí se confere a todos, pessoalmente ou através de associações de defesa dos interesses em causa, o direito de ação popular nos casos e termos previstos na lei, «incluindo o direito de requerer para o lesado ou lesados a correspondente indemnização, nomeadamente para: *a)* Promover a prevenção, a cessação ou a perseguição judicial das infrações contra a saúde pública, os direitos dos consumidores, a qualidade de vida, a preservação do ambiente e do património cultural; e *b)* Assegurar a defesa dos bens do Estado, das regiões autónomas e das autarquias locais». De acordo com o art. 14º da Lei nº 83/95, de 31 de agosto, que regula o direito de participação procedimental e de ação popular, «nos processos de ação popular, o autor representa por iniciativa própria, com dispensa de mandato ou autorização expressa, todos os demais titulares dos direitos ou interesses em causa que não tenham exercido o direito de autoexclusão previsto no artigo seguinte, com as consequências constantes da presente lei». As sentenças transitadas em julgado proferidas em ações ou recursos administrativos ou em ações cíveis – acrescenta o art. 19º, nº 1, da mesma Lei – salvo quando julgadas improcedentes por insuficiência de provas, ou quando o julgador deva decidir por forma diversa fundado em motivações próprias do caso concreto, têm eficácia geral, não abrangendo, contudo, os titulares dos direitos ou interesses que tiverem exercido o direito de se autoexcluírem da representação. A lei portuguesa não reflete, por conseguinte, a referida distinção, abrangendo na mesma categoria a ação popular e a *class action*[979]. Pelo que deve entender-se que a ação popular prevista na legislação nacional corresponde parcialmente à *class action* norte-americana.

III – Das *class actions* já se disse corresponderem à solução «individualista, de livre mercado, liberal, capitalista e privatizada» para o problema da tutela judicial dos interesses coletivos. A ela se contraporiam, como modelos alternativos de ações coletivas, as ações instauradas por órgãos públicos (*public actions*), que constituiriam a solução socialista para o mesmo problema, e as ações intentadas por organizações representativas de grupos sociais (*organization actions*), nas quais se projetaria a solução corporativista[980].

---

[979] O que, aliás, é censurado por Jorge Miranda, *Manual de Direito Constitucional*, tomo IV, 2ª ed., Coimbra, 1998, p. 67.
[980] Neste sentido, Per Henrik Lindblom, «Individual Litigation and Mass Justice: A Swedish Perspective and Proposal on Group Actions in Civil Procedure», *AJCL*, 1997, pp. 805 ss. (p. 829).

Seja como for, parece inequívoco que as *class actions* apresentam um certo número de vantagens: *a)* Aumentam a eficácia do processo civil, na medida em que evitam a multiplicação de ações emergentes de factos idênticos ou semelhantes; *b)* Tornam possível o ressarcimento de danos individualmente avaliados em pequenos montantes, que de outro modo provavelmente não seriam reclamados em juízo; *c)* Nos casos em que o património que responde pela indemnização dos danos em causa é exíguo, evitam que certos lesados, propondo a ação em primeiro lugar, consigam ser ressarcidos na íntegra sem que os demais recebam qualquer compensação; *d)* Quando forem competentes vários tribunais, evitam decisões incompatíveis.

Mas as *class actions* apresentam também alguns riscos não despiciendos. À uma, a possibilidade de os representantes da classe escolherem livremente o foro em que hão de propô-las fomenta uma modalidade do denominado *forum shopping*, consistente em os demandantes se dirigirem aos tribunais dos Estados cujos júris são tidos por habitualmente mais generosos na atribuição de indemnizações às vítimas de danos. Depois, há o risco de as *class actions* funcionarem em prejuízo dos próprios sujeitos que se pretende beneficiar através delas, o que pode ocorrer, *v.g.*, se lhes for posto termo através de transações pela quais os autores aceitem indemnizações muito baixas, por vezes tituladas através de «cupões» que conferem direito a serviços ou produtos fornecidos pelos próprios réus (*coupon settlements*). Não raro, semelhantes práticas são fomentadas pelos próprios advogados que representam os demandantes, para o que contribui a circunstância de os seus interesses económicos se acharem assegurados por via de um *contingent fee* previamente convencionado com os seus constituintes[981].

Nos Estados Unidos, tem-se procurado obviar a estes riscos, atribuindo a competência exclusiva para as *interstate class actions* aos tribunais federais e estabelecendo restrições à admissibilidade de tais transações. Esta a finalidade precípua do *Class Action Fairness Act of 2005*, assinado em 18 de fevereiro de 2005 pelo Presidente dos Estados Unidos[982].

f) O abuso das ações judiciais

Mas não são apenas as *class actions* que hoje geram graves distorções no funcionamento do sistema judiciário norte-americano: as próprias ações singulares atingiram ultimamente cifras impressionantes[983].

---

[981] Ver, sobre esta figura, *infra*, § 35º, alínea *b*).
[982] Sobre essa lei, vejam-se: Edward F. Sherman, «Class Actions After the Class Action Fairness Act 2005», *Tul. L.R.*, 2006, pp. 1593 ss.; Sarah S. Vance, «A Primer on the Class Action Fairness Act of 2005», *Tul. L.R.*, 2006, pp. 1617 ss.
[983] No período compreendido entre 1996 e 2005, foram intentadas nos tribunais estaduais norte-americanos 135 milhões de ações, ou seja, uma média de 52 mil ações por dia. Cerca de quinze

São, por outro lado, bem conhecidas as elevadas indemnizações compensatórias e «punitivas» atribuídas pelos tribunais americanos[984], as quais se revelam não raro desproporcionadas ao dano real sofrido pela vítima[985].

Ao facto não é alheia a escassez da regulação pública, que caracterizou o sistema jurídico norte-americano durante muito tempo e tornou necessário em múltiplos domínios – dos direitos fundamentais à defesa da concorrência, passando

---

por cento destas tinham por objeto pretensões de indemnização por ilícitos civis extracontratuais (*torts*): cfr. Lawrence J. McQuillan/Hovannes Abramyan, *U.S. Tort Liability Index. 2010 Report*, São Francisco, 2010.

[984] Seja, a título de exemplo, o caso *Texaco, Inc. v. Pennzoil, Co.*, julgado em 12 de fevereiro de 1987 pelo *Court of Appeals of Texas*, 729 S.W. 2nd, 768. Em 2 de janeiro de 1984, *Pennzoil Company* e os principais acionistas de *Getty Oil Company* subscreveram um documento, intitulado *Memorandum of Agreement*, pelo qual a primeira se comprometia a adquirir aos segundos, e estes a vender-lhe, por determinado preço, três sétimos das ações da dita *Getty Oil*. A eficácia do acordo ficava subordinada à sua aprovação pelo Conselho de Administração desta sociedade, a qual foi concedida em 3 de janeiro do mesmo ano. Subsequentemente, as partes entabularam negociações com vista à conclusão de um *definitive agreement*, que pormenorizava os termos da transação. Em 5 de janeiro de 1984, os ditos acionistas da *Getty Oil* entraram em negociações paralelas com *Texaco, Inc.*, que culminaram na celebração, em 6 de janeiro de 1984, de um acordo para a venda das ações da *Getty Oil* por um preço superior ao que havia sido previamente acordado com a *Pennzoil*. Esta demandou a *Texaco* perante os tribunais do Texas, reclamando o pagamento pela ré de uma indemnização por *tort of intentional interference with contractual relations* e *inducement of breach of contract*, bem como de *punitive damages* e juros. Na primeira instância, o *Memorandum of Agreement* de 3 de janeiro de 1984 foi qualificado pelo júri como um acordo vinculativo das partes e a ocorrência do *tort of interference* foi dada como provada. Em consequência, foi a *Texaco* condenada a pagar à autora uma indemnização de 7,53 mil milhões de dólares dos Estados Unidos, correspondente aos encargos que esta hipoteticamente não teria suportado com a aquisição de reservas de petróleo de que carecia, se o acordo firmado com os acionistas da *Getty* houvesse sido cumprido (portanto, à sua expectativa de ganho ou interesse contratual positivo). A esse valor acresceram *punitive damages* no montante de 3 mil milhões de dólares, aplicados com fundamento em a atuação da *Texaco* ter sido «intentional, willful, and in wanton disregard of the rights of Pennzoil», e juros, num total de 11,1 mil milhões de dólares. O valor patrimonial da *Texaco* era, à época, de 9,5 mil milhões de dólares. O montante da condenação excedia o Produto Nacional Bruto de mais de uma centena de países. A *Texaco* interpôs recurso para o *Texas Court of Appeals*. Este confirmou a decisão da primeira instância na parte relativa à indemnização, mas reduziu o montante dos *punitive damages* para mil milhões de dólares. O valor total da condenação excedeu, ainda assim, os dez mil milhões de dólares, o que levou a *Texaco* a apresentar-se à falência. Cfr. Ugo Draetta, «Legal effects of letters of intent: a case study», in *Formation of contracts and precontractual liability*, Paris, 1990, pp. 259 ss.

[985] Em decisão recente, o Supremo Tribunal dos Estados Unidos procurou estabelecer limites máximos ao *quantum* dos *punitive damages*; ainda assim, estes mantêm-se em níveis muito elevados: veja-se a sentença proferida em 25 de junho de 2008 no caso *Exxon Shipping Co. et al. v. Baker et al.*, 554 U.S. 471 (2008), em que foi reduzida de 2,5 mil milhões para 500 milhões de dólares a indemnização punitiva devida às vítimas da poluição causada pelo acidente ocorrido em 1989 no Alasca com o petroleiro *Exxon Valdez*, com fundamento num rácio de 1:1 entre a indemnização compensatória e a indemnização punitiva, que o tribunal considerou apropriado neste tipo de casos.

pela proteção do ambiente e do consumidor – o recurso aos tribunais a fim de se definirem padrões de conduta (*regulation by private litigation*)[986].

Em consequência deste fenómeno, os custos inerentes ao funcionamento do sistema judiciário são atualmente muito superiores nos Estados Unidos aos suportados por outros países industrializados, onerando consideravelmente os produtos e serviços oriundos daquele país e afetando negativamente a eficiência do respetivo sistema económico[987].

O abuso das ações judiciais (*lawsuit abuse*) tornou-se por isso nos últimos anos num grave problema social e económico nos Estados Unidos. Para ele contribuem diferentes fatores: desde o sistema remuneratório dos advogados (a que nos reportaremos adiante) e a «*American rule*» em matéria de custas de parte (segundo a qual, salvo em casos excecionais, cada uma das partes suporta os seus próprios encargos, nomeadamente os honorários dos respetivos advogados, qualquer que seja o desfecho da causa[988]), muito favoráveis à litigiosidade, até ao individualismo que caracteriza a mentalidade norte-americana e à *rights consciousness* que lhe está associada, passando pelas insuficiências do sistema de segurança social. Alguns destes fatores não são, como é bom de ver, de fácil erradicação. Não obstante isso, foram ultimamente promovidas medidas legislativas tendentes a minimizar o fenómeno em apreço[989].

Parece, em todo o caso, pouco provável uma redução a curto prazo do enorme peso que o sistema judiciário hoje tem na sociedade norte-americana[990].

---

[986] Neste sentido, Robert A. Kagan, *Adversarial Legalism. The American Way of Law*, reimpressão, Cambridge, Massachussets, 2003, pp. 3 ss.; e Ralf Michaels, «American Law (United States)», in Jan M. Smits (org.), *Elgar Encyclopedia of Comparative Law*, 2ª ed., Cheltenham, Reino Unido/Northampton, Estados Unidos, 2012, pp. 75 ss. (p. 76). Pode ver-se um exemplo elucidativo do contraste entre o *regulatory approach* europeu e o *private litigation approach* norte-americano nos diferentes regimes de responsabilidade civil das tabaqueiras vigentes na Europa e nos Estados Unidos. Ver, sobre o tema, o nosso "Entre autonomia e responsabilidade: da imputação de danos às tabaqueiras no Direito Comparado", *ROA*, 2013, pp. 213 ss.

[987] Os custos diretos do sistema norte-americano de responsabilidade civil (incluindo honorários de advogados, despesas com a gestão de pretensões indemnizatórias, seguros, etc.) ascenderam a 252 biliões de dólares em 2007, o que permite caracterizar o sistema norte-americano de responsabilidade civil como o mais dispendioso do mundo: cfr. Lawrence J. McQuillan/Hovannes Abramyan, *U.S. Tort Liability Index. 2010 Report*, cit., pp. 17 s.

[988] Compare-se essa regra com a que consta do art. 533º, nº 1, do Código de Processo Civil português, segundo o qual: «as custas da parte vencedora são suportadas pela parte vencida, na proporção do seu decaimento», aditando o nº 2, alínea *d*), desse preceito que se compreendem nas custas de parte, designadamente, «os honorários do mandatário e as despesas por este efetuadas».

[989] Veja-se o *Lawsuit Abuse Reduction Act*, pendente no Congresso, que visa alterar as *Federal Rules of Civil Procedure*, instituindo sanções para os advogados que patrocinem ações fúteis (disponível em http://judiciary.house.gov).

[990] Bem patente na atenção que lhe tem sido dedicada nos últimos anos pela comunicação social, pela literatura e pelo cinema. Merecem referência, a este propósito, os romances de Tom Wolfe,

g) *Plea bargaining*

Não menos característica do sistema judiciário norte-americano é a figura a que se chama *plea bargaining* ou *negotiated plea*, i.é, a negociação entre o arguido em processo penal e o representante da acusação de uma assunção de culpa pelo primeiro ou de uma declaração por ele emitida de que não contestará a acusação, geralmente feita a troco de certas concessões no que toca à pena em que incorrerá ou ao modo do seu cumprimento[991].

Explica-se esta figura, em parte, pelos elevadíssimos níveis de criminalidade que hoje se registam na sociedade norte-americana e pela dificuldade do sistema judiciário em lhes dar resposta adequada mediante o julgamento pelo júri de todos os crimes trazidos ao seu conhecimento.

Mas a admissão do *plea bargaining* é também fruto de certa conceção, de caráter vincadamente liberal, que prevaleceu nos Estados Unidos a respeito do processo penal e que se traduz designadamente na estrutura acentuadamente acusatória (*adversarial*) que o mesmo aí reveste, na ampla disponibilidade do objeto do processo pelas partes e no reconhecimento ao Ministério Público de um grau de discricionariedade sem paralelo na Europa continental[992].

Na origem da figura em apreço estão, pois, considerações de oportunidade; mas ela tem também uma *raiz ideológica*, que ressuma igualmente em outras figuras processuais. Porquanto, se bem se reparar, não são fundamentalmente diversas das que referimos as razões que explicam o favor com que hoje se admite nos Estados Unidos o recurso a meios extrajudiciais de resolução de litígios. Destes nos ocuparemos em seguida.

h) Meios extrajudiciais de resolução de litígios

I – Nos Estados Unidos, o recurso às vias judiciais a fim de resolver litígios entre privados é, apesar das proporções que contemporaneamente atingiu, muito oneroso. Por várias ordens de razões. Em primeiro lugar, devido aos elevados honorários dos advogados. Depois porque, como dissemos, a parte que decai na ação

---

The Bonfire of Vanities (de 1987), e de John Grisham, *The Firm* (de 1991), *The Pelican Brief* (de 1992) e *The Client* (de 1994), todos adaptados ao cinema, nos quais se retratam vários aspetos da vida judiciária norte-americana.

[991] Sobre o tema, *vide*, numa perspetiva de comparação de Direitos, Stephen C. Thaman, «Plea-Bargaining, Negotiating Confessions and Consensual Resolution of Criminal Cases», *EJCL*, vol. 11.3 (2007); e Pedro Soares de Albergaria, *Plea bargaining. Aproximação à justiça negociada nos E.U.A.*, Coimbra, 2007.

[992] Observe-se, no entanto, que em França foi admitida uma forma limitada de *plea bargaining* pela Lei nº 2004-204, de 9 de março de 2004, cujo art. 137 introduziu no Código de Processo Penal os novos arts. 495-7 e seguintes, relativos à denominada *comparution sur reconnaissance préalable de la culpabilité*. Sendo proposta ao abrigo desta legislação uma pena de prisão, a mesma não pode todavia ser de duração superior a um ano.

não é em princípio obrigada a reembolsar a outra das despesas por ela incorridas na condução da lide. Finalmente, por força do *caráter duelístico* do processo civil, a que aludimos acima, que requer das partes e dos seus mandatários um grande empenhamento na condução do mesmo. Estes alguns dos motivos – se bem que não os únicos – por que floresceu neste país a denominada *alternative dispute resolution*, ou «ADR», a que já nos referimos a propósito do Direito inglês.

Entre as diferentes formas que ela assume destaca-se a arbitragem, que é amplamente favorecida pela lei e pela jurisprudência norte-americanas e tem larga utilização sobretudo no domínio comercial. A matéria é disciplinada no *Federal Arbitration Act*, de 1925, várias vezes revisto, assim como em leis estaduais. Dos cinquenta Estados que integram a União, trinta e quatro adotaram as principais disposições da lei-modelo denominada *Uniform Arbitration Act*, de 1955 (revista em 2000)[993].

O traço porventura mais saliente desta figura no Direito federal norte-americano é a amplitude com que se reconhece a faculdade de recorrer à arbitragem como meio de resolução de litígios. Dispõe, com efeito, a secção 2ª do *Federal Arbitration Act* que é válida, irrevogável e exequível qualquer estipulação escrita que submeta a arbitragem um litígio atual ou eventual, emergente de uma transação marítima ou comercial, sem prejuízo dos fundamentos de anulação dos contratos resultantes do Direito e da *Equity*[994]. Invocando esta lei, o Supremo Tribunal dos Estados Unidos, decidiu em 1985 que as questões de arbitrabilidade devem ser resolvidas na base do *favor arbitrandum*[995]. Recai por isso sobre a parte que se opõe à arbitragem o ónus de provar que o litígio *sub judice* é insuscetível de ser submetido a árbitros[996]. Eis por que são hoje tidas como arbitráveis nos Estados Unidos

---

[993] Ver Howard Holtzmann/Donald Donovan, «United States», *in IHCA*, suplemento 44, Haia/Londres/Boston, 2005.

[994] «A written provision in any maritime transaction or a contract evidencing a transaction involving commerce to settle by arbitration a controversy thereafter arising out of such contract or transaction, or the refusal to perform the whole or any part thereof, or an agreement in writing to submit to arbitration an existing controversy arising out of such a contract, transaction, or refusal, shall be valid, irrevocable, and enforceable, save upon such grounds as exist at law or in equity for the revocation of any contract».

[995] Veja-se a sentença proferida em 1985 no caso *Mitsubishi v. Soler*, 473 U.S. 614, onde se pode ler: «questions of arbitrability must be addressed with a healthy regard for the federal policy favouring arbitration [...]. The Arbitration Act establishes that, as a matter of federal law, any doubts concerning the scope of arbitrable issues should be resolved in favour of arbitration, whether the problem at hand is the construction of the contract language itself or an allegation of waiver, delay, or defense to arbitrability».

[996] Neste sentido, veja-se a sentença do Supremo Tribunal proferida em 1987 no caso *Shearson/American Express Inc. v. McMahon, in* 482 U.S. 220, onde se declara: «The burden is on the party opposing arbitration, however, to show that Congress intended to preclude a waiver of judicial remedies for the statutory rights at issue».

certas matérias que na família jurídica romano-germânica são ou foram durante muito tempo subtraídas à arbitragem, como a concorrência *antitrust*, a propriedade intelectual, os valores mobiliários e as relações individuais de trabalho[997].

Outro aspeto significativo do regime da arbitragem nos Estados Unidos, que o distingue dos Direitos europeus continentais, é a omissão de qualquer exigência no tocante à independência ou imparcialidade dos árbitros nomeados pelas próprias partes em arbitragens com mais do que um árbitro, salvo se tiverem sido designados como *neutral arbitrators*. Diferentemente do que sucede em alguns países europeus (mormente a França), o Direito federal norte-americano é hostil à deslocalização da arbitragem, que se tem geralmente por sujeita à lei da sua sede (*seat of arbitration*). Seja como for, nos Estados Unidos a arbitragem não está submetida às regras processuais aplicáveis aos processos judiciais, embora por vezes se observem nela alguns dos trâmites processuais característicos destes. Tão-pouco é exigida na arbitragem interna a fundamentação da sentença arbitral. A decisão segundo a equidade, bem como a composição amigável, são contudo desconhecidas na prática arbitral. Por seu turno, a execução da sentença arbitral pressupõe a sua confirmação por um tribunal judicial, a qual lhe confere a mesma eficácia que possuem as sentenças judiciais. Em princípio, não há recurso da sentença arbitral, sendo no entanto possível a sua anulação (*vacation*).

Outra modalidade não menos relevante de *alternative dispute resolution* consiste na mediação ou conciliação, que é desde 2003 objeto do *Uniform Mediation Act* elaborado pela *National Conference of Commissioners on Uniform State Laws* e cuja adoção foi recomendada aos Estados por esta entidade[998]. Esse texto incorporou a *Lei-Modelo Sobre Conciliação Comercial Internacional* elaborada pela Comissão das Nações Unidas para o Direito do Comércio Internacional em 2002[999].

Supomos poder ver-se neste favorecimento da resolução extrajudicial de litígios outra manifestação da *conceção liberal e individualista do processo* que vingou nos Estados Unidos, por força da qual este é tido essencialmente como um instrumento de resolução de conflitos ao serviço de interesses individuais, em larga medida na disponibilidade destas.

---

[997] Para uma comparação dos Direitos francês e norte-americano sobre a matéria, *vide* Thomas E. Carbonneau/François Janson, «Cartesian Logic and Frontier Politics: French and American Concepts of Arbitrability», *Tul. J. Int. Comp. L.*, 1994, pp. 193 ss.

[998] Sobre esse texto, *vide* Richard Birke/Louise Ellen Teitz, «US Mediation in the Twenty-first Century: The Path that brought America to Uniform Laws and Mediation in the Cyberspace», *in* Nadja Alexander (org.), *Global Trends in Mediation*, Colónia, 2003, pp. 359 ss. (especialmente pp. 383 ss.).

[999] Cujo texto se encontra disponível em http://www.uncitral.org.

II – Além da arbitragem e da mediação, mencionem-se ainda, como meios de resolução extrajudicial de litígios, os procedimentos para este efeito levados a cabo pelas denominadas *agências administrativas independentes*[1000].

Trata-se de agências federais criadas sobretudo a partir dos anos 30, no quadro do denominado *New Deal* promovido pelo Presidente Franklin Roosevelt (embora a constituição da primeira delas, a *Interstate Commerce Commission*, remonte a 1887), às quais competem não raro importantes funções jurisdicionais[1001]. Essas agências ascendem hoje a várias dezenas, incluindo-se entre elas, por exemplo, a *Federal Trade Commission* (competente em matéria de concorrência), a *Federal Securities and Exchange Commisssion* (competente no domínio da bolsa e dos valores mobiliários), a *Federal Communications Commission* (competente na área das telecomunicações) e o *National Labour Relations Board* (competente em matéria de relações laborais)[1002]. A sua independência relativamente ao poder executivo é assegurada através da restrição dos fundamentos de exoneração dos titulares dos respectivos órgãos pelo Presidente dos Estados Unidos.

Em princípio, as decisões tomadas pelos órgãos destas agências estão sujeitas a recurso para os tribunais judiciais. A Constituição dos Estados Unidos não impõe, todavia, a consagração dessa possibilidade, que nem sempre existe. Revela-se aqui a inexistência, no Direito deste país, de uma *reserva de jurisdição* equivalente à que vigora nos sistemas romano-germânicos. O que não é, afinal, senão um corolário da circunstância de a Constituição americana não adotar um sistema de estrita separação de poderes, mas antes, como se viu acima, de *interdependência* e *controlo recíproco* dos poderes constituídos.

O exercício de poderes jurisdicionais pelas agências administrativas encontra-se, em todo o caso, sujeito à observância por estas da *due process clause* consagrada na V e na XIV emendas à Constituição norte-americana[1003].

[1000] Ver sobre esta matéria, em especial, Marshall J. Breger, «The Modern Independent Agency in the United States», *in* Dário Moura Vicente/Marshall J. Breger (orgs.), *Direito Comparado. Perspectivas Luso-Americanas*, vol. II, Coimbra, 2010, pp. 63 ss.

[1001] Cujo exercício é regulado, em termos gerais, no *Federal Administrative Procedure Act*, adotado em 1946.

[1002] Pode consultar-se o elenco completo das agências em questão em http://www.whitehouse.gov/government/independent-agencies.html.

[1003] Recordem-se os respectivos textos: «Ninguém será (...) privado da vida, da liberdade ou da propriedade sem observância dos trâmites legais»; e «Nenhum Estado (...) privará qualquer pessoa da vida, liberdade ou propriedade sem observância dos trâmites legais».

§ 35º Ensino do Direito e profissões jurídicas

a) O ensino do Direito

A formação dos juristas é ministrada nas *Law Schools* das Universidades norte-americanas, em cursos com a duração média de três anos. A frequência de um destes cursos é obrigatoriamente precedida de um curso pré-graduado com a duração média de quatro anos, lecionado num *College* ou Universidade, em qualquer área do conhecimento. No termo do curso de Direito, é conferido o título de *Juris Doctor* (J.D.). Este não se confunde com o doutoramento em Direito (*Ph. D. in Law*), aliás bastante raro nos Estados Unidos, pois não constitui neste país condição de acesso ao professorado: os docentes das Escolas de Direito norte-americanas são predominantemente recrutados de entre profissionais do foro.

Significa isto que nos Estados Unidos os juristas recebem obrigatoriamente uma formação universitária com a duração mínima de sete anos, tendo o curso de Direito, ao contrário do que sucede na Europa, carácter pós-graduado.

Compreende-se assim que esse curso tenha um acentuado *pendor profissionalizante* (como, aliás, o inculca a própria designação das instituições que o ministram): pressupõe-se que o estudante de Direito recebeu uma formação cultural geral de nível universitário antes de ser admitido na *Law School* e tem-se em vista habilitá-lo a exercer a advocacia após a conclusão do curso.

Predomina no ensino universitário do Direito o chamado *método do caso (case method)*, originário de Harvard, onde foi introduzido no final do século XIX por Christopher Langdell (1826-1906). De acordo com esse método, a exposição das matérias é feita pelos professores a partir de decisões dos tribunais superiores que consagram os princípios fundamentais em que se baseia o Direito vigente. Em lugar de proferirem lições *ex cathedra*, os professores colocam questões aos estudantes e debatem com estes as sentenças, que têm de ser lidas antes das aulas. É posta grande ênfase na investigação pessoal e na consulta direta dos textos (em particular as decisões judiciais) pelos estudantes, aliás muito facilitada pela ausência de massificação do ensino jurídico e pela alta qualidade dos equipamentos disponíveis nas Escolas de Direito. Outro elemento chave da formação por estas ministrada são os processos simulados (*moot courts*), através dos quais os estudantes são desde cedo familiarizados com as técnicas próprias das profissões forenses.

Existem hoje nos Estados Unidos perto de cento e setenta *Law Schools* acreditadas pela *American Bar Association*, frequentadas por cerca de 130.000 estudantes[1004]. O ensino nelas ministrado não se baseia, regra geral, no Direito de

---

[1004] As dez primeiras do *ranking* nacional eram em 2010: Yale, Harvard, Stanford, Columbia, Chicago, Nova Iorque, Berkeley, Pensilvânia, Michigan (Ann Arbor) e Virgínia. Cfr. http://www.top-law-schools.com/rankings.html.

qualquer Estado em particular, até porque frequentemente os diplomados por uma universidade de certo Estado se estabelecem depois da formatura noutro ou noutros Estados, a fim de aí exercerem a sua atividade profissional. Esse ensino tem antes por objeto, além do Direito federal, os princípios comuns às leis e aos precedentes dos diferentes Estados – o *common core* dos Direitos estaduais e a comparação entre estes.

b) As profissões jurídicas

I – Não existe nos Estados Unidos a distinção entre *solicitors* e *barristers* que domina o exercício da advocacia em Inglaterra. Ao invés, é conferido naquele país um título profissional único aos advogados, com a designação de *attorney at law*. A unidade da advocacia é uma das razões da extraordinária força de que a profissão dispõe neste país.

Há hoje cerca de um milhão de advogados com este título (o que corresponde aproximadamente a um advogado por cada 300 habitantes), a maioria dos quais associados em sociedades de advogados (*law firms*), que têm não raro milhares de membros. Aquele elevado número de advogados resulta principalmente de dois fatores. Por um lado, a enorme procura de serviços jurídicos neste país e a importância que os mesmos têm no funcionamento da economia americana. Por outro, a circunstância de, em virtude da amplíssima consagração do princípio dispositivo no Direito Processual Civil norte-americano, os advogados terem neste país um papel muito mais ativo do que aquele que desempenham em outros países com um grau de desenvolvimento económico equivalente, como por exemplo a Alemanha, cujas legislações se mostram mais fortemente impregnadas do princípio inquisitório[1005].

O acesso à profissão e o exercício dela são autonomamente regulamentados pelos Estados. As regras deontológicas aplicáveis resultam todavia da transposição de *disposições-modelo* emanadas da *American Bar Association*[1006]. Também neste domínio prevaleceu, por conseguinte, um sistema de *autorregulação*. O acesso à advocacia depende, em todo o caso, da aprovação num exame escrito (*bar examination*). Cada advogado apenas pode exercer no Estado ou nos Estados em que for admitido na sequência desse exame. Não há, *hoc sensu*, um «advogado americano». Esta situação é, no entanto, fortemente mitigada pela circunstância de muitas sociedades de advogados possuírem sucursais em diversos Estados. O exercício da profissão perante os tribunais federais é regulado por estes, sendo geralmente admitidos a ele os advogados autorizados a praticar atos próprios da profissão perante os supremos tribunais de qualquer Estado.

[1005] Cfr., sobre o ponto, Ulrike Böhm, *Amerikanisches Zivilprozessrecht*, Colónia, 2005, p. 26.
[1006] Referimo-nos às *Model Rules of Professional Conduct* (disponíveis em http://www.americanbar.org), aprovadas em 1983 e entretanto adotadas por 49 Estados.

É consentida a fixação por acordo entre o advogado e o seu constituinte de uma *quota litis* («*contingent fee*»), pela qual o direito do primeiro a honorários fica exclusivamente dependente do resultado obtido no processo que lhe foi confiado («*no win, no fee*»). O constituinte obriga-se, caso tenha êxito nas suas pretensões, a entregar ao advogado uma parte (geralmente até 30%) das quantias ou bens que receber. Em qualquer caso, é devido o reembolso das despesas efetuadas pelo advogado por conta do seu constituinte. O sistema constitui, como é bom de ver, um importante incentivo à contratação dos serviços de advogados e à litigiosidade em geral. No mesmo sentido concorre a generalizada admissão de publicidade relativa a esses serviços. Não raro, porém, os advogados norte-americanos patrocinam gratuitamente (*pro bono*) constituintes sem recursos económicos, em causas de interesse geral, como forma de granjearem o prestígio inerente à participação em processos que culminam em precedentes importantes.

Em consequência da amplitude com que no Direito Processual norte-americano se consagra o princípio dispositivo, a forma de exercício da advocacia neste país difere também substancialmente da que é observada nos países europeus, em particular pela importância que assumem nos Estados Unidos a apresentação das provas ao juiz e ao júri, assim como o interrogatório e o contrainterrogatório das testemunhas.

De salientar ainda o relevante papel desempenhado pelos advogados norte-americanos na difusão internacional dos tipos contratuais oriundos deste país[1007].

II – Não há nos Estados Unidos uma carreira de magistrado judicial, o que reflete o alto grau de mobilidade entre profissões jurídicas (inclusive as não forenses) que caracteriza este país.

Assim, os juízes federais são nomeados pelo Presidente dos Estados Unidos, embora se encontrem sujeitos a confirmação pelo Senado. As nomeações, sobretudo para o Supremo Tribunal, têm grande repercussão social, pois através delas o Presidente pode influenciar duradouramente o desenvolvimento do Direito[1008]. Embora a Constituição não estabeleça qualquer exigência quanto às qualifica-

---

[1007] Ver *infra*, § 81º, alínea *b*).

[1008] Em 2013, era a seguinte a composição do Supremo Tribunal dos Estados Unidos (indicam-se os juízes por ordem de antiguidade e, entre parênteses, os Presidentes que os nomearam e o ano de nomeação): *Chief Justice*, John Roberts (George W. Bush, 2005); *Associate Justices*, Antonin Scalia (Ronald Reagan, 1986), Anthony Kennedy (Ronald Reagan, 1998), Clarence Thomas (George H. Bush, 1991), Ruth Ginsburg (Bill Clinton, 1993), Stephen Breyer (Bill Clinton, 1994), Samuel Alito (George W. Bush, 2006), Sonia M. Sotomayor (Barack Obama, 2009) e Elena Kagan (Barack Obama, 2010). Sobre a evolução recente do Tribunal, vejam-se Jeffrey Toobin, *The Nine. Inside the Secret World of the Supreme Court*, Nova Iorque, 2007; e John Paul Stevens, *Five Chiefs. A Supreme Court Memoir*, Nova Iorque/Boston/London, 2011.

ções profissionais e académicas dos juízes do Supremo Tribunal, as nomeações recaem frequentemente sobre juristas com experiência anterior como magistrados em tribunais federais ou estaduais. Por seu turno, os juízes estaduais são maioritariamente eleitos (pelo voto popular ou pela assembleia legislativa local) ou, em alternativa, nomeados pelos Governadores, sob proposta de uma comissão independente; nalguns casos, são nomeados por um ano pelo Governador e depois confirmados por eleição. Não há exigências especiais quanto à qualificação ou experiência profissional anterior dos juízes.

A ambos os níveis o número total de juízes é relativamente baixo: em 2009, encontravam-se em funções 1227 juízes federais[1009] e cerca de 12.000 juízes estaduais. Em contrapartida, o prestígio da magistratura judicial é muito elevado nos Estados Unidos, o que tem atraído a ela alguns dos melhores juristas deste país: grandes nomes do Direito norte-americano, como John Marshall (1755-1835), Joseph Story (1779-1845), Oliver Wendell Holmes (1841-1935) e Benjamin Cardozo (1870-1938), foram juízes do Supremo Tribunal.

A isso não obsta, cumpre notá-lo, a circunstância de a repartição de tarefas entre juízes, jurados e advogados ser nos Estados Unidos, pelas razões já expostas, muito diversa da que tende a prevalecer nos sistemas jurídicos da Europa continental, desempenhando os juízes norte-americanos, na instrução e no julgamento das causas submetidas aos tribunais de instância, um papel geralmente tido por mais passivo do que aquele que é exercido pelos seus congéneres europeus e dispondo de menores poderes de decisão quanto à matéria de facto. É que no tocante às questões de Direito os tribunais americanos dispõem de competências consideravelmente mais vastas e exercem-nas com um grau de discricionariedade muito mais acentuado do que os tribunais dos sistemas jurídicos romano-germânicos: tenha-se presente, por exemplo, a amplitude com que nos Estados Unidos se consente a fiscalização judicial da constitucionalidade das leis[1010] e as limitações que a ela são impostas em França e na Alemanha[1011].

III – Nos Estados Unidos, as funções entre nós atribuídas aos magistrados do Ministério Público (ou parte delas) competem, ao nível federal, a *United States attorneys*, atualmente em número de 94, nomeados pelo Presidente dos Estados Unidos, embora sujeitos a confirmação pelo Senado; e ao nível estadual, aos *district attorneys*, ou *state attorneys*, os quais são na sua maior parte eleitos por sufrágio universal, por períodos de quatro anos.

[1009] Repartidos do seguinte modo: Supremo Tribunal: 9; Tribunais Federais de Apelação, 179; Tribunais de Falências, 352; Tribunal do Comércio Internacional, 9; e Tribunais Federais de Distrito, 678.
[1010] Matéria de que nos ocuparemos em seguida: cfr. *infra*, nº 5, alínea *d*).
[1011] Cfr. *supra*, § 17º, alínea *d*).

Estes *attorneys*, também ditos *prosecutors*, são elementos essenciais no funcionamento do sistema judiciário norte-americano, pois cabe-lhes o exercício da ação penal e a representação da União ou dos Estados, consoante os casos, nas ações cíveis contra estes ou por estes intentadas. O *attorney-general* de cada Estado exerce além disso um papel de relevo na definição, a este nível, da política criminal. Não raro, os candidatos a governadores estaduais são antigos titulares desse cargo.

IV – Não existem nos Estados Unidos notários equiparáveis aos da Europa continental. O *notary public* é neste país um funcionário que realiza certas tarefas entre nós também confiadas aos notários, como a autenticação de documentos. Mas o exercício da sua atividade não requer qualquer formação jurídica. Não lhe é possível, por isso, fiscalizar a legalidade de atos jurídicos perante si celebrados. A esta circunstância encontra-se associada a inexistência no Direito dos Estados Unidos de certas exigências formais feitas por outros sistemas jurídicos quanto a determinados negócios jurídicos: não existe, por exemplo, qualquer disposição legal que imponha que um testamento seja feito por notário ou por este conservado.

§ 36º Fontes de Direito

a) Elenco

É uso distinguir nos Estados Unidos duas ordens de fontes de Direito: as *primárias*, que incluem a lei (*statutory law*), os tratados (*treaties*) e a jurisprudência (*case law*), sendo que tanto a primeira como a última podem ser originárias de órgãos federais e estaduais; e as *secundárias*, entre as quais sobressaem a doutrina e os chamados *restatements of the law*.

b) Hierarquia

Três princípios dominam a hierarquia das fontes de Direito nos Estados Unidos.

Primeiro: a lei prevalece sobre a jurisprudência, exceto na medida em que uma decisão judicial pode recusar a aplicação de uma lei por esta ser inconstitucional. Tradicionalmente, os precedentes que formam o *Common Law* eram tidos como a fonte essencial de Direito nos Estados Unidos: a lei apenas os complementava. Nos últimos anos, porém, o centro de gravidade do sistema deslocou-se em muitas matérias para a lei, que é agora o principal fator de renovação do Direito vigente. Presentemente, o *Common Law* apenas mantém a sua preponderância em certas áreas do Direito Civil: contratos, *promissory estoppel*, responsabilidade delitual e *restitution*[1012].

[1012] Neste sentido, Arthur Taylor Von Mehren/Peter L. Murray, *Law in the United States*, 2ª ed., Nova Iorque, 2007, p. 47.

Segundo: o Direito federal prima sobre o Direito estadual (*supremacy clause*), posto que até recentemente fosse o Direito estadual aquele que maior relevância assumia na vida quotidiana dos cidadãos norte-americanos (nos últimos anos a situação alterou-se um tanto, como se verá adiante).

Terceiro: os tratados celebrados pelos Estados Unidos têm o mesmo nível hierárquico que as leis federais, apenas estando subordinados à Constituição. Em caso de conflito entre uma lei federal e um tratado, prevalece, pois, o instrumento normativo mais recente (razão pela qual, sendo este último uma lei, podem os Estados Unidos ver-se colocados em situação de incumprimento das suas obrigações internacionais).

c) Os conflitos de leis

Como se deixou dito acima, nos Estados Unidos da América o Direito varia de Estado para Estado. Surgem, em consequência disso, *conflitos de leis no espaço*: às situações conexas com dois ou mais Estados (*hoc sensu*, «situações plurilocalizadas») são potencialmente aplicáveis as leis de qualquer deles, havendo por isso que definir qual a que prevalece em cada caso. É esta a função precípua das regras de conflitos de leis (*conflict of laws rules*).

Não há, porém, nos Estados Unidos um sistema unificado, de âmbito nacional, de regras desse tipo. Pelo contrário: cada Estado tem o seu próprio sistema de regras de conflitos, que os tribunais locais aplicam nas causas que lhes são submetidas para julgamento.

Suscita-se a este respeito um problema particular: que Direito devem os tribunais federais aplicar às questões emergentes de situações plurilocalizadas quando forem competentes para o efeito?

A jurisprudência sobre esta matéria evoluiu ao longo do tempo. De acordo com a decisão proferida pelo Supremo Tribunal em 1842, no caso *Swift v. Tyson*[1013], caberia aos tribunais federais aplicar nessas hipóteses *federal general common law*. Em 1938, porém, na decisão relativa ao caso *Erie Railroad Corporation v. Tompkins*[1014], o mesmo Tribunal reviu a sua orientação anterior sobre a matéria. A questão colocara-se a respeito de uma ação de responsabilidade civil intentada contra uma companhia de transportes ferroviários. O autor, Tompkins, circulava a pé, no Estado da Pensilvânia, por um caminho construído ao longo de uma via férrea. Passou nesta um comboio de mercadorias e Tompkins foi atingido pela porta de um dos vagões, que ia aberta, ficando ferido. Demandou por isso a proprietária do comboio, Erie Railroad, com sede em Nova Iorque, perante um tribunal fede-

---

[1013] 41 U.S. 1.
[1014] 304 U.S. 64. Para uma análise desta decisão, *vide* Eugene F. Scoles/Peter Hay/Patrick J. Borchers/Symeon C. Symeonides, *Conflict of Laws*, 4ª ed., St. Paul, Minnesota, 2004, pp. 208 ss.

ral sito neste Estado. A ré contestou, alegando que, segundo o Direito da Pensilvânia, que entendia aplicável ao caso, Tompkins era um *trespasser*, pelo que não tinha direito a qualquer indemnização. O autor contrapôs que a jurisprudência da Pensilvânia não seria aplicável na espécie, mas antes, de acordo com a decisão proferida em *Swift v. Tyson*, o *Common Law* federal. O Supremo considerou, no entanto, que, tirando as matérias regidas pela Constituição e pelas leis federais, as questões plurilocalizadas devem ser regidas pelo Direito de um Estado (legislado ou de fonte jurisprudencial). As jurisdições federais não podem, pois, criar um Direito próprio para as situações de *diversity of jurisdictions*.

Bem se compreende esta jurisprudência. A orientação preconizada em *Swift v. Tyson* prejudicava a igualdade de tratamento dos casos submetidos aos tribunais federais e dos que eram presentes aos tribunais estaduais, favorecendo o denominado *forum shopping*: bastava a uma das partes mudar o seu domicílio para que mudasse também o Direito aplicável. Ora, como vimos, não fora esse o objetivo da instituição dos tribunais federais. Não se tinha em vista criar através deles uma justiça de *teor diverso* para os casos relativos a cidadãos domiciliados em Estados diferentes, mas antes assegurar-lhes a *igualdade de tratamento* quando submetidos à jurisdição de um tribunal que não o do Estado a que pertenciam.

Eis, em suma, por que os tribunais federais aplicam hoje às situações conexas com dois ou mais Estados o Direito designado pelas regras de conflitos vigentes no Estado em que se encontram sedeados[1015]. O *Common Law* que lhes cabe aplicar é, pois, o dos próprios Estados. Não há, como disse o Supremo no caso *Erie Railroad*, um *Common Law* federal que regule especificamente as situações plurilocalizadas.

O exposto não prejudica, como é bom de ver, a formação ao nível federal de regras de fonte jurisprudencial nas matérias da competência própria dos órgãos federais relativamente às quais não exista ainda Direito legislado. Tão-pouco se opõe a referida conclusão a que os tribunais de cada Estado tomem em consideração, no julgamento das causas da respetiva competência, os precedentes oriundos de tribunais de outros Estados, contribuindo assim para a formação de um *fundo comum* de soluções nos Direitos estaduais. Neste se baseia largamente, aliás, o ensino do Direito ministrado nas Universidades americanas. Observe-se, por último, que em matéria processual os tribunais federais aplicam Direito federal[1016].

[1015] Neste sentido se pronunciou o Supremo Tribunal na sentença proferida em 1941 no caso *Klaxon Co. v. Stentor Electric Manufactoring Co., Inc.*, 313 U.S. 487 (reproduzido em Symeon C. Symeonides/ Wendy Collins Perdue/Arthur T. von Mehren, *Conflict of Laws: American, Comparative, International*, St. Paul, Minn., 1998, pp. 524 ss.).

[1016] Tal o caso das *Federal Rules of Civil Procedure*, bem como das *Federal Rules of Appellate Procedure* e das *Rules of the Supreme Court of the United States*, a que já fizemos alusão (disponíveis em http://law.cornell.edu).

d) A Constituição e a *judicial review*

A Constituição dos Estados Unidos é, como referimos, o elemento nuclear do Direito deste país e um dos seus principais fatores de unidade jurídica.

Todavia, não se confere nela ao Supremo Tribunal, de modo expresso, o poder de fiscalizar a constitucionalidade das leis e de recusar a aplicação destas com fundamento em serem contrárias às disposições constitucionais (*judicial review*).

Esse poder apenas viria a ser afirmado, pela pena do *Chief Justice* John Marshall, no caso *Marbury v. Madison*[1017], julgado pelo Supremo Tribunal em 1803, que consumou o sistema de «freios e contrapesos» em que, como vimos, assenta a Constituição norte-americana. Curava-se, na espécie, da constitucionalidade da regra constante do *Judiciary Act* de 1789, que conferia ao Supremo Tribunal poderes para, através do denominado *writ of mandamus*, dar certas ordens à administração pública. Esta lei federal fora invocada pelo autor, William Marbury, em abono do pedido, por si formulado, de que o Supremo Tribunal ordenasse ao réu (o recém-empossado Secretário de Estado John Madison) que lhe comunicasse oficialmente a respetiva nomeação para as funções de juiz federal, realizada pelo anterior Presidente dos Estados Unidos, John Adams, mas que carecia ainda dessa formalidade. O Tribunal rejeitou o pedido, por entender que a referida regra feria a Constituição, na medida em que esta o concebia tão-somente como um tribunal de revista, e não de primeira instância, como sucederia se houvesse de emitir *writs* dirigidos aos órgãos da administração pública.

Mais tarde, no caso *Fletcher v. Peck*[1018], julgado em 1810, a *judicial review* foi estendida à legislação estadual. Atualmente, abrange não apenas as leis, mas também os precedentes judiciais que consagram regras de *Common Law*.

A fiscalização judicial da constitucionalidade, que constitui hoje parte integrante da conceção norte-americana do Estado de Direito (*rule of law*), cabe a todos os tribunais na decisão das questões que lhes sejam submetidas: é assim *difusa* e *concreta* (embora a última palavra na matéria caiba ao Supremo Tribunal quando esteja em causa a Constituição federal).

Trata-se de um elemento estrutural da cultura jurídica norte-americana, que dá resposta à *rights consciousness* e ao individualismo que caracterizam a mentalidade do povo americano, bem como à sua desconfiança relativamente a todas as formas de concentração do poder[1019].

Pode, no entanto, perguntar-se qual a razão por que a *judicial review* logrou afirmar-se tão categoricamente nos Estados Unidos, ao passo que em Inglaterra continua ainda hoje a ser tida como proscrita pelo referido princípio da supremacia do Parlamento.

[1017] 5 U.S. 137.
[1018] 10 U.S. 87.
[1019] Cfr. Lawrence Friedman, *Law in America*, cit., p. 13.

A fim de explicar esse fenómeno, importa referir duas ordens de fatores.

Por um lado, a consagração da *judicial review* corresponde a uma condição «existencial» do sistema federal: este dificilmente teria singrado nos Estados Unidos se os tribunais não dispussem do poder de declarar inválidas as leis dos Estados desconformes com a Constituição federal.

Por outro lado, enquanto que em Inglaterra a supremacia do Parlamento motivou a recusa aos juízes de qualquer poder de controlarem a validade das leis dele emanadas, nas antigas colónias inglesas da América do Norte foi justamente essa supremacia que levou o *Privy Council* inglês a sustentar reiteradamente que as leis locais não podiam contrariar as do reino. Os juízes coloniais ingleses viram-se deste modo investidos no poder de recusarem a aplicação das leis que se mostrassem desconformes com o Direito inglês. Quando as colónias proclamaram a independência, em 1776, estavam assim criadas as condições para que fosse aceite o princípio de que os tribunais deviam declarar nulas as leis ordinárias incompatíveis com a Constituição[1020].

O sistema norte-americano de controlo da constitucionalidade distingue-se ainda do de vários países do Continente europeu, entre os quais o francês e o alemão, que examinámos acima[1021]. Entre outras razões, pelo caráter fortemente descentralizado do primeiro e pela inexistência nele de uma jurisdição especializada incumbida de proceder a esse controlo. O que se prende com diversas outras características dos sistemas jurídico e judiciário norte-americano, a que fizemos alusão anteriormente. Entre estas sobressaem: *a)* Em primeiro lugar, a ausência de um entendimento rígido da separação de poderes (como aquele que prevaleceu em França após a revolução de 1789 e obteve consagração no art. 5 do Código de Napoleão), o qual cede o lugar, nos Estados Unidos, a uma ideia de controlo recíproco dos diversos poderes constituídos; *b)* Em segundo lugar, a força vinculativa dos precedentes judiciais, que assegura a uniformidade da jurisprudência em matéria constitucional; *c)* Em terceiro lugar, o alto grau de discricionariedade de que goza o Supremo Tribunal na seleção dos recursos que efetivamente julga, o qual lhe permite concentrar-se nas causas de maior relevo jurídico e político[1022].

e) A lei ordinária e o processo legislativo

I – Ao longo do século XX, com o aumento da intervenção pública na vida económica e social, reclamada pelo advento do *welfare state* e do movimento dos *civil rights*, foi crescendo a importância das leis ordinárias (*statutes*) como fontes de Direito nos Estados Unidos.

[1020] Neste sentido, Mauro Cappelletti, *The Judicial Process in Comparative Perspetive*, Oxford, 1989, pp. 126 ss.
[1021] Cfr. *supra*, § 17º, alínea *d*).
[1022] Ver, sobre o ponto, Cappelletti, ob. cit., pp. 136 ss.

Diversas leis federais tiveram, com efeito, um profundo impacto na modelação das relações sociais nos Estados Unidos. Estão neste caso o *Social Security Act* de 1935, que instituiu o sistema de segurança social, até então inexistente, e o *Civil Rights Act* de 1964, que proscreveu todas as formas de discriminação em função da raça, do credo religioso e do sexo, bem como a segregação racial em lugares públicos, pondo termo ao sistema de *apartheid* até então abertamente praticado em muitos Estados do Sul.

II – Coloca-se a este respeito a questão de saber como se opera a repartição da competência legislativa entre os Estados e a União. O princípio geral sobre a matéria consta da X emenda à Constituição, de acordo com a qual:

«Pertencem aos Estados respetivamente ou ao povo os poderes que não forem delegados pela Constituição à União ou cujo exercício não lhes for proibido.»[1023]

Assim, a competência dos Estados é a regra; a da União é a exceção.

A competência legislativa do Congresso está fixada na secção 8ª do art. I da Constituição e compreende, entre outras matérias, o estabelecimento de impostos e direitos aduaneiros, a regulamentação do comércio com nações estrangeiras e entre os vários Estados (*commerce clause*), o regime de naturalização e das falências, o direito de autor e a propriedade industrial, a organização dos tribunais subordinados ao Supremo Tribunal, etc.

Estas competências não são, todavia, exclusivas. Os Estados também podem legislar sobre as matérias referidas quando o Congresso não o haja feito. Os Estados dispõem, assim, de *competência subsidiária* nas matérias primariamente cometidas ao Congresso federal.

A competência legislativa deste tem, em todo o caso, sido interpretada de forma ampla pelo Supremo Tribunal. Assim, para este Tribunal, a *commerce clause* abrange também atividades económicas levadas a cabo no âmbito de um só Estado, que tenham uma relação «próxima e substancial» com o comércio interestadual, de tal forma que «o seu controlo seja essencial ou apropriado em ordem a proteger esse comércio de encargos ou obstruções»[1024].

[1023] Tradução de Jorge Miranda, *op. cit.*, p. 53.
[1024] Ver a decisão proferida no caso *National Labor Relations Board v. Jones & Laughlin Steel Corporation*, 301 U.S. 1 (1937), em que o Tribunal declarou: «Although activities may be intrastate in character when separately considered, if they have such a close and substantial relation to interstate commerce that their control is essential or appropriate to protect that commerce from burdens and obstructions, Congress cannot be denied the power to exercise that control». Com este fundamento, o Supremo Tribunal julgou conforme com a *commerce clause* o *National Labor Relations Act* promulgado em 1935 pelo Presidente Roosevelt.

Não falta por isso quem entenda que, desde o *New Deal*, o poder do Congresso de regular o comércio interestadual se tornou no poder de regular quase tudo[1025]. A jurisprudência mais recente do Supremo Tribunal revela, no entanto, uma séria preocupação em estabelecer limites ao poder legislativo do Congresso nesta matéria[1026].

Além disso, o § 18 da secção 8ª do art. I da Constituição confere ao Congresso o poder de:

> «Fazer todas as leis que forem necessárias e convenientes ao exercício dos poderes acima enunciados e ao exercício de todos os poderes atribuídos pela presente Constituição ao Governo dos Estados Unidos ou a qualquer departamento ou funcionário dele dependente.»[1027]

Ao abrigo desta cláusula, o Congresso tem legislado em matérias que não figuram entre as que lhe foram expressamente atribuídas pela Constituição, como, por exemplo, o Direito Penal.

Por seu turno, o Presidente também exerce poderes legislativos, *v.g.* aprovando normas regulamentares propostas pelas agências federais e «ordens executivas» (*executive orders*); e tem poder de veto sobre a legislação federal. Também os dois primeiros destes poderes têm sido exercidos pelos presidentes norte-americanos com crescente frequência[1028].

Eis por que se diz que uma das tendências mais marcantes da produção normativa norte-americana no século XX foi uma «deslocação para o centro», i.é, para Washington[1029].

[1025] *Sic*, Lawrence Friedman, ob. cit., p. 172.

[1026] Veja-se, por exemplo, a decisão proferida no caso *United States v. Alfonso Lopez, Jr.*, 514 U.S. 549 (1995), em que o Tribunal precisou do seguinte modo as questões abrangidas pelo *commerce power* do Congresso: *a)* A utilização dos canais de comércio interestadual; *b)* Os instrumentos do comércio interestadual; e *c)* As atividades que «afetem substancialmente» o comércio interestadual. Ao abrigo deste entendimento, o Supremo considerou inconstitucional, por exceder a competência do Congresso, a legislação federal promulgada em 1990 pelo Presidente George H. Bush sobre o porte de armas em escolas (*Gun-Free School Zones Act*). Mais recentemente, o mesmo Tribunal, no caso *United States v. Morrison*, 529 U.S. 598 (2000), julgou parcialmente inconstitucional, com o mesmo fundamento, o *Violence Against Women Act* promulgado em 1994 pelo Presidente Clinton.

[1027] Tradução de Jorge Miranda, *op. cit.*, p. 42.

[1028] Já o exercício do direito de veto tem sido extremamente variável: enquanto que Franklin Roosevelt vetou mais de seiscentas leis, George W. Bush apenas exerceu esse direito duas vezes: em relação à lei sobre a utilização de células estaminais para fins de investigação (2006) e no tocante à lei sobre a afetação de fundos à guerra no Iraque e à retirada das tropas norte-americanas deste país (2007).

[1029] «[A] shift toward the center, toward Washington»: cfr. Lawrence Friedman, ob. cit., p. 170.

III – Tem interesse conhecer nos seus traços gerais o processo legislativo nos órgãos federais.

De um modo geral, este é muito complexo e está concebido de forma a potenciar os conflitos entre os órgãos que nele intervêm. O que, evidentemente, constitui uma garantia contra a aprovação de leis deficientemente elaboradas, ou que visem favorecer exclusivamente determinada categoria de interesses.

O processo compreende três estádios: 1º, a apresentação de uma proposta legislativa (*bill*); 2º, a sua discussão e eventual aprovação pelas câmaras do Congresso; 3º, a assinatura ou veto do Presidente. Vejamo-los.

Como se disse, no plano federal a iniciativa legislativa pertence fundamentalmente ao Congresso, sendo exercida pelas duas câmaras deste, as quais têm funções semelhantes na feitura das leis (contudo, nas questões respeitantes ao orçamento federal só a Câmara dos Representantes tem o poder de iniciativa). Tanto os membros da Câmara dos Representantes como os senadores podem apresentar projetos legislativos. Em média, são apresentados cerca de dez mil projetos por ano, mas apenas aproximadamente seiscentos se convertem em leis.

Os projetos são apreciados nas comissões da Câmara de Representantes (em número de 22) ou do Senado (que totalizam 16), consoante a câmara de que forem originários. No âmbito dessa apreciação, as comissões realizam audições de especialistas e grupos de interesses. Daí os projetos passam, acompanhados de um relatório, ao plenário. Este pode adotá-los ou rejeitá-los, bem como adotar emendas. Uma vez adotados por uma das câmaras, os projetos são remetidos à outra, para serem nela apreciados segundo o mesmo processo. Antes de serem enviados ao Presidente para assinatura, têm de ser aprovados por ambas as câmaras com um texto idêntico, o que implica uma uniformização deste, se necessário por uma comissão composta por representantes de ambas as câmaras[1030].

O Presidente dos Estados Unidos dispõe então de dez dias para assinar ou vetar o projeto. Mas o veto presidencial pode ser superado através de uma nova votação que obtenha os votos favoráveis de dois terços dos membros das duas câmaras.

Observe-se que em matéria de processo civil os supremos tribunais (tanto o federal como os estaduais) têm competência para aprovar as regras aplicáveis.

IV – A regulação de vastos setores da atividade económica está hoje cometida nos Estados Unidos às já referidas agências administrativas independentes[1031], também ditas *regulatory agencies*: por força de delegações de competência legislativa do Congresso, estas agências aprovam, no desempenho das suas funções,

---

[1030] Ver, sobre esta matéria, Walter C. Opello Jr. e Lorrie A. Clemo, «Organização e funcionamento do Congresso dos Estados Unidos», *Cadernos de Ciência e Legislação*, nº 6, janeiro/março 1993, pp. 45 ss.
[1031] Cfr., sobre estas, *supra*, § 34º, alínea *h*), nº II.

regulamentos que são hoje importantes fontes da disciplina jurídica aplicável à vida quotidiana dos cidadãos e das empresas.

Pesaram na criação dessas agências considerações de eficácia análogas às que já referimos a propósito da *delegated legislation* inglesa. Mas na sua origem estão também outras motivações. Entre estas sobressaem as limitações que o sistema de *checks and balances* instituído pela Constituição dos Estados Unidos introduz na produção normativa, pois, como vimos, obriga à aprovação de qualquer lei por ambas as câmaras do Congresso e à sua ratificação pelo Presidente, o que inevitavelmente dificulta o processo legislativo. Em consequência disso, o sistema norte-americano tem, como refere Heather Elliot, uma forte propensão para a inatividade legislativa[1032]. A regulação de atividades económicas por agências administrativas especializadas permite superar esta propensão[1033].

Dado, porém, que lhes cabe igualmente fiscalizar a aplicação dos regulamentos que aprovam e julgar os litígios suscitados a respeito da sua observância, a existência e o funcionamento das agências independentes suscita complexos problemas sob o ponto de vista da sua compatibilidade com a repartição de poderes prevista na Constituição dos Estados Unidos. Não falta mesmo quem veja nelas um *quarto poder*.

Eis por que o *Federal Administrative Procedure Act*, de 1946, veio disciplinar minuciosamente o processo de produção normativa no âmbito das agências federais. Por outro lado, a atividade das agências em causa encontra-se sujeita ao controlo dos órgãos que integram os três ramos do poder, incluindo o judicial, pois também os regulamentos por elas adotados estão sujeitos à *judicial review*.

f) Codificações

Um dos aspetos em que o Direito dos Estados Unidos se distingue do inglês é a circunstância de existirem neste país codificações do Direito vigente.

Há vários tipos de codificações: *a)* As de estilo romano-germânico, como o Código Civil da Luisiana (inspirado no código francês)[1034] e o Código Civil de

---

[1032] «The bias in our system is toward legislative inaction»: cfr. Heather Elliot, «Public Regulation in the United States: An Overview», *in* Dário Moura Vicente/Marshall J. Breger (orgs.), *Direito Comparado. Perspetivas Luso-Americanas – Comparative Law. Portuguese-American Perspectives*, vol. II, Coimbra, 2010, pp. 27 ss. (p. 28).

[1033] Subjaz, em todo o caso, ao conceito norte-americano de regulação a ideia de que a produção de bens destinados ao consumo, privado ou público, é uma atividade que deve ser confiada exclusivamente ao mercado. Razão pela qual toda a regulação da economia tem caráter excecional e carece de legitimação: cfr. Saldanha Sanches, "A regulação: história breve de um conceito", *ROA*, 2000, pp. 5 ss. (p. 18).

[1034] Disponível em http://www.legis.state.la.us. Ver, sobre esse Código, António Barreto Menezes Cordeiro, «Sistema jurídico da Luisiana: desenvolvimentos históricos e bases dogmáticas», *Dir.*, 2013, pp. 847 ss.

Porto Rico (de origem espanhola)[1035]; *b)* As que visam fundamentalmente sistematizar as regras do *Common Law,* como o Código Civil da Califórnia[1036]; *c)* O *United States Code*[1037] e o *Code of Federal Regulations*[1038], que, ao contrário do que a sua designação possa inculcar, são meras compilações de leis e regulamentos aprovados, respetivamente, pelo Congresso dos Estados Unidos e por agências federais; e *d)* Os códigos-modelo, também ditos códigos uniformes (*model* ou *uniform codes*), emanados de diferentes instituições, entre as quais se destacam a *National Conference of Commissioners on Uniform State Law* e o *American Law Institute.* O mais importante é o *Uniform Commercial Code*[1039], publicado em 1952, com sucessivas revisões. Foi adotado pelos 50 Estados norte-americanos, ainda que não integralmente por todos eles.

O pensamento que inspira as codificações norte-americanas é, salvo pelo que respeita ao Código da Luisiana, diverso do que preside às codificações europeias. Raramente se encontra nas suas disposições, com efeito, o grau de generalidade e abstração que caracteriza estas últimas. Tão-pouco se pretende através delas renovar o Direito vigente: o seu propósito é mais o de compilar e sistematizar as regras estabelecidas por via jurisprudencial, as quais assumem por isso papel de relevo na sua interpretação e integração[1040].

Compreende-se assim que os códigos desempenhem nos sistemas romano-germânicos um papel diferente daquele que têm no Direito dos Estados Unidos: enquanto que naqueles sistemas jurídicos as regras e os princípios que se extraem dos códigos constituem geralmente a base em que assenta a determinação do Direito aplicável ao caso singular (ainda que não raro esta compreenda também a análise da jurisprudência e da doutrina relevantes), os juristas norte-americanos principiam as mais das vezes a busca da regra aplicável indagando a existência de decisões que tenham por objeto factos semelhantes aos da situação *sub judice,* não se considerando vinculados a extrair unicamente do código o critério de decisão do caso singular[1041].

[1035] Disponível em http://www.lexjuris.com/lexcodigo.htm.
[1036] Disponível em http://www.leginfo.ca.gov.
[1037] Disponível em http://www4.law.cornell.edu/uscode.
[1038] Disponível em http://www4.law.cornell.edu/cfr.
[1039] Disponível em http://www.law.cornell.edu/ucc.
[1040] Assim, por exemplo, o Código Civil da Califórnia, originariamente proposto por David Dudley Field para o Estado de Nova Iorque (onde nunca chegou a vigorar), foi adotado por aquele primeiro Estado em 1872; mas não logrou impor-se como fonte de Direito autónoma do *Common Law,* tendo sido objeto de múltiplos aditamentos, que visam incorporar nele os desenvolvimentos da jurisprudência. O seu papel enquanto fonte de Direito é claramente secundário. Ver, neste sentido, Christina Boerner «The Institutional Backgrounds for the Field Civil Code in New York (1865) and California (1872)», *Global Jurist Advances,* vol. 1, nº 3 (2001), artigo 3 (disponível em http://www.bepress.com).
[1041] Ver, neste sentido, Merryman/Pérez-Perdomo, *The Civil Law Tradition,* cit., p. 33.

Com os códigos não se confundem os *restatements of the law*, que examinaremos adiante.

g) Tratados e outras fontes de Direito Internacional

Os tratados celebrados pelos Estados Unidos têm, como dissemos, o mesmo nível hierárquico que as leis federais, as quais primam, por conseguinte, sobre eles quando lhes sejam posteriores. Tais tratados estão, além disso, subordinados à Constituição federal. Prevalecem em todo o caso sobre as Constituições e as leis estaduais[1042].

O poder de celebrá-los pertence ao Presidente, que todavia carece para o efeito do consentimento do Senado, dado por dois terços dos senadores presentes na votação[1043].

Se for tido por autoexecutório (*self-executing*), o tratado entra imediatamente em vigor na ordem interna após a respetiva ratificação. Acolhe-se assim nos Estados Unidos, diferentemente do que sucede em Inglaterra, o sistema da *receção automática* do Direito Internacional de fonte convencional.

Embora não exista texto constitucional expresso nesse sentido, a jurisprudência e a doutrina entendem que este sistema vale também para o Direito Internacional geral[1044].

h) Jurisprudência

I – Tal como em Inglaterra, vigora nos Estados Unidos o princípio *stare decisis*. Por força deste, como já sabemos, a regra de Direito aplicada por um tribunal na decisão proferida em determinado caso deve ser observada subsequentemente em casos análogos, constituindo um precedente vinculativo para os tribunais inferiores[1045]. A favor dele depõem três argumentos fundamentais: *a)* O postu-

---

[1042] Veja-se o art. VI, nº 2, da Constituição (*supremacy clause*), que dispõe: «Esta Constituição, as leis dos Estados Unidos em sua execução e os tratados celebrados ou que houverem de ser celebrados em nome dos Estados Unidos constituirão o direito supremo do país. Os juízes de todos os estados dever-lhes-ão obediência, ainda que a Constituição ou as leis de algum estado disponham em contrário» (tradução de Jorge Miranda, ob. cit., p. 49).

[1043] Art. II, secção II, nº 2, da Constituição: «Mediante parecer e acordo do Senado, [o Presidente] poderá ajustar tratados, que deverão ser aprovados por dois terços dos senadores presentes [...]» (*ibidem*, p. 45).

[1044] Consulte-se, sobre a matéria acabada de expor, o *Restatement of the Law Third, Foreign Relations Law of the United States*, publicado pelo American Law Institute em 1987. Vejam-se ainda, na doutrina, John H. Jackson, «Status of Treaties in Domestic Legal Systems: A Policy Analysis», *AJIL*, 1992, pp. 310 ss.; Gonçalves Pereira/Fausto de Quadros, *Manual de Direito Internacional Público*, cit., pp. 102 s., e Malcom D. Evans (org.), *International Law*, cit., pp. 432 s.

[1045] Ver, sobre o tema, C. Sumner Lobinger, «Precedent in Past and Present Legal Systems», *Mich. L. Rev.*, 1946, pp. 955 ss.; Kenneth J. Vandevelde, *Thinking Like a Lawyer. An Introduction to Legal*

lado da justiça conforme o qual a situações iguais é devido *tratamento igual*; *b)* A *previsibilidade do Direito* daí resultante; e *c)* A *eficiência do sistema judiciário*, que é fomentada por os tribunais, ao julgarem os casos que lhes são presentes, não terem de julgar de novo questões de Direito já decididas.

Mas como se articula esse princípio com a repartição de funções entre tribunais estaduais e federais? Apesar da complexidade do problema, as diretrizes fundamentais que presidem à sua resolução podem sintetizar-se do seguinte modo: os tribunais estaduais estão vinculados aos precedentes contidos em decisões anteriores de tribunais do mesmo Estado, desde que de nível hierárquico superior, e aos precedentes contidos em decisões de tribunais federais; por seu turno, os tribunais federais consideram-se vinculados aos precedentes contidos em decisões dos tribunais federais de nível hierárquico superior, bem como nas decisões dos tribunais do Estado cujo Direito devam aplicar no caso *sub judice*.

Os tribunais superiores observam geralmente os seus próprios precedentes. Admite-se, no entanto, a revogação (*overruling*) de precedentes. No decurso do século XX, o dever de obediência aos precedentes foi, aliás, particularmente desvalorizado pelo *realismo jurídico norte-americano*, de que nos ocuparemos adiante[1046]. Atualmente, embora a predisposição dos tribunais norte-americanos para revogarem precedentes seja mais acentuada do que a dos ingleses, tal não é muito frequente, visto que o afastamento de um precedente pode também fazer-se, honrando o *stare decisis*, por via do já aludido *distinguishing*[1047].

Reasoning, 2ª ed., Boulder (Colorado), 2011, pp. 115 ss.

[1046] Ver *infra*, § 37º, alínea *e)*.

[1047] Seja, a título de exemplo, a decisão proferida pelo Supremo Tribunal dos Estados Unidos, em 27 de junho de 2005, no caso *Metro-Goldwyn-Mayer Studios Inc. et al. v. Grokster, Ltd., et al.*, *in* 545 U.S. 913 (2005). Discutia-se aí a licitude da distribuição *online* de um programa informático que permitia aos utentes de computadores partilharem entre si, através da Internet, ficheiros eletrónicos contendo reproduções de obras musicais e outras protegidas pelo Direito de Autor, sem autorização dos titulares dos respetivos direitos. Pelas rés foi invocado, em sua defesa, o precedente estabelecido em 1984 no caso *Sony Corp. of America v. Universal City Studios, Inc.*, 464 U.S. 417, em que o Supremo Tribunal considerara lícita a comercialização de produtos destinados à reprodução não autorizada de obras e prestações protegidas pelo Direito de Autor (na espécie leitores de cassetes vídeo) desde que os mesmos fossem suscetíveis de um «uso lícito significativo» (como era ao tempo o chamado *time-shifting* pelo qual os proprietários desses aparelhos gravavam programas radiodifundidos para seu visionamento posterior, o que constituía uma forma de «*fair use*» de obras e prestações protegidas, portanto não carecido de autorização dos titulares de direitos). Com fundamento nessa regra, o Tribunal de Apelação do 9º Circuito exonerara de responsabilidade as rés Grokster e StreamCast Networks. O Supremo anulou, porém, essa decisão, por considerar inaplicável a jurisprudência *Sony* nos casos em que (como sucedera na espécie decidenda) se demonstre a existência por parte do distribuidor dos produtos em causa da intenção de promover (*v.g.* através de publicidade por si feita) a violação de direito de autor pelos respetivos adquirentes.

Por outro lado, a fim de evitar a retroatividade, a nova regra resultante do *overruling* pode não ser aplicada ao próprio caso decidendo. Fala-se então de *prospective overruling*. Para tanto é todavia necessário, de acordo com a jurisprudência do Supremo Tribunal, que se encontrem cumulativamente preenchidas três condições: *a)* A decisão em causa deve estabelecer um novo princípio jurídico; *b)* A aplicação retroativa desse princípio não deve promover os objetivos através dele visados; e *c)* A sua aplicação retroativa deve produzir resultados substancialmente iníquos[1048]. O princípio geral nesta matéria é, pois, o de que a nova regra resultante do *overruling* se aplica imediatamente aos factos *sub judice*[1049]. Compreende-se assim que ainda recentemente o Supremo Tribunal dos Estados tenha admitido a aplicação retroativa da nova regra resultante da abolição de uma disposição do *Common Law* em matéria penal, sob a invocação de que ao proceder desse modo se limitava a ajustar o Direito vigente «à razão e ao senso comum» (*reason and common sense*)[1050].

A conceção prevalecente nos Estados Unidos quanto ao *stare decisis* pode assim dizer-se menos rígida do que a inglesa. Para tal contribuem fundamentalmente duas circunstâncias. Por um lado, a multiplicidade de jurisdições existentes nos Estados Unidos e o enorme manancial de novas soluções por elas constantemente produzidas, as quais são rapidamente assimiladas pelos *Restatements* e através

---

[1048] Tal a essência do *Chevron approach*, definido pelo Supremo Tribunal na decisão proferida em 1971 no caso *Chevron Oil Co. v. Huson*, 404 U.S. 97, onde se pode ler: «In our cases dealing with the nonretroactivity question, we have generally considered three separate factors. First, the decision to be applied nonretroactively must establish a new principle of law, either by overruling clear past precedent on which litigants may have relied, see, e. g., Hanover Shoe v. United Shoe Machinery Corp., supra, at 496, or by deciding an issue of first impression whose resolution was not clearly foreshadowed, see, e. g., Allen v. State Board of Elections, supra, at 572. Second, it has been stressed that "we must ... weigh the merits and demerits in each case by looking to the prior history of the rule in question, its purpose and effect, and whether retrospective operation will further or retard its operation." Linkletter v. Walker, supra, at 629. Finally, we have weighed the inequity imposed by retroactive application, for "[w]here a decision of this Court could produce substantial inequitable results if applied retroactively, there is ample basis in our cases for avoiding the `injustice or hardship' by a holding of nonretroactivity." Cipriano v. City of Houma, supra, at 706».
[1049] Ver *Rodriguez de Quijas v. Shearson/American Express*, 490 U.S. 477 (1989), em que o Supremo Tribunal afirmou: «The general rule of long standing is that the law announced in the Court's decision controls the case at bar».
[1050] Cfr. *Rogers v. Tennessee*, 532 U.S. 451 (2000). O Supremo Tribunal do Tennessee tinha revogado a regra do *Common Law* segundo a qual o réu só podia ser condenado por homicídio se a vítima viesse a falecer dentro de um ano e um dia após a prática do ato que dera origem à sua morte (*year and a day rule*); e aplicou a nova regra daí resultante ao caso decidendo. O Supremo Tribunal entendeu, pelo motivo exposto no texto, que esta decisão não violava a proibição da retroatividade consignada na Constituição norte-americana (a decisão foi porém tomada por uma maioria de cinco juízes, com quatro votos de vencido).

destes divulgadas junto dos tribunais, que são assim estimulados a associarem--se às tendências mais recentes. Por outro, a centralidade da Constituição no sistema jurídico norte-americano e a necessidade de adequar a sua interpretação ao espírito do tempo em que é aplicada.

O que vale como precedente é, em todo o caso, somente a regra de Direito que serviu de base à decisão, à qual se chama nos Estados Unidos *the holding of the case* (correspondente à *ratio decidendi* em Inglaterra). A ela se contrapõem os *dicta*, que não têm força vinculativa. A distinção nem sempre é linear, requerendo por vezes uma interpretação da decisão à luz dos seus fundamentos.

A aplicação de um precedente a um caso novo depende de um *juízo de analogia*: aplicar-se-á a esse caso a regra de Direito formulada a propósito de outro, que o antecedeu, quando se verifique que há entre os respetivos factos uma semelhança tal que se justifique decidi-los por apelo ao mesmo critério.

Os precedentes estabelecidos pela jurisprudência de determinado Estado apenas valem para os casos submetidos ao Direito local. Mas a jurisprudência de certos Estados, como os de Nova Iorque e da Califórnia, tende a possuir especial valor persuasivo (*persuasive authority*) na decisão de casos submetidos a tribunais de outros Estados. Pode assim falar-se de dois tipos de precedentes: o *obrigatório* (*binding precedent*) e o *persuasivo* (*persuasive precedent*).

No estilo, as decisões dos tribunais americanos aproximam-se mais das dos tribunais da Europa continental. Não se encontram nelas, com efeito, opiniões individuais de todos os juízes, mas antes, desde o início do século XIX, um texto imputado ao tribunal (*opinion of the court*), ainda que elaborado por apenas um dos juízes que o integram, eventualmente seguido de *dissenting* ou *concurring opinions*. As citações de autores são mais frequentes nas sentenças americanas.

II – As coletâneas de jurisprudência (*law reporters*) são quase todas privadas, sobressaindo a do *National Reporter System*, que tem um sistema próprio de classificação de sentenças. Este compreende cinco categorias de coletâneas: os *United States Reports* (que contêm as decisões do Supremo Tribunal federal); o *Federal Reporter* (no qual se coligem as decisões dos tribunais de apelação federais); o *Federal Supplement* (com as decisões dos tribunais federais de primeira instância); os *Atlantic, Notheastern, Northwestern, Pacific, Southeastern, South* e *Southwestern Reporters* (que compilam as decisões dos tribunais estaduais de recurso); o *California Reporter* e o *New York Reporter* (contendo as decisões dos tribunais dos Estados da Califórnia e de Nova Iorque)[1051].

[1051] As sentenças norte-americanas estão atualmente também disponíveis em bases de dados acessíveis através da Internet, sendo as da Lexis e da Westlaw as mais utilizadas. De grande utilidade

A citação das sentenças faz-se geralmente pelo nome das partes, a que se seguem o número do volume da coletânea em que a sentença está reproduzida, a sigla identificadora desta e a indicação do número da página em que se inicia o respetivo texto[1052].

i) Doutrina

A doutrina tem mais influência nos Estados Unidos do que em Inglaterra, como o demonstra a maior frequência com que são citadas obras doutrinais nas sentenças judiciais americanas, em apoio das decisões nelas contidas[1053].

Por outro lado, foi em parte a doutrina que deu unidade ao sistema: os tratados e manuais universitários norte-americanos não versam normalmente sobre o Direito de certo Estado em particular, antes procuram expor os princípios comuns aos vários Estados ou, quando estes não existam (como frequentemente sucede), as diversas tendências observadas na jurisprudência e na legislação estaduais[1054].

Em todo o caso, a doutrina não é tida como fonte primária de Direito: o seu valor é meramente persuasivo.

Muitos dos trabalhos científicos mais inovadores acham-se publicados sob a forma de artigos nas revistas das Escolas de Direito, frequentemente dirigidas por estudantes, mas sujeitas a um rigoroso sistema de *peer review*[1055].

j) *Restatements of the law*

Outra característica singular do Direito dos Estados Unidos é a relevância que nele assumem os denominados *restatements of the law*. Estes são elaborados por uma instituição privada, o American Law Institute, e cobrem hoje os mais importantes domínios do Direito Privado: *Agency, Conflict of Laws, Contracts, Property, Restitution, Torts, Trusts* e *Unfair Competition*[1056].

é igualmente a base de dados do *Legal Information Institute* da Universidade de Cornell. Vejam-se os respetivos endereços no termo deste capítulo.

[1052] Assim, *Clinton v. Jones* 520 U.S. 681 significa que a sentença proferida no processo que opôs as partes com aqueles apelidos consta do volume 520 dos *United States Reports*, a páginas 681 e seguintes.

[1053] Por exemplo, a tese formulada por Samuel Warren e Louis Brandeis no artigo intitulado «The Right to Privacy», publicado na *Harvard L.R.*, em 1890, pp. 193 ss., foi adotada em 1905 pelo Supremo Tribunal de Geórgia no caso *Pavesich v. New England Life Insurance Co.*, 50 S.E. 68, que consagrou o direito à privacidade e admitiu pela primeira vez uma ação delitual fundada na sua violação.

[1054] Particularmente importantes, sob este ponto de vista, foram os *Commentaries* de Joseph Story, juiz do Supremo Tribunal e Professor em Harvard, publicados entre 1832 e 1845, os quais versaram sobre as mais diversas matérias, do Direito Constitucional aos conflitos de leis no espaço.

[1055] Entre essas revistas destacam-se a *Harvard Law Review*, a *Columbia Law Review* e o *Yale Law Journal*.

[1056] A primeira série de *restatements* foi publicada a partir de 1923; a segunda (denominada *restatement second*), a partir de 1952; e a terceira (dita *restatement third*), ainda incompleta, a partir de

A FAMÍLIA JURÍDICA DE *COMMON LAW*

Trata-se de textos com a forma externa de códigos, nos quais se encontram enunciadas, em parágrafos numerados sequencialmente, regras sobre as diferentes matérias neles versadas. Os *restatements* não são, porém, codificações do Direito vigente como as que se encontram na Europa continental e nalguns Estados norte-americanos. Contêm-se neles, ao invés, as regras que, na ótica dos seus relatores, são as melhores para cada matéria. O jurista estrangeiro não pode, assim, presumir que o que se declara nos *restatements* corresponde ao Direito efetivamente aplicado pelos tribunais norte-americanos. Trata-se antes de *modelos de decisão*, que os tribunais podem seguir, caso os tenham por adequados.

De todo o modo, é muito significativa a adesão dos tribunais aos *restatements*, que são frequentemente citados nas decisões judiciais. Nas edições mais recentes dos *restatements* é, aliás, possível encontrar a indicação, em notas, das sentenças que se lhes referem. Também através dos *restatements* se revela, assim, uma certa unidade fundamental do Direito dos Estados Unidos.

A esta particularidade do Direito dos Estados Unidos (que não tem correspondência em Inglaterra) não é alheio o enorme volume de decisões judiciais suscetíveis de serem citadas perante os tribunais norte-americanos e a necessidade, daí resultante, de uma certa racionalização das fontes.

§ 37º Método jurídico

a) A complexidade da determinação do Direito aplicável

A primeira nota a salientar a respeito do método de determinação do Direito aplicável nos Estados Unidos é a complexidade de que esta operação se reveste neste país.

Essa circunstância deve-se fundamentalmente a duas ordens de razões. Por um lado, a distinção entre Direito federal e Direito estadual e entre *Statutory Law* e *Common Law*. Por outro, a necessidade de determinar o Direito estadual aplicável nas situações que suscitem um conflito de leis no espaço, tarefa ela própria de considerável dificuldade em razão da inexistência, conforme vimos, de um Direito de Conflitos uniforme, de âmbito federal.

Não obstante isso, há fatores de convergência no Direito deste país, que tendem a atenuar a dita complexidade.

Entre eles destacam-se a Constituição federal e a *judicial review* dos Direitos estaduais, as quais, dentro de certos limites, tendem a aproximar estes últimos uns dos outros. Assim, por exemplo, as disposições constitucionais que consagram a exigência de um «processo legal apropriado» (*due process of law*)[1057] têm

---

1987. Pode consultar-se o *Restatement (Second) of Contracts* em http://www.lexinter.net/LOTWVers4/restatement_(second)_of_contracts.htm.

[1057] A que nos referimos acima, no § 34º, alínea *h*).

sido interpretadas pelo Supremo Tribunal dos Estados Unidos no sentido de que é necessária uma *conexão significativa (significant contact)* com o Estado do foro a fim de que os respetivos tribunais possam julgar segundo a *lex fori* um litígio pendente perante eles[1058]. Já a questão de saber quando deve ter-se por verificada essa conexão só caso a caso pode ser resolvida pelos tribunais. Mantém-se, por isso, alguma margem para divergências nesta matéria entre os Direitos estaduais.

No mesmo sentido concorrem os *códigos-modelo*, ou *códigos uniformes*, a que aludimos acima. Estes, porém, não eliminam a diversidade das legislações dos Estados que os adotam, visto que não raro a sua incorporação no Direito estadual se dá através de leis locais que introduzem neles modificações e adaptações; sendo, por outro lado, que a interpretação e a aplicação das suas disposições é feita com autonomia pelos tribunais estaduais, não havendo qualquer instância judicial supraestadual que possa assegurar, *maxime* em sede de recurso, a uniformidade dessa interpretação e aplicação.

Outros fatores que operam no sentido de uma aproximação dos Direitos estaduais são os referidos *restatements of the law* e a influência exercida pela jurisprudência de certos Estados sobre a dos demais. Mas tanto aqueles como esta têm, como vimos, uma eficácia essencialmente persuasiva e não vinculativa. Pelo que também o seu alcance é, nesta medida, limitado.

Mantém-se, pois, não obstante estes fatores, o *caráter pluralista*, ou *multifacetado*, do Direito dos Estados Unidos.

b) A interpretação das leis

I – Nos Estados Unidos, a interpretação das leis, inicialmente tributária das regras formuladas pela jurisprudência inglesa, afastou-se progressivamente delas, mostrando-se de um modo geral mais recetiva a considerações de índole substantiva[1059].

Assim, originariamente predominava na interpretação levada a cabo pelos tribunais norte-americanos a referência ao elemento literal («*plain meaning of the words*»). Este viria, no entanto, a ser abandonado nos anos 40 do século passado pelo Supremo Tribunal dos Estados Unidos.

Concomitantemente com o declínio do elemento literal, passou a atribuir-se maior relevância aos trabalhos preparatórios (*legislative history*), pelo menos na interpretação das leis federais, em ordem a fixar a intenção do legislador (*legislative intent*). Ao que não foi alheia a circunstância de existirem registos fiáveis dos

---

[1058] Ver Eugene Scoles/Peter Hay/Patrick Borchers/Symeon Symeonides, *Conflict of Laws*, cit., pp. 149 ss.

[1059] Sobre esta matéria, *vide*, em especial, Robert S. Summers, «Statutory Interpretation in the United States», *in* D. Neil MacCormick/Robert S. Summers (orgs.), *Interpreting Statutes. A Comparative Study*, Aldershot, etc., 1991, pp. 407 ss.; e Patrick Melin, *Gesetzesauslegung in den USA und in Deutschland*, Tubinga, 2005, pp. 53 ss.

antecedentes dessas leis, *maxime* os relatos dos debates efetuados nas comissões especializadas do Senado e da Câmara dos Representantes.

A partir dos meados do século XX, o elemento teleológico (*legislative purpose*) assumiu maior importância na interpretação da Constituição e da lei ordinária. Para tanto, contribuiu fortemente o reconhecimento pelos autores integrados no chamado *realismo jurídico norte-americano* (de que nos ocuparemos *ex professo* adiante)[1060] da inviabilidade de uma rígida separação entre as funções legislativa, administrativa e judicial. Na linha de um tal *purposive approach* insere-se, por exemplo, o § 1-103 (a) do *Uniform Commercial Code*, cujo principal mentor, o Professor das Universidades de Columbia e Chicago Karl Llewellyn (1893-1962), foi justamente um dos corifeus do realismo jurídico. Aí se dispõe o seguinte:

> «[O Código Comercial Uniforme] deve ser liberalmente interpretado, em ordem a promover as finalidades e políticas que lhe subjazem, as quais são: (1) simplificar, clarificar e modernizar o Direito aplicável às transações mercantis; (2) possibilitar a contínua expansão de práticas comerciais através do costume, do uso e do acordo entre as partes; e (3) estabelecer um Direito uniforme nas várias jurisdições.»

II – Nos anos 80 e 90, porém, o elemento literal foi recuperado pelo denominado *new textualism*, que contou entre os seus principais sequazes o juiz do Supremo Tribunal, entretanto falecido, Antonin Scalia[1061].

Esta corrente metodológica põe em causa a relevância por alguns atribuída, como elementos interpretativos, à intenção do legislador, aos objetivos sociais prosseguidos pela lei e às circunstâncias do momento em que esta é aplicada. O que vincula o julgador é antes o *sentido objetivo* do texto legal: aquele que uma pessoa razoável dele extrairia. Só esta orientação seria compatível com o princípio democrático. E só ela evitaria a manipulação da Constituição pelos tribunais. A ideia de uma «Constituição evolutiva» (*evolving Constitution*), permanentemente adaptada pelos tribunais às novas necessidades sociais, é, por isso, contestada pelo juiz Scalia. Este magistrado opõe-se designadamente ao ativismo que caracterizou a jurisprudência do Supremo Tribunal sob a presidência do *Chief Justice* Earl Warren (1891-1974) – o *Warren Court* – nas décadas de 50 a 70, e que culminou nas controversas decisões proferidas nos casos *Brown v. Board of Education* e *Roe v. Wade*. Nesse ativismo vê Scalia uma subversão do sistema democrático, dado que por via dele teriam os juízes passado a interferir na esfera de competência

---

[1060] Ver *infra*, § 37º, alínea *e*).
[1061] Ver, deste magistrado, *A Matter of Interpretation: Federal Courts and the Law*, Princeton, 1997 (com comentários de Amy Gutmann, Gordon S. Wood, Laurence H. Tribe, Mary Ann Glendon e Ronald Dworkin); *Reading Law: The Interpretation of Legal Texts*, St. Paul, Minesota, 2012 (com Bryan Garner); e *Scalia Speaks. Reflections on Law, Faith, and Life Well Lived*, Nova Iorque, 2017.

própria do legislador, pondo assim em crise a separação de poderes consagrada na Constituição americana.

Esta argumentação foi, no entanto, contestada pelo filósofo do Direito norte-americano Ronald Dworkin[1062]. Por duas ordens de razões, que passamos a expor.

Em primeiro lugar, porque a Constituição não restringiria a *judicial review* aos «casos claros» (*clear cases*), a que o autor contrapõe os «casos difíceis» (*hard cases*), como o referido ponto de vista pressuporia, nem os tribunais norte-americanos teriam até hoje aceitado consistentemente uma tal restrição.

Em segundo lugar, porque não seria razoável (*fair*) que as decisões relativas aos direitos das minorias perante a maioria fossem deixadas a esta, como sucederia se prevalecesse o *judicial restraint* advogado pelos partidários da referida orientação. As «cláusulas difíceis» do *Bill of Rights*, como por exemplo a *due process clause* e a *equal protection clause*, devem, segundo Dworkin, ser entendidas no sentido de que apelam a conceitos morais, e não no de que consagram determinadas conceções sobre a sua concretização; por conseguinte, um tribunal que se proponha aplicar plenamente essas cláusulas como fontes de Direito terá de ser um tribunal «ativista», na aceção de que terá de se encontrar apto a colocar e a responder a questões morais.

O que não significa, acrescenta o mesmo autor, que o tribunal se encontre subtraído a quaisquer padrões de controlo da sua atividade judicativa. Distanciando-se quer do positivismo quer do realismo que dominaram durante largo período de tempo o pensamento jurídico norte-americano, Dworkin preconiza como princípio interpretativo o que denomina por «integridade» (*integrity*), o qual fornece também a base do conceito de Direito que sustenta («*law as integrity*»). Por força desse princípio, devem os juízes, tanto quanto possível, identificar os direitos e deveres individuais como se estes houvessem sido criados por um único autor – a comunidade personificada –, que, ao fazê-lo, exprimisse uma conceção coerente de justiça e razoabilidade[1063]. Assim se limitará, no entender de Dworkin, o papel que as convicções pessoais de justiça do julgador eventualmente possam desempenhar nas suas decisões.

A isto contrapõe Scalia, por um lado, que na realidade os partidários de uma «Constituição evolutiva» não seguem qualquer orientação bem definida quanto ao sentido da evolução do texto constitucional (*v.g.* as aspirações do povo americano), nem quanto às fontes a consultar em ordem a determiná-lo; e, por outro,

---

[1062] Cfr. *Taking Rights Seriously. New Impression with a Reply to Critics*, Londres, 2005, pp. 140 ss. Vide ainda, do mesmo autor, *Law's Empire*, Oxford, 1998, especialmente pp. 355 ss. (há tradução brasileira, com o título *O Império do Direito*, por Jefferson Luiz Camargo, São Paulo, 1999).

[1063] Cfr. *Law's Empire*, cit., p. 225: «The adjudicative principle of integrity instructs judges to identify legal rights and duties, so far as possible, on the assumption that they were all created by a single author – the community personified – expressing a coherent conception of justice and fairness».

que através desta doutrina é posto em causa o objetivo precípuo do *Bill of Rights,* que é justamente a proteção das minorias contra a maioria, porquanto através de juízes federais por ela selecionados e confirmados pode a maioria imprimir à «Constituição evolutiva» o conteúdo por si desejado.

c) A integração das lacunas

O conceito de lacuna da lei não tem no Direito norte-americano o mesmo alcance que possui nos sistemas romano-germânicos. O que se prende com o caráter excecional tradicionalmente atribuído nele à lei enquanto fonte de Direito. Eis por que, de acordo com certo ponto de vista, na falta de uma norma legal deveria aplicar-se o *Common Law.* Este teria, assim, uma função supletiva do *Statutory Law*[1064]. Não haveria, por conseguinte, lugar ao preenchimento das lacunas da lei por analogia, à qual apenas se poderia recorrer na aplicação de precedentes jurisprudenciais.

Para outro ponto de vista, mais recente, também as leis podem servir de ponto de partida para um juízo de analogia, conducente à sua aplicação a hipóteses originariamente não cobertas pelo respetivo texto. Foi este o entendimento que prevaleceu na jurisprudência do Supremo Tribunal dos Estados Unidos a partir dos anos 30. Além disso, passou a admitir-se desde então que das leis se infiram princípios aplicáveis aos casos por elas não visados[1065].

Mas também este modo de ver foi impugnado pelo aludido *new textualism,* que vê na analogia o risco de abuso pelos juízes das funções que lhes estão constitucionalmente cometidas e de um alargamento ilegítimo do âmbito de aplicação do Direito federal à custa do estadual.

d) Criação jurisprudencial do Direito?

Já sabemos que, ao decidirem os casos que lhes são submetidos, os tribunais norte-americanos enunciam não raro regras ou princípios jurídicos, nos quais baseiam as suas decisões, cujo alcance transcende esses casos, pois no futuro situações semelhantes terão de ser julgadas pelos tribunais inferiores em conformidade com as mesmas regras ou princípios (*stare decisis*). Agora pergunta--se: ao procederem desse modo os tribunais criam Direito novo ou limitam-se a declarar aquilo que de alguma sorte já existia?

[1064] Veja-se, neste sentido, o § 1-103 do *Uniform Commercial Code,* segundo o qual: «Unless displaced by the particular provisions of this Act, the principles of law and equity, including the law merchant and the law relative to capacity to contract, principal and agent, estoppel, fraud, misrepresentation, duress, coercion, mistake, bankruptcy, or other validating or invalidating cause shall supplement its provisions».

[1065] Cfr. E. Allan Farnsworth *An Introduction to the Legal System of the United States,* 4ª ed., Nova Iorque, 2010 (por Steve Sheppard), pp. 89 s.

Também a este respeito se registou uma evolução no pensamento jurídico norte-americano. De acordo com a perspetiva clássica do problema, os tribunais apenas declaram Direito preexistente, aplicando-o em seguida aos casos *sub judice*. Contrapôs-se porém a esta tese que, a ser ela exata, sempre que os tribunais superiores modificassem a sua jurisprudência, *v.g.* revogando precedentes por si estabelecidos, as regras jurídicas assim declaradas seriam aplicáveis sem quaisquer limitações a situações anteriores, uma vez que a ignorância ou má interpretação da lei não aproveita a ninguém. O que, como é bom de ver, poderia implicar a lesão da confiança legítima dos interessados. Eis por que tem essa teoria sido preterida, na doutrina contemporânea, pela admissão de uma verdadeira criação jurisprudencial de Direito (*judicial lawmaking*) sujeita ao princípio da não retroatividade[1066].

Esta orientação, sendo hoje consensual no tocante ao *Common Law*, não o é todavia – cumpre notá-lo – pelo que respeita ao *Statute Law*, cujo desenvolvimento mediante a respetiva adaptação às novas circunstâncias é repudiada pelo *new textualism* por razões que coincidem, no essencial, com as que estão na base da sua recusa da interpretação teleológica da lei e da integração das lacunas por analogia, de que demos conta acima.

e) O realismo jurídico norte-americano

A orientação favorável à criação jurisprudencial do Direito foi levada ao extremo pelo chamado *realismo jurídico* norte-americano[1067].

Este, protagonizando uma reação contra o formalismo que prevalecera no século XIX, negou toda a vinculação do juiz a normas jurídicas e viu nestas meras «conjeturas» ou «previsões» sobre o que os tribunais decidem: o Direito «real», ou «efetivo», seria, segundo esta orientação metodológica, tão-só aquele que resulta das decisões dos juízes e dos funcionários administrativos; e estas só em limitada medida seriam determinadas por normas pré-definidas.

Sustentou este ponto de vista, por exemplo, o juiz Oliver Wendell Holmes, para quem «[a]s profecias sobre o que os tribunais efetivamente farão, e nada

---

[1066] Para uma discussão do tema, vejam-se C. Sumner Lobinger, «Precedent in Past and Present Legal Systems», *Mich. L. Rev.*, 1946, pp. 955 ss. (pp. 967 ss.); e Zechariah Chafee, Jr., «Do Judges Make or Discover Law?», *Proceedings of the American Philosophical Society*, 1947, pp. 405 ss.

[1067] Sobre o qual podem consultar-se: Recasens Siches, *Panorama del pensamiento jurídico en el siglo XX*, t. II, México, 1963, pp. 619 ss.; Wolfgang Fikentscher, *Methoden des Rechts*, cit., vol. II, pp. 273 ss.; M. D. A. Freeman, *Lloyd's Introduction to Jurisprudence*, 7ª ed., Londres, 2001, pp. 799 ss.; José Guilherme Giacomuzzi, «As raízes do realismo americano: breve esboço acerca de dicotomias, ideologia, e pureza no Direito dos USA», *Direito & Justiça*, 2005, pp. 155 ss.; Michael Steven Green, «Legal Realism as Theory of Law», *William and Mary Law Review*, 2005, pp. 1915 ss.; Brian Leiter, «Legal realism», *in* Dennis Patterson (org.), *A Companion to Philosophy of Law and Legal Theory*, reimpressão, Oxford, 2005, pp. 261 ss.; e Vandevelde, *Thinking Like a Lawyer*, pp. 250 ss.

de mais pretensioso, são aquilo que entendo por Direito»[1068]. Na mesma linha fundamental de orientação se situaram posteriormente outros autores, entre os quais Karl Llewellyn: também para este o Direito não seria senão aquilo que os funcionários e órgãos jurisdicionais decidem a respeito dos litígios que lhes são submetidos; as regras jurídicas apenas relevariam enquanto meios de os interessados preverem essas decisões[1069].

Entre os traços característicos desta corrente de pensamento incluem-se ainda a defesa do caráter interdisciplinar dos estudos jurídicos – dada a necessidade de considerar neles também os fatores políticos, económicos e sociais que determinam as decisões judiciais (sendo por isso o *case method* advogado por Langdell insuficiente para a formação dos juristas) – e uma conceção instrumentalista do Direito, que vê nele essencialmente um meio para se atingirem certas finalidades sociais e para dar satisfação a certos interesses.

O realismo, que teve o seu apogeu nos Estados Unidos entre os anos 20 e 40 do século passado, constitui uma das expressões possíveis no domínio jurídico das orientações filosóficas que descreem do poder motivador da razão e sustentam a irracionalidade de todos os juízos de valor. Outra dessas expressões é a *Escola do Direito Livre*, que examinámos atrás[1070]. Subjaz-lhe ainda um radical jurisdicionalismo, que nega ao Direito toda a existência objetiva fora da decisão judicial.

Dificilmente se poderá ver hoje no realismo jurídico uma descrição rigorosa do *modus operandi* do *Common Law* nos Estados Unidos da América, cujo Supremo Tribunal se tem afastado do discurso realista em várias decisões, escusando-se a formular *policy choices* que competem aos legisladores[1071]. É, além disso, um dado da experiência que geralmente as pessoas ajustam as suas condutas ao prescrito pelas regras jurídicas, com o sentimento de que estas correspondem a padrões de conduta obrigatórios; o que demonstra que as mesmas exercem na vida social uma *função normativa*, não sendo meras previsões daquilo que os tribunais

---

[1068] «The prophecies of what the courts will do in fact, and nothing more pretentious, are what I mean by the law»: cfr. Oliver Wendell Holmes, «The Path of the Law», *Harvard Law Review*, 1897, pp. 457 ss. Veja-se ainda o voto de vencido lavrado por este magistrado na decisão proferida pelo Supremo Tribunal dos Estados Unidos em 17 de abril de 1905, no caso *Lochner v. New York*, 198 U.S. 45, em que se pode ler, a p. 76: «General propositions do not decide concrete cases» («proposições gerais não decidem casos concretos»).

[1069] «What [the officials of the law] do about disputes is, to my mind, the law itself»; «rules [...] are important [...] so far as they help you see or predict what judges will do or so far as they help you get judges to do something [...]. That is all their importance, except as pretty playthings [...]»: cfr. *The Bramble Bush. On our Law and its Study*, Nova Iorque, 1960, pp. 12 e 14.

[1070] *Vide*, sobre o ponto, Helmut Coing, *Grundzüge der Rechtsphilosophie*, cit., pp. 55 ss.

[1071] Ver Mitchel Lasser, *Judicial Deliberations. A Comparative Analysis of Judicial Transparency and Legitimacy*, Oxford, 2009, pp. 62 ss.: e John Paul Stevens, *Five Chiefs. A Supreme Court Memoir*, cit., p. 125.

decidirão[1072]. O subjetivismo e o casuísmo inerentes a esta orientação mostram-se, por outro lado, incompatíveis com a desejável segurança das relações jurídicas, cuja salvaguarda é imposta pelo princípio da confiança (*reliance principle*), com relevantes projeções também no Direito dos Estados Unidos.

Mas é inegável a influência que o realismo teve, por um lado, no reconhecimento além-Atlântico – mesmo por autores que não se filiaram nesse movimento de ideias, como Roscoe Pound (1870-1964)[1073] – de que a atividade dos tribunais não se esgota na aplicação de normas, antes compreende também (e deve compreender em ordem a assegurar a permanente adaptação da ordem jurídica às novas necessidades sociais) a própria criação do Direito; e por outro, na abertura do sistema judicial a considerações extraídas de outras ciências sociais, *maxime* a Economia, na busca de soluções para os problemas jurídicos. É deste ponto que nos ocuparemos em seguida.

f) A análise económica do Direito

I – A partir dos anos 60, ganhou considerável eco na doutrina norte-americana a chamada *análise económica do Direito*, que dos Estados Unidos[1074] irradiou para a Europa[1075] e hoje estende a sua esfera de influência naquele país praticamente a todos os domínios do Direito Público e Privado[1076].

[1072] Tal o teor essencial da crítica movida por Hart ao realismo jurídico: cfr. *The Concept of Law*, cit., p. 138 (na tradução portuguesa, p. 151).

[1073] Cfr. *An Introduction to the Philosophy of Law*, reimpressão, New Haven/Londres, 1982, pp. 48 ss.; idem, «Judicial Empiricism», in *The Spirit of the Common Law*, cit., pp. 166 ss.

[1074] Onde teve a sua génese nos estudos de Ronald H. Coase, «The Problem of Social Cost», *Journal of Law and Economics*, 1960, pp. 1 ss., e Guido Calabresi, «Some Thoughts on Risk Distribution and the Laws of Torts», *Yale L.J.*, 1961, pp. 499 ss., e *The Cost of Accidents. A Legal and Economic Analysis*, New Haven, 1970. Alguns dos mais proeminentes defensores da análise económica do Direito nos Estados Unidos ocuparam entretanto lugares de destaque no sistema judiciário federal. Tal o caso dos juízes Stephen Breyer, do Supremo Tribunal, Richard Posner, do Tribunal de Apelação do 7º Circuito, e Guido Calabresi, do Tribunal de Apelação do 2º Circuito. Para uma síntese das diferentes escolas de pensamento norte-americanas no domínio da análise económica do Direito e da evolução desta, *vide* Jon D. Hanson/Melissa R. Hart, «Law and Economics», in Dennis Patterson (org.), *A Companion to Philosophy of Law and Legal Theory*, reimpressão, Oxford, 2005, pp. 311 ss.; e Nicholas Mercuro/Steven G. Medema, *Economics and the Law. From Posner to Post-Modernism and Beyond*, 2ª ed., Princeton, 2006.

[1075] Veja-se por exemplo, na doutrina alemã, Hans-Bernd Schäfer/Claus Ott, *Lehrbuch der ökonomischen Analyse des Zivilrechts*, 2ª ed., Berlim, 1995; e na doutrina italiana, Guido Alpa/Francesco Pulitini/Stefano Rodotà/Franco Romani, *Interpretazione giuridica e analisi economica*, Milão, 1982.

[1076] Sobre as suas implicações no domínio do Direito dos Contratos vejam-se entre nós, com amplos desenvolvimentos, os estudos de Fernando Araújo, «Da tutela negativa da confiança ao "paradoxo da indemnização": uma análise económica dos contratos», in *Estudos em memória do Professor Doutor António Marques dos Santos*, vol. II, Coimbra, 2005, pp. 441 ss.; «A eficiência do "antisseguro" e da "responsabilidade decrescente": uma análise económica dos contratos – II», in *Estudos jurídicos e*

Ponto de partida desta corrente de pensamento é a ideia de que o Direito deve promover a *eficiência económica*, i. é, a afetação dos recursos sociais em que o seu valor é maximizado[1077]. No domínio do Direito Privado, esse objetivo deve ser prosseguido com primazia sobre a distribuição da riqueza[1078]. Para tanto, importa que as normas jurídicas minimizem os *custos de transação*, ou seja, os custos suportados pelos agentes económicos em ordem a realizarem transações no mercado, v.g., na obtenção e na divulgação da informação necessária para o efeito, na negociação e na conclusão de contratos, etc. O que pressupõe, nomeadamente, que se eliminem ou reduzam o mais possível os obstáculos às trocas voluntárias (na medida em que tais obstáculos aumentam os referidos custos e, inversamente, a liberdade das trocas propicia a sua diminuição ou supressão) e se faça recair o risco de certos danos incorridos no exercício de atividades económicas sobre a parte que tipicamente se encontra em condições de evitá-los com menores custos (uma vez que essa solução minimizará a repercussão destes custos sobre o preço final dos produtos ou serviços oferecidos no mercado por essa parte).

Segundo um dos principais arautos da análise económica do Direito, o juiz Richard Posner, nem todas as normas e doutrinas que integram o *Common Law* satisfazem este desiderato; mas o *Common Law* pode, no seu conjunto, ser explicado essencialmente como um sistema de maximização da riqueza social[1079]. Por outro lado, escreve o mesmo autor, quando os métodos convencionais de interpretação da lei deixem o juiz na dúvida, este deve utilizar a sua liberdade interpretativa em ordem a promover a eficiência económica[1080].

II – A prestabilidade deste modo de ver o Direito não é contudo pacífica na doutrina norte-americana, tendo sido objeto de uma penetrante crítica por Ronald Dworkin[1081], secundada, mais recentemente, por Kenneth Vandelvelde[1082]; e menos ainda o é na literatura publicada nos países cujos sistemas jurídicos se integram na família romano-germânica[1083].

---

económicos em homenagem ao Prof. Doutor António de Sousa Franco, Lisboa, 2006, pp. 905 ss.; e *Teoria económica do contrato*, Coimbra, 2007. Consulte-se também o nosso *Da responsabilidade pré-contratual em Direito Internacional Privado*, cit., pp. 343 ss.

[1077] Ver Fernando Araújo, *Introdução à Economia*, 3ª ed., Coimbra, 2005, p. 38.
[1078] Neste sentido, Robert Cooter/Thomas Ulen, *Law & Economics*, 4ª ed., Boston, etc., 2004, pp. 7 ss.
[1079] Cfr. *Economic Analysis of Law*, 5ª ed., Nova Iorque, 1998, p. 27: «the common law is best (not perfectly) explained as a system for maximizing the wealth of society».
[1080] Ob. cit., pp. 577 s.
[1081] Cfr. *A Matter of Principle*, Cambridge, Massachussets, 1985, capítulo 12 (existe tradução brasileira com o título *Uma questão de princípio*, por Luís Carlos Borges, São Paulo, 2000).
[1082] Cfr. *Thinking Like a Lawyer*, pp. 261 ss.
[1083] Entre outros, vejam-se, na doutrina alemã, os estudos de Karl-Heinz Fezer, «Aspekte einer Rechtskritik an der *economic analysis of law* und am *property rights approach*», JZ, 1986, pp. 817 ss.

Sublinha-se designadamente o seu caráter redutor. A análise económica do Direito concentra toda a sua atenção na utilidade social das normas jurídicas. De acordo com a perspetiva que a informa, o valor das ações humanas deve ser fundamentalmente aferido pelos seus efeitos económicos. Desconhece, assim, qualquer princípio ou valor moral superior aos factos; e reduz o Direito a um complexo de leis causais – a uma ordem de necessidade. Abstrai, em suma, da base ética e axiológica do Direito.

A análise económica do Direito aproxima-se, nesta medida, de uma perspetiva essencialmente técnica de resolução dos problemas sociais: uma espécie de *engenharia social*. É esta, aliás, a conceção que informa a *sociological jurisprudence* norte-americana[1084], em que se filia a orientação em apreço, a qual vê no Direito apenas um método de controlo social, preocupando-se primariamente com o seu impacto sobre a sociedade.

Ora, só uma perspetiva axiológica pode fornecer a compreensão cabal da função e do fundamento dos institutos jurídicos. O útil, i. é, aquilo que satisfaz aos instintos individuais, sendo da essência da Economia, não exprime nem delimita o âmbito dos bens merecedores de tutela pelo Direito. Nas sociedades civilizadas há exigências de outra natureza – *maxime* as que contendem com a realização do *justo* – que se impõem aos seus membros, com primazia sobre a produção e repartição eficientes das riquezas destinadas à satisfação das necessidades primárias do Homem. Uma regra economicamente ineficiente pode ser plenamente conforme com a justiça. As considerações de índole económica não bastam, por conseguinte, como critério geral de fundamentação das normas e institutos jurídicos.

Por outro lado, se é certo que no Direito se faz sentir o influxo de fatores económicos, não é menos verdade que nele operam também elementos culturais de diversa ordem (éticos, sociais, religiosos, ideológicos, históricos, etc.); e que ele próprio influencia a modelação e a transformação das atividades económicas. Em

---

(p. 823); *idem*, «Nochmals: Kritik an der ökonomischen Analyse des Rechts», *JZ*, 1988, pp. 223 ss. (p. 224); e Host Eidenmüller, *Effizienz als Rechtsprinzip*, 3ª ed., Tubinga, 2005. Entre nós, consultem-se Mário Júlio de Almeida Costa, *Direito das Obrigações*, 10ª ed., Coimbra, 2006, pp. 142 ss.; e António Menezes Cordeiro, *Tratado de Direito Civil*, I, pp. 479 ss.

[1084] Na qual sobressai o nome, já referido, de Roscoe Pound. Cfr., deste autor, *An Introduction to the Philosophy of Law*, cit., onde se lê, a p. 47: «I am content to see in legal history the record of a continually wider recognizing and satisfying of human wants or claims through social control; a more embracing and more effective securing of social interests; a continually more complete and effective elimination of waste and precluding of friction in human enjoyment of the goods of existence – in short, a continually more efficacious social engineering». Sobre a *sociological jurisprudence*, ver Recasens Siches, *Panorama del pensamiento juridico en el siglo XX*, cit., vol. II, pp. 605 ss.; Wolfgang Fikentscher, *Methoden des Rechts*, cit., vol. II, pp. 223 ss.; e Freeman, *Lloyd's Introduction to Jurisprudence*, cit., pp. 659 ss.

vez da sujeição do Direito aos padrões da Economia, é pois a subordinação desta a valores que a transcendem – incluindo os do Direito – que deve preconizar--se[1085]. Não é a realidade, *maxime* económica, que conduz o Direito, mas antes este último que, através dos ideais de que é portador, impele diante de si a primeira.

Ao hipostasiar os fatores económicos na explicação dos institutos jurídicos, a doutrina em apreço deixa na sombra o pensamento ético que muitas vezes os inspira. A prevenção e a repressão de certas condutas pode, com efeito, decorrer de um imperativo moral e não apenas da sua utilidade. Por isso é que, apesar de eficientes, certos comportamentos são proscritos e dão lugar ao dever de indemnizar os danos através deles causados a terceiros[1086].

O que acabamos de dizer não prejudica, é certo, que da análise económica do Direito possam extrair-se pontos de vista com o maior interesse, designadamente, para a reforma do Direito vigente[1087]: a ponderação do impacto económico das medidas legislativas deveria mesmo constituir ponto de honra para todo o legislador consciencioso. A análise económica do Direito pode, pois, constituir «uma ciência auxiliar do direito, mas não *tout court* ciência do direito»[1088].

Ainda assim, há de ter-se presente que, como advertiu o Professor de Harvard John Rawls (1921-2002)[1089], o utilitarismo de que é expressão esta corrente metodológica alarga à sociedade um princípio de escolha racional que se aplica aos sujeitos isolados; ora, nada permite supor que os princípios que devem regular aquela são apenas uma extensão dos que valem quanto a estes. «Pelo contrário (diz o autor citado): se partirmos da ideia de que o princípio regulador de deter-

---

[1085] Cfr., nesta linha de orientação, entre nós, Pedro Soares Martinez, «O Homem e a Economia», *RFDUL*, 1997, pp. 101 ss. (p. 109).

[1086] Assim, por exemplo, a circunstância de uma das partes ter incorrido em despesas a fim de tomar conhecimento de certo facto essencial referente ao objeto do contrato não constitui entre nós causa de exclusão da ilicitude da sua conduta dolosa consistente a induzir ou a manter em erro a contraparte quanto a esse facto, ou em dissimular o erro da contraparte: cfr. o art. 253º, nº 1, do Código Civil.

[1087] Cfr., no mesmo sentido, José de Oliveira Ascensão, *O Direito. Introdução e teoria geral*, cit., p. 491. Ver ainda António Sousa Franco, «Análise económica do Direito: exercício intelectual ou fonte de ensinamento?», *Sub judice*, 1992, pp. 63 ss. Na doutrina alemã, consultem-se Hein Kötz, «Die ökonomische Analyse des Rechts», *ZverWiss*, 1993, pp. 57 ss. (p. 70), que se pronuncia também no sentido de que a análise económica do Direito pode tornar acessíveis ao jurista novos pontos de vista, alargando a base de discussão sobre as vantagens e os inconvenientes de soluções concretas; e Horst Eidenmüller, ob. cit., pp. 414 ss. e 486 ss., para quem no sistema jurídico alemão a análise económica do Direito é em primeira linha uma teoria da legislação (*Gesetzgebungstheorie*), pois só o legislador tem legitimidade para decidir se e em que medida a eficiência económica deve ser um objetivo a prosseguir pela ordem jurídica e em que relação deve encontrar-se com objetivos concorrentes.

[1088] Neste sentido, Jorge Sinde Monteiro, «Análise económica do Direito», *BFDUC*, 1981, pp 245 ss.

[1089] *A Theory of Justice*, tradução portuguesa, por Carlos Pinto Correia, Lisboa, 1993, pp. 44 s.

minado objeto depende da respetiva natureza e de que a pluralidade de sujeitos distintos, com distintos sistemas de objetivos, é uma característica essencial das sociedades humanas, não devemos esperar que os princípios de escolha social sejam utilitaristas».

III – Seja porém como for, parece inequívoco que a maior recetividade da doutrina e da jurisprudência norte-americanas à análise económica do Direito evidencia mais um ponto de contraste entre as famílias de *Common Law* e *Civil Law*, que importa salientar: a sua diferente permeabilidade a considerações de índole utilitarista na construção das soluções jurídicas[1090]. Daqui também a sua particular relevância para a nossa disciplina.

§ 38º Conclusão

À imagem do que sucede no sistema jurídico inglês, também nos Estados Unidos o Direito se forma essencialmente a partir das decisões proferidas pelos tribunais sobre casos concretos. E também aí o Direito é entendido mais como um instrumento de resolução de litígios do que como um corpo sistemático e metodicamente ordenado de regras gerais e abstratas. Por isso puderam Holmes e outros autores norte-americanos definir o Direito como a *mera previsão* daquilo que os tribunais decidem, recusando do mesmo passo que os casos concretos houvessem necessariamente de ser julgados na base de regras pré-definidas.

Reflete-se nesta conceção do Direito o alto grau de *ativismo judiciário* que ainda hoje caracteriza o sistema jurídico norte-americano. Ativismo esse, de resto, bastante mais acentuado do que o dos tribunais ingleses. Ao que não são estranhos, entre outros fatores de que demos conta oportunamente, os seguintes: *a)* Os diferentes sistemas de recrutamento dos magistrados vigentes nos dois países (muito mais politizado o norte-americano, como vimos, do que o inglês); *b)* Os diversos regimes de controlo, por parte dos supremos tribunais, das decisões proferidas pelas instâncias (sendo aquele que é levado a cabo pelo Supremo Tribunal dos Estados Unidos muito mais limitado do que o efetuado pela Câmara dos Lordes e, agora, pelo Supremo Tribunal inglês); *c)* O divergente entendimento do *stare decisis* prevalecente nos dois países (resultante, nomeadamente, da maior abertura dos tribunais norte-americanos ao *overrruling* de precedentes); *d)* As diferentes orientações que têm vingado em Inglaterra e nos Estados Unidos em matéria de interpretação da lei (mostrando-se os tribunais ingleses, de um modo

---

[1090] Cfr. Horacio Spector, «Fairness and Welfare from a Comparative Law Perspetive«, *Chicago-Kent L.R.*, 2004, pp. 521 ss.; Kenneth G. Dau-Schmidt/Carmen L. Brun, «Lost in Translation: The Economic Analysis of Law in the United States and Europe», *Columb. J.Transnat'l.L.*, 2006, pp. 101 ss.; e Duncan Fairgrieve/Horatia Muir Watt, *Common Law et tradition civiliste*, Paris, 2006, p. 51.

geral, mais apegados ao sentido literal dos textos legais); e *e)* O distinto modo de relacionamento entre os poderes legislativo e judiciário nos dois países (sendo a ideia inglesa de *soberania do Parlamento* fundamentalmente estranha ao Direito Constitucional dos Estados Unidos, o qual se caracteriza antes, como vimos, pela instituição de um sistema de *freios e contrapesos*, mais propenso a admitir a utilização pelos tribunais de *policy reasons* na fundamentação das suas decisões)[1091].

O que não significa, evidentemente, que o Direito tenha menor relevância social nos Estados Unidos do que em Inglaterra: a demonstrá-lo aí está a latitude com que há muito se admite além-Atlântico a *judicial review* dos atos normativos emanados do poder legislativo, sem paralelo no sistema jurídico inglês.

Sob certos pontos de vista, o sistema jurídico norte-americano tem-se aliás aproximado dos sistemas europeus continentais – o que leva alguns a evitar o emprego da expressão «Direito anglo-americano»[1092], por vezes utilizada entre nós[1093]. Revela essa aproximação, por exemplo, a maior importância que a lei atualmente assume neste país como fonte de Direito e o amplo reconhecimento que nele se faz da sua relevância como instrumento de reforma social. Há, por outro lado, como se viu acima, um inequívoco esforço de sistematização e reforma do Direito de fonte jurisprudencial, nomeadamente por via das leis uniformes e dos *restatements of the law*.

A estes fenómenos estará porventura associada a mais recente formação dos Estados Unidos, assim como o menor conservadorismo da sociedade norte-americana e a sua maior propensão para a mudança. Mas a dimensão do país, a sua diversidade étnica, os desafios nele postos por um desenvolvimento acelerado e a circunstância de possuir uma economia em muitos aspetos mais dinâmica do que a inglesa contribuem também poderosamente para que seja sentida de forma mais acentuada nos Estados Unidos a necessidade de lançar mão de um instrumento de mudança social mais rápida do que a jurisprudência, como é a lei, e, de um modo geral, de racionalizar o sistema através dos referidos instrumentos normativos.

De novo deparamos – como já sucedera ao examinarmos a família jurídica romano-germânica – com diferentes cambiantes de um mesmo *approach* fundamental quanto ao Direito.

[1091] Sobre esta matéria, vejam-se, com mais desenvolvimentos, Patrick S. Atiyah, «Lawyers and Rules: Some Anglo-American Comparisons», *Southwestern L.J.*, 1983, pp. 545 ss.; e Patrick S. Atiyah/ Robert S. Summers, *Form and Substance in Anglo-American Law. A Comparative Study of Legal Reasoning, Legal Theory, and Legal Institutions*, reimpressão, Oxford, 2002, *passim*.
[1092] Cfr. Peter de Cruz, *Comparative Law in a Changing World*, cit., p. 103.
[1093] Assim, por exemplo, José de Oliveira Ascensão, *As fontes do direito no sistema jurídico anglo-americano*, cit.

Bibliografia específica

ALBERGARIA, Pedro Soares de – *Plea bargaining. Aproximação à justiça negociada nos E.U.A.*, Coimbra, Almedina, 2007.
ASCENSÃO, José de Oliveira – *As fontes do direito no sistema jurídico anglo-americano*, Lisboa, 1974.
ATIYAH, Patrick S. – «Lawyers and Rules: Some Anglo-American Comparisons», *Southwestern L.J.*, 1983, pp. 545 ss.
— e ROBERT S. SUMMERS – *Form and Substance in Anglo-American Law. A Comparative Study of Legal Reasoning, Legal Theory, and Legal Institutions*, reimpressão, Oxford, Clarendon Press, 2002.
BASEDOW, Jürgen – «Federal Choice of Law in Europe and the United States – A Comparative Account of Interstate Conflicts», *Tul. L.R.*, vol. 82, 2008, pp. 2119 ss.
BLUMENWITZ, Dieter – *Einführung in das anglo-amerikanische Recht*, 5ª ed., Munique, C. H. Beck, 1994.
BOERNER Christina – «The Institutional Backgrounds for the Field Civil Code in New York (1865) and California (1872)», *Global Jurist Advances*, vol. 1, nº 3 (2001), artigo 3 (disponível em http://www.bepress.com).
BÖHM, Ulrike – *Amerikanisches Zivilprozessrecht*, Colónia, Otto Schmidt, 2005.
BREGER, Marshall J. – «The Modern Independent Agency in the United States» *in* Dário Moura Vicente/Marshall J. Breger (orgs.), *Direito Comparado. Perspectivas Luso-Americanas*, vol. II, Coimbra, 2010, pp. 63 ss.
CALABRESI, Guido – «Some Thoughts on Risk Distribution and the Laws of Torts», *Yale L.J.*, 1961, pp. 499 ss.
— *The Cost of Accidents. A Legal and Economic Analysis*, New Haven, Yale University Press, 1970 (existe tradução espanhola, com o título *El coste de los accidentes. Análisis económico y jurídico de la responsabilidad civil*, por Joaquim Bisbal, Barcelona, Editorial Ariel, 1984).
CHAFEE Jr., Zechariah – «Do Judges Make or Discover Law?», *Proceedings of the American Philosophical Society*, 1947, pp. 405 ss.
CLARK, David, e Tugrul ANSAY (orgs.) – *Introduction to the Law of the United States*, Deventer/Boston, Kluwer, 1992.
COASE, Ronald H. – «The Problem of Social Cost», *Journal of Law and Economics*, 1960, pp. 1 ss.
COOTER, Robert, e Thomas ULEN – *Law & Economics*, 4ª ed., Boston, etc., Pearson/Addison Wesley, 2004.
CORDEIRO, António Barreto Menezes – «Sistema jurídico da Luisiana: desenvolvimentos históricos e bases dogmáticas», *Dir.*, 2013, pp. 847 ss.
DWORKIN, Ronald – *A Matter of Principle*, Cambridge, Massachussets, Harvard University Press, 1985 (existe tradução brasileira com o título *Uma questão de princípio*, por Luís Carlos Borges, São Paulo, Martins Fontes, 2000).

— *Law's Empire*, Oxford, Hart Publishing, 1998 (existe tradução brasileira com o título *O Império do Direito*, por Jefferson Luiz Camargo, São Paulo, Martins Fontes, 1999).
— *Taking Rights Seriously. New Impression with a Reply to Critics*, Londres, Duckworth, 2005.
ELLIOT, Heather – «Public Regulation in the United States: an Overview», *in* Dário Moura Vicente/Marshall J. Breger (orgs.), *Direito Comparado. Perspetivas Luso-Americanas*, vol. II, Coimbra, 2010, pp. 27 ss.
FARNSWORTH, E. Allan – *An Introduction to the Legal System of the United States*, 4ª ed., Oxford University Press USA, 2010 (por Steve Sheppard).
FIKENTSCHER, Wolfgang – *Methoden des Rechts in vergleichender Darstellung*, vol. II, *Anglo--Amerikanischer Rechtskreis*, Tubinga, J. C. B. Mohr, 1975.
FLETCHER, George P., e Steve SHEPPARD – *American Law in a Global Context. The Basics*, Nova Iorque, Oxford University Press, 2005.
FRIEDMAN, Lawrence M. – *Law in America. A Short History*, Nova Iorque, Modern Library, 2004.
— *A History of American Law*, 3ª ed., Nova Iorque, Touchstone, 2005.
GIACOMUZZI, José Guilherme – «As raízes do realismo americano: breve esboço acerca de dicotomias, ideologia, e pureza no Direito dos USA», *Direito & Justiça*, 2005, pp. 155 ss.
GIFIS, Steven H. – *Law Dictionary*, Nova Iorque, Barron, 2003.
GILMORE, Grant – *The Ages of American Law*, 2ª ed., New Haven/Londres, Yale University Press, 2014.
GREEN, Michael Steven – «Legal Realism as Theory of Law», *William and Mary Law Review*, 2005, pp. 1915 ss.
GROSSMAN, George (org.) – *The Spirit of American Law*, Boulder, Colorado, 2000.
HAMILTON, Alexander, James MADISON e John JAY – *The Federalist Papers*, Nova Iorque, Signet, 2003 (edição org. por Clinton Rossiter, com uma introdução e notas de Charles R. Kesler).
HANSON, Jon D., e Melissa R. HART – «Law and Economics», *in* Dennis Patterson (org.), *A Companion to Philosophy of Law and Legal Theory*, reimpressão, Oxford, Blackwell, 2005, pp. 311 ss.
HAY, Peter – *Law of the United States. An Overview*, 2ª ed., Munique, etc., C.H. Beck, 2005.
— *US-Amerikanisches Recht*, 6ª ed., Munique, C.H. Beck, 2015.
HOLMES, Oliver Wendell – «The Path of the Law», *Harvard L.R.*, 1897, pp. 457 ss.
— *The Common Law*, reimpressão, Boston, etc., Little, Brown & Co., 1963.
HOLTZMANN, Howard M., e Donald Francis DONOVAN – «United States», *in IHCA*, suplemento 44, Haia/Londres/Boston, Kluwer, 2005.
KAGAN, Robert A. – *Adversarial Legalism. The American Way of Law*, reimpressão, Cambridge, Massachussets, Harvard University Press, 2003.
LEITER, Brian – «Legal realism», *in* Dennis Patterson (org.), *A Companion to Philosophy of Law and Legal Theory*, reimpressão, Oxford, Blackwell, 2005, pp. 261 ss.

LLEWELLYN, Karl – *The Bramble Bush. On our Law and its Study*, Dobbs Ferry, Nova Iorque, Oceana, 1960.

LEVASSEUR, Alain A. – *Droit des États-Unis*, Paris, Dalloz, 1994.

LOBINGER, C. Sumner – «Precedent in Past and Present Legal Systems», *Mich. L. Rev.*, 1946, pp. 955 ss.

MACIEL, Adhemar Ferreira – «Restrição à admissibilidade de recursos na Suprema Corte dos Estados Unidos e no Supremo Tribunal Federal do Brasil», *O Direito*, 2006, pp. 719 ss.

MARTINEZ, Fernando Rey – «La ética protestante y el espíritu del constitucionalismo. La impronta calvinista del constitucionalismo norteamericano», *BFDUC*, 2003, pp. 225 ss.

MATTEI, Ugo – *Common Law. Il diritto anglo-americano*, Turim, UTET, 1992.

McQUILLAN, Lawrence J., e Hovannes ABRAMYAN – *U.S. Tort Liability Index. 2010 Report*, São Francisco, Pacific Research Institute, 2010.

VON MEHREN, Arthur Taylor – *The U.S. Legal System: Between the Common Law and Civil Law Legal Traditions*, Roma, Centro di studi e ricerche di diritto comparato e straniero, 2000.

— e Peter L. MURRAY – *Law in the United States*, 2ª ed., Nova Iorque, etc., Cambridge University Press, 2007.

MELIN, Patrick – *Gesetzesauslegung in den USA und in Deutschland*, Tubinga, Mohr Siebeck, 2005.

MERCURO, Nicholas, e Steven G. MEDEMA – *Economics and the Law. From Posner to Post--Modernism and Beyond*, 2ª ed., Princeton, Princeton University Press, 2006.

MICHAELS, Ralf – «American Law (United States)», *in* Jan M. Smits (org.), *Elgar Encyclopedia of Comparative Law*, 2ª ed., Cheltenham, Reino Unido/Northampton, Estados Unidos, 2012, pp. 75 ss.

MILLS, Alex – «Federalism in the European Union and the United States: Subsidiarity, Private Law and the Conflict of Laws», *University of Pennsylvania Journal of International Law*, 2010.

MOREIRA, José Carlos – «A Suprema Corte Norte-Americana: um modelo para o mundo?», *RBDC*, 2004, pp. 33 ss.

OPELLO Jr., Walter C., e Lorrie A. CLEMO – «Organização e funcionamento do Congresso dos Estados Unidos», *Cadernos de Ciência e Legislação*, nº 6, janeiro/março 1993, pp. 45 ss.

PODGOR, Ellen S., e John F. COOPER (orgs.) – *Overview of U.S. Law*, s.l., Lexis Nexis, 2009.

POSNER, Richard A. – *Economic Analysis of Law*, 5ª ed., Nova Iorque, Aspen, 1998.

POTTER, Mary Lane – «The "Whole Office of the Law" in the Theology of John Calvin», *Journal of Law and Religion*, 1985, pp. 117 ss.

POUND, Roscoe – «Puritanism and the Common Law», *American Law Review*, 1911, pp. 811 ss.

— *An Introduction to the Philosophy of Law*, reimpressão, New Haven/Londres, Yale University Press, 1982 (originariamente publicado em 1922).
— *The Spirit of the Common Law*, reimpressão, New Brunswick, New Jersey, Transaction Publishers, 1999 (originariamente publicado em 1963).
RAWLS, John – *A Theory of Justice*, Cambridge, Massachussets, Harvard University Press, 1971 (existe tradução portuguesa, com o título *Uma teoria da justiça*, por Carlos Pinto Correia, Lisboa, Editorial Presença, 1993).
SCALIA, Antonin – *A Matter of Interpretation. Federal Courts and the Law* (com comentários de Amy Gutmann, Gordon S. Wood, Laurence H. Tribe, Mary Ann Gordon e Ronald Dworkin), Princeton, Princeton University Press, 1997.
— *Scalia Speaks. Reflections on Law, Faith, and Life Well Lived*, organizado por Christopher J. Scalia e Edward Whelan, Nova Iorque, Crown Forum, 2017
— e Bryan A. GARNER – *Reading Law: The Interpretation of Legal Texts*, St. Paul, Minesota, West, 2012.
SCHACK, Haimo – *Einführung in das US-amerikanische Zivilprozessrecht*, 3ª ed., Munique, C.H. Beck, 2003.
SHERMAN, Edward F. – «Class Actions After the Class Action Fairness Act of 2005», *Tulane L.R.*, 2006, pp. 1593 ss.
SCOLES, Eugene F., Peter HAY, Patrick J. BORCHERS e Symeon C. SYMEONIDES – *Conflict of Laws*, 4ª ed., St. Paul, Minesota, Thomson/West, 2004.
STEVENS, John Paul – *Five Chiefs. A Supreme Court Memoir*, Nova Iorque/Boston/Londres, Little, Brown and Company, 2011.
SUMMERS, Robert S. – «Statutory Interpretation in the United States», *in* D. Neil MacCormick/Robert S. Summers (orgs.), *Interpreting Statutes. A Comparative Study*, Aldershot, etc., Dartmouth, 1991, pp. 407 ss.
SYMEONIDES, Symeon C., Wendy COLLINS PERDUE e Arthur T. VON MEHREN – *Conflict of Laws: American, Comparative, International*, St. Paul, Minesota, West, 1998.
THAMAN, Stephen C. – «Plea-Bargaining, Negotiating Confessions and Consensual Resolution of Criminal Cases», *EJCL*, vol. 11.3 (2007).
THOMPSON, David C. e Melanie F. WACHTELL – «An Empirical Analysis of Supreme Court Certiorari Petition Procedures: The Call for Response and the Call for the Views of the Solicitor General», *Geo. Mason L. Rev.*, vol. 16, nº 2 (2009), pp. 237 ss.
TOCQUEVILLE, Alexis de – *De la démocratie en Amérique* (tradução portuguesa, por Carlos Monteiro de Oliveira, com o título *Da democracia na América*, Cascais, Principia, 2001).
TOOBIN, Jeffrey – *The Nine. Inside the Secret World of the Supreme Court*, Nova Iorque, Anchor Books, 2007.
VANCE, Sarah S. – «A Primer on the Class Action Fairness Act of 2005», *Tul. L.R.*, 2006, pp. 1617 ss.

VANDEVELDE, Kenneth J. – *Thinking Like a Lawyer. An Introduction to Legal Reasoning*, 2ª ed., Boulder (Colorado), Westview, 2011.
VICENTE, Dário Moura, e Marshall J. BREGER (coordenadores) – *Direito Comparado. Perspectivas Luso-Americanas – Comparative Law. Portuguese-American Perspectives*, Coimbra, Almedina, vol. I, 2006; vol. II, 2010; vol. III, 2016.
YOUNGER, Richard D. – «Grand Juries and the American Revolution», *The Virginia Magazine of History and Biography*,1955, pp. 257 ss.

Bases de dados específicas

http://www.abanet.org (American Bar Association)
http://www.adr.org (American Arbitration Association)
http://www.ali.org (American Law Institute)
http://www.findlaw.com (Findlaw)
http://www.firstgov.gov (Governo dos Estados Unidos)
http://www.gpo.gov/uscode (United States Code)
http://www.house.gov (Câmara dos Representantes)
http://www.law.com (Law.com)
http://www.law.cornell.edu (Legal Information Institute)
http://www.lawsource.com/also (American Law Sources Online)
http://www.lexis-nexis.com (Lexis-Nexis)
http://www.loc.gov/law/guide/index.html (Library of Congress/Guide to Law Online)
http://www.lonang.com (The Laws of Nature and Nature's God)
http://www.senate.gov (Senado)
http://www.supremecourtus.gov (Supreme Court of the United States)
http://www.thomas.loc.gov (The Library of Congress)
http://www.uscode.house.gov (United States Code)
http://www.uscourts.gov (United States Courts)
http://www.westlaw.com (Westlaw)
http://www.whitehouse.gov (Casa Branca)

Capítulo IV
A família jurídica muçulmana

§ 39º Âmbito e importância do conhecimento do Direito muçulmano

a) O âmbito pessoal do Direito muçulmano
A primeira nota a salientar a respeito do Direito muçulmano é a circunstância de, ao contrário do que sucede nos ordenamentos jurídicos até aqui analisados, não haver uma rigorosa correspondência entre ele e certo ou certos Estados. O Direito muçulmano não é, com efeito, um sistema jurídico de aplicação territorial, mas antes de *escopo pessoal*: trata-se do conjunto dos preceitos que regulam as condutas dos muçulmanos e as relações destes entre si, a que também se chama *Xaria*. Esta tem como bases fundamentais o livro sagrado do Islamismo – o Corão (ou Alcorão)[1094] – e as tradições relativas aos ditos e atos do profeta Maomé (a *Suna*). O Direito muçulmano é pois, essencialmente, o Direito de uma comunidade de crentes: a dos que professam o Islamismo (a *umma*).

b) **Países onde vigora**
O que acabamos de dizer não impede, todavia, a identificação de um conjunto de países em que a *Xaria* é hoje a principal fonte de Direito ou cujo Direito, ainda que de outras fontes, é fortemente influenciado pelos valores muçulmanos. São os sistemas jurídicos desses países que integram a denominada *família jurídica muçulmana*. Entre eles inclui-se a generalidade dos países árabes do Médio Oriente (a Arábia Saudita, o Bahrain, os Emiratos Árabes Unidos, o Iémen, a Jordânia,

---

[1094] Podem consultar-se, em língua portuguesa, as traduções de José Pedro Machado, *Alcorão*, Lisboa, 1980 (com prefácio de Suleiman Valy Mamede), e de Américo Carvalho, *Alcorão*, 3ª ed., Mem Martins, vol. I, 2002; vol. II, 2003 (com introdução e notas de Suleiman Valy Mamede). Existe também uma versão bilingue, em árabe e português, com o título *O Sagrado Al-Corão*, publicada em Tilford, 1988.

o Kuwait, o Oman, o Qatar, a Síria, etc.), bem como vários países africanos (v.g. a Argélia, o Egito, a Guiné, a Líbia, Marrocos, o Quénia, a Tunísia, a Nigéria, o Senegal, a Somália e o Sudão) e asiáticos (o Afeganistão, a Indonésia, o Irão, o Paquistão, etc.). O que significa que, de Dacar a Jacarta, aproximadamente mil e trezentos milhões de pessoas – ou seja, mais de um sexto da população mundial –, repartidas por cerca de cinquenta países, vivem atualmente sob a égide do Direito muçulmano.

O Direito destes países não se cinge todavia à *Xaria*: há também neles, como se verá a seguir, Direito de outras fontes. O *Direito muçulmano* (religioso e essencialmente uniforme) não se confunde, por isso, com o *Direito dos países muçulmanos* (em parte laico e variável de país para país), nem com a *família jurídica muçulmana* (integrada pelos sistemas jurídicos dos países onde vigora Direito muçulmano).

É, por outro lado, possível autonomizar nesta família jurídica dois grupos fundamentais de sistemas jurídicos: por um lado, aqueles que se caracterizam por um certo integrismo, nos quais a *Xaria* determina de forma muito acentuada a vida pessoal, familiar, económica e cívica dos muçulmanos (estão neste caso os Direitos da Arábia Saudita, dos Emiratos Árabes Unidos, do Iémen e do Irão, entre outros); por outro, os sistemas de caráter híbrido, que conjugam a *Xaria* com importantes elementos resultantes da influência romano-germânica (como a Argélia, o Egito, o Líbano, Marrocos, a Tunísia, etc.) ou de *Common Law* (casos da Nigéria, em África, e do Paquistão, do Bangladeche e da Malásia, na Ásia).

Note-se ainda que não faz parte da família jurídica muçulmana a Turquia, que nos anos 20 do século passado aboliu oficialmente no respetivo território o Direito muçulmano e recebeu na sua ordem jurídica o Código Penal italiano, o Código Comercial alemão e os Códigos Civil e das Obrigações suíços, no quadro da laicização do país então empreendida sob o impulso de Mustafá Kemal Atatürk (1881-1938), fundador e primeiro presidente da república turca.

c) Importância do seu conhecimento

Por várias ordens de razões se nos afigura importante o conhecimento do Direito muçulmano pelos juristas ocidentais em geral e pelos portugueses em particular.

Em primeiro lugar, porque numa época, como a presente, por alguns dita de *conflito de civilizações*[1095], se torna especialmente relevante (concorde-se ou não com essa tese[1096]) o conhecimento dos valores que inspiram a civilização islâmica,

---

[1095] Ver Samuel P. Huntington, *O choque das civilizações e a mudança na ordem mundial*, cit., especialmente pp. 213 ss.

[1096] Para uma crítica do *civilizational approach* a respeito dos conflitos mundiais, veja-se Amartya Sen, *Identity and Violence. The Illusion of Destiny*, Londres, 2006, especialmente pp. 40 ss.

entre os quais sobressaem aqueles que estão na base do Direito muçulmano, o qual constitui uma das principais realizações dessa civilização.

Em segundo lugar, porque os tribunais europeus são hoje frequentemente chamados a aplicar Direito muçulmano[1097]: é o que acontece, nomeadamente, quando lhes cabe decidir, ao abrigo da lei da nacionalidade[1098], questões pertinentes ao estatuto pessoal dos imigrantes muçulmanos, que presentemente afluem em grande número à Europa ocidental[1099]. Aliás, mesmo à margem da atividade forense, os juristas europeus são amiúde confrontados, mercê da intensificação das relações económicas da Europa com os países muçulmanos, com a necessidade de determinarem e interpretarem o Direito desses países.

Em terceiro lugar, porque da cultura portuguesa fazem parte importantes elementos islâmicos, entre os quais se inclui o Direito muçulmano, que vigorou em Portugal, tanto na metrópole como nas possessões ultramarinas, durante vários séculos[1100]. O seu desconhecimento necessariamente representa, por isso, uma lacuna na formação do jurista. Não serão por certo muitos os vestígios deixados pelo Direito muçulmano na ordem jurídica portuguesa, que em vários aspetos se revela até profundamente diversa dele. Mas também por isso tem interesse conhecer o Direito muçulmano: ele permite compreender melhor o que há de essencial no Direito pátrio.

[1097] Sobre os problemas postos por essa aplicação, vejam-se David Pearl, *The application of Islamic law in the English courts*, s.l., 1995 (disponível em http://library.cornell.edu); Ali Mezghani, «Le juge français et les institutions du droit musulman», *Clunet*, 2003, pp. 721 ss.; Sami Aldeeb Abu-Sahlieh, «Droit musulman de la famille et des successions en Suisse», *RCDIP*, 2007, pp. 491 ss.; Maria del Pilar Diago, «La *Kafala* islámica en España», *CDT*, vol. 2, nº 1 (março de 2010), pp. 140 ss.; e Rex Ahdar/ Nicholas Aroney (orgs.), *Shari'a in the West*, Oxford, 2010.

[1098] Para a qual remetem entre nós o art. 31º, nº 1, do Código Civil e em vários outros países regras homólogas de Direito Internacional Privado. Vide, sobre o ponto, o nosso «Lei pessoal das pessoas singulares», *S.I.*, tomo L, maio/agosto 2001, nº 290, pp. 125 ss. (reproduzido *in Direito Internacional Privado. Ensaios*, vol. I, Coimbra, 2002, pp. 61 ss.) e a demais bibliografia aí citada.

[1099] Em 2010, o número de muçulmanos residentes na Europa ascendia a cerca de 43,5 milhões, estimando-se que até 2050 esse número passe para 70,9 milhões, representando 10,2% da população total. Cfr. Pew Research Center (org.), *The Future of World Religions: Population Growth Projections 2010-2050*, Washington, D.C., 2015.

[1100] Sobre o Direito muçulmano em Portugal, *vide* Mário Júlio de Almeida Costa, *História do Direito Português*, 3ª ed., Coimbra, 1996, pp. 149 ss.; Ruy de Albuquerque/Martim de Albuquerque, *História do Direito português*, vol. I, 9ª ed., Lisboa, 1998, pp. 382 ss.; Marcello Caetano, *História do Direito português (sécs. XII-XVI)*, 4ª ed., Lisboa/São Paulo, 2000, pp. 111 ss.; e José Duarte Nogueira, «Antecedentes do Direito português. Um ensaio de sistematização», *in Estudos em honra de Ruy de Albuquerque*, vol. I, Lisboa, 2006, pp. 737 ss (pp. 755 ss.).

§ 40º Génese e evolução

a) O Islamismo

O Islamismo (tal como o Judaísmo) é uma religião que não se distingue, formal e substancialmente, de outros aspetos da vida em sociedade, entre os quais o Direito: como dissemos, é no livro sagrado do Islão que se contêm alguns dos preceitos fundamentais do Direito muçulmano. Este é, no dizer do eminente orientalista Joseph Schacht (1902-1969)[1101], o *epítome* do pensamento islâmico: a manifestação mais característica do modo de vida dos muçulmanos ou o próprio cerne do Islão. Mais do que o dogma, terá sido o Direito que determinou a unidade e a originalidade da civilização islâmica[1102]. Importa, por isso, ter presentes as circunstâncias históricas em que se gerou o Islamismo[1103].

Segundo a tradição islâmica, recolhem-se no Corão as revelações feitas por Deus, através do anjo Gabriel, a Maomé (Muhammad), o qual as terá depois recitado aos seus discípulos: a palavra árabe *qor'ân* significa precisamente recitação[1104]. Maomé viveu na Península Arábica entre aproximadamente 570 e 632 d.C. Foi chefe político e religioso, principalmente em Meca e Medina, cidades da atual Arábia Saudita. Procurou unir as tribos árabes nómadas do seu tempo numa comunidade de crentes num Deus único cujos membros perfilhassem o ideal de vida que veio a ser expresso no Corão. Teve nisso inegável êxito, pois em poucos anos logrou converter à sua fé primeiramente os habitantes de Medina, depois os de Meca e finalmente os de toda a Península Arábica. Para tanto, terá contribuído a simplicidade da religião por si criada, dita «sem mistérios nem ministros», a qual assenta em cinco pilares: a crença num Deus único, Alá, de que Maomé foi o mensageiro; a oração cinco vezes por dia; o jejum durante o Ramadão; a esmola aos pobres; e a peregrinação a Meca ao menos uma vez na vida.

Após a morte de Maomé, deu-se uma notável expansão dessa religião, assim como do poderio militar e político muçulmano, que, menos de um século mais tarde (em 711), chegaram à Península Ibérica e aqui permaneceram durante largo período de tempo, deixando traços indeléveis na cultura nacional[1105].

[1101] Cfr. *An Introduction to Islamic Law*, reimpressão, Oxford, 1982, p. 1; idem, «Islão», *Enciclopédia Verbo Luso-Brasileira de Cultura, Edição Século XXI*, vol. 16, Lisboa/São Paulo, 2000, col. 249.

[1102] Cfr., neste sentido, Y. Linant de Bellefonds, *Traité de droit musulman comparé*, vol. I, Paris/Haia, 1965, p. 17.

[1103] Ver, para mais desenvolvimentos sobre este tema, Hans Küng, *Islão. Passado, presente e futuro* (tradução portuguesa por Lino Marques), Lisboa, 2010; e Abdullah Saeed, *Introdução ao pensamento islâmico* (tradução portuguesa por Marcelo Felix), Lisboa, 2010.

[1104] Ver A. T. Welch, «Al-Kuran», in *The Encyclopaedia of Islam. New Edition*, vol. V, Leida, 1986, pp. 400 ss.; Maxime Rodinson, *Mahomet*, 4ª ed., Paris, 1994, p. 110.

[1105] Acerca da presença muçulmana em Portugal, *vide* David Lopes, «O domínio árabe», in Damião Peres/Eleutério Cerdeira (diretores), *História de Portugal*, vol. I, Barcelos, 1928, pp. 389 ss.; José

No século XV, uma nova vaga de conquistas militares levou à queda do Império Romano do Oriente, consumada em 1453 com a conquista de Constantinopla pelos turcos otomanos. Deu-se então a ocupação de vastos territórios do sudeste europeu pelos muçulmanos. Em todos esses territórios se formaram comunidades em que prevaleceu até hoje o Islamismo: foi o que sucedeu, por exemplo, em certas regiões da antiga Jugoslávia (como a Bósnia e o Kosovo), na Albânia e na Bulgária. Também na África e na Ásia o Islamismo singrou, chegando a Moçambique, na África subsariana, e a Timor, no continente asiático. Tirando, porém, o período inicial, em que se cingia à Península Arábica, o Islão jamais logrou unificar-se num único Estado[1106].

b) O cisma entre Sunismo e Xiismo

Poucos anos depois da morte de Maomé, deu-se no Islão o cisma que conduziria à formação das duas principais seitas que ainda hoje o dividem: a sunita e a xiita. A primeira integrou originariamente os partidários da dinastia omíada (*Umayyad*), que, na sequência da deposição do quarto califa, Ali (599-661), primo e genro do profeta, governou a partir de Damasco a comunidade islâmica entre 661 e 750; a segunda, os opositores aos novos soberanos, para quem a autoridade doutrinal e política cabia por direito divino exclusivamente aos descendentes de Maomé através de Fátima (c. 605-632), sua filha, e Ali (a palavra «xiita» provém justamente de *shi'at Ali*, ou seja, partidário de Ali), não podendo o califa, por conseguinte, ser escolhido por eleição, como entendem os sunitas. Estes constituem hoje a maioria (cerca de noventa por cento) dos muçulmanos; os xiitas são minoritários na generalidade dos países islâmicos (correspondendo a cerca de dez por cento dos crentes), mas são maioritários no Irão.

O entendimento que estas seitas têm das fontes do Islão, inclusive as jurídicas, é divergente. Para os sunitas, o Islamismo funda-se no Corão e na tradição relativa às falas e aos atos do profeta (a *Suna*); é, pois, essencialmente a estas fontes que os muçulmanos devem obediência. Já para os xiitas a fixação do teor do Direito islâmico coube igualmente aos doze imãs (chefes supremos) que, depois de Ali, sucederam a Maomé. Aliás, apenas são tidas como autênticas pelo xiismo as tradições sobre a conduta do profeta que houverem sido transmitidas por um membro da família deste ou pelos imãs, sendo também vinculativo para os crentes o exemplo destes.

Mattoso (coordenador), *História de Portugal*, vol. I, s.l., 1992, pp. 362 ss.; e Adalberto Alves, *Portugal. Ecos de um passado* árabe, s.l., 1999, especialmente pp. 52 ss.
[1106] Ver, sobre o tema, Albert Hourani, *A History of the Arab Peoples*, Londres, 2002, especialmente pp. 83 ss.

c) Principais fases da evolução do Direito muçulmano

Na evolução do Direito muçulmano é possível distinguir quatro fases principais[1107]:

Formação – A formação do Direito muçulmano é contemporânea do surgimento do Islamismo, tendo-se dado entre os séculos VII e IX. Primeiro, através da redução a escrito das fontes da *Xaria*; depois, pela sistematização do Direito levada a cabo por especialistas a partir dessas fontes.

Estabilização e disseminação – No século X, o Direito muçulmano encontra-se definitivamente fixado, ao menos para os sunitas. Até ao século XVIII, inclusive, é aplicado em todo o mundo muçulmano, posto que com diferentes graus de intensidade, sendo complementado por costumes locais. Os momentos áureos desta fase coincidem com o apogeu do Império Otomano, no século XV, e do Império Mongol, no século XVII.

Declínio – Nos séculos XIX e XX, com a ocupação por potências europeias de vários países islâmicos e a maior abertura destes às trocas económicas com o mundo ocidental, dá-se uma mutação no Direito desses países, nomeadamente por via da adoção de codificações inspiradas nas europeias (posto que nalguns casos as mesmas incorporem a tradição muçulmana). Foi o que sucedeu, por exemplo, no Império Otomano (que se dotou de um Código Comercial em 1850 e de um Código Penal em 1858, ambos decalcados dos códigos franceses), no Egito (que adotou um Código Civil de modelo francês em 1875 e outro de caráter híbrido em 1948) e no Irão (cujo Código Civil data de 1927). Ocorre concomitantemente um certo retraimento da *Xaria*, que em muitos países passa a cingir-se à regulação das relações familiares e sucessórias. Este declínio do Direito muçulmano coincide, em parte, com o próprio declínio da civilização islâmica, fruto de diversos fatores entre os quais se destacam a dominação estrangeira e a ausência de uma verdadeira industrialização (para além da que foi induzida pela exploração dos hidrocarburetos e de outros recursos naturais). O Islão entra, neste período, no chamado *terceiro mundo*.

Renascimento – A partir da crise petrolífera de 1973, abre-se uma nova fase no Direito muçulmano, dita de *renascimento* ou *retorno à Xaria*. Este foi propiciado pela tomada de consciência pelos povos muçulmanos do seu novo poderio económico, derivado do aumento exponencial dos preços do petróleo então ocorrido. Para ele contribuiu também o ressentimento causado pela derrota árabe na *guerra dos seis dias* travada em 1967 com Israel, pela ocupação israelita de territórios palestinianos e do Líbano, pela guerra do Golfo e pela ocupação militar

---

[1107] Sobre a História do Direito muçulmano, consultem-se, em especial, Joseph Schacht, *An Introduction to Islamic Law*, cit.; Noel J. Coulson, *A History of Islamic Law*, reimpressão, Edimburgo, 2004; e Wael B. Hallaq, *The Origins and Evolution of Islamic Law*, Cambridge, 2005.

estrangeira do Afeganistão e do Iraque subsequente ao 11 de setembro de 2001. Esse renascimento tem-se traduzido numa revalorização da conceção de vida própria do Islão e numa «reislamização» do Direito, patente designadamente nas Constituições dos países muçulmanos que passaram a proclamar a *Xaria* como fonte primária de Direito. Nalguns desses países, este movimento desembocou no fundamentalismo islâmico, que teve como principais expressões a constituição de Estados Islâmicos (como o Irão, em 1979, e o Afeganistão, em 1990) e o apelo à *jihad* (guerra santa)[1108]. Neles é imposta uma estrita observância da *Xaria*, a par da restrição de certas liberdades cívicas (*maxime* a de expressão, por via da censura dos meios de comunicação social) e de maior rigor em matéria de costumes (traduzido, por exemplo, na imposição do uso do *chador* pelas mulheres).

§ 41º Características gerais

a) A base religiosa

Do exposto resulta já, como característica central da família jurídica muçulmana, a *índole religiosa* da fonte primordial do Direito nos sistemas que a integram. A base normativa em que assenta esta família jurídica é, na verdade, constituída por preceitos contidos num texto sagrado. Por isso se tem caracterizado o Direito muçulmano como um «Direito religioso»[1109], «um corpo de regras que dá expressão prática à fé religiosa e às aspirações dos muçulmanos»[1110] ou «uma das faces da religião do Islão»[1111].

Este ponto de vista não é hoje incontroverso, havendo, como veremos, quem prefira sublinhar o caráter doutrinal do Direito muçulmano. Seja porém como for, parece claro não existir nos países muçulmanos uma separação entre Estado, Direito e religião como a que encontramos no Ocidente[1112] e o próprio Evangelho consagra[1113]. Pelo contrário: em vários desses países o Direito é tido, no essencial, como um aspeto da religião e o Estado encontra-se, inclusive por determi-

---

[1108] Para uma reflexão recente sobre este fenómeno, veja-se Bernard Lewis, *The Crisis of Islam. Holy War and Unholy Terror*, Londres, 2004 (existe tradução portuguesa, por Margarida Periquito, com o título *A crise do Islão. Guerra santa e terror ímpio*, Lisboa, 2006).

[1109] Ver, por exemplo, Zweigert/Kötz, *Einführung in die Rechtsvergleichung*, cit., pp. 296 ss. (na tradução inglesa, cit., pp. 303 ss.).

[1110] Assim Noel Coulson, «Islamic Law», *in* John Duncan Derrett, *An Introduction to Legal Systems*, reimpressão, Nova Deli, 1999, pp. 54 ss. (p. 54).

[1111] Neste sentido, João Silva de Sousa, *Religião e Direito no Alcorão (Do Pré-Islão à Baixa Idade Média, Séc. XV)*, Lisboa, 1986, p. 19.

[1112] Sobre esta veja-se, numa ótica de comparação de Direitos, Giuseppe de Vergottini, *Diritto costituzionale comparato*, cit., vol. I, pp. 346 ss. No sentido do texto, cfr. Suleiman Valy Mamede, *O Islão e o Direito Muçulmano*, Lisboa, 1994, p. 53.

[1113] Mt., 22,21: «Dai, pois, a César o que é de César e a Deus o que é de Deus».

nação constitucional, ao serviço desta e do projeto ideológico nela assente[1114]. Ao que não será porventura alheia a circunstância de, por um lado, os sucessores de Maomé terem sido os fundadores de um Estado islâmico e de, por outro, não existir no Islão uma Igreja dotada de autonomia relativamente ao Estado como as que existem nos países ocidentais.

Esta indiferenciação de factos sociais há muito tidos por distintos na civilização ocidental reflete uma conceção singular do Direito, que diverge fundamentalmente daquela que prevalece nos sistemas jurídicos até aqui considerados[1115]; e espelharia mesmo, segundo certo entendimento, a inviabilidade da *universalização* do sentido fundamental que ao Direito pertence naquela civilização[1116].

Repare-se, com efeito, que enquanto que nos sistemas jurídicos ocidentais o Direito é visto como uma emanação da *vontade popular*, expressa diretamente (no caso do costume) ou através dos representantes do povo (no caso da lei), o Direito muçulmano é concebido como a expressão da *vontade de Deus*, «o maior dos juízes»[1117]. A ideia de soberania popular como fundamento da ordem jurídica é, pois, essencialmente alheia ao pensamento islâmico tradicional[1118].

Segundo certo ponto de vista, a *Xaria* seria, além disso, incompatível com os valores do Estado de Direito e da democracia[1119]. Mas não falta quem sublinhe

---

[1114] Não faltam porém, entre os intelectuais muçulmanos, apelos à separação destas realidades: veja-se especialmente Mohamed Charfi, *Islam et liberté. Le malentendu historique*, Paris, 1998, especialmente pp. 63 ss. e 157 ss.

[1115] Sobre o ponto, *vide* Hassan Afchar, «The Muslim Conception of Law», IECL, vol. II, cap. 1, pp. 84 ss.

[1116] Neste sentido, Castanheira Neves, «O problema da universalidade do Direito – ou o Direito hoje, na diferença e no encontro humano-dialogante das culturas», *in Digesta. Escritos acerca do Direito, do pensamento jurídico, a sua metodologia e outros*, vol. 3º, Coimbra, 2008, pp. 101 ss. (pp. 121 ss.).

[1117] Corão, 6:57, 10:109 e 95:8.

[1118] Ver, sobre o ponto, Louis Milliot/François-Paul Blanc, *Introduction à l'étude du Droit Musulman*, 2ª ed., Paris, 1987, pp. 60 ss.; Sami A. Aldeeb Abu-Sahlieh, *Introduction à la société musulmane. Fondements, sources et principes*, Paris, 2006, pp. 15 ss.; Bernard G. Weiss, *The Spirit of Islamic Law*, Atenas, Geórgia/Londres, 2006, pp. 24 ss.; Mohammad Hashim Kamali, *Principles of Islamic Jurisprudence*, 3ª ed., reimpressão, Cambridge, 2006, p. 8; e François-Paul Blanc, *Le droit musulman*, 2ª ed., Paris, 2007, p. 9.

[1119] Deste entendimento se fez eco o Tribunal Europeu dos Direitos do Homem no acórdão proferido em 31 de julho de 2001 sobre o caso *Refah Partisi (Parti de la Prosperité) et autres c. Turquie*, *in European Human Rights Reports*, vol. 35, pp. 3 ss., em que se declara: «o Tribunal reconhece que a *Xaria*, refletindo fielmente os dogmas e as regras divinas editadas pela religião, tem caráter estável e invariável. São-lhe estranhos princípios como o pluralismo na participação política ou a evolução incessante das liberdades públicas. O Tribunal salienta que, lidas conjuntamente, as declarações em causa que contêm referências explícitas à instauração da *Xaria* são dificilmente compatíveis com os princípios fundamentais da democracia, tal como estes resultam da Convenção [Europeia dos Direitos do Homem], tomada no seu todo. É difícil declarar-se simultaneamente respeitador da democracia e dos direitos do homem e sustentar um regime fundado na *Xaria*, que se demarca

que também a *Xaria* postula a subordinação do Estado a regras jurídicas; e que o constitucionalismo e a democracia são fundamentalmente condizentes com os objetivos últimos da *Xaria (maqasid al-Shari'ah)*[1120].

É também a índole religiosa do Direito muçulmano que explica o *critério personalista* em que, como referimos, assenta a delimitação do seu âmbito de aplicação: a circunstância de se tratar de Direito privativo dos muçulmanos necessariamente exclui a sua aplicabilidade aos que professam outras religiões.

b) A pluralidade das fontes

Como se disse acima, o Direito dos países cujos sistemas jurídicos se encontram integrados na família muçulmana não se cinge às regras de fonte religiosa: o Direito muçulmano convive na generalidade desses países com Direito laico de diversas fontes (*maxime* a lei e o costume), assim como com Direito religioso privativo de certas comunidades (*v.g.* a judaica e a cristã) radicadas nesses países[1121].

As relações entre o Direito religioso e o de outras fontes assumem, no entanto, diferentes cambiantes nos países muçulmanos, em razão do maior ou menor laicismo destes: nuns, essas relações são de subordinação do Direito laico à *Xaria*, com base na qual hão de inclusivamente interpretar-se os direitos fundamentais consignados na Constituição («a nação, diz-se, não pode contrariar a *Xaria*»); noutros, o Direito estadual (ao menos o de fonte constitucional) prima sobre a *Xaria*. Geralmente, porém, esta permanece a principal fonte inspiradora do Direito estadual, ao menos em matéria de estatuto pessoal; pelo que a adoção daquele não afasta necessariamente os sistemas jurídicos em causa da família jurídica muçulmana.

c) A tendencial uniformidade do Direito

Outra característica frequentemente apontada ao Direito vigente nos países muçulmanos é o seu *caráter uniforme*. O Direito muçulmano, segundo é corrente dizer-se, não varia de Estado para Estado, pois as suas fontes são as mesmas em todos os países cujos sistemas jurídicos integram a família islâmica.

nitidamente dos valores da Convenção, nomeadamente no que respeita às regras de Direito Penal e de Processo Penal, ao lugar reservado às mulheres na ordem jurídica e à sua intervenção em todos os domínios da vida privada e pública de acordo com as normas religiosas. [...] Segundo o Tribunal, um partido político cuja atuação parece visar a instauração da *Xaria* num Estado parte da Convenção dificilmente pode passar por uma associação conforme ao ideal democrático subjacente à Convenção».

[1120] Assim Mohammad Hashim Kamali, *Shari'ah Law. An Introduction,* Oxford, 2010, pp. 179 ss., 199 ss. e 223.

[1121] Haja vista, por exemplo, ao art. 3º da Constituição egípcia de 2012, que dispõe a este respeito: "Para os cristãos e judeus egípcios, os princípios do seu Direito religioso constituirão a principal fonte de regulação do seu estatuto pessoal, das questões pertinentes à sua religião e da solução dos seus líderes espirituais".

Assim é, com efeito, no essencial. Mas importa ter presente que existem no Islão divergências não despiciendas quanto ao modo de entender as fontes do Direito muçulmano.

Essas divergências resultam, em primeiro lugar, do cisma entre sunismo e xiismo. Só este último reconhece, por exemplo, o «casamento temporário» mediante o pagamento de uma remuneração à mulher, a que se chama *muta*, o qual é sancionado criminalmente entre os sunitas. Por outro lado, só os xiitas recusam validade ao casamento entre um muçulmano e uma não muçulmana[1122]. Divergem ainda substancialmente entre sunitas e xiitas as regras sobre a sucessão *mortis causa*, porquanto só para os primeiros permanecem em vigor as regras de Direito consuetudinário, anteriores ao Corão, que consagram a sucessão agnática ou patrilinear (as quais não são senão um corolário da organização tribal da sociedade muçulmana tradicional, assente nos laços de solidariedade forjados entre os descendentes de um antepassado comum pela linha masculina). Essas regras consuetudinárias são conciliadas pela doutrina sunita com as que constam do livro sagrado através da denominada «regra de ouro», de acordo com a qual os herdeiros do *de cujus* levantam primeiramente a parte da herança a que têm direito segundo o Corão, recebendo em seguida os demais parentes do sexo masculino na linha masculina, qualquer que seja o seu grau de parentesco com o defunto, os bens remanescentes. Confere-se assim aos parentes do *de cujus* pela linha masculina uma posição privilegiada na sucessão, que limita os direitos dos herdeiros do sexo feminino. Os xiitas, porém, entendem que estas regras foram revogadas pelas disposições de Direito sucessório do Corão (as quais procuraram melhorar a condição sucessória da mulher relativamente às práticas observadas à época[1123]), razão por que qualquer descendente do *de cujus*, masculino ou feminino, tem prioridade sobre os colaterais deste, excluindo da sucessão os seus irmãos e primos.

Em segundo lugar, tais divergências decorrem do surgimento no Islão sunita, ainda no período de formação do Direito muçulmano, de quatro escolas de pensamento jurídico com diferentes áreas geográficas de implantação: *a*) A *hanifita*, criada por Abu Hanifa (699-767), que foi a escola oficial do Império Otomano e prevaleceu até hoje em vários países do Médio Oriente (nomeadamente o Iraque, a Jordânia, o Líbano e a Síria), bem como entre os muçulmanos da Índia e da China; *b*) A *maliquita*, fundada por Malik ibn Anas (c. 713-795), que predomina no Norte de África (*maxime* em Marrocos, na Argélia, na Tunísia e na Líbia), bem como na África Ocidental e Central; *c*) A *xafiita*, que tem na sua origem Abdu-

---

[1122] Invoca-se para tanto o versículo 60:10 do Corão, segundo o qual: «Não retenhais as incrédulas nos laços do matrimónio!».

[1123] Vejam-se os versículos 4:11 e 4:12.

lah al-Xafi (767-820) e é especialmente relevante na África Oriental, na Arábia Meridional e no sudeste asiático; e *d)* A *hanbalita*, cujo fundador foi Ahmad ibn Hanbal (780-855) e ganhou particular relevo no século XVIII, sendo hoje a escola oficial da Arábia Saudita.

Estas quatro escolas diferem entre si, nomeadamente, quanto ao número e teor das tradições imputáveis ao profeta (cujas palavras e atos a escola xafiita valorizou mais que todas as outras). Daqui resultaram divergências importantes. É o que sucede, por exemplo, em matéria de causas de dissolução do casamento: os hanifitas restringem-nas a certos vícios originários da relação, como a incapacidade do marido para consumá-la, ao passo que os maliquitas incluem nelas diversos factos supervenientes, como o incumprimento pelo marido do dever de sustento da mulher. Por outro lado, enquanto que para os hanifitas, maliquitas e xafiitas o acordo entre os cônjuges pelo qual o marido se compromete a não tomar para si qualquer outra esposa é nulo, na medida em que contende com um direito resultante da lei divina, para os hanbalitas ele é válido, pois a regra corânica sobre a poligamia é meramente permissiva e não imperativa; consequentemente, a mulher poderá obter a dissolução do casamento com fundamento na violação desse acordo. Outro ponto de discórdia é relativo às sucessões *mortis causa*. Assim, os maliquitas sustentam que o Tesouro do Califado é herdeiro; ao passo que as restantes escolas atribuem a este tão-somente um direito de apropriação dos bens sem dono[1124].

Ora, se o próprio Direito de fonte religiosa, que constitui a base dos sistemas jurídicos muçulmanos, é variável, por maioria de razão há de sê-lo o Direito não religioso que vigora nesses sistemas jurídicos. É o que veremos a seguir.

§ 42º Fontes de Direito

a) A *Xaria*

I – Para o Islão, o Direito (*rectius*, a *Xaria*) é, como dissemos, a expressão normativa da vontade divina[1125]. Segundo a teoria jurídica clássica, existem quatro manifestações dessa vontade, que correspondem a outras tantas fontes ou «raízes» (*usul*) do Direito: a palavra de Deus vertida no Corão, a conduta exemplar do profeta (*Suna*), o consenso da comunidade islâmica (*ijma*) e a analogia (*qiyas*)[1126].

[1124] Para uma desenvolvida análise das quatro escolas, *vide* Mawil Izzi Dien, *Islamic Law. From historical foundations to contemporary practice*, Edimburgo, 2004, pp. 10 ss. Veja-se também Coulson, *A History of Islamic Law*, cit., pp. 86 ss.

[1125] Ver, sobre a *Xaria*, M. B. Hooker, «Sharia», *in The Encyclopaedia of Islam. New Edition*, vol. IX, Leida, 1997, pp. 321 ss. (com mais referências); Mohammad Hashim Kamali, *Shari'ah Law. An Introduction*, cit., *passim*.

[1126] O primeiro enunciado sistemático das fontes da *Xaria*, feito nestes moldes, parece ter sido o que consta do tratado intitulado *Risala*, datado do séc. IX, de que foi autor o mencionado jurista

Trata-se, como é bom de ver, de realidades que não se encontram no mesmo plano. No processo de determinação do conteúdo da *Xaria* (também dito *ijtihad* ou «esforço racional»[1127]), deve-se recorrer em primeiro lugar ao Corão e à *Suna* (por isso denominadas fontes primárias), se necessário com apoio no *ijma*. Só quando determinado problema não se encontra especificamente regulado no Corão ou na *Suna* pode lançar-se mão da analogia.

Deixando por ora esta última, que será examinada a propósito do método jurídico, vejamos sucintamente as restantes bases da *Xaria*.

II – Dos mais de seis mil versículos do Corão, estimam-se em aproximadamente seiscentos os que contêm regras jurídicas, pertinentes ao Direito da Família e das Sucessões, ao Direito Penal, ao Direito dos Contratos, etc. São por isso denominados *versículos jurídicos*. Neles se consagram, por exemplo, o direito de retaliação (2:178 e 179, 2:194 e 5:45); o direito do marido a divorciar-se da mulher, repudiando-a por um ato unilateral denominado *talaq* (2:228 a 232; 65:1); o prazo internupcial de quatro meses e dez dias (2:234); a proibição da usura (2:275 e 276, 3:130 e 30:39); a permissão da poligamia, podendo os homens casar com até quatro mulheres (4:3); o direito da mulher casada a receber um dote do seu marido (4:4); o direito do varão a receber em herança o dobro da mulher (4:11); o dever de obediência da mulher casada ao marido e o direito deste de a castigar se for desobediente (4:34); o dever de cumprir os contratos (5:1 e 17:34); a proibição do homicídio, a não ser por causa justa (5:32, 6:151 e 17:33); a amputação das mãos como punição do furto (5:38); o dever de cumprir os tratados (9:4); a proibição do adultério (17:32); a pena de flagelação para os adúlteros (24:2) e os que acusem mulheres castas (24:4); a reserva da intimidade (24:27, 58 e 59, e 49:12); e a não equiparação dos filhos adotivos aos naturais (33:4 e 37).

Importa todavia notar que o Corão está muito longe de constituir um código jurídico: embora se contenham nele os preceitos fundamentais do Direito muçulmano, a maior parte dos deveres de conduta nele estabelecidos apenas obriga os muçulmanos em consciência, pois não se refere às relações de cada um com os seus semelhantes, mas antes com Deus, e tem como propósito último assegurar a Salvação.

O Corão pode, em suma, ser considerado a «fonte-mãe» do Direito muçulmano[1128]; mas só por si ele não permite descobrir a solução para todos os pro-

---

árabe Al-Xafi, tido como o fundador da ciência das fontes do Direito muçulmano (*Usul al-Fiqh*). Pode ver-se uma tradução inglesa dessa obra em Majid Khadduri, *Islamic Jurisprudence. Shafi'is Risala. Translated With an Introduction, Notes and Appendices*, Baltimore, 1961, pp. 57 ss.

[1127] Cfr. J. Schacht, «Idjtihad», in *The Encyclopaedia of Islam. New Edition*, vol. III, Leida/Londres, 1971, p. 1026.

[1128] Assim, François-Paul Blanc, *Le droit musulman*, cit., p. 10.

blemas a que este tem de dar resposta. Daí a relevância que assumem as outras fontes mencionadas.

III – A *Suna* (literalmente, «o caminho percorrido») é o conjunto das regras deduzidas da conduta do profeta. Esta é atestada pelos relatos (*hadites*) feitos pelos doutores do Islão até ao século IX acerca dos ditos e ações de Maomé[1129]. É-lhe reconhecida a função de confirmar, explicitar e complementar o Corão. A imperatividade dos seus preceitos para os crentes resulta aliás deste último[1130]. O Corão tem, em qualquer caso, primazia sobre a *Suna*.

Muitos daqueles relatos são, no entanto, apócrifos, pelo que não existe consenso quanto ao seu valor como fontes da *Suna*. Levanta-se assim o problema dos critérios a observar na determinação da sua autenticidade. Também a este respeito não existe uniformidade de opiniões. Para os xiitas, por exemplo, a transmissão pelos imãs da família de Ali é tida como requisito de autenticidade dos *hadites*. Aliás, como dissemos, a própria conduta dos doze imãs e a interpretação por eles feita da revelação divina é, para o xiismo, parte integrante da *Suna*.

Os *hadites* encontram-se reunidos em diversas compilações elaboradas no século IX entre as quais sobressaem, pela reputação que granjearam quanto à genuinidade dos relatos nelas feitos acerca das práticas do Profeta, as de Muhammad al-Bukhari (810-870)[1131] e Muslim ibn al-Hajjaj (c. 821-875)[1132].

IV – O *ijma* é definido como o consenso da comunidade muçulmana – tomada esta no seu todo (*umma*), como alguns sustentam, ou restrita aos juristas qualificados (*mujtahidun*), consoante outros defendem – a respeito de qualquer questão suscitada pela interpretação ou aplicação das fontes primárias do Direito muçulmano[1133]. Na sua aceção mais restrita, o conceito possui, pois, certa afinidade com a *opinio prudentium* do Direito Romano.

A força vinculativa do *ijma* funda-se no dogma da infalibilidade da comunidade muçulmana: «A minha comunidade», terá dito Maomé, «nunca concordará

[1129] Ver G. H. A. Juynboll, «Sunna», in *The Encyclopaedia of Islam. New Edition*, vol. IX, Leida, 1997, pp. 878 ss.
[1130] Cfr. 4:59 («Ó vós que credes! Obedecei a Deus, obedecei ao Enviado e aos que têm poder entre vós!»); 4:80 («Quem obedece ao Enviado obedece a Deus»); 4:36 («Quando Deus e o Seu Enviado decretam um assunto, nem homem nem mulher crentes têm voz no Seu assunto. Quem desobedece a Deus e a Seu Enviado extravia-se de modo manifesto»).
[1131] Cfr. *Sahih Bukhari*, disponível, em tradução inglesa, em http://www.usc.edu/dept/msa.
[1132] Cfr. *Sahih Muslim*, disponível em *ibidem*.
[1133] Vide M. Bernand, «Idjma», in *The Encyclopaedia of Islam. New Edition*, vol. III, Leida/Londres, 1971, pp. 1023 ss.

num erro». Trata-se, nesta medida, de uma forma indireta de Revelação ou de um prolongamento desta.

Dado o caráter muito lacunar das fontes primárias, o *ijma* assume grande relevância na resolução das questões submetidas ao Direito muçulmano. Não falta por isso quem caracterize este último como um «caso extremo» de *Direito de juristas*[1134].

Importa todavia notar que a autoridade deste modo reconhecida aos juristas é, dado o caráter revelado do Direito muçulmano, *meramente declarativa*: trata-se, como refere Bernard Weiss, tão-só da autoridade para declarar o Direito divino, na base (segundo este autor) de uma interpretação subjetivista dos seus textos fundadores[1135].

Na força do *ijma* está também a sua principal debilidade: a exigência de consenso, muito difícil de conseguir, nomeadamente em virtude da enorme expansão da comunidade muçulmana. A fim de superarem essa dificuldade, as escolas hanifita e hanbalita admitem a formação de um *ijma* tácito nos casos em que um jurisconsulto profere uma opinião que permanece incontestada; mas reconhecem que este sempre será menos vinculativo do que o *ijma* expresso[1136].

Consideremos, a fim de exemplificar o funcionamento da figura, a proibição da usura (*riba*) contida no Corão. Esta abrange, segundo a tradição do profeta, as hipóteses em que são objeto de troca certas mercadorias (ditas *ribawi*) e ocorre uma disparidade entre os respetivos valores ou é convencionada uma dilação da sua entrega por uma das partes. A tradição especifica seis mercadorias abrangidas por esta regra: ouro, prata, trigo, cevada, tâmaras e uvas secas. As diferentes escolas do Islão divergem quanto à aplicabilidade da regra a outros bens. Num ponto, contudo, existe acordo: as regras da *riba* aplicam-se a todos os produtos alimentares suscetíveis de conservação. Tal, segundo Noel Coulson (1928-1986), o conteúdo do *ijma* neste caso[1137]. Qual a razão de ser de semelhante solução? Ela prende-se, por um lado, com a essencialidade dos géneros alimentares para o sustento das populações e, por outro, com a preocupação do Direito muçulmano em prevenir a exploração dos pobres, que facilmente poderia ocorrer nas transações tendo por objeto semelhantes bens: supõe-se que só uma pessoa necessitada aceitaria entregar uma mercadoria de valor superior à que recebeu, como compensação pelo facto de poder fornecê-la mais tarde[1138]. Não será também

---

[1134] Assim Schacht, *An Introduction to Islamic Law*, cit., pp. 5 e 209; *idem*, est. cit. na *Enciclopédia Verbo*, col. 250. Caracteriza também o Direito muçulmano como Direito de juristas (*Juristenrecht*) Paul Koschaker, *Europa und das römische Recht*, cit., p. 164.

[1135] Cfr. *The Spirit of Islamic Law*, cit., p. 113.

[1136] Cfr. Louis Milliot/François-Paul Blanc, *Introduction à l'étude du droit musulman*, cit., p. 110; Mawil Izzi Dien, *Islamic Law*, cit., p. 48.

[1137] Cfr. *A History of Islamic Law*, cit., p. 79.

[1138] Assim Frank E. Vogel, «Contract Law of Islam and the Arab Middle East», *in IECL*, vol. VII, *Contracts in General*, capítulo 7, p. 20.

alheia à referida solução a circunstância de o Direito muçulmano desconhecer uma teoria do *preço justo* como a que foi elaborada pela canonística medieval[1139].

Outros exemplos de regras fundadas no *ijma* apontados pela doutrina são a proibição do casamento entre si de avós e netos e a admissibilidade da atribuição ao avô da tutela do neto menor[1140].

Observe-se em todo o caso que apenas os sunitas atribuem ao *ijma* a qualidade de fonte da *Xaria*: os xiitas rejeitam-no como tal, pois apenas reconhecem aos Imãs a autoridade para formular novas regras e esta sobrepõe-se a qualquer convicção coletiva[1141]. Por outro lado, mesmo para os sunitas o *ijma* relevante como fonte criadora de Direito é tão-só o que se formou até ao século X. Segundo o pensamento jurídico tradicional, o Direito muçulmano fixou-se então para sempre. O *ijma* contemporâneo terá assim, quando muito, valor doutrinal ou persuasivo.

V – Podemos agora precisar um pouco melhor as características fundamentais da *Xaria*, distinguindo-a, com referência a estas, do Direito Canónico.

A *Xaria* é a palavra de Deus, revelada através do seu profeta. Tal o motivo por que a sua violação faz incorrer em sanções divinas. Já o Direito Canónico, sendo igualmente Direito de uma comunidade de crentes, tem, como notámos atrás, fontes divinas (a Sagrada Escritura e a Tradição) e humanas (entre as quais avulta o Código de Direito Canónico); a sua violação dá lugar, por isso, a sanções da Igreja, que o Código de Direito Canónico tipifica[1142]. Dada a sua natureza de Direito revelado, ninguém pode modificar a *Xaria*; nisto se distingue também do Direito Canónico, pois as leis eclesiásticas, mesmo quando visam dar expressão a regras e princípios de Direito Divino, podem ser alteradas e têm efetivamente conhecido ao longo da História importantes movimentos de renovação.

O âmbito de aplicação da *Xaria* é, como se disse, definido pela pertença dos seus destinatários à religião muçulmana. Analogamente, o Direito Canónico estabelece que é pelo batismo que o Homem é incorporado na Igreja e nela constituído pessoa, com os deveres e direitos que, atendendo à sua condição, são próprios dos cristãos[1143]. Mas a *Xaria* não se limita a reger certos aspetos da vida dos crentes, antes se refere a todas as dimensões da sua existência – das relações familiares à atividade bancária. Tem, *hoc sensu, caráter totalitário*. Já o Direito Canónico deixa ao Direito estadual um amplo espaço de regulação das relações interindi-

---

[1139] Ver, sobre o ponto, *supra*, § 14º, alínea *d*), nº III.
[1140] Cfr., neste sentido, Kamali, *Principles of Islamic Jurisprudence*, cit., pp. 252 s.
[1141] O xiismo funda-se, nesta medida, num *princípio de autoridade*, que contrasta com o *ideal de consenso* em que se inspira o sunismo.
[1142] Cfr. os cânones 1331 e seguintes.
[1143] Código de Direito Canónico, cânone 96.

viduais, consignando expressamente o direito dos fiéis a que, nas coisas da cidade terrena, lhes seja reconhecida a liberdade que compete a todos os cidadãos[1144].

Apesar dos desenvolvimentos que conheceu ao longo dos séculos, sobretudo por ação da doutrina, a *Xaria* é em larga medida um *Direito tradicionalista*: consagram-se nela certos usos e costumes já observados na Península Arábica antes do advento do Islão, os quais se mantiveram aplicáveis até aos dias de hoje, não obstante as mutações sociais entretanto ocorridas. O Direito Canónico, ao invés, foi objeto de importantes reformas, como a que ocorreu em 1983, aquando da promulgação pelo Papa João Paulo II (1920-2005) do novo Código de Direito Canónico[1145].

Finalmente, a *Xaria* caracteriza-se pelo seu *transpersonalismo*, patente na subordinação do indivíduo a fins que o superam. O Islão proclama, como se sabe, a submissão dos crentes à vontade de Deus e do seu profeta[1146]; daí aliás a origem etimológica desse termo[1147]. O seu Direito assenta, por isso, em bases exteriores ao Homem e exprime uma ética do dever em que se subalternizam os direitos subjetivos. O Homem é, para o Islão, essencialmente um *ser de deveres*. Os direitos subjetivos existem, por certo; mas tão-só na medida em que possam deduzir-se do Corão ou da Suna. Os próprios direitos fundamentais se fundam na vontade divina[1148]. Diferentemente, na conceção cristã do Direito a pessoa humana tem o primado absoluto, sendo a salvaguarda da sua dignidade a finalidade precípua do ordenamento jurídico[1149]. O Homem é, na expressão de S. Tomás de Aquino, «o que há de mais perfeito em toda a natureza» *(id quod est perfectissimum in tota natura)*[1150]. Daí que a Igreja haja elaborado a sua própria doutrina dos direitos humanos[1151], fundada exclusivamente na natureza humana e não numa revelação divina, e subordinada ao princípio, enunciado por Pio XI (1857-1939), conforme o qual «é a sociedade que existe para o Homem e não o Homem para a

---

[1144] Código de Direito Canónico, cânone 227.

[1145] Cujo cânone 5 suprimiu expressamente os costumes, quer universais quer particulares, contrários aos respetivos preceitos.

[1146] Corão, 4:59: «Ó vos que credes! Obedecei a Deus, obedecei ao Enviado e aos que têm poder entre vós! Se disputais por alguma coisa, levai-a ante Deus e ao Enviado, se é que credes em Deus e no Último Dia. Isso é melhor e de mais bela interpretação».

[1147] O qual provém do árabe *Islam*, que significa entrega à vontade de Deus: cfr. Academia das Ciências de Lisboa, *Dicionário da língua portuguesa contemporânea*, II vol., Lisboa, 2001, p. 2172. Ver também «Islam», *in The Encyclopaedia of Islam. New Edition*, vol. IV, Leida, 1978, pp. 171 ss.

[1148] Veja-se, por exemplo, a Declaração Islâmica Universal dos Direitos Humanos, de 1981, em cujo preâmbulo se pode ler: «Os direitos humanos no Islão estão firmemente enraizados na crença de que Deus, e somente Ele, é o Legislador e a Fonte de todos os direitos humanos [...]. A Declaração Islâmica Universal dos Direitos Humanos baseia-se no Alcorão e na Suna».

[1149] Cfr., sobre o ponto, *supra*, § 14º, alínea *d*).

[1150] *Summa Theologica*, parte I, questão 29, art. 3.

[1151] Expressa, designadamente, na encíclica *Pacem in Terris*, promulgada em 11 de abril de 1963 pelo Papa João XXIII, nºs 8 a 45.

sociedade»[1152]. Desta diversidade de conceções fluem importantes consequências. Daremos apenas um exemplo. O Direito muçulmano pune a apostasia com a morte[1153]; o Direito Canónico, com a excomunhão[1154]. O que significa que o Direito muçulmano, embora não imponha a fé aos não muçulmanos, não reconhece a liberdade religiosa aos crentes no Islão[1155]. Outra é, manifestamente, a perspetiva do Direito Canónico[1156].

VI – Atendendo a algumas das referidas características, já se tem aproximado a *Xaria* do Direito Natural[1157]. Supomos, no entanto, que não há verdadeira analogia entre os dois conceitos. Aquilo a que correntemente se chama Direito Natural é um critério suprapositivo de aferição da legitimidade, de aperfeiçoamento e de correção do Direito positivo: em síntese, o *dever-ser* do Direito. Ora, a *Xaria* é ela própria Direito positivo, ainda que de origem divina e com caráter revelado; as suas regras impõem-se aos Homens porque emanam da vontade de Deus. Semelhante conceção é, porém, alheia à cultura jurídica ocidental, em que germinou o conceito de Direito Natural; assim como é estranha ao pensamento jurídico islâmico a existência de leis fundadas na natureza das coisas, a que os Homens podem aceder pelo exercício da razão[1158]. Estamos, nesta medida, perante noções que exprimem mundividências radicalmente diversas.

b) **Outras fontes**

I – Além da *Xaria,* há, como se disse acima, outras fontes de Direito nos sistemas jurídicos dos países muçulmanos.

Assim, por exemplo, em vários deles (posto que não em todos) vigora uma Constituição. Esta consagra, regra geral, o Islamismo como religião oficial: é o que sucede na Arábia Saudita[1159], no Egito[1160], no Irão[1161] e na Tunísia[1162]. Várias

---

[1152] Encíclica *Divini Redemptoris,* de 19 de março de 1937, nº 29.
[1153] Trata-se de uma regra da *Suna*. Há, no entanto, quem a funde no versículo 2:217 do Corão.
[1154] Código de Direito Canónico, cânone 1364.
[1155] Neste sentido, Abu-Sahlieh, ob. cit., p. 25.
[1156] Veja-se a *Declaração Dignitatis Humanae sobre a liberdade religiosa,* aprovada pelo Concílio Vaticano II e promulgada pelo Papa Paulo VI em 7 de dezembro de 1965.
[1157] Neste sentido se pronunciam Carlos Ferreira de Almeida, «Direitos islâmicos e "Direitos cristãos"», *in Estudos em homenagem ao Prof. Doutor Inocêncio Galvão Telles,* vol. V, Coimbra, 2003, pp. 713 ss. (p. 726); e Diogo Freitas do Amaral, *Manual de Introdução ao Direito,* vol. I, cit., pp. 207 ss.
[1158] Cfr. Chafik Chehata, «Logique juridique et droit musulman», *Studia Islamica,* 1965, pp. 5 ss.; idem, «La réligion et les fondements du droit en Islam», *in Archives de philosophie du droit,* nº 18, *Dimensions religieuses du droit,* Paris, 1973, pp. 17 ss. (pp. 21 s.).
[1159] Art. 1 da Constituição de 1992.
[1160] Art. 2 da Constituição de 2012.
[1161] Art. 12 da Constituição de 1979.

Constituições desses países acolhem, além disso, a *Xaria* como principal fonte de Direito[1163]. Não surpreende, por conseguinte, que algumas delas sujeitem o exercício de certos direitos fundamentais à *Xaria* ou aos «critérios islâmicos»[1164].

II – Vários países muçulmanos dispõem atualmente de codificações e leis avulsas (*qanun wad'i*: lei estadual).

Ainda no século XIX, o Império Otomano procurou codificar o Direito muçulmano em matéria de obrigações, na linha da escola hanifita, através da denominada *Majala*[1165]. Esta foi preparada por uma comissão presidida pelo jurista Ahmed Jawdat Pasha (1822-1895) e publicada entre 1869 e 1876, tendo entrado em vigor em 1877. Manteve-se em vigor na Turquia até 1926, na Albânia até 1928, no Líbano até 1932, na Síria até 1949 e no Iraque até 1953, sendo ainda hoje aplicada na Jordânia e no Kuwait. Posteriormente, vários daqueles países adotaram codificações inspiradas na técnica jurídica europeia, com destaque para a francesa[1166]. Particularmente influente foi, neste capítulo, o Código Civil egípcio, adotado em 1948, da autoria do eminente jurista Abdel-Razzak Al-Sanhuri (1895-1971)[1167]. Nele se basearam, por exemplo, as codificações subsequentemente levadas a cabo na Líbia e na Síria.

A respeito do Direito legislado nos países muçulmanos importa, no entanto, fazer a seguinte distinção.

Nas matérias compreendidas no estatuto pessoal dos indivíduos, em que a *Xaria* logrou afirmar-se de modo mais nítido, a lei ordinária ou não existe (como sucede na Arábia Saudita, sendo que mesmo no Egito o Código Civil não abrange o Direito da Família e das Sucessões) ou apenas codifica e precisa os preceitos

---

[1162] Art. 1º da Constituição de 2014 (há todavia quem interprete esta disposição no sentido de que o Islão é nela reconhecido como a religião da Tunísia, mas não do Estado tunisino).

[1163] Cfr., *v.g.*, os arts. 23 da Constituição saudita, 2 da Constituição egípcia e 4 da Constituição iraniana.

[1164] Assim, respetivamente, os arts. 26 da Constituição saudita e 20 e 175 da Constituição iraniana; nas Constituições egípcia e tunisina não existe limitação análoga. Sobre a tutela dos direitos fundamentais nos países muçulmanos, cfr. Patrícia Jerónimo, *Os direitos do homem à escala das civilizações*, Coimbra, 2001, pp. 231 ss.

[1165] De que existe tradução francesa, por George Young, incluída no volume organizado por este autor intitulado *Corps de Droit Ottoman. Recueil des Codes, Lois, Règlements, Ordonnances et Actes les plus importants du Droit Intérieur, et Études sur le Droit Coutumier de l'Empire Ottoman*, Oxford, 1906; há também tradução inglesa, sob o título *The Mejelle. Being an English Translation of Majallahel-Ahkam-I Adliya and a Complete Code of Islamic Civil Law*, por C. R. Tyser/D. G. Demetriades/Ismail Haqqi Effendi, reimpressão da edição de 1901, Lahore (Paquistão), 1980.

[1166] Cfr. Sélim Jahel, «Code Civil et codification dans les pays du monde arabe», in *1804-2004. Le Code Civil. Un passé, un présent, un avenir*, Paris, 2004, pp. 831 ss.

[1167] O qual contou na sua feitura com a colaboração do professor de Lille Édouard Lambert, que fora Decano da Escola de Direito do Cairo até 1907.

da *Xaria*, a qual é mandada aplicar aos casos omissos, na interpretação que lhe é dada por certa escola jurídica. É o que sucede, por exemplo, em Marrocos, cujo Código da Família (*Mudawana*) de 2004[1168], embora ditado pela intenção de melhorar a condição da mulher na sociedade familiar, se manteve nesta matéria fiel à tradição muçulmana – aliás em conformidade com as orientações que o rei fixara à comissão encarregada da sua preparação, nas quais declarou que não lhe seria possível «autorizar o que Deus proibiu, nem proibir o que Ele autorizou»[1169]. Tal a razão por que se preservaram no código institutos como a poligamia e o repúdio (*talaq*). Excecionalmente, porém, a lei sobrepõe-se a esses preceitos. Foi o que sucedeu na Tunísia por força do *Código do Estatuto Pessoal* promulgado em 1956. Este, na esteira dos preceitos constitucionais tunisinos que consagraram a igualdade de direitos e deveres dos cidadãos de ambos os sexos, proibiu e sancionou criminalmente a poligamia[1170], bem como o repúdio, substituindo este último por um processo judicial de divórcio[1171]. Mas até hoje a reforma tunisina não teve repercussão generalizada nos demais países muçulmanos.

Já no domínio das relações jurídicas patrimoniais e da regulação pública da economia a relevância da lei ordinária é consideravelmente maior, visto serem mais escassos os preceitos da *Xaria* que lhes dizem respeito. As escolas sunitas reconhecem, aliás, aos governantes o poder de complementarem o Direito revelado nessas matérias com regras por si adotadas (doutrina da *siyasa shar'iyya*). Assim se compreende que alguns países muçulmanos se hajam dotado de um *Código das Obrigações e dos Contratos*, mas não de um Código Civil propriamente dito. É o caso, por exemplo, de Marrocos[1172].

De todo o modo, importa referi-lo, o advento nestes países de Direito secular em domínios tradicionalmente reservados à *Xaria* corresponde a uma inflexão fundamental nas conceções dominantes acerca do papel neles reservado

---

[1168] Reproduzido *in* Caridad Ruiz-Almodóvar (org.), *El derecho privado en los países árabes. Códigos de estatuto personal*, Granada, 2005, pp. 225 ss.

[1169] Cfr. Marie-Claire Foblets/Mohamed Loukili, «Mariage et divorce dans le nouveau Code marocain de la famille: Quelles implications pours les marocains en Europe?», *RCDIP*, 2006, pp. 521 ss. (p.524).

[1170] Art. 18: «A poligamia é proibida. Quem, estando casado, contrair casamento com outrem antes da dissolução do anterior casamento, será punível com prisão até um ano e uma multa de 240.000 Francos ou apenas uma destas sanções, ainda que o casamento não haja sido celebrado de acordo com a lei». Observe-se que, sendo um dos nubentes nacional de país que autorize a poligamia, o art. 46 do Código tunisino de Direito Internacional Privado, de 1998, estabelece que os oficiais do estado civil e os notários apenas podem celebrar o casamento se lhes for presente certificado oficial, atestando que esse nubente se encontra liberto de qualquer outro vínculo conjugal.

[1171] Art. 30: «O divórcio não pode ter lugar senão perante o Tribunal».

[1172] Cfr. *Code des obligations et contrats. Edition Franco-Arabe avec les nouvelles modifications Dahir 11/5/1995*, Rabat, s.d.

aos governantes, fruto, como observa Schacht[1173], da receção das ideias políticas ocidentais. Semelhantes conceções deparam, no entanto, em vários desses países (nomeadamente o Egito), com forte oposição das correntes integristas, para as quais ao Estado e aos seus órgãos é vedado legislar, pois só Deus pode fazê-lo através do Profeta e dos livros sagrados[1174].

III – O costume (*urf*) é de grande importância entre os povos árabes: a observância da tradição e do precedente foi durante largo período de tempo uma condição da sua sobrevivência num ambiente inóspito, pouco propício a inovações suscetíveis de perturbarem o equilíbrio precário em que assentava a vida em sociedade[1175].

Mas qual a sua relevância no quadro de um sistema jurídico dominado pelas fontes religiosas? Supomos que a eficácia do costume se exerceu por duas vias.

Por um lado, foi fonte de inspiração da *Xaria*. Os «versículos jurídicos» do Corão assentam, como se disse atrás, no Direito costumeiro observado pelos povos árabes no tempo de Maomé, eventualmente corrigido nos aspetos em que foi tido como insatisfatório (assim sucedeu, como vimos, em matéria sucessória: ao passo que o costume vigente na península Arábica no século VII consagrava a sucessão agnática, o Corão atribuiu certos direitos sucessórios às mulheres). E a própria *Suna* corresponde em parte ao costume vigente ao tempo do profeta.

Por outro lado, o costume foi (e ainda é) fonte de Direito subsidiário da *Xaria*, pelo menos entre os sunitas[1176]. Nalguns casos prima até, de facto, sobre ela: assim sucedeu, por exemplo, entre certos povos africanos, como os berberes, que conservaram certos costumes anteriores à islamização[1177]. Foi a eficácia reconhecida ao costume que permitiu dar uma resposta satisfatória às necessidades de regulação da vida quotidiana dos muçulmanos nas diferentes sociedades em que estes se integravam, consentindo-lhes que adotassem algumas das práticas observadas nessas sociedades que não estivessem em contradição com os princípios fundamentais do Islão (assim, por exemplo, admitia-se que o valor do sustento material devido pelo marido à mulher segundo o Corão variasse em função do nível de vida existente em cada sociedade). O costume tornou também possível certa atenuação do rigor da *Xaria* (designadamente no tocante à proibição do juro).

[1173] Cfr. *An Introduction to Islamic Law*, cit., p. 101.
[1174] Cfr. Sami A. Aldeeb Abu-Sahlieh, «Conflitos entre direito religioso e direito estadual em relação aos muçulmanos residentes em países muçulmanos e em países europeus», *Análise Social*, 1998, pp. 539 ss.
[1175] Neste sentido, Schacht, ob. cit., p. 17.
[1176] Cfr. Abu-Sahlieh, ob. cit., p. 137; Kamali, *Principles of Islamic Jurisprudence*, p. 370.
[1177] Cfr. J.-C. Froelich, «Droit musulman et droit coutumier», *in* Jean Poirier (diretor), *Études de droit africain et de droit malgache*, s.l., 1965, pp. 361 ss.

Não raro, o costume e a *Xaria* são aplicados, na mesma comunidade, a questões distintas e por órgãos diversos, o que facilita a sua coexistência. Não falta por isso quem sustente que o costume exerceu nos sistemas jurídicos muçulmanos uma função comparável à da *Equity* no Direito inglês[1178].

No sudoeste asiático, em particular na Malásia e na Indonésia, o costume (aí denominado *adat*) mantém igualmente grande importância como fonte de Direito nas comunidades muçulmanas, nomeadamente em matéria familiar e patrimonial[1179].

Em qualquer caso, importa frisá-lo, o costume não é, pelo menos de acordo com a doutrina clássica, fonte de Direito muçulmano, mas tão-só de Direito vigente nos países muçulmanos[1180].

Além disso, em ordem a ser vinculativo, o costume não pode violar regras imperativas do Direito escrito, como por exemplo as que consagram os direitos sucessórios das mulheres e a proibição da usura e do consumo de vinho[1181].

IV – A ciência do Direito (*fiqh*)[1182] tem um lugar preponderante na modelação dos sistemas jurídicos muçulmanos, pois boa parte das regras que os integram teve de ser deduzida pela doutrina a partir das fontes da *Xaria*, sendo o critério último de aferição da sua validade, consoante referimos, o *ijma* – o consenso dos jurisconsultos.

Com o proclamado encerramento, no século X, das portas do «esforço jurídico criador» (*ijtihad*), a doutrina teria, no entanto, segundo o pensamento sunita tradicional, passado a reger-se pelo princípio do *taqlid*[1183], conforme o qual haveria que aceitar, sem as questionar, as orientações fixadas pelos fundadores das escolas jurídicas do Islão a que nos referimos acima e pelos seus discípulos imediatos. Os juristas contemporâneos deveriam, por isso, cingir-se à exegese das regras estabelecidas por essas escolas.

Não obstante isso, a doutrina conservou, dada a exiguidade dos preceitos jurídicos do Corão e as controvérsias existentes a respeito do teor da *Suna*, um papel fundamental tanto na determinação do Direito aplicável aos casos singulares como na fixação do conteúdo das leis que visam explicitar a *Xaria*. Tal a razão

---

[1178] Cfr. Noel J. Coulson, ob. cit., pp. 5 s.

[1179] Veja-se, sobre o *adat*, a obra clássica do professor holandês Cornelis van Vollenhoven (1874-1933), *Het adatrecht van Nederlandsch-Indië*, Leiden, 1918/1931, de que existe tradução inglesa, organizada por J. F. Holleman, intitulada *Van Vollenhoven on Indonesian Adat Law*, Haia, 1981.

[1180] A questão não é, porém, pacífica na doutrina: ver G. Libson, «Urf», *in The Encyclopaedia of Islam. New Edition*, vol. X, Leida, 2000, pp. 887 s.

[1181] Neste sentido, Kamali, *Principles of Islamic Jurisprudence*, p. 374.

[1182] Sobre esta, *vide* I. Goldziher/J. Schacht, «Fikh», *in The Encyclopaedia of Islam. New Edition*, vol. II, Leida/Londres, 1965, pp. 886 ss.

[1183] Termo que literalmente significa imitação.

por que um reputado especialista lhe atribui a natureza de única fonte formal do Direito muçulmano[1184].

Não falta, aliás, quem (como os autores hanbalitas e xiitas) admita a legitimidade do exercício contemporâneo do *ijtihad* e o considere até um corolário de certas doutrinas da *Xaria*, v.g. as que se referem ao *ijma* e à *qyias*[1185]. Há, por outro, lado quem preconize o exercício do *ijtihad* pelo próprio Estado e veja um resultado dele em certas reformas legislativas, como as que foram empreendidas na Tunísia durante o consulado de Habib Bourgiba (1903-2000), as quais evidenciariam uma certa regressão do princípio do *taqlid*. A proscrição da poligamia levada a cabo neste país em 1956 fundou-se, com efeito, numa reinterpretação do Corão, que conjugou a exigência de tratamento igualitário das mulheres do polígamo consignada no livro sagrado com a inviabilidade desse tratamento nas atuais circunstâncias económicas e sociais[1186]; esta, por seu turno, legitimaria uma *presunção irrefutável* de impossibilidade de cumprimento daquele requisito[1187]. A renovação do *ijtihad* configurar-se-ia, assim, como um meio de adaptação do Direito muçulmano às novas realidades sociais[1188].

V – Terá a jurisprudência (*amal*) a natureza de fonte de Direito na família jurídica muçulmana?
Como se demonstrou acima, a *Xaria* funda-se num princípio de autoridade. Ao julgador não é, pois, consentido criar regras hierarquicamente equiparáveis às das fontes sagradas. A própria interpretação do Corão e da Suna é tarefa dos doutores do Islão, a cujas obras o juiz deve referir-se no julgamento das questões que lhe sejam presentes. Em caso de dúvida, poderá louvar-se no parecer de jurisconsultos (*muftis*)[1189], mas não elaborar por si novas soluções. A referência a decisões anteriores na fundamentação das sentenças não parece, aliás, ser comum nos tribunais dos países muçulmanos. Em rigor, os únicos precedentes que valem como fontes de Direito muçulmano são os que foram estabelecidos pelo próprio profeta e integram a Suna.

No subcontinente indiano desenvolveu-se, porém, durante o período da ocupação inglesa, um Direito híbrido, dito *anglo-maometano*, constituído por prece-

---

[1184] Ver Y. Linant de Bellefonds, *Traité de droit musulman comparé*, cit., vol. I, pp. 20 ss.
[1185] Ver sobre o ponto Kamali, *Principles of Islamic Jurisprudence*, pp. 489 ss.; idem, *Sharia'ah Law*, pp. 36 s.
[1186] Reside neste ponto a principal diferença entre a reforma tunisina e a abolição da poligamia levada a cabo na Turquia em nome da laicidade do Estado e do Direito.
[1187] Cfr. Coulson, ob. cit., p. 210; e Alhaji A. D. Ajijola, *Introduction to Islamic Law*, Nova Deli, 1989, pp. 362 ss.
[1188] Veja-se, a este respeito, Abdullah Saeed, *Introdução ao pensamento islâmico*, cit., pp. 98 ss.
[1189] Sobre estes, *vide infra*, § 45º, alínea b).

dentes estabelecidos pelos tribunais ingleses que ali funcionavam e pelo *Privy Council* inglês, aquando da aplicação por esses tribunais do Direito muçulmano[1190]. Por outro lado, nalgumas antigas colónias britânicas da África e da Ásia onde vigora Direito muçulmano, como a Nigéria e o Paquistão, os precedentes judiciais são ainda hoje tidos como fontes de Direito laico. E também nos países islâmicos francófonos há notícia da formação de regras jurisprudenciais, que complementam o *fiqh*[1191].

Ainda que não seja propriamente fonte de Direito muçulmano, a jurisprudência constitui, por conseguinte, fonte de Direito em alguns países muçulmanos.

§ 43º Método jurídico

I – A exiguidade das fontes sagradas, a necessidade de deduzir delas um grande número de regras, assim como os complexos problemas postos pela sua interpretação, integração e adaptação às novas necessidades sociais, estão na origem da importância de que se reveste no Direito muçulmano a metodologia jurídica, também dita «ciência das fontes de Direito» (*usul al-fiqh*)[1192].

Entre os modos de descoberta do Direito aplicável aos casos singulares de que a mesma se ocupa desempenha um papel fulcral a analogia (*qiyas*)[1193]. É por via dela que se dá solução a muitas situações não previstas no Corão e na Suna. Eis por que, para os sunitas, a analogia é a quarta fonte da *Xaria*, a par do Corão, da Suna e do *ijma*. Em rigor, porém, não se trata de uma fonte de Direito, mas antes, como nota Mawil Izzi Dien[1194], de «uma ferramenta lógica, utilizada pelo jurista em ordem a descobrir a norma relevante» ou, como escreve Chafik Chehata, de «uma simples operação do espírito»[1195].

A importância da analogia deriva do caráter revelado do Direito muçulmano. Aos juristas é, com efeito, vedado criar novas regras de Direito muçulmano. Mas por meio da analogia pode-se aplicar Direito revelado a situações por ele originariamente não abrangidas. A razão humana adquire desse modo um papel complementar da vontade divina na formação do Direito muçulmano. Ponto é que o resultado a que desse modo se chegue não contrarie o Corão, a *Suna* ou o

---

[1190] Ver Schacht, *An Introduction to Islamic Law*, cit., pp. 94 ss.; Coulson, ob. cit., pp. 164 ss.; M. B. Hooker, *Legal Pluralism. An Introduction to Colonial and Neo-colonial Laws*, Oxford, 1975, pp. 94 ss.; Werner Menski, *Comparative Law in a Global Context*, Cambridge, 2006, pp. 364 ss.
[1191] Cfr. Louis Milliot/François-Paul Blanc, *Introduction à l'étude du droit musulman*, cit., pp. 159 s.
[1192] Cfr., sobre esta, Mohammad Hashim Kamali, *Principles of Islamic Jurisprudence*, cit., pp. 1 ss.
[1193] Ver, sobre esta, M. Bernand, «Kiyas», in *The Encyclopaedia of Islam. New Edition*, vol. V, Leida, 1986, pp. 238 ss.
[1194] Cfr. *Islamic Law*, cit., p. 53.
[1195] Cfr. «Logique juridique et droit musulman», cit., p. 17.

ijma. A analogia é assim no Direito muçulmano a combinação da revelação com a razão humana[1196].

São tidos como elementos da analogia no Direito muçulmano: *a)* O caso previsto *(asl)* numa das fontes da *Xaria* (Corão, *Suna* ou *ijma*); *b)* O caso omisso naquelas fontes (*far*); *c)* A causa eficiente (*illah*) – ou, diríamos nós, a *ratio* – da regulação instituída para o caso previsto, expressa ou implicitamente referida num texto ou extraída dele por interpretação, a qual deverá ser também procedente no caso omisso; e *d)* A regra (*hukm*) disciplinadora do caso previsto, que será estendida ao caso omisso.

Da importância da analogia no pensamento jurídico islâmico flui uma outra característica saliente do Direito muçulmano: o seu *casuísmo*[1197]. O Direito muçulmano evoluiu, na verdade, de forma essencialmente não sistemática, por via da aplicação das regras contidas no Corão e na *Suna* a casos não previstos nestas fontes. Com a seguinte particularidade: da solução dada ao caso singular não se induz no Direito muçulmano (ao contrário do que sucede, por exemplo, na família jurídica de *Common Law*) qualquer princípio de solução válido para outros casos. O pensamento jurídico muçulmano caracteriza-se assim, quando recorre à *qiyas*, por proceder *do particular para o particular*, assimilando-se o caso omisso aos que se encontram previstos nos textos, mas sem generalizar a solução desse modo alcançada. Uma coisa são, na verdade, as regras gerais que constam dos textos sagrados; outra, completamente diferente dela, seriam regras gerais formuladas a partir desses textos. Tais regras não são admitidas no Direito muçulmano pelos motivos referidos.

Um exemplo clássico permitirá ilustrar o que acabamos de dizer. O Corão proscreve o consumo de vinho (*khamr*)[1198]. Mas nada diz sobre o consumo da substância obtida a partir da fermentação de tâmaras (*nabidh*). Ora, o vinho é proscrito por ser intoxicante: tal a causa (*illah*) dessa regra. Dado que o *nabidh* também o é, considera-se igualmente proibido. Mas daí não se infere, como regra geral, que todas as substâncias tóxicas sejam proibidas – pois se o Legislador o tivesse querido, tê-lo-ia dito expressamente, não se podendo, aliás, excluir que Ele tenha tolerado o seu consumo em certos casos. A proposição jurídica a que se chega através da analogia tem, por isso, de possuir o mesmo grau de concretização que aquela de que se partiu[1199].

[1196] *Sic*, Louis Milliot/François-Paul Blanc, *Introduction à l'étude du droit musulman*, cit., p. 117.

[1197] Sublinha também este aspeto Louis Milliot, «La pensée juridique de l'Islam», *RIDC*, 1954, pp. 441 ss. (p. 448).

[1198] 5:90: «Ó vós que credes! Na verdade, o vinho, o jogo do azar, os ídolos e a superstição são abominações provenientes da atividade de Satanás. Evitai-a! Talvez sejais bem-aventurados!».

[1199] Ver, neste sentido, Bernard Weiss, *The Spirit of Islamic Law*, cit., p. 69.

Observe-se ainda, a este propósito, que no Direito muçulmano as normas penais são, segundo o entendimento dominante, suscetíveis de aplicação analógica. A *qyias* tem nesta medida um alcance mais vasto do que a sua equivalente funcional nos sistemas jurídicos romano-germânicos.

II – Não obstante o exposto, cumpre realçar a importância contemporaneamente atribuída por alguns autores, como critérios de exercício do *ijtihad*, aos objetivos últimos ou valores prosseguidos pela *Xaria*, entre os quais se destacam a preservação da vida, da fé, do intelecto, da família e da propriedade[1200].

Procura-se por esta via possibilitar o desenvolvimento do Direito muçulmano e a sua adaptação às novas necessidades da vida social, bem como a superação de um certo formalismo que preside ao pensamento jurídico muçulmano tradicional, de que o *modus operandi* da *qyias* acima descrito constitui expressão.

III – Importa, por fim, examinar a admissibilidade perante o Direito muçulmano da resolução dos casos concretos por vias não normativas. Esta tem sido preconizada por uma parte do pensamento jurídico islâmico no quadro da denominada «preferência jurídica» (*istihsan*), que possui certa analogia com a equidade dos Direitos romano-germânicos[1201]. Trata-se, com efeito, de afastar a solução decorrente da norma aplicável, preferindo-lhe outra, em ordem a evitar uma injustiça à luz dos valores tutelados pela *Xaria*. Como exemplo histórico aponta-se a decisão tomada pelo Califa Umar ibn al-Khattab (c. 584-644), que não terá aplicado a pena de amputação da mão prevista no Corão aos autores de certos furtos cometidos durante um período de fome generalizada.

A admissibilidade da *istihsan* é, porém, fortemente controvertida na doutrina. Enquanto que as escolas hanifita, maliquita e hanbalita aceitam o recurso a este modo de resolução de casos concretos, vendo nela inclusive uma «fonte subsidiária» de Direito, a escola xafiita e os jurisconsultos xiitas rejeitam-na, por a considerarem uma forma de arbítrio e um desvio ao dever de obediência a Deus e ao profeta.

Seja como for, parece claro não haver disposição expressa no Corão e na *Suna* que permita o recurso à *istihsan*[1202]. E também não terão sido muito frequentes as hipóteses em que esse recurso teve lugar. O que não significa, como já foi notado[1203], que o mesmo não pudesse ser benéfico sob o ponto de vista da adaptação do Direito muçulmano à evolução das necessidades sociais.

[1200] Cfr. Kamali, *Principles of Islamic Jurisprudence*, cit., pp. 23, 49, 164, 351 e 513 ss., com mais referências; idem, *Shari'ah Law*, cit., pp. 27 ss. e 123 ss.
[1201] Neste sentido, François-Paul Blanc, *Le droit musulman*, cit., p. 28.
[1202] Ocasionalmente, a base da *istihsan* tem sido o costume: cfr. Schacht, *An Introduction to Islamic Law*, cit., pp. 62, 155 e 157.
[1203] Cfr. Kamali, *Principles of Islamic Jurisprudence*, pp. 344 ss.

§ 44º Meios de resolução de litígios

a) Tribunais da *Xaria*

A administração da justiça nas questões de Direito Privado muçulmano coube, desde o advento do Islão, a tribunais singulares integrados por magistrados denominados cádis (do árabe *qâdi*, que significa juiz)[1204]. Estes eram originariamente nomeados e destituídos pelos imãs, califas ou governadores dentre especialistas piedosos e funcionavam normalmente nas mesquitas.

As sentenças dos cádis caracterizam-se por não serem necessariamente fundamentadas, nem suscetíveis de recurso por erro no julgamento da matéria de facto, embora possam ser revogadas pelo próprio julgador ou anuladas por outro *cádi*, se violarem ou interpretarem erradamente as regras da *Xaria* ou as que se deduzem desta através da *qiyas*. Trata-se de outra manifestação da natureza religiosa do Direito muçulmano: em virtude dela, o reconhecimento de um direito contra o que dispõe uma regra da *Xaria* constitui pecado e é por isso interdito. A noção de caso julgado não tem, por conseguinte, no Direito muçulmano o mesmo alcance que lhe foi atribuído nos Direitos ocidentais[1205].

A discricionariedade dos cádis é em todo o caso fortemente limitada pelas regras da *Xaria* sobre a prova dos factos perante eles aduzidos[1206].

Por outro lado, a jurisdição dos cádis cinge-se às questões entre muçulmanos: as populações não islamizadas sempre puderam, de um modo geral, manter as suas próprias instituições judiciárias[1207]. À *personalidade das leis*, a que acima fizemos referência, acresce assim, nos países muçulmanos, a *personalidade das jurisdições*.

b) Tribunais estaduais

Mesmo nas questões entre muçulmanos os tribunais da *Xaria* nunca terão sido, todavia, os únicos órgãos jurisdicionais competentes[1208]. Em matéria criminal e de terras, por exemplo, a competência judiciária era concorrentemente exercida por tribunais seculares denominados *mazalim*[1209].

[1204] Cfr. Émile Tyan, «La condition juridique du Kadi ou juge musulman», in AAVV, *Introduction* à *l'etude du droit comparé. Recueil d'*Études *en l'honneur d'Édouard Lambert*, vol. II, Paris, 1938, pp. *in* AAVV, *Introduction* à *l'etude du droit comparé. Recueil d'Études en l'honneur d'*Édouard *Lambert*, vol. I, Paris, 1938, pp. 126 ss.; *idem*, «Kadi», in *The Encyclopaedia of Islam. New Edition*, vol. IV, Leida, 1978, pp. 373 s.

[1205] Cfr. Émile Tyan, «L'autorité de la chose jugée en droit musulman», *Studia Islamica*, vol. XVII (1962), pp. 81 ss.

[1206] Entre as quais sobressai a que exige que o adultério da mulher seja provado através de quatro testemunhas: cfr. Corão, 24:4.

[1207] Assim sucedeu entre nós durante a ocupação árabe: ver Marcello Caetano, ob. cit., pp. 113 e 116.

[1208] Coulson, ob. cit., p. 123; *idem*, «Law and Religion in Contemporary Islam», *Hastings L. J.*, 1977/78, pp. 1447 ss.

[1209] Sobre estes, ver J. S. Nielsen, «Mazalim», *in The Encyclopaedia of Islam. New Edition*, vol. VI, Leida, 1991, pp. 933 s.

Nos séculos XIX e XX, os tribunais estaduais tenderam a substituir gradualmente os cádis em vários países muçulmanos, como a Argélia, o Egito e a Tunísia. Noutros, porém, os tribunais da *Xaria* foram entretanto restabelecidos, no quadro do referido renascimento do Direito muçulmano: assim sucedeu, por exemplo, no Irão, após a revolução de 1979, e na Nigéria, desde 1999[1210]. Noutros países ainda, os tribunais estaduais sempre coexistiram com os da *Xaria*: é o caso, por exemplo, da Arábia Saudita. A competência destes últimos tribunais cinge-se todavia às questões entre privados, com destaque para as que emergem de relações familiares. A independência do poder judiciário e dos magistrados que o integram encontra-se assegurada nas Constituições de vários Estados muçulmanos contemporâneos[1211].

Pode assim apontar-se como característica dos sistemas judiciários dos países muçulmanos o seu *caráter pluralista*. Também neste aspeto o Direito muçulmano apresenta semelhanças com o Direito medieval inglês e o seu sistema judiciário, caracterizado, como vimos, pelo binómio tribunais reais – tribunais da *Equity*.

c) **Meios extrajudiciais**

I – Assinale-se ainda, a este respeito, a relevância dos meios extrajudiciais de resolução de litígios nos sistemas jurídicos muçulmanos.

A arbitragem (*tahkim*)[1212] encontra-se prevista no próprio Corão, inclusive em matéria familiar[1213]. Neste ponto, a escritura sagrada dos muçulmanos ter-se-á de resto limitado a consagrar uma prática já difundida antes do advento do Islamismo; ao que não seria alheia a inexistência na Península Arábica, à época, de instâncias públicas responsáveis pela administração da justiça[1214]. O próprio Maomé, diz-se, atuou como árbitro (*hakam*)[1215].

[1210] Ver *infra*, § 50º, alínea *b*).

[1211] Vejam-se, por último, os arts. 168 e 170 da Constituição egípcia de 2012.

[1212] Cfr. Moktar Djebli, «Tahkim», in *The Encyclopaedia of Islam. New Edition*, vol. X, Leida, 2000, pp. 107 s.

[1213] 4:35: «E se receais que haja um rompimento entre marido e mulher, nomeai um árbitro dentre a gente dele e um árbitro dentre a gente dela. Se eles desejarem a reconciliação, Deus a efetuará entre eles». Na tradução portuguesa de Américo Carvalho encontra-se neste versículo o termo «mediador» em vez de «árbitro». A opinião dominante na escola maliquita, assim como a de vários autores de outras escolas, é porém, no sentido de que os sujeitos designados nos termos deste preceito podem também divorciar os cônjuges. A ser assim, não se tratará de simples mediadores, mas de verdadeiros árbitros. Ver, sobre o ponto, Mahdi Zahraa/Nora A. Hak, «*Tahkim* (arbitration) in Islamic Law within the Context of Family Disputes», *Arab L.Q.*, 2006, pp. 2 ss. (pp. 35 ss.).

[1214] Veja-se a descrição do modo de funcionamento da arbitragem no período pré-islâmico feita por Schacht, *An Introduction to Islamic Law*, cit., pp. 7 s.

[1215] Zahraa/Hak, est. cit., p. 5; Schacht, ob. cit., pp. 10 s.

Posteriormente, a *Majala* otomana consagrou expressamente a admissibilidade da arbitragem como meio de resolução de litígios[1216], posto que não com a mesma amplitude que o Corão[1217].

Importa notar que a arbitragem é tida pelo Direito muçulmano como um processo jurisdicional, ainda que não com os mesmos efeitos que os processos que decorrem perante os tribunais do *cádi*. Os árbitros estão por isso sujeitos ao dever de julgarem o litígio segundo a *Xaria* e têm de satisfazer os requisitos exigíveis aos cádis. A arbitragem segundo a equidade, com ampla aceitação, como vimos, na Europa continental, não é admitida nos sistemas jurídicos muçulmanos[1218].

Duas outras características sobressaem ainda no regime da arbitragem instituído pela *Xaria*: por um lado, a revogabilidade a todo o tempo da designação dos árbitros, tidos como meros representantes das partes, exceto se essa designação for confirmada por um *cádi*; por outro, a suscetibilidade de impugnação da decisão arbitral perante o *cádi*, que pode anulá-la caso ela não se conforme com a doutrina por si perfilhada. Aspeto digno de realce é outrossim o facto de o conceito de cláusula compromissória ser desconhecido no Direito muçulmano. Por isso, tanto a convenção de arbitragem como a sentença arbitral têm nele uma eficácia muito mais restrita do que nos sistemas jurídicos atrás examinados. O que, como é bom de ver, retira a este instituto muito do interesse que o mesmo possui nesses outros sistemas jurídicos.

Longe de poder ser caracterizada como um *meio alternativo* de resolução de litígios, a arbitragem é, no Direito muçulmano, tão-só de uma *forma auxiliar* de administração da justiça[1219].

Não obstante isso, a arbitragem tem atualmente grande importância nos países árabes, não apenas em matéria comercial[1220], mas também na resolução de

---

[1216] Cfr. o art. 1790, nos termos do qual: «"Thakim" (compromisso) consiste no facto de as duas partes num litígio nomearem de comum acordo um terceiro a fim de resolvê-lo. A essa pessoa chama-se "hakem" ou "muhakim"».

[1217] Ver o art. 1841, segundo o qual: «O compromisso é válido em direito privado nas ações relativas a bens».

[1218] Ver, neste sentido, E. Tyan, «Hakam», in *The Encyclopaedia of Islam. New Edition*, vol. III, Leida/Londres, 1971, p. 72.

[1219] Cfr., sobre o conceito islâmico de arbitragem, Abdul El-Ahdab, *L'arbitrage dans les pays arabes*, Paris, 1988; idem, «General Introduction on Arbitration in Arab Countries», *IHCA*, suplemento 27, Haia/Londres/Boston, 1998; idem, *Arbitration With the Arab Countries*, Haia, 1999; H. M. Fathy, «Arbitration According to Islamic Law (Sharia)», *Arab Arbitration Journal*, 2000, pp. 31 ss.; Zeyad Alqurashi, «Arbitration Under the Islamic Sharia», *Oil, Gas & Energy*, 2003; e Ali Mezghani, «Le droit musulman et l'arbitrage», *Rev. arb.*, 2008, pp. 211 ss.

[1220] Ver Samir Saleh, *Commercial Arbitration in the Arab Middle East. Shari'a, Syria, Lebanon and Egypt*, Oxford/Portland, 2006.

conflitos familiares¹²²¹. O que se deve, ao menos em parte, à modernização do regime jurídico da arbitragem entretanto empreendida nesses países, mediante leis e convenções internacionais que reforçaram a força vinculativa tanto da convenção de arbitragem (cláusula compromissória ou compromisso arbitral) como da decisão arbitral e reconheceram aos interessados certa liberdade na definição dos critérios de julgamento do mérito da causa¹²²².

O regime da arbitragem assume assim naqueles países um *caráter dualista*: ao lado da arbitragem segundo a *Xaria*, existe hoje neles uma arbitragem regida pelo Direito secular, a que podem ser submetidos não apenas os litígios entre muçulmanos, mas também os que os oponham a não muçulmanos e os litígios que sobrevenham entre estes últimos. A execução das decisões emanadas desta segunda forma de arbitragem apenas parece estar assegurada, no entanto, quando solicitada aos tribunais seculares. O pluralismo dos sistemas judiciários dos países muçulmanos, a que fizemos referência atrás, reflete-se assim no próprio funcionamento dos meios extrajudiciais de resolução de litígios.

Em alguns países ocidentais onde existem comunidades muçulmanas significativas, como o Canadá e o Reino Unido, a arbitragem tem constituído um meio importante (posto que nem sempre pacífico¹²²³) de aplicação da *Xaria* às relações entre os respetivos membros; o que é possibilitado pela circunstância de as leis de arbitragem em vigor nesses países permitirem a aplicação ao mérito da causa de Direito não estadual, não podendo ser recusado com esse fundamento o reconhecimento pelos órgãos jurisdicionais do Estado das sentenças arbitrais assim proferidas.

II – Da arbitragem distingue-se a conciliação, a que o Corão também faz referência, nomeadamente como forma de resolução de diferendos familiares¹²²⁴.

[1221] Vejam-se, por exemplo, o Decreto-Lei egípcio nº 25, de 1929, na redação dada pela Lei nº 1000, de 1985, arts. 6 e ss., e o citado Código da Família de Marrocos, arts. 82 e 94 e ss. (textos reproduzidos em Caridad Ruiz-Almodóvar, ob. cit., respetivamente a pp. 42 ss. e 225 ss.).

[1222] Foi o que sucedeu, por exemplo, no Egito, por força da Lei de Arbitragem de 1994 (revista em 1997), baseada na Lei-Modelo da CNUDCI sobre a arbitragem comercial internacional (há tradução inglesa, no *IHCA*, suplemento 36, Haia/Londres/Boston, 2002, anexo I). Na Arábia Saudita, que não ficou à margem da tendência para a modernização do regime jurídico da arbitragem, a sentença arbitral deve observar em qualquer caso as regras da *Xaria* e os regulamentos aplicáveis (cfr. a secção 39 do regulamento aprovado pelo Conselho de Ministros em 27 de maio de 1985, de que existe tradução inglesa, reproduzida *in ibidem*, suplemento 17, Haia/Londres/Boston, 1994, anexo II). A escolha pelas partes de um Direito estrangeiro só será, assim, eficaz na medida em que as suas disposições não contravenham àquelas fontes.

[1223] Ver Arsani William, «An Unjust Doctrine of Civil Arbitration: Sharia Courts in Canada and England», *Stanford Journal of International Relations*, vol. XI (2010), nº 2, pp. 40 ss.

[1224] 4:128: «E se uma mulher receia mau trato ou indiferença por parte de seu marido, não será danoso para eles que sejam reconciliados um com o outro de maneira adequada».

Dela pode resultar a composição do litígio por transação (*sulh*). Ao contrário do que vimos suceder em certos sistemas jurídicos romano-germânicos, nos países muçulmanos a conciliação não é, sob o ponto de vista do seu regime, autonomizada da mediação.

§ 45º Ensino do Direito e profissões jurídicas

a) O ensino do Direito

À pluralidade das fontes de Direito e das jurisdições incumbidas de aplicá-lo corresponde ainda, nos países muçulmanos, uma pluralidade de instituições que ministram o ensino jurídico.

O Corão é aprendido nas escolas primárias e secundárias, o que favorece ao mais alto grau a assimilação pelos jovens dos preceitos fundamentais do Direito muçulmano. Paralelamente ao ensino oficial, disseminaram-se em vários países muçulmanos instituições particulares de ensino religioso, financiadas através de donativos: as *madrassas*. As origens destas remontam pelo menos ao século XI, tendo sido durante muito tempo centros de ensino superior, inclusive jurídico[1225]. Hoje, porém, ministram ensino primário e secundário, suprindo em alguns daqueles países as carências do sistema oficial e proporcionando gratuitamente aos seus alunos uma formação de base religiosa.

Ao nível superior, o Direito é atualmente ensinado nas Faculdades de Direito das Universidades públicas[1226], que preparam os profissionais da advocacia e os magistrados judiciais. Por seu turno, as Universidades islâmicas[1227] formam os especialistas na *Xaria*, habilitando-os a exercerem funções jurisdicionais, como *cádis*, nas matérias do estatuto pessoal.

b) As profissões jurídicas

Como resulta do que se disse acima, há hoje nos países muçulmanos duas categorias de magistrados: os *cádis*, que são simultaneamente teólogos e juristas, e os magistrados laicos. Os primeiros precederam os segundos, remontando a sua existência, pelo menos, ao século VIII.

[1225] Assim por exemplo no Cairo, onde foi criada em 1886 uma Escola de Direito denominada *madrasat al-huquq*, integrada em 1925 na Universidade do Cairo como Faculdade de Direito.

[1226] Entre as quais sobressai a referida Universidade do Cairo, fundada em 1908, presentemente com mais de cem mil estudantes.

[1227] Das quais a mais antiga é a Universidade Al-Azhar, criada em 975 d.C. no Cairo, na mesquita com o mesmo nome, cujo papel no ensino e na interpretação da *Xaria* é reconhecido pelo art. 4º da Constituição egípcia de 2012. Outras instituições onde é ministrada a *Xaria* são de origem mais recente. Tal o caso, por exemplo, da Universidade Islâmica de Medina, na Arábia Saudita, e da Faculdade da *Xaria* da Universidade de Damasco, na Síria.

Uma outra categoria de juristas – os *muftis* ou jurisconsultos – tem larga tradição e autoridade nestes países. Pronunciam-se acerca de questões concretas, não raro a pedido dos tribunais e dos governos, através de pareceres ou *fatawa* (plural de *fatwa*) sem caráter vinculativo, mas frequentemente observados pelos cádis. Algumas compilações desses pareceres[1228] tornaram-se obras de referência[1229]. O desenvolvimento doutrinal do Direito muçulmano e a sua adaptação às novas necessidades sociais processou-se, aliás, largamente por via dos pareceres dos *muftis* e do seu reconhecimento pela comunidade dos especialistas.

As *fatawa* são, nesta medida, o equivalente funcional, no Direito muçulmano, das *responsa prudentium* do Direito Romano[1230]. Pode mesmo afirmar-se, à luz do que se expôs até aqui, que os jurisconsultos têm no Direito muçulmano uma influência que apenas encontra paralelo na que lhes foi reconhecida pelo *Ius Romanum*. Ambos são, como já se notou, *Direitos de juristas*.

O que não significa que neste ou em qualquer outro aspeto o Direito muçulmano, surgido muito depois do ocaso do Direito Romano clássico, tenha sido por ele diretamente influenciado. O Islão é, como se sabe, tributário da cultura ocidental em aspetos capitais: as obras fundamentais dos pensadores gregos, por exemplo, já se achavam traduzidas para árabe na Idade Média. Mas as transferências culturais assim tornadas possíveis não se estenderam ao Direito. Por duas ordens de razões: primeiro, porque os grandes monumentos da cultura jurídica romana não foram concomitantemente traduzidos para árabe; segundo, porque a fortíssima ligação entre Direito e religião no mundo muçulmano sempre teria refreado a introdução neste dos conceitos jurídicos romanos[1231].

Há ainda duas diferenças não despiciendas entre o papel dos juristas no Direito Romano e no Direito muçulmano. Por um lado, no Direito Romano a *auctoritas prudentium* coexistia com o Direito emanado dos órgãos legislativos do Estado; diferentemente, no Direito muçulmano o Estado não dispõe, ao menos na perspetiva mais ortodoxa, de poder para legislar, pelo que a autoridade dos juristas a fim de determinarem o Direito vigente não sofre, sob este ponto de

---

[1228] As quais se encontram disponíveis em bases de dados acessíveis em linha, como por exemplo http://www.fatwa-online.com, http://www.fatwa.org e http://www.islamtoday.com.

[1229] Certas *fatawa* tiveram, por outro lado, grande repercussão pública nos últimos anos. Tal o caso das que foram emitidas pelo Aiatola Khomeini, em 1989, condenando à morte o escritor Salman Rushdie, autor do livro *Os versículos satânicos*; e pelo Xeque Osama Bin Laden, em 1998, declarando constituir um dever dos muçulmanos em qualquer país o assassinato de cidadãos norte-americanos e dos seus aliados civis e militares até à libertação das mesquitas de Al-Aksa, em Jerusalém, e de Meca.

[1230] Cfr., sobre estas, *supra*, § 14º, alínea *b*).

[1231] Sobre o ponto, *vide* Gamal Mouri Badr, «Islamic Law: Its Relation to Other Legal Systems», *AJCL*, 1978, pp. 187 ss.

vista, qualquer concorrência por parte dos poderes constituídos. Por outro lado, o jurista muçulmano goza de menos liberdade nessa função do que o seu homólogo romano, uma vez que, como se sublinhou acima, no exercício do *ijtihad* lhe compete tão-somente declarar a vontade de Deus, tal como esta ressuma nos textos sagrados, sem poder modelar autonomamente o conteúdo das regras aplicáveis[1232]. A *iurisprudentia* não é por conseguinte, no Direito muçulmano, um processo autónomo de criação de normas jurídicas: ela encontra-se inteiramente subordinada à vontade divina. A sua função consiste tão-só em determinar e dar execução aos fins assinalados por Alá à sociedade muçulmana. Por isso se pode dizer que o Direito muçulmano é simultaneamente *Direito de juristas* e *Direito divino*: estas duas facetas, longe de antitéticas, são mutuamente complementares[1233].

§ 46º Conclusão

O Direito muçulmano é frequentemente descrito como um Direito religioso, de base pessoal, uniforme e imutável. No termo desta análise, importa sublinhar a índole meramente tendencial dessa caracterização. Por toda a parte, como vimos, o Direito muçulmano, assim como os tribunais especializados na sua aplicação, funcionam em articulação com fontes e tribunais seculares. Os juristas têm um papel fundamental na explicitação das suas regras e no seu desenvolvimento. A existência de diferentes seitas e escolas no Islão fragmentou-o, não raro segundo fronteiras geográficas. E a sua imutabilidade foi posta em crise por reformas legislativas fundadas numa reinterpretação do Corão. Na maior parte dos casos, o Direito muçulmano integra-se hoje em sistemas jurídicos pluralistas, não podendo a sua aplicação ser dissociada dos demais elementos que os compõem.

O panorama que deste modo se nos oferece é, pois, consideravelmente mais complexo do que aquele que de início se adivinhava. Nisso se refletem a própria complexidade das sociedades muçulmanas contemporâneas e a tensão que nelas se verifica entre o apego à tradição e as exigências da modernidade, bem como entre a aspiração à unidade do Islão e a inevitável diversidade das suas expressões concretas.

Dir-se-á assim que a fundamental dificuldade com que o Direito muçulmano hoje se defronta consiste na conciliação do seu caráter revelado, que postula a imutabilidade e a uniformidade dos seus preceitos, com a necessidade de evoluir em ordem a adaptar-se às novas necessidades das sociedades em que vigora.

É, em todo, o caso inequívoco que o Direito muçulmano, em virtude dos traços essenciais que o caracterizam, corresponde a uma conceção própria

---

[1232] Neste sentido, Bernard Weiss, «Interpretation in Islamic Law: the Theory of *Ijtihad*», *AJCL*, 1978, pp. 199 ss. (p. 201).

[1233] Neste sentido, Noel Coulson, *Conflicts and Tensions in Islamic Jurisprudence*, Kuala Lumpur, 1969, p. 19.

acerca da regulação da vida em sociedade, que difere substancialmente da que subjaz aos sistemas romano-germânicos e de *Common Law*: uma conceção assente nas ideias de soberania divina e de subordinação do Homem a Deus, as quais contrastam com as de soberania popular e de liberdade individual como fundamentos do Direito positivo, que prevalecem nestes últimos sistemas jurídicos.

Bibliografia específica

AAVV – *The Encyclopaedia of Islam. New Edition*, 11 vols., Leida, E. J. Brill, 1960/2002.

ABU-SAHLIEH, Sami A. Aldeeb – «Conflitos entre direito religioso e direito estadual em relação aos muçulmanos residentes em países muçulmanos e em países europeus», *Análise Social*, 1998, pp. 539 ss. (tradução de Carlos Ferreira de Almeida).

— *Introduction à la société musulmane. Fondements, sources et principes*, Paris, Eyrolles, 2006.

— «Droit musulman de la famille et des successions en Suisse», *RCDIP*, 2007, pp. 491 ss.

AFCHAR, Hassan – «The Muslim Conception of Law», *IECL*, vol. II, cap. 1, pp. 84 ss.

AHDAR, Rex, e Nicholas ARONEY (orgs.) – *Shari'a in the West*, Oxford, Oxford University Press, 2010.

AHMAD, Aqil – *Mohammedan Law*, 25ª edição, reimpressão, Allahabad, Central Law Agency, 2015.

AJIJOLA, Alhaji A. D. – *Introduction to Islamic Law*, Nova Deli, International Islamic Publishers, 1989.

ALMEIDA, Carlos Ferreira de – «Direitos islâmicos e "Direitos cristãos"», *in Estudos em homenagem ao Prof. Doutor Inocêncio Galvão Telles*, vol. V, Coimbra, Almedina, 2003, pp. 713 ss.

BADR, Gamal Mouri – «Islamic Law: Its Relation to Other Legal Systems», *AJCL*, 1978, pp. 187 ss.

BELLEFONDS, Y. Linant de – *Traité de droit musulman comparé*, 3 vols., Paris/Haia, Mouton & Co., 1965/1973.

BLANC, François-Paul – *Le droit musulman*, 2ª ed., Paris, Dalloz, 2007.

CAPELLER, Wanda, e Takanori KITAMURA (orgs.) – *Une introduction aux cultures juridiques non occidentales. Autour de Masaji Chiba*, Bruxelas, Bruylant, 1998.

CHARFI, Mohamed – *Islam et liberté. Le malentendu historique*, Paris, Éditions Albin Michel, 1998.

CHARLES, Raymond – *Le droit muçulman*, Paris, Presses Universitaires de France, 1982.

CHEHATA, Chafik – «Logique juridique et droit musulman», *Studia Islamica*, vol. XXIII (1965), pp. 5 ss.

COULSON, Noel J. – *Conflicts and Tensions in Islamic Jurisprudence*, Kuala Lumpur, The Other Press, 1969.

— «Islamic Law», *in* J. Duncan M. Derrett, *An Introduction to Legal Systems*, reimpressão, Nova Deli, Universal Publishing Co., 1999, pp. 54 ss.

- *A History of Islamic Law*, reimpressão, Edimburgo, Edinburgh University Press, 2004.
- «Law and Religion in Contemporary Islam», *Hastings L.J.*, 1977-1978, pp. 1447 ss.

DIAGO, Maria del Pilar – «La *Kafala* islámica en España», *CDT*, vol. 2, nº 1 (março de 2010), pp. 140 ss.

DIEN, Mawil Izzi – *Islamic Law. From historical foundations to contemporary practice*, Edimburgo, Edinburgh University Press, 2004.

DOMINGUES, J. D. Garcia – «Xaria», *in Enciclopédia Verbo Luso-Brasileira de Cultura. Edição século XXI*, vol. 29, Lisboa/São Paulo, 2003, col. 1107.

EL-AHDAB, Abdul Hamid – *L'arbitrage dans les pays arabes*, Paris, Economica, 1988 (com um prefácio de Jean Robert).
- «General Introduction on Arbitration in Arab Countries», *in IHCA*, suplemento 27, Haia/Londres/Boston, Kluwer, 1998.
- *Arbitration With the Arab Countries*, Haia, Kluwer, 1999.

EL-FADL, Khaled – "The Islamic legal tradition", in Bussani/Mattei, *The Cambridge Companion to Comparative Law*, Cambridge, 2012, pp. 295 ss.

FOBLETS, Marie-Claire, e Mohamed LOUKILI – «Mariage et divorce dans le nouveau Code marocain de la famille: Quelles implications pours les marocains en Europe?», *RCDIP*, 2006, pp. 521 ss.

FROELICH, J.-C. – «Droit musulman et droit coutumier», *in* Jean Poirier (diretor), Études de droit africain et de droit malgache, s.l., Éditions Cujas, 1965, pp. 361 ss.

HALLAQ, Wael B. – *The Origins and Evolution of Islamic Law*, Cambridge, Cambridge University Press, 2005.

HOURANI, Albert – *A History of the Arab Peoples*, Londres, Faber and Faber, 2002.

HUNTINGTON, Samuel – *The Clash of Civilizations and the Remaking of World Order*, Nova Iorque, Touchstone, 1997 (tradução portuguesa, por Henrique M. Lajes Ribeiro, com o título *O choque das civilizações e a mudança na ordem mundial*, 2ª ed., Lisboa, Gradiva, 2001).

JERÓNIMO, Patrícia – *Os direitos do homem à escala das civilizações. Proposta de análise a partir do confronto dos modelos ocidental e islâmico*, Coimbra, Almedina, 2001.

KHADDURI, Majid – *Islamic Jurisprudence. Shafi'is Risala. Translated With an Introduction, Notes and Appendices*, Baltimore, The Johns Hopkins Press, 1961.

KAMALI, Mohammad Hashim – *Principles of Islamic Jurisprudence*, 3ª ed., reimpressão, Cambridge, The Islamic Texts Society, 2006.
- *Shari'ah Law. An Introduction*, Oxford, Oneworld, 2010.

KÜNG, Hans – *Islão. Passado, presente e futuro*, tradução portuguesa por Lino Marques, Lisboa, Edições 70, 2010.

LEWIS, Bernard – *The Crisis of Islam. Holy War and Unholy Terror*, Londres, Phoenix, 2004.

MALAT, Chibli – «Comparative Law and the Islamic (Middle Eastern) Legal Culture», *in* Mathias Reimann/Reinhard Zimmermann (orgs.), *The Oxford Handbook of Comparative Law*, Oxford, 2006, pp. 609 ss.

MAMEDE, Suleiman Valy – *O Islão e o Direito Muçulmano*, Lisboa, Edições Castilho, 1994.
— Prefácio a *Alcorão*, tradução portuguesa por José Pedro Machado, Lisboa, Junta de Investigações Científicas do Ultramar, 1980.
— Prefácio a *Alcorão*, tradução portuguesa por Américo de Carvalho, 2 vols., 3ª ed., Mem Martins, Europa-América, 2002/2003.
The Mejelle. Being an English Translation of Majallahel-Ahkam-I Adliya and a Complete Code of Islamic Civil Law, traduzido por C. R. Tyser, D. G. Demetriades e Ismail Haqqi Effendi, reimpressão da edição de 1901, Lahore (Paquistão), Law Publishing Company, 1980 (com um prefácio de S. A. Rahman).
MEZGHANI, Ali – «Le juge français et les institutions du droit musulman», *Clunet*, 2003, pp. 721 ss.
— «Le droit musulman et l'arbitrage», *Rev. arb.*, 2008, pp. 211 ss.
MILLIOT, Louis – «La pensée juridique de l'Islam», *RIDC*, 1954, pp. 441 ss.
— e François-Paul BLANC – *Introduction à l'étude du Droit Musulman*, 2ª ed., Paris, Sirey, 1987.
NEUSNER, Jacob, e Tamara SONN – *Comparing Religions through Law. Judaism and Islam*, Londres/Nova Iorque, Routledge, 1999.
PEARL, David – *The application of Islamic law in the English courts*, s.l., 1995 (disponível em http://library.cornell.edu).
RODINSON, Maxime – *Mahomet*, 4ª ed., Paris, Éditions du Seuil, 1994.
RODRIGUES, Manuel Augusto – «Islamismo», *in Polis. Enciclopédia Verbo da Sociedade e do Estado*, 2ª ed., Lisboa, 1999, vol. III, cols. 777 ss.
ROSEN, Lawrence – «Equity and Discretion in a Modern Islamic Legal System», *Law & Society Review*, 1980/81, pp. 217 ss.
RUIZ-ALMODÓVAR, Caridad (org.) – *El derecho privado en los países árabes. Códigos de estatuto personal*, Granada, Editorial Universidad de Granada, 2005.
SAEED, Abdulah – *Islamic Thought: An Introduction*, Oxon, Routledge, 2006 (existe tradução portuguesa, por Marcelo Felix, com o título *Introdução ao pensamento islâmico*, Lisboa, Edições 70, 2010).
SALEH, Samir – *Commercial Arbitration in the Arab Middle East. Shari'a, Syria, Lebanon and Egypt*, Oxford/Portland, Hart Publishing, 2006 (com um prefácio de V.V. Veeder).
SCHACHT, Joseph – «A Revaluation of Islamic Traditions», *Journal of the Royal Asiatic Society*, 1949, pp. 143 ss.
— *An Introduction to Islamic Law*, reimpressão, Oxford, Clarendon Press, 1982.
— «Islão», *in Enciclopédia Verbo Luso-Brasileira de Cultura, Edição Século XXI*, vol. 16, Lisboa/São Paulo, 2000, cols. 249 ss.
SOUSA, João Silva de – *Religião e Direito no Alcorão (Do Pré-Islão à Baixa Idade Média, Séc. XV)*, Lisboa, Editorial Estampa, 1986 (com um prefácio de António Dias Farinha).
TYAN, Émile – «La condition juridique du Kadi ou juge musulman», *in* AAVV, *Introduction à l'étude du droit comparé. Recueil d'Études en l'honneur d'Édouard Lambert*, vol. II, Paris,

1938, pp. *in* AAVV, *Introduction à l'etude du droit comparé. Recueil d'Études en l'honneur d'Édouard Lambert*, vol. I, Paris, 1938, pp. 126 ss.
— «L'autorité de la chose jugée en droit musulman», *Studia Islamica*, vol. XVII (1962), pp. 81 ss.

VOGEL, Frank E. – «Contract Law of Islam and the Arab Middle East», *in IECL*, vol. VII, *Contracts in General*, capítulo 7, Tubinga, etc., Mohr Siebeck/Martinus Nijhoff, s.d.

WEISS, Bernard G. – «Interpretation of Islamic Law: The Theory of *Ijtihad*», *AJCL*, 1978, pp. 199 ss.
— *The Spirit of Islamic Law*, Atenas (Geórgia)/Londres, University of Georgia Press, 2006.

WELCHMAN, Lynn – «Islamic Law: stuck with the state?», *in* Andrew Huxley (org.), *Religion, Law and Tradition. Comparative studies in religious law*, Londres, Routledge-Curzon, 2002, pp. 61 ss.

WIECHMAN, Dennis J., Jerry D. KENDALL e Mohammad K. AZARIAN – *Islamic Law. Myths and Realities*, sl., s.d., (disponível em http://islam.about.com).

WILLIAM, Arsani – «An Unjust Doctrine of Civil Arbitration: Sharia Courts in Canada and England», *Stanford Journal of International Relations*, vol. XI (2010), nº 2, pp. 40 ss.

YOUNG, George (org.) – *Corps de Droit Ottoman. Recueil des Codes, Lois, Règlements, Ordonnances et Actes les plus importants du Droit Intérieur, et Études sur le Droit Coutumier de l'Empire Ottoman*, Oxford, Clarendon Press, 1906.

ZAHRAA, Mahdi, e Nora A. HAK – «*Tahkim* (arbitration) in Islamic Law within the Context of Family Disputes», *Arab L.Q.*, 2006, pp. 2 ss.

Bases de dados específicas

http://www.al-islam.com (Ministério dos Assuntos Islâmicos da Arábia Saudita)
http://www.al-islam.org (Ahlul Bast Digital Islamic Library)
http://www.law.harvard.edu/Faculty/vogel/courses/islamic/courses (Islamic Legal Studies Program)
http://www.library.cornell.edu/colldev/mideast (Middle East & Islamic Studies Collection)
http://www.quran.org.uk (Holy Qu'ran Resources in the Internet)
http://www.soas.ac.uk/centres/Islamiclaw/Materials.html (School of Oriental and African Studies/Centre of Islamic and Middle Eastern Law)
http://www.usc.edu/dept/msa (University of South California/Muslim Students Association)

Capítulo V
Os sistemas jurídicos africanos

§ 47º **Formação**

a) Os Direitos tradicionais africanos
Berço da humanidade, a África conheceu, muito antes da ocupação árabe e da colonização europeia, sistemas jurídicos autóctones, de fonte essencialmente consuetudinária e tradição oral, que subsistiram até aos nossos dias[1234]. As regras que os integram são uma componente significativa dos atuais Direitos africanos, no seio dos quais coexistem com outras ordens normativas. Emanam fundamentalmente das comunidades rurais, as quais são, por conseguinte, também entidades produtoras de normas jurídicas pré- ou extraestaduais. Distinguem-se não só pela fonte costumeira (que assume uma relevância sem igual em qualquer dos sistemas jurídicos atrás examinados) e pela ausência de redução a escrito, mas também pela estreita ligação à mundividência própria dos povos africanos, esta por seu turno fortemente impregnada do sentimento religioso. Dentre as suas características distintivas, de que daremos conta mais pormenorizadamente adiante, salientam-se ainda o singular comunitarismo que lhes subjaz, a valorização por elas feita da hierarquia e da autoridade no seio da família e da comunidade política e o sentido altamente diferenciador (em razão do sexo, da idade, da casta, etc.) de muitas das soluções que consagram.

b) O Direito muçulmano
Após a ocupação do Norte de África pelos povos árabes nos séculos VII e VIII, o Direito muçulmano passou a vigorar nas comunidades convertidas ao Islão

---

[1234] Cfr. P. F. Gonidec, *Les droits africains*, 2ª ed., Paris, 1976, pp. 5 ss.; Jacques Vanderlinden, *Les systèmes juridiques africains*, Paris, 1983, pp. 5 ss.

(nomeadamente, no Magrebe, as tribos berberes, que todavia conservaram em parte os seus costumes). Daí se expandiu em direção ao sul, tendo alcançado relevante expressão, por exemplo, no Senegal, na Guiné, na Nigéria (onde se concentra hoje a maior comunidade muçulmana do continente africano), no Sudão, na Somália e no Quénia. Vigora atualmente em mais de uma dezena de países africanos, embora com diferentes graus de implantação e conjugando-se muitas vezes com elementos próprios das outras famílias jurídicas e de Direito tradicional de fonte costumeira.

c) Os sistemas jurídicos coloniais

Em consequência da colonização europeia dos territórios africanos, vieram justapor-se aos Direitos tradicionais e ao Direito muçulmano, a partir do século XVII, os sistemas jurídicos das potências coloniais, com destaque para o francês, o inglês, o português e o romano-holandês.

Esses sistemas jurídicos articularam-se de modos distintos com os Direitos locais. Assim, enquanto que a França, os Países-Baixos e Portugal se orientaram por um *princípio de assimilação* das populações africanas, o qual implicava a possibilidade de estas optarem, no que respeita ao estatuto pessoal, às relações comerciais e à propriedade imobiliária, pela aplicação do Direito originário da metrópole, com renúncia aos usos e costumes locais[1235], a Inglaterra pôs em prática nas suas colónias um sistema dito de «governo indireto» (*indirect rule*) que não admitia, ao menos com idêntica amplitude, essa possibilidade[1236].

Das transferências culturais assim operadas resultou a repartição dos sistemas jurídicos da África subsariana por três grupos: *a)* Os de matriz romano-germânica, nos quais se incluem os Direitos dos países lusófonos e francófonos; *b)* Os de *Common Law*, que correspondem *grosso modo* aos Direitos das antigas possessões inglesas; e *c)* Os sistemas híbridos, entre os quais sobressai o da África do Sul, em que se conjugam o Direito Romano-Holandês e o *Common Law* inglês[1237].

O Direito tradicional, como resulta do exposto, não deixou de vigorar em consequência destes fenómenos, visto que se manteve aplicável, mesmo durante o

---

[1235] Ver Eric Agostini, *Droit comparé*, Paris, 1988, pp. 247 ss.; Rodolfo Sacco, *Il diritto africano*, Turim, 1995, pp. 119 ss. (na tradução francesa, com o título *Le droit africain. Anthropologie et droit positif*, Paris, 2009, pp. 146 ss.); Armando Marques Guedes, *O Estudo dos Sistemas Jurídicos Africanos. Estado, Sociedade, Direito e Poder*, Coimbra, 2004, pp. 52 ss.; e António Duarte Silva, *Invenção e construção da Guiné-Bissau (Administração Colonial/Nacionalismo/Constitucionalismo)*, Coimbra, 2010, pp. 49 ss.
[1236] Sobre o ponto, *vide* Antony Allott, *New Essays in African Law*, Londres, 1970, pp. 9 ss.; e Werner Menski, *Comparative Law in Global Context. The Legal Systems of Asia and Africa*, 2ª ed., Cambridge, 2006, pp. 447 ss. O governo indireto seria mais tarde também adotado pelos holandeses na Indonésia, sob a designação de «regentschap» (*regência*).
[1237] Sobre a formação do sistema jurídico sul-africano, veja-se o § 74º, alínea *a)*.

período colonial, pelo menos às relações de Direito Privado estabelecidas entre os membros das populações nativas, sempre que estes não optassem pela lei escrita. O que não significa, todavia, que o primeiro se encontrasse em pé de igualdade com a segunda, visto que só esta detinha a condição de Direito comum. Voltaremos a este ponto adiante.

d) O Direito posterior às independências nacionais

As independências nacionais dos anos 50, 60 e 70 não erradicaram o Direito das potências colonizadoras, antes foram geralmente acompanhadas de uma *receção material* desse Direito, no estado em que o mesmo se encontrava ao tempo daqueles eventos e na medida em que não fosse contrário às Constituições e às restantes leis dos novos países. Assim aconteceu, designadamente, em Angola, por força do art. 165º da Lei Constitucional de 1992; em Cabo Verde, de acordo com o art. 288º da Constituição; na Guiné-Bissau, de acordo com o art. 1º da Lei nº 1/73, de 27 de setembro de 1973; em Moçambique, em virtude do art. 305º da Constituição; e em São Tomé e Príncipe, nos termos do art. 158º da Constituição[1238].

Em boa parte, esse Direito mantém-se ainda em vigor: como se referiu anteriormente, o Código Civil português de 1966, por exemplo, é hoje também o Código Civil daqueles países, posto que com alterações importantes, entre as quais sobressaem as que resultam da revogação, em vários deles, das disposições relativas ao Direito da Família, entretanto substituídas por legislação local.

Formou-se, por outro lado, nos novos países africanos Direito autónomo de fonte legislativa, de particular importância na introdução das reformas políticas, económicas e sociais visadas pelos poderes constituídos. A princípio, as novas leis incidiram sobretudo no Direito Constitucional e na organização judiciária. Depois, no Direito da Família e no Direito da Terra. Mais recentemente, também no Direito Económico e no Direito Comercial.

Os novos Estados saídos dos processos de descolonização não encararam de início com especial favor o Direito tradicional. Nos últimos anos observa-se, porém, um acréscimo de interesse pelas instituições desse Direito, a par de uma maior consciência da inviabilidade da sujeição das comunidades locais a padrões uniformes de conduta. O que nalguns desses Estados, como Angola e Moçambique, conduziu ao reconhecimento oficial do pluralismo jurídico[1239].

[1238] Textos reproduzidos *in* Jorge Bacelar Gouveia (org.), *As Constituições dos Estados de Língua Portuguesa*, cit.

[1239] Sobre esta noção, veja-se *supra*, § 7º, e a bibliografia aí citada. Acerca do pluralismo jurídico em África, podem consultar-se: I. Oluwole Agbede, *Legal Pluralism*, Ibadan (Nigéria), 1991; Amsatou Sow Sidibé, *Le pluralisme juridique en Afrique (L'exemple du droit successoral sénégalais)*, Paris, 1991; O. B. Olaoba, *An Introduction to African Legal Culture*, Ibadan (Nigéria), 2002, pp. 23 ss.; Prakash Shah, *Legal Pluralism in Conflict. Coping with Cultural Diversity in Law*, Londres/Sydney/Portland/Oregon,

Gradualmente, esboça-se assim uma nova síntese entre os Direitos recebidos e os Direitos autóctones.

e) Tendências unificadoras

Não obstante o exposto, registam-se também em África diversas iniciativas tendo em vista a harmonização e mesmo a unificação das legislações nacionais no quadro de organizações de integração regional[1240].

Entre elas sobressaem, pelo profundo impacto que têm no Direito Privado dos respetivos Estados membros, as que foram promovidas pela Organização Para a Harmonização do Direito dos Negócios em África (OHADA), constituída pelo Tratado celebrado em Port-Louis (Maurícias), a 17 de outubro de 1993 e revisto no Quebeque em 17 de outubro de 2008[1241]. Delas daremos conta adiante[1242].

Neste aspeto, a África repercute tendências de âmbito mais vasto, que têm também relevante expressão na Europa e na América. Embora possam ter por si velhas aspirações de unidade africana, tais iniciativas não deixam de suscitar complexas questões num continente cujas populações apresentam uma diversidade étnica e cultural muito acentuada e cujos sistemas jurídicos relevam de tradições fortemente diferenciadas[1243]. Dos limites a que se subordinam (assim como dos que se impõem a iniciativas homólogas levadas a cabo noutros continentes) curaremos noutro lugar desta obra[1244].

2005; Dietrich Nelle, «Rechtspluralismus in Afrika – Entwicklung, System und Perspektiven des internen und internationalen Kollisionsrechts», *Recht in Afrika*, 2006, pp. 69 ss.; Tiago Matos Fernandes, *O poder local em Moçambique. Descentralização, pluralismo jurídico e legitimação*, Porto, 2008, especialmente pp. 40 ss.; e Carlos Feijó, *A coexistência normativa entre o Estado e as Autoridades Tradicionais na ordem jurídica plural angolana*, Coimbra, 2012.

[1240] Ver, sobre o tema, Gilles Cistac, *Aspectos Jurídicos da Integração Regional*, Maputo, 2012; e João Mendes Pereira, *Direito Comunitário material e integração Sub-Regional: contributo para o estudo das mutações no processo de integração económica e monetária na África Ocidental*, Coimbra, 2017.

[1241] De que se encontra disponível uma tradução em língua portuguesa em http://www.ohada.com. Dele são partes, além da Guiné-Bissau (único Estado lusófono que até hoje aderiu ao referido Tratado, o qual entrou aí em vigor em 1996), o Benim, o Burkina Faso, os Camarões, a República Centro-Africana, as Comores, o Congo, a Costa do Marfim, o Gabão, a Guiné, a Guiné Equatorial, o Mali, o Níger, a República Democrática do Congo, o Senegal, o Chade e o Togo.

[1242] Ver *infra*, § 49º, alínea *e*).

[1243] A este respeito, veja-se A. N. Allot, «Towards the Unification of Laws in Africa», *ICLQ*, 1965, pp. 367 ss. (pp. 384 ss.).

[1244] Veja-se o § 82º, alínea *e*).

§ 48º Características gerais

a) A diversidade dos sistemas jurídicos africanos

I – Pese embora a relevância dos impérios que na antiguidade e na idade média se constituíram e floresceram em África – como os do Egito, da Etiópia, do Gana, do Mali e de Monomotapa –, o continente africano nunca conheceu uma civilização nativa de extensão, duração e homogeneidade análogas às que existiram na Ásia e na Europa: a África caracterizou-se sempre por uma diversidade de etnias, religiões, línguas e culturas muito superior à de qualquer daqueles continentes.

A retirada das potências coloniais acentuou a fragmentação política do continente africano, tendo as fronteiras dos novos Estados então constituídos sido definidas, não raro, segundo critérios completamente alheios à distribuição geográfica das populações. Assim é que a África, onde em 1945 apenas existiam três países plenamente independentes (o Egito, a Etiópia e a Libéria), se encontra hoje dividida em mais de cinquenta Estados.

Não faltaram, por certo, tentativas de unificação política do continente após a ascensão desses Estados à independência, as quais culminaram, em 1963, na constituição da Organização de Unidade Africana, à qual sucedeu, em 2002, a União Africana. Até hoje, porém, estas organizações tiveram escasso êxito na consecução de semelhante propósito.

Diversos conflitos entretanto sobrevindos, tendo na sua origem pretensões de secessão de territórios integrados em Estados já constituídos, como os que eclodiram no Katanga (que foi independente do Congo entre 1960 e 1963), no Biafra (independente da Nigéria entre 1967 e 1970), na Namíbia (que se separou da África do Sul em 1990), na Eritreia (que se autonomizou da Etiópia em 1993), no Sudão do Sul (independente desde 2011), em Casamansa, em Darfur e no Sara Ocidental (estes últimos ainda não resolvidos), agravaram ainda mais a tendência para a fragmentação política do continente[1245].

Ao exposto não é estranha a circunstância de o Estado, com a suas fronteiras mais ou menos arbitrárias, ser muitas vezes em África um ente artificial, com o qual as populações escassamente se identificam: ao menos nos meios rurais, é ainda hoje a etnia, com os seus usos e costumes próprios, a principal referência na vida quotidiana de muitos africanos.

Esta, a nosso ver, a primeira causa da atual diversidade dos sistemas jurídicos africanos.

II – Esse fenómeno resulta, por outro lado, da pluralidade de influências externas que se fizeram sentir nos sistemas jurídicos africanos, a que aludimos acima.

[1245] Vide Martin Meredith, *The State of Africa. A History of Fifty Years of Independence*, Londres/Nova Iorque/Sydney/Toronto, 2006.

Assim, nos países do Magrebe (Marrocos, Argélia e Tunísia), na Líbia, no Egito e em alguns países da África Ocidental (como, por exemplo, o Senegal e a Nigéria) e Oriental (*v.g.* a Somália e o Quénia) vigora Direito muçulmano, o que reflete a islamização das populações locais operada na sequência da ocupação árabe. A interpretação do Direito muçulmano que é levada a cabo em cada um desses países não é, porém, a mesma: enquanto que no Magrebe é dominante a escola maliquita, na África Oriental é antes a xafiita que prevalece; o que se reflete, designadamente, na diversidade de pontos de vista quanto à atendibilidade de certas fontes complementares do Corão.

Na África do Sul, encontra-se em uso, como dissemos, um sistema jurídico híbrido, fruto da confluência das tradições jurídicas romano-holandesa e inglesa; e também os Camarões e a Ilha Maurícia acolhem sistemas híbridos, nos quais se entrecruzam regras de *Common Law* e de Direito francês.

Nos restantes países africanos, existem hoje sistemas jurídicos fortemente marcados pelos Direitos europeus neles materialmente recebidos aquando das respetivas independências. Entre estes sobressaem: *a)* O Direito francês, que está na base dos sistemas jurídicos dos países que emergiram da antiga África Ocidental Francesa (Senegal, Mauritânia, Mali, Níger, etc.), bem como dos sistemas dos Estados que resultaram da África Equatorial Francesa (Chade, República Centro-Africana, Gabão e República do Congo) e ainda dos de Madagáscar, das Ilhas Comores e das Seychelles; *b)* O Direito inglês, que é parte substancial dos atuais sistemas jurídicos do Gana e da Nigéria, dos Estados a que deu lugar a África Oriental Britânica (Quénia e Uganda) e dos que sucederam à antiga Rodésia (Zâmbia e Zimbabwe); e *c)* O Direito português, que constitui a matriz dos sistemas jurídicos oficiais de Angola, Cabo-Verde, Guiné-Bissau, Moçambique e São Tomé e Príncipe.

Um caso particular é o da Libéria, fundada em 1847 por antigos escravos oriundos dos Estados Unidos, que adotou o Direito norte-americano como matriz do seu sistema jurídico[1246].

III – A mencionada diversidade decorre ainda da variedade das fontes de Direito em África[1247]. Estas compreendem: *a)* Uma base consuetudinária, anterior à colonização, vigente nas comunidades tradicionais; *b)* Direito religioso, adotado pelas populações islamizadas, as quais ocupam uma extensa área, de Marrocos a Moçambique, e pelas comunidades hindus da África Oriental; *c)* Direito legislado, em parte recebido das potências coloniais e noutra de fonte autónoma, ado-

---

[1246] Ver Milton Konvitz, «The Liberian Code of Laws», *Journal of African Law*, 1958, pp. 118 ss.

[1247] Cfr., sobre o ponto, Kéba M'Baye, «Sources et évolution du droit africain», *in Mélanges offerts* à *P.-F. Gonidec*, Paris, 1985, pp. 341 ss.

OS SISTEMAS JURÍDICOS AFRICANOS

tado sobretudo após as independências; *d)* Precedentes judiciais, que vinculam, por força do princípio *stare decisis*, os tribunais dos sistemas jurídicos de matriz inglesa, assim como os de certos sistemas jurídicos híbridos, como o sul-africano; e *e)* Direito uniforme ou harmonizado, emanado de organizações supranacionais.

IV – A diversidade dos sistemas jurídicos africanos é fruto, por último, de uma dualidade fundamental que caracteriza o Direito vigente em muitos países deste continente, no qual coexistem *Direito estadual*, de expressão escrita, aplicado fundamentalmente às comunidades urbanas, e *Direito tradicional*, de expressão oral, aplicado às comunidades rurais.

Nesta dualidade reflete-se a própria diversidade cultural das sociedades africanas, fruto da clivagem entre os meios rurais e os urbanos, da pluralidade de etnias (que se estimam em mais de quatrocentas só entre os povos Bantos, que habitam a área compreendida entre a Nigéria e a África do Sul) e dos diferentes estádios de desenvolvimento económico e social nelas atingidos.

Não raro, era (e é ainda em alguns países) conferida aos interessados a possibilidade de optarem entre aqueles dois subsistemas normativos pelo que respeita às matérias compreendidas no seu estatuto pessoal[1248].

b) Fatores de unidade

Apesar desta diversidade dos sistemas jurídicos vigentes nos países africanos, é possível apontar algumas características singulares dos Direitos destes países, que são também relevantes fatores de unidade entre eles. Vejamo-los.

I – Todas as sociedades conhecem formas de controlo social que podem ser qualificadas como jurídicas; mas nem todas lhes reconhecem a mesma importân-

---

[1248] Neste sentido, dispôs entre nós o Decreto nº 43.897, de 6 de setembro de 1961: «Os usos e costumes de direito privado constituem um estatuto pessoal, que deve ser respeitado em qualquer parte do território nacional e cuja aplicação será limitada apenas pelos princípios morais e pelas regras fundamentais e básicas do sistema jurídico português» (art. 2º); «A qualquer indivíduo é lícito submeter-se totalmente à lei escrita de direito privado, mediante simples declaração irrevogável, a fazer perante os serviços do registo civil e identificação, e sem prejuízo dos direitos e obrigações anteriormente assumidos. Os seus descendentes, incluindo os menores existentes à data da opção, ficam sujeitos à mesma lei» (art. 3º). Na mesma linha de orientação, estabelecia em França o art. 82 da Constituição de 1946: «Os cidadãos que não tenham o estatuto civil francês conservam o seu estatuto pessoal enquanto não renunciarem a ele». No Senegal, o art. 571 do *Código da Família* de 1972 consagrou, em matéria sucessória, a possibilidade de opção pelas regras de Direito muçulmano. Diz esse preceito: «As disposições do presente título aplicam-se às sucessões das pessoas que, em vida, hajam expressamente ou através do seu comportamento manifestado inequivocamente a vontade de ver a respetiva herança devolvida segundo as regras do direito muçulmano».

cia. Justamente em África o recurso ao Direito na disciplina das relações sociais é tradicionalmente encarado com relutância e por vezes até tido como indesejável. O ideal ocidental da *luta pelo direito subjetivo*, proclamado por Jhering no século XIX, não tem correspondência neste continente. Há, em caso de conflito, uma *harmonia* que tem de ser restabelecida, não sendo muitas vezes a via jurídica a mais apropriada para o efeito. Trata-se, aliás, de uma característica estreitamente relacionada com a circunstância de entre as fontes de Direito tradicional africano sobressair, como se verá a seguir, o costume: onde assim sucede, o Direito, tomado como *corpus* de regras gerais e abstratas, tende a assumir muito menor relevo na regulação da vida em sociedade do que os processos informais de resolução de litígios[1249]. Como nota Jacques Vanderlinden[1250], a regra jurídica é, nos sistemas tradicionais africanos, essencialmente um instrumento destinado a assegurar a paz social. Quando esse instrumento se revela inadequado à sua razão de ser fundamental, cede o lugar a soluções excecionais, que permitem evitar o *summum ius, summa iniuria*, de que por vezes enfermam os Direitos modernos.

Por outro lado, os deveres de cada um perante a comunidade são antepostos aos direitos individuais. Mais do que realizar a justiça, dando a cada um o que é seu, procura-se assegurar a coesão do grupo social, restaurando a paz e a concórdia entre os seus membros em caso de conflito. Aos próprios membros do grupo interessa conformarem as suas condutas com o que é prescrito pela tradição nele observada, uma vez que é no seio dele que cada um encontrará proteção e socorro contra as ameaças exteriores. A ideia de liberdade individual é por isso desconhecida: quando muito, goza de liberdade (e apenas de forma mitigada) o patriarca.

Do que se acaba de dizer resulta já a importância da conciliação como meio de resolução dos litígios nos sistemas tradicionais africanos, matéria a que voltaremos adiante.

II – Entre os povos Bantos é possível detetar, além da sua pertença à mesma família linguística, uma certa comunhão de valores, que constitui outro relevante fator de unidade entre os sistemas jurídicos em apreço.

Essa comunhão traduz-se, antes de mais, num certo *comunitarismo*, que tem como corolário o primado do grupo (seja ele a etnia, a tribo, o clã ou a família) sobre os indivíduos que o compõem[1251]. O grupo é, na verdade, a célula-base da

---

[1249] Nesta linha de orientação, *vide* Thomas W. Benett, «Comparative Law and African Customary Law», *in* Mathias Reimann/Reinhard Zimmermann (orgs.), *The Oxford Handbook of Comparative Law*, Oxford, 2006, pp. 641 ss. (p. 672).
[1250] Cfr. «Aspects de la règle de droit dans l'Afrique traditionnelle», *in* Charles Perelman (org.), *La règle de droit*, Bruxelas, Bruylant, 1971, pp. 131 ss. (p. 141).
[1251] Bem patente no provérbio zulu *umuntu ngumuntu ngabantu* («sou o que sou graças ao que todos nós somos»). Sobre a preeminência dos interesses de grupo nas sociedades africanas, *vide* George

sociedade africana e assume mesmo, por vezes, a condição de sujeito de direitos: não raro, o indivíduo apenas exerce direitos coletivos (como sucede, por exemplo, em matéria de direitos sobre a terra, cuja utilização, *v.g.* para efeitos de pastagem, é frequentemente atribuída à coletividade e não aos indivíduos que a compõem)[1252]. Do mesmo modo, o casamento, mais do que um contrato entre os esposos, é tido como uma aliança entre as respetivas famílias[1253], que o negoceiam e celebram entre si, assumindo a responsabilidade pelo pagamento dos bens ou quantias eventualmente devidos à família da noiva[1254] e resolvendo os litígios que entre os futuros cônjuges porventura venham a suscitar-se. Em certas etnias, a sucessão *mortis causa* opera-se mantendo-se indiviso o património do defunto e sendo os bens que o integram administrados pelo filho mais velho em benefício de toda a família, a fim de se preservarem os vínculos familiares[1255]. As indemnizações dos danos causados por atos ilícitos são de igual modo devidas pela família ou clã a que pertence o infrator: há nesta medida, segundo alguns, uma *responsabilidade coletiva* pelos ilícitos praticados pelos membros do grupo (ou, pelo menos, uma satisfação da indemnização devida à vítima através de bens administrados coletivamente)[1256].

Pode, pelo exposto, dizer-se que a ideia de direito subjetivo é basicamente estranha aos Direitos tradicionais da África subsariana; o que está em sintonia com a circunstância de estes não se acharem impregnados do individualismo característico dos ordenamentos jurídicos europeus e norte-americanos, em que esse conceito prosperou. Os Direitos tradicionais africanos baseiam-se antes na ideia de *status* – isto é, na atribuição ao indivíduo de certa posição no grupo social a que pertence, a qual determina a sua condição jurídica[1257].

B. N. Ayttey, *Indigenous African Institutions*, 2ª ed., Ardsley, Nova Iorque, 2006, pp. 41 ss.; Raul de Asúa Altuna, *Cultura tradicional bantu*, 2ª ed., Luanda, 2014, pp. 211 ss. Veja-se ainda, no sentido de que «a "pessoa africana" mantém o seu valor único graças à abertura ao transcendente e à comunidade», Ezio Bono, *Muntuísmo. A ideia de "pessoa" na filosofia africana contemporânea*, 2ª ed., Maputo, 2015, p. 211.

[1252] Ver, por exemplo, João Vicente Martins, *Os Tutchokwe do Nordeste de Angola*, Lisboa, 2001, p. 388.
[1253] Cfr., neste sentido, pelo que respeita ao povo Macua de Moçambique, José Ibraimo Abudo, *A problemática e complexidade da aplicação da lei de família em Moçambique*, Maputo, 2008, p. 120.
[1254] Sobre as funções e a natureza desse pagamento, *vide* A.R. Radcliffe-Brown/Daryll Forde (orgs.), *African Systems of Kinship and Marriage*, Londres, etc., 1960, pp. 46 ss.
[1255] Na Guiné-Bissau, por exemplo, a herança permanece indivisa entre os membros da etnia Manjaca, sendo os bens que a integram apenas partilhados à medida das necessidades dos familiares do defunto pela pessoa a quem cabe administrá-la: cfr. Fernando Loureiro Bastos (coord.), *Direito costumeiro vigente na Guiné-Bissau*, Bissau, 2011, p. 480.
[1256] Ver, sobre o ponto, T. Olawale Elias, *The Nature of African Customary Law*, Manchester, 1956, pp. 87 ss.; O. B. Olaoba, *An Introduction to African Legal Culture*, cit., pp. 13 s.
[1257] Neste sentido, J. H. Driberg, «The African Conception of Law», *Journal of Comparative Legislation and International Law*, 3ª série, 1934, pp. 230 ss. (p. 232).

Esta conceção do Direito encontra-se estreitamente ligada à filosofia de vida própria dos povos Bantos, que ocuparam a zona central de África. Entre os traços fundamentais dessa conceção sobressai a crença, profundamente enraizada nesses povos, numa ligação fundamental entre todos os seres vivos e mortos, assente na ideia de que a *força vital* de uns condiciona a dos outros. Como a força vital dos vivos é determinada pela dos seus antepassados (assim como a dos ramos de uma árvore lhes advém do tronco comum), os direitos e obrigações dos primeiros dependem necessariamente da sua relação com os segundos e da sua posição no grupo formado a partir deles[1258]. Este culto dos antepassados é, aliás, comum a outros povos africanos, como por exemplo os Axânti, que habitam o atual Gana[1259].

III – Isto nos conduz a outro aspeto, aliás conexo com o anterior. A sociedade tradicional africana é fortemente estratificada e hierarquizada. Não há nela um ideal de igualdade entre os respetivos membros. Assim, o chefe (patriarca, soba ou régulo), cuja legitimidade se funda na vontade divina e é por isso inquestionável, concentra em si todos os poderes (incluindo os de árbitro e juiz) e goza de um estatuto especial[1260].

A mulher encontra-se numa posição subordinada ao homem, podendo o pai dar a filha em casamento, sem o seu acordo, se for menor[1261]. O marido pode, por seu turno, tomar para si várias mulheres, sem que qualquer delas a isso se possa opor[1262]. Mesmo em sistemas matrilineares, as mulheres têm menos direi-

---

[1258] Por isso escreve R. P. Placide Tempels, em *La philosophie bantoue*, Paris, 1949 (traduzida do holandês por A. Rubbens), p. 82: «Todo o direito costumeiro digno desse nome (e que seja direito e não uma tolerância do abuso) é inspirado, animado e justificado do ponto de vista banto pela sua filosofia da força vital».

[1259] Veja-se, sobre o ponto, E. Adamson Hoebel, *The Law of Primitive Man. A Study in Comparative Legal Dynamics*, Cambridge, Massachussets/Londres, Inglaterra, reimpressão, 2006, p. 252, que refere como primeiro postulado do Direito axânti: «Os deuses e espíritos ancestrais controlam e dirigem o funcionamento de todas as forças do universo». Como corolários deste postulado, o mesmo autor indica os seguintes: 1º, «O Homem está subordinado à vontade dos deuses e dos espíritos, em especial ao dos antepassados»; 2º, «O bem-estar da sociedade depende da manutenção de boas relações com os antepassados»; 3º, «Os antepassados punirão severamente qualquer infração à sua vontade»; 4º, «As obras humanas não são senão a tentativa dos Homens de descortinar as forças do universo que se encontram ao alcance do seu entendimento».

[1260] O que explicará a tendência para a concentração de poderes no Chefe de Estado, que caracteriza o moderno constitucionalismo africano: cfr. Rodolfo Sacco, *Il diritto africano,* cit., pp. 182 ss. (na tradução francesa, pp. 224 ss.); *idem*, "The sub-Saharan legal tradition", in Bussani/Mattei (orgs.), *The Cambridge Companion to Comparative Law,* cit., pp. 313 ss. (pp. 331 s.); Emílio Kafft Kosta, *Estado de Direito, O paradigma zero: entre lipoaspiração e dispensabilidade,* Coimbra, 2007, pp. 426 ss.

[1261] Ver Francisco Valente, *A problemática do matrimónio tribal,* Lisboa, 1985, pp. 13 ss.

[1262] Ver, sobre o ponto, Maria do Carmo Medina, «Direitos humanos e Direito da Família», *RFDUAN,* nº 4, dezembro de 2004, pp. 117 ss. (pp. 132 ss.).

tos sucessórios do que os homens (quando os têm). Não raro, a viúva daquele que faleceu prematuramente deve acolher-se à proteção de um irmão do defunto marido, casando com ele: é o *levirato*, sancionado pelo costume em Moçambique e na Guiné-Bissau entre os membros da etnia Mandinga[1263].

Nalguns países africanos, como o Burundi e o Ruanda, vigorou até recentemente um sistema de castas, que distinguia os Tutsis (minoritários, mas socialmente dominantes, dedicando-se essencialmente à criação de gado) dos Hutus (maioritários, mas socialmente subordinados aos primeiros, sendo na sua maioria agricultores)[1264]. Outro exemplo de um sistema de castas é dado pela diferenciação, que persiste na Mauritânia, entre Mouros brancos (Bidan) e Mouros negros (Haratin), a respeito dos quais existem relatos de práticas de escravatura, não obstante a sua abolição naquele país em 1980[1265]. E outro exemplo ainda resulta da divisão do povo Fula – que habita vastos territórios da África Ocidental, do Senegal à Nigéria (incluindo a Guiné-Bissau) – nas castas dos Lambé (régulos), Horebê (chefes políticos, conselheiros, etc.), Dodabé (a qual compreeende a plebe no seu conjunto, esta por seu turno dividida em várias castas) e Matchubê (cativos que a guerra ou a compra reduziram à condição servil)[1266].

IV – Uma última característica por vezes apontada aos Direitos tradicionais africanos, na qual se manifestam também o espírito essencialmente conservador dos africanos e a sua preocupação com a defesa do *statu quo*, é a escassa relevância que o decurso do tempo neles assume. Tal a razão por que a prescrição e a força obrigatória do caso julgado são desconhecidas em vários desses Direitos. Assim, em alguns povos a propriedade imobiliária não pode ser adquirida por prescrição – até porque, pertencendo à família, tendencialmente eterna, não pode ser perdida por esta[1267]. Por outro lado, um processo pode ser reaberto sempre que as partes não hajam dado o seu acordo à solução que nele prevaleceu[1268].

[1263] Cfr. Artur Augusto Silva, *Usos e costumes jurídicos dos Mandingas. Ensaio*, Bissau, 1969, pp. 65 s.; Loureiro Bastos (coord.), *Direito costumeiro vigente na Guiné-Bissau*, cit., p. 425.
[1264] A hostilidade entre os dois grupos degenerou em 1994, como se sabe, no genocídio dos primeiros por milícias dos segundos. A fim de julgar os suspeitos de perpetrarem os crimes então cometidos foi criado pelo Conselho de Segurança da Organização das Nações Unidas o *Tribunal Penal Internacional para o Ruanda*, sedeado em Arusha, na Tanzânia.
[1265] Ver A. Dias Farinha, «Mauritânia», *Enciclopédia Verbo Luso-Brasileira de Cultura. Edição século XXI*, vol. 19, cols. 331 ss.
[1266] Cfr. Artur Augusto Silva, *Usos e costumes jurídicos dos Fulas da Guiné Portuguesa*, Bissau, 1958, pp. 38 s.
[1267] Assim sucedia, por exemplo, entre os Felupes da atual Guiné-Bissau: ver Artur Augusto Silva, *Usos e costumes jurídicos dos Felupes da Guiné*, Bissau, 1960, p. 39.
[1268] Neste sentido, Kéba M'Baye, «The African Conception of Law», *in IECL*, vol. II, cap. 1, pp. 138 ss. (pp. 147 e 149).

§ 49º Fontes

a) A base consuetudinária

I – Um importante traço de união entre os sistemas jurídicos africanos, a que se aludiu acima, é a relevância que neles assume o costume como fonte do Direito tradicional[1269]. O que se liga também com o espírito conservador dos povos africanos, que, pelo menos nos meios rurais, tendem a valorar mais a continuidade da ordem social existente do que qualquer ideal abstrato de progresso.

As regras de conduta a que é devida observância correspondem, pois, essencialmente àquilo que os antigos já faziam; e, por serem fruto da sua vontade, adquiriram caráter sagrado. Reflete-se aqui o facto de, para muitos destes povos, a vida ser um todo homogéneo, em que o religioso não se distingue do profano.

As regras consuetudinárias são transmitidas oralmente, de geração em geração, cabendo aos mais velhos preservar a respetiva memória. O que, reforçando a proximidade entre as regras jurídicas e os seus destinatários, aumenta também a sua diversidade dentro do mesmo espaço territorial. Daí igualmente a sua simplicidade e concisão, assim como as dificuldades da sua prova[1270].

Não raro, acham-se essas regras contidas em provérbios, razão por que se fala de um *Direito proverbial*, que rege certas etnias. É o que sucede, por exemplo, em Angola, entre os Ovimbundos[1271], e na República do Congo, entre os Bacongos[1272].

No período colonial, várias potências europeias (mesmo aquelas que, como foi o caso de Portugal e da França, se nortearam por um ideal de integração das populações autóctones) reconheceram esta realidade, acolhendo em consequência disso um princípio de *pluralidade de estatutos* de Direito Privado (ainda que, como nota Jacques Vanderlinden[1273], de uma *pluralidade hierarquizada* se tra-

---

[1269] Ver, sobre o tema, T. Olawale Elias, *The Nature of African Customary Law*, cit.; Michel Alliot, «Les résistances traditionelles au droit moderne dans les états d'Afrique francophones et à Madagascar», *in* Jean Poirier (diretor), Études *de droit africain et de droit malgache*, s.l., 1965, pp. 235 ss.; Antony Allot, «La place des coutumes juridiques africaines dans les systèmes juridiques africains modernes», *in ibidem*, pp. 257 ss.; Akintunde Emiola, *The Principles of African Customary Law*, Ogbomoso (Nigéria), 1997; Salvatore Mancuso, «African Law in Action», *Journal of African Law*, 2014, pp. 1 ss.

[1270] Sobre o ponto, *vide* Gordon R. Woodman, «Some Realism About Customary Law – The West African Experience», *in* Gordon R. Woodman/A.O. Obilade (orgs.), *African Law and Legal Theory*, Aldershot/Singapura/Sidney, 1995, pp. 145 ss.

[1271] Cfr. José Francisco Valente, *Seleção de provérbios e adivinhas em Umbundu*, s.l., Instituto de Investigação Científica de Angola, 1964; e Moisés Mbambi, «O Direito proverbial entre os Ovimbundu», *Jornal de Angola*, 14 de janeiro de 1990.

[1272] Cfr. André Ryckmans/C. Mwelanzambi Bakwa, *Droit Coutumier Africain. Proverbes judiciaires Kongo (Zaïre)*, Paris/Mbandaka, 1992.

[1273] Cfr. *Les systèmes juridiques africains*, cit., p. 94.

tasse). Assim, por exemplo, a lei portuguesa *contemporizou*, primeiro[1274], e *reconheceu*, depois[1275] (aceitando, portanto, a sua validade, ainda que dentro de certos limites[1276]), os usos e costumes locais das províncias ultramarinas, que mandou compilar. Sob este prisma, a orientação fixada na lei portuguesa não era, pois, substancialmente diversa da que foi observada na África britânica, no quadro da mencionada política de governo indireto nela posta em prática[1277].

II – Outra foi a orientação seguida pelos novos Estados africanos saídos das independências ocorridas na segunda metade do século XX.

A necessidade de assegurar a unidade nacional e a autoridade do Estado, não raro no contexto de guerras civis, bem como o propósito de consumar certas reformas sociais tidas como indispensáveis pelos novos poderes constituídos, levou-os a reservar ao costume um lugar subalterno relativamente ao Direito oficial. Assim se explica que nenhuma das constituições dos países africanos de língua oficial portuguesa fizesse originariamente qualquer referência ao Direito consuetudinário, embora todas regulassem, por exemplo, o exercício do poder legislativo e a eficácia do Direito Internacional na ordem interna[1278].

[1274] Veja-se o art. 22º do *Acto Colonial*, que dispunha: «Nas colónias atender-se-á ao estado de evolução dos povos nativos, havendo estatutos especiais dos indígenas que estabeleçam para estes, sob a influência do direito público e privado português, regimes jurídicos de contemporização com os seus usos e costumes individuais, domésticos e sociais, que não sejam incompatíveis com a moral e os ditames da humanidade». O *Estatuto dos Indígenas Portugueses das Províncias da Guiné, Angola e Moçambique*, promulgado, na sua última versão, pelo Decreto-Lei nº 39.666, de 20 de maio de 1954, previu que, salvo quando a lei dispusesse de outra maneira, os «indígenas» daquelas províncias se regeriam pelos «usos e costumes próprios das respetivas sociedades»; mas determinou que a contemporização com estes seria limitada «pela moral, pelos ditames da humanidade e pelos interesses superiores do livre exercício da soberania portuguesa» (art. 3º). Para uma crítica desse diploma, que foi revogado, sendo Ministro do Ultramar Adriano Moreira, pelo Decreto-Lei nº 43.893, de 6 de setembro de 1961, vejam-se André Gonçalves Pereira, *Administração e Direito Ultramarino*, Lisboa, 1971, pp. 371 ss., e Elisabeth Vera Cruz, *O estatuto do indigenato – Angola – A legalização da discriminação na colonização portuguesa*, s.l., 2005.

[1275] Cfr. o art. 1º do Decreto nº 43.897, de 6 de setembro de 1961, no qual se dispunha: «São reconhecidos os usos e costumes locais, reguladores de relações privadas, quer os já compilados, quer os não compilados e vigentes nas regedorias».

[1276] Cfr. o art. 2º do mesmo diploma, segundo o qual: «Os usos e costumes de direito privado constituem um estatuto pessoal que deve ser respeitado em qualquer parte do território nacional e cuja aplicação será limitada apenas pelos princípios morais e pelas regras fundamentais e básicas do sistema jurídico português»

[1277] Observe-se que a aplicação do Direito costumeiro pelos tribunais instituídos pela administração britânica se achava subordinada à denominada *repugnancy clause*, nos termos da qual as regras consuetudinárias não podiam ser aplicadas se fossem contrárias à *natural justice*, à *equity* e à *good conscience*: cfr. W. C. Ekow Daniels, «The Interaction of English Law with Customary Law in West Africa», *ICLQ*, 1964, pp. 574 ss.

[1278] A situação alterou-se entretanto em Moçambique, como se verá a seguir.

Alguns sistemas jurídicos africanos permitiram, é certo, o reconhecimento de efeitos jurídicos a situações constituídas à sombra do Direito costumeiro. Foi o que sucedeu, nomeadamente, pelo que respeita ao uso da terra. Assim, em Angola, a *Lei de Terras*[1279] reconheceu às famílias que integram as comunidades rurais «a ocupação, posse e os direitos de uso e fruição dos terrenos rurais comunitários por ela ocupados e aproveitados de forma útil e efetiva segundo o costume», situações que são integradas no denominado «domínio útil consuetudinário»[1280]. Na Guiné-Bissau, a *Lei da Terra*[1281] previu também, no art. 16º, nº 1, que «[p]oderão ser objeto de atribuição de direitos de uso privativo, por uso consuetudinário, os terrenos rurais ou urbanos livres de ocupação, incluídos nas áreas reservadas para as Comunidades Locais»[1282]. Analogamente, em Moçambique a *Lei de Terras*[1283], estabeleceu, no art. 12, alínea *a)*, que o direito de uso e aproveitamento da terra[1284] é adquirido por «ocupação por pessoas singulares e pelas comunidades locais, segundo as normas e práticas costumeiras no que não contrariem a Constituição».

Algo de semelhante se passa em matéria de casamento, dada a existência em África, sobretudo nos meios rurais, de formas tradicionais de celebração que não correspondem às previstas na lei. Por isso estabeleceu em Angola o art. 73º, alínea *d)*, do Código da Família[1285] que se considera sanada a anulabilidade, e é tido como válido o casamento, desde o momento da respetiva celebração, se a falta de observância dos requisitos formais a que a lei o subordina for devida a «circuns-

---

[1279] Lei nº 9/04, de 9 de novembro.

[1280] Em Angola, a terra constitui, segundo o art. 15º, nº 1, da Constituição de 2010, «propriedade originária do Estado», podendo ser «transmitida para pessoas singulares ou coletivas, tendo em vista o seu uso racional e efetivo aproveitamento, nos termos da Constituição e da lei». No mesmo sentido, vejam-se os arts. 5º e 6º da citada Lei nº 9/04. Entre os direitos fundiários que o Estado pode constituir sobre os terrenos integrados no seu domínio privado em benefício de terceiros inclui-se, além do direito de propriedade, o mencionado domínio útil consuetudinário (art. 34º, nº 1, da mesma Lei). Ver José Alberto Vieira, *Direitos Reais de Angola*, Coimbra, 2013, pp. 729 ss.; Raúl Rodrigues, *O Direito Fundiário de Angola*, Lisboa, 2016 (tese polic.).

[1281] Lei nº 5/98, de 28 de abril.

[1282] Note-se que, segundo o art. 2º, nº 1, do mesmo diploma, «[n]a República da Guiné-Bissau a terra é propriedade do Estado e património comum de todo o povo». O nº 3 do mesmo preceito acrescenta, todavia, que «[o]s direitos constituídos sobre a terra e sobre os recursos naturais importam em igual proteção quer resultem do costume, quer da lei».

[1283] Lei nº 19/97, de 1 de outubro.

[1284] A qual é, naquele país, propriedade do Estado: arts. 109º da Constituição e 3 da citada Lei. Sobre o referido direito, vejam-se Maria da Conceição Faria/Nelson Jeque (coordenadores), *Direito de uso e aproveitamento da terra*, Maputo, 2006; Rui Pinto, Direitos Reais de Moçambique, 2ª ed., Coimbra, 2012, pp. 529 ss.

[1285] Aprovada pela Lei nº 1/88, de 20 de fevereiro. Cfr., a respeito desta lei, Maria do Carmo Medina, *Direito da Família*, Luanda, 2001.

tâncias atendíveis», como tais reconhecidas pelo Ministro da Justiça, desde que não haja dúvida sobre a celebração do ato. Por seu turno, na Guiné-Bissau o art. 1º, nº 2, da Lei nº 3/76, de 3 de maio, dispôs que «[o] casamento não formalizado produzirá todos os efeitos próprios do casamento formalizado, quando reconhecido judicialmente»[1286]. E em Moçambique a Lei da Família[1287] previu, no art. 16, nº 2, que «[a]o casamento monogâmico, religioso e tradicional é reconhecido valor e eficácia igual à do casamento civil, quando tenham sido observados os requisitos que a lei estabelece para o casamento civil».

A verdade, porém, é que a maior parte dos sistemas jurídicos africanos resolveu o conflito entre o Direito legislado e o costume pela supremacia do primeiro sobre o segundo – o que equivale a reconhecer eficácia apenas ao costume *secundum* ou *praeter legem*. Foi, por exemplo, o que sucedeu em Angola, onde, por força do art. 38º, alínea *d*), da Lei nº 18/88, de 31 de dezembro, que instituiu o Sistema Unificado de Justiça, se admite que os Tribunais Populares Municipais decidam as causas que lhes são submetidas por apelo ao Direito consuetudinário, desde que as partes nisso convenham e as respetivas normas não contrariem os princípios fixados na lei. Na mesma linha fundamental de orientação dispõe o art. 66 da Constituição da Namíbia, adotada em 1990[1288]. E outra não é, no essencial, a orientação acolhida na Constituição sul-africana de 1996[1289].

Muito mais longe na subalternização do costume fora a Etiópia, em 1960, ao adotar um Código Civil (de cuja preparação havia sido encarregado o comparatista francês René David) abertamente animado pelo propósito de modernizar a sociedade pela via legislativa, que revogou expressamente os costumes até então vigentes no país nas matérias por ele disciplinadas[1290].

[1286] Ver, sobre o ponto, Fodé Abulai Mané, «A mulher e a criança no sistema jurídico guineense», *Soronda. Revista de estudos guineenses*, Nova Série, nº 8, julho de 2004, pp. 29 ss. (especialmente pp. 40 ss.).

[1287] Reformada pela Lei nº 10/2004, de 25 de agosto. Sobre este diploma, ver José Ibraimo Abudo, *Direito da Família*, Maputo, 2005; *idem*, *A problemática e complexidade da aplicação da lei de família em Moçambique*, cit., *passim*.

[1288] Segundo o qual: «(1) Tanto o Direito costumeiro como o *Common Law* da Namíbia em vigor à data da Independência permanecerão válidos, na medida em que não conflituem com a presente Constituição e a lei ordinária. (2) Nos termos da presente Constituição, pode qualquer parte do referido *Common Law* ou do Direito costumeiro ser revogada ou modificada ou confinada a sua aplicação a certas partes da Namíbia ou a certos períodos».

[1289] Cujo art. 211, nº 3, dispõe: «Os tribunais devem aplicar o Direito consuetudinário quando este for aplicável, sem prejuízo do disposto na Constituição e em qualquer legislação especificamente respeitante ao Direito consuetudinário».

[1290] Haja vista ao art. 3347, nº 1, desse diploma, que estabelece: «Salvo disposição expressa em contrário, todas as regras escritas ou consuetudinárias anteriormente em vigor respeitantes às matérias reguladas neste Código serão substituídas por este e ficam deste modo revogadas». Sobre

A própria Carta Africana dos Direitos do Homem dos Povos, adotada em 1981 pelos Estados membros da Organização de Unidade Africana, limitou-se a prever a este respeito que a Comissão Africana dos Direitos do Homem e dos Povos criada junto daquela Organização, «toma em consideração», como «meios auxiliares de determinação das regras de Direito», os costumes geralmente aceites (art. 61º).

III – O exposto não tem, todavia, impedido o costume de prevalecer sobre a lei, nomeadamente em matéria familiar e sucessória.

Demonstra-o a subsistência, sobretudo nos meios rurais (mas não só), de práticas como a *união poligâmica* (com vastíssima incidência em todo o continente[1291], mesmo em países onde a influência islâmica se não fez sentir de modo assinalável, como é o caso de Angola[1292]); o *alembamento*, também dito *alambamento*, e o *lobolo* (i. é, os bens e quantias entregues, respetivamente em Angola e em Moçambique, pelo noivo ou sua família à família da noiva, aquando da celebração da promessa de casamento, que a segunda se obriga a devolver ao primeiro se não se verificar a consumação do casamento ou se este for dissolvido por divórcio de que seja culpada a mulher[1293]); e a *sucessão matrilinear* (em que os irmãos maternos e os filhos das irmãs do *de cujus* encabeçam a lista dos sucessíveis, por forma a garantir que a sucessão tem lugar entre pessoas do mesmo sangue), praticada designadamente pelos Papéis da Guiné-Bissau[1294] e pelos Axânti do Gana[1295].

Em contrapartida, certas leis, como o Código Civil da Etiópia, terão permanecido em larga medida letra morta[1296]. Este fenómeno é aliás favorecido pela

---

os pressupostos da codificação etíope, veja-se René David, «Rapport à S.M.I. Hailé Selassié I sur la codification des lois civiles», in *Le Droit Comparé. Droits d'hier, Droits de demain*, Paris, 1982, pp. 258 ss.

[1291] Na Guiné-Bissau, por exemplo, poligamia é aceite entre as principais etnias do país (Balantas, Fulas, Mancanhas, Mandingas, Manjacos e Papéis): cfr. Loureiro Bastos (coord.), *Direito costumeiro vigente na Guiné-Bissau*, cit., pp. 375 ss.

[1292] Essa prática assume todavia cambiantes diversos consoante a religião dominante na comunidade em que é observada: só na África islâmica, por exemplo, as mulheres do polígamo convivem entre si.

[1293] Ver, sobre essas figuras, Francisco Valente, *A problemática do matrimónio tribal*, cit., pp. 17 ss. e 67 ss.; João Vicente Martins, *Os Tutchokwe do Nordeste de Angola*, cit., p. 248; Paulo Granjo, *Lobolo em Maputo*, Porto, 2005, *passim*; José Ibraimo Abudo, *A problemática e complexidade da aplicação da lei de família em Moçambique*, cit., pp. 522 ss.

[1294] Cfr. Leonardo Cardoso, «Sistemas de herança entre os Papéis, Manjacos e Mancanhas», *Soronda. Revista de estudos guineenses*, Nova Série, nº 6, julho de 2003, pp. 147 ss. ; Loureiro Bastos (coord.), *Direito costumeiro vigente na Guiné-Bissau*, cit., pp. 484 ss.

[1295] Cfr. Meyer Fortes, «Kinship and Marriage Among the Ashanti», in A.R. Radcliffe-Brown/Daryll Forde (orgs.), *African Systems of Kinship and Marriage*, cit., pp. 252 ss.; Akintunde Emiola, *The Principles of African Customary Law*, cit., pp. 2 s.; E. Adamson Hoebel, *The Law of Primitive Man*, cit., pp. 213 ss.

[1296] Neste sentido, Jacques Vanderlinden, *Les systèmes juridiques africains*, cit., p. 115; Rodolfo Sacco, *Il diritto africano*, cit., p. 197 (na tradução francesa, p. 242).

enorme relevância que assume em numerosos países africanos a denominada economia informal, cuja regulação escapa em larga medida às regras legais[1297].

Compreende-se assim que não falte hoje em África quem veja no reconhecimento pelo Estado do *pluralismo jurídico* uma premente necessidade social[1298].

O que, por seu turno, é suscetível de gerar novos problemas, uma vez que desse modo os juízes poderão ver-se colocados perante o dilema de, ao atenderem aos costumes (que, em princípio, correspondem melhor ao sentimento de justiça das populações), violarem a lei ou a Constituição. É o que sucede, por exemplo, no caso dos costumes que consagram a *excisão feminina* (amplamente divulgada sobretudo nos países da África Ocidental e Central[1299]) e o *infanticídio ritual* de crianças portadoras de certas deficiências congénitas (praticado, *v.g.*, pelos membros de certas etnias da Guiné-Bissau[1300]).

IV – Terá sido este o problema que o legislador moçambicano procurou resolver, ao dispor, no art. 4º da Constituição (revista por último em 2004), sob a epígrafe «pluralismo jurídico»:

«O Estado reconhece os vários sistemas normativos e de resolução de conflitos que coexistem na sociedade moçambicana, na medida em que não contrariem os valores e princípios fundamentais da Constituição.»

Mais recentemente, a mesma orientação fundamental foi adotada pela Constituição de Angola de 2010, cujo art. 7º estabelece:

«É reconhecida a validade e a força jurídica do costume que não seja contrário à Constituição nem atente contra a dignidade da pessoa humana.»

O reconhecimento do pluralismo jurídico, ainda que dentro de certos limites, como os que estabelecem o Direito moçambicano e o Direito angolano, parece realmente inelutável. Por três ordens de razões.

[1297] Ver, sobre o tema, Francisco Queiroz, *Economia informal: o caso de Angola*, Coimbra, 2016.
[1298] Assim, por exemplo, Charles Ntampaka, *Introduction aux systèmes juridiques africains*, Namur, 2004, p. 170.
[1299] A excisão é obrigatória, por exemplo, entre os Fulas e os Mandingas da Guiné-Bissau (cfr. Loureiro Bastos, *op. cit.*, pp. 236 s. e 259). Sobre esta prática (que atingirá atualmente entre 85 e 115 milhões de mulheres em diferentes países) e as suas consequências penais perante os Direitos português e guineense, *vide* Augusto Silva Dias, «Faz sentido punir o ritual do *fanado*? Reflexões sobre a punibilidade da excisão clitoridiana», *RPCC*, 2006, pp. 1 ss.
[1300] Cfr. Augusto Silva Dias, «Problemas do Direito Penal numa sociedade multicultural: o chamado infanticídio ritual na Guiné-Bissau», *RPCC*, 1996, pp. 209 ss.; Mamadú Jao, «Código Penal, infanticídio e rejeição: a prova do rio», *Soronda. Revista de estudos guineenses*, Nova Série, nº 7, dezembro de 2003, pp. 45 ss.

Por um lado, porque, na medida em que o sistema jurídico visa disciplinar a vida em sociedade segundo certa ordem de valores, importa que as suas regras se adequem ao sentimento de justiça dos respetivos destinatários, sob pena de serem por estes rejeitadas – o que em última análise conduziria à sua ineficácia, como frequentemente sucedeu em África com o Direito legislado, quer no período colonial, quer após a proclamação das independências nacionais. A admissão do costume como fonte de Direito pode, assim, dizer-se conforme a um *princípio de adequação*[1301], que constitui um corolário da finalidade precípua desempenhada por toda a regra jurídica.

Por outro lado, porque esse reconhecimento pode ser reclamado pela própria justiça, como o revelam os casos, submetidos nos anos 60 aos tribunais sul-africanos, em que o cônjuge sobrevivo, que casara na forma prevista pelo Direito tradicional e reclamava em juízo uma indemnização pelo dano sofrido em consequência do homicídio culposo do cônjuge por um terceiro, via negada a sua pretensão com fundamento em que a união em causa não era tida como um casamento válido pela lei sul-africana[1302].

Finalmente, porque o reconhecimento pelo Estado do pluralismo jurídico pode constituir um modo eficaz de reduzir as tensões sociais, na medida em que assim se previnem e resolvem muitos conflitos potencialmente gerados pelas contradições entre o Direito consuetudinário e o Direito legislado, atribuindo primazia, ainda que dentro de certos limites, ao primeiro.

b) O Direito legislado

Mencionámos já a importância de que se reveste hoje o Direito legislado nos modernos Estados africanos: ele tem aí sido utilizado, desde a independência, como instrumento por excelência das reformas introduzidas nos mais diversos setores da vida social, das relações familiares à atividade comercial.

Não raro, porém, a eficácia dessas reformas é muito reduzida, justamente em virtude do seu escasso enraizamento no contexto político, económico e social em que as regras legais devem operar.

Importa em todo o caso notar que em África a lei, enquanto fonte de Direito, não deriva necessariamente do Estado, nem reveste necessariamente forma escrita: ela existe também, posto que sob forma oral, nas comunidades tradicionais, onde aos chefes foi sempre reconhecido o poder de estabelecerem novas regras de aplicação geral[1303]. O que, de resto, não é uma característica privativa

---

[1301] Ver, sobre este, José Hermano Saraiva, *Lições de Introdução ao Direito*, Lisboa, 1962/63, p. 409.
[1302] Ver Reinhard Zimmermann/Daniel Visser, *Southern Cross. Civil Law and Common Law in South Africa*, reimpressão, Oxford, 2005, p. 13.
[1303] Ver, neste sentido, Vanderlinden, *Les systèmes juridiques africains*, cit., pp. 9 s.; e Antony Allot, «African Law», in J. Duncan M. Derrett, *An Introduction to Legal Systems*, reimpressão, Nova Deli, 1999, pp. 131 ss. (p. 142).

dos Direitos africanos: também entre nós há exemplos históricos de leis apenas verbalmente expressas, como foi o caso da *Lei Mental*, relativa à sucessão nos bens doados pela coroa[1304].

c) **Precedentes judiciais**
O precedente é hoje fonte de Direito estadual sobretudo nos países africanos de influência anglo-saxónica. Tal o caso da Nigéria, onde as decisões do Supremo Tribunal (que em 1963 substituiu o *Judicial Committee* do *Privy Council* como última instância de recurso) vinculam os *Courts of Appeal* do país e todos os tribunais a estes subordinados, assim como as decisões dos *Courts of Appeal* vinculam os tribunais inferiores. Excetuam-se, porém, da força vinculativa do precedente os *tribunais da Xaria* e os *tribunais consuetudinários*, que a organização judiciária deste país igualmente consagra.

Também nos Direitos tradicionais africanos o precedente tem relevância. Esta encontra-se estreitamente ligada à natureza predominantemente consuetudinária desses Direitos e à forma oral da sua tradição: é muitas vezes a partir das decisões anteriormente proferidas sobre casos idênticos ou análogos que se reconstitui e desenvolve a regra consuetudinária aplicável ao caso *sub judice*. O próprio prestígio daqueles a quem é cometida a resolução dos litígios nas comunidades tradicionais decorre em alguma medida da memória que guardam de decisões proferidas em casos anteriores.

d) **Fontes religiosas**
Vários Estados africanos proclamam-se laicos, acolhendo nas respetivas leis fundamentais o princípio da separação entre o Estado e as Igrejas[1305]. As fontes religiosas não têm, nesses casos, aplicação pelos tribunais estaduais, salvo na medida em que as regras delas constantes forem também de Direito consuetudinário; e não são reconhecidas as decisões oriundas de tribunais religiosos.

Noutros países, ao invés, o Islão é a religião oficial e a *Xaria* fonte de Direito, reconhecida como tal pelo próprio Estado. Este o caso, por exemplo, do Egito[1306], da Mauritânia[1307] e de diversos Estados da Nigéria[1308].

[1304] Sobre essa lei de D. João I, veja-se Marcello Caetano, *História do Direito Português (Sécs. XII-XVI)*, cit., pp. 513 ss.

[1305] Tal o caso, sem exceção, dos países africanos de língua oficial portuguesa: vejam-se as Constituições de Angola (art. 10º, nº 1), de Cabo Verde (art. 2º, nº 2), da Guiné-Bissau (art. 6º), de Moçambique (art. 12º) e de São Tomé e Príncipe (art. 8º).

[1306] Art. 2 da Constituição, que dispõe: «O Islão é a religião do Estado. O árabe é a sua língua oficial e a principal fonte de Direito é a jurisprudência islâmica (Xaria)».

[1307] Cuja Constituição de 1991 proclama, no preâmbulo, os «preceitos do Islão» como única fonte de Direito.

e) Direito Internacional e supranacional

O ideal da unidade africana, que as constituições de vários países proclamam, e mais recentemente a perceção dos benefícios potenciais da integração económica regional, levaram ao surgimento em África de um elevado número de organizações regionais, das quais algumas são hoje fontes de Direito Comunitário em vigor nos respetivos Estados membros. Estão neste caso, além da OHADA, já referida, a Comunidade Económica dos Estados da África Ocidental (CEDEAO)[1309] e a União Económica e Monetária Oeste-Africana (UEMOA)[1310].

Da OHADA emanam vários *Atos Uniformes*[1311] diretamente aplicáveis e obrigatórios no território dos respetivos Estados membros, que primam sobre as disposições contrárias de Direito interno, anteriores ou posteriores, nos termos do art. 10 do Tratado Relativo à Harmonização do Direito dos Negócios em África, que instituiu aquela organização[1312]. O regime desses atos não é, porém, exaustivo, pelo que se mantém em vigor a legislação interna dos Estados membros sobre as

---

[1308] Embora a Constituição federal declare a Nigéria um Estado laico, vários Estados nigerianos têm adotado Códigos Penais que visam pôr em prática a prescrições da *Xaria*: cfr., por exemplo, o *Shari'ah Penal Code Law, 2000*, do Estado de Zamfara, adotado em 26 de janeiro de 2000.

[1309] Criada pelo Tratado de Lagos de 28 de maio de 1975. São partes desta organização o Benim, o Burkina Faso, Cabo Verde, a Costa do Marfim, a Gambia, o Gana, a Guiné, a Guiné-Bissau, a Libéria, o Mali, o Níger, a Nigéria, o Senegal, a Serra Leoa e o Togo.

[1310] Criada pelo Tratado de Dakar, de 10 de janeiro de 1994. São partes desta organização: o Benim, o Burkina Faso, a Costa do Marfim, a Guiné-Bissau, o Mali, o Níger, o Senegal e o Togo.

[1311] Cfr. os Atos Uniformes respeitantes ao Direito Comercial Geral (de 1997; revisto em 2010), à organização das garantias (de 1997; revisto em 2010), à organização dos processos simplificados de cobrança e de execução (de 1998), à organização dos processos coletivos de apuramento do passivo (de 1998), à arbitragem (de 1999; revisto em 2017), à organização e à harmonização da contabilidade das empresas (de 2000), aos contratos de transporte de mercadorias por estrada (de 2003), ao Direito das sociedades cooperativas (2010), às sociedades comerciais e ao agrupamento complementar de empresas (de 2014) e à mediação (de 2017). A respetiva tradução oficial em língua portuguesa encontra-se publicada no *Boletim Oficial da República da Guiné-Bissau*, de 22 e 23 de setembro de 2005. Uma versão revista dessa tradução encontra-se reproduzida em M. Januário da Costa Gomes/Rui Ataíde (orgs.), *OHADA. Tratado, regulamentos e atos uniformes*, Coimbra, 2008. As versões atualizadas estão disponíveis em http://www.ohada.org.

[1312] Sobre o Direito da OHADA e o seu impacto sobre os sistemas jurídicos dos respetivos Estados membros, vejam-se: Tiago Soares da Fonseca, *O Tratado da OHADA*, Lisboa, 2002; AAVV, *A integração regional e a uniformização do Direito dos Negócios em* África, no *BFDB*, nº 6 (junho 2004) e suplemento (dezembro 2004); Koleka Boutora-Takpa, «L'incidence du "Droit Uniforme" de l'OHADA dans le Droit National. Limites et possibilités», *in* Jorge Sánchez Cordero (org.), *The Impact of Uniform Law on National Law. Limits and Possibilities*, México, 2010, pp. 29 ss.; Salvatore Mancuso, «Complexity of Transnational Sources: A "Regional" Report from the OHADA Member Countries», *in* Salvatore Mancuso/Tong Io Cheng (coordenadores), *XVIIIth International Congress on Comparative Law. Macau Regional Reports*, Macau, 2010, pp. 62 ss.; idem, *Direito Comercial Africano (OHADA)*, Coimbra, 2012; Etienne Nsie, «La nature du droit OHADA», *Journal of Comparative Law in* Africa, 2016, pp. 1 ss.

matérias neles versados, naquilo em que esta os não contrarie[1313]. Tão-pouco nos parece que tais atos precludam a adoção de novas disposições de fonte interna, que complementem, desenvolvam ou adaptem à realidade local os atos uniformes. É esse de resto, se bem cuidamos, o sentido precípuo do referido Tratado, que tem por objetivo, nos termos do seu art. 1º, a harmonização, e não a unificação, do Direito dos negócios nos Estados Partes. E só assim poderá o Direito da OHADA fazer face à acusação, que lhe foi dirigida por um distinto africanista[1314], de que os seus princípios jurídicos, assim como a própria *démarche* que envolve a sua adoção, se encontram marcadas pelo selo da exogeneidade e pela suspeita de neocolonialismo, bem como pela falta de interesse imediato pelos problemas cruciais das populações africanas em matéria de administração da justiça[1315].

Na UEMOA, são fontes de Direito, designadamente, os Regulamentos e as Diretivas adotados pelo Conselho de Ministros e pela Comissão da União[1316]. O Tratado que a criou prevê também, no art. 6º, que «[o]s atos adotados pelos órgãos da União para a realização dos objetivos do presente Tratado e em conformidade com as regras e procedimentos nele instituídos, são aplicados em cada Estado membro, não obstante toda a legislação nacional contrária, anterior ou posterior».

Outras organizações regionais africanas, como a Comunidade de Desenvolvimento da África Austral (SADC)[1317], a Organização Regional Africana da Propriedade Intelectual (ARIPO)[1318] e a Organização Africana de Propriedade Intelectual

---

[1313] Neste sentido, veja-se o art. 1º do Ato relativo ao Direito comercial geral, nos termos do qual: «Todo o comerciante continua sujeito às leis que não forem contrárias a este Ato uniforme, que forem aplicáveis no Estado-Parte onde se situa o seu estabelecimento ou a sua sede»

[1314] Cfr. Jacques Vanderlinden, «*Ex Africa semper...*», *RIDC*, 2006, pp. 1187 ss. (p. 1193).

[1315] Ver ainda, numa perspetiva crítica do Direito da OHADA, Constantin Tohon, «Le traité de l'OHADA: l'anthropologue du droit et le monde des affaires en Afrique et en France», *in* Étienne Le Roy, (org.), *Juridicités. Témoignages réunis à l'occasion du quarantième anniversaire du Laboratoire d'anthropologie juridique de Paris*, Paris, 2006, pp. 129 ss.; Paul Dima Ehongo, «L'intégration juridique du droit des affaires en Afrique: les pièges d'un droit uniforme et hégémonique dans le droit de l'OHADA», *in ibidem*, pp. 137 ss.; Babatunde Fagbayibo, "Towards the harmonisation of laws in Africa: is OHADA the way to go?", *The Comparative and International Law Journal of Southern Africa*, 2009, pp. 309 ss.

[1316] Tratado cit., art. 43. Cfr. Daniel Lopes Ferreira, «A ordem jurídica da União Económica e Monetária Oeste Africana (UEMOA)», *BFDB*, junho de 2004, nº 6, pp. 104 ss.; Juliano Fernandes, «Modelos comparativos de integração (UEMOA-União Europeia)», *ibidem*, pp. 129 ss.

[1317] Criada pela Declaração de Lusaka de 1 de abril de 1980. São partes desta organização: Angola, o Botswana, a República Democrática do Congo, o Lesoto, Madagáscar, o Malawi, as Maurícias, Moçambique, a Namíbia, a África do Sul, a Suazilândia, a Tanzânia, a Zâmbia e o Zimbabwe.

[1318] Criada pelo Acordo de Lusaka de 9 de dezembro de 1976. São partes desta organização: o Botswana, a Gâmbia, o Gana, o Quénia, o Lesoto, o Malawi, Moçambique, a Namíbia, a Serra Leoa, a Somália, o Sudão, a Swazilândia, a Tanzânia, o Uganda, a Zâmbia e o Zimbabwe.

(OAPI)[1319], têm caráter intergovernamental. Não são, por isso, fontes de Direito Comunitário, embora os respetivos tratados institutivos, bem como os acordos que os complementam (como o Protocolo de Harare Sobre Patentes e Desenhos Industriais e o Protocolo de Banjul Sobre Marcas) confiram a essas organizações importantes atribuições na prossecução dos respetivos objetivos estatutários.

Pelo que respeita à eficácia do Direito Internacional na ordem jurídica interna predomina, nos países lusófonos, o sistema da receção automática[1320]. Na hierarquia das fontes, o Direito Internacional situa-se geralmente nesses países acima da legislação ordinária, subordinando-se apenas à Constituição[1321]. Excetua-se, no entanto, o caso de Moçambique, cuja Constituição estabelece que as normas de Direito Internacional têm na ordem jurídica interna o mesmo valor que assumem os atos normativos infraconstitucionais emanados da Assembleia da República e do Governo[1322].

§ 50º Meios de resolução de litígios

a) O relevo da conciliação

Salientámos já a importância da conciliação como meio de resolução dos litígios nos sistemas tradicionais africanos.

Só ela permite, na verdade, pôr termo aos conflitos através de uma solução aceite pelas partes desavindas, e não imposta a estas. Através dela restaura-se a harmonia no corpo social, sem vencidos nem vencedores; o que é especialmente importante em meios pequenos, onde todos se conhecem e têm de partilhar bens e tarefas em ordem a sobreviver. Já o julgamento pelo tribunal – estadual ou tradicional – gera, não raro, hostilidade e ressentimento entre as partes, pelo que não tem essa virtualidade.

Por isso se diz que vigora em África, pelo menos em matéria familiar, um *princípio de conciliação*, cuja violação, *maxime* através da instauração de uma ação judicial sem uma tentativa prévia de composição extrajudicial, constitui em algumas comunidades injúria grave[1323].

[1319] Instituída pelo Acordo de Bangui de 1977, revisto em 1999 e em 2015. São membros dela: o Bénim, o Burkina Faso, ao Camarões, a República República Centro-Africana, o Congo, a Costa do Marfim, o Gabão, a Guiné, a Guiné-Bissau, a Guiné-Equatorial, o Mali, a Mauritânia, o Níger, o Senegal, o Chade e o Togo.

[1320] Constituição de Angola, art. 13º, nº 1; Constituição de Cabo Verde, art. 12º, nºs 1 e 2; Constituição de Moçambique, art. 18º, nº 1; Constituição de São Tomé, art. 13º, nºs 1 e 2.

[1321] Constituição de Angola, art. 13º, nº 2; Constituição de Cabo Verde, art. 12º, nº 4; Constituição de Moçambique, art. 18º, nº 1; Constituição de São Tomé, art. 13º, nº 3.

[1322] Art. 18º, nº 2.

[1323] Cfr. Charles Ntampaka, ob. cit., p. 10.

b) As autoridades tradicionais

A vigência em África, ao lado do Direito legislado, de Direito de fonte consuetudinária e de Direito islâmico, tem muitas vezes como corolário a existência, a par da justiça estadual, de *autoridades tradicionais*, que desempenham um papel preponderante na aplicação do Direito de fonte não oficial. Entre essas autoridades incluem-se, em Angola, os *tribunais da embala* (*scl*., a residência oficial do soba ou capital do reino)[1324]; na Guiné-Bissau, os *chefes da morança* (i.é, o conjunto de casas em que habita uma família em poligamia) e os *chefes da tabanca* (aldeia)[1325]; em Moçambique, certos régulos[1326]; e em outros países com comunidades muçulmanas, como a Nigéria, a Somália e o Quénia, os tribunais da *Xaria*.

O problema fundamental que as decisões dessas autoridades suscitam é o da respetiva eficácia perante os órgãos administrativos e judiciais do Estado. Nalguns países africanos tem-se procurado integrar as referidas autoridades no sistema administrativo e judiciário oficial, regulando a sua composição e atribuições, bem como os efeitos das respetivas decisões. Foi o que sucedeu, por exemplo: *a)* No Quénia, onde o *Kadhis' Courts Act, 1967*, instituiu diversos *tribunais do cádi*, que aplicam Direito muçulmano às questões do estatuto pessoal; *b)* Na África do Sul, cuja Constituição expressamente reconheceu «a instituição, o estatuto e o papel» das autoridades tradicionais segundo o Direito consuetudinário, tendo-as todavia subordinado às regras constitucionais e legais aplicáveis; *c)* Na Nigéria, onde a Constituição de 1999 prevê a existência, na capital federal e nos estados federados, de *Sharia Courts of Appeal* e de *Customary Courts of Appeal*; *d)* Na Namíbia, cujos *Traditional Authorities Act, 2000*, e *Communities Courts Act, 2003*, reconhecem às autoridades tradicionais o poder de criarem, determinarem e aplicarem regras consuetudinárias; *e)* Em Moçambique, onde a Constituição consagrou no art. 118º, nº 1, o princípio de que «[o] Estado reconhece e valoriza a autoridade tradicional legitimada pelas populações e segundo o Direito consuetudinário», tendo o Decreto nº 15/2000, de 20 de junho, regulado o exercício pelas autoridades tradicionais de certas funções jurisdicionais e administrativas; e *f)* Em Angola, cuja Constituição prevê, no art. 223º, nº 1, que o Estado reconhece o estatuto, o papel e as funções das instituições do poder tradicional constituídas de acordo com o direito consuetudinário e que não contrariem a Constituição (preceituando ainda o art. 82º, nº 1, da Lei de Terras que «os litígios relativos aos direitos coletivos de posse, gestão, uso e fruição e domínio útil consuetudiná-

---

[1324] Ver, a este respeito, Raúl David, *Da justiça tradicional nos Umbundos*, Luanda, 1997; Carlos Feijó, *A coexistência normativa entre o Estado e as Autoridades Tradicionais na Ordem Jurídica Plural Angolana*, cit. *supra*.
[1325] Cfr. Loureiro Bastos (coord.), *Direito costumeiro vigente na Guiné-Bissau*, cit., pp. 52 ss.
[1326] Cfr. Boaventura Sousa Santos/João Carlos Trindade (orgs.), *Conflito e transformação social: uma paisagem das justiças em Moçambique*, vol. 2, Porto, 2003, pp. 341 ss.

rio dos terrenos rurais comunitários são decididos no interior das comunidades rurais de harmonia com o costume vigente na comunidade respetiva»).

Aspeto digno de nota é, a este respeito, o alcance que o princípio da publicidade da administração da justiça tem nas sociedades tradicionais africanas, onde a assistência aos julgamentos – e até a participação neles – é parte integrante da vida quotidiana dos seus membros.

c) Os tribunais estaduais

Do que se acaba de dizer resulta já uma primeira diferença, muito relevante, entre a organização judiciária vigente nos países africanos contemporâneos e a dos países europeus cujos sistemas jurídicos foram neles recebidos após as respetivas independências.

Outra, não menos significativa, decorre da subsistência, em alguns desses países, de *tribunais populares*, competentes para o julgamento de certas causas (assim, por exemplo, na Guiné-Bissau, em virtude do art. 122º da Constituição).

Uma terceira prende-se com a existência nos tribunais do Estado de *juízes eleitos* (previstos em Moçambique no art. 216º da Constituição e na Lei nº 10/92, de 6 de maio, que lhes atribuem competência para intervir no julgamento, em primeira instância, da matéria de facto).

Por fim, verifica-se a inexistência, na hierarquia judiciária de alguns desses países, de *tribunais de apelação*: dos tribunais de primeira instância recorre-se, por exemplo na Guiné-Bissau, para o Supremo Tribunal, que conhece de facto e de Direito.

d) Os tribunais arbitrais

A necessidade de atrair o investimento estrangeiro aos países africanos, bem como de fomentar as transferências de tecnologia necessárias ao seu desenvolvimento, levou à consagração nos respetivos sistemas jurídicos, em termos relativamente amplos, da liberdade de os interessados, incluindo o Estado e as demais pessoas coletivas públicas, cometerem a árbitros a decisão de litígios, contanto que estes respeitem a direitos disponíveis[1327]. É o que prescrevem, por exemplo, as leis da arbitragem voluntária de Moçambique (de 1999), da Guiné-Bissau (de 2000) e de Angola (de 2003), todas manifestamente inspiradas no regime legal português.

Na mesma linha fundamental de orientação se insere o Ato Uniforme da OHADA relativo ao Direito da arbitragem. Este, porém, fiel à matriz francesa da maior parte dos textos normativos oriundos dessa organização, sujeita o efeito

---

[1327] Para uma visão de conjunto, cfr. Amazu A. Asouzu, *International Commercial Arbitration and African States. Practice, Participation and Institutional Development*, Cambridge, 2001.

executivo da sentença arbitral, ainda que esta haja sido proferida no Estado do foro, à prévia concessão de *exequatur* por um tribunal local (como faz o Código de Processo Civil francês). Outro traço de inspiração francesa patente nesse Ato Uniforme é a possibilidade de os árbitros decidirem o mérito da causa, quando as partes lhes houverem conferido esse poder, por apelo à «composição amigável» (*amiable composition*)[1328].

§ 51º Método jurídico

Haverá um método próprio dos sistemas jurídicos africanos?

Pelo que respeita ao Direito tradicional, parece-nos que a resposta deve ser positiva[1329]. Desde logo, porque do aludido princípio de conciliação resulta a necessidade de proceder a uma *aplicação flexível* das regras vigentes: aquilo que se tem em vista não é tanto, como referimos, a justiça nas relações interindividuais, mas antes a preservação da harmonia no corpo social. O que pressupõe que as regras possam ser adaptadas às circunstâncias do caso concreto por aquele a quem foi confiada a sua aplicação. Por outro lado, é da essência do Direito tradicional o recurso à analogia, pois só na base desta se podem estender às situações da vida contemporânea regras muitas vezes concebidas para épocas distantes, em que os problemas postos pela vida em sociedade eram outros.

Também relativamente à interpretação, integração e aplicação das normas recebidas das antigas potências coloniais se suscitam problemas específicos. Porquanto, como se referiu, essas normas entram frequentemente em colisão com as do Direito tradicional, o que suscita a questão, a que já aludimos, de saber como devem ser valoradas pelos tribunais estaduais as condutas (*maxime* as forem susceptíveis de ser qualificadas como criminais) que se fundem no costume *contra legem*; questão que, pese embora a sua gravidade e o facto de não ser propriamente nova[1330], parece encontrar-se ainda largamente em aberto na África contemporânea.

[1328] Ver Pierre Meyer, *OHADA. Droit de l'arbitrage*, Bruxelas, 2002; e o nosso «Arbitragem OHADA», *BFDB*, nº 6 (2004), pp. 473 ss.

[1329] Sobre o ponto, vejam-se Vanderlinden, *Les systèmes juridiques africains*, cit., pp. 23 s.; e Antony Allot, «African Law», cit., pp. 140 ss.

[1330] Para um exemplo do modo como esse problema se colocava em Moçambique antes da independência, atente-se no seguinte caso, relatado por António de Almeida Santos, em *Quase memórias*, 1º vol., Cruz Quebrada, 2006, pp. 45 ss. Um jovem negro furtara um cabrito em lugar remoto do interior de Moçambique. Apanhado em flagrante, foi, de acordo com os usos locais, amarrado a um poste, a fim de ser vergastado por quem ali passasse. Dois homens africanos assim fizeram. O jovem desmaiou. Foi por eles transportado a um posto médico, onde veio a falecer. Aberto processo-crime pelas autoridades portuguesas, foram os homens acusados de homicídio e presos preventivamente, assim permanecendo durante dois anos. O tribunal, porém, absolveu-os. Pode ver-se uma reflexão recente sobre a motivação cultural como causa de justificação ou exculpação quanto a factos penalmente relevantes (*cultural defense*) em Augusto Silva Dias, *Crimes culturalmente motivados*, Coimbra, 2016, especialmente pp. 223 ss.

§ 52º Ensino do Direito e profissões jurídicas

a) O ensino do Direito

No tocante ao ensino do Direito africano, importa distinguir o Direito tradicional do Direito muçulmano e do Direito estadual.

O primeiro não é ensinado de modo formal: a sua aprendizagem faz-se naturalmente, desde a infância, a par da língua, dos ofícios, etc. Nesse processo desempenham também papel de relevo os rituais de iniciação, que se destinam por vezes também a ministrar aos jovens as bases essenciais da vida em comunidade[1331]. Daí que as regras do Direito tradicional sejam geralmente conhecidas e aceites por todos os membros da comunidade. Longe de compreendido apenas pelos detentores de uma formação especializada, como por vezes sucede nos países ocidentais, o Direito tradicional africano pode, assim, dizer-se parte da *cultura popular*.

O ensino do segundo faz-se nas *madrassas* e em Universidades islâmicas, como, por exemplo, as que foram constituídas no Níger e no Uganda sob a égide da Organização da Conferência Islâmica.

O terceiro aprende-se hoje, na maioria dos países africanos, em Universidades públicas e privadas, organizadas em larga medida segundo o modelo das que existem na Europa. É o que sucede, por exemplo, em Angola, na Guiné-Bissau e em Moçambique, cujas Faculdades de Direito públicas oferecem cursos de graduação e pós-graduação dotados de planos de estudos que convergem em boa parte com os que são ministrados em Portugal e em que colaboram docentes portugueses ao abrigo de programas de cooperação universitária. Razão pela qual, aliás, se forjou entre os juristas portugueses e os destes países, uma *comunhão de quadros mentais*, que os torna aptos a fim de exercerem a respetiva profissão no território de qualquer desses países. Não é fundamentalmente diferente desta a situação nos países da África francófona e anglófona, onde existem também instituições de ensino jurídico de matriz europeia[1332].

Daqui resultou que, com ressalva da escola de magistrados criada pelos Estados membros da OHADA[1333], os Estados africanos organizaram a formação dos respetivos juristas com grande autonomia uns relativamente aos outros. E se é certo que entre os países africanos lusófonos e os francófonos não há diferenças

---

[1331] Veja-se, por exemplo, a descrição do *ritual do fanado* (circuncisão), observado pelo povo felupe da atual Guiné-Bissau, feita por Artur Augusto Silva em *Usos e costumes jurídicos dos felupes da Guiné*, cit., pp. 29 ss.

[1332] Tal o caso, por exemplo, da Faculdade de Direito da Universidade da Cidade do Cabo, na África do Sul, fundada em 1859, e da Faculdade de Ciências Jurídicas e Políticas da Universidade de Dacar, no Senegal, criada em 1957. Na formação dos juristas dos países africanos de língua inglesa tem também papel de relevo a *School of Oriental and African Studies*, de Londres.

[1333] A *École Régionale Supérieure de la Magistrature*, com sede no Benim.

de tomo nesta matéria, visto que todos relevam da mesma tradição jurídica, já no tocante aos anglófonos a situação é outra, dada, nomeadamente, a ênfase por estes posta, na esteira dos demais países de *Common Law,* na formação extrauniversitária dos juristas[1334].

b) As profissões jurídicas

Uma das características mais salientes dos Direitos tradicionais africanos é a *ausência de profissionalização* daqueles que se encontram em primeira linha incumbidos da sua aplicação: esta compete, por inerência, aos que na comunidade exercem certas funções de governo, *maxime* os reis ou sobas[1335]. Daí que haja quem aluda, a este respeito, a um *Direito sem juristas*[1336].

Diferente é a situação do Direito muçulmano, que, onde vigora, é aplicado pelos cádis. Estes, como se referiu acima, têm reconhecimento oficial por disposições legais vigentes em certos países africanos onde existem importantes comunidades islâmicas.

No tocante ao Direito de fonte estadual, o regime das profissões jurídicas apresenta hoje analogia, em vários destes países, com a dos sistemas jurídicos europeus neles recebidos. Assim, nos países africanos de língua oficial portuguesa existem hoje advogados e magistrados dotados de um estatuto profissional semelhante ao que vigora em Portugal. Com uma diferença porém: o exercício da magistratura não é privativo, em vários desses países, de juízes profissionais, dada a existência de *juízes eleitos,* a que fizemos referência acima. Nalguns deles, o exercício da advocacia chegou a ser proscrito como profissão liberal. Foi o que sucedeu por exemplo em Moçambique entre 1975 e 1994. No que respeita aos países africanos anglófonos, importa notar que, com exceção da África do Sul, a distinção entre *barristers* e *solicitors* não é hoje por eles acolhida.

§ 53º Conclusão: uma família jurídica africana?

Da África já se afirmou ser um continente demasiado grande para poder ser descrito: apenas por uma questão de simplicidade e de comodidade se falaria de África. De facto, esta não existiria sequer, a não ser como um conceito geográfico[1337].

Supomos que outro tanto se poderia dizer do Direito africano. Logo nas considerações que fizemos no capítulo I a respeito das famílias jurídicas em geral,

---

[1334] Ver, sobre esta matéria, os estudos recolhidos *in* Michel Pédamon (org.), *Legal Education in Africa South of the Sahara. La formation juridique en Afrique noire,* Bruxelas, 1979.
[1335] Sobre o ponto, *vide* Vanderlinden, ob. cit., pp. 19 s.
[1336] Assim Sacco, *Il diritto africano,* p. 9 (na tradução francesa, p. 11).
[1337] Assim, Ryszard Kapuscinski, *Ébano. Febre africana,* tradução portuguesa de Maria Joana Guimarães, Porto, 2001, p. 9.

notámos ser duvidoso que os sistemas jurídicos africanos possam ser erigidos em uma família jurídica única, com autonomia perante as demais. A indagação empreendida neste capítulo permitiu-nos verificar que a diversidade desses sistemas jurídicos não tem paralelo nos demais continentes.

Existem, é certo, fatores de unidade entre eles, que resultam não apenas de certos valores e características comuns aos Direitos tradicionais africanos, mas também de iniciativas recentes tendo em vista a harmonização de diversas áreas do Direito de fonte estadual, sobretudo as que contendem com o exercício de atividades comerciais.

Mas esses traços de união entre os sistemas jurídicos africanos não são, só por si, bastantes a fim de se autonomizar uma família jurídica africana[1338].

Um jurista angolano, guineense ou moçambicano, por exemplo, tem muito mais facilidade em entender-se, no exercício da sua profissão, com um português ou um brasileiro do que com um nigeriano ou um queniano: enquanto que os primeiros procurarão a regra aplicável ao caso singular preferentemente nos códigos e nas leis que os complementam, os segundos extraí-la-ão em princípio de decisões judiciais; ao passo que aqueles aferirão a suscetibilidade de revisão judicial de um contrato, em caso de alteração de circunstâncias, à luz dos ditames da boa-fé, os segundos tê-la-ão por excluída à luz do princípio da *sanctity of contracts*; e assim por diante. Não há, em suma, um *conceito de Direito unitário* em África.

Tão-pouco nos parece legítimo dizer que os problemas sociais que o Direito hoje enfrenta em África são basicamente os mesmos em toda a parte[1339]. Basta, a fim de concluir que assim não é, ter presentes: *a)* A extrema diversidade do meio ecológico, que varia entre o deserto e a floresta tropical, daí resultando necessariamente diferentes exigências quanto à organização da vida em sociedade; *b)* A profunda desigualdade de estádios de desenvolvimento económico e social, inclusive entre países geograficamente muito próximos, como a África do Sul e Moçambique; *c)* Os diferentes graus de realização do Estado de Direito, mesmo em países estreitamente interligados do ponto de vista histórico e cultural, como Cabo Verde e a Guiné-Bissau; e *d)* A variedade de posicionamentos do Estado perante a religião, até em países de maioria muçulmana, como, por exemplo, a Tunísia e Marrocos.

Por outro lado, importa notar que a evolução económica e social dos países africanos não é favorável à preservação dos Direitos tradicionais: a economia monetária, a urbanização, a criação de um mercado de trabalho, a melhoria

---

[1338] Como sustentou, por exemplo, Kéba M'Baye, «The African Conception of Law», cit., pp. 138 ss. Mais reservados mostram-se, a este respeito, Antony Allot, *Essays in African Law with special reference to the law of Ghana*, Londres, 1960, pp. 55 ss.; idem, «African Law», cit, p. 131; e P. F. Gonidec, *Les droits africains*, cit., pp. 6 ss.

[1339] Ver, porém, nesse sentido, Zweigert/Kötz, *Einführung in die Rechtsvergleichung*, cit., p. 66 (na tradução inglesa, p. 67).

das comunicações, a democratização, a pulverização da família tradicional e os movimentos de emancipação feminina – tudo isso são fenómenos que, a prazo, jogam contra a subsistência desses Direitos, pois os problemas por eles suscitados, assim como as soluções que reclamam, são muito diversos daqueles a que tais Direitos dão resposta.

O aprofundamento da unidade política e económica entre os países africanos pode, decerto, levar no futuro a uma maior aproximação entre estes no plano jurídico e a novas sínteses dos elementos autóctones e das influências externas que caracterizam os sistemas jurídicos africanos. Mas, tal como na Europa a unificação económica e política não conduziu até hoje (nem é provável que conduza no futuro próximo[1340]) à supressão da diversidade dos Direitos nacionais, não tendo sequer posto termo à repartição destes por diferentes famílias jurídicas (não há, como vimos, uma «família jurídica europeia»), também em África não é de esperar que isso aconteça.

Em suma, os sistemas jurídicos africanos, apesar de possuírem características próprias, de indubitável originalidade, os quais exprimem mundividências ou «modos de pensar»[1341] específicos, revelam uma diversidade tal que, ao menos por ora, se deve ter por excluída a existência de uma tal família jurídica[1342]. Tais sistemas integram-se nas famílias jurídicas romano-germânica, de *Common Law* ou islâmica, consoante os elementos que neles forem predominantes. Quando conjuguem traços distintivos de duas ou mais destas famílias jurídicas, serão de caracterizar como sistemas jurídicos híbridos.

O que nos leva a formular duas observações finais.

A primeira é que o *pluralismo jurídico*, cujo reconhecimento pelo Estado é hoje reclamado em África por um número crescente de juristas, encontra expressão à escala do próprio continente.

A segunda decorre da verificação de que a afinidade entre sistemas jurídicos, na qual se baseia a autonomização, no Direito Comparado, das famílias jurídicas, não resulta necessariamente de fatores geográficos ou políticos, antes decorre em primeiro lugar de *elementos culturais* – o que não é, afinal, senão um corolário da índole também ela cultural do Direito, a que fizemos referência na introdução a esta obra.

[1340] Ver *infra*, § 82º.
[1341] Sobre este conceito da antropologia, *vide* Wolfgang Fikentscher, *Modes of Thought. A Study in the Anthropology of Law and Religion*, Tubinga, 1995, especialmente pp. 17 ss.
[1342] Vejam-se, nesta linha fundamental de orientação, entre outros, Henri Lévy-Bruhl, «Introduction à l'étude du droit coutumier africain», *RIDC*, 1956, pp. 67 ss. (p. 68); Rodolfo Sacco, *Il diritto africano*, cit., *passim*; O. B. Olaoba, *An Introduction to African Legal Culture*, cit., pp. 23 ␣.; Antonio Gambaro/ Rodolfo Sacco, *Sistemi giuridici comparati*, 2ª ed., Turim, 2004, p. 555; e Werner Menski, ob. cit., pp. 380 ss. Entre nós, cfr. Armando Marques Guedes, ob. cit., pp. 16 s., nota 2, e *passim*; e José de Oliveira Ascensão, *O Direito. Introdução e teoria geral*, cit., 2005, pp. 160 ss.

Bibliografia específica

AAVV – *Les pluralismes juridiques*, nos *Cahiers d'Anthropologie du droit*, 2003.

AAVV – *A integração regional e a uniformização do Direito dos Negócios em África*, no *BFDB*, nº 6 (junho 2004) e suplemento (dezembro 2004).

ABRANCHES, Henrique – «Direito tradicional e agregado familiar», *RFDUAN*, nº 4, dezembro de 2004, pp. 187 ss.

ABUDO, José Ibraímo – *Direito da Família*, Maputo, 2005.

— *A problemática e complexidade da aplicação da lei de família em Moçambique*, Maputo, polic., 2008.

AGBEDE, I. Oluwole – *Legal Pluralism*, Ibadan (Nigéria), Shaneson C.I. Ltd., 1991.

ALLIOT, Michel – «Les résistances traditionelles au droit moderne dans les états d'Afrique francophones et à Madagascar», *in* Jean Poirier (diretor), Études de droit africain et de droit malgache, s.l., Éditions Cujas, 1965, pp. 235 ss.

ALLOT, Antony – *Essays in African Law with Special Reference to the Law of Ghana*, Londres, Butterworth & Co., 1960.

— «La place des coutumes juridiques africaines dans les systèmes juridiques africains modernes», *in* Jean Poirier (diretor), Études de droit africain et de droit malgache, s.l., Éditions Cujas, 1965, pp. 257 ss.

— «Towards the Unification of Laws in Africa», *ICLQ*, 1965, pp. 366 ss.

— *New Essays in African Law*, Londres, Butterworths, 1970.

— «African Law», *in* J. Duncan M. Derrett, *An Introduction to Legal Systems*, reimpressão, Nova Deli, Universal Publishing Co., 1999, pp. 131 ss.

ALMEIDA, António Pereira de – *Direito angolano das sociedades comerciais*, 2ª ed., Coimbra, Coibra Editora, 2014.

ANJOS, Alberico Teixeira dos – «Direito africano ou direitos africanos? Algumas considerações sobre o direito africano e o uso político do direito costumeiro», *RBDC*, nº 37 (2011), pp. 129 ss.

ASOUZU, Amazu A. – *International Commercial Arbitration and African States. Practice, Participation and Institutional Development*, Cambridge, Cambridge University Press, 2001.

ASÚA ALTUNA, Raul Ruiz – *Cultura tradicional bantu*, 2ª ed., Luanda, Paulinas, 2014.

AYTTEY, George B. N. – *Indigenous African Institutions*, 2ª ed., Ardsley, Nova Iorque, Transnational Publishers, 2006.

BASTOS, Fernando Loureiro (coordenador geral) – *Direito costumeiro vigente na Guiné-Bissau*, Bissau, Faculdade de Direito de Bissau, 2011.

BENETT, Thomas W. – «Comparative Law and African Customary Law», *in* Mathias Reimann/Reinhard Zimmermann (orgs.), *The Oxford Handbook of Comparative Law*, Oxford, Oxford University Press, 2006, pp. 641 ss.

BONO, Ezio – Muntuísmo. *A ideia de "pessoa" na filosofia africana contemporânea*, 2ª ed., Maputo, Paulinas, 2015.

CAPELLER, Wanda, e Takanori KITAMURA (orgs.) – *Une introduction aux cultures juridiques non occidentales*. Autour de Masaji Chiba, Bruxelas, Bruylant, 1998.

CARDOSO, Leonardo – «Sistemas de herança entre os Papéis, Manjacos e Mancanhas», *Soronda. Revista de estudos guineenses*, Nova Série, nº 6, julho de 2003, pp. 147 ss.

CHINGUAR, Paulo – *O dano da morte no Código Civil angolano*, Huambo, 2015 (diss., polic.).

CISTAC, Gilles – *Aspetos Jurídicos da Integração Regional*, Maputo, Escolar Editora, 2012.

COTRAN, Eugene – «African Law», *IECL*, vol. II, cap. 2, pp. 157 ss.

CRUZ, Elisabeth Ceita Vera – *O estatuto do indigenato – Angola – A legalização da discriminação na colonização portuguesa*, Novo Imbomdeiro, s.l., 2005.

CUSTÓDIO, Arcanjo – «As soluções dos conflitos no Direito Costumeiro do grupo etno--linguístico ovimbundu», *RFDUAN*, nº 4, dezembro de 2004, pp. 201 ss.

DANIELS, W. C. Ekow – «The Interaction of English Law with Customary Law in West Africa», *ICLQ*, 1964, pp. 574 ss.

DAVID, Raúl – *Da justiça tradicional nos Umbundos*, Luanda, 1997.

DAVID, René – «Observations critiques sur les possibilités de la législation dans les pays africains», *in Le Droit Comparé. Droits d'hier, Droits de demain*, Paris, Economica, 1982, pp. 247 ss.

— «Rapport à S.M.I. Hailé Selassié I sur la codification des lois civiles», *in Le Droit Comparé. Droits d'hier, Droits de demain*, Paris, Economica, 1982, pp. 258 ss.

DIAS, Augusto Silva – «Problemas do Direito Penal numa sociedade multicultural: o chamado infanticídio ritual na Guiné-Bissau», *RPCC*, 1996, pp. 209 ss.

— «Faz sentido punir o ritual do *fanado*? Reflexões sobre a punibilidade da excisão clitoridiana», *RPCC*, 2006, pp. 1 ss.

— *Crimes culturalmente motivados. O Direito Penal ante a "estranha multiplicidade" das sociedades contemporâneas*, Coimbra, Almedina, 2016.

DRIBERG, J. H. – «The African Conception of Law», *Journal of Comparative Legislation and International Law*, 3ª série, 1934, pp. 230 ss.

ELIAS, T. Olawale – *The Nature of African Customary Law*, Manchester, Manchester University Press, 1956.

EMIOLA, Akintunde – *The Principles of African Customary Law*, Ogbomoso (Nigéria), Emiola Publishers, 1997.

FAGBAYIBO, Babatunde – "Towards the harmonisation of laws in Africa: is OHADA the way to go?", *The Comparative and International Law Journal of Southern Africa*, 2009, pp. 309 ss.

FARIA, Maria da Conceição, e Nelson JEQUE (coordenadores) – *Direito de uso e aproveitamento da terra*, Maputo, Livraria Universitária/Universidade Eduardo Mondlane, 2006.

FEIJÓ, Carlos – *O novo Direito da Economia de Angola. Trabalhos preparatórios. Legislação básica*, Coimbra, Almedina, 2005.

— *A coexistência normativa entre o Estado e as Autoridades Tradicionais na ordem jurídica plural angolana*, Coimbra, Almedina, 2012.

FERNANDES, Tiago Matos – *O poder local em Moçambique. Descentralização, pluralismo jurídico e legitimação*, Porto, Edições Afrontamento, 2008.
FUNETE, Ângelo – *A responsabilidade civil no âmbito da assistência judiciária no Direito angolano (causas e consequências)*, Huambo, 2015 (diss., polic.).
GILISSEN, John (org.) – *Le pluralisme juridique*, Bruxelas, Éditions de l'Université de Bruxelles, 1971.
GONIDEC, P. F. – *Les droits africains. Évolution et sources*, 2ª ed., Paris, L.G.D.J., 1976.
GRANJO, Paulo – *Lobolo em Maputo*, Porto, Campo das Letras, 2005.
GRIFFITHS, John – «What is Legal Pluralism?», *Journal of Legal Pluralism*, 1986, pp. 1 ss.
GUEDES, Armando Marques – *O Estudo dos Sistemas Jurídicos Africanos. Estado, Sociedade, Direito e Poder*, Coimbra, Almedina, 2004.
— *Sociedade civil e Estado em Angola. O Estado e a sociedade civil sobreviverão um ao outro?*, Coimbra, Almedina, 2005.
— e MARIA JOSÉ LOPES (orgs.) – *State and Traditional Law in Angola and Mozambique*, Coimbra, Almedina, 2007 (com um prefácio de Stephen Ellis).
HOEBEL, E. Adamson – *The Law of Primitive Man. A Study in Comparative Legal Dynamics*, Cambridge, Massachussets/Londres, Inglaterra, Harvard University Press, reimpressão, 2006.
HOOKER, M. B. – *Legal Pluralism. An Introduction to Colonial and Neo-colonial Laws*, Oxford, Clarendon Press, 1975.
JAO, Mamadú – «Código Penal, infanticídio e rejeição: a prova do rio», *Soronda. Revista de estudos guineenses*, Nova Série, nº 7, dezembro de 2003, pp. 45 ss.
KOSTA, Emílio Kafft – *Estado de Direito – O paradigma zero: entre lipoaspiração e dispensabilidade*, Coimbra, Almedina, 2007.
LE ROY, Étienne (org.) – *Les pluralismes juridiques*, Paris, Karthala, 2003.
— *Juridicités. Témoignages réunis à l'occasion du quarantième anniversaire du Laboratoire d'anthropologie juridique de Paris*, Paris, 2006.
LEITÃO, Luís Menezes – *Direito do Trabalho de Angola*, 5ª ed., Coimbra, Almedina, 2016.
LÉVY-BRUHL, Henri – «Introduction à l'étude du droit coutumier africain», *RIDC*, 1956, pp. 67 ss.
M'BAYE, Kéba – «The African Conception of Law», *IECL*, vol. II, cap. 1, pp. 138 ss.
— «Sources et évolution du droit africain», in *Mélanges offerts à P.-F. Gonidec*, Paris, L.G.D.J., 1985, pp. 341 ss.
MANCUSO, Salvatore – «Complexity of Transnational Sources: A "Regional" Report from the OHADA Member Countries», *in* Salvatore Mancuso/Tong Io Cheng (coordenadores), *XVIIIth International Congress on Comparative Law. Macau Regional Reports*, Macau, Imprensa Wah Ha, 2010, pp. 62 ss.
— *Direito Comercial Africano (OHADA)*, Coimbra, Almedina, 2012.
— «African Law in Action», *Journal of African Law*, 2014, pp. 1 ss.
MANÉ, Fodé Abulai – «A mulher e a criança no sistema jurídico guineense», *Soronda. Revista de estudos guineenses*, Nova Série, nº 8, julho de 2004, pp. 29 ss.

MARTINS, João Vicente – *Os Tutchokwe do Nordeste de Angola*, Lisboa, Instituto de Investigação Científica e Tropical, 2001.
MBAMBI, Moisés – «O Direito proverbial entre os Ovimbundu», *Jornal de Angola*, 14 de janeiro de 1990.
MEDINA, Maria do Carmo – *Direito da Família*, Luanda, Faculdade de Direito da Universidade Agostinho Neto, 2001.
— «Direitos humanos e Direito da Família», *RFDUAN*, n.º 4, dezembro de 2004, pp. 117 ss.
MEYER, Pierre – *OHADA. Droit de l'arbitrage*, Bruxelas, Bruylant, 2002.
MIRANDA, Jorge – «A Constituição de Angola de 2010», *O Direito*, 2010, pp. 9 ss.
NTAMPAKA, Charles – *Introduction aux systèmes juridiques africains*, Namur, Presses Universitaires de Namur, 2004.
NELLE, Dietrich – «Rechtspluralismus in Afrika – Entwicklung, System und Perspektiven des internen und internationalen Kollisionsrechts», *Recht in Afrika*, 2006, pp. 69 ss.
NSIE, Etienne – «La nature du droit OHADA», *Journal of Comparative Law in Africa*, 2016, pp. 1 ss.
OLAOBA, O. B. – *An Introduction to African Legal Culture*, Ibadan (Nigéria), Hope Publications, 2002.
OLIVEIRA, Filipe Falcão de – *Direito Público guineense*, Coimbra, Almedina, 2005.
OLIVEIRA, Joaquim Marques de – *Manual de Direito Comercial Angolano*, 3 vols. Coimbra/Luanda, Almedina/Cefolex, 2009/2012.
OPPONG, Richard Frimpong – «Private International Law in Africa: The Past, Present, and Future», *AJCL*, 2007, pp. 677 ss.
PÉDAMON, Michel (org.) – *Legal Education in Africa South of the Sahara. La formation juridique en Afrique noire*, Bruxelas, Bruylant, 1979.
PEREIRA, André Gonçalves – *Administração e Direito Ultramarino*, Lisboa, AAFDL, 1971 (polic.).
PEREIRA, João Mendes – *Direito Comunitário material e integração sub-regional: contributo para o estudo das mutações no processo de integração económica e monetária na África Ocidental*, Coimbra, Almedina, 2017.
PIMENTEL, David – *Legal Pluralism in Post-Colonial Africa: Linking Statutory and Customary Adjudication in Mozambique*, disponível em http://ssrn.com.
PINTO, Rui Gonçalves – *Direitos Reais de Moçambique*, 2ª ed., Coimbra, Almedina, 2012.
QUEIROZ, Francisco – *Economia informal: o caso de Angola*, Coimbra, Almedina, 2016.
RADCLIFFE-BROWN, A.R., e Daryll FORDE (orgs.) – *African Systems of Kinship and Marriage*, reimpressão, Londres/Nova Iorque/Toronto, Oxford University Press, 1960.
ROULAND, Norbert – «Pluralisme juridique», in André-Jean Arnaud (diretor), *Dictionnaire encyclopédique de théorie et de sociologie du dorit*, 2ª ed., Paris, L.G.D.J., 1993, pp. 449 s.
— *L'anthropologie juridique*, 2ª ed., Paris, P.U.F., 1995.
RYCKMANS, André, e C. MWELANZAMBI BAKWA – *Droit Coutumier Africain. Proverbes judiciaires Kongo (Zaire)*, Paris, L'Harmattan, e Mbandaka (Zaire), Aequatoria, 1992 (com prefácios de Louis-Vincent Thomas e Jacques Vanderlinden).

SACCO, Rodolfo – *Il diritto africano*, Turim, UTET, 1995 (com a colaboração de Marco Guadagni, Roberta Aluffi Beck-Peccoz e Lucca Castellani; existe tradução francesa, por Michel Cannarsa, com o título *Le droit africain. Anthropologie et droit positif*, Paris, Dalloz, 2009).

— "The sub-Saharan legal tradition", *in* Bussani/Mattei (orgs.), *The Cambridge Companion to Comparative Law*, Cambridge, 2012, pp. 313 ss.

SANTOS, Boaventura Sousa, e João Carlos TRINDADE (orgs.) – *Conflito e transformação social: uma paisagem das justiças em Moçambique*, 2 vols., Porto, Afrontamento, 2003.

SASSI, Domingos João – *A condição nos negócios jurídicos*, Huambo, 2015 (diss., polic.).

SHAH, Prakash – *Legal Pluralism in Conflict. Coping with Cultural Diversity in Law*, Londres/Sydney/Portland/Oregon, Glasshouse Press, 2005.

SIDIBÉ, Amsatou Sow – *Le pluralisme juridique en Afrique (L'exemple du droit successoral sénégalais)*, Paris, L.G.D.J., 1991 (com prefácios de Abdou Diouf e Jacques Foyer).

SILVA, António E. Duarte – *Invenção e Construção da Guiné-Bissau. Administração Colonial/Nacionalismo/Constitucionalismo)*, Coimbra, Almedina, 2010.

SILVA, Artur Augusto – *Usos e costumes jurídicos dos Fulas da guiné portuguesa*, Bissau, Centro de Estudos da Guiné Portuguesa, 1958.

— *Usos e costumes jurídicos dos Felupes da Guiné*, separata do nº 57 do ano XV do *Boletim Cultural da Guiné Portuguesa*, Bissau, 1960.

— *Usos e costumes jurídicos dos Mandingas. Ensaio*, Bissau, Centro de Estudos da Guiné Portuguesa, 1969.

TEMPELS, R. P. Placide – *La philosophie bantoue*, tradução francesa por A. Rubbens, Paris, Éditions Africaines, 1949.

THOMASHAUSEN, Andre – «Constitutional Law in Extreme Emergencies: The Emerging New Constitution of Angola», *in* Jürgen Bröhmer e outros (orgs.), *Internationale Gemeinschaft und Menschenrechte. Festschrift für Georg Ress zum 70. Geburtstag am 21. Januar 2005*, s.l., 2005, pp. 1295 ss.

— «Constitutional Power and Legitimacy in the Political Evolution of Southern Africa», *Lusíada. Política Internacional e Segurança*, 2010, pp. 43 ss.

VALENTE, José Francisco – *Seleção de provérbios e adivinhas em Umbundu*, s.l., Instituto de Investigação Científica de Angola, 1964.

— *A problemática do matrimónio tribal*, Lisboa, Instituto de Investigação Científica Tropical e Congregação do Espírito Santo, 1985.

VALE, Sofia – *As empresas no Direito angolano. Lições de Direito Comercial*, Luanda, edição da autora, 2015.

VANDERLINDEN, Jacques – «Aspects de la règle de droit dans l'Afrique traditionnelle», *in* Charles Perelman (org.), *La règle de droit*, Bruxelas, Bruylant, 1971, pp. 131 ss.

— *Les systèmes juridiques africains*, Paris, Presses Universitaires de France, 1983.

— «*Ex Africa semper...*», *RIDC*, 2006, pp. 1187 ss.

VICENTE, Dário – «Arbitragem OHADA», *BFDB*, nº 6 (2004), pp. 473 ss.

— «Unidade e diversidade nos atuais sistemas jurídicos africanos», *in* António Menezes Cordeiro, Luís Menezes Leitão e Januário Costa Gomes (orgs.), *Prof. Doutor Inocêncio Galvão Telles: 90 anos. Homenagem da Faculdade de Direito de Lisboa*, Coimbra, Almedina, 2007, pp. 317 ss.
— «A unificação do Direito dos Contratos em África: seu sentido e limites», *in Direito Internacional Privado. Ensaios*, vol. III, Coimbra, Almedina, 2010, pp. 199 ss.

VIEIRA, José Alberto – *Direitos Reais de Angola*, Coimbra, Coimbra Editora, 2013.

WOODMAN, Gordon R. – «Some Realism About Customary Law – The West African Experience», *in* Gordon R. Woodman/A.O. Obilade (orgs.), *African Law and Legal Theory*, Aldershot/Singapura/Sidney, Dartmouth, 1995,pp. 145 ss.

ZIMMERMANN, Reinhard, e Daniel VISSER – *Southern Cross. Civil Law and Common Law in South Africa*, reimpressão, Oxford, Clarendon Press, 2005.

Bases de dados específicas

http://www.africalawinstitute.org (Africa Law Institute)
http://africa.union.org (União Africana)
http://africa.upenn.edu/About_African/ww_law.html (African Studies Center University of Pennsylvania)
http://ajn.rt.org (African Judicial Network)
http://www.bnv-gz.de/~lschmid/cvrecht.htm (Direito Cabo-Verdiano)
http://www.commonlii.org (Commonwealth Legal Information Institute)
http://www.cplp.org (Comunidade dos Países de Língua Oficial Portuguesa)
http://www.dhnet.org.br/direitos/cplp/ (Legislação dos Povos de Língua Portuguesa)
http://www.dre.pt/iolp (Imprensa Oficial de Língua Portuguesa)
http://www.fdbissau.com (Faculdade de Direito de Bissau)
http://droit.francophonie.org (Agence Intergouvernementale de la Francophonie)
http://www.jurisafrica.net (Jurisafrica)
http://www.legis-palop.org (Legislação dos Países Africanos de Língua Oficial Portu--guesa)
http://www.lexafrica.com (Lex Africa)
http://lexana.org (Lex Africana – Bibliotheque électronique de droit africain)
http://www.lexmozambique.com (Lex Mozambique)
http://mail.mu.edu.et/~ethiopialaws (Ethiopian Legal Information Website)
http://www.netangola.com/leis/cgi-bin/lista_de_leis.cgi (República de Angola/Comissão do Conselho de Ministros Para as Leis)
http://www.ohada.com (OHADA)
http://portail.droit.francophonie.org (Droit francophone)
http://www.rechtinafrika.de (Gesellschaft für afrikanisches Recht)
http://www.saflii.org (Southern African Legal Information Institute)
http://www.uemoa.int (Union Économique et Monétaire Ouest-Africaine)

Capítulo VI
O Direito Hindu

§ 54º **Formação e âmbito**

a) **O Hinduísmo: caracterização**

Tal como o Direito muçulmano, o Direito hindu é um Direito religioso[1343]. No cerne dele está o Hinduísmo, a principal religião da Índia, hoje professada pela maior parte da população deste país. É justamente nessa base religiosa que, como se verá adiante, assenta a extraordinária força de que este Direito goza. E é também dela que provém a sua aplicabilidade, ainda que sob diversas formas, noutros países e a outros povos além dos que vivem na Índia. Fora desta, o Hinduísmo tem, com efeito, expressão relevante no Nepal (onde foi até recentemente a religião oficial[1344]) e em vários outros países asiáticos (entre os quais sobressaem o Bangladeche, a Indonésia, a Malásia, o Paquistão, Singapura e o Sri Lanka) e africanos (como a África do Sul, o Quénia e o Uganda). Pelo seu elevado número de crentes, que se estima superarem hoje os mil milhões, o Hinduísmo é a terceira maior religião do mundo contemporâneo.

Mas em que consiste o Hinduísmo? Trata-se, conforme reconheceu o Supremo Tribunal indiano numa decisão proferida em 1966[1345], de uma questão de difícil

---

[1343] Ver John Duncan Derrett, *Religion, Law and the State in India*, Londres, 1968, especialmente pp. 97 ss.; Werner Menski, «Hindu law as a "religious" system», *in* Andrew Huxley (org.), *Religion, law and tradition. Comparative studies in religious law*, Londres, 2002, pp. 108 ss.

[1344] O art. 4º, nº 1, da Constituição nepalesa de 1990 dispunha, com efeito, que o Nepal era uma monarquia hindu. Em 2007, foi todavia aprovada uma Constituição provisória (disponível em http://www.ccd.org.np/new/resources/interim.pdf), que proclamou o Nepal uma república secular. O Hinduísmo deixou, por conseguinte, de ser religião de Estado neste país.

[1345] Cfr. *Shastri Yagnapurushdasji and others v. Muldas Bhundardas Vaishya and another*, All India Reports, 1966, pp. 1119 ss.

resposta. Pois, ao contrário do que sucede no Cristianismo e no Islamismo, não existem na religião hindu nem um Profeta ao qual haja sido feita uma revelação, nem autoridades religiosas que assegurem a observância de certos dogmas, nem um rito religioso único. Não obstante isso, é possível identificar, como notou o referido Tribunal, certos traços distintivos do «modo de vida» (*way of life*) hindu. Entre eles salientar-se-iam «a aceitação dos *Vedas* com reverência; o reconhecimento de que os meios ou caminhos da salvação são diversos; e a consciência da verdade de que o número de Deuses a venerar é vasto».

Além destes elementos do Hinduísmo, podem ainda destacar-se os seguintes: *a)* A crença na transmigração das almas, que após a morte passam de um corpo para outro; *b)* A doutrina do *karma*, conforme a qual em cada encarnação se dá a retribuição das ações praticadas na anterior; *c)* A libertação (*moksha*) do ciclo contínuo de nascimentos, mortes e reencarnações (*Samsara*), mediante a consecução do estado de transcendência (*Nirvana*), em que se dá a superação dos sentidos e a união com Deus, como finalidade última da Humanidade; *d)* Um sistema de castas cuja violação faz incorrer o infrator em sanções religiosas; e *e)* O panteísmo que se manifesta no culto de certos animais, rios, plantas e até órgãos humanos[1346].

Na base do Hinduísmo encontra-se uma atitude de rejeição da vida terrena, que o leva a desinteressar-se desta e a encará-la como uma mera encenação, em que é dever dos crentes participarem ainda que renunciando a qualquer aspiração a fazerem progredir o mundo. Esta atitude, há muito apontada como característica fundamental do pensamento indiano, contrasta flagrantemente com a afirmação do mundo e da vida, em que se baseia o pensamento ocidental, sobretudo desde a Renascença[1347].

O Hinduísmo encerra um paradoxo fundamental. Teologicamente, é tolerante e pluralista, como o atesta a existência no seio dele de numerosas seitas, doutrinas e tradições religiosas distintas[1348], por vezes com crenças fortemente contraditórias entre si, mas que os fiéis podem escolher livremente: os caminhos que conduzem a Deus são, para os hindus, infinitos. Não falta, por isso, quem veja no Hinduísmo mais uma *federação de credos* do que uma religião propriamente dita; o que não é desprovido de consequências no plano jurídico, dada a dificuldade de

---

[1346] Ver, para mais desenvolvimentos, Max Weber, *The Religion of India. The Sociology of Hinduism and Buddhism*, tradução inglesa por Hans H. Gerth e Don Martindale, Nova Deli, 2000; Richard V. de Smet, «Hinduísmo», na *Enciclopédia Verbo Luso-Brasileira de Cultura – Edição século XXI*, vol. 14, Lisboa/São Paulo, 2000, cols. 1040 ss.; Kshiti Mohan Sen, *Hinduism*, reimpressão, Londres, 2005; e Gavin Flood, *An Introduction to Hinduism*, reimpressão, Cambridge, 2013.

[1347] Ver Albert Schweitzer, *Indian Thought and its Development*, reimpressão, Boston, 1957, *passim*.

[1348] As principais são o *Vixenuísmo*, que considera *Vixenu* o ser supremo; o *Xivaísmo*, que vê em *Xiva* esse ente; o *Xaktismo*, que venera a deusa *Xakti*; e o *Smartismo*, para o qual as diferentes divindades são apenas manifestações diversas do mesmo ente supremo, *Brâman*.

definição do âmbito pessoal do Direito hindu daí resultante. Socialmente, porém, o Hinduísmo apresenta uma índole muito diversa, pois o sistema de castas que lhe está associado inibe severamente a mobilidade social dos seus membros, seja por via do casamento, seja através do exercício de profissões distintas das que estão reservadas aos membros de cada casta, fomentando-se assim a endogamia e a segregação dos grupos sociais.

Tal como sucede no Islamismo, os textos sagrados do Hinduísmo compreendem regras jurídicas. São essas regras, algumas das quais consagram costumes muito antigos dos povos hindus, que constituem a base sobre a qual assenta o Direito hindu – posto que as fontes deste não se resumam, como veremos, às que constam dos textos sagrados, antes incluam presentemente o costume, a jurisprudência e a lei.

O Hinduísmo teve um papel muito relevante na afirmação da identidade nacional da Índia, estando na origem da sua separação, em 1947, do Paquistão e do Bangladeche, maioritariamente muçulmanos. Mais do que uma religião, ou até do que um sistema de ordenação social, trata-se, pois, do elemento nuclear da sociedade indiana.

b) Âmbito pessoal, geográfico e material de aplicação do Direito hindu

O âmbito pessoal de aplicação do Direito hindu define-se, na Índia, em razão de um critério complexo, de acordo com o qual lhe compete reger a condição jurídica dos hindus (considerando-se como tais os indivíduos cujos pais sejam ambos hindus ou que tenham pelo menos um progenitor hindu, desde que hajam sido educados como membros da comunidade a que pertence esse progenitor), dos budistas, jainistas e sikhs (definidos, *mutatis mutandis*, na base dos mesmos fatores) e dos demais indivíduos domiciliados na Índia, que não sejam muçulmanos, cristãos, parsis ou judeus[1349]. Estão, pois, sujeitos ao Direito hindu praticamente todos os que, tendo domicílio na Índia, não pertençam a uma comunidade diversa da hindu.

O Direito hindu rege fundamentalmente as matérias compreendidas no estatuto pessoal das pessoas singulares, entre as quais avultam as relações familiares e sucessórias. No entanto, o Supremo Tribunal indiano tem-no também tomado em consideração ao decidir outras questões da mais variada natureza, da licitude dos jogos de fortuna e azar à proteção da vaca.

Entre os países onde vigora, sobressai naturalmente a Índia, por ser aquele onde hoje vive o maior número de hindus[1350]. Não é, porém, esse o único país

---

[1349] Cfr. Paras Diwan, *Modern Hindu Law*, 22ª ed., Faridabad, 2014, p. 1.
[1350] Os quais se estimam em cerca de novecentos milhões, num total de aproximadamente mil e cem milhões de cidadãos indianos.

onde tem aplicação, dado que as comunidades hindus radicadas noutros países – com destaque, no continente asiático, para a Malásia, o Nepal, o Paquistão e Singapura e, em África, para o Quénia e o Uganda – também se regem pelas variantes locais do Direito hindu[1351].

Tão-pouco é esse o único Direito vigente na Índia, antes coexiste nele com outros Direitos religiosos (*maxime* o muçulmano)[1352], Direito de fonte estadual, Direito consuetudinário e Direito recebido das antigas potências coloniais (*v.g.* o português[1353]).

Este pluralismo do Direito indiano corresponde, aliás, a uma tradição antiga.

Na Índia Portuguesa, por exemplo, o Decreto de 16 de dezembro de 1880 determinava expressamente que se mantivessem e respeitassem os usos e costumes dos habitantes não cristãos de Goa, mormente os hindus e os muçulmanos, baseados nas respetivas religiões, os quais foram para o efeito parcialmente codificados nesse diploma[1354]. Surgiu assim o que mais tarde foi por alguns denominado *Direito luso-hindu*[1355], ainda em vigor em Goa, Damão e Diu[1356].

[1351] Cfr. John Duncan Derrett/T.K. Krishnamurthay Iyer, «The Hindu Conception of Law», *IECL*, vol. II, cap. 1, pp. 107 ss.; *idem*, «Hindu Family Law», *IECL*, vol. IV, cap. 11, p. 81; John Duncan M. Derrett, «East Africa: Recent Legislation for Hindus», *AJCL*, 1962, pp. 396 ss.; Nasim Hasan Shah, «Pakistan», *IECL*, vol. I, p. P-8; Eugene Cotran, «Kenya», *IECL*, vol. I, p. K-4; Joseph Minatten, «Malaysia», *IECL*, vol. I, p. M-22.

[1352] Aplicável a cerca de cento e cinquenta milhões de indianos que professam o Islamismo.

[1353] Sobre a permanência do Direito português em Goa desde 1961, *vide* o que dissemos acima, no § 12º, alínea *f*). Sobre a História do Direito português em Goa em períodos mais recuados, *vide* Luís Pedroso de Lima Cabral de Moncada, «Do reformismo jurídico pombalino em Goa», *BFDUC*, 2003, pp. 627 ss.; e Isabel Banond, «Manifestações da soberania portuguesa no Estado da Índia no séc. XVIII», in *Estudos em homenagem ao Prof. Doutor Raúl Ventura*, Lisboa, 2003, pp. 445 ss.

[1354] Cujo art. 1º dispunha: «São mantidos e ressalvados aos hindús e gentios de Goa, sem distinção de Velhas e Novas Conquistas, os seus usos e costumes especiais e privativos, revistos e codificados nas disposições seguintes». Esse diploma encontra-se reproduzido *in* Dário Moura Vicente e outros (orgs.), *Family and Succession Law in the Portuguese Civil Code of 1867: a XXIst Century Approach*, 2ª ed., Pangim, 2014, pp. 507 ss. Cfr., sobre o mesmo texto legal, A. Lopes Mendes, *A India Portugueza. Breve descrição das possessões portuguezas na Ásia*, vol. I, Lisboa, 1886 (reimpressão, Deli, 2006), pp. 129 ss. e 241 ss.; Luiz da Cunha Gonçalves, *Direito hindú e mahometano. Comentário ao Decreto de 16 de dezembro de 1880 que ressalvou os usos e costumes dos habitantes não-cristãos do distrito de Goa na Índia portuguesa*, Coimbra, 1923; *idem, Usos e costumes dos habitantes não-cristãos da Índia Portuguesa*, separata da *Revista da Escola Superior Naval*, Lisboa, 1950; e John Duncan Derret, «Hindu Law in Goa: A Contact between Natural, Roman, and Hindu Laws», *ZvglRW*, 1965, pp. 203 ss.

[1355] Cfr. John Duncan M. Derrett, *A Critique of Modern Hindu Law*, Bombaim, 1970, pp. 16 s.; Duncan Derrett/T.K. Krishnamurthay Iyer, est. cit., p. 107.

[1356] Ver, quanto a Damão, o *Código dos Uzos e Costumes dos Habitantes Não-Christãos de Damão*, de 1854; e relativamente a Diu, o *Código dos Usos e Costumes dos Habitantes Não-Christãos de Diu*, de 1894.

O DIREITO HINDU

Um fenómeno semelhante deu-se na Índia Britânica – onde, na sequência da *Proclamação da Rainha Vitória aos Príncipes, Chefes e Povos da Índia*, de 1 de novembro de 1858[1357], se formaram, principalmente por ação dos magistrados ingleses, os chamados *Direito anglo-hindu* e *Direito anglo-maometano*[1358].

Com uma diferença, porém: enquanto que nos territórios administrados pelos ingleses as comunidades hindus e muçulmanas se regiam exclusivamente pelo seu próprio Direito em matéria familiar e sucessória, na Índia portuguesa o Código Civil de 1867 e as leis que o complementaram eram – e continuam a ser – em princípio aplicáveis a essas comunidades, donde resultou um maior grau de integração das mesmas. Daí que as leis da família e das sucessões vigentes em Goa, Damão e Diu sejam caracterizadas pela doutrina goesa contemporânea como *gerais e uniformes*[1359].

O Direito hindu não se confunde, pois, com o Direito indiano. A Índia é hoje um Estado secular[1360], dotado de um ordenamento jurídico híbrido, que conjuga características próprias das famílias romano-germânica e de *Common Law* e que compreende, no topo da hierarquia das respetivas fontes, uma constituição escrita[1361]. Nisto se distingue, aliás, a Índia de vários países muçulmanos, onde o Islamismo é religião de Estado e o Direito emanado deste se encontra subordinado à *Xaria*.

Dentre as leis indianas, umas aplicam-se a todos os cidadãos do país, independentemente da sua confissão religiosa, (como é o caso das que disciplinam certas relações patrimoniais[1362]); outras, apenas valem para certas categorias de pessoas (como as que dizem respeito ao estatuto pessoal de hindus[1363] e de muçulmanos[1364]).

[1357] Na qual a soberana inglesa declarou: «Desejamos que, de um modo geral, na conceção e aplicação da lei, seja prestada a devida atenção aos direitos, usos e costumes antigos da Índia».

[1358] Cfr. Derrett, ob. cit., pp. 15 ss.

[1359] Neste sentido, veja-se M. S. Usgãocar, «Family Laws in Goa, Daman and Diu: Are they Uniform?», *in* Libia Lobo Sardesai (org.), *Glimpses of Family Law of Goa, Daman and Diu*, Margão, s.d., pp. 85 ss. (p. 91).

[1360] Cfr. P.M. Bakshi, *The Constitution of India*, 11ª ed., Nova Deli, 2011, p. 4.

[1361] A Constituição indiana foi adotada em 1949 e revista mais de uma centena de vezes, por último em 2017. O respetivo texto encontra-se disponível, em versão inglesa, em http://indiacode.nic.in. Para um confronto com a Constituição portuguesa, veja-se Carmo d'Souza, *The Indian and Portuguese Constitutions. A Comparative Study*, vol. I, Calangute (Goa), 2000.

[1362] V.g. o *Indian Contract Act, 1872*, e o *Companies Act, 1956*, ambos com alterações posteriores à respetiva publicação.

[1363] Referimo-nos nomeadamente ao *Hindu Marriage Act, 1955*, ao *Hindu Minority and Guardianship Act, 1956*, ao *Hindu Adoption and Maintenance Act, 1956* e ao *Hindu Succession Act, 1956*, cujos sentido e alcance precisaremos adiante.

[1364] Tal o caso, por exemplo, do *Muslim Personal Law (Shariat) Application Act, 1937*, e do *Muslim Women (Protection of Rights on Divorce) Act, 1986*.

Nos termos do art. 13 da Constituição indiana, nenhum diploma legal, uso ou costume é aplicável se for incompatível com os preceitos constitucionais. Dado que a violação destes pode ser suscitada a título incidental perante qualquer jurisdição, com recurso da decisão por ela proferida para o Supremo Tribunal, a preeminência do texto constitucional assume grande relevo neste país. A prática judiciária indiana evidencia, aliás, o conflito que tem por vezes oposto o Direito hindu tradicional (cuja aplicação foi em parte proscrita pela Constituição e pela lei ordinária, mas que alguns setores da população continuam a observar) ao Direito oficial (que o Estado procura impor, embora nem sempre com sucesso).

O que se disse até aqui permite-nos antecipar esta conclusão: apesar da relevância que assumem na Índia as fontes de Direito laico – mormente as que foram legadas pela colonização inglesa – muitos aspetos da vida jurídica deste país (e dos demais que integram a família jurídica hindu) apenas podem ser compreendidos à luz do poderoso sistema de crenças e valores que há mais de dois mil anos impregna as sociedades em que predomina o Hinduísmo[1365], das quais a indiana é hoje a principal; o que torna o respetivo sistema jurídico irredutível aos de qualquer outra família jurídica, *maxime*, como veremos, a de *Common Law*.

§ 55º Conceitos fundamentais

a) *Dharma*

Referimos já que o termo *Dharma* exprime na língua clássica da Índia uma pluralidade de noções, entre as quais avulta a de *dever* ou, mais precisamente, de *padrão de conduta* exigível ao hindu enquanto membro de determinada casta e em certo estádio da sua vida[1366]. Trata-se, como notou John Duncan Derrett, da ideia-chave do Direito hindu[1367].

O dever a que o *Dharma* se refere não é, porém, apenas o jurídico, mas também o religioso: aquele que se conduzir de acordo com ele viverá em conformi-

---

[1365] Sobre o qual pode ver-se uma síntese em John Keay, *India. A History: From the Earliest Civilisations to the Boom of the Twenty-First Century*, Londres, 2010.

[1366] Neste sentido, vejam-se: Pandurang Vaman Kane, *History of Dharmasastra (Ancient and Mediaeval Religious and Civil Law in India)*, vol. I, 2ª ed., reimpressão, Puna, 1990, p. 3; Robert Lingat, *The Classical Law of India*, reimpressão, Nova Deli, 1998 (tradução inglesa, por John Duncan Derrett), p. 4; Werner Menski, *Hindu Law. Beyond Tradition and Modernity*, reimpressão, Oxford, 2005, p. 97; idem, *Comparative Law in a Global Context*, cit., pp. 198, 208 e 213; Mulla, *Principles of Hindu Law*, vol. I, 20ª ed. (por S. A. Desai), Nova Deli, 2007, p. 1; Paras Diwan, *Modern Hindu Law*, p. 19 s.

[1367] Cfr. «Hindu Law», in John Duncan Derrett (org.), *An Introduction to Legal Systems*, reimpressão, Nova Deli, 1999, pp. 80 ss. (p. 81).

dade com a vontade divina. E é ainda, pode dizer-se, um dever moral e social. Não há, em sânscrito, um termo específico para designar o Direito positivo, que permita dissociá-lo da moral e da religião[1368].

Os pilares do *Dharma* são as quatro virtudes referidas na escritura religiosa denominada *Baghavata Purana*: misericórdia, renúncia, verdade e pureza. Observe-se contudo que os deveres individuais em que se consubstancia o *Dharma* não são suscetíveis de uma formulação genérica, válida para uma pluralidade indefinida de sujeitos, antes variam, como se verá a seguir, em função da condição social e das demais circunstâncias de cada um. O *Dharma* caracteriza-se, pois, por um certo relativismo. A ideia de um Direito Natural é, nesta medida, estranha ao pensamento hindu.

b) *Karma*

Para o Hinduísmo, todo o ser vivo é um espírito eterno, cuja alma, após a morte, se transfere de um corpo para outro, reencarnando neste. De acordo com a doutrina do *karma* (termo que em sânscrito significa literalmente ação), cada ato humano produz certos efeitos nesta ou noutras encarnações da mesma alma, os quais refletem a sua conformidade ou desconformidade com os preceitos do Hinduísmo. É Deus quem faz o *karma* juntar-se à alma que lhe corresponde aquando da reencarnação.

Esta doutrina, como é bom de ver, só é possível porque não há no Hinduísmo a noção ocidental da *pessoa* enquanto ser único, irrepetível e dotado de *livre-arbítrio*. O personalismo e os seus corolários jurídicos, que examinámos acima[1369], são por isso também estranhos ao Hinduísmo.

c) Castas

A sociedade hindu divide-se na Índia em quatro castas ou *varnas*[1370]. Estas são, por ordem descendente na hierarquia social, a dos *brâmanes*[1371], a dos *xátrias*, a dos *vaixias* e a dos *sudras*. Cada casta compreende, por seu turno, diversas subcastas (*jati*). A pertença a uma casta é fixada à nascença (salvo no caso de conversão ao Hinduísmo), por via hereditária, e é imutável. Decorre, segundo a tradição hindu, do *karma* de cada um: só pelas ações praticadas enquanto membro de uma casta se pode passar a outra, de nível superior, numa futura encarnação; em contrapartida, a prática de certas ações – *maxime* a atuação em desconformidade com o *Dharma* da própria casta – implica a descida na hierarquia das castas ou a perda

---

[1368] Mulla, ob. e loc. cit.; Ludo Rocher, «Hindu Conceptions of Law», *Hastings L.J.*, 1977-1978, pp. 1283 ss. (p. 1286).
[1369] Cfr. supra, § 14º, d).
[1370] Palavra que em sânscrito significa também cor.
[1371] Assim denominados em razão do seu Deus, Brâman ou Brahma.

de casta. O sistema de castas (*Varnashrama*), além de corresponder a uma hierarquia social e política, tem, assim, caráter sagrado. À margem do sistema de castas estão os denominados párias (ou *dalit*, palavra que em sânscrito significa "oprimido")[1372], os quais executam as tarefas tidas por desprezíveis pelos restantes membros da hierarquia social. O contacto com os párias, diz-se, acarreta para os membros das castas superiores o risco de contaminação, razão pela qual são também referidos como *intocáveis*[1373].

Uma das características fundamentais do sistema de castas é a rigorosa separação dos respetivos membros na comensalidade, no casamento e na vida íntima: nenhum membro de uma casta pode, por exemplo, comer ou casar com alguém de casta inferior, sob pena de descer de casta. Por outro lado, só os membros das três primeiras castas têm o direito de usar o cordão tradicional (*munj*) aposto na cerimónia que marca a iniciação do jovem hindu no estudo dos textos sagrados. Dado que este sacramento é equiparado a um segundo nascimento, os membros dessas castas dizem-se também, a partir da sua realização, «bisnatos» (*dwija*).

O sistema compreende diversos elementos. Em primeiro lugar, um *elemento étnico*: enquanto que os brâmanes, os xátrias e os vaixias descendem dos povos arianos[1374] que se instalaram no subcontinente indiano no segundo milénio a.C., os sudras resultaram da miscigenação desses povos com os de raça dravidiana, que ao tempo habitavam o Sul da Índia. Em segundo lugar, um *elemento económico*[1375], na medida em que lhe corresponde determinada divisão do trabalho entre os membros da sociedade: aos *brâmanes* competem em exclusivo o sacerdócio e o ensino; aos *xátrias*, as funções militares e de administração; os *vaixias* são predominantemente agricultores, comerciantes e criadores de gado; e os *sudras* são servos e operários. Em terceiro lugar, um *elemento* ético, que resulta de os brâmanes estarem mais estritamente vinculados à observância dos deveres de conduta, religiosos e jurídicos, que sobre si impendem do que os membros das demais castas.

As origens históricas do sistema remontam à organização social implantada no vale do Indo pelas tribos arianas que o ocuparam a partir de 1750 a.C. O termo casta só surgiu, porém, muito mais tarde, tendo sido, ao que parece, cunhado pelos portugueses[1376].

[1372] Os quais se estimam em cerca de 160 milhões na Índia (ou seja, 1/6 da população do país).
[1373] Sobre o tema, *vide* Human Rights Watch, *Broken People. Caste Violence Against India's "Untouchables"*, Nova Iorque, 1999.
[1374] Do sânscrito *arya*, i.é, «senhor» ou «amo» (designação que os povos indo-iranianos da Pérsia e do Indostão se atribuíam a si próprios).
[1375] O sistema de castas explicar-se-ia assim, segundo alguns, pela necessidade de os brâmanes preservarem a sua superioridade na hierarquia social.
[1376] Neste sentido, J. M. Roberts, *The New Penguin History of the World*, 4ª ed., Londres, 2002, p. 125.

O DIREITO HINDU

É muito vasta a sua relevância social e jurídica. Max Weber considerou-o a instituição fundamental do Hinduísmo[1377]. Decorrida cerca de uma década e meia sobre a independência da Índia, um distinto orientalista afirmava ainda ser juridicamente impossível a existência neste país de um hindu sem casta[1378].

Em Goa, durante a administração portuguesa, manteve-se a divisão em castas, mesmo entre os cristãos: os brâmanes ocuparam posições de relevo nas profissões liberais, na administração e no comércio, mantendo por essa via a sua tradicional predominância; por seu turno, os xátrias ingressavam com facilidade no exército; os vaixias mantiveram-se no comércio; e os sudras eram sobretudo camponeses e artífices[1379].

Em virtude da estruturação da sociedade hindu na base deste sistema, o *Dharma* não tem o mesmo conteúdo para todos os seus membros: cada hindu deve tão-só observar os deveres próprios da sua casta. Por outro lado, no Direito hindu clássico (i. é, anterior às leis sobre o estatuto pessoal dos hindus que referiremos a seguir)[1380], o casamento só era válido quando celebrado entre pessoas da mesma casta ou, excecionalmente, entre homem de casta superior e mulher de casta inferior; por seu turno, o adotando tinha de pertencer à mesma casta que o pai adotivo[1381].

O art. 15 da Constituição indiana proibiu, é certo, toda a discriminação em razão da casta (sem prejuízo de o Estado adotar medidas tendentes a promover as castas socialmente mais desfavorecidas); e o art. 17 aboliu, como preconizara Mohandas Gandhi (1869-1948), a «intocabilidade»[1382]. Posteriormente, a lei ordinária qualificou como ilícito criminal toda a discriminação baseada nesta figura[1383]. Contudo, ambas as instituições permanecem na Índia contemporânea: por exemplo, os casamentos entre pessoas de castas diferentes (que as escrituras hindus proscrevem) são ainda hoje relativamente escassos; e continuam a ocorrer crimes motivados pelo antagonismo entre castas[1384]. Aliás, a Constituição indiana não aboliu propriamente as castas nem revogou o Direito anterior à sua entrada

---

[1377] Cfr. *The Religion of India*, cit., p. 29.
[1378] Cfr. John Duncan Derrett, *An Introduction to Modern Hindu Law*, Bombaim, 1963, pp. 27 s.
[1379] Cfr. Raquel Soeiro de Brito, *Goa e as praças do Norte revisitadas*, Lisboa, 1998, p. 38.
[1380] Cfr. *infra*, § 56º, alínea *f*).
[1381] Cfr. Mulla, ob. cit., vol. I, pp. 77, 757 e 810.
[1382] Cfr. Sri Mengghshyam T. Ajgaonkar (org.), *Mahatma. A Golden Treasury of Wisdom – Thoughts & Glimpses of Life*, Mumbai, s.d., p. 61.
[1383] Cfr. o *Protection of Civil Rights Act, 1955*.
[1384] Ainda em 2010, o Supremo Tribunal da Índia afirmava, numa decisão relativa a um crime desse género: «Infelizmente, o sistema indiano de castas, com séculos de existência, continua, de tempos a tempos, a fazer vítimas. O presente caso revela o pior tipo de atrocidades cometidas num país civilizado pela chamada casta superior (Xátrias ou Thakur) contra a demominada casta inferior (Harijan). A fim de assegurar o funcionamento regular do Estado de Direito e da democracia no

em vigor. E o seu art. 26 consagra, com ressalva da ordem pública, um princípio de autonomia das confissões religiosas[1385], que pode servir de base à imposição por estas de sanções religiosas pelo incumprimento dos deveres impostos aos membros de cada casta. O próprio Gandhi considerou o sistema de castas uma «salutar divisão do trabalho baseada no nascimento», que toma em consideração as «tendências naturais do Homem» e «evita toda a concorrência indigna»[1386].

Não é, de resto, apenas na Índia que o sistema tem sido observado: ele possui também profundas raízes noutros países e territórios asiáticos, do Nepal à ilha de Bali.

Bem se compreende a persistência do fenómeno. Ela resulta da indissociabilidade do sistema de castas relativamente ao Hinduísmo, dominante nos referidos países e territórios: como se verá adiante, as escrituras hindus, além de consagrarem a divisão da sociedade em castas, procuram justificá-la, glorificando os brâmanes e apontando-os como modelos de virtude. Em contrapartida, onde prevaleceu o Budismo, que nasceu e se desenvolveu a partir do Hinduísmo, mas que se diferencia dele, entre outros aspectos, pela rejeição do sistema de castas, este último não logrou implantar-se[1387].

§ 56º Fontes

a) Textos revelados

As fontes do *Dharma* são de duas ordens: primárias (*sruti* ou revelações) e secundárias (*smriti* ou tradições). As primeiras têm origem divina e terão sido transmitidas aos sábios do Hinduísmo aquando das suas meditações; as segundas são de origem humana e foram reduzidas a escrito a fim de esclarecer o sentido das primeiras.

À categoria dos *srutis* pertencem os livros sagrados denominados *Vedas*[1388] (*Rigveda*, *Yajurveda*, *Samaveda* e *Atharvaveda*), em que se coligem hinos e fórmu-

---

nosso país, é absolutamente imperioso abolir o sistema de castas tão rapidamente quanto possível» (cfr. *State of Uttar Pradesh v. Ram Sajiran and Others, All Indian Reports*, 2010, pp. 1738 ss.).

[1385] Dispõe esse preceito: «26. Liberdade de administrar assuntos religiosos. Com ressalva da ordem pública, da moral e da saúde, todas as confissões religiosas terão o direito de: (*a*) estabelecer e manter instituições que prossigam fins religiosos e caritativos; (*b*) administrar os seus próprios assuntos em matéria religiosa; (*c*) possuir e adquirir bens móveis e imóveis; e (*d*) administrar esses bens em conformidade com o disposto na lei».

[1386] Cfr. Nirmal Kumar Bose (org.), *Selections from Gandhi*, edição revista, Ahemadabad, 1996, nºs 759 e 766.

[1387] Justamente por isso muitos *dalit* indianos têm-se convertido ao budismo, procurando assim subtrair-se à condição de intocáveis.

[1388] Palavra que em sânscrito significa "conhecimento divino".

las rituais[1389]. O mais antigo data do segundo milénio a.C.[1390]. A importância dos rituais, que os *Vedas* evidenciam, prende-se com a mundividência que lhes subjaz. Esta assenta na crença numa estreita ligação entre o indivíduo e a família, o clã, a sociedade e o próprio universo que o rodeiam, que é a chave para a compreensão do Hinduísmo.

O mais conhecido dos *srutis* é o *Bhagavad Gita*, ou *Gita*[1391], composto entre 400 e 200 a.C.[1392]. Nele se entende geralmente estar resumida a essência do Hinduísmo tal como os *Vedas* o exprimem. Trata-se de um excerto de um poema épico, o *Mahabharata*, que narra a história da Índia antiga[1393], ao qual se chama por vezes também o quinto *Veda*. Relata-se no *Gita* um diálogo estabelecido num campo de batalha entre o Deus Krixna e o guerreiro Arjuna, na véspera de um combate. Arjuna mostra-se relutante em entrar na luta, pois entre os seus opositores encontravam-se professores e parentes seus, por si venerados. Krixna incita-o, no entanto, a combater, por ser esse o seu dever. O homem que executa as tarefas que lhe foram distribuídas por Deus, diz-lhe, está isento de pecado. Lembra-lhe ainda que só o corpo dos seus inimigos pode ser morto: o seu espírito é imortal. A batalha é depois travada e ganha pelo partido de Arjuna.

Contêm-se nesta alegoria duas noções centrais do Hinduísmo. Por um lado, a de que cada um deve cumprir o seu dever (o seu *Dharma*), sem desejo de sucesso ou recompensa, por mais penoso que ele se revele. A esta atitude de renúncia, aplicável a todas as atividades e ao alcance de todos, chama Krixna o *ioga*. Aquele que o praticar encontrará a harmonia e alcançará o paraíso. Eis por que o *Gita* é hoje utilizado por milhões de hindus como guia espiritual. Por outro lado, prescreve-se no *Gita* que, em ordem a atingir a perfeição, cada um execute as tarefas que estão destinadas aos da sua casta, e não as que competem aos de outras: «Mais nobre é o teu próprio trabalho, ainda que humilde», diz Krixna, «do que o trabalho de outro, ainda que nobre»[1394].

O padrão de conduta veiculado pelo *Gita* teve grande importância na formulação posterior das regras jurídicas contidas nos *smritis*. O que bem se compreende,

---

[1389] Existe tradução inglesa do *Rigveda*, por Wendy Doniger, Londres, 1981.
[1390] Cfr. Kshiti Mohan Sen, *Hinduism*, cit., p. 37.
[1391] Ver *The Bhagavad Gita* (tradução inglesa, por Juan Mascaró, com uma introdução por Simon Brodbeck, reimpressão, Londres, 2003); *Bhagavad-gita. A Canção do Senhor* (tradução do sânscrito para português por José Carlos Calazans, Lisboa, 2010).
[1392] Cfr. Kshiti Mohan Sen, ob. cit., p. 132.
[1393] *Bharat* é o nome do herói lendário a quem se atribui a primeira tentativa de unificar a península indostânica; o termo passou no século XX a ser também utilizado (por exemplo no hino nacional da União Indiana) para significar a Índia.
[1394] *Bhagavad Gita*, 18.47 (tradução da nossa responsabilidade, a partir da versão inglesa de Juan Mascaró).

pois esse padrão é propício à manutenção da paz social e da continuidade cultural numa comunidade com a dimensão e a diversidade da indiana. Sendo essencialmente uma fonte religiosa, o *Gita*, é, assim, indiretamente, fonte de Direito.

b) Tradições

I – Entre os *smritis* incluem-se as escrituras denominadas *Dharmasutras* e *Dharmasastras*, nas quais se enunciam as regras de conduta que, segundo a tradição, devem ser observadas pelos hindus em conformidade com a sua condição social e espiritual. Os primeiros encontram-se redigidos sob a forma de aforismos sintacticamente ligados entre si (*sutras*); as segundas, em versículos (*slokas*).

Vários *Dharmasutras* foram coligidos e traduzidos para línguas europeias, tendo chegado até aos nossos dias. Entre eles incluem-se os atribuídos a Gautama, Apastamba, Baudhayana e Vasistha[1395]. A sua datação é controversa: enquanto que Kane situa os três primeiros entre 600 e 300 a.C.[1396], Olivelle imputa-os aos séculos III e II a.C. e admite que o quarto seja originário do século I da nossa era[1397].

O mais célebre dos textos em apreço é o denominado *Código de Manu*[1398], pertencente ao género das *Dharmasastras*. Trata-se da obra fundamental do Direito hindu. Os esforços mais recentes para datá-lo situam a sua origem entre os séculos II e III d.C., o que faz dele uma das codificações mais antigas e duradouras da História da Humanidade.

É controvertida a sua autoria material: para uns, o texto terá sido composto gradualmente por vários autores, que teriam incorporado nele provérbios e máximas jurídicas e morais que até então passavam de geração em geração pela via oral; para outros, dada a originalidade e simetria do Código, este provirá necessariamente de um só autor, sendo atribuível a um brâmane do Norte da Índia, embora as versões que chegaram até nós contenham inevitavelmente muitas interpolações[1399].

O Código divide-se em doze capítulos, integrados por um número variável de versículos. O texto está composto sob a forma de um diálogo entre o personagem

---

[1395] Cuja tradução mais recente foi feita por Patrick Olivelle, encontrando-se reproduzida em *Dharmasutras. The Law Codes of Apastamba, Gautama, Baudhayana, and Vasistha*, Oxford, 1999.

[1396] Ver Pandurang Vaman Kane, *History of Dharmasastra (Ancient and Mediaeval Religious and Civil Law in India)*, vol. I, cit., p. 13.

[1397] Ob. cit., p. XXXI e s.

[1398] De que existe tradução portuguesa, por José de Vasconcellos Guedes de Carvalho, intitulada *Leis de Manú, Primeiro legislador da India: comprehendendo o officio dos juizes; deveres da classe commerciante e servil: leis civis e criminaes; vertidas em portuguez do original francez*, Nova Goa, 1859. Veja-se também a valiosa edição crítica, acompanhada de uma tradução inglesa, da autoria de Patrick Olivelle, com o titulo *Manu's Code of Law. A Critical Edition and Translation of the Mānava-Dharmasastra*, Oxford, etc., 2005.

[1399] Cfr., sobre estes aspectos, a introdução de Patrick Olivelle à citada edição crítica do Código de Manu.

mítico denominado *Manu* (que para os hindus foi simultaneamente o primeiro homem e o primeiro rei) e um grupo de videntes, que lhe pedem que indique os deveres das diferentes classes sociais[1400].

Os doze capítulos do Código agrupam-se em quatro partes fundamentais relativas às seguintes matérias: a criação do mundo e a divisão dos homens em castas (capítulo I, versículos 1 a 119); as fontes do *Dharma* (capítulo II, versículos 1 a 24); o *Dharma* das quatro castas (capítulo II, versículo 25 a capítulo XI, versículo 266); e as leis do *karma*, da reencarnação e da libertação final (capítulo XII, versículos 3 a 116).

A importância destas quatro partes não é idêntica, sendo a terceira a mais extensa e relevante. Aí se enunciam regras aplicáveis a todos os aspetos da vida social dos membros de cada casta, das tarefas quotidianas dos súbditos aos deveres dos reis *(rajás)*. A maioria dessas regras é relativa ao *Dharma* dos brâmanes, a qual ocupa boa parte do capítulo II e os capítulos III a VI. Manifestamente, estas regras funcionam como um modelo para os membros das restantes castas, sendo aplicáveis *mutatis mutandis* aos membros destas. Trata-se, *hoc sensu*, da *parte geral* do Código.

II – Podem sintetizar-se do seguinte modo as características fundamentais do sistema jurídico consagrado no *Código de Manu*:

   a) Enunciam-se nele fundamentalmente deveres individuais: o conceito de direito subjetivo é desconhecido;
   b) Tais deveres fluem de uma ordem natural transcendente ao Homem, que este não pode modificar: o próprio Código indica como suas fontes os *Vedas* sagrados[1401];
   c) A autonomia reconhecida no Código aos membros de cada casta, nomeadamente no tocante às tarefas que lhes competem (as quais lhes foram distribuídas pelo próprio Criador), é por isso nula[1402];
   d) O enunciado desses deveres tem um conteúdo profundamente discriminatório, pois estabelece-se nele uma forte diferenciação em função da casta (o homicídio de um brâmane, por exemplo, é sancionado mais severamente do que o de um membro de outra casta[1403]) e do sexo (a mulher nunca deve ser independente[1404]; deve venerar o marido como a

---

[1400] O diálogo passa no entanto, ainda no capítulo I, a ser conduzido por *Bhrgu*, discípulo de *Manu*.
[1401] Capítulo II, versículo 6.
[1402] Capítulo I, versículos 28 e 87 ss.
[1403] Capítulo XI, versículo 127.
[1404] Capítulo V, versículo 147.

um Deus[1405]; está sujeita, em certas situações, a repúdio por ele[1406]; e se enviuvar não pode casar de novo[1407]). O princípio da igualdade é, pois, rejeitado, mesmo no que respeita à tutela da vida humana;

e) Em contrapartida, o ideal de vida dos brâmanes caracteriza-se por um ascetismo mais exigente do que aquele que se impõe às demais castas: ao brâmane cumpre, no primeiro quarto da sua vida, dedicar-se tão-só ao estudo dos *Vedas*[1408]; no segundo, constituir família, mas acumulando apenas o património estritamente indispensável à sua subsistência e tão-só através de atividades irrepreensíveis, que lhe sejam próprias[1409]; no terceiro, passar à condição de eremita[1410]; e no quarto, tornar-se asceta, mendicando o seu sustento e dedicando-se à meditação e ao ioga[1411/1412];

f) Disciplinam-se no Código tanto os deveres dos súbditos como os dos monarcas (*Rajadharma*)[1413]. Estes têm como *Dharma* próprio assegurar o cumprimento pelos seus súbditos do respetivo *Dharma*. O Código compreende, nesta medida, não apenas regras de Direito Privado, mas também de Direito Público;

g) O incumprimento desses deveres tem, além do mais, uma sanção sobrenatural, pois acarreta para o infrator mau *karma*, com as consequências a isso inerentes na presente e em futuras encarnações[1414];

h) As regras do Código não são, em todo o caso, o único critério de decisão do caso singular. Além delas, o juiz deve atender às do costume (salvo se forem manifestamente ofensivas dos princípios do *Dharma*). Pode, além disso, afastá-las se conduzirem a um resultado iníquo[1415].

III – A natureza do *Código de Manu* é, à luz do exposto, dupla.

Por um lado, trata-se de um *modelo de conduta*, especialmente dirigido aos brâmanes, dotado de uma autoridade particular, que lhe advém dos textos sagrados em que se baseia.

[1405] Capítulo V, versículo 154.
[1406] Capítulo IX, versículos 77 a 84.
[1407] Capítulo V, versículo 158.
[1408] Capítulo II, versículos 164 ss.
[1409] Capítulo IV, versículo 3.
[1410] Capítulo VI, versículos 1 ss.
[1411] Capítulo VI, versículos 33 ss.
[1412] Presentemente, contudo, só os dois primeiros estados serão de facto observados: cfr. António de Almeida, «Brâmanes», *in Enciclopédia Verbo Luso-Brasileira de Cultura. Edição século XXI*, vol. 5, cols. 96 s.
[1413] Capítulo VII, versículos 1 ss.
[1414] Capítulos IV, versículos 170 s., e XII, versículos 3 e ss.
[1415] Cfr. Derrett/Iyer, est. cit., pp. 110 s.

Por outro lado, corresponde, ao menos em parte, a uma *compilação de práticas* geralmente aceites na sociedade hindu ao tempo da sua elaboração.

Não se trata, pois, de uma codificação como as que vigoram entre nós e até, como se verá adiante, na Índia contemporânea. Mas isso em nada diminui a autoridade de que os seus preceitos se revestem para os hindus.

Reflete-se no Código, em particular nos deveres de conduta nele impostos aos brâmanes, a conceção hindu (a que fizemos referência cima), profundamente pessimista e resignada, acerca da vida terrena. Esta é entendida pelos hindus como uma mera corrida atrás das aparências, que apenas pode ser superada através da ascese, mediante a qual se pode atingir o Nirvana[1416].

c) Comentários e tratados

A partir do século VIII, deixaram de se produzir *Dharmasutras* e *Dharmasastras*. De então em diante, os juristas hindus cingiram-se à interpretação e sistematização das tradições já reduzidas a escrito. Surgiram assim, na Idade Média, os comentários e os tratados denominados *Nibandas*, a que mais tarde os juízes ingleses recorreram amplamente. Estes textos não serão, decerto, fontes de Direito, na medida em que as opiniões neles formuladas não obrigam os tribunais. Mas evidenciam o surgimento de uma ciência jurídica de inegável importância para o conhecimento e a compreensão do Direito hindu[1417].

d) Costume

As fontes do Direito hindu compreendem ainda o costume, que aliás as escrituras do Hinduísmo em parte consagram e cuja observância sancionam[1418], mas que existe também para além delas e porventura até em contradição com elas[1419]. Assim, por exemplo, cada casta tem os seus costumes próprios, os quais variam igualmente em razão do território[1420].

[1416] Ver, sobre o ponto, Alberto Moravia, *Uma ideia da Índia*, tradução portuguesa de Margarida Periquito, Lisboa, 2008, pp. 35 ss.

[1417] Cfr. Robert Lingat, ob. cit., pp. 107 ss.; Mulla, ob. cit., vol. I, pp. 21 ss. e 47 s.

[1418] Veja-se o *Código de Manu*, capítulo IV, versículo 178, onde se declara, a respeito dos deveres do hindu bisnato: «The path trodden by his fathers, the path trodden by his grandfathers – let him tread along that path of good people; no harm will befall him when he travels by that path» («O caminho trilhado pelos seus pais, o caminho trilhado pelos seus avôs – deixá-lo seguir por esse caminho de boa gente; nenhum mal lhe acontecerá quando viajar por esse caminho»).

[1419] Cfr. John Duncan Derrett, *An Introduction to Modern Hindu Law*, cit., pp. 12 s.; Paras Diwan, *Modern Hindu Law*, pp. 24 e 46 ss.

[1420] Para uma descrição dos usos e costumes hindus vigentes em Goa ao tempo da administração portuguesa, veja-se a cit. obra de Luiz da Cunha Gonçalves, *Direito hindú e mahometano*, especialmente pp. 132 ss.

A fim de que possa ter-se como vigente um costume, é necessário, segundo a jurisprudência indiana, que se demonstre que certo uso, pela sua duração e pela uniformidade da sua observância em determinado meio (seja este uma localidade, uma casta ou uma família) foi consensualmente aceite como expressão de uma regra de conduta vinculativa[1421].

Em caso de conflito entre o costume e as regras do *Dharma*, prevalece o primeiro[1422]. O que não significa que o costume possa revogar os preceitos do *Dharma*. Estes encontram-se num plano distinto, pois operam mais como um modelo de conduta, um Direito ideal, a que as condutas individuais podem ajustar-se em maior ou menor grau. Embora veneradas por todos os hindus, as regras das *Dharmasastras* apenas são estritamente observadas pelos membros das castas mais elevadas. À medida que se desce na hierarquia social, o seu campo de atuação diminui, tornando-se o costume, em contrapartida, mais relevante. Era o que sucedia, por exemplo, em Goa, durante a administração portuguesa, em matéria de impedimentos matrimoniais: só entre os brâmanes era observado em toda a sua extensão o impedimento de parentesco (que no Direito hindu é muito mais rigoroso do que no Direito português); já entre os vaixias e os sudras o casamento só tinha os impedimentos fixados pelas tradições da casta, sendo apenas excluídos os enlaces com parentes muito próximos, e sem regras inflexíveis[1423]. Outro exemplo é dado pelo costume do levirato, que o *Código de Manu* apenas consente em situações excecionais[1424]. Daqui também a importância do costume como fonte de Direito hindu.

Quando, porém, o costume e o *Dharma* sejam conformes, dá-se entre eles como que uma simbiose: o primeiro opera como instrumento de positivação do segundo e este como instrumento de legitimação daquele.

Também o moderno Direito hindu de fonte legal, a que nos referiremos *ex professo* adiante, reconhece eficácia ao costume em certas matérias (como por exemplo a forma da celebração do casamento[1425]), sob reserva da sua compatibilidade com os direitos fundamentais consagrados na Constituição[1426]. Para o efeito, o *Hindu Marriage Act* define o costume como «qualquer regra que, tendo sido contínua e uniformemente observada durante longo tempo, haja obtido força de Direito entre os hindus em qualquer área, tribo, comunidade, grupo ou família»; a sua aplicação fica, no entanto, sujeita à condição de tal regra ser «certa e

---

[1421] Nesta linha de orientação, *vide* Paras Diwan, *Modern Hindu Law*, p. 47.
[1422] Ver, sobre o ponto, Robert Lingat, ob. cit., pp. 176 ss.; e Mulla, ob. cit., vol. I, p. 67.
[1423] Assim Luiz da Cunha Gonçalves, *Direito hindú e mahometano*, cit., pp. 176 ss.
[1424] Capítulo IX, versículos 64 a 70.
[1425] Cfr. *The Hindu Marriage Act, 1955*, secção 7 (1): «Um casamento hindu pode ser celebrado de acordo com os ritos e cerimónias costumeiros de qualquer dos nubentes».
[1426] Art. 13, nºs 1 e 3 (a).

não irrazoável ou contrária à ordem pública» e de, «no caso de se tratar de uma regra unicamente aplicável a uma família, não ter sido descontinuada por esta»[1427].

A relevância do costume como fonte de Direito hindu deixa transparecer uma característica deste que o distingue de outros Direitos religiosos, *maxime* o muçulmano: o seu pluralismo. Embora dotado de uma base uniforme, o Direito hindu conhece, na verdade, diferentes expressões em função do território e da categoria social dos sujeitos a que se aplica. O que está de acordo com a natureza, ela própria plurifacetada, do Hinduísmo, a qual contrasta com a maior uniformidade do Islamismo.

e) Jurisprudência

No Direito hindu clássico, as decisões dos tribunais não tinham outro efeito que não fosse o de pôr termo aos litígios submetidos a julgamento. A colonização inglesa da Índia operou, porém, uma mudança fundamental nesta matéria, dada a introdução neste país do princípio *stare decisis* então verificada. Nela se funda, segundo alguns, a própria transição para o moderno Direito hindu.

A fim de que pudessem ser aplicados pelos magistrados oriundos da metrópole e pelo *Privy Council* em Londres, as autoridades britânicas fizeram traduzir os textos das *Dharmasastras* e os comentários a estas. Uma vez determinado pelo tribunal, na base destes textos, o preceito tido por aplicável ao caso, ou feita a prova do costume relevante, a regra jurídica fixava-se, podendo daí em diante ser imposta em casos semelhantes.

Nem sempre, porém, as regras do Direito tradicional eram facilmente determináveis ou davam resposta satisfatória aos problemas postos pelos novos modos de vida induzidos pela colonização. Os juízes ingleses eram, por isso, autorizados a julgar segundo a «justiça, a equidade e a boa consciência» (*justice, equity and good conscience*), o que os conduzia frequentemente a referirem-se ao único Direito em que eram versados: o inglês. A partir das decisões dos tribunais ingleses assim proferidas formou-se um Direito misto, dito *anglo-hindu* (*Anglo-Hindu law*), de fonte jurisprudencial mas formalmente radicado na tradição hindu, que continuou a ser aplicado, após as independências nacionais, na Índia e em outros países asiáticos onde existem comunidades hindus, como o Paquistão[1428].

[1427] Cfr. *The Hindu Marriage Act, 1955*, secção 3 (a): «The expressions "custom" and "usage" signify any rule which, having been continuously and uniformly observed for a long time, has obtained the force of law among Hindus in any local area, tribe, community, group or family; provided that the rule is certain and not unreasonable or opposed to public policy; and provided further that in the case of a rule applicable only to a family it has not been discontinued by the family».

[1428] Cfr. Derrett, *Introduction to Modern Hindu Law*, cit., pp. 8 ss.; *idem*, *A Critique of Modern Hindu Law*, cit., p. 15; *idem*, «Hindu Law», cit., pp. 82 ss.; M. B. Hooker, *Legal Pluralism. An Introduction to Colonial and Neo-colonial Laws*, Oxford, 1975, pp. 60 ss.; Ludo Rocher, est. cit., p. 1305.

Hoje, as regras e os princípios mais importantes do Direito hindu constam da jurisprudência dos tribunais superiores indianos; de tal sorte que o recurso às fontes originárias desse Direito deixou, segundo alguns, de ser necessário, bastando a referência à *leading decision* sobre a matéria em apreço. Nesta medida, os precedentes passaram a ser, naquele país, fontes da maioria das regras de Direito hindu[1429].

f) Lei

As fontes do Direito hindu não são hoje, porém, apenas os textos sagrados, o costume e a jurisprudência, antes compreendem também, na Índia e noutros países, a lei.

Após a independência da Índia, o Parlamento deste país propôs-se, com efeito, levar a cabo uma codificação integral do Direito hindu. O projeto soçobrou perante a contestação de que foi alvo por parte dos que viam nele uma subversão do Hinduísmo. Não obstante isso, em 1955 e 1956 foram adotadas quatro leis (também conhecidas como *The Hindu Code*) que codificaram parcialmente, atualizando-o, o Direito hindu da família e das sucessões: *The Hindu Marriage Act, 1955*; *The Hindu Minority and Guardianship Act, 1956*; *The Hindu Adoption and Maintenance Act, 1956*; e *The Hindu Succession Act, 1956* (alterado em 2005)[1430]. Estes diplomas legais consagram o *Direito Hindu reformado* hoje aplicável na Índia[1431].

Subjacente a eles está a intenção de compatibilizar o Direito hindu com o princípio constitucional da igualdade. Com efeito, entre as modificações mais importantes por elas introduzidas no Direito hindu vigente à data da sua entrada em vigor incluem-se, em matéria de casamento, a abolição do impedimento de casta e da poligamia (que passou a ser punida como crime) e a elevação da idade núbil para os 21 anos (no tocante aos homens) e os 18 (relativamente às mulheres). Em matéria sucessória, restringiu-se a *sucessão agnática* (em que os bens do *de cujus* são exclusivamente deferidos aos parentes do sexo masculino) aos casos em que faltem herdeiros das primeira e segunda classes (nas quais se compreendem os parentes mais próximos de ambos os sexos).

Mais ambiciosa é a aspiração a um *Código Civil uniforme*, de âmbito nacional, aplicável aos membros de todas as confissões religiosas, cuja elaboração o art. 44

[1429] Neste sentido, cfr. Paras Diwan, *Modern Hindu Law*, p. 52. Observe-se, a este respeito, que na Índia as decisões do Supremo Tribunal são vinculativas para todos os demais tribunais; as dos *High Courts* (tribunais de apelação) são-no também para os tribunais a eles subordinados.

[1430] Disponíveis em http://indiacode.nic.in. Para um comentário a esses textos, *vide* Mulla, ob. cit., vol. II.

[1431] Em Goa, esses diplomas não prejudicam todavia a aplicabilidade do Direito português, que aí foi mantido em vigor: cfr. Carmo D'Souza, «Evolução do Direito português em Goa», *RFDUL*, 1999, pp. 275 ss. (p. 282).

da Constituição indiana expressamente prevê[1432]. Está-lhe associada a intenção de fomentar a integração das diferentes comunidades étnicas e religiosas que compõem a Índia. Semelhante empresa revelou-se porém até hoje inviável, ao que não terá sido alheia a dificuldade de sujeitar a regras idênticas os indianos que professam o Hinduísmo, o Islamismo e o Cristianismo[1433]. Só em Goa, Damão e Diu, e com as limitações atrás assinaladas, decorrentes da ressalva dos usos e costumes dos não cristãos, parece ter sido alcançado o objetivo de unificar as normas aplicáveis ao estatuto pessoal das pessoas singulares, graças à manutenção em vigor do Código Civil de 1867 e da legislação complementar deste. O Direito indiano mantém-se, por isso, em larga medida um sistema jurídico pluralista, que compreende diversas leis pessoais[1434].

Noutros países existem também leis que regem a condição jurídica dos hindus. Tal o caso, por exemplo, dos *Hindu Marriage and Divorce Acts* vigentes no Quénia e no Uganda[1435]. No Nepal, o Código Civil (*Muluki Ain*) de 1854 (posteriormente revisto diversas vezes) compilou também regras de Direito hindu, consagrando a casta como princípio organizatório da vida em sociedade e como fator determinante do *status* jurídico de cada indivíduo, o qual dependia integralmente da respetiva posição na hierarquia social; o novo *Muluki Ain* de 1963, embora não confira à hierarquia de castas o mesmo alcance, não a aboliu e conferiu-lhe mesmo certa tutela legal por via do reconhecimento dos costumes vigentes na sociedade nepalesa[1436]. A Constituição provisória de 2007 proibiu, no entanto, a

---

[1432] Dispõe esse preceito: «Código civil uniforme para os cidadãos – O Estado procurará assegurar, em benefício dos cidadãos, um código civil uniforme, aplicável em todo o território da Índia».

[1433] Não falta mesmo quem afirme que o referido Código nunca se materializará: cfr. Werner Menski, «Beyond Europe», *in* Esin Örücü/David Nelken (orgs.), *Comparative Law. A Handbook*, Oxford/Portland, Oregon, 2007, pp. 189 ss. (p. 202). Para uma defesa recente do ideal de um Código Civil uniforme, vide F. E. Noronha, *Understanding the Common Civil Code. An Introduction to Civil Law*, Nagpur, 2008.

[1434] A preservação destas foi, aliás, considerada conforme à Constituição pelo Supremo Tribunal indiano: cfr., por exemplo, a decisão proferida no caso *Pannalal Bansilal Patil and Others etc. v. State of Andra Pradesh and another, All India Reports*, 1996, pp. 1023 ss., em que aquele Tribunal afirmou: «Numa sociedade pluralista, como a indiana, em que as pessoas têm fé nas respetivas religiões, crenças ou dogmas [...], os pais fundadores, ao elaborarem a Constituição, foram confrontados com os problemas suscitados pela unificação e integração de povos que professam diferentes fés religiosas, que nasceram em diferentes castas, sexos ou secções da sociedade e que falam diferentes línguas e dialetos [...]; estabeleceram, por isso, uma Constituição secular, apta a integrar todos os setores da sociedade [...] Os próprios princípios diretores da Constituição têm em conta essa diversidade [...]. Ainda que seja altamente desejável um direito uniforme, a sua adoção de uma só vez seria porventura contrária à unidade e integridade da Nação».

[1435] Ver, sobre estes, John Duncan M. Derrett, «East Africa: Recent Legislation for Hindus», *AJCL*, 1962, pp. 396 ss.

[1436] Cfr. András Höfer, *The Caste Hierarchy and the State in Nepal. A Study of the Muluki Ain of 1854*, 2ª ed., reimpressão, Patan Dhoka, Lalitpur (Nepal), 2005, pp. 187 s.

discriminação com fundamento na casta; e declarou punível qualquer ato contrário a essa proibição (art. 14). A índole estritamente hindu do Direito nepalês pode, assim, dizer-se hoje muito enfraquecida.

Visto que apenas se aplicam nos países onde foram adotadas, aquelas leis evidenciam a variabilidade no espaço do Direito hindu, a que já nos referimos[1437].

§ 57º Meios de resolução de litígios

O *Código de Manu* dedicava ao sistema judiciário os capítulos VIII e IX, nos quais se disciplinavam minuciosamente dezoito tipos de processos judiciais, correspondentes aos ilícitos mais comuns, do não pagamento de dívidas à prática de certos crimes. Além de regras processuais, eram também aí estabelecidas as sanções desses ilícitos. A aplicação das *Dharmasastras* competia, segundo o Código, aos rajás; quando, porém, estes não julgassem pessoalmente os litígios, deviam designar brâmanes para o efeito[1438].

A colonização europeia da Índia introduziu profundas alterações neste sistema, tendo-lhe sobreposto os sistemas judiciários inglês, francês e português, que deixaram naquele país profundas marcas. Hoje, contudo, o sistema judiciário indiano filia-se essencialmente no inglês: da regra do precedente ao papel dos juízes e advogados, tudo nele evoca o modelo britânico. O que não basta, a nosso ver, para se poder integrar o Direito indiano na família de *Common Law*[1439], pois o *espírito* do Direito substantivo vigente no país permanece, em pontos capitais (*maxime* por força da base religiosa e da estratificação da sociedade em castas, que lhe é inerente), fundamentalmente diverso do dos sistemas que fazem parte dessa família jurídica.

A interpretação e a aplicação do Direito hindu cabem presentemente na Índia aos tribunais comuns[1440]. Estes compreendem um Supremo Tribunal (*Supreme Court of India*), Tribunais de Apelação (*High Courts*), com jurisdição sobre o território de um Estado ou grupo de Estados, e Tribunais Distritais (*District Courts*), que administram a justiça nos Distritos.

[1437] Em virtude dessa variablidade, são hoje potencialmente aplicáveis à sucessão *mortis causa* de um hindu falecido com último domicílio na Índia, mas deixando bens imóveis neste país, no Paquistão, no Quénia e no Uganda, quatro sistemas distintos de Direito hindu.

[1438] *Código de Manu*, capítulo VIII, versículo 9.

[1439] Ver, porém, em sentido diverso René David/Camille Jauffret-Spinosi/Marie Goré, *Les grands systèmes de droit contemporains*, p. 417; e Kischel, *Rechtsvergleichung*, p. 815 (reconhecendo-se todavia, em ambas as obras, a existência de diferenças profundas entre o Direito indiano e o Direito inglês). Acompanha o nosso ponto de vista a este respeito (que vimos defendendo desde a 1ª edição desta obra) Werner Menski, *Comparative Law in a Global Context. The Legal Systems of Asia and Africa*, p. 203.

[1440] Sobre os problemas a esse respeito suscitados, *vide* Marc Galanter, «Hinduism, Secularism, and the Indian Judiciary», *Philosophy East and West*, 1971, pp. 467 ss.

Em certas localidades indianas funcionam ainda, no âmbito das instituições de autogoverno denominadas *panchayats*[1441], tribunais tradicionais compostos por cinco membros. Têm competência para decidir pequenas causas de âmbito local e questões respeitantes às castas. Não há, em todo o caso, jurisdições especiais às quais caiba exclusivamente aplicar as regras do Direito hindu.

Admitem-se hoje na Índia, como modos de resolução extrajudicial de litígios, a arbitragem e a conciliação, as quais se encontram previstas e reguladas no *The Arbitration and Conciliation Act 1996*, largamente inspirado na Lei-Modelo da CNUDCI sobre a arbitragem comercial internacional[1442]. E existem ainda Tribunais Populares (*Lok Adalats*), aos quais pode ser confiada, por iniciativa das partes ou de um tribunal comum, a composição por acordo de quaisquer litígios suscetíveis de transação (*compoundable*)[1443].

§ 58º Método jurídico

A natureza particular e a vastidão das fontes do Direito hindu suscitam problemas especiais no tocante à sua interpretação: desde logo, a determinação, dentre a enorme massa de textos relevantes, dos preceitos que correspondem a regras do *Dharma* e a sua distinção relativamente aos que constituem meras recomendações ou disposições de outra natureza.

Surgiu assim, no Direito hindu clássico, uma técnica específica de interpretação dirigida àquele fim, denominada *mimamsa*. Esta baseia-se num critério fundamental: a ausência de fim utilitário na disposição em causa. Só os preceitos que obedeçam a esta característica são verdadeiras regras de *Dharma*, dotadas do particular valor que a estas pertence[1444]. Seja, a fim de exemplificar, o impedimento ao casamento com os parentes ditos *sapindas*, que são todos os ascendentes e descendentes até à 7ª geração dum tronco comum, do lado paterno, e até à 5ª, do lado materno: semelhante impedimento não pode dizer-se fundado, pelo menos em toda a sua extensão, em considerações de ordem eugénica; a sua motivação apenas pode, por isso, ser espiritual. É, nesta medida, qualificável como regra de *Dharma*. A sua violação importa a nulidade do casamento[1445].

[1441] Termo que em sânscrito significa assembleia (*yat*) de cinco (*panch*). A sua existência está prevista no art. 40 da Constituição indiana, nos termos do qual: «O Estado tomará medidas para organizar *panchayats* nas aldeias e para lhes conferir os poderes necessários a fim de que possam funcionar como unidades de autogoverno».

[1442] Ver, sobre esse texto legal, Fali S. Nariman, «India», *in IHCA*, suplemento 30, Haia/Londres/Boston, 2000.

[1443] Cfr. o *Legal Services Authorities Act, 1987*.

[1444] Ver Robert Lingat, ob. cit., pp. 143 ss.

[1445] *Idem, ibidem*, p. 156.

Hoje, porém, a aplicação e a interpretação do Direito vigente na Índia, inclusive o Direito hindu, é dominada pelos métodos característicos dos sistemas de *Common Law*. E isto mesmo nas antigas possessões europeias em que prevaleciam sistemas jurídicos romano-germânicos, como Goa[1446]. Assim, o princípio *stare decisis* e os seus corolários, examinados acima a propósito do Direito inglês, constituem hoje naquele país a base em que assenta a determinação pelos tribunais das regras aplicáveis ao caso singular. Também nesta medida o Direito hindu sofreu, em virtude da colonização britânica, uma metamorfose, que alterou profundamente o seu sentido e alcance. A base em que assenta mantém-se, todavia, distinta.

§ 59º Ensino do Direito e profissões jurídicas

a) O ensino do Direito

O caráter religioso do Direito hindu tem como consequência que, tal como vimos suceder com o Direito muçulmano, a sua aprendizagem não é reservada aos que aspirem a ser juristas. Pelo contrário: uma vez que nas *sastras* em geral e no Código de Manu em particular se enuncia um código de conduta especialmente dirigido aos brâmanes, esses textos fazem parte da formação geral dos jovens desta casta.

Atualmente, o Direito hindu é ensinado, enquanto parte da ordem jurídica da Índia, nas Faculdades de Direito (*Law Schools*) das Universidades deste país, nomeadamente na disciplina de Direito da Família. O ensino ministrado por essas Faculdades acha-se organizado segundo o modelo anglo-saxónico, sendo por elas atribuídos os graus de *Bachelor of Laws* (LL.B.), *Master of Laws* (LL.M.) e *Doctor of Laws* (LL.D. ou Ph.D. Laws). Entre as instituições de ensino jurídico contemporâneas destaca-se a Faculdade de Direito da *Banaras Hindu University*, fundada em 1916 na cidade santa de Varanasi, no estado indiano de Uttar Pradesh. No ensino do Direito hindu fora da Índia desempenha papel de especial relevo a *School of Oriental and African Studies*, de Londres[1447].

b) As profissões jurídicas

O exercício das profissões jurídicas era, no período clássico do Direito hindu, reservado aos brâmanes. Papel de destaque era também desempenhado pelos jurisconsultos chamados *pânditas*, especialistas nas *Dharmasastras*, em cujos pareceres se louvaram frequentemente os magistrados ingleses durante o período de governo britânico da Índia.

[1446] Cfr. Carmo D'Souza, est. cit., p. 282.

[1447] Onde a matéria é lecionada pelo professor Werner Menski. Ver, deste autor, *Hindu Law. Beyond Tradition and Modernity*, Oxford, reimpressão, 2005, e *Comparative Law in a Global Context. The Legal Systems of Asia and Africa*, 2ª ed., Cambridge, 2006.

Os primeiros advogados da Índia terão provavelmente sido portugueses ou indo-portugueses. Após o estabelecimento em Calcutá, em 1774, do *Supreme Court of Judicature* (mais tarde *High Court*), foi transposta para a Índia britânica a distinção entre *barristers* (ali igualmente denominados *advocates*) e *solicitors* (também ditos *attorneys*), a qual se estendeu gradualmente a outras cidades indianas onde foram criados tribunais de nível equivalente. Originariamente, esses advogados eram na sua maioria de origem inglesa. A representação das partes perante os tribunais inferiores era todavia igualmente exercida por advogados indianos, denominados *vakils*, versados em Direito hindu (posto que não com o mesmo grau de erudição que os pânditas). Após a integração da Índia no Império Britânico, em 1858, os *vakils* foram também admitidos a exercer a profissão perante os *High Courts*, então criados, assim se tendo posto termo ao monopólio de que durante décadas beneficiaram os *barristers*. Os *vakils* podiam ainda, ao cabo de dez anos de exercício profissional, ser promovidos a *advocates*; o que, juntamente com a exigência de formação universitária então formulada, gerou uma certa *anglicização* desta profissão[1448].

Hoje, a advocacia pode ser exercida na Índia por todos os que, tendo pelo menos 21 anos, possuam o grau de *Bachelor of Laws* atribuído por uma instituição reconhecida pelo *India Bar Council* e se encontrem inscritos como *advocate* num *State Bar Council*. A profissão de advogado encontra-se formalmente unificada neste país, tendo sido suprimida em 1976 (salvo em Bombaim e Calcutá) a distinção entre *barristers* e *solicitors*. O Supremo Tribunal e os *High Courts* podem, no entanto, atribuir o título honorífico de *senior advocate*[1449].

§ 60º Conclusão

Do exposto conclui-se que o Direito hindu é a *lei pessoal* dos hindus que vivem na Índia e em diversos outros países, regendo nomeadamente as suas relações familiares e sucessórias. Simultaneamente, constitui a base dos ordenamentos jurídicos vigentes na Índia e no Nepal.

Apresenta, em síntese, as seguintes características:

a) É, em virtude do papel que nele desempenha o *Dharma*, de fonte essencialmente religiosa, embora também o costume, a jurisprudência e a lei sejam fontes das suas regras;

b) Vigora em diversos países, mas não tem em nenhum deles aplicação territorial, coexistindo com Direito de outras confissões religiosas e subordinando-se às fontes estaduais, *maxime* a Constituição;

[1448] Ver Samuel Schmitthener, «A Sketch of the Development of the Legal Profession in India», *Law and Society Review*, vol. 3 (1968/1969), pp. 337 ss.

[1449] Cfr. o *Advocate Act, 1961*.

c) É um Direito complexo, que compreende regras constantes de fontes religiosas milenares e regras de origem recente, vertidas em diplomas legais que procuram adaptá-lo às exigências das sociedades contemporâneas;
d) É fortemente diferenciado em razão de critérios espaciais, sociais e pessoais (o território, a casta, o sexo, etc.): porventura o exemplo mais extremo, dentre os sistemas jurídicos até aqui examinados, de *unidade na diversidade*;
e) Embora fundamentalmente aplicável aos que professam o Hinduísmo, também se aplica aos que professam outras confissões religiosas e aos não crentes.

Por estes traços se distingue nitidamente o Direito hindu de outros Direitos religiosos, como o muçulmano, cuja diversidade de expressões e suscetibilidade de adaptação a novas circunstâncias históricas é consideravelmente menor; e dos Direitos de *Common* e de *Civil Law*, aos quais são alheias, nomeadamente, a base confessional e a diferenciação em razão da casta e do sexo.

Bibliografia específica

AJGAONKAR, Sri Mengghshyam T. (org.) – *Mahatma. A Golden Treasury of Wisdom – Thoughts & Glimpses of Life*, Mumbai, s.d.

ANNOUSSAMY, David – «Le droit comparé dans l'Inde», *RIDC*, 1999, pp. 953 ss.

Bhagavad-gita. A Canção do Senhor, tradução do sânscrito para português, por José Carlos Calazans, Lisboa, Ésquilo, 2010.

BAKSHI, P.M. – *The Constitution of India*, 11ª ed., Nova Deli, Universal Law Publishing, 2011.

BOSE, Nirmal Kumar (org.) – *Selections from Gandhi*, edição revista, Ahemadabad, Jitendra T. Desai, 1996.

BRITO, Raquel Soeiro de – *Goa e as praças do Norte revisitadas*, Lisboa, Comissão Nacional para as Comemorações dos Descobrimentos Portugueses, 1998.

CARVALHO, José de Vasconcellos Guedes de – *Leis de Manú, primeiro legislador da India: comprehendendo o officio dos juizes; deveres da classe commerciante e servil: leis civís e criminaes; vertidas em portuguez do original francez*, Nova Goa, Imprensa Nacional, 1859.

D'SOUZA, Anthony, e Carmo D'SOUZA (orgs.) – *Civil Law Studies. An Indian Perspetive*, Newcastle Upon Tyne, Cambridge Scholars Publishing, 2009.

D'SOUZA, Carmo – *The Indian and Portuguese Constitutions. A Comparative Study*, vol. I, Calangute (Goa), 2000.

DERRETT, John Duncan Martin – «East Africa: Recent Legislation for Hindus», *AJCL*, 1962, pp. 396 ss.

— *An Introduction to Modern Hindu Law*, Bombaim, Oxford University Press, 1963.

— «Hindu Law in Goa: A Contact between Natural, Roman, and Hindu Laws», *ZvglRW*, 1965, pp. 203 ss.
— *Religion, Law and the State in India*, Londres, Faber and Faber, 1968.
— *A Critique of Modern Hindu Law*, Bombaim, N. M. Tripathi Private Limited, 1970.
— «Hindu Law», in John Duncan Derrett (org.), *An Introduction to Legal Systems*, reimpressão, Nova Deli, Universal Publishing Co., 1999, pp. 80 ss.
— e T. K. KRISHNAMURTHAY IYER – «The Hindu Conception of Law», *in IECL*, vol. II, cap. 1, pp. 107 ss.
— «Hindu Law», *in IECL*, vol. II, cap. 2, pp. 143 ss.
— «Hindu Family Law», *in IECL*, vol. IV, *Persons and Family*, cap. 11, *The Family in Religious and Customary Laws*.

DIWAN, Paras – *Modern Hindu Law*, 22ª ed., reimpressão, Faridabad, Allahabad Law Agency, 2014.

FLOOD, Gavin – *An Introduction to Hinduism*, reimpressão, Cambridge, Cambridge University Press, 2013.

GALANTER, Marc – «Hinduism, Secularism, and the Indian Judiciary», *Philosophy East and West*, 1971, pp. 467 ss.
— «The Aborted Restoration of "Indigenous" Law in India», *Comparative Studies in Society and History*, 1972, pp. 53 ss.
— *Law and Society in Modern India*, reimpressão, Oxford, Oxford University Press, 1997.

GONÇALVES, Luiz da Cunha – *Direito hindú e mahometano. Comentário ao Decreto de 16 de dezembro de 1880 que ressalvou os usos e costumes dos habitantes não-cristãos do distrito de Goa na Índia portuguesa*, Coimbra, Coimbra Editora, 1923.
— *Usos e costumes dos habitantes não-cristãos da Índia Portuguesa*, separata da *Revista da Escola Superior Naval*, Lisboa, 1950.

HÖFER, András – *The Caste Hierarchy and the State in Nepal. A Study of the Muluki Ain of 1854*, 2ª ed., reimpressão, Patan Dhoka, Lalitpur (Nepal), Himal Books, 2005.

Human Rights Watch – *Broken People. Caste Violence Against India's "Untouchables"*, Nova Iorque, 1999.

KANE, Pandurang Vaman – *History of Dharmasastra (Ancient and Mediaeval Religious and Civil Law in India)*, 2ª ed., 5 vols., Puna, Bhandarkar Oriental Research Institute, 1968/1975 (reimpressão, 1990).

KEAY, John – *India. A History: From the Earliest Civilisations to the Boom of the Twenty-First Century*, Harper Press, Londres, 2010.

LINGAT, Robert – *Les sources du droit dans le système traditionnel de l'Inde*, Paris/Haia, Mouton & Co., 1967 (existe tradução inglesa, com aditamentos, por John Duncan M. Derrett, sob o título *The Classical Law of India*, reimpressão, Nova Deli, Oxford University Press, 1998).

MENDES, A. Lopes – *A India Portugueza. Breve descrição das possessões portuguezas na Ásia*, 2 vols., Lisboa, Imprensa Nacional, 1886 (reimpressão, Deli, B.R. Publishing Corporation, 2006).

MENSKI, Werner – «Hindu law as a "religious" system», *in* Andrew Huxley (org.), *Religion, law and tradition. Comparative studies in religious law*, Londres, RoutledgeCurzon, 2002, pp. 108 ss.
— *Hindu Law. Beyond Tradition and Modernity*, reimpressão, Oxford, Oxford University Press, 2005.
— «Beyond Europe», *in* Esin Örücü/David Nelken (orgs.), *Comparative Law. A Handbook*, Oxford/Portland, Oregon, Hart Publishing, 2007, pp. 189 ss.
MITTAL, Sushil, e Gene THURSBY – *The Hindu World*, Nova Iorque/Londres, Routledge, 2004.
MORAVIA, Alberto – *Uma ideia da Índia*, tradução portuguesa de Margarida Periquito, Lisboa, Tinta da China, 2008.
MULLA – *Hindu Law*, 20ª ed., por S.A. Desai, 2 vols., Nova Deli, Lexis Nexis/Butterworths, 2007.
NARIMAN, Fali S. – «India», *in IHCA*, suplemento 30, Haia/Londres/Boston, 2000.
NEHRU, Jawaharlal – *The Discovery of India*, reimpressão, Penguin Books, 2004.
OLIVELLE, Patrick – *Dharmasutras. The Law Codes of Apastamba, Gautama, Baudhayana, and Vasistha*, Oxford, Oxford University Press, 1999.
— *Manu's Code of Law. A Critical Edition and Translation of the Mānava-Dharmasastra*, Oxford, etc., Oxford University Press, 2005.
OTTO, Dirk – «Das Weiterleben des portugiesischen Rechts in Goa», *in* Erik Jayme (org.), *Deutsch-Lusitanische Rechtstage*, Baden-Baden, Nomos Verlagsgesellschaft, 1994, pp. 124 ss.
PRABHUPADA, A. C. Bhaktivedanta Swami – *Dharma. The Way of Transcendence*, reimpressão, Mumbai, The Bhaktivedanta Book Trust, 2007.
ROCHER, Ludo – «Hindu Conceptions of Law», *Hastings L.J.*, 1977-1978, pp. 1283 ss.
SARDESAI, Libia Lobo (org.) – *Glimpses of Family Law of Goa, Daman and Diu*, Margão (Goa), Seva Samiti, s.d.
SCHMITTHENER, Samuel – «A Sketch of the Development of the Legal Profession in India», *Law and Society Review*, vol. 3 (1968-1969), pp. 337 ss.
SCHWEITZER, Albert – *Indian Thought and its Development*, reimpressão, Boston, The Beacon Press, 1957.
SEN, Kshiti Mohan – *Hinduism* (reimpressão com um prefácio por Amartya Sen), Londres, Peguin Books, 2005.
SMET, Richard V. de – «Hinduísmo», *in Enciclopédia Verbo Luso-Brasileira de Cultura – Edição século XXI*, vol. 14, Lisboa/São Paulo, 2000, cols. 1040 ss.
The Bhagavad Gita, tradução inglesa por Juan Mascaró, com uma introdução por Simon Brodbeck, reimpressão, Londres, Penguin Books, 2003.
The Rig Veda, tradução inglesa por Wendy Doniger, Londres, Penguin Books, 1981.
WEBER, Max – *The Religion of India. The Sociology of Hinduism and Buddhism*, tradução inglesa de Hans H. Gerth e Don Martindale, Nova Deli, Munshiram Manoharlal Publishers, 2000.

Bases de dados específicas

http://hindu.org (Hindu Resources Online)
http://www.hinduwebsite.com (Hinduwebsite)
http://indiacode.nic.in (Legislação indiana)
http://www.indiancourts.nic.in (tribunais indianos)
http://www.indlaw.com (Indlaw)
http://lawmin.nic.in (Ministério da Justiça da Índia)
http://www.legalserviceindia.com (Legal Service India)
http://www.mkgandhi.org (Gandhi Book Centre)
http://www.sacred-texts.com/hin (Escrituras hindus)
http://supremecourtofindia.nic.in (Supremo Tribunal da Índia)
http://www.supremecourt.gov.np (Supreme Court of Nepal)

Capítulo VII
O Direito chinês

§ 61º Formação e âmbito

a) **Pressupostos filosóficos**

I – A civilização chinesa foi profundamente marcada pelo sistema de pensamento a que se chama Confucionismo, cujos traços fundamentais importa conhecer a fim de captar devidamente o espírito do Direito chinês.

Esse sistema de pensamento funda-se nos ensinamentos de Confúcio, ou Kong Fuzi (551-479 a.C.), uma das personalidades mais influentes da História da China. Durante a dinastia Han (sécs. III a.C. a III d.C.), o Confucionismo foi doutrina de Estado e permaneceu como um dos pilares da ortodoxia chinesa durante mais de dois mil anos, até à revolução de 1911, que depôs o último Imperador da China. Influencia ainda hoje muito significativamente a mentalidade chinesa[1450].

O Confucionismo preocupa-se essencialmente com a coexistência harmoniosa dos Homens. Esta deve resultar do *Li*, isto é, os ritos e as regras de conduta não escritas, consagrados pelos usos e conformes à posição de cada um nas relações sociais, cuja observância é assegurada pelo sentimento de desonra ou de «perda de face» que resulta do seu incumprimento, tanto para o infrator como para a sua família. O *Li* permite prevenir os conflitos e assegurar a paz social. O recurso para o mesmo efeito ao *Fa* (ou seja, ao Direito), bem como a um sistema institucionalizado de sanções, é indesejável segundo o Confucionismo, dado que não permite evitar os conflitos e por conseguinte assegurar com a mesma eficácia a harmonia na vida social. No *Li* também se incluem regras de Direito consuetu-

---

[1450] Sobre o papel do Confucionismo na História da China, *vide*, por muitos, Jean Escarra, *La Chine, passé et présent*, Paris, 1937, pp. 119 ss.; e Stephen G. Haw, *História da China* (tradução portuguesa por Joana Estorninho de Almeida e Rita Graña), Lisboa, 2008, pp. 101 ss.

dinário; mas o domínio do *Li* transcende aquele que entre nós corresponde ao Direito. A distinção é traçada pelo próprio Confúcio:

> «Se dirigirdes o povo através de leis e mantiverdes a ordem no seio dele mediante sanções penais, ele evitará incorrer nas penas, mas sem sentido da desonra. Se o dirigirdes pela virtude e mantiverdes a ordem no seio dele através dos ritos, ele ganhará consciência da honra e tornar-se-á bom.»[1451]

Além do culto dos ritos, o Confucionismo legou à China um conjunto de preceitos morais, que integram também o *Li* e orientaram as condutas individuais de governantes e governados durante os períodos históricos em que o mesmo prevaleceu neste país. Entre eles destacam-se a *piedade filial* (traduzida no respeito e na obediência dos filhos aos seus pais, dos mais novos aos mais velhos, da mulher ao marido, dos governados aos governantes, etc.), a *lealdade* (que não é senão a piedade filial noutro plano) e a *humanidade* no tratamento do próximo (nomeadamente dos filhos e dos súbditos).

A observância dos ritos, a piedade filial, a lealdade e a humanidade constituem, pois, o ideal de conduta difundido pelo Confucionismo. Historicamente, a encarnação desse ideal, que envolve também o desprezo por todas as atividades tendentes à acumulação de riqueza, é o *mandarim*, uma das instituições mais marcantes da civilização chinesa, ou seja, o alto funcionário imperial, culto e bem educado. A ambição do lucro e dos bens materiais geraria, segundo a mundividência confucionista, instabilidade social, perturbando a almejada coexistência harmoniosa dos Homens. Esta uma das razões por que, segundo Max Weber[1452], nunca se formou na China uma burguesia, nem o capitalismo ali vingou (pelo menos até recentemente), apesar da dimensão do país e dos seus enormes recursos humanos e materiais. O que teve como consequência, além do mais, a desnecessidade de um sistema jurídico formal, que assegurasse aos agentes económicos a previsibilidade das decisões judiciais.

São ainda corolários do Confucionismo no plano jurídico:

a) A *diferenciação dos deveres de conduta* em razão do *status* de cada um: não há lugar para o princípio da igualdade neste sistema de pensamento;

b) A *descrença no Direito*: a aplicação de regras gerais e abstratas não permite tomar em devida conta as especificidades de cada situação, mormente a posição social dos interessados;

[1451] Cfr. Confúcio, *Analectos*, Livro 2:3 (tradução da nossa responsabilidade, a partir da versão inglesa de Raymond Dawson, com o título *The Analects*, Oxford, 2000).
[1452] Cfr. *The Religion of China. Confucianism and Taoism*, Nova Iorque, 1968 (tradução inglesa, por Hans H. Gerth), especialmente pp. 131 ss., 142 ss. e 244 ss.

c) A *reprovação do recurso aos meios judiciais*, tido por desonroso e atentatório da paz social: a conciliação deve bastar para a resolução dos litígios; e
d) A *desvalorização dos direitos subjetivos* (conceito que durante muito tempo permaneceu desconhecido na China, não havendo sequer um equivalente linguístico para ele[1453]): a paz social não se alcança por via da invocação de direitos individuais, que são potencialmente fonte de conflitos. Uma das traves mestras do Confucionismo é, pois, a ideia de que a sociedade não se organiza na base de *direitos*, mas antes de *deveres*[1454].

Embora o pensamento de Confúcio não seja fonte de Direito, foi muito profunda e duradoura a sua influência sobre o Direito chinês, pois forneceu durante séculos a base axiológica em que assentaram as suas instituições[1455], não faltando por isso quem veja nele a *alma jurídica* da China no período imperial[1456]. Revelador dessa influência é o facto de o recrutamento dos funcionários imperiais – tradicionalmente feito na base do mérito individual aferido através de exames públicos – sempre ter pressuposto o domínio pelos candidatos dos clássicos do Confucionismo.

II – Uma corrente de pensamento que se desenvolveu a partir do Confucionismo – o Legalismo – sustentou, porém, o primado da lei, tendo logrado impor-se em certos períodos da História da China, designadamente nos de maior turbulência política, como o da dinastia Qin (séc. III a.C.).

Na origem do Legalismo está um discípulo de Confúcio, Xunzi (300-237 a.C.). Para este, só a ameaça de sanções podia conduzir o Homem a atuar de modo justo. Por outro lado, Xunzi rejeitava a ideia de diferenciação das regras de conduta em função do *status* social: tais regras deveriam, no seu entender, ser iguais para todos. Os legalistas eram, assim, partidários do princípio da igualdade perante a lei.

A História do Direito chinês é fortemente marcada pelo antagonismo entre confucionistas e legalistas – o mesmo é dizer, entre *Li* e *Fa*. Como se verá a seguir, nem sempre, porém, as duas orientações se revelaram mutuamente excludentes.

Em todo o caso, a lei era para os legalistas um simples instrumento de controlo social, dissociado de qualquer referência moral. O legalismo não contribuiu, por isso, a fim de elevar a condição do Direito aos olhos dos chineses.

[1453] Assim, Deborah Cao, *Chinese Law. A Language Perspetive*, Aldershot, 2004, p. 71.
[1454] Neste sentido, Jean Escarra, *Le droit chinois. Conception et évolution. Institutions législatives et judiciaires. Science et enseignement*, Pequim/Paris, 1936, p. 17; H. McAleavy, «Chinese Law», *in* John Duncan Derrett, *An Introduction to Legal Systems*, reimpressão, Nova Deli, 1999, pp. 105 ss. (p. 128).
[1455] Cfr. Jingzhou Tao, *Le droit chinois contemporain*, Paris, 1999, pp. 7 ss.
[1456] Cfr. John Head, *China's Legal Soul: The Modern Chinese Legal Identity in Historical Context*, Durham, Carolina do Norte, 2009, p. 64 ss.

III – Uma terceira corrente filosófica e religiosa que exerceu grande influência na formação da mentalidade chinesa e na sua conceção do Direito é o Taoísmo, que se apresenta de certa forma como uma alternativa ao Confucionismo.

O texto canónico do Taoísmo é o *Tao Te Ching* atribuído a Lao Tzu (séc. VI a.C.)[1457], embora esta doutrina deva também muito ao contributo de Zuang Zi, autor de uma obra homónima (séc. IV a.C.).

O Taoísmo parte do conceito de *Tao*, que significa «o caminho a seguir» e constitui por isso também norma de conduta. Mas qual o conteúdo desta? Há para o Taoísmo uma *ordem espontânea* no universo, que não deve ser perturbada. Ela resulta do equilíbrio entre as duas forças primaciais presentes em todos os fenómenos, designadas por *Yin* e *Yang* (*v.g.*, a luz e a escuridão, o homem e a mulher, o frio e o calor, etc.). Preconiza o Taoísmo, por isso, a inatividade (*wu wei*) ou, mais precisamente, a conformação da atividade humana com aquela ordem natural: toda a ação que vise alterá-la deve ser evitada. Vem daqui, segundo alguns, o caráter imperturbável, e por vezes até apático, dos chineses. Os conflitos nascem da inobservância do *Tao*. Há pois, em caso de conflito, que elucidar as partes, por via da conciliação, sobre o *Tao*: também o Taoísmo prefere, por isso, os meios extrajudiciais de resolução de litígios.

As virtudes enunciadas pelo Confucionismo, assim como a definição de regras de conduta em função do lugar ocupado por cada um na hierarquia social, são encaradas com reserva pelo Taoísmo, pois afastam-se da ordem natural do universo. Mas o Taoísmo opõe-se também ao Legalismo porque a própria necessidade de regras de Direito positivo é por ele contestada: o mundo, em certo sentido, deve governar-se a si próprio.

IV – Gradualmente, deu-se na China imperial uma confluência destas três escolas de pensamento. Por um lado, os adeptos do Confucionismo reconheceram o caráter supletivo das sanções penais. Por outro, as leis imperiais mostraram-se permeáveis à ética confucionista, que foi consagrada designadamente nas codificações penais. Assim, por exemplo, entre os crimes mais severamente sancionados por estas destacavam-se os cometidos pelos filhos contra os pais e pelos irmãos mais novos contra os mais velhos. A *piedade filial* confucionista manifestava-se, pois, nesses textos. Além disso, quanto mais elevado fosse o estatuto da vítima, mais severa seria a punição do autor do crime. Eis por que há quem fale, a este respeito, de uma «confucionização» da lei[1458].

[1457] De que há tradução inglesa, por James Legge, com o título *Tao Te Ching*, Nova Iorque, 1997.
[1458] Cfr. Jianfu Chen, *Chinese Law: Towards an Understanding of Chinese Law, its Nature and Development*, Haia/Londres/Boston, 1999, p. 13; idem, *Chinese Law: Context and Transformation*, Leiden/Boston, 2008, pp. 16 ss.; Randall Peerenboom, «Law and religion in early China», *in* Andrew Huxley (org.), *Religion, law and tradition. Comparative studies in religious law*, Londres, 2002, pp. 84 ss. (pp. 99 s.).

Neste processo ocupou lugar de relevo outro filósofo chinês, Dong Zhongshu (séc. II a.C.), que, tendo sido determinante na promoção do Confucionismo à condição de doutrina de Estado durante a dinastia Han, sublinhou o carácter mutuamente complementar do *Li* e do *Fa*: estes seriam, no seu entender, o *Yin* e o *Yang* da governação do Estado.

O sistema jurídico da China imperial foi, assim, essencialmente o resultado da conjugação do *Li* e do *Fa*. O elemento central deste sistema jurídico consistiu no corpo de regras promulgado pelo Imperador a que se deu o nome de *Código*: cada dinastia chinesa teve o seu próprio código, destacando-se os códigos das dinastias Tang (618-907)[1459], Ming (1368-1644)[1460] e Qing (1644-1911)[1461]. Em conformidade com os ditames do Confucionismo – e ao contrário das codificações ocidentais –, os códigos imperiais chineses não deram grande atenção às relações entre privados, cuja regulação foi por eles basicamente deixada ao costume, antes se ocuparam essencialmente das questões administrativas e penais. A noção de direito subjetivo e a preocupação com a sua realização coerciva eram-lhes também estranhas. Os códigos chineses foram, nesta medida, sobretudo instrumentos do poder absoluto do Imperador e da burocracia instituída para servi-lo[1462].

b) O Direito na China nacionalista

Em 1912, na sequência da revolução que depôs a dinastia Qing, foi proclamada a República da China[1463], cujo primeiro Presidente foi Sun Yat-sen (1866-1925). O novo governo chinês preservou inicialmente as leis imperiais. Mas a partir de 1927, com o estabelecimento em Nanquim de um governo dominado pelo Partido Nacionalista (*Kuomintang*), foram por este adotados seis códigos de matriz europeia, entre os quais um Código Civil inspirado no BGB, que havia entretanto sido introduzido no Japão e se tornara por essa via mais facilmente acessível aos legisladores chineses.

Embora tivessem desafiado abertamente, em homenagem ao ideal de democracia e progresso que Sun Yat-sen proclamara[1464], estruturas milenares da sociedade chinesa e valores fundamentais corporizados no *Li*, instituindo, *v.g.*,

---

[1459] Cfr. *The T'ang Code*, tradução inglesa por Wallace Johnson, Princeton, vol. I, 1979; vol. II, 1997.
[1460] Cfr. *The Great Ming Code*, tradução inglesa por Jiang Yonglin, Seattle, 2005.
[1461] Cfr. *The Great Qing Code*, tradução inglesa por William C. Jones, Oxford/Nova Iorque, 1994.
[1462] Ver William C. Jones, «Trying to Understand the Current Chinese Legal System», *in* C. Stephen Hsu (org.), *Understanding China's Legal System. Essays in Honor of Jerome A. Cohen*, Nova Iorque, 2003, pp. 7 ss.
[1463] Sobre a qual pode ver-se Alain Roux, *A China no século XX*, tradução portuguesa por Elsa Pereira, Lisboa, 2009, especialmente pp. 47 ss.
[1464] Ver Sun Yat-sen, *San Min Chu I: The Three Principles of the People*, tradução inglesa por Frank W. Price, Xangai, 1927.

o princípio da igualdade entre os sexos, os referidos códigos não lograram modificar substancialmente o modo de vida chinês, tendo permanecido quase integralmente letra morta[1465]. Em 1949, foram abolidos pelo regime comunista entretanto implantado na parte continental do país. Mantiveram-se todavia em vigor (posto que com alterações) em Taiwan, para onde o Governo da República da China se havia entretanto transferido.

c) O Direito na China comunista

O Direito chinês contemporâneo é ainda fortemente marcado pela influência que sobre ele exerceu o Marxismo-Leninismo.

A 1 de outubro de 1949, consumada a vitória do Partido Comunista na guerra civil que o opusera ao *Kuomintang*, foi proclamada por Mao Zedong (1893-1976) a República Popular da China. No ano seguinte, foram adotadas duas leis que alteraram profundamente a ordem tradicional chinesa: a *lei do casamento*, que consagrou a liberdade de casar (pondo termo à prática, que vigorara na China durante séculos, de os pais ajustarem entre si o casamento dos respetivos filhos), a monogamia, a igualdade de direitos entre marido e mulher e a dissolução do casamento por divórcio; e a *lei da reforma agrária*, que confiscou a terra aos grandes proprietários, a fim de ser redistribuída aos camponeses que a não possuíam[1466].

A partir dos meados dos anos 50, aspirou-se a instituir na China um novo sistema jurídico, baseado no soviético. O primado da lei, entendida como instrumento de reforma da sociedade, foi então expressamente afirmado pelos poderes constituídos. No entanto, devido à debilidade do Estado chinês, foi o Partido Comunista quem assumiu o principal protagonismo na feitura das leis[1467].

A influência soviética duraria, de todo o modo, menos de uma década. A «Revolução Cultural», ocorrida entre 1966 e 1976, teve um efeito devastador sobre o sistema jurídico entretanto instituído, o qual entrou em colapso: a advocacia foi abolida e as *diretrizes políticas* tomaram o lugar da lei como fundamentos das sentenças, inclusive em matéria penal. Sempre que faltassem tais diretrizes, o discurso proferido por Mao Zedong em 27 de fevereiro de 1957 sobre *O correto tratamento das contradições entre o povo*[1468] servia de orientação geral para a resolução dos litígios[1469].

[1465] Cfr. McAleavy, «Chinese Law», cit., p. 128.
[1466] Cfr., sobre essas leis, Noboru Niida, «Land Reform and New Marriage Law in China», *The Developing Economies*, 1964, vol. 2, nº 1, pp. 3 ss.; Helen Galas, «Family Law in China», *Poly Law Review*, 1980/81, pp. 54 ss.; e Margaret Y.K. Woo, «Shaping Citizenship: Chinese Family Law and Women», *Yale Journal of Law and Feminism*, 2003, pp. 75 ss.
[1467] Neste sentido, Alain Roux, ob. cit., p. 135.
[1468] Parcialmente reproduzido *in Quotations from Chairman Mao Tse-Tung*, s.l., 1966, pp. 89 ss.
[1469] Esse valor ser-lhe-ia, aliás, ainda reconhecido em 1982: cfr. Masanobu Kato, «Civil and Economic Law in the People's Republic of China», *AJCL*, 1982, pp. 429 ss. (p. 432).

Não falta, por isso, quem sustente que entre 1949 e 1976 a China Popular funcionou sem um sistema jurídico propriamente dito[1470]. O Maoísmo tornou-se, segundo alguns, no *novo Li*[1471].

Uma Constituição aprovada em 1975, com apenas trinta artigos, definiu a República Popular da China como uma ditadura do proletariado e atribuiu a liderança do povo chinês ao Partido Comunista, subordinando este o poder legislativo, o governo e as forças armadas. Vigorou esse texto constitucional até 1978.

Só depois da morte de Mao Zedong se deu a reabilitação do Direito neste país; e foi apenas com a Constituição de 1982 (a quarta do regime comunista), adotada no período da governação de Deng Xiaoping (1904-1997), que a ideia de Estado de Direito e o princípio da legalidade foram reintroduzidos nos textos oficiais. O Marxismo-Leninismo manteve-se, porém, no preâmbulo da Constituição como doutrina do Estado, a par do pensamento de Mao Zedong; e a lei continuou a ser concebida essencialmente como um instrumento de implementação das políticas do Partido Comunista.

d) O Direito chinês atual

A resolução tomada no XIV congresso do Partido Comunista Chinês, em outubro de 1992, de instituir, consoante preconizara Deng Xiaoping, uma *economia socialista de mercado* – ou, como diria mais tarde Jiang Zemin (presidente da República Popular da China entre 1993 e 2003), um *socialismo com características chinesas*[1472] (redenominado, sob a presidência de Xi Jinping, iniciada em 2013, *socialismo com características chinesas para uma nova era*[1473]) – obrigou à reorganização do sistema jurídico. Para o efeito, foi publicado nos últimos vinte anos, a ritmo célere, um número apreciável de leis e códigos, a que nos referiremos mais de espaço adiante. Neles se conjugam elementos extraídos da tradição jurídica chinesa com outros, recebidos das famílias romano-germânica e de *Common Law*; o que confere ao atual Direito legislado chinês, como já foi notado na doutrina[1474], uma índole sincrética.

[1470] Neste sentido, Jianfu Chen, *Chinese Law*, cit., p. 40.
[1471] Cfr. Luke T. Lee/Whalen W. Lai, «The Chinese Conceptions of Law: Confucian, Legalist, and Buddist», *Hastings L.J.*, 1977-1978, pp. 1307 ss. (p. 1326).
[1472] Veja-se, designadamente, o relatório apresentado ao XVI Congresso do Partido Comunista, realizado em novembro 2002, de que existe tradução inglesa, com o título *Build a Well-off Society in an All-Round Way and Create a New Situation in Building Socialism with Chinese Characteristics*.
[1473] Cfr. o relatório apresentado ao XIX Congresso do Partido Comunista, realizado em outubro de 2017, intitulado, na tradução inglesa, *Secure a Decisive Victory in Building a Moderately Prosperous Society in All Respects and Strive for the Great Success of Socialism with Chinese Characteristics for a New Era*.
[1474] Assim, Hélène Piquet, *La Chine au carrefour des traditions juridiques*, Bruxelas, 2005, p. 227; Ignazio Castellucci, «Chinese Law: a New Hybrid», *in* Eleanor Ritaine et al. (orgs.), *Comparative Law and Hybrid Legal Traditions*, Zurique, etc, 2010, pp. 75 ss.

Estes desenvolvimentos têm sido caracterizados como um processo de «ocidentalização» do Direito chinês[1475]. É, porém, duvidoso que a mentalidade chinesa haja acompanhado esta mutação do sistema jurídico. O Confucionismo – que nem o regime nacionalista nem o comunista lograram erradicar – continua, fortalecido, a exercer grande influência de ambos os lados do Estreito de Taiwan[1476]. Não falta mesmo quem aluda a um *renascimento do Confucionismo* na China contemporânea[1477]. Disso dará testemunho, por exemplo, a preferência dos chineses, mesmo nos meios mercantis, pela resolução extrajudicial dos litígios, mormente através da conciliação e do compromisso, bem como a relutância com que é encarada neste país a invocação de direitos individuais. Observa-se, por outro lado, uma certa recuperação da religiosidade tradicional, patente designadamente no ressurgimento de certas práticas religiosas próprias do Taoísmo, que são toleradas pelas autoridades chinesas[1478].

O Direito chinês continua assim, apesar das profundas transformações políticas e económicas a que o país foi submetido na última década e meia – que conduziram, no entender de alguns, a um *capitalismo com características chinesas*[1479] –, a corresponder a uma conceção própria, fortemente tributária do pensamento de filósofos clássicos. A situação não é de resto inédita, pois, como se referiu acima, também as codificações levadas a cabo nos anos 20 e 30 do século passado pelo regime nacionalista não lograram impôr-se na sociedade chinesa.

Importa, por isso, distinguir na China a *normatividade formal* da *informal*: a segunda, na esteira de uma longa tradição, continua a suplantar a primeira[1480].

e) Influência sobre outros sistemas jurídicos

Da China, o Confucionismo irradiou para outros países do Extremo-Oriente, nomeadamente a Coreia, o Japão, Singapura e o Vietname. Não é, pois, de estranhar que a aversão chinesa ao Direito seja partilhada por coreanos, japoneses, singapurenses e vietnamitas, que privilegiam também o recurso a mecanismos extrajudiciais de composição de conflitos em ordem a assegurar a paz social.

Por outro lado, o Confucionismo – que nunca deu origem a algo que se assemelhasse a uma Igreja – favoreceu a formação de Estados fortes e centralizados, cujos servidores foram aliás os seus principais estudiosos; há por isso quem veja

---

[1475] Jianfu Chen, *Chinese Law: Context and Transformation*, cit., pp. 65 ss.
[1476] Ver sobre o ponto, por último, Henry Kissinger, *On China*, Londres/Nova Iorque, 2011, p. 112.
[1477] Cfr. Hélène Piquet, ob. cit., p. 34; Glenn, ob. cit., p. 332.
[1478] Ver Andreas Lorenz, «The influence of Taoism in communist China», *Spiegel – Special International Edition*, nº 9/2006, pp. 110 ss.; Alain Roux, *A China no século XX*, cit., p. 239.
[1479] Cfr. Yasheng Huang, *Capitalism with Chinese Characteristics: Entrepreneurship and the State*, Cambridge, 2008.
[1480] Neste sentido, Donald C. Clarke, *The Chinese Legal System*, s.l., 2005.

nos regimes comunistas do Extremo-Oriente, assim como nos sistemas capitalistas autoritários que entretanto se implantaram nessa região, um legado do Confucionismo[1481].

Não falta, por esse motivo, quem sustente a existência de uma *concepção do Direito*, de uma *tradição jurídica* ou mesmo de uma *família jurídica asiática (rectius,* extremo-oriental)[1482], ou confuciana[1483], que integraria designadamente os sistemas jurídicos da China e do Japão.

Parece, no entanto, duvidosa a exatidão de semelhante ponto de vista. Por três ordens de razões: *a)* São flagrantes as diferenças entre os sistemas jurídicos daqueles dois países no plano da regulamentação substantiva que estabelecem e dos ideais que prosseguem: o primeiro consagra um Estado autoritário e uma economia socialista, embora com desvios a favor da economia de mercado; o segundo acolhe um Estado de Direito democrático e uma economia de mercado altamente desenvolvida. *b)* Historicamente, a relevância do Direito é menor na China do que no Japão, sobretudo se tivermos em conta o longo período de ausência de um sistema jurídico formal naquele primeiro país, a que aludimos atrás. *c)* As próprias funções do Direito são diversas nos dois países, avultando na China as que se prendem com o estrito controlo da sociedade exercido pelo Estado. Seria por estes motivos um tanto artificial integrá-los numa família jurídica *a se stante*[1484].

O sistema jurídico chinês exprime uma *concepção do Direito* distinta da que informa as famílias jurídicas até aqui consideradas. Corresponde, no dizer de Hélène Piquet, a uma tradição jurídica autónoma[1485] ou, como sustenta Robert Heuser, a uma cultura jurídica *sui generis*[1486]. Essa concepção conhece na China Popular, como veremos a seguir, diferentes expressões locais. Ela manifesta-se também no sistema jurídico da República da China (Taiwan)[1487], o qual revelam,

---

[1481] Cfr. Hahm Chaibong, «The Ironies of Confucianism», *Journal of Democracy*, 2004, pp. 93 ss. (p. 101).

[1482] Cfr. Yosiyuki Noda, «The Far Eastern Conception of Law», *IECL*, vol. II, cap. 1, pp. 120 ss.

[1483] Assim, H. Patrick Glenn, *Legal Traditions of the World*, cit., pp. 319 ss.

[1484] Reconhecem-no, por exemplo, Harald Baum, «Rechtsdenken, Rechtssystem und Rechtswirklichkeit in Japan – Rechtsvergleichung mit Japan», *RabelsZ*, 1995, pp. 258 ss.; Zweigert/Kötz, *Einführung in die Rechtsvergleichung*, cit., pp. 65 e 281 (na tradução inglesa, pp. 66 e 287); e Teemu Ruskola, "The East Asian legal tradition", *in* Bussani/Mattei, *The Cambridge Companion to Comparative Law*, cit., pp. 259 ss.

[1485] Cfr. *La Chine au carrefour des traditions juridiques*, cit., pp. 27 ss.

[1486] Cfr. *Einführung in die chinesische Rechtskultur*, Hamburgo, 2002, p. 39. Em sentido concordante, veja-se Mi Jian, «Chinese Legal Culture: In a Western Scholar's Eyes», *Journal of the History of International Law*, 2002, pp. 166 ss. (pp. 170 s.).

[1487] Sobre o qual podem ver-se Herbert Han-Pao Ma, «Legal System of the Republic of China», *RabelsZ*, 1973, pp. 101 ss.; Tay-Sheng Wang, «The Legal Development of Taiwan in the 20th Century:

em parte, as mesmas influências fundamentais, *maxime* o Confucionismo. Os elementos extraídos dos Direitos ocidentais, em particular os que se prendem com a liberdade contratual e a propriedade privada, encontram-se decerto mais fortemente enraizados em Taiwan[1488]. Mas, como se verá a seguir, o Direito da República Popular da China tem vindo também a assimilar progressivamente esses elementos, esbatendo-se assim as diferenças que, neste plano, separam os sistemas jurídicos destes dois países.

§ 62º Características gerais

a) A função social do Direito na China

O Direito foi tradicionalmente tido na China, mesmo pelos legalistas, como um *mal necessário*. Exercia por isso, na resolução dos conflitos sociais, uma função tendencialmente *subsidiária*. Esta a diferença fundamental entre a conceção chinesa do Direito, por um lado, e a que subjaz aos sistemas jurídicos ocidentais, islâmico e hindu, por outro: para estes, o Direito – ainda que suprapositivo ou ideal – constitui um pilar essencial da vida em sociedade.

Manifesta-se ainda hoje aquela conceção, designadamente, na relevância conferida na China aos meios extrajudiciais de resolução de conflitos, especialmente a conciliação[1489]. Mas ela está igualmente patente no facto de os meios de regulação da vida social pelo Estado não se circunscreverem na República Popular da China às regras jurídicas, antes incluírem as *diretrizes políticas estaduais*, a que o art. 6 dos *Princípios Gerais de Direito Civil* faz expressa referência[1490]. Tal o caso, por exemplo, da «política de filho único» imposta às famílias chinesas, a qual não teve, durante vinte anos, qualquer consagração normativa, embora condicione ao mais alto grau a vida familiar dos chineses[1491].

Toward a Liberal and Democratic Country», *Pacific Rim Law & Policy Journal*, 2002, pp. 531 ss.; e Chang-fa Lo, *The Legal Culture and System of Taiwan*, Alphen aan den Rijn, 2006.

[1488] Neste sentido, Yin-Ching Chen, «Civil Law Development: China and Taiwan», *Stanford Journal of East Asian Affairs*, 2002, pp. 8 ss.

[1489] Cfr. *infra*, § 64º.

[1490] Dispõe esse preceito: «As atividades civis têm de conformar-se com a lei; quando não existirem disposições relevantes na lei, deverão conformar-se com as políticas do Estado».

[1491] Com a instituição, nos anos 80, da política de filho único, a taxa de natalidade terá caído para 16%, contra 34% em 1970: cfr. Alain Roux, *A China no século XX*, cit., p. 212. Em 29 de dezembro de 2001, foi promulgada a *Lei Sobre População e Planeamento Familiar*, em vigor desde 1 de setembro de 2002, cujo art. 18 dispõe: «O Estado mantém a sua atual política de reprodução, encorajando o casamento e a paternidade tardios e advogando um filho por casal. Quando se mostrem preenchidos os requisitos especificados nas leis e regulamentos, podem ser feitos planos para um segundo filho, se tal for requerido. Serão formuladas medidas específicas a este respeito pelo Congresso Popular ou a sua Comissão Permanente da província, região autónoma ou municipalidade subordinada ao

Como dissemos, regista-se contemporaneamente uma certa revitalização do Direito neste país. Este prossegue hoje duas finalidades principais: a preservação do controlo do Estado sobre a sociedade e o fomento do comércio e do investimento estrangeiro[1492]. A primeira está na continuidade da tradição chinesa, que concebia o Direito essencialmente como um instrumento de governação do Estado. Demonstra-o a circunstância de as principais codificações terem sido na China, durante largo período de tempo, as do Direito Penal e do Direito Administrativo: até muito recentemente, o Direito Civil e o Direito Comercial tinham nas leis deste país um desenvolvimento incipiente. A segunda, reflete a abertura da China ao exterior e a instituição de uma economia socialista de mercado, a que aludimos acima. Em qualquer caso, o Direito não é entendido na China como um instrumento de defesa da liberdade individual[1493]. Eis aqui outro aspeto em que o Direito chinês contemporâneo se distingue nitidamente dos sistemas jurídicos romano-germânicos e de *Common Law*.

b) **A complexidade do sistema jurídico chinês**
A República Popular da China compreende hoje vinte e duas províncias, cinco regiões autónomas, quatro municípios diretamente subordinados à autoridade central (entre os quais Beijing e Xangai) e duas regiões administrativas especiais (Macau e Hong-Kong). Os órgãos de governo de cada uma destas entidades têm poderes legislativos próprios, que acrescem, no respetivo âmbito territorial de competência, aos que o Congresso Nacional Popular e o Conselho de Estado exercem para todo o território da China. Vale isto por dizer que o Direito chinês é hoje um sistema jurídico complexo, comportando diferentes sistemas jurídicos locais. Estes últimos mostram-se aliás fortemente diferenciados entre si, dando a sua interação origem, não raro, a conflitos de leis[1494].

Governo Central». Acrescenta o art. 41 da mesma Lei: «Os cidadãos que deem à luz crianças em contravenção ao disposto no artigo 18 desta Lei pagarão a taxa de manutenção social prescrita na lei». Em 2013, o Plenário do Comité Central do Partido Comunista Chinês aprovou uma resolução nos termos da qual deverá iniciar-se a implementação de uma política que permita aos casais terem dois filhos, se o marido ou a mulher forem filhos únicos (cfr. texto disponível em http://www.china.org.cn).

[1492] Neste sentido, Daniel C. K. Chow, *The Legal System of the People's Republic of China*, St. Paul, Minnesota, 2003, p. 63.

[1493] Assim também Liang Zhiping, «Explicating "Law": A Comparative Perspetive of Chinese and Western Legal Culture», *in* Tahirih V. Lee (org.), *Basic Concepts of Chinese Law*, Nova Iorque/Londres, 1997, pp. 121 ss. (p. 155); e Benjamin Schwartz, «On Attitudes Toward Law in China», *in ibidem*, pp. 159 ss. (p. 171).

[1494] Ver Jin Huang/Andrew Xuefeng Qian, «"One Country, Two Systems", Three Law Families, and Four Legal Regions: The Emerging Interregional Conflicts of Law in China», *Duke J. Comp. & Int.'l Law*, vol. 5 (1994/1995), pp. 289 ss.; Chi Chung, «Conflict of Laws Rules Between China and Taiwan and their Significance», *St. John's Journal of Legal Commentary*, 2008, pp. 559 ss.

Assim, por exemplo, o Direito vigente em Macau filia-se na tradição europeia continental, sendo as codificações locais (entre as quais avultam o Código Civil e o Código Comercial) as mesmas que vigoravam aquando da transferência da administração deste território de Portugal para a República Popular da China[1495]. Por seu turno, o sistema jurídico de Hong Kong integra as regras do *Common Law*, da *Equity* e do *Statute Law* vigentes ao tempo da administração inglesa, embora caminhe para uma certa autonomização[1496].

Taiwan, que constitui *de facto* um Estado independente, mas que a República Popular da China considera a sua 23ª província, possui um ordenamento jurídico próprio, que preserva algumas das leis de matriz europeia adotadas nos anos 20 pelo governo nacionalista do continente, mormente o Código Civil; essas leis foram entretanto sujeitas a diversas reformas e incorporam hoje também elementos de origem norte-americana (*v.g. punitive damages* e *injunctions*) e bem assim costumes locais[1497].

Mas não é apenas neste sentido que o Direito chinês se revela complexo: ele é-o também em virtude da coexistência na República Popular da China de fontes muito diversas de regulação da vida social. É deste ponto que curaremos em seguida.

§ 63º Fontes

a) Constituição

A atual Constituição da República Popular da China data de 1982, tendo sido revista em 1988, 1993, 1999 e 2004[1498].

Funda-se, de acordo com o seu Preâmbulo, em quatro princípios fundamentais: a ditadura do proletariado, a função dirigente do Partido Comunista, o papel condutor do Marxismo-Leninismo e do pensamento de Mao Zedong e a consagração de um sistema socialista.

[1495] *Vide* o art. 8 da Lei Básica de Macau, segundo o qual: «As leis, os decretos-leis, os regulamentos administrativos e demais atos normativos previamente vigentes em Macau mantêm-se, salvo no que contrariar esta Lei ou no que for sujeito a emendas em conformidade com os procedimentos legais, pelo órgão legislativo ou por outros órgãos competentes da Região Administrativa Especial de Macau».

[1496] Cfr. o art. 8 da Lei Básica de Hong-Kong, que dispõe: «As leis anteriormente em vigor em Hong-Kong, ou seja, o *common law*, as regras da *equity*, as ordenações, a legislação subordinada e o Direito costumeiro serão mantidos, salvo na medida em que contrariem a presente lei e com ressalva de qualquer alteração pela assembleia legislativa da Região Administrativa Especial de Hong-Kong».

[1497] Ver Tay-Sheng Wang, «Codification and Legal Transplantations in Taiwan: A Model for Transplanting Foreign Laws in Asia», *in* International Academy of Comparative Law (org.), *Codification Conference Proceedings,* Taipé, 2012 (polic.).

[1498] Ver Venício Pereira Filho, «Direito Constitucional na China», *in* Fabrício Polido/Marcelo Ramos (orgs.), *Direito chinês contemporâneo*, Coimbra, 2015, pp. 137 ss.

A revisão constitucional de 2004 acolheu o direito à propriedade privada (art. 13) e o respeito pelo Estado dos direitos humanos (art. 33). O exercício desses direitos não pode, todavia, infringir os interesses do Estado (art. 51). Não há, por outro lado, um sistema de fiscalização da constitucionalidade das leis pelos tribunais: o controlo da observância da Constituição compete ao Congresso Nacional Popular, que exerce igualmente o poder legislativo à escala nacional (arts. 62, n.º 2, e 67, n.º 1). É, assim, muito incerta a efetividade daqueles preceitos constitucionais.

b) Lei ordinária

Nos últimos anos, foi publicado na República Popular da China um elevado número de leis *(falü)*, que refletem a contemporânea tendência para a codificação do Direito neste país[1499].

Entre essas leis destacam-se os *Princípios Gerais de Direito Civil* adotados em 1986 e em vigor desde 1 de janeiro de 1987[1500], nos quais se consagram, entre outros, os princípios da igualdade entre as partes nas relações civis (art. 3), da autonomia e da honestidade (art. 4), da sujeição das atividades civis à lei, às políticas estatais, ao interesse público e aos planos estatais (arts. 6 e 7; o art. 58, n.º 6, determina a nulidade todos os contratos económicos que violem os planos imperativos do Estado), do reconhecimento da propriedade individual, estatal e coletiva (arts. 71 e seguintes), bem como da propriedade intelectual (arts. 94 e seguintes) e do reconhecimento de certos direitos de personalidade (arts. 98 e seguintes). Esta codificação está porém longe de equivaler às da Europa continental, pois contém apenas 156 artigos com um alto grau de generalidade, que parecem pressupor a adoção de legislação complementar.

Esta última surgiu entretanto no domínio dos contratos, por via da *Lei dos Contratos da República Popular da China*, em vigor desde 1 de outubro de 1999. É um texto extenso, cuja parte geral (arts. 1 a 189) se baseia em larga medida nos *Princípios Unidroit Sobre os Contratos Comerciais Internacionais* a que aludimos acima[1501]. Acolhem-se nele alguns princípios bem conhecidos dos juristas da Europa con-

---

[1499] Sobre a qual podem ver-se Lihong Zhang, «The Codification of Civil Law in China: History, Current Situation and Prospective», *Studium Iuris*, 2004, pp. 896 ss.; *idem*, «The Latest Developments in the Codification of Chinese Civil Law», *Tulane Law Review*, 2009, pp. 999 ss.; Victor Barbosa Dutra, «Codificação e Direito Civil na China», *in* Fabrício Polido/Marcelo Ramos (orgs.), *Direito chinês contemporâneo*, Coimbra, 2015, pp. 159 ss.

[1500] De que se encontra disponível uma tradução em inglês *in* http://eastlaw.net. Sobre esse texto, *vide* William C. Jones, «Some General Questions Regarding the Significance of the General Provisions of Civil Law of the People's Republic of China», *Harvard Int'l L. J.*, 1987, pp. 309 s.; John Shijian Mo, «The General Principles of Civil Law», *in* Wang Guiguo/John Mo (orgs.), *Chinese Law*, Haia/Londres/Boston, 1999, pp. 95 ss.; Yuanshi Bu, *Chinese Civil Law*, Munique, 2013, pp. 4 ss.

[1501] Cfr., sobre essa lei, Zhang Yuqing/Huang Danhan, «The New Contract Law in the People's Republic of China and the UNIDROIT Principles of International Commercial Contracts: A Brief

tinental, como a liberdade de contratar (art. 4) e a boa-fé (art. 6). Mas também se introduzem nesse texto importantes desvios a estes princípios (pelo menos tal como se encontram consagrados entre nós), na medida em que se estabelece, por exemplo, a obrigação de contratar quando tal resulte dos planos estatais (art. 38) e se omite qualquer referência à possibilidade de modificação ou resolução dos contratos por alteração de circunstâncias (que os *Princípios Unidroit* acolhem no art. 6.2.3)[1502].

Em 2002, foi submetido ao Congresso Nacional Popular um projeto de Código Civil[1503], que todavia não chegou a ser aprovado. Em lugar desse Código, decidiu--se na mesma altura adotar diversas leis sobre matéria civil, que uma vez aprovadas e postas em vigor seriam reunidas num Código.

Nesta conformidade, o mesmo órgão aprovou em 2007 a *Lei dos Direitos Reais*, que disciplina a constituição, a transferência e o exercício do direito de propriedade e dos demais direitos reais, incluindo as garantias reais, conferindo igual proteção à propriedade estadual, coletiva e privada[1504].

Em 2009, foi adotada a *Lei da Responsabilidade Civil*, que entrou em vigor em 1 de julho de 2010; e em 2010 foi aprovada a *Lei Sobre o Direito Aplicável* às *Relações Jurídicas Civis Conexas com o Estrangeiro*, em vigor desde 1 de abril de 2011[1505].

Estas e outras leis refletem a influência do modelo romano-germânico sobre o Direito chinês contemporâneo. Pontualmente, ressuma também nelas a influência dos sistemas de *Common Law*[1506].

A adoção dessas leis está ligada à opção da China continental pela denominada «economia socialista de mercado», já referida, e à adesão do país, em 2001, à Organização Mundial de Comércio. É contudo duvidoso, como notámos, que essas leis tenham na vida social chinesa a mesma eficácia de que gozam as fontes homólogas nos países ocidentais. Por um lado, porque na China as leis não

---

Comparison», *ULR/RDU*, 2000, pp. 429 ss.; Marina Timoteo, *Il contratto in Cina e Giaponne nello specchio dei diritti occidentali*, Pádua, 2004, pp. 328 ss.

[1502] Uma interpretação dessa lei emitida pelo Supremo Tribunal em 2009 veio, no entanto, admitir, dentro de certas condições, a modificação ou a resolução dos contratos fundadas na alteração de circunstâncias: cfr. o vol. II desta obra, § 13º, c).

[1503] Cfr. Liang Huixing (org.), *The Draft Civil Code of the People's Republic of China. English Translation (Prepared by the Legislative Research Group of Chinese Academy of Social Sciences)*, Leiden/Boston, 2010.

[1504] Cfr. Lei Chen, «The New Chinese Property Code: A Giant Step Forward?», *EJCL*, 2007, nº 2.

[1505] Há tradução inglesa, intitulada «Law of The People's Republic of China on the Laws Applicable to Foreign-related Civil Relations», disponível em http://conflictoflaws.net; e tradução alemã, por Knut Pissler, com o título «Gesetz der Volksrepublik China zur Anwendung des Rechts auf zivilrechtliche Beziehungen mit Außenberührung», *ZChinR*, 2010, pp. 376 ss.

[1506] Haja vista, designadamente, à *Lei sobre o Trust*, de 2001. Atente-se também na consagração, no projeto de Código Civil, de figuras de origem anglo-saxónica como a violação antecipada do contrato (art. 108), a «garantia flutuante» (art. 249) e a privacidade (arts. 25 a 29).

são aplicadas, nem se recorre aos tribunais, se for possível eliminar os conflitos sociais de outra forma. Por outro, porque em alguns domínios, como a propriedade intelectual, mesmo na ausência de meios alternativos de resolução de litígios a aplicação efetiva das normas legais e a execução das decisões judiciais se revelam ainda muito deficientes[1507].

c) Outras fontes

Consoante observámos anteriormente, são também fontes de regulação da vida social na República Popular da China, ainda que com caráter subsidiário relativamente à lei, as *diretrizes políticas estaduais (zhèngcè)*.

Por seu turno, o costume (*xi sú*) – como vimos, um dos elementos integrantes do *Li*, posto que este não se resumisse a ele – é ainda aplicável, por força de disposições legais, na Região Administrativa Especial de Hong-Kong[1508] e em Taiwan[1509]. No Continente, porém, o costume não parece ter reconhecimento oficial; o que, de resto, não lhe retira a relevância que possui, sobretudo nos meios rurais.

Certos usos constitucionais revestem-se de grande importância na China contemporânea. Entre eles avulta o de que as revisões constitucionais e as principais medidas legislativas devem ser aprovadas pelo Comité Central do Partido Comunista antes de serem agendadas no Congresso Nacional Popular[1510].

Não menos relevantes são os usos gerados em certos círculos de relações pessoais a que na China se chama *guanxi*, os quais são portadores das suas próprias regras, que não raro prevalecem sobre a normatividade oficial. Também neste fenómeno, de grande importância por exemplo na atividade empresarial, ressuma o Confucionismo e o seu primado do *Li* sobre o *Fa*.

A jurisprudência tem particular relevo como fonte de Direito em Hong-Kong, onde continua a vigorar o princípio da obrigatoriedade dos precedentes judiciais[1511]. No Continente, não lhe é genericamente atribuída semelhante eficácia, embora as decisões interpretativas da lei proferidas pelo Supremo Tribunal

---

[1507] Ver, sobre as causas desse fenómeno, Jianfu Chen, *Chinese Law: Context and Transformation*, cit., pp. 653 ss.
[1508] Cfr. o art. 8 da Lei Básica de Hong-Kong, citado atrás.
[1509] Veja-se o art. 1 do Código Civil deste país, que reproduz parcialmente o art. 1, nº 2, do Código Civil suíço: «Não havendo lei aplicável a um caso em matéria civil, será este decidido de acordo com o costume. Se não houver costume, o caso será decidido de acordo com a jurisprudência».
[1510] Cfr., sobre o ponto, Jianfu Chen, *Chinese Law: Context and Transformation*, cit., pp. 99, 117 e 193 s.
[1511] Segundo o art. 84 da Lei Básica de Hong Kong, os tribunais locais podem referir-se, nas suas decisões, aos precedentes de outras jurisdições de *Common Law*: «Os tribunais da Região Administrativa Especial de Hong Kong decidirão os casos que lhes forem submetidos de acordo com as leis aplicáveis na Região, nos termos prescritos pelo artigo 18 desta Lei, e poderão basear-se nos precedentes de outras jurisdições de *Common Law*».

Popular gozem, como veremos, de força obrigatória geral. Pelas razões que se exporão adiante, estas decisões não podem todavia ser qualificadas como uma forma de jurisprudência.

O Direito Internacional é também fonte de Direito na China, que é atualmente parte de várias convenções internacionais. Estas são aplicadas pelos tribunais chineses com primazia sobre as normas do Direito de fonte interna, exceto nos casos em que a China haja formulado expressamente reservas aos seus preceitos[1512].

A China contemporânea caracteriza-se assim por um certo *pluralismo jurídico*[1513].

§ 64º Meios de resolução de litígios

a) A importância da conciliação

Na China, tendencialmente o Direito só é aplicado na resolução dos conflitos sociais, como já se disse, quando a conciliação falhar: esta corresponde, de acordo com a tradição, ao modo preferível de assegurar a paz social. Estima-se em cerca de 90% a proporção dos litígios que são resolvidos desta forma naquele país. Em 1994 seriam, segundo outra estimativa, mais de dez milhões os mediadores existentes na China. No âmbito familiar, a conciliação é tradicionalmente exercida pelo chefe de família; nas comunidades locais, pelo membro mais velho; e nas corporações de comerciantes, pelos sócios mais antigos. A própria Constituição e a Lei de Processo Civil, de 1991, preveem a existência de comités populares de conciliação com competência para superintenderem processos de conciliação em matéria cível[1514].

[1512] *Vide* o art. 238 da Lei de Processo Civil.
[1513] Neste sentido, Hélène Piquet, *op. cit.*, p. 64; Wei Dan, «O pluralismo jurídico na China», *BFDUC*, 2008, pp. 303 ss.
[1514] Cfr. o art. 111º da Constituição, que atribui aos comités de residentes e de aldeões a competência para instituírem comités populares de conciliação. Veja-se ainda o art. 16 da Lei de Processo Civil, segundo o qual: «Os comités populares de conciliação são organizações de massas que procedem à conciliação de litígios em matéria civil sob a orientação dos órgãos locais de governo e dos tribunais populares de nível básico. O comité popular de conciliação procede à conciliação das partes de acordo com a lei e a vontade destas. As partes cumprirão o acordo alcançado através de conciliação; aqueles que se escusarem à conciliação, assim como aqueles em relação aos quais a tentativa de conciliação falhar ou que se retirarem do acordo de conciliação podem instaurar um processo judicial num tribunal popular. Se um comité popular de conciliação violar a lei na conciliação de um litígio em matéria civil, será feita uma retificação pelo tribunal popular». Ver, sobre o tema, John Shijian Mo, «Non-Judicial Means of Dispute Settlement», *in* Giguo Wang/John Mo (orgs.), *Chinese Law*, Haia/Londres/Boston, 1999, pp. 757 ss.

b) O papel dos tribunais

O papel dos tribunais é, à luz do exposto, subsidiário (tal como o do Direito): em princípio, só se recorre à via judicial se os meios extrajudiciais falharem. Os próprios tribunais são incumbidos pela Lei de Processo Civil de tentarem a conciliação das partes antes de proferirem qualquer sentença[1515].

Além de tribunais estatais, estão previstos na Lei de Arbitragem, de 1994, tribunais arbitrais cuja atividade é particularmente relevante no domínio das relações comerciais internacionais[1516]. Observe-se, no entanto, que essa lei apenas consente a arbitragem institucional, realizada por comissões arbitrais permanentes e sob a égide de câmaras de comércio ou de certas categorias de municípios; a arbitragem *ad hoc*, levada a efeito por árbitros diretamente escolhidos pelas partes e à margem daquelas entidades, não é, por enquanto, permitida na República Popular da China (ainda que possam ser nela reconhecidas sentenças arbitrais *ad hoc* proferidas no estrangeiro ou numa das Regiões Administrativas Especiais).

A preferência do legislador chinês pelos meios extrajudiciais resulta também da mencionada *Lei dos Contratos* cujo art. 128 estabelece sob a epígrafe «resolução de litígios»:

> «As partes podem resolver os litígios contratuais através de transação ou mediação. Quando não desejem ou não possam fazê-lo, pode o litígio ser submetido à instituição competente para arbitragem em conformidade com o acordado entre elas. Nos contratos com conexões ao estrangeiro, podem as partes submeter-se a uma instituição chinesa de arbitragem ou a outra instituição de arbitragem. Quando não hajam concluído uma convenção de arbitragem, ou esta for inválida, pode qualquer das partes intentar uma ação no Tribunal Popular. As partes cumprirão qualquer sentença judicial ou arbitral ou acordo de mediação legalmente eficaz; se alguma das partes se recusar a fazê-lo, pode a outra solicitar a execução da sentença ou acordo ao Tribunal Popular.»

Não é, porém, de excluir que a preferência dos chineses pelos meios extrajudiciais conheça no futuro uma certa regressão, em paralelo com a abertura do

---

[1515] Cfr. o art. 9, que dispõe: «Quando houverem de julgar causas cíveis, os tribunais populares tentarão conciliar as partes de acordo com a sua vontade e a lei; se a conciliação falhar, as sentenças serão proferidas sem demora». Ver Chuncai Meng, «Civil Procedure Law», *in* Giguo Wang/John Mo (orgs.), *Chinese Law*, Haia/Londres/Boston, 1999, pp. 179 ss. (p. 183).

[1516] Ver Tang Houzhi/Wang Shengchang, «The People's Republic of China», *in IHCA*, suplemento 25, Haia/Londres/Boston, 1998; Graeme Johnston, «Bridging the Gap Between Western and Chinese Arbitration Systems – A Practical Introduction for Businesses», *J.Int.Arb.*, 2007, pp. 565 ss.; Peter Yuen, «Arbitration Clauses in Chinese Context», *J.Int.Arb.*, 2007, pp. 581 ss.; Mark Lin, «Supreme People's Court Rules on PRC Arbitration Issues», *J.Int.Arb.*, 2007, pp. 597 ss.; Peter Thorp, «The PRC Arbitration Law: Problems and Prospects for Amendment», *J.Int.Arb.*, 2007, pp. 607 ss.

país à economia de mercado, a qual tende de um modo geral a favorecer a litigiosidade. Para tanto, será necessário, em todo o caso, que o sistema judiciário chinês se mostre apto a dar resposta a esse possível acréscimo de procura, o que de momento não pode ter-se como adquirido.

c) A organização judiciária

Os órgãos judiciais do Estado são na República Popular da China os *tribunais populares*. O órgão judicial máximo é o Supremo Tribunal Popular, sedeado em Pequim, que responde perante o Congresso Nacional Popular e o seu comité permanente. Esse Tribunal, além de funções jurisdicionais, exerce também poderes legislativos, através das decisões interpretativas da lei que referiremos adiante, e poderes administrativos, na medida em que emite regulamentos sobre o funcionamento dos tribunais inferiores.

Existem ainda tribunais populares a outros níveis hierárquicos e com diversas áreas de jurisdição (a província, a região autónoma, o município, etc.), assim como tribunais especiais (militares, marítimos, etc.). Também estes respondem perante os órgãos do poder político do correspondente nível hierárquico. Macau e Hong-Kong possuem, no entanto, sistemas judiciários próprios, dotados de tribunais de última instância.

A Constituição prevê a existência de Procuradorias Populares, com diferentes níveis hierárquicos, às quais são cometidas designadamente funções de supervisão da atividade dos tribunais populares[1517].

Não há na China Popular, pelos motivos expostos (e também pela forma de nomeação dos juízes que se referirá adiante), uma separação dos poderes legislativo e judicial como a que existe nos países ocidentais[1518]. O que, aliás, corresponde à tradição chinesa, pois também na China Imperial a função judicial era parte integrante da atividade administrativa. Esta situação representa ainda um corolário do princípio do *centralismo democrático* consignado no art. 3, nº 1, da atual Constituição[1519].

[1517] Vejam-se também, sobre as competências das Procuradorias Populares, os arts. 185 a 188 da Lei de Processo Civil.

[1518] Neste sentido, Zhu Guobin, «Constitutional Law and State Structure», *in* Wang Guiguo/John Mo (orgs.), *Chinese Law*, Haia/Londres/Boston, 1999, pp. 23 ss. (p. 40); Jianfu Chen, *Chinese Law: Context and Transformation*, cit., p. 119.

[1519] Ver, sobre a organização judiciária chinesa, Frank Münzel, «People's Republic of China», *IECL*, vol. I, *National Reports*, Tubinga, etc., 1996, pp. P-61 ss. (pp. P-62 ss.); Wang Guiguo, «The Legal *Sy*stem of China», *in* Wang Guiguo/John Mo (orgs.), *Chinese Law*, Haia/Londres/Boston, 1999, pp. 1 ss. (pp. 15 ss.).

§ 65º Método jurídico

Uma das características que apontámos à recente legislação chinesa é o seu alto grau de generalidade. Esta circunstância confere grande relevo, na resolução de casos concretos, à interpretação e à integração dos preceitos legais. Ora, também nesta matéria se reflete a tradição centralizadora do país.

Entre as entidades competentes para interpretar e integrar as leis inclui-se, com efeito, a Comissão Permanente do Congresso Nacional Popular, a que a Constituição confere poderes interpretativos, tanto das suas disposições como das da lei ordinária[1520]. As interpretações feitas por esse órgão têm, por força de outro diploma legal, a mesma eficácia que as leis de âmbito nacional[1521].

Não menos relevante é a interpretação da lei feita pelo Supremo Tribunal Popular, o qual não raro se pronuncia para o efeito sem referência a qualquer caso concreto[1522]. As decisões interpretativas proferidas pelo Supremo Tribunal são publicadas e têm, tal como as da Comissão Permanente do Congresso Nacional Popular, a mesma eficácia que a lei interpretada, vinculando os demais tribunais[1523]. A liberdade interpretativa destes é correspondentemente restringida. Compreende-se assim que haja quem sustente que na China os tribunais de instância têm o poder de aplicar a lei, mas não de interpretá-la[1524].

§ 66º Ensino do Direito e profissões jurídicas

a) O ensino do Direito

Até 1995, não se exigia na República Popular da China uma formação universitária em Direito para o exercício da magistratura judicial. Atualmente, são ainda muito vastas as exceções admitidas a essa exigência[1525]. O que não é de estranhar,

---

[1520] Art. 67, nºs 1 e 4.
[1521] Art. 47 da *Lei Sobre Legislação*, de 2000: «As interpretações feitas pela Comissão Permanente do Congresso Nacional Popular têm a mesma eficácia que as leis nacionais».
[1522] Veja-se o nº 2 da Resolução da Comissão Permanente do Congresso Nacional Popular, de 10 de Junho de 1981, nos termos da qual: «A interpretação das questões que envolvam a aplicação específica de leis e decretos em julgamentos dos tribunais será fornecida pelo Supremo Tribunal Popular». Um exemplo recente do exercício desta competência do Supremo Tribunal Popular são as *Regras do Supremo Tribunal Popular Relativas a Algumas Questões Respeitantes* à *Lei Aplicável ao Julgamento de Litígios Contratuais Civis ou Comerciais com Conexões ao Estrangeiro*, adotadas em 2007, de que pode ver-se uma tradução alemã em *IPRax*, 2008, pp. 67 ss.
[1523] Essas decisões constituem por isso, no dizer de Heuser, ob. cit., p. 38, uma forma de legislação, e não um *case law* à maneira anglo-saxónica. No sentido de que se trata de um «exercício deformado do poder legislativo», veja-se Lihong Zhang, «The Latest Developments in the Codification of Chinese Civil Law», cit., p. 1006.
[1524] *Sic*, Wang Guiguo, est. cit., p. 19.
[1525] Haja vista ao art. 9 da *Lei sobre os juízes*, de 1995, que admite a manutenção em funções de magistrados sem licenciatura em Direito e sem experiência profissional anterior no domínio do Direito.

dada a escassez de juristas decorrente do encerramento das Universidades e da perseguição que lhes foi movida durante a Revolução Cultural. Muitos juízes são ainda hoje, em consequência disso, militares desmobilizados e funcionários públicos transferidos de outros serviços. Com esta situação liga-se a inexistência na China, pelo menos até recentemente, de uma Ciência do Direito tal como esta é entendida entre nós[1526].

Desde 1977, porém, a situação evoluiu de modo muito significativo. Presentemente, o Direito é ensinado em cerca de 600 Faculdades de Direito na China continental, a que acrescem três em Hong-Kong e uma em Macau (onde lecionam docentes portugueses). O sistema de ensino praticado na China continental e em Macau aproxima-se muito do europeu continental, assentando predominantemente na lecionação de aulas magistrais[1527].

b) As profissões jurídicas

Durante séculos não houve na China profissões jurídicas organizadas: a justiça era administrada por burocratas sem formação específica, que se faziam assessorar por funcionários de nível inferior. Só destes era exigido o conhecimento efetivo dos códigos.

As sequelas deste sistema ainda hoje se fazem sentir. Atualmente, os presidentes dos tribunais da República Popular da China são designados pelas assembleias populares das respetivas circunscrições, sob proposta dos órgãos locais do Partido Comunista. Os restantes juízes são também designados pelas assembleias, mas sob proposta dos presidentes dos respetivos tribunais.

Em 2001, o acesso à magistratura passou a depender da realização de um exame nacional, que colocou a China na senda da profissionalização dos magistrados. Não é todavia conhecida a proporção de juízes e procuradores em funções que foram submetidos a esse crivo.

Até 1995, os advogados eram neste país funcionários públicos e existiam em número muito escasso[1528]. Atualmente, são profissionais liberais, que podem ter escritório próprio e associar-se em cooperativas ou sociedades. Por outro lado, o número de advogados tem aumentado consideravelmente ao longo dos últimos anos, embora esteja ainda muito aquém dos valores atingidos nos países ocidentais[1529].

[1526] Aspeto já notado por Jean Escarra em *Le droit chinois*, cit., p. 359.
[1527] Ver Ji Weidong, «Legal Education in China: A Great Leap Forward of Professionalism», *Kobe University Law Review*, 2004, pp. 1 ss.
[1528] Segundo uma estimativa, em 1980 não haveria mais de três centenas em todo o país: cfr. Jianfu Chen, *Chinese Law: Context and Transformation*, cit., p. 162.
[1529] Em 2009, existiam na China cerca de 190.000 advogados (cfr. *New York Times*, edição de 28 de julho de 2009).

Em todo o caso, é ainda o Ministério da Justiça quem concede as licenças para o exercício da profissão, as quais pressupõem atualmente a titularidade de um grau universitário em Direito, ou experiência profissional equivalente, e a aprovação num exame nacional. As associações de advogados existentes no país não controlam a admissão dos candidatos à prática da advocacia e estão sujeitas a supervisão e orientação pelo Governo. Além disso, nas causas cíveis não é obrigatório o patrocínio judiciário, podendo as partes pleitear por si mesmas perante os tribunais populares[1530].

Também esta desconfiança relativamente à advocacia tem raízes longínquas: na China Imperial, a prestação de aconselhamento jurídico ao público era proscrita, na medida em que se receava que fomentasse a litigiosidade.

Observe-se, porém, que em Macau e Hong-Kong a advocacia obedece a regras próprias, em parte recebidas das antigas potências administrantes, mantendo-se ainda no segundo desses territórios a distinção inglesa entre *solicitors* e *barristers*.

§ 67º Conclusão

Diversamente dos Direitos muçulmano e hindu, o Direito chinês não é um Direito religioso, pois os seus preceitos não se fundam em qualquer revelação divina. Sob este prisma, encontramo-nos aqui mais próximos dos sistemas jurídicos ocidentais.

A tradição jurídica chinesa reflete, no entanto, certas orientações filosóficas, com destaque para o Confucionismo, que se caracterizam pela rejeição do Direito como meio preferencial de regulação da vida social. Na ótica dela, o Direito é um mal necessário, razão por que foi confinado durante muito tempo aos domínios penal e administrativo. Na resolução das questões cíveis tem ainda hoje caráter marcadamente supletivo. Nisso se distingue o Direito chinês não apenas dos referidos Direitos religiosos, mas também dos de *Civil* e *Common Law*. A conceção chinesa do Direito representa em certo sentido a própria negação de valor intrínseco a este – ou da preferência de um povo pelo *não-Direito*.

A progressiva instituição na China Popular de um sistema jurídico formal baseado em leis escritas, ocorrida sobretudo desde os anos 80, não parece ter alterado substancialmente essa conceção, atento nomeadamente o desfasamento que persiste entre esse sistema e a realidade social. Duas características desse sistema jurídico distinguem-no em todo o caso dos sistemas ocidentais atrás analisados: por um lado, a ausência nele de uma separação de poderes equivalente à que estes consagram; por outro, a conceção da lei como um instrumento de regulação da sociedade *do topo para a base*, no qual os cidadãos são havidos mais

---

[1530] Veja-se o art. 12 da Lei de Processo Civil, que estabelece: «As partes em ações cíveis têm o direito de pleitear por si mesmas nas audiências de julgamento perante os tribunais populares».

como destinatários das prescrições legais do que como titulares de direitos que ao Estado cumpra reconhecer.

Bibliografia específica

Bu, Yuanshi – *Chinese Civil Law*, Munique, C.H.Beck/Hart/Nomos, 2013.

Cao, Deborah – *Chinese Law. A Language Perspetive*, Aldershot, Ashgate, 2004.

Capeller, Wanda, e Takanori Kitamura (orgs.) – *Une introduction aux cultures juridiques non occidentales. Autour de Masaji Chiba*, Bruxelas, Bruylant, 1998.

Castelucci, Ignazio – «Chinese Law: a New Hybrid», *in* Eleanor Ritaine *et al.* (orgs.), *Comparative Law and Hybrid Legal Traditions*, Zurique, Schulthess, 2010, pp. 75 ss.

Chaibong, Hahm – «The Ironies of Confucianism», *Journal of Democracy*, 2004, pp. 93 ss.

Chen, Albert – *An Introduction to the Legal System of the People's Republic of China*, 3ª ed., Hong Kong, LexisNexis/Butterworths, 2004.

Chen, Jianfu – *Chinese Law. Towards an Understanding of Chinese Law, Its Nature and Development*, Haia/Londres/Boston, Kluwer Law International, 1999.

— *Chinese Law: Context and Transformation*, Leiden/Boston, Martinus Nijhoff Publishers, 2008.

Chen, Lei – «The New Chinese Property Code: A Giant Step Forward?», *EJCL*, 2007, nº 2.

Chen, Yin-Ching – «Civil Law Development: China and Taiwan», *Stanford Journal of East Asian Affairs*, 2002, pp. 8 ss.

Chow, Daniel C. K. – *The Legal System of the People's Republic of China*, St. Paul, Minnesota, Thomson West, 2003.

Chung, Chi – «Conflict of Laws Rules Between China and Taiwan and their Significance», *St. John's Journal of Legal Commentary*, 2008, pp. 559 ss.

Clarke, Donald C. – *The Chinese Legal System*, s.l., 2005 (disponível em http://docs.law.gwu.edu).

Cohen, Jerome Alan/R. Randle Edwards/Fu-Mei Chang-Chen – *Essays on China's Legal Tradition*, Princeton, N.J., University Press, 1980.

Confúcio – *The Analects*, tradução inglesa, por Raymond Dawson, Oxford, Oxford University Press, 2000 (existe também tradução portuguesa, por António Guerreiro, baseada na tradução inglesa de Simon Leys, intitulada *Anacletos*, Lisboa, Cotovia, 2010).

David, René – «Deux concéptions de l'ordre social», *in Ius privatum gentium. Festschrift für Max Rheinstein*, 1969, vol. I, pp. 53 ss.

Escarra, Jean – *Le droit chinois. Conception et évolution. Institutions législatives et judiciaires. Science et enseignement*, Pequim/Paris, Éditions Henri Vetch/Librairie du Recueil Sirey, 1936.

— *La Chine, passé et présent*, Paris, Librairie Armand Colin, 1937.

Fu, Junwei – "China", *in* Jan M. Smits (org.), *Elgar Encyclopedia of Comparative Law*, 2ª ed., Cheltenham, Reino Unido/Northampton, Estados Unidos, 2012, pp. 137 ss.

GALAS, Helen – «Family Law in China», *Poly Law Review*, 1980/81, pp. 54 ss.
HAHM, Chaibong – «Confucianism and the concept of liberty», *Asia Europe Journal*, 2006, pp. 477 ss.
HAW, Stephen G. – *História da China*, tradução portuguesa por Joana Estorninho de Almeida e Rita Graña, Lisboa, Tinta da China, 2008.
HEAD, John – *China's Legal Soul: The Modern Chinese Legal Identity in Historical Context*, Durham, Carolina do Norte, Carolina Academic Press, 2009.
HEUSER, Robert – *Einführung in die chinesische Rechtskultur*, Hamburgo, Institut für Asienkunde, 2002.
HOUZHI, Tang, e Wang SHENGCHANG – «The People's Republic of China», *in IHCA*, suplemento 25, Haia/Londres/Boston, Kluwer, 1998.
HUANG, Jin, e Andrew XUEFENG QIAN – «"One Country, Two Systems", Three Law Families, and Four Legal Regions: The Emerging Interregional Conflicts of Law in China», *Duke J. Comp. & Int.'l Law*, vol. 5, 1994/1995, pp. 289 ss.
HUIXING, Liang (org.) – *The Draft Civil Code of the People's Republic of China. English Translation (Prepared by the Legislative Research Group of Chinese Academy of Social Sciences)*, Leiden/Boston, 2010.
JIAN, Mi – «Chinese Legal Culture: In a Western Scholar's Eyes», *Journal of the History of International Law*, 2002, pp. 166 ss.
JOHNSON, Wallace – *The T'ang Code*, Princeton, Princeton University Press, vol. I, 1979; vol. II, 1997.
JOHNSTON, Graeme – «Bridging the Gap Between Western and Chinese Arbitration Systems – A Practical Introduction for Businesses», *J.Int.Arb.*, 2007, pp. 565 ss.
JONES, William C. – «Some General Questions Regarding the Significance of the General Provisions of Civil Law of the People's Republic of China», *Harvard Int'l L. J.*, 1987, pp. 309 s.
— (tradutor) – *The Great Qing Code*, Oxford/Nova Iorque, Clarendon Press/Oxford University Press, 1994 (com a colaboração de Tianquan Cheng e Yongling Jiang).
— «Trying to Understand the Current Chinese Legal System», *in* C. Stephen Hsu (org.), *Understanding China's Legal System. Essays in Honor of Jerome A. Cohen*, Nova Iorque, New York University Press, 2003, pp. 7 ss.
KATO, Masanobu – «Civil and Economic Law in the People's Republic of China», *AJCL*, 1982, pp. 429 ss.
KAUFMANN, Arthur – «Vergleichende Rechtsphilosophie – am Beispiel der Klassischen abendländischen Rechtskultur», *in* Bernhard Pfister e Michael R. Will (orgs.), *Festchrift für Werner Lorenz zum siebzigsten Geburtstag*, Tubinga, J.C.B. Mohr, 1991, pp. 635 ss.
KISSINGER, Henry – *On China*, Londres/Nova Iorque, Penguin Books, 2011.
LEE, Luke T., e Whalen W. LAI – «The Chinese Conceptions of Law: Confucian, Legalist, and Buddist», *Hastings L.J.*, 1977-1978, pp. 1307 ss.

Li, Xiaoping – «L'esprit du droit chinois», *RIDC*, 1997, pp. 7 ss.
— «La civilisation chinoise et son droit», *RIDC*, 1999, pp. 505 ss.
Li-Kotovtchikhine, Xiao-Ying – «La réforme du droit chinois par la codification», *RIDC*, 2000, pp. 529 ss.
— «Le pragmatisme juridique dans la Chine post-Mao», *RIDC*, 2009, pp. 715 ss.
Lin, Mark – «Supreme People's Court Rules on PRC Arbitration Issues», *J.Int.Arb.*, 2007, pp. 597 ss.
Liu, Yongping – *Origins of Chinese Law. Penal and Administrative Law in its Early Development*, Hong Kong, Oxford University Press, 1998.
Lo, Chang-fa – *The Legal Culture and System of Taiwan*, Alphen aan den Rijn, Kluwer, 2006.
Ma, Herbert Han-Pao – «Legal System of the Republic of China», *RabelsZ*, 1973, pp. 101 ss.
Mao, Zedong – *Quotations from Chairman Mao Tse-Tung*, s.l., 1966.
MacCormack, Geoffrey – *The Spirit of Traditional Chinese Law*, University of Georgia Press, Atenas (Geórgia)/Londres, 1996.
McAleavy, H. – «Chinese Law», *in* J. Duncan M. Derrett, *An Introduction to Legal Systems*, reimpressão, Nova Deli, Universal Publishing Co., 1999, pp. 105 ss.
Münzel, Frank – «People's Republic of China», *IECL*, vol. I, *National Reports*, Tubinga, etc., J.C.B. Mohr/Martinus Nijhoff, 1996, pp. P-61 ss.
Nakamura, Keijiro – «The History and Spirit of Chinese Ethics», *International Journal of Ethics*, 1897, pp. 86 ss.
Niida, Noboru – «Land Reform and New Marriage Law in China», *The Developing Economies*, 1964, vol. 2, nº 1, pp. 3 ss.
Noda, Yosiyuki – «The Far Eastern Conception of Law», *IECL*, vol. II, cap. 1, pp. 120 ss.
Peerenboom, Randall – *China's Long March Toward Rule of Law*, Cambridge, Cambridge University Press, 2002.
— «Law and religion in early China», *in* Andrew Huxley (org.), *Religion, law and tradition. Comparative studies in religious law*, Londres, RoutledgeCurzon, 2002, pp. 84 ss.
— «The X-Files : Past and Present Portrayals of China's Alien 'LegalSystem'», *Washington University Global Studies Law Review*, 2003, pp. 37 ss.
Piquet, Hélène – *La Chine au carrefour des traditions juridiques*, Bruxelas, Bruylant, 2005.
Polido, Fabrício Pasquot, e Marcelo Maciel Ramos (orgs.) – *Direito chinês contemporâneo*, Coimbra, Almedina, 2015.
Roux, Alain – *A China no século XX*, tradução portuguesa por Elsa Pereira, Lisboa, Instituto Piaget, 2009.
Schwartz, Benjamin – «On Attitudes Toward Law in China», *in* Tahirih V. Lee (org.), *Basic Concepts of Chinese Law*, Nova Iorque/Londres, Garland Publishing, 1997, pp. 159 ss.
Tche-Hao, Tsien – *Le droit chinois*, Paris, Presses Universitaires de France, 1982.
Tao, Jingzhou – *Le droit chinois contemporain*, Paris, Presses Universitaires de France, 1991.
Thorp, Peter – «The PRC Arbitration Law: Problems and Prospects for Amendment», *J.Int.Arb.*, 2007, pp. 607 ss

Timoteo, Marina – *Il contratto in Cina e Giaponne nello specchio dei diritti occidentali*, Pádua, CEDAM, 2004.
Tzu, Lao – *Tao Te Ching*, tradução inglesa por James Legge, reimpressão, Mineola, Nova Iorque, Dover Publications, 1997.
Wang, Guiguo, e John Mo (orgs.) – *Chinese Law*, Haia/Londres/Boston, Kluwer Law International, 1999.
Wang, Tay-Sheng – «The Legal Development of Taiwan in the 20th Century: Toward a Liberal and Democratic Country», *Pacific Rim Law & Policy Journal*, 2002, pp. 531 ss.
— «Codification and Legal Transplantations in Taiwan: A Model for Transplanting Foreign Laws in Asia», *in* International Academy of Comparative Law (org.), *Codification Conference Proceedings*, Taipé, 2012 (polic.).
Weber, Max – *The Religion of China. Confucianism and Taoism*, tradução inglesa por Hans H. Gerth com uma introdução de C. K. Yang, Nova Iorque, The Free Press, 1968.
Wei, Dan – «O pluralismo jurídico na China», *BFDUC*, 2008, pp. 303 ss.
Weidong, Ji – «Legal Education in China: A Great Leap Forward of Professionalism», *Kobe University Law Review*, 2004, pp. 1 ss.
Woo, Margaret Y.K. – «Shaping Citizenship: Chinese Family Law and Women», *Yale Journal of Law and Feminism*, 2003, pp. 75 ss.
Yonglin, Jiang – *The Great Ming Code*, Seattle, Washington University Press, 2005.
Yuen, Peter – «Arbitration Clauses in Chinese Context», *J.Int.Arb.*, 2007, pp. 581 ss.
Yuqing, Zhang, e Huang Danhan – «The New Contract Law in the People's Republic of China and the UNIDROIT Principles of International Commercial Contracts: A Brief Comparison», *ULR/RDU*, 2000, pp. 429 ss.
Zhang, Jinfan – *The Tradition and Modern Transition of Chinese Law*, tradução inglesa por Zhang Lixin e outros, Berlim/Heidelberga, Springer, 2014.
Zhang, Lihong – «The Codification of Civil Law in China: History, Current Situation and Prospective», *Studium Iuris*, 2004, pp. 896 ss.
— «The Latest Developments in the Codification of Chinese Civil Law», *Tulane Law Review*, 2009, pp. 999 ss.
— «Comparative Law in China», *in* Tong Io Cheng/Salvatore Mancuso (orgs.), *New Frontiers of Comparative Law*, Hong Kong, LexisNexis, 2013, pp. 89 ss.
Zhiping, Liang – «Explicating "Law": A Comparative Perspetive of Chinese and Western Legal Culture», *in* Tahirih V. Lee (org.), *Basic Concepts of Chinese Law*, Nova Iorque/Londres, Garland Publishing, 1997, pp. 121 ss.

Bases de dados específicas

I – Hong Kong

http://www.doj.gov.hk (Department of Justice of Hong Kong)

II – Macau

http://www.macaolaw.gov.mo (Portal Jurídico de Macau)

III – República Popular da China

http://www.cclaw.net (Chinese Civil Law Network)
http://en.chinacourt.org (Chinacourt)
http://www.chinalaw.law.yale.edu (The China Law Center/Yale Law School)
http://www.constitutionofchina.com (Constituição da China)
http://www.cupl.edu.cn (China University of Political Science and Law)
http://eastlaw.net (Eastlaw)
http://english.people.com.cn (People's Daily Online)
http://www.gov.cn (The Central People's Government of the People's Republic of China)
http://isinolaw.com (iSinolaw)
http://www.law.wustl.edu/chinalaw (Internet Chinese Law Legal Research Center)
http://www.law-bridge.net (Law Bridge)
http://www.lawinfochina.com (Chinalaw Information Service/Universidade de Pequim)
http://lawprofessors.typepad.com/china_law_prof_blog/ (Chinese Law Professors Blog)
http://lsc.chineselegalculture.org/ (Legalizing Space in China)
http://www.marxists.org (marxists internet archive)
http://www.novexcn.com (NovexCn)
http://www.procedurallaw.cn (Procedural Law Research Institution at China University of Political Science and Law)
http://www.sacred-texts.com/cfu/index.htm (Sacred Texts/Confúcio)

IV – Taiwan

http://law.moj.gov.tw/Eng/ (Laws and Regulations Database of the Republic of China)

Capítulo VIII
Síntese comparativa dos sistemas jurídicos analisados

§ 68º Cinco conceitos de Direito
A comparação acima empreendida revelou que o significado do Direito não é o mesmo em toda a parte. Há, com efeito, modos muito diversos de concebê-lo. Assim:

a) Na família jurídica romano-germânica, o Direito é prevalentemente entendido como um *sistema de normas e princípios*, fundado na vontade popular e assistido de sanções institucionalizadas, que visa ordenar as condutas humanas de forma geral e abstrata, em conformidade com certos valores.

b) Na família de *Common Law*, a solução do caso concreto não se obtém mediante a subsunção deste sob normas gerais e abstratas. Ela deriva antes da sujeição do caso decidendo ao critério de solução que o tribunal porventura induza de decisões anteriormente proferidas sobre casos iguais ou semelhantes ou, sendo o caso *sub judice* distinto dos que foram anteriormente julgados, do critério que for enunciado pelo próprio tribunal a que compete resolvê-lo, tendo em conta as *policies* que nele estão em jogo. A clivagem entre a norma e a decisão do caso singular não é, pois, tão nítida como nos sistemas de *Civil Law* e a conceção do Direito como um sistema esbate-se consideravelmente. A própria noção de norma difere da que prevalece nesses sistemas, dada a sua indissociabilidade, pelo menos no que respeita aos precedentes, do caso concreto em que se formou: falta-lhe, assim, a característica da abstração. Em contrapartida, os aspectos processuais adquirem relevância fundamental na resolução dos litígios submetidos aos tribunais.

c) Na família jurídica muçulmana, o Direito constitui fundamentalmente a *expressão normativa do ideal de vida islâmico*, contida num sistema de regras havidas como procedentes, direta ou indiretamente, da vontade divina, tendencialmente uniformes e imutáveis, aplicáveis a todos os que professam o Islamismo.

d) Para os hindus, o Direito corresponde antes ao conjunto dos *deveres de conduta* dos membros de cada casta, decorrentes de uma ordem transcendente, enunciados nas escrituras sagradas do Hinduísmo e nas tradições relativas a estas ou consagrados pelo costume.

e) Finalmente, a tradição chinesa encara o Direito como um conjunto de regras de conduta obrigatórias para os seus destinatários, mas que tendencialmente apenas são chamadas a intervir quando falhem outros meios não coativos de preservar a harmonia social, como os ritos e a conciliação. Trata-se, nesta medida, de um *mal necessário*.

Sendo um fenómeno universal, o Direito é, pois, também intrinsecamente plural, não apenas do ponto de vista das suas concretas manifestações nas diferentes comunidades humanas – isto é, das regras e dos princípios em que se exprime, bem como dos valores e interesses por ele servidos –, mas também das ideias dominantes nessas comunidades acerca da sua natureza e valia como instrumento de regulação da vida social.

§ 69º Principais fatores que os determinam

I – Agora pergunta-se: o que explica estes diferentes conceitos de Direito?
São muito diversos os fatores de que se pode retirar uma explicação para o fenómeno. Entre eles destacam-se as diferentes perspetivas que tendem a prevalecer nos referidos sistemas jurídicos quanto ao modo preferível de disciplinar as relações sociais, às funções neles desempenhadas pelas normas jurídicas, às fontes de Direito, aos meios de resolução de litígios, ao método jurídico, ao ensino do Direito e ao exercício das profissões jurídicas. Sintetizemos quanto a este propósito se deixou dito acima.

II – Tanto nas sociedades ocidentais como na muçulmana e na hindu, a regulação da vida de relação é levada a cabo fundamentalmente pela via jurídica. O Direito desempenha pois nessas sociedades um papel estruturante. Com uma diferença porém: enquanto que para os muçulmanos e os hindus no essencial o Direito não se distingue da religião (nomeadamente porque não dispõe de um sistema próprio de sanções), nos países onde vigoram sistemas jurídicos de *Civil* e de *Common Law* o Direito, submetido desde o século XVII a um processo de gradual laicização, caracteriza-se hoje por um alto grau de autonomia perante a religião e outros sistemas normativos (como a moral), encontrando a sua legitimação precipuamente na circunstância de constituir, direta ou indiretamente, uma emanação da soberania popular. Já nas sociedades africanas tradicionais, assim como na chinesa, as regras jurídicas têm um papel meramente subsidiário, só sendo aplicadas quando falhem outras formas de disciplinar as relações sociais.

SÍNTESE COMPARATIVA DOS SISTEMAS JURÍDICOS ANALISADOS

Dir-se-á pois: *ubi societas, ibi ius*; mas o *ius* não tem idêntica relevância em todas as *societates*, nem é o único fator de modelação das relações entre os membros destas.

III – Mesmo onde o Direito é o instrumento por excelência de regulação da vida em sociedade, são muito diversas as funções por ele desempenhadas.

Assim, nalguns sistemas jurídicos o Direito – cujas regras refletem imperativos éticos ou filosóficos – é visto como um instrumento de *reforma da sociedade*: é ele, por assim dizer, que a impele diante de si. O Estado é o principal agente dessa reforma. Os valores que o Direito visa realizar e os padrões de conduta por eles reclamados são exclusivamente determinados pela razão humana. Tal o caso dos sistemas romano-germânicos.

Noutros ordenamentos jurídicos, o Direito é antes a expressão normativa das necessidades sociais, tal como estas são interpretadas pelos tribunais; razão por que evolui fundamentalmente por via de precedentes. Assim sucede, como vimos, na família de *Common Law*, onde a ideia de que o progresso social pode ser induzido pela lei é tradicionalmente encarada com reserva.

Noutros sistemas ainda, o Direito é a *revelação* de uma ordem transcendente, tendencialmente imutável, com que o Estado e a sociedade têm de se conformar. O Direito não brota da sociedade, antes lhe é imposto; e isto porque se entende que o conhecimento dos valores essenciais que pautam a convivência humana não é suscetível de ser alcançado por um exercício da razão nem pela experiência, antes advém de uma revelação. Ao Estado não compete, por conseguinte, transformar a sociedade, mas tão-só assegurar a observância da lei divina. É o que ocorre nos sistemas jurídicos muçulmano e hindu, nos quais, como vimos, a distinção entre o Direito e a religião se atenua muito.

IV – A respeito das fontes, são também muito diversas as orientações dominantes nos sistemas jurídicos considerados.

Com efeito, nos sistemas romano-germânicos o Direito é essencialmente (embora não exclusivamente) constituído por *normas*; e estas constam fundamentalmente de *leis*, que do ponto de vista da sua relevância fáctica primam sobre todas as outras fontes. Característica saliente destes sistemas é, assim, a tendência para o Estado absorver as principais formas de regulação normativa.

Diferentemente, nos sistemas de *Common Law* o Direito é sobretudo casuístico e é aos precedentes judiciais que os tribunais mais frequentemente vão buscar a fundamentação das suas decisões (posto que a lei, quando exista e se mostre em oposição com as regras jurisprudenciais, prevaleça sobre elas). De todo o modo, nestes sistemas a regra jurídica não precede necessariamente o caso a que é aplicável, antes pode ser criada pelos tribunais em vista desse caso.

A ênfase é por isso posta nos procedimentos tendentes à decisão do caso, e não tanto na formulação antecipada de regras gerais e abstratas. A *autorregulação* assume também maior relevo.

Nos sistemas muçulmano e hindu, o Direito é essencialmente normativo, mas as fontes mais relevantes são as religiosas. Nos sistemas tradicionais africanos – que como vimos desvalorizam o Direito enquanto modo de regulação da vida em sociedade –, prefere-se o costume às demais fontes jurídicas.

V – Quanto aos meios de resolução de litígios, verificámos haver uma nítida cisão entre os sistemas que privilegiam o recurso à *via judicial* a fim de resolver os litígios (assim os romano-germânicos e de *Common Law*), os que dão primazia aos *meios extrajudiciais*, mormente à conciliação (como sucede nos Direitos tradicionais africanos e no chinês) e os que consagram uma *pluralidade de jurisdições*, estatais e religiosas, sendo a competência destas últimas fixada na base de um princípio de personalidade (caso do Direito muçulmano).

Decerto que também nos sistemas romano-germânicos e de *Common Law* a arbitragem, a mediação e a conciliação assumem hoje papel de relevo como meios de resolução de litígios, sendo a primeira não raro conjugada com o recurso à equidade como critério de julgamento. Tirando, porém, certos domínios específicos (como o comércio internacional), são ainda hoje os tribunais do Estado que estatisticamente colhem a preferência dos interessados. E mesmo quando a resolução de litígios é deferida a árbitros, mediadores ou conciliadores, são muito vastas as competências reservadas nesses sistemas jurídicos aos tribunais públicos.

VI – No tocante aos métodos de descoberta da solução do caso singular, distinguem-se também pelo menos três categorias de sistemas jurídicos: aqueles em que se procede *do geral para o particular*, pois a solução das questões de Direito é extraída de um sistema de normas gerais e abstratas e a própria seleção dos factos relevantes para o julgamento da causa é condicionada pela previsão das normas potencialmente aplicáveis (como sucede nos sistemas romano-germânicos); aqueloutros em que se procede *do particular para o geral*, começando pelo confronto do caso decidendo com um ou mais casos anteriores com os quais aquele possui analogia e inferindo a regra aplicável a partir das decisões proferidas sobre estes (assim designadamente nos sistemas de *Common Law*); e os sistemas em que se procede *do particular para o particular*, assimilando o caso *sub judice* aos que se encontram previstos nos textos sagrados, mas sem generalizar a solução desse modo alcançada (orientação dominante nos Direitos muçulmanos).

VII – Uma das características mais salientes dos sistemas jurídicos ocidentais é, como vimos, a circunstância de os juristas constituírem neles uma classe profissional distinta das demais. No que respeita ao exercício de funções jurisdicionais, verificámos que este é fundamentalmente atribuído, nos sistemas romano-germânicos, a pessoas que tenham previamente obtido uma formação especializada, mais ou menos longa, proporcionada primeiro por instituições universitárias e depois por escolas de magistrados ou por um estágio profissional; na família de *Common Law*, aos que se tenham previamente distinguido no exercício da advocacia ou de outras profissões jurídicas; no Direito muçulmano, aos que possuam uma qualificação teológica, dada por escolas confessionais; e no Direito tradicional africano, por inerência, aos que detêm certas posições de chefia na comunidade. O grau de especialização profissional dos magistrados, e dos juristas em geral, é assim substancialmente mais elevado na família romano-germânica do que nas restantes.

A esta diversidade de soluções não são alheias as diferentes funções sociais desempenhadas pelos magistrados nos ordenamentos jurídicos examinados. É a este respeito particularmente significativo que: *a)* Nos sistemas de *Common Law*, cabe-lhes não apenas a resolução de litígios, mas também a criação do Direito por via de precedentes: os juízes dos tribunais superiores são aí também *policy makers* independentes do poder executivo e legislativo; *b)* Nos sistemas muçulmanos, pertence ao cádi o controlo da observância das regras religiosas constantes da *Xaria*; e *c)* Nos sistemas tradicionais africanos, a administração da justiça visa acima de tudo a preservação da paz social.

Da referida diversidade não pode ser desligada, por outro lado, a ausência, tanto no *Common Law* como nos demais sistemas referidos por último, de uma ideia de separação de poderes como a que vingou nos Direitos romano-germânicos desde Montesquieu.

VIII – Em última análise, estas diferenças radicam em fatores metajurídicos.

Entre eles sobressaem os valores dominantes em cada sociedade: onde, por exemplo, a *liberdade individual* é especialmente prezada e o indivíduo é tido como o supremo juiz dos seus próprios fins (como foi, durante largo período de tempo, o caso dos países anglo-saxónicos), o papel da lei na regulação da vida social tende a ser supletivo e o Direito forma-se primordialmente por via jurisprudencial ou consuetudinária; onde, ao invés, se procura mais ativamente preservar a *solidariedade* entre os membros da sociedade e o Estado toma a seu cargo a tarefa de assegurar a realização desse desiderato, cerceando, se necessário, a liberdade individual (como sucede na Europa continental), a lei adquire um lugar cimeiro entre as fontes de Direito.

Não menos relevante é a atitude mental prevalecente em cada povo a respeito dos problemas suscitados pela convivência humana. Nos povos que se caracterizam por um certo *pragmatismo*, como os anglo-saxões, a referência a construções teóricas como fundamento de soluções para problemas concretos é geralmente encarada com desconfiança: a formulação das regras jurídicas pode, por isso, ser deixada àqueles a quem cabe aplicá-las. Ao invés, nos povos onde existe maior propensão para o *idealismo*, como os franceses e os alemães, a proclamação legislativa de grandes princípios e a formulação a partir deles das regras gerais e abstratas que hão de posteriormente servir de base à resolução pelos tribunais de questões concretas é bastante comum, sendo aceite com naturalidade um certo grau de tensão entre os ideais jurídicos e a realidade social. Naqueloutros povos em que o *sentimento religioso* é muito forte, como é o caso dos muçulmanos e dos hindus, as fontes sagradas e a elaboração doutrinal nelas baseada ganham inevitavelmente maior importância como esteio das soluções para os problemas jurídicos. Finalmente, nos povos em que sobressai mais acentuadamente o sentimento de *pertença ao grupo*, de que o indivíduo depende inteiramente para a sua própria sobrevivência, como sucede em certas comunidades africanas, o Direito é desvalorizado como forma de composição dos conflitos gerados pela vida em sociedade e privilegia-se, para esse efeito, o recurso à conciliação.

Igualmente significativo é o lugar reservado à pessoa humana pela mundividência dominante. Onde cada pessoa é tida como um ser único e irrepetível, dotado de livre arbítrio, e reconhecida como critério e razão de ser última de toda a ordem social, surgem, como noção central do sistema jurídico, os *direitos de personalidade* ou direitos humanos. É o que sucede nos sistemas mais diretamente influenciados pela moral cristã, como são os da família romano-germânica e os de *Common Law*. Onde, pelo contrário, a religião maioritária tem o Homem por submetido a um destino inexorável, traçado à nascença, e o subordina a fins que o transcendem, os sistemas jurídicos tendem a ver nele mais um *ser de deveres* do que um sujeito de direitos. É o caso dos Direitos muçulmano e hindu.

Avulta ainda a relação existente entre Estado e Nação: onde o primeiro assumiu um papel modelador da identidade nacional (como aconteceu em Portugal), o Direito legislado tem uma importância consideravelmente maior; já onde a segunda não constitui uma emanação do poder político, mas antes o produto de fatores étnicos ou religiosos (como é o caso dos países muçulmanos), o costume e as fontes religiosas são muito mais relevantes como instrumentos de controlo social.

Releva, por último, o tipo de organização económica vigente em cada sociedade. As sociedades industrializadas coadunam-se mal com o primado do costume entre as fontes de Direito; ao invés, nas sociedades predominantemente rurais este tende a ser a fonte jurídica basilar. Por outro lado, nas sociedades assentes predominantemente na iniciativa económica individual tende a admitir-se mais facilmente a criação de Direito pelos tribunais e mesmo por fontes extraestaduais; ao passo que nas sociedades em que o Estado toma a seu cargo de forma mais ativa a direção da economia tende a vingar um modelo centralizador da produção normativa, não raro concentrada nos órgãos do poder executivo.

TÍTULO II
A INTERAÇÃO DOS SISTEMAS JURÍDICOS

Capítulo I
Os sistemas jurídicos híbridos

§ 70º Noção e características
Até aqui considerámos individualmente as famílias ou tradições jurídicas. Estas, porém, não são realidades estáticas nem isoladas: há uma dinâmica no seu funcionamento, que se traduz designadamente em fenómenos de interação.

Uma das manifestações mais significativas dessa interação consiste na formação de sistemas jurídicos híbridos, de que nos vamos ocupar agora. Trata-se dos sistemas jurídicos que apresentam elementos característicos de duas ou mais famílias ou tradições jurídicas, os quais ora coexistem autonomamente neles, aplicando-se a diferentes categorias de pessoas (caso em que se verificará um fenómeno de pluralismo jurídico no sistema considerado), ora se interpenetram reciprocamente, dando origem a uma nova síntese.

Hoje é de tal forma vasto o seu número, que certos autores os elevam de exceção a regra: todos os sistemas jurídicos seriam, em rigor, híbridos[1531]. O que evidenciaria, para uns, a diluição em curso das fronteiras entre famílias jurídicas; e, para outros, a formação de uma nova família jurídica, integrada pelos sistemas em exame[1532].

[1531] Assim, Esin Örücü, «Mixed and Mixing Systems: A conceptual Search», *in* Esin Örücü/Elspeth Attwooll/Sean Coyle, *Studies in Legal Systems: Mixed and Mixing,* Haia/Londres/Boston, 1996, pp. 335 ss.; *idem,* «A General View of "Legal Families" and of "Mixing Systems"», *in* Esin Örücü/David Nelken (orgs.), *Comparative Law. A Handbook,* Oxford/Portland, Oregon, 2007, pp. 169 ss. (p. 177).
[1532] Cfr., neste sentido, Vernon Palmer (org.), *Mixed Jurisdictions Worldwide. The Third Legal Family*, Cambridge, 2001, pp. 11 ss.

A classificação de um sistema jurídico como híbrido não significa, em todo o caso, que o mesmo seja necessariamente insuscetível de integração em qualquer família jurídica[1533]: esta é a nosso ver possível na família jurídica cujos traços distintivos são predominantes no sistema considerado. Muitos Direitos que incluímos na família jurídica muçulmana, por exemplo, são na realidade híbridos porque, além de características próprias dos sistemas pertencentes a essa família, denotam uma forte influência dos sistemas de *Common* ou de *Civil Law*. O elemento islâmico é todavia preponderante neles, pelo que podem ser reconduzidos sem dificuldade à família jurídica muçulmana.

O fenómeno em apreço revela-nos, pois, que as famílias jurídicas não são, como já foi notado[1534], exclusivamente integradas por sistemas «puros», i. é, imunes a qualquer influência externa. Aliás, em rigor não existem hoje tais sistemas jurídicos, pois todos incorporam em alguma medida ideias alheias[1535]. A formação, ao longo do século XX, de um número crescente de sistemas jurídicos híbridos não implica, por conseguinte, a dissolução das fronteiras entre as famílias de Direitos atrás identificadas. Manifestam-se nela tão-somente: *a)* As já referidas relatividade e falibilidade de todos os critérios de classificação dos sistemas jurídicos em famílias (qualquer que seja o critério que para tal se adote, haverá sempre sistemas que apresentam elementos característicos de duas ou mais famílias, assim como haverá os que ficam à margem de qualquer delas); e *b)* O reconhecimento crescente do pluralismo jurídico no seio das ordens jurídicas nacionais, a que fizemos referência anteriormente.

§ 71º Causas e atualidade do fenómeno

I – Mas quais as causas deste fenómeno? Eis uma questão que importa dilucidar antes de procedermos à análise dos sistemas jurídicos híbridos mais significativos.

A formação desses sistemas jurídicos deve-se, em primeiro lugar, às *colonizações sucessivas* dos mesmos territórios por potências integradas em famílias jurídicas distintas. Foi o que sucedeu, por exemplo, no Quebeque, que foi uma colónia francesa até ser cedida à Inglaterra em 1763; nas Filipinas e em Porto Rico, que foram primeiro colónias espanholas, depois ocupadas pelos Estados Unidos na sequência da vitória alcançada por este país na guerra hispano-americana de 1898; e na União Sul-Africana, formada em 1910 com base nas antigas colónias holandesas do Cabo e do Natal, que haviam sido anexadas pela Inglaterra no século XIX, e nas repúblicas do Transval e do Estado Livre de Orange, fundadas pelos

---

[1533] Ver, porém, nesse sentido, Ferreira de Almeida Morais de Carvalho, *Introdução ao Direito Comparado*, p. 40.
[1534] Cfr. Pierre Arminjon/Boris Nolde/Martin Wolff, *Traité de droit comparé*, tomo I, 1950, p. 49.
[1535] Assim também Siems, *Comparative Law*, p. 197.

descendentes dos primitivos colonos holandeses e igualmente anexadas pelos ingleses em 1902, no termo da guerra anglo-bóer.

Em segundo lugar, o fenómeno em apreço pode ter origem na *incorporação de um território* anteriormente integrado em certo país num Estado cujo Direito pertença a uma família jurídica distinta ou seja ele próprio um sistema jurídico híbrido. Tal o caso, por exemplo, da Luisiana, que foi uma colónia francesa até à sua compra pelos Estados Unidos da América em 1803; bem como de Goa, Damão e Diu, onde, após a integração desses territórios na União Indiana, ocorrida em 1961, o Direito da Família e das Sucessões português continuou a vigorar, coexistindo com Direito indiano de matriz inglesa aplicável, *v.g.*, nos domínios processual e comercial.

Em terceiro lugar, pode um sistema jurídico híbrido resultar de uma *união de Estados*, como a que ocorreu em 1707 entre a Escócia e a Inglaterra.

Em quarto lugar, tem a constituição de sistemas jurídicos híbridos sido a consequência da *receção* de Direito estrangeiro[1536], fundada quer no prestígio desse Direito quer na influência cultural ou política exercida pelo país de que ele é originário sobre aquele que o recebe. Foi o que sucedeu no Japão, que adotou em 1898 um Código Civil análogo ao alemão; na Turquia, onde vigora, desde 1926, um Código Civil (revisto em 2001) decalcado do suíço; e no Egito, cujo Código Civil, aprovado em 1948, é de matriz francesa.

Em quinto lugar, avulta neste domínio a proclamação da independência de um país, seguida de um *ressurgimento do sentimento religioso*. Assim aconteceu na Indonésia, antiga colónia holandesa com forte implantação muçulmana, que ascendeu à independência em 1949.

Finalmente, releva entre as causas da hibridez de um sistema jurídico a administração por uma potência estrangeira, ao abrigo de um *mandato internacional*, do território em que o mesmo vigora. Está neste caso a Palestina, em razão do mandato conferido em 1922 ao Reino Unido pela Sociedade das Nações a fim de administrá-la: dele resultou um certo influxo do Direito inglês sobre o sistema jurídico do Estado de Israel, subsequentemente criado, o qual se conjugou neste país com elementos de Direito muçulmano, herdados do Império Otomano, e de Direito romano-germânico, introduzidos nele pela imigração judaica oriunda do Continente europeu. Um fenómeno paralelo ocorreu na Namíbia, onde, na sequência do mandato conferido em 1920 à União Sul-Africana pela Sociedade das Nações a fim de administrar essa antiga colónia alemã (então denominada Sudoeste Africano), passou a ser aplicado o Direito em vigor na província sul--africana do Cabo da Boa Esperança (ou seja, como se verá a seguir, o Direito Romano-Holandês miscigenado com o *Common Law* inglês). Após a indepen-

---

[1536] Cfr., sobre esta, *supra*, § 14º, alínea *f*).

dência da Namíbia, em 1990, as disposições deste Direito foram aí mantidas em vigor, na medida em que se mostrem compatíveis com a Constituição.

II – A estas causas podem ser aditados três fatores, que em geral favorecem a formação e sobrevivência de um sistema jurídico híbrido: *a)* A coexistência no mesmo país ou território de populações étnica e culturalmente diferenciadas, como, por exemplo, as comunidades francófona e anglófona do Quebeque; *b)* A adoção por esse país ou território de diversas línguas oficiais, como sucede na África do Sul, cuja constituição consagra como tais o inglês, o africânder (*afrikaans*) e nove outras línguas africanas (*ndebele, sepedi, sesotho, tsonga, swazi, tswana, venda, xhosa e zulu*); e *c)* A vigência em certo Estado de uma organização política federal ou de dois ou mais sistemas judiciários distintos, como os que existem presentemente na Luisiana.

Nos sistemas híbridos onde nenhum destes fatores se verifica há frequentemente uma erosão muito acentuada de uma das suas componentes.

Foi o que sucedeu, por exemplo, na Escócia, cuja população não é etnicamente diferenciada da que habita a Inglaterra e onde, apesar da existência de dialetos locais, há uma só língua oficial. No mesmo sentido operaram a inexistência nesse país, entre 1707 e 1999, de um Parlamento próprio e a circunstância de a Câmara dos Lordes ter durante este lapso de tempo funcionado como Supremo Tribunal para as causas julgadas por tribunais escoceses.

Também em Goa, cuja população tem uma identidade cultural própria, a instituição do inglês como língua oficial, em lugar do português, e a integração do território na organização judiciária da União Indiana, com a inerente extinção da Relação de Goa, facilitaram a receção do Direito indiano e limitaram o acesso às fontes jurídicas portuguesas (pelo menos para os juristas locais formados após 1961), bem como a própria viabilidade da aplicação deste pelos tribunais superiores.

III – De todo o modo, o fenómeno em apreço está na ordem do dia, o que se deve principalmente a três ordens de fatores.

Por um lado, o *nacionalismo*, de que resultaram as descolonizações dos anos cinquenta a setenta do século pretérito, as quais foram por vezes seguidas de um ressurgimento de Direitos religiosos ou tradicionais ou da integração dos novos países entretanto constituídos em espaços político-económicos de índole muito diversa daqueles a que pertenciam anteriormente: foi o que sucedeu, por exemplo, em Moçambique, que faz parte desde 1995 da *Commonwealth of Nations* (sucessora da *Commonwealth* britânica).

Por outro lado, o *regionalismo e o federalismo*, a que se encontra associada a devolução de poderes legislativos, no seio de certos Estados compósitos, a órgãos das regiões ou Estados federados que os integram, a qual não raro deu azo ao fortalecimento do Direito local, como o que se registou na Escócia a partir de 1999.

Finalmente, a *unificação e a harmonização internacionais do Direito*, que segundo alguns tenderiam a gerar novos Direitos híbridos. Tal o caso, diz-se, do futuro *Ius Commune Europaeum*[1537].

Como se referiu acima, uma parte muito significativa dos sistemas jurídicos contemporâneos tem caráter híbrido. Ainda que não se subscrevam as teses que sustentam constituírem esses sistemas uma nova família jurídica[1538], parece inequívoco que eles não podem hoje ser ignorados pelo Direito Comparado[1539].

§ 72º **Categorias fundamentais de sistemas jurídicos híbridos**
Vejamos agora quais as principais categorias de sistemas jurídicos hibrídos existentes.

Há, em primeiro lugar, sistemas em que se conjugam as características dos Direitos romano-germânicos e de *Common Law*. Compreendem-se nesta categoria, na Europa, os Direitos da Escócia, de Malta e de Chipre; na América do Norte, os do Quebeque, da Luisiana e de Porto Rico; na Ásia, os de Israel, de Goa, Damão e Diu, do Sri Lanka, da Tailândia, das Filipinas e do Japão; e em África, os da África do Sul, do Botswana, do Lesotho, da Namíbia, da Suazilândia e do Zimbabwe (os quais compreendem ainda, como se viu acima, elementos de Direito tradicional, de fonte consuetudinária).

Em segundo lugar, há sistemas que congregam características dos Direitos romano-germânicos e dos Direitos muçulmanos. Estão neste caso, em África, os dos países do Magrebe (Marrocos, Argélia e Tunísia), da Líbia e do Egito;

[1537] Neste sentido, vejam-se William Tetley, «Mixed jurisdictions: Common Law vs. Civil Law (Codified and Uncodified)», *ULR/RDU*, 1999, pp. 591 ss. e 877 ss.; e Hein Kötz, «The Value of Mixed Legal Systems», *Tul.L.R.*, 2003, pp. 435 ss. Sobre o projeto de um Direito comum europeu, cfr. *infra*, § 82º, alínea *b*).

[1538] Sobre o ponto, veja-se ainda o que dizemos adiante, no § 79º.

[1539] Embora já em 1949 Frederick Lawson tenha chamado a atenção para o fenómeno (cfr. «The Field of Comparative Law», reproduzido em Zweigert/Puttfarken, *Rechtsvergleichung*, cit., pp. 186 ss.), só recentemente ele começou a despertar genuíno interesse entre os comparatistas: vejam-se, em particular, Esin Örücü/Elspeth Attwooll/Sean Doyle, *Studies in Legal Systems: Mixed and Mixing*, Haia, 1996; Vernon Valentine Palmer, *Mixed Jurisdictions Worldwide.The Third Legal Family*, cit.; AAVV, *Salience and Unity in the Mixed Jurisdictions: Traits, Patterns, Culture, Commonalities*, Tul.L.R., 2003 (atas do I congresso mundial sobre sistemas jurídicos mistos, realizado em Nova Orleães, em 2002); Reinhard Zimmermann/Daniel Visser/Kenneth Reid (orgs.), *Mixed Legal Systems in Comparative Perspetive: Property and Obligations in Scotland and South Africa*, Oxford, 2004; e Jacques E. du Plessis, «Comparative Law and the Study of Mixed Legal Systems», *in* Mathias Reimann/Reinhard Zimmermann (orgs.), *The Oxford Handbook of Comparative Law*, Oxford, 2006, pp. 477 ss. Para um panorama da evolução histórica do tema, veja-se Kenneth G. C. Reid, «The Idea of Mixed Legal Systems», *Tul.L.R.*, 2003, pp. 5 ss.

no Médio Oriente, os do Líbano, da Síria, do Iraque e do Koweit; e no Extremo Oriente, o da Indonésia.

Em terceiro lugar, mencionem-se os sistemas que resultam da miscigenação dos Direitos de *Common Law* e dos Direitos muçulmanos. São eles, em África, os do Sudão e da Nigéria; no Médio Oriente, os do Bahrain, do Qatar, do Oman, dos Emiratos Árabes Unidos e do Paquistão; e no Extremo Oriente, os do Bangladeche e de Singapura.

Em quarto lugar, podem autonomizar-se entre os sistemas jurídicos híbridos os que foram gerados a partir da confluência do *Common Law* inglês, do Direito romano-germânico e do Direito hindu: tal o caso, presentemente, do Direito em vigor na Índia.

Examinaremos seguidamente alguns destes sistemas jurídicos híbridos. Entre os que se poderiam considerar, cuidaremos apenas dos que se nos afiguram mais representativos: os da África do Sul, do Egito, da Escócia, de Israel, do Japão e do Quebeque.

§ 73º O Direito da África do Sul

I – De todos os sistemas jurídicos híbridos mencionados, o sul-africano é seguramente o que se insere no país dotado de maior diversidade étnica e cultural. Coexistem na África do Sul, com efeito, além de diferentes comunidades de origem europeia (na sua maioria integradas por descendentes de holandeses, ingleses e portugueses), outras, de estirpe africana (entre as quais se destacam os zulus, o maior grupo étnico sul-africano, os xhosas e os sothos) e asiática (constituídas, estas últimas, principalmente por descendentes de imigrantes indianos e chineses). Trata-se também do sistema jurídico vigente no país onde a segregação racial foi, em tempos modernos, levada mais longe. Ambos os fenómenos tiveram, como se verá, forte repercussão no atual Direito sul-africano.

A formação de um sistema jurídico híbrido nos territórios habitados pelas referidas etnias é anterior à constituição da União Sul-Africana: ela remonta aos primórdios do século XIX, altura em que a soberania holandesa sobre a Colónia do Cabo, criada no século XVII a fim de servir de escala na rota das Índias, se transferiu para a Inglaterra. O Direito Romano-Holandês – isto é, o Direito Romano recebido na Holanda a partir do século XIV, na forma que lhe haviam dado os glosadores e comentadores, adaptado às necessidades locais pelos juristas coevos e miscigenado com regras consuetudinárias – havia sido introduzido na África do Sul pelos colonos holandeses após o estabelecimento da Companhia Holandesa das Índias Orientais no Cabo da Boa Esperança em 1652[1540].

[1540] Ver Eduard Fagan, «Roman-Dutch Law in its South African Historical Context», *in* Reinhard Zimmermann/Daniel Visser (orgs.), *Southern Cross. Civil Law and Common Law in South Africa*, cit., pp. 33 ss.

A ele vieram aditar-se, a partir de 1815, por ação dos novos soberanos da Colónia do Cabo, elementos de Direito inglês, nomeadamente em matéria de organização administrativa e judicial. Outro tanto sucedeu nas décadas subsequentes, após a anexação pelos ingleses da Colónia do Natal (ocorrida em 1843) e das repúblicas bóeres de Orange e do Transval, entretanto constituídas por colonos de ascendência holandesa (a qual teve lugar em 1902).

II – Em todos estes territórios, a introdução do Direito inglês foi acompanhada da constituição de novos tribunais, providos com juízes oriundos da Inglaterra e da Escócia e da atribuição ao *Privy Council* inglês da função de julgar em última instância os recursos interpostos das decisões daqueles tribunais. O Direito Privado Romano-Holandês foi, no entanto, geralmente preservado pelos ingleses, em conformidade com a política de não assimilação prosseguida nos territórios ultramarinos do Império Britânico[1541].

Já em matéria de processo civil as regras adotadas pelo Supremo Tribunal do Cabo, que depois se estenderam aos demais territórios da África do Sul, corresponderam essencialmente a uma codificação dos princípios processuais do *Common Law* inglês. O que, de resto, não deixou de ter certo impacto na regulação de algumas matérias de Direito Civil, *maxime* a responsabilidade civil: à semelhança do que ocorreu em Inglaterra, o sistema das *forms of actions* adotado no processo civil determinou o acolhimento pela jurisprudência sul-africana de certos tipos delituais, originariamente ingleses, como os *torts* de *nuisance* e *trespass*, os quais foram integrados num sistema cujos fundamentos são ainda hoje a *actio legis aquiliae* e a *actio iniuriarum*[1542]. Pode, nesta medida, falar-se de uma limitada receção do *Common Law* inglês pela jurisprudência sul-africana ou de uma certa *anglicização* do Direito sul-africano.

Esse fenómeno não se cingiu, aliás, ao regime das obrigações extracontratuais, antes se estendeu também à disciplina dos contratos. Ainda no século XIX, o Supremo Tribunal do Cabo, presidido por Lorde De Villiers (1842-1914)[1543], acolheu a exigência inglesa da *consideration* como elemento constitutivo do contrato, equiparando-a (aliás erroneamente) à *causa* dos sistemas romano-germânicos. Na sequência de decisões divergentes do Supremo Tribunal do Transval, a *Appellate Division* do Supremo Tribunal da União Sul-Africana veio, no entanto, a pronunciar-se em 1919 no sentido de que tal exigência não correspondia ao Direito em

---

[1541] Cfr. C. G. van der Merwe/J. E. du Plessis/M. J.de Waal, «South Africa (Report 2)», *in* Vernon Palmer (org.), *Mixed Jurisdictions Worldwide*, cit., pp. 145 ss. (pp. 150 ss.).

[1542] Ver H. R. Hahlo, «South Africa», *in IECL*, vol. I, *National Reports*, pp. S 75 ss. (p. S 82); Max Loubser, «Law of Delict», *in* C. G. van der Merwe/Jacques E. du Plessis (orgs.), *Introduction to the Law of South Africa*, Haia, 2004, pp. 275 ss.

[1543] *Chief Justice* da Colónia do Cabo, bem como da União Sul-Africana após a constituição desta.

vigor no país[1544]. Noutras questões, a influência inglesa seria porém mais duradoura. Foi o que sucedeu em matéria de formação do contrato (que a jurisprudência sul-africana subordinou à *mailbox rule* inglesa, de acordo com a qual o contrato se tem por concluído com a expedição da declaração de aceitação de uma proposta); e bem assim no tocante aos deveres de conduta nos preliminares dos contratos (aos quais os tribunais sul-africanos aplicam a doutrina da *innocent misrepresentation*); e a respeito da interpretação contratual (submetida à *parol evidence rule*, segundo a qual são excluídos como elementos interpretativos todos os elementos exteriores aos próprios termos do negócio, nomeadamente os tratos prévios à conclusão deste). Ideologicamente, o moderno Direito dos Contratos sul-africano revela ainda a marca do *approach* inglês característico do século XIX, bem patente no amplo acolhimento dado à autonomia privada e na reserva com que é encarada a imposição de limitações a este princípio fundadas na cláusula geral da boa-fé[1545].

Mais vasta ainda foi a receção do Direito inglês operada em matéria comercial, primeiro por via de decisões judiciais e depois através de legislação que reproduziu no essencial as leis inglesas de Oitocentos sobre o comércio marítimo, as sociedades comerciais, os seguros e os títulos de crédito. O que se explica por estas leis terem sido julgadas mais adequadas às necessidades da época do que o Direito Romano-Holandês e também pelos estreitos laços que no domínio mercantil sempre ligaram a África do Sul à Inglaterra.

Já no tocante aos direitos reais a influência do *Common Law* inglês parece ter sido menos significativa[1546]. Outro tanto sucedeu em matéria de sucessões, tendo contudo o princípio anglo-saxónico da liberdade testamentária logrado sobrepor-se às regras romano-holandesas sobre a sucessão legitimária, ainda que temperado pelo reconhecimento aos filhos e ao cônjuge sobrevivo do direito a exigir alimentos da herança do falecido[1547]. Também no que diz respeito à gestão de negócios e ao enriquecimento sem causa – figuras que o *Common Law* só muito limitadamente acolhe – o atual Direito sul-africano assenta essencialmente nos princípios do Direito Romano-Holandês[1548].

[1544] Cfr. Reinhard Zimmermann, *The Law of Obligations. Roman Foundations of the Civilian Tradition*, Oxford, 1996, pp. 556 ss.

[1545] Neste sentido, *vide* Gerhard Lubbe/Jacques du Plessis, «Law of Contract», *in* C. G. van der Merwe/Jacques E. du Plessis (orgs.), *Introduction to the Law of South Africa*, Haia, 2004, pp. 243 ss. (p. 244).

[1546] Cfr. C. G. van der Merwe, «Law of Property», *in* C. G. van der Merwe/Jacques E. du Plessis (orgs.), *Introduction to the Law of South Africa*, Haia, 2004, pp. 201 ss.

[1547] Cfr. M. J. de Waal, «Law of Succession», *in* C. G. van der Merwe/Jacques E. du Plessis (orgs.), *Introduction to the Law of South Africa*, Haia, 2004, pp. 169 ss. (p. 170).

[1548] Ver, sobre estas matérias, para mais desenvolvimentos, Daniel Visser, «Unjustified Enrichment», *in* Reinhard Zimmermann/Daniel P. Visser (orgs.), *Southern Cross: Civil Law and Common Law in South Africa*, cit., pp. 521 ss. (pp. 523 ss. e 547 ss.).

III – Na ausência de qualquer codificação de Direito Civil, as decisões judiciais são tidas na África do Sul como fontes de Direito desde pelo menos 1832 (altura em que foi criado o Supremo Tribunal do Cabo, de início exclusivamente integrado por juízes ingleses). Os tribunais tiveram, pois, um papel fundamental na modelação do sistema jurídico deste país[1549]. O princípio *stare decisis* é todavia nele aplicado com menos rigor do que o era originariamente em Inglaterra, visto que o Supremo Tribunal sul-africano, atualmente sedeado em Bloemfontein, não se considera vinculado pelos seus próprios precedentes[1550]. O que se prende com o facto de tanto esse como os demais tribunais sul-africanos sempre se terem tido por habilitados a invocar como fonte das suas decisões o Direito Romano-Holandês, tal como este foi exposto nas obras publicadas nos séculos XVII e XVIII, entre outros, por Hugo Grócio (1583-1645)[1551] e João Voet (1647-1713)[1552]. São, aliás, relativamente comuns, mesmo na jurisprudência contemporânea, as citações desses autores, para o que contribuiu decisivamente a circunstância de os seus escritos terem sido traduzidos para inglês e africânder[1553]. Não falta, por isso, quem veja na África do Sul o «último reduto» do *Ius Commune* europeu[1554].

A distinção entre *Common Law* e *Equity* é desconhecida no Direito sul-africano[1555]. O papel de elemento flexibilizador do sistema é aí desempenhado pelo Direito inglês, de que os tribunais e o próprio legislador se socorrem quando as regras do Direito Romano-Holandês se revelam desajustadas às necessidades atuais. Também no plano do método de descoberta da solução dos casos concretos se manifesta, pois, a hibridez do Direito sul-africano.

Pode, em suma, dizer-se que o *Common Law* sul-africano (*hoc sensu*, o Direito não legislado deste país) tem três componentes fundamentais: o Direito Romano-

---

[1549] Cfr. Reinhard Zimmermann/Daniel Visser, «Introduction. South African Law as a Mixed Legal System», *in eiusdem* (orgs.), *Southern Cross. Civil Law and Common Law in South Africa*, cit., p. 11.
[1550] Cfr. Paul Farlam/Reinhard Zimmermann, «South Africa (Report 1)», *in* Vernon Palmer (org.), *Mixed Jurisdictions Worldwide*, cit., pp. 83 ss. (pp. 101 ss.).
[1551] Cfr. Hugo Grotius, *Inleidinge tot de Hollandsche Rechts-Geleertheyt*, originariamente publicado na Haia, 1631 (existe tradução inglesa, por Robert Warden Lee, com o título *The Jurisprudence of Holland*, Oxford, 1926).
[1552] Cfr. Joannis Voet, *Commentarius ad Pandectas*, originariamente publicado na Haia, 1698/1704 (existe tradução inglesa, por Percival Gane, com o título *The Selective Voet Being the Commentary on the Pandects*, Durban, 1955/1981).
[1553] Veja-se, por exemplo, a interessante decisão proferida pelo Supremo Tribunal da África do Sul em 30 de março de 1988, no caso *Bank of Lisbon and South Africa Ltd. v. De Ornellas and Another* (disponível em http://www.saflii.org/za/cases/ZASCA/1988/35.html), em que se discutiu a admissibilidade da dedução pelos réus da *exceptio doli* romana numa ação fundada no alegado incumprimento de obrigações contratuais assumidas perante um banco sul-africano.
[1554] Assim Reinhard Zimmermann, «Synthesis in South African Private Law: Civil Law, Common Law and *Usus Hodiernus Pandectarum*», *SALJ*, 1986, pp. 259 ss. (p. 265).
[1555] Van der Merwe/du Plessis/de Waal, est. cit., p. 157.

-Holandês (que constitui a base do sistema), o *Common Law* inglês e os precedentes dos próprios tribunais sul-africanos[1556].

Importa todavia notar que a importância relativa destas componentes do sistema jurídico sul-africano nem sempre foi a mesma. A influência do *Common Law* inglês foi mais forte na segunda metade do século XIX e na primeira metade do século XX. Entre os anos 50 e 80 do século passado, deu-se um certo ressurgimento do Direito Romano-Holandês (ou, segundo alguns, uma *recivilização* deste), que ocorreu em paralelo com a ascensão ao poder do nacionalismo africânder e a acentuação da política de *apartheid* por este prosseguida[1557]. De um modo geral, a relação entre estas duas vertentes do Direito sul-africano parece, no entanto, ter sido mais de mútua complementaridade do que de oposição recíproca[1558].

IV – Com a Constituição de 1996, operou-se nova viragem no Direito sul-africano, cuja lei fundamental passou a acolher os princípios do respeito pela dignidade humana, da igualdade, do Estado de Direito e do sufrágio universal, rejeitando expressamente a segregação racial e sexual[1559]. A Constituição reconheceu também expressamente, consoante se referiu atrás, o papel das autoridades tradicionais e do Direito consuetudinário, mandatando os tribunais do Estado para o aplicarem, ainda que subordinadamente à Constituição e às leis que se lhe refiram[1560]. O *Recognition of Customary Marriages Act*, de 1998, equiparou os casamentos celebrados segundo o Direito consuetudinário aos casamentos civis[1561].

Acentuou-se assim, na última década e meia, a complexidade do sistema jurídico sul-africano, que pode hoje dizer-se integrado por cinco elementos essenciais: *a)* O Direito Romano-Holandês; *b)* O *Common Law* inglês; *c)* Os precedentes emanados dos tribunais sul-africanos; *d)* O Direito legislado (em que sobressai a

---

[1556] Neste sentido, François du Bois, «Introduction: History, System and Sources», *in* C. G. van der Merwe/Jacques E. du Plessis (orgs.), *Introduction to the Law of South Africa*, Haia, 2004, pp. 1 ss. (p. 40).
[1557] Haja vista, por exemplo, ao *Prohibition of Mixed Marriages Act No. 55*, de 1949, que proibiu os casamentos entre pessoas de raças diferentes, e ao *Immorality Amendment Act No. 21*, de 1950, que qualificou como ilícito criminal a coabitação entre essas pessoas.
[1558] Neste sentido Eduard Fagan, est. cit., p. 62.
[1559] Art. 1 da Constituição: «The Republic of South Africa is one, sovereign, democratic state founded on the following values: a. Human dignity, the achievement of equality and the advancement of human rights and freedoms. b. Non-racialism and non-sexism. c. Supremacy of the constitution and the rule of law. d. Universal adult suffrage, a national common voters roll, regular elections and a multiparty system of democratic government, to ensure accountability, responsiveness and openness».
[1560] Veja-se o art. 211 da Constituição, reproduzido *supra*, no capítulo V do título I.
[1561] Sobre o ponto, *vide* Brigitte Clark, «Family Law», *in* C. G. van der Merwe/Jacques E. du Plessis (orgs.), *Introduction to the Law of South Africa*, Haia, 2004, pp. 135 ss.

Constituição); e *e)* O Direito tradicional de base consuetudinária, nas suas diferentes expressões étnicas e locais.

V – Para essa complexidade concorre ainda outro fator. É que da interação entre as regras de origem romano-holandesa e as de matriz inglesa resultou a formação, em alguns domínios, de regimes *sui generis*, que constituem não apenas um dos aspetos mais originais do sistema jurídico sul-africano, mas também o testemunho da sua relativa emancipação deste face aos sistemas europeus. Estão neste caso, por exemplo, as regras aplicáveis ao *trust* e à responsabilidade civil por informações difamatórias[1562]. O Direito Privado sul-africano oferece, nesta medida, uma *síntese inovadora* de elementos extraídos das principais tradições jurídicas ocidentais[1563].

§ 74º O Direito do Egito

I – O Egito possui um dos sistemas jurídicos híbridos mais antigos do mundo. A esse facto não é estranha a circunstância de o país ter vivido, entre o termo da civilização faraónica (que perdurou até ao séc. IV a.C.) e o século XX da nossa era, sob uma sucessão quase ininterrupta de suseranias estrangeiras: a persa, a greco-macedónica, a romana, a árabe, a turca e, finalmente, a inglesa.

Assim, em virtude da integração do Egito no Império Romano, o Direito Romano aplicou-se nele até aos meados do século VII. Após a conquista islâmica, então consumada, foi imposta no país a *Xaria*, cuja vigência se prolongou por mais de um milénio. Durante todo esse período, porém, os não muçulmanos (entre os quais os cristãos coptas, que sempre constituíram o segundo grupo étnico mais numeroso do Egito) regeram-se por leis próprias em matéria de Direito da Família.

II – No início do século XIX abriu-se uma nova fase na evolução histórica do Direito egípcio, caracterizada pela acentuação da influência europeia. Napoleão invadira o Egito no final de setecentos, mas tivera que retirar devido à resistência oposta pelos turcos otomanos, que governavam o país desde o século XVI. A influência cultural francesa perdurou todavia. No plano jurídico, teve relevante expressão nos denominados *códigos mistos* publicados em 1875 (entre os quais se incluiu o primeiro Código Civil egípcio, claramente inspirado na codificação

---

[1562] Ver Zimmermann, *The Law of Obligations. Roman Foundations of the Civilian Tradition*, cit., pp. 1080 s.; Jonathan M. Burchell, «The Protection of Personality Rights», *in* Zimmermann/Visser (orgs.), *Southern Cross. Civil Law and Common Law in South Africa*, cit., pp. 639 ss.; Tony Honoré, «Trust», *in ibidem*, pp. 847 ss.

[1563] Neste sentido, veja-se Reinhard Zimmermann, «Synthesis in South African Private Law: Civil Law, Common Law and *Usus Hodiernus Pandectarum*», cit., pp. 288 s.

napoleónica). No mesmo ano, foram criados, também por influência europeia, *tribunais mistos* incumbidos de julgar as causas entre egípcios e estrangeiros, bem como as que opusessem estes últimos entre si, às quais eram aplicáveis os referidos códigos mistos. Esses tribunais funcionaram durante várias décadas a par dos tribunais nacionais, que aplicavam o Direito comum, e dos da *Xaria*, que observavam nas suas decisões a lei islâmica.

Seguiu-se, entre 1882 e 1922, um período de hegemonia inglesa no decurso do qual a ligação do Egito com o Império Turco deu lugar ao protetorado britânico instituído em 1914.

Em 1922, o país ascendeu nominalmente à independência, a qual se consolidou gradualmente sobretudo após a proclamação da república ocorrida em 1953. Foi neste contexto, marcado não apenas pelo triunfo do nacionalismo árabe, mas também por uma certa laicização da vida social – a qual teve como principal arauto Gamal Nasser (1918-1970), presidente da república entre 1956 e 1970 –, que os referidos tribunais mistos e da *Xaria* foram abolidos (respetivamente em 1949 e 1955), tendo as suas competências sido transferidas para os tribunais comuns, os quais passaram a integrar juízes formados na *Xaria*. Em contrapartida, foi criado em 1946 um Conselho de Estado, de modelo francês, competente para julgar em última instância os litígios em matéria administrativa[1564]. O Código Civil de 1948[1565] manteve igualmente a traça francesa e confirmou a orientação laica do regime, relegando a *Xaria* para o lugar de mera fonte subsidiária de Direito[1566].

O Egito emergiu, em suma, desta fase da sua evolução histórica como um Estado formalmente baseado em instituições de origem europeia. Daqui também a hibridez do seu sistema jurídico.

III – Este *statu quo* viria, porém, a modificar-se substancialmente na década de 70 e no princípio da de 80, durante o consulado de Anwar Sadat (1918-1981).

[1564] Sobre a organização judiciária egípcia, vejam-se Baudouin Dupret/Nathalie Bernard-Maugiron, «Introduction: A General Presentation of Law and Judicial Bodies», *in eiusdem* (orgs.), *Egypt and its Laws*, Londres/Haia/Nova Iorque, 2002, pp. xxiv ss.

[1565] *Vide*, sobre este, Nabil Saleh, «Civil Codes in Arab Countries: The Sanhuri Codes», *Arab Law Quarterly*, 1993, pp. 161 ss.; T. Khattab, «Civil Law», *in* Baudouin Dupret/Nathalie Bernard-Maugiron/Wael Rady (orgs.), *Egypt and its Laws*, Londres/Haia/Nova Iorque, 2002, pp. 1 ss.; Sélim Jahel, «Code civil et codification dans les pays du monde arabe», *in* AAVV, *1804-2004. Le code civil. Un passé, un présent, un avenir*, Paris, 2004, pp. 831 ss.

[1566] Cfr. o art. 1, nº 2, segundo o qual: «In the absence of an applicable legal provision the judge shall decide according to custom and in the absence of custom in accordance with the principles of the Islamic Sharia. In the absence of such principles the judge will apply the principles of natural law and the rules of equity» («Na falta de regra legal aplicável, o juiz decidirá de acordo com o costume e, na ausência deste, segundo os princípios da *Xaria*. Na falta de tais princípios, o juiz aplicará os princípios do Direito Natural e as regras da equidade»).

Constituem desde então fontes do Direito vigente no país: *a)* A *Xaria*, reconhecida como *fonte primária de Direito* pela Constituição de 1971 e elevada à categoria de *principal fonte da legislação* na revisão constitucional de 1980[1567], sendo aplicada neste país na interpretação que lhe é dada pela escola hanifita; *b)* A Constituição; *c)* A lei ordinária, na qual se destacam o Código Civil de 1948 (que abrange apenas o Direito de Propriedade e das Obrigações) e a Lei do Estatuto Pessoal de 1929 (revista em 1985 e em 2000); e *d)* O costume, ao qual é atribuído o valor de fonte subsidiária, sendo aplicável, de acordo com o art. 1, nº 2, do Código Civil, na falta de disposição legal. Nas matérias do estatuto pessoal prevalece o *princípio da personalidade das leis*, sendo as normas aplicáveis a cada caso determinadas em função da religião do interessado[1568].

O modo de articulação da *Xaria* com as demais fontes de Direito tem sido objeto de controvérsia. Em diversos acórdãos proferidos ao longo das duas últimas décadas, o Supremo Tribunal Constitucional egípcio tem perfilhado uma interpretação restritiva do art. 2 da Constituição, nos termos da qual o primado da *Xaria* sobre a lei ordinária se refere apenas aos textos «explícitos e incontroversos» do Corão e da Suna, com exclusão, por conseguinte, do *ijma* e da *qiyas*[1569]. Como esses textos são relativamente escassos, o Tribunal tem julgado compatíveis com o referido preceito constitucional a maior parte das regras legais cuja constitucionalidade foi impugnada ao abrigo do art. 2 da Constituição (como por exemplo as regras emanadas em 1994 do Ministério da Educação, que proibiam o uso em escolas públicas de véus que cobrissem integralmente o rosto das alunas). Assim tem o Tribunal evitado a subordinação do Direito estatal às interpretações mais rigorosas da *Xaria*. Esta jurisprudência é, no entanto, fortemente contestada. Observe-se que o referido preceito permaneceu intacto na revisão constitucional de 2007, embora na nova redação por esta dada ao art. 5 da Constituição haja sido proibida a formação de partidos políticos fundados em princípios religiosos.

[1567] Art 2: «Islam is the religion of the State and Arabic its official language. Islamic jurisprudence is the principal source of legislation» («O Islão é a religião do Estado e o árabe a sua língua oficial. Os princípios de Direito muçulmano são a principal fonte da legislação»). Ver Clark Benner Lombardi, «Islamic Law as a Source of Constitutional Law in Egypt: The Constitutionalization of the Sharia in a Modern Arab State», *Columb. J. Transnat'l L.*, 1998/89, pp. 81 ss.

[1568] Ver Y. Qassem, «Law of the Family (Personal Status Law)», *in* Baudouin Dupret/Nathalie Bernard-Maugiron/Wael Rady (orgs.), *Egypt and its Laws*, Londres/Haia/Nova Iorque, 2002, pp. 19 ss.

[1569] Na mesma linha fundamental de orientação, veja-se A. Sherif, «Constitutional Law», *in* Baudouin Dupret/Nathalie Bernard-Maugiron/Wael Rady (orgs.), *Egypt and its Laws*, Londres/Haia/Nova Iorque, 2002, pp. 315 ss. (p. 321).

IV – O Direito muçulmano e o de fonte estadual coexistem, pois, no Egito moderno, ainda que de forma não inteiramente pacífica. Tem interesse, a este propósito, examinar a solução dada no país à questão, de grande relevância social, da validade da estipulação ou da imposição judicial do pagamento de juros.

Como dissemos acima, o Corão proíbe a usura (*riba*). É, porém, controvertido se esta regra impede o pagamento pelo devedor ao credor de qualquer quantia pré-definida que exceda o valor do capital em dívida (i.é, de um juro) ou se, ao invés, tal só é proibido se a diferença entre os dois valores gerar para o credor um ganho desproporcionado relativamente ao risco por ele incorrido. Este último seria, segundo alguns, o entendimento mais conforme com a ideia de justiça subjacente a várias disposições do Corão[1570].

No Egito, o pagamento de juros rege-se pelo disposto no art. 226 do Código Civil, que estabelece: «Quando o objeto de uma obrigação for o pagamento de uma quantia em dinheiro, cujo montante seja conhecido no momento em que o seu pagamento for reclamado, será o devedor obrigado, em caso de mora no pagamento, a pagar juros ao credor, a título de indemnização [...]»[1571]. Em 1985, foi intentada perante o Supremo Tribunal Constitucional egípcio uma ação tendente à declaração de inconstitucionalidade desta disposição, por violar a referida regra da *Xaria*. O tribunal julgou-a, no entanto, improcedente, por entender que a Constituição era inaplicável ao caso, visto as disposições legais impugnadas serem anteriores à promulgação da lei fundamental[1572/1573].

[1570] Numa *fatwa* emitida em 2002, o Imã Tantawi, reitor da Universidade de Al-Azhar no Cairo, sustentou que o acordo pelo qual um banco e um cliente estipulam o montante devido ao segundo em virtude do depósito por ele feito de certos fundos, que são depois reinvestidos pelo banco, não é proibida pelo Corão nem pela Suna, visto tratar-se tão-somente de uma «pré-especificação» da participação do cliente no lucro de uma operação económica. Mas este ponto de vista foi prontamente contestado num parecer do Instituto Islâmico *Fiqh* do Qatar, emitido em 2003, no qual se declarou ser uma regra bem assente do *idjma* que a referida «pré-especificação» do lucro viola o princípio de Direito islâmico que impõe a partilha do risco nas operações económicas. Ver, sobre o tema, Mahmoud El-Gamal, «*Interest*» *and the Paradox of Contemporary Islamic Law and Finance*, s.d. (disponível em http://www.ruf.rice.edu); Miriam Netzer, *Riba in Islamic Jurisprudence: The Role of "Interest" in Discourse on Law and State*, The Fletcher School, 2004 (disponível em http://fletcher.tufts.edu), pp. 29 s., ambos com mais referências.
[1571] É a seguinte a versão inglesa desse texto: «When the object of an obligation is the payment of a sum of money of which the amount is known at the time when the claim is made, the debtor shall be bound, in case of delay in payment, to pay the claimant, as damages for the delay, interest [...]».
[1572] Sentença de 4 de maio de 1985, in *Official Gazette of the Arab Republic of Egypt*, 16 de maio de 1985.
[1573] Diversa é a solução que resulta do disposto no art. 870 do Código das Obrigações e dos Contratos marroquino, segundo o qual: «Entre musulmans, la stipulation d'intérêt est nulle et rend nul le contrat, soit qu'elle soit expresse, soit qu'elle prenne la forme d'un présent ou autre avantage fait au prêteur ou à toute autre personne interposée» («Entre muçulmanos, a estipulação de juros é nula e torna nulo o contrato, quer seja expressa, quer assuma a forma de um presente

§ 75º O Direito da Escócia

I – Na evolução histórica do Direito escocês é possível distinguir três períodos fundamentais.

O primeiro inicia-se no século X, com a fundação do reino independente da Escócia, e caracteriza-se pela autonomia e pelo pluralismo desse Direito. Originariamente, este era integrado sobretudo por costumes celtas, alguns dos quais (como por exemplo os que consagravam a validade do casamento por coabitação) se mantiveram em vigor até ao século XX. Evoluiu-se depois para uma certa aproximação ao Direito feudal anglo-normando. Não obstante isso, em matérias da competência dos tribunais eclesiásticos (que incluíam não apenas as relativas à organização interna da Igreja, mas também as relativas ao estatuto pessoal dos crentes) aplicava-se concomitantemente Direito Canónico. A partir de finais do século XIII, o Parlamento escocês passou a adotar leis escritas (*statutes*). Por outro lado, o longo conflito militar que a opôs à Inglaterra nos séculos XIII e XIV favoreceu uma certa abertura da Escócia à Europa continental. Como ao tempo não haviam ainda Faculdades de Direito nas Universidades escocesas, muitos estudantes escoceses ingressaram nas Universidades da Europa Continental, nomeadamente nas de Paris, Orleães, Leida e Utreque. Por influência dos juristas aí formados, o Direito Romano (*rectius*, o *Ius Commune* vigente na Europa continental) foi recebido na literatura jurídica escocesa[1574], de onde passou para a jurisprudência local. O distanciamento relativamente ao Direito inglês foi ainda favorecido pela criação, em 1532, do *Court of Session* (supremo tribunal), cuja organização se inspirou no *Parlement* de Paris. Nele se observava um processo escrito de tipo continental, sem sujeição às *forms of action* características do Direito inglês.

O segundo período, que decorreu entre os séculos XVII e XX, foi marcado por um crescente predomínio do Direito inglês. Em 1603 deu-se a união das coroas da Escócia e da Inglaterra na pessoa de Jaime VI da Escócia (I de Inglaterra) (1566-1625). Na sequência da celebração, em 1707, de um tratado de união entre os dois países, a Escócia foi incorporada, juntamente com a Inglaterra, no Reino da Grã-Bretanha. O referido tratado preservou o Direito escocês, mas o Parlamento de Westminster passou a legislar também para a Escócia. Gerou-se igualmente a prática de interpor recurso das decisões dos tribunais escoceses, em última instância, para a Câmara dos Lordes, que passou a funcionar como supremo tribunal daquele país (embora até à segunda metade do século XIX este

---

ou outra vantagem conferida ao mutuante ou a qualquer intermediário»). Também em Marrocos se tem procurado evitar a proibição do juro constante desse preceito legal. Para tanto, recorre-se aí à distinção entre pessoas físicas e coletivas: só nas relações entre as primeiras seria aplicável tal proibição; quanto às relações entre as segundas, ou entre elas e pessoas físicas, seria lícita a estipulação de juros, visto que os entes coletivos não têm religião.

[1574] Em que pontificou a obra de Stair, *Institutions of the Law of Scotland*, publicada em 1681.

tribunal não contasse com juízes versados no Direito escocês). Gradualmente, o *Statute Law* e o *Common Law* ingleses introduziram-se assim no Direito escocês e o recurso às fontes do *Ius Commune* pelos tribunais escoceses entrou em declínio.

O terceiro período iniciou-se com a publicação do *Scotland Act 1998*, que devolveu importantes poderes aos órgãos legislativos e judiciários da Escócia. Em 1999, foi restaurado o Parlamento escocês, tendo-lhe sido atribuída competência legislativa nas matérias não reservadas ao Parlamento do Reino Unido. Em matéria civil, o supremo tribunal da Escócia é atualmente o *Court of Session*, cujos juízes são nomeados pela rainha, sob proposta do primeiro-ministro do Reino Unido (no caso do Presidente desse tribunal) ou do *First Minister* da Escócia (no tocante aos demais juízes). Das decisões do *Court of Session* há ainda recurso, em matéria civil, para o Supremo Tribunal do Reino Unido. Já em matéria penal o tribunal de mais elevado grau hierárquico é na Escócia o *High Court of Justiciary*, de cujas decisões não há recurso senão nos casos previstos no *Human Rights Act 1998* e no *Scotland Act 1998*, sendo competente para apreciá-lo o *Privy Council*.

II – Não obstante o longo período de predomínio do Direito inglês, o Direito Privado escocês mantém, na sua estrutura, terminologia e conteúdo, certos traços da herança continental, que lhe dão uma fisionomia peculiar[1575].

Assim, por exemplo, em matéria de contratos não há nele a exigência de *consideration* como condição de eficácia da promessa contratual, típica dos sistemas de *Common Law*, sendo por conseguinte também vinculativos na Escócia os contratos gratuitos; por outro lado, é permitida neste país a execução específica das obrigações, que o *Common Law* inglês em princípio rejeita. Também a doutrina inglesa da *privity of contract* não logrou penetrar no Direito escocês. Em matéria de direitos reais, os princípios fundamentais do Direito escocês são de origem continental, outro tanto se passando com o regime das sucessões *mortis causa*, que consagra o direito à legítima em benefício dos descendentes e do cônjuge sobrevivo. Igualmente significativo da ligação que persiste ao *Civil Law* é o facto de o processo civil escocês se orientar mais para o reconhecimento dos direitos subjetivos alegados em juízo (como sucede nos Direitos continentais), aos quais se entende corresponder necessariamente uma ação, do que para a determinação da existência de um *remedy* apropriado à situação *sub judice*, de cuja existência se faz depender o reconhecimento do direito subjetivo (à maneira do *Common Law*)[1576].

[1575] Não falta mesmo quem entenda que é essa ligação aos Direitos continentais que define a *alma* do Direito escocês: cfr. Robert Leslie, «Scotland (Report 2)», *in* Vernon Palmer, ob. cit., pp. 240 ss. (p. 242).

[1576] Ver, neste sentido, Elspeth Attwool, «Scotland: A Multi-Dimensional Jigsaw», *in* Esin Örücü/ Elspeth Attwooll/Sean Coyle, *Studies in Legal Systems: Mixed and Mixing*, Haia, etc., 1996, pp. 17 ss. (p. 25).

Não pode, em todo o caso, ignorar-se que muitos princípios e conceitos do Direito inglês adquiridos no período de «anglicização» do Direito escocês permanecem profundamente enraizados na prática judiciária escocesa. Estão neste caso o *stare decisis* e a organização do processo civil na base do princípio dispositivo. Por outro lado, em certos domínios do Direito substantivo deu-se uma importante harmonização legislativa entre a Escócia e a Inglaterra, que perdura na atualidade. Foi o que se passou, por exemplo, em matéria de venda de mercadorias, por força do *Sale of Goods Act 1893*.

Não há na Escócia uma distinção entre *Common Law* e *Equity* análoga à que é acolhida pelo Direito inglês. No entanto, a criação mais relevante da *Equity* – que vimos ser o *trust* – tem nela largo acolhimento, ainda que não exatamente nos mesmos moldes que em Inglaterra: reconhece-se na Escócia a existência, no património do *trustee*, de um *ordinary patrimony* e de um *trust patrimony*, sendo este último imune às pretensões dos credores do *trustee*. Estará aqui porventura um dos aspetos mais originais do Direito escocês contemporâneo.

§ 76º O Direito de Israel

I – O Estado de Israel foi proclamado a 14 de maio de 1948, data em que chegou ao fim o mandato britânico sobre a Palestina[1577]. Inicialmente, o novo país conservou o Direito anterior à independência. Manteve-se assim em vigor nele, designadamente, o Direito emanado do Império Otomano, de que a Palestina fora parte integrante até 1918. Este havia sido parcialmente codificado na já referida *Majala*[1578], que perdurou em Israel até à sua revogação, em 1984, por uma lei do *Knesset* (Parlamento)[1579]. Por outro lado, após a atribuição ao Reino Unido, em 1922, do referido mandato sobre a Palestina, o Direito inglês foi aí recebido, nomeadamente sob a forma de leis (*Ordinances*) moldadas segundo os *statutes* ingleses. Nas matérias não abrangidas por essas leis, aplicavam-se as regras do *Common Law* e da *Equity*. Também estas fontes se mantiveram, pois, em vigor no recém-criado Estado de Israel[1580].

Rapidamente, porém, o *Knesset* começou a adotar leis de nítida inspiração continental, sobretudo no domínio do Direito Civil patrimonial[1581], destinadas

---

[1577] Veja-se a *Declaração do estabelecimento do Estado de Israel*, aprovada nessa data pelo *Va'ad Leumi* (Conselho do Povo de Israel), disponível em http://www.jewishvirtuallibrary.org.
[1578] Cfr., sobre esta, *supra*, título I, capítulo IV.
[1579] Cfr. *Repeal of Mejelle Law, 1984*.
[1580] A secção 2ª do *Foundations of Law Act, 1980*, determinou no entanto a cessação em Israel da força vinculativa precedentemente reconhecida ao *Common Law* e à *Equity*. Para um panorama das fontes do Direito israelita, *vide* Yoram Schachar, «History and Sources of Israeli Law», *in* Amos Shapira/ Keren C. De Witt-Arar (orgs.), *Introduction to the Law of Israel*, Haia/Londres/Boston, 1995, pp. 1 ss.
[1581] Estão neste caso as seguintes leis: *Capacity and Guardianship Law, 1962; Agency Law, 1965; Succession Law, 1965; Guarantee Law, 1967; Security Law, 1967; Bailees Law, 1967; Sale Law, 1968; Gift*

a servirem de esteio a um futuro Código Civil de Israel[1582]. Ao que não terá sido estranha a circunstância de os «pais fundadores» do sistema jurídico israelita serem na sua maioria juristas oriundos da Alemanha, da Áustria e de Itália. Aos precedentes oriundos dos tribunais ingleses passou, por outro lado, a ser reconhecido pelo Supremo Tribunal de Israel mero valor persuasivo.

II – Algumas facetas do atual sistema jurídico israelita evidenciam, no entanto, a persistência do elemento anglo-saxónico. Assim, a jurisprudência é tida neste país como a principal fonte do Direito oficial[1583], tendo-se formado com base nela um *Common Law* israelita[1584]. Por outro lado, o processo civil israelita pauta-se essencialmente (tal como o dos países anglo-saxónicos) pelo princípio dispositivo. Tal como em Inglaterra, não há em Israel uma constituição formal nem uma jurisdição administrativa autónoma[1585]. Uma lei de 1979 admitiu a criação de *trusts* segundo o modelo do *Common Law*. O Direito Público israelita é também fundamentalmente de matriz anglo-saxónica, embora neste domínio a influência principal seja hoje a norte-americana[1586]. O mesmo fenómeno é observável em matéria comercial, nomeadamente na *Companies Law, 1999* (a qual veio substituir a *Companies Ordinance, 1929*, por seu turno uma réplica do *Companies Act, 1929*, inglês).

III – Em matéria de estatuto pessoal, os tribunais das diferentes confissões religiosas, nomeadamente os rabínicos (*Beth Din*) e os da *Xaria*, mantiveram após a proclamação do Estado de Israel as competências exclusivas que já lhes pertenciam no período da administração otomana e inglesa, aplicando aos respetivos fiéis preceitos de Direito religioso[1587].

Law, 1968; Land Law, 1969; Transfer of Obligations Law, 1969; Contract (Remedies for Breach of Contract) Law, 1970; Movable Property Law, 1971; Hire and Loan Law, 1971; Contract for Services Law, 1974; Insurance Contract Law, 1981; Contract (General Part) Law, 1973; Contract for Services Law, 1974; Unjust Enrichment Law, 1979; Insurance Contract Law, 1981; Standard Contract Law, 1982.

[1582] De que foi entretanto divulgado um projeto: cfr. Kurt Siehr/Reinhard Zimmermann, *The Draft Civil Code for Israel in Comparative Perspetive*, Tubinga, 2008.

[1583] A Lei Básica relativa ao Poder Judiciário, de 1984, estabelece, com efeito, na secção 20, alínea *b*), que os precedentes do Supremo Tribunal são vinculativos para os restantes tribunais. No sentido do texto, veja-se Claude Klein, *Le droit israélien*, Paris, 1990, p. 17.

[1584] Neste sentido se pronunciou o Presidente do Supremo Tribunal de Israel, Aharon Barak, no estudo «Some Reflections on the Israeli Legal System and its Judiciary», *EJCL*, vol. 6.1 (abril 2002), p. 3.

[1585] Sobre o Direito Constitucional israelita, veja-se David Kretzmer, «Constitutional Law», *in* Amos Shapira/Keren C. De Witt-Arar (orgs.), *Introduction to the Law of Israel*, Haia/Londres/Boston, 1995, pp. 39 ss.

[1586] Ver Stephen Goldstein, «Israel», *in* Vernon Palmer (org.), ob. cit., pp. 448 ss. (p. 453).

[1587] Cfr., pelo que respeita à competência dos tribunais rabínicos, a *Rabbinical Courts Jurisdiction (Marriage and Divorce) Law, 1953*.

Assim, dado que não existem em Israel regras específicas de Direito secular sobre o casamento e o divórcio (o que coloca este país numa situação porventura única entre os Estados modernos), os judeus israelitas (assim como os que integram a Diáspora) regem-se ainda hoje, nestas matérias, pelo Direito judaico (*Halacha* ou *Halakhah*[1588]).

Este último é integrado: *a)* Pela *Lei Escrita* (*Torah she-bi-khetav*)[1589] contida nos primeiros cinco livros da Bíblia (*Génesis, Êxodo, Levítico, Números e Deuteronómio*); *b)* Pela *Lei Oral* (*Torah she-ne-al peh*), i. é, a tradição (*kabbalah*) relativa às regras do Direito judaico transmitida através das gerações e a interpretação (*midrash*) da *Tora* feita pelos mestres dos Judaísmo, em parte recolhida no *Talmude*[1590]; *c)* Pela legislação (*takkanot*) emanada das autoridades judaicas (nomeadamente os rabinos); e *d)* Pelo costume (*minhag*) judaico. Estas fontes não se encontram, bem entendido, no mesmo plano: tendo a primeira, segundo a tradição hebraica, sido revelada por Deus a Moisés, prima sobre todas as demais, que não podem modificá-la ou derrogá-la.

Reencontramos aqui, pois, a conceção do Direito como emanação de Deus, que vimos acima estar também subjacente ao Direito islâmico. A aplicabilidade do Direito judaico – que sobreviveu durante séculos, regendo as relações entre crentes nos diferentes países que os acolheram – não é todavia incontestada em Israel, nomeadamente pelos judeus não praticantes (hoje uma parte considerável

---

[1588] Termo que em hebraico significa «o caminho a seguir». Sobre o Direito judaico, podem consultar-se: George Horowitz, *The Spirit of Jewish Law. A Brief Account of Biblical and Rabbinical Jurisprudence With a Special Note on Jewish Law and the State of Israel*, reimpressão, Nova Iorque, 1963; Elliot Dorff, «Judaism as a Religious Legal System», *Hastings L. J.*, 1977/78, pp. 1331 ss.; Armand Abécassis, «Droit et religion dans la société hébraïque», *Arch. Phil. Droit*, 1993, pp. 23 ss.; Menachem Elon, *Jewish Law. History, Sources, Principles. Ha-Mishpat Ha-Ivri*, 4 vols., Filadélfia/Jerusalém, 1994 (traduzido do hebraico por Bernard Auerbach e Melvin J. Sykes); Menachem Elon/Bernard Auerbach/Daniel D. Chazin, *Jewish Law (Mishpat Ivri): Cases and Materials*, Nova Iorque/São Francisco, 1999; Ze'ev W. Falk, «Jewish Law», *in* J. Duncan M. Derrett, *An Introduction to Legal Systems*, reimpressão, Nova Deli, 1999, pp. 28 ss.; H. Patrick Glenn, *Legal Traditions of the World*, cit., pp. 99 ss.; e J. David Bleich/Arthur J. Jacobson, "The Jewish legal tradition", *in* Bussani/Mattei (orgs.), *The Cambridge Companion to Comparative Law*, cit., pp. 278 ss. Para um confronto dos Direitos judaico e muçulmano, *vide* Jacob Neusner/Tamara Sonn, *Comparing Religions through Law. Judaism and Islam*, Londres/Nova Iorque, 1999.

[1589] Veja-se o texto fixado e traduzido para português por Luís Filipe Sarmento, com o título *Tora*, Mem Martins, 2003.

[1590] Cfr. Adin Steinsaltz, *The Talmud. The Steinsaltz Edition*, 22 volumes, Nova Iorque, 1989/1998. Pode ver-se também a seleta de H. Polano, *The Talmud. Selections from the Contents of that Ancient Book, its Commentaries, Teachings, Poetry, and Legends*, reimpressão, San Diego, Califórnia, 2003 (originariamente publicado em Filadélfia, 1876). Sobre o *Talmude* como fonte do Direito judaico, veja-se, por todos, Adin Steinsaltz, *The Essential Talmud*, s.l., 1976 (traduzido do hebraico por Chaya Galai).

da população israelita[1591]), nem desprovida de dificuldades práticas devido à crescente frequência de casamentos mistos[1592], à evolução dos costumes em matéria de divórcio[1593] e à controvérsia em torno da definição da identidade judaica[1594].

Compreende-se assim que em nenhum outro país dotado de uma democracia de estilo ocidental o problema das relações entre a religião e o Estado se faça hoje sentir tão agudamente como em Israel – ao que não será também estranha a própria dificuldade em conciliar a natureza democrática do Estado de Israel com a missão, que lhe compete segundo a Declaração de Independência, de servir de Estado nacional de todos os judeus e de preservar a cultura judaica.

Importa em todo o caso notar que, com exceção das regras sobre o estatuto pessoal, o Direito judaico não foi incorporado no Direito do Estado de Israel: pertence-lhe nele, quando muito, a condição de *Direito subsidiário*[1595]. Não faltam, aliás, neste país diplomas legais tidos pela doutrina como contrários ao Direito judaico[1596]. Por outro lado, as decisões dos tribunais rabínicos (a que o Judaísmo requer que os seus crentes submetam os respetivos litígios) são suscetíveis de revisão pelo Supremo Tribunal de Israel, que controla a sua conformidade com certos princípios jurídicos fundamentais. Em última análise, o Direito do Estado

---

[1591] Em 1991, estimavam-se em 25,6% os israelitas ateus: cfr. http://www.adherents.com. Na maior parte, estes seriam judeus de acordo com o critério étnico de delimitação da nação judaica, que referiremos adiante.

[1592] Que a *Tora* proscreve (cfr. *Deuteronómio*, 7:3) e são por isso, na maior parte dos casos, celebrados no estrangeiro ou em privado.

[1593] Bem patente no elevado número de mulheres israelitas ditas *agunah* (literalmente: «ancoradas»), i. é, separadas dos respetivos maridos, mas impossibilitadas de voltarem a casar, por estes se recusarem a entregar-lhes o documento de divórcio (*get*) exigido pelo Direito judaico (cfr. *Deuteronómio*, 24:1). Os filhos que essas mulheres porventura tenham de outras uniões conjugais são tidos como ilegítimos (*mamzer*); o que, por seu turno, constitui, de acordo com a *Halacha*, um impedimento ao respetivo casamento, salvo com outros filhos ilegítimos.

[1594] Segundo a definição tradicional, é judeu aquele que for filho de mãe judia ou se houver convertido ao Judaísmo (cfr. a secção 4B da *Law of Return, 1950*, em que pode ler-se: «For the purposes of this Law, "Jew" means a person who was born of a Jewish mother or has become converted to Judaism and who is not a member of another religion»). Mas ambos os critérios implicados nesta definição têm suscitado muitas dúvidas e conflitos: cfr. Izhak Englard, «Law and Religion in Israel», *AJCL*, 1987, pp. 185 ss. (pp. 193 ss.).

[1595] Depõe neste sentido a secção 1ª do citado *Foundations of Law Act, 1980*, segundo a qual: «Quando um tribunal entender que uma questão carecida de decisão não pode ser resolvida com referência à lei ou aos precedentes judiciais, ou através da analogia, decidirá com base nos princípios da liberdade, justiça, equidade e paz da herança Judaica» («Where a court finds that a legal issue requiring decision cannot be resolved by reference to legislation or judicial precedent, or by means of analogy, it shall reach its decision in the light of the principles of freedom, justice, equity, and peace of the Jewish heritage»).

[1596] Cfr. Elon, *Jewish Law*, cit., vol. IV, pp. 1619 ss.

prevalece, pois, sobre o Direito religioso[1597]. Na solução assim dada ao conflito entre os valores religiosos e laicos está um dos traços distintivos deste sistema jurídico híbrido[1598].

§ 77º O Direito do Japão

I – Outro sistema híbrido situado na interseção das famílias romano-germânica e de *Common Law* (cujas influências se conjugam nele com elementos autóctones) é o japonês. A hibridez deste Direito tem, aliás, correspondência com uma certa dualidade que caracteriza a sociedade japonesa, na qual coexistem, há mais de um século, uma modernização muito acentuada (bem patente, *v.g.*, nas estruturas económicas, que refletem o modelo capitalista ocidental) e uma fidelidade igualmente marcada, especialmente no domínio das relações pessoais, a certas tradições (algumas das quais de cariz feudal)[1599].

Na evolução histórica do Direito japonês é possível distinguir diferentes fases. Vejamo-las sucintamente[1600].

Embora os primeiros contactos do Japão com o mundo ocidental tenham ocorrido no século XVI, através dos portugueses que ali aportaram em 1543, a única influência externa que se fez sentir sobre o Direito japonês até ao século XIX foi a do Direito chinês. No Japão, este foi assimilado – juntamente com outros elementos da cultura chinesa, entre os quais o Confucionismo, que chegou a ser doutrina oficial do Estado – por uma sociedade de tipo feudal, altamente estratificada e fechada sobre si mesma (e, por isso, muito homogénea do ponto de vista étnico e cultural). Nela pontificaram, entre os séculos XII e XIX, as figuras do Imperador e dos chefes políticos e militares denominados *Xoguns*. O protagonismo assumido por estes últimos (em especial os do clã Tokugawa, que dominou a vida política e jurídica do país entre 1603 e 1868) impediu que se

---

[1597] Disso dá testemunho a decisão proferida em 1958 no caso *Sidis v. The President and Members of the Great Rabbinical Court*, em que se entendeu que o direito de usufruto do marido sobre certos bens da mulher, consagrado no Direito judaico, deixara de vigorar em Israel por força do disposto na secção 2ª do *Women's Equal Rights Law, 1951*. Ver Uri Yadin, «Israel», *in IECL*, vol. I, *National Reports*, pp. I-73 ss. (p. 82).

[1598] Sobre esse conflito, que há muito divide a sociedade israelita, e o papel que nele têm desempenhado o Direito e a jurisprudência do Supremo Tribunal de Israel (que o autor define como o mais ativista do mundo), veja-se Menachem Mautner, *Law and the Culture of Israel*, Oxford, 2011.

[1599] Neste sentido, veja-se Yosiyuki Noda, *Introduction to Japanese Law*, reimpressão, s.l., 1992 (traduzido por Anthony H. Angelo), pp. 13 s. Caracterizam também o Direito japonês como um sistema híbrido Jean-Hubert Moitry, *Le droit japonais*, Paris, 1988, p. 4; e Masaki Abe/Luke Nottage, "Japanese law", *in* Jan Smits (org.), *Elgar Encyclopedia of Comparative Law*, 2ª ed., Cheltenham, Reino Unido/Northampton, Estados Unidos, pp. 462 ss.

[1600] Para uma exposição mais desenvolvida da História do Direito japonês, consultem-se John Owen Haley, *Authority Without Power: Law and the Japanese Paradox*, Nova Iorque, 1991, pp. 17 ss.; e Hiroshi Oda, *Japanese Law*, 3ª ed., Oxford, 2011, pp. 13 ss.

formasse no Japão um Estado centralizado, assistido por uma burocracia assente no mérito, como o que existiu na China imperial, e conferiu grande relevo ao costume como fonte de Direito. Tal como na China, as condutas individuais pautavam-se preferentemente no Japão por regras não escritas, neste país ditas *giri*[1601], diferenciadas em razão do *status* e da posição que cada um ocupava nas relações jurídicas, sendo a única sanção do seu incumprimento o opróbio a que se sujeitava o infrator. O conceito de direito subjetivo, assim como o de dever jurídico, eram também aqui desconhecidos.

Foi só nos meados do século XIX, em particular durante o reinado do Imperador Meiji (1868-1912), que o país se abriu duradouramente às relações políticas e comerciais com o Ocidente. No plano político, o Japão converteu-se na mesma época à monarquia constitucional, consagrada na Constituição de 1889. Esta foi seguida da aprovação, no final do século, de diversos códigos moldados sobre os textos legais alemães: tal o caso do Código de Processo Civil (de 1890)[1602], do Código Comercial (de 1898) e do Código Civil (também de 1898), estes últimos ainda em vigor[1603].

No termo da II Guerra Mundial, deu-se a viragem para o Direito norte-americano, que influenciou acentuadamente a Constituição de 1946. Esta consigna, entre outros, os princípios da soberania popular, da laicidade do Estado, da não-beligerância e da igualdade, para além de um vasto catálogo de direitos fundamentais[1604]. A influência americana manifesta-se ainda em diversas leis adotadas posteriormente, *maxime* em matéria de defesa da concorrência, de sociedades comerciais e de valores mobiliários.

II – Estas sucessivas receções de Direitos ocidentais, que levam alguns a ver no Direito japonês um «*direito de essência comparatista*»[1605], tiveram, porém, uma repercussão limitada na sociedade japonesa, onde a *praxis* jurídica e as próprias funções do Direito permanecem muito diferentes das que prevalecem na Europa e nos Estados Unidos[1606].

[1601] Termo que resulta da junção das palavras *gi* (justo ou reto) e *ri* (conduta razoável). Ver, sobre esta figura, Noda, ob. cit., pp. 174 ss.
[1602] Cfr. *The Civil Code of Japan. Translated by the Liaison Section Attorney General's Office*, Tóquio, 1952. Encontra-se também disponível uma tradução inglesa em http://www.japaneselawtranslation.go.jp.
[1603] A adoção de códigos de matriz germânica deu-se no termo de uma longa disputa sobre o modelo a seguir, em que a codificação civil francesa desempenhou um importante papel. Nela se baseou o projeto de Código Civil japonês promulgado em 1890, da autoria do jurista francês Gustave Boissonade, o qual todavia não chegou a entrar em vigor: ver Eiichi Hoschino, «L'influence du code civil au Japon», in AAVV, *1804-2004. Le code civil. Un passé, un présent, un avenir*, Paris, 2004, pp. 871 ss.
[1604] Veja-se a tradução inglesa disponível em http://www.solon.org.
[1605] Assim David/Jauffret-Spinosi/Goré, *Les grands systèmes de droit contemporains*, p. 472.
[1606] Ver, neste sentido, José Lompart, «Japanisches und europäisches Rechtsdenken», *Rechtstheorie*, 1985, pp. 131 ss. (p. 147); Moitry, ob. cit., pp. 85 ss.; Noda, ob. cit., pp. 159 ss.; e Aritsune Katsuta,

O que bem se compreende. Pois o modelo de vida em sociedade subjacente a esses Direitos, assim como o perfil psicológico típico dos seus destinatários, são profundamente diversos daqueles com que deparamos no Japão. O povo japonês, tal como o chinês, caracteriza-se por um forte espírito comunitário. Este manifesta-se, designadamente, no elevado apreço em que é tida a pertença do indivíduo a um grupo (seja ele uma empresa, uma Universidade ou um clube desportivo) e numa certa relutância em invocar direitos subjetivos (e mais ainda em fazê-lo perante os tribunais[1607]). Não falta mesmo quem qualifique como de *aversão ao Direito* o sentimento mais comum dos japoneses relativamente a este[1608]. Os princípios da força vinculativa dos contratos e da responsabilidade pelos danos causados por factos ilícitos, por exemplo, estão longe de ter no Japão o significado que possuem no Ocidente. A regra de base da sociedade japonesa é antes a noção de *harmonia*[1609]. E a tradição budista, com forte implantação no país desde o século VII, apela à resignação perante as contrariedades da vida. Eis por que a mediação e a conciliação, empreendidas extrajudicialmente (*jidan*) ou no âmbito de processos judiciais (*chotei*), têm larga aceitação entre os japoneses[1610], sendo a resolução de conflitos por via delas muitas vezes preferida à própria arbitragem (*chusai*), exceto nas relações comerciais internacionais[1611].

É bem sabido, por outro lado, que o sentimento de vergonha ou de *perda de face* e a necessidade de evitá-las a todo o custo têm na cultura japonesa uma

«Japan: A Grey Legal Culture», *in* Esin Örücü/ Elspeth Attwooll/Sean Coyle, *Studies in Legal Systems: Mixed and Mixing*, Haia/Londres/Boston, 1996, pp. 249 ss. (p. 259).

[1607] Demonstra-o o número relativamente exíguo de juízes (que em 2010 ascendiam neste país a cerca de 2.600) e de advogados (29.000 no mesmo ano): cfr. Masaki Abe/Luke Nottage, est. cit., p. 473. Em certos domínios específicos, como o da regulação das atividades económicas, parece no entanto registar-se ultimamente uma certa acentuação do relevo do Direito como instrumento de controlo social e do recurso aos tribunais a fim de dirimir litígios: cfr. Frank K. Upham, *Law and Social Change in Postwar Japan*, Cambridge, Massachussetts/Londres, 1987.

[1608] Cfr. Yosiyuki Noda, «The Far Eastern Conception of Law», *IECL*, vol. II, cap. 1, pp. 120 ss. (p. 132); *idem, Introduction to Japanese Law*, cit., p. 166.

[1609] Neste sentido, Moitry, ob. cit., p. 87.

[1610] «O conciliador», observa Noda (est. cit. na *IECL*, p. 133), «redesperta o espírito de comunidade nas partes, apelando às suas emoções. A solução não é jurídica, no sentido de que não se decidem os direitos das partes de acordo com uma regra legal ou costumeira pré-definida. Os esforços do conciliador visam antes restaurar o sentimento de integração das partes na comunidade. Para este efeito, uma regra lógica, geral e abstrata é inútil».

[1611] Ver Yasuhei Taniguchi, «Extrajudicial disputes settlement in Japan», *in* Hein Kötz/Reynald Ottenhof (orgs.), *Les conciliateurs. La conciliation. Une étude comparative*, Paris, 1983, pp. 109 ss.; Oda, ob. cit., pp. 66 ss.; Yasuhei Taniguchi/Tatsuya Nakamura, «Japan», *in IHCA*, suplemento 43, Haia/Londres/Boston, 2005; e Masaki Abe/Luke Nottage, «Japanese Law», *in* Jan M. Smits (org.), *Elgar Encyclopedia of Comparative Law*, Cheltenham, Reino Unido/Northampton, Estados Unidos, 2006, pp. 357 ss. (p. 369).

importância nuclear, que apenas encontra paralelo na relevância que o pecado e a culpa possuem na civilização ocidental. Esta uma das razões por que as mencionadas regras informais de conduta (*giri*) continuam a desempenhar um papel muito importante na vida social japonesa, não raro em detrimento ou à margem das regras legais[1612].

Além disso, nas relações entre privados a confiança recíproca é a principal garantia, o que explicará a frequência com que são celebrados neste país contratos verbais, mesmo no domínio comercial.

O próprio funcionamento dos poderes constituídos se terá processado neste país em moldes um tanto diversos daqueles que o texto constitucional prevê, não faltando por isso quem falasse, a este respeito, de um «constitucionalismo aparente» no Japão[1613].

A isto acresce que na aplicação, interpretação e integração das regras jurídicas recebidas do Ocidente se projeta no Japão um pensamento jurídico distinto daquele que prevalece nos países de onde essas regras são oriundas, *maxime* a Alemanha. Caracterizam-no um certo desvalor da vinculação do juiz à lei, bem como da subsunção e da construção jurídicas, e a preferência por soluções adequadas às circunstâncias do caso e à moralidade comum. Na busca da solução para os casos concretos, os juízes japoneses tendem por isso a atribuir um papel menos vinculativo à norma aplicável do que os dos sistemas de *Common* e *Civil Law*, baseando não raro as suas decisões em juízos de valor acerca dos interesses em presença, que são depois racionalizados através da invocação da norma apropriada[1614]. Também aqui se manifestam certos traços particulares da mentalidade japonesa, em especial a sua propensão para o empirismo, o caráter emocional e o primado atribuído à coesão social[1615].

III – A vida social japonesa está, em suma, longe de ser tão fortemente moldada pelo Direito como a dos países ocidentais: apesar de existirem no Japão instituições jurídicas modernas, a mentalidade e os comportamentos dos japoneses são ainda hoje largamente conformados por modelos de conduta extrajurídicos[1616].

[1612] Para um interessante relato do funcionamento de algumas dessas regras, baseado na experiência vivida pelo próprio autor, veja-se Eduardo Kol de Carvalho, *Sushi bar. Nós e os japoneses*, Dafundo, 2004.

[1613] Assim se exprimiam David/Jauffret-Spinosi, *Les grands systèmes de droit contemporains*, 11ª ed., Paris, 2002, p. 434.

[1614] Neste sentido, Oda, ob. cit., p. 9.

[1615] Cfr. Guntram Rahn, *Rechtsdenken und Rechtsauffassung in Japan. Dargestellt an der Entwicklung der modernen japanischen Zivilrechtsmethodik*, Munique, 1990, especialmente pp. 369 ss.

[1616] Como refere John Owen Haley, *The Spirit of Japanese Law*, Athens, Georgia/Londres, 2006, p. 38, «o Direito, como meio de controlo estadual coativo, é menos utilizado e menos relevante

Os próprios tribunais antepõem aos comandos normativos, no processo conducente às suas decisões, juízos de valor estranhos ao mundo do Direito. Tanto basta para que o Direito japonês seja irredutível a qualquer das famílias jurídicas por que se repartem os sistemas jurídicos vigentes naqueles países[1617].

§ 78º O Direito do Quebeque

Não menos relevante, do ponto de vista científico, é o Direito híbrido que vigora no Quebeque. Recorde-se que esta antiga colónia francesa foi, na sequência da derrota militar sofrida pela França em 1759, cedida à Inglaterra pelo Tratado de Paris de 1763 e posteriormente incorporada no Domínio Britânico do Canadá, fundado em 1867. Este último integrou nove outras províncias cuja população é fundamentalmente de origem anglo-saxónica, protestante e, sobretudo no Ontário, adepta do *american way of life*. O Quebeque (onde vive cerca de um quarto da população do Canadá) manteve-se, no entanto, maioritariamente francófono, católico (ainda que em larga medida não praticante) e dotado de um forte sentido de identidade nacional, especialmente acentuado desde a chamada *revolução tranquila* dos anos sessenta[1618]. É esta preservação no mesmo país de duas sociedades distintas, embora estreitamente interdependentes, que está na origem do Direito híbrido vigente no Quebeque.

Na evolução histórica deste Direito podem distinguir-se três fases principais[1619].

Na primeira, prevalece o Direito francês: por força dos éditos de Luís XIV (1638-1715) de 1663 e 1664, o *costume de Paris*, que havia sido reduzido a escrito em 1580, foi tornado aplicável à Nova França (Canadá). Era complementado pelo Direito Romano, tal como este fora sistematizado por Pothier e Domat, pelo Direito Canónico e pelas *Ordonnances* reais. Vigoravam ainda no Quebeque *arrêts de règlement* promulgados por um conselho local.

Na segunda fase, passaram a aplicar-se concomitantemente o Direito francês e o inglês. Na origem desta evolução está o referido Tratado de 1763. O Governador então nomeado pelo soberano inglês procurou instituir tribunais de matriz inglesa e determinou a aplicação por estes do Direito inglês. Perante a resistência da população local, que boicotou a medida, foi adotado pelo Parlamento inglês o *Quebec Act 1774*, que repristinou as leis do Canadá (*Ancien Droit*) em matéria

---

nos assuntos quotidianos da maior parte dos japoneses do que sucede com os cidadãos de outros Estados industriais altamente desenvolvidos».

[1617] À mesma conclusão fundamental chega Harald Baum, «Rechtsdenken, Rechtssystem und Rechtswirklichkeit in Japan», *RabelsZ*, 1995, pp. 258 ss. (p. 291).
[1618] Ver Craig Brown (org.), *The Illustrated History of Canada*, Toronto, 1997, pp. 499 ss.
[1619] Cfr., para mais desenvolvimentos, Gerald L. Gall, *The Canadian Legal System*, 5ª ed., Toronto, 2004, pp. 266 ss.

civil, mas manteve o Direito inglês nas questões penais. Mais tarde, em ordem a minorar as tensões entretanto surgidas entre as populações inglesa e francesa, foi publicado o *Constitutional Act 1791*, que dividiu a província em duas: o Alto Canadá, correspondente ao atual Ontário, e o Baixo Canadá, que abrangia o atual Quebeque. No primeiro, mandou-se aplicar exclusivamente o Direito inglês; no segundo, mantiveram-se em vigor as instituições jurídicas francesas combinadas com as inglesas (estas últimas sobretudo relevantes em matéria de organização política e judiciária).

Foi na terceira fase que se afirmou mais nitidamente um Direito híbrido no Quebeque. Em 1866, foi publicado, em francês e inglês, o *Código Civil do Baixo Canadá*, de forte influência francesa na forma e nas estruturas, porém mais conservador do que o Código de Napoleão. O passo decisivo no sentido da autonomização do Direito do Quebeque foi, no entanto, dado em 1931. Nesse ano foi, com efeito, adotado pelo Parlamento inglês o *Statute of Westminster*, que reconheceu plena autonomia legislativa aos domínios britânicos, entre os quais o Canadá. Subsequentemente, foi constituída no Quebeque uma comissão de revisão do Código Civil cujos trabalhos, iniciados em 1955, frutificaram em 1991, com a aprovação do *Código Civil do Quebeque*, em vigor desde 1 de janeiro de 1994.

A estrutura e o conteúdo do novo Código, redigido em francês e inglês, refletem ainda a influência continental, patente no acolhimento de algumas figuras de antiga tradição nos sistemas romano-germânicos, como a enfiteuse (*emphythéose, emphyteusis*[1620]). Mas certos preceitos dele, como os que acolhem a liberdade de testar[1621], o *trust* (dito *fiducie* em francês[1622] e a hipoteca móvel (*hypothèque mobilière, movable hypothec*[1623]), são manifestamente tributários do *Common Law* inglês. O Código apresenta neste domínio a interessante particularidade consagrar regras que em vários sistemas de *Common Law* figuram apenas em decisões jurisprudenciais. Também no Livro X do Código[1624], referente ao Direito Internacional Privado, se conjugam a tradição anglo-saxónica e a romano-germânica – o que é manifesto, por exemplo, na relevância conferida, por um lado, à lei do país que tiver a *closest connection* com a situação privada internacional[1625] e, por outro, à do país da residência habitual ou do estabelecimento do devedor da prestação característica do contrato[1626]. Não faltam ainda no Código regras *sui generis*, que lhe conferem uma feição original: tal o caso, por exemplo, das que disciplinam

---

[1620] Arts. 1195 e seguintes.
[1621] Arts. 703 e seguintes.
[1622] Arts. 1260 e seguintes.
[1623] Arts. 2660 e seguintes.
[1624] Arts. 3076 e seguintes.
[1625] *V.g.* nos arts. 3082 e 3112.
[1626] Art. 3113.

a hipoteca de universalidades[1627]. De salientar também a consagração de uma regulamentação específica para a venda de empresas[1628].

O Código declara expressamente, na sua disposição preliminar, que nele se consigna o Direito comum (*droit commun, jus commune*) do Quebeque. Eis por que, conforme reconheceu o Supremo Tribunal do Canadá, o Código Civil não tem caráter excecional, ao contrário do que sucede com as leis (*statutes*) dos sistemas de *Common Law*. A interpretação do Código deve por isso, segundo aquele Tribunal, «favorecer o seu espírito relativamente à sua letra e possibilitar que a finalidade das suas disposições seja alcançada»[1629].

A influência anglo-saxónica é mais acentuada no processo civil (dominado pelo princípio dispositivo), na organização judiciária (caracterizada pela existência de uma ordem jurisdicional única, que compreende tribunais civis, criminais e administrativos, e pelo recrutamento dos juízes exclusivamente entre advogados com pelo menos dez anos de experiência profissional), em matéria comercial (que no Quebeque nunca foi objeto de uma codificação análoga às existentes na Europa continental, tendo por isso ficado mais exposta à influência da *Common Law*) e, de um modo geral, no Direito Público (em larga medida partilhado com o resto do Canadá)[1630].

Não vigora no Quebeque, em matéria civil, o princípio *stare decisis*. Mas a jurisprudência é aí considerada fonte subsidiária de Direito[1631]. Nas matérias baseadas no *Common Law*, como o Direito Penal, os precedentes emanados do Supremo Tribunal do Canadá e dos tribunais provinciais de apelação são tidos como vinculativos[1632].

§ 79º Síntese

I – A análise comparativa empreendida neste capítulo permite identificar dois traços comuns aos sistemas jurídicos híbridos considerados.

Por um lado, verifica-se existir em muitos deles uma repartição de esferas de influência dos Direitos que constituem a sua matriz. Assim, a influência do *Common Law* tende a incidir predominantemente sobre a disciplina de questões de Direito Público, bem como sobre as relativas à organização judiciária e à ativi-

---

[1627] Arts. 2674 e seguintes.
[1628] Arts. 1767 e seguintes.
[1629] Cfr. *Doré v. Verdun (City)*, [1997] 2 S.C.R. 862: «the *Civil Code* is not a law of exception, and this must be taken into account in interpreting it. It must be interpreted broadly so as to favour its spirit over its letter and enable the purpose of its provisions to be achieved».
[1630] Cfr. Gall, *op. cit.*, p. 265.
[1631] Neste sentido, Stephan Handschug, *Einführung in das kanadische Recht*, Munique, 2003, p. 70.
[1632] Ver Jean-Louis Baudouin, «Quebec (Report 2)», *in* Vernon Palmer (org.), ob. cit., pp. 347 ss. (pp. 351 s.).

dade comercial; já os Direitos romano-germânicos e muçulmano afetam sobretudo a regulação das matérias de Direito Civil, em especial as que se prendem com o estatuto pessoal das pessoas singulares: Direito da Família e das Sucessões.

Por outro lado, há em muitas soluções acolhidas pelos sistemas híbridos um certo entrosamento do *Common Law*, do *Civil Law* e do Direito islâmico. Este revela-se nomeadamente no plano das fontes: na maior parte dos sistemas em apreço, a jurisprudência é, *de jure* ou *de facto*, fonte de Direito, mas coexiste com fontes escritas (que incluem codificações mais ou menos abrangentes) e com Direito consuetudinário. Certas regras consuetudinárias ou de fonte religiosa, típicas do *Common Law* e do Direito islâmico, acham-se, de resto, reduzidas a escrito nestes sistemas jurídicos e não raro até inseridas nos respetivos códigos. O referido entrosamento manifesta-se outrossim nos regimes *sui generis* acolhidos pelos sistemas jurídicos híbridos, a que fizemos alusão acima.

II – Pode a esta luz perguntar-se: constituirão os sistemas híbridos uma família jurídica *a se*?

É essa, como referimos, a tese sustentada pelo professor norte-americano Vernon Palmer, que todavia integra nesta nova família apenas os sistemas que conjugam traços de *Common* e *Civil Law*, para os quais reserva a designação de «sistemas mistos».

A verdade, porém, é que dificilmente se podem ver nos sistemas jurídicos aqui referidos manifestações de um *conceito de Direito* distinto do que se extrai dos sistemas jurídicos examinados no Título I desta obra; e esse é para nós, como dissemos, o critério definidor de qualquer família jurídica.

Os sistemas jurídicos analisados neste capítulo constituem, além disso, um grupo extremamente heterogéneo, a que falta qualquer unidade pelo que respeita, nomeadamente, às fontes do Direito (que tanto compreendem códigos escritos como sentenças judiciais e textos religiosos), ao método de descoberta da solução do caso singular (que é predominantemente dedutivo nuns casos e indutivo noutros), à organização política (que oscila entre a democracia representativa praticada nos países ocidentais e o totalitarismo de certos Estados islâmicos) e aos valores que o sistema jurídico serve e constituem a sua essência (os quais vão da exaltação da liberdade individual própria dos Direitos anglo-saxónicos ao culto da autoridade característico de certos Direitos asiáticos).

Bibliografia específica

I – Sistemas jurídicos híbridos em geral

AAVV – *Salience and Unity in the Mixed Jurisdictions: Traits, Patterns, Culture, Commonalities*, Tul.L.R., 2003, nºs 1 e 2.

Castellucci, Ignazio – «How Mixed Must a Mixed System Be?», *EJCL*, 2008, vol. 12.1.

Donlan, Seán Patrick – «The Ubiquity of Hybridity: Norms and Laws, Past and Present, and Around the Globe», *in* Tong Io Cheng/Salvatore Mancuso (orgs.), *New Frontiers of Comparative Law*, Hong Kong, LexisNexis, 2013, pp. 19 ss.

Martiny, Dieter – «Die kleinen Rechtssysteme der Welt – Klein-, Kleinstaaten und Teilrechtsgebiete in der Rechtsvergleichung», *in* Jürgen Basedow e outros (orgs.), *Aufbruch nach Europa. 75 Jahre Max-Planck-Institut für Privatrecht*, Tubinga, Mohr Siebeck, 2001, pp. 829 ss.

McGonigle, Ryan – «The Role of Precedents in Mixed Jurisdictions. A Comparative Analysis of Louisiana and the Philippines», *EJCL*, 2002, vol. 6.2.

Örücü, Esin – «Public Law in Mixed Legal Systems and Public Law as a "Mixed System"», *EJCL*, 2001, vol. 5.2.

— «A General View of "Legal Families" and of "Mixing Systems"», *in* Esin Örücü/David Nelken (orgs.), *Comparative Law. A Handbook*, Oxford/Portland, Oregon, Hart Publishing, 2007, pp. 169 ss.

—, Elspeth Attwooll e Sean Coyle – *Studies in Legal Systems: Mixed and Mixing*, Haia/Londres/Boston, Kluwer, 1996.

Palmer, Vernon Valentine (org.) – *Mixed Jurisdictions Worldwide. The Third Legal Family*, 2ª ed., Cambridge, Cambridge University Press, 2012.

— «Mixed jurisdictions», *in* Jan M. Smits (org.), *Elgar Encyclopedia of Comparative Law*, 2ª ed., Cheltenham, Reino Unido/Northampton, Estados Unidos, Edward Elgar, 2012, pp. 590 ss.

— "Mixed legal systems", *in* Bussani/Mattei (orgs.) *The Cambridge Companion to Comparative Law*, Cambridge, 2012, pp. 368 ss.

— e Elspeth Christie Reid (orgs.) – *Mixed Jurisdictions Compared: Private Law in Louisiana and Scotland*, Edimburgo, Edinburgh University Press, 2009.

— «Double Reasoning in the Codified Mixed Systems – Code and Caselaw as Simultaneous Methods», *in* International Academy of Comparative Law (org.), *Codification Conference Proceedings*, Taipé, 2012 (polic.).

Plessis, Jacques E. du – «Comparative Law and the Study of Mixed Legal Systems», *in* Mathias Reimann/Reinhard Zimmermann (orgs.), *The Oxford Handbook of Comparative Law*, Oxford, 2006, pp. 477 ss.

Ritaine, Eleanor Cashin, Seán Patrick Donlan e Martin Sychold (orgs.) – *Comparative Law and Hybrid Legal Traditions*, Zurique, Schulthess, 2010.

Tetley, William – «Mixed jurisdictions: Common Law vs. Civil Law (Codified and Uncodified)», *ULR/RDU*, 1999, pp. 591 ss. e 877 ss.

Zimmermann, Reinhard – «Common law und ius commune: Unkodifizierte Mischrechtsordnungen im Vergleich», *in* Jürgen Basedow e outros (orgs.), *Aufbruch nach Europa. 75 Jahre Max-Planck-Institut für Privatrecht*, Tubinga, Mohr Siebeck, 2001, pp. 851 ss.

II – África do Sul

FARLAM, Paul, e Reinhard ZIMMERMANN – «The Republic of South Africa (Report 1)», *in* Vernon Valentine Palmer (org.), *Mixed Jurisdictions Worldwide.The Third Legal Family*, Cambridge, Cambridge University Press, 2001, pp. 83 ss.

HAHLO, H. R. – «South Africa», *in IECL*, vol. I, *National Reports*, pp. S-75 ss.

LUBBE, G. – «Legal History in South Africa: Reflections of a Non-Historian», *ZEuP*, 1997, pp. 428 ss.

MERWE, C. G. van der, e Jacques E. DU PLESSIS (orgs.) – *Introduction to the Law of South Africa*, Haia, Kluwer Law International, 2004 (com um prefácio de Reinhard Zimmermann).

— e M. J. DE WAAL – «The Republic of South Africa (Report 2)», *in* Vernon Valentine Palmer (org.), *Mixed Jurisdictions Worldwide.The Third Legal Family*, Cambridge, Cambridge University Press, 2001, pp. 145 ss.

MILLER, David Carey – «South Africa: A Mixed System Subject to Transcending Forces», *in* Esin Örücü/ Elspeth Attwooll/Sean Coyle, *Studies in Legal Systems: Mixed and Mixing*, Haia/Londres/Boston, Kluwer, 1996, pp. 165 ss.

PLESSIS, Jacques E. du – «South Africa», *in* Jan M. Smits (org.), *Elgar Encyclopedia of Comparative Law*, 2ª ed., Cheltenham, Reino Unido/Northampton, Estados Unidos, Edward Elgar, 2012, pp. 814 ss.

ZIMMERMANN, Reinhard – *Das römische-holländische Recht in Südafrika*, Darmstadt, 1983.

— «Synthesis in South African Private Law: Civil Law, Common Law and *Usus Hodiernus Pandectarum*», *SALJ*, 1986, pp. 259 ss.

— «Roman Law in a Mixed Legal System – the South African Experience», *in* Robin Evans-Jones (org.), *The Civil Law Tradition in Scotland*, Edimburgo, The Stair Society, 1995.

— e Daniel VISSER (orgs.) – *Southern Cross. Civil Law and Common Law in South Africa*, reimpressão, Oxford, Clarendon Press, 2005.

—, Daniel VISSER e Kenneth REID (orgs.) – *Mixed Legal Systems in Comparative Perspetive. Property and Obligations in Scotland and South Africa*, Oxford, Oxford University Press, 2004.

III – Egito

BERNARD-MAUGIRON, Nathalie, Baudouin DUPRET e Wael RADY (orgs.) – *Egypt and its Laws*, Londres/Haia/Nova Iorque, Kluwer Law International, 2002.

BOYLE, Kevin, e Adel Omar SHERIF (orgs.) – *Human Rights and Democracy. The Role of the Supreme Constitutional Court of Egypt*, Londres/Haia/Boston, Kluwer Law International, 1996.

CHEHATA, Chafik – «Egypt», *in IECL*, vol. I, *National Reports*, pp. E9 ss.

LOMBARDI, Clark Benner – «Islamic Law as a Source of Constitutional Law in Egypt: The Constitutionalization of the Sharia in a Modern Arab State», *Columb. J.Transnat'l.L.*, 1998-1999, pp. 81 ss.

SALEH, Nabil – «Civil Codes in Arab Countries: The Sanhuri Codes», *Arab Law Quarterly*, 1993, pp. 161 ss.

IV – Escócia

ATTWOOLL, Elspeth – «Scotland: A Multi-Dimensional Jigsaw», *in* Esin Örücü/ Elspeth Attwooll/Sean Coyle, *Studies in Legal Systems: Mixed and Mixing*, Haia/Londres/Boston, Kluwer, 1996, pp. 17 ss.
EVAN-JONES, Robin (org.) – *The Civil Law Tradition in Scotland*, Edimburgo, The Stair Society, 1995.
GLOAG, W. M., e R. CANDLISH HENDERSON – *The Law of Scotland*, 11ª ed., por Hector L. MacQueen e outros, Edimburgo, Thomson/W.Green, 2001.
LESLIE, Robert – Scotland (Report 2)», *in* Vernon Valentine Palmer (org.), *Mixed Jurisdictions Worldwide.The Third Legal Family*, Cambridge, Cambridge University Press, 2001, pp. 240 ss.
MACMILLAN, Lord – «Scots Law as a Subject of Comparative Study», *in Law and Other Things*, Cambridge, Cambridge University Press, 1937, pp. 102 ss.
MACQUEEN, Hector L. – «Scots law», *in* Jan M. Smits (org.), *Elgar Encyclopedia of Comparative Law*, 2ª ed., Cheltenham, Reino Unido/Northampton, Estados Unidos, Edward Elgar, 2012, pp. 789 ss.
MARSHALL, Enid A. – *General Principles of Scots Law*, 7ª ed., Edimburgo, W. Green/Sweet & Maxwell, 1999.
MESTON, M., W. Sellar e COOPER – *The Scottish Legal Tradition*, Edimburgo, The Saltire Society/The Stair Society, 1991.
MILLER, David L. Carey, e Reinhard ZIMMERMANN (orgs.) – *The Civilian Tradition and Scots Law*, Berlim, Duncker & Humblot, 1997.
REID, Elspeth – «Scotland (Report 1)», *in* Vernon Valentine Palmer (org.), *Mixed Jurisdictions Worldwide.The Third Legal Family*, Cambridge, Cambridge University Press, 2001, pp. 201 ss.
REID, Kenneth, e Reinhard ZIMMERMANN (orgs.) – *A History of Private Law in Scotland*, Oxford, Oxford University Press, 2000.
STEIN, Peter – «The Influence of Roman Law on the Law of Scotland», *Juridical Review. The Law Journal of the Scottish Universities*, 1962, pp. 205 ss.
ZIMMERMANN, Reinhard, Daniel VISSER e Kenneth REID (orgs.) – *Mixed Legal Systems in Comparative Perspetive. Property and Obligations in Scotland and South Africa*, Oxford, Oxford University Press, 2004.

V – Israel

ABÉCASSIS, Armand – «Droit et religion dans la société hébraïque», *Arch. Phil. Droit*, 1993, pp. 23 ss.

BARAK, Aharon – «Some Reflections on the Israeli Legal System and its Judiciary», *EJCL*, vol. 6.1 (abril 2002).

BLEICH, J. David, e Arthur J. JACOBSON – "The Jewish legal tradition", *in* Bussani/Mattei (orgs.), *The Cambridge Companion to Comparative Law*, Cambridge, 2012, pp. 278 ss.

DAUBE, David – «Jewish and Roman philosophies of law», *in* Andrew Huxley (org.), *Religion, law and tradition. Comparative studies in religious law*, Londres, RoutledgeCurzon, 2002, pp. 157 ss.

DORFF, Elliot – «Judaism as a Religious Legal System», *Hastings L.J.*, 1977-1978, pp. 1331 ss.

EINHORN, Talia – «The Expansion of Israeli Unjust Enrichment Law: The Mixed Blessings of a Mixed Legal System», *in* Jürgen Basedow e outros (orgs.), *Aufbruch nach Europa. 75 Jahre Max-Planck-Institut für Privatrecht*, Tubinga, Mohr Siebeck, 2001, pp. 905 ss.

ELON, Menachem – *Jewish Law. History, Sources, Principles. Ha-Mishpat Ha-Ivri*, 4 vols., Filadélfia/Jerusalém, The Jewish Publication Society, 1994 (traduzido do hebraico por Bernard Auerbach e Melvin J. Sykes).

—, Bernard AUERBACH e Daniel D. CHAZIN – *Jewish Law (Mishpat Ivri): Cases and Materials*, Nova Iorque/São Francisco, Mathew Bender & Co., 1999.

ENGLARD, Itzhak – «Law and Religion in Israel», *AJCL*, 1987, pp. 1855 ss.

FALK, Ze'ev W. – «Jewish Law», *in* J. Duncan M. Derrett, *An Introduction to Legal Systems*, reimpressão, Nova Deli, Universal Publishing Co., 1999, pp. 28 ss.

GOLDSTEIN, Stephen – «Israel: Creating a New Legal System from Different Sources by Jurists of Different Backgrounds», *in* Esin Örücü/Elspeth Attwooll/Sean Doyle, *Studies in Legal Systems. Mixed and Mixing*, Haia, Kluwer, 1996, pp. 147 ss.

— «Israel», *in* Vernon Valentine Palmer (org.), *Mixed Jurisdictions Worldwide. The Third Legal Family*, Cambridge, Cambridge University Press, 2001, pp. 448 ss.

GUBERMAN, Shlomo – *The Development of the Law in Israel – The First 50 Years*, s.l., s.d. (disponível em http://www.mfa.gov.il).

HOROWITZ, George – *The Spirit of Jewish Law. A Brief Account of Biblical and Rabbinical Jurisprudence With a Special Note on Jewish Law and the State of Israel*, reimpressão, Nova Iorque, Central Book Company, 1963.

JACKSON, Bernard S. – «Judaism as a religious legal system», *in* Andrew Huxley (org.), *Religion, law and tradition. Comparative studies in religious law*, Londres, RoutledgeCurzon, 2002, pp. 34 ss.

KLEIN, Claude – *Le droit israélien*, Paris, Presses Universitaires de France, 1990.

LEVUSH, Ruth – *A Guide to the Israeli Legal System*, s.l., s.d. (disponível em http://www.llrx.com/features/israel2.htm).

MAUTNER, Menachem – *Law and the Culture of Israel*, Oxford, Oxford University Press, 2011.

NEUSNER, Jacob, e Tamara SONN – *Comparing Religions through Law. Judaism and Islam*, Londres/Nova Iorque, Routledge, 1999.

RABELLO, Alfredo Mordechai, e Pablo LERNER – «The Unidroit Principles of International Commercial Law and Israeli Contract Law», *RDU/ULR*, 2003, nº 3.
SHALEV, Gabriela – «Israel», *in* Jan M. Smits (org.), *Elgar Encyclopedia of Comparative Law*, 2ª ed., Cheltenham, Reino Unido/Northampton, Estados Unidos, Edward Elgar, 2012, pp. 449 ss.
SHAPIRA, Amos, e Keren C. DE WITT-ARAR (orgs.) – *Introduction to the Law of Israel*, Haia/Londres/Boston, Kluwer, 1995.
SIEHR, Kurt, e Reinhard ZIMMERMANN – *The Draft Civil Code for Israel in Comparative Perspetive*, Tubinga, Mohr Siebeck, 2008.
STEINSALTZ, Adin – *The Essential Talmud*, s.l., Basic Books, 1976 (traduzido do hebraico por Chaya Galai).
— *The Talmud. The Steinsaltz Edition*, 22 volumes, Nova Iorque, Random House, 1989/1998.
The Talmud. Selections from the Contents of that Ancient Book, its Commentaries, Teachings, Poetry, and Legends, tradução inglesa por H. Polano, reimpressão, San Diego, California, The Book Tree, 2003.
Tora, tradução e introdução de Luís Filipe Sarmento, Mem Martins, Sporpress, 2003.
YADIN, Uri – «Israel», *in IECL*, vol. I, *National Reports*, pp. I-73 ss.

VI – Japão

ABE, Masaki, e Luke NOTTAGE – «Japanese Law», *in* Jan M. Smits (org.), *Elgar Encyclopedia of Comparative Law*, 2ª ed., Cheltenham, Reino Unido/Northampton, Estados Unidos, Edward Elgar, 2012, pp. 462 ss.
BAUM, Harald – «Rechtsdenken, Rechtssystem und Rechtswirklichkeit in Japan», *RabelsZ*, 1995, pp. 258 ss.
HALEY, John Owen – *Authority Without Power: Law and the Japanese Paradox*, Nova Iorque, Oxford University Press USA, 1991.
— *The Spirit of Japanese Law*, Athens (Georgia)/Londres, Georgia University Press, 2006.
— «Why Study Japanese Law?», *AJCL*, 2010, pp. 1 ss.
— «Rivers and Rice: What Lawyers and Legal Historians Should Know about Medieval Japan», *The Journal of Japanese Studies*, vol. 36, nº 2 (2010), pp. 313 ss.
HENDERSON, Dan Fenno – «The Japanese Law in English: Some Thoughts on Scope and Method», *Vand. J. Transnat'l L.*, 1983, pp. 601 ss.
HOSCHINO, Eiichi – «L'influence du code civil au Japon», *in* AAVV, *1804-2004. Le code civil. Un passé, un présent, un avenir*, Paris, 2004, pp. 871 ss.
KATSUTA, Aritsune – «Japan: A Grey Legal Culture», *in* Esin Örücü/ Elspeth Attwooll/ Sean Coyle, *Studies in Legal Systems: Mixed and Mixing*, Haia/Londres/Boston, Kluwer, 1996, pp. 249 ss.
LOMPART, José – «Japanisches und europäisches Rechtsdenken», *Rechtstheorie*, 1985, pp. 131 ss.

MOITRY, Jean-Hubert – *Le droit japonais*, Paris, Presses Universitaires de France, 1988.
NODA, Yosiyuki – «Japan», *in IECL*, vol. I, *National Reports*, pp. J-5 ss.
— «The Far Eastern Conception of Law», *IECL*, vol. II, cap. 1, pp. 120 ss.
— *Introduction to Japanese Law*, reimpressão, University of Tokyo Press, s.l., 1992 (traduzido por Anthony H. Angelo).
ODA, Hiroshi – *Japanese Law*, 3ª ed., Oxford, Oxford University Press, 2011.
PORT, Kenneth L., e Gerald Paul MCALINN – *Comparative Law: Law and the Legal Process in Japan*, Carolina Academic Press, 2003.
RAHN, Guntram – *Rechtsdenken und Rechtsauffassung in Japan. Dargestellt an der Entwicklung der modernen japanischen Zivilrechtsmethodik*, Munique, C.H. Beck, 1990.
TAKAYANAGI, Kenzo – «A Century of Innovation: The Development of Japanese Law, 1868-1961», *in* Arthur Taylor von Mehren (org.), *Law in Japan. The Legal Order in a Changing Society*, Cambridge, Massachusetts, Harvard University Press, 1963, pp. 5 ss.
TANIGUCHI, Yasuhei – «Extrajudicial disputes settlement in Japan», *in* Hein Kötz/Reynald Ottenhof (orgs.), *Les conciliateurs. La conciliation. Une étude comparative*, Paris, Economica, 1983, pp. 109 ss.
— e Tatsuya NAKAMURA – «Japan», *in IHCA*, suplemento 43, Haia/Londres/Boston, Kluwer, 2005.
UPHAM, Frank K. – *Law and Social Change in Postwar Japan*, Cambridge, Massachussetts/Londres, Harvard University Press, 1987.
YOSHIDA, Masayuki – «The Reluctant Japanese Litigant», *EJCJS*, 2003 (disponível em http://www.japanesestudies.org.uk).

VII – Quebeque

BAUDOUIN, Jean-Louis – «Quebec (Report 2)», *in* Vernon Valentine Palmer (org.), *Mixed Jurisdictions Worldwide. The Third Legal Family*, Cambridge, Cambridge University Press, 2001, pp. 347 ss.
BRIERLY, John – «Quebec (Report 1)», *in* Vernon Valentine Palmer (org.), *Mixed Jurisdictions Worldwide. The Third Legal Family*, Cambridge, Cambridge University Press, 2001, pp. 329 ss.
— e R. MACDONALD (orgs.) – *Quebec Civil Law. An Introduction to Quebec Private Law*, Toronto, Edmond Montgomery, 1993.
GALL, Gerald L. – *The Canadian Legal System*, 5ª ed., Toronto, Thomson/Carswell, 2004.
GLENN, H. Patrick (org.) – *Droit français et droit québecois: communauté, autonomie, concordance*, Cowansville, Quebeque, Yvon Blais, 1993.
— «Quebec: Mixité and Monism», *in* Esin Örücü/ Elspeth Attwooll/Sean Coyle, *Studies in Legal Systems: Mixed and Mixing*, Haia/Londres/Boston, Kluwer, 1996, pp. 1 ss.
HANDSCHUG, Stephan – *Einführung in das kanadische Recht*, Munique, C.H. Beck, 2003.
ZIEGEL, Jacob S., e John E. C. BRIERLY – «Canada», *in IECL*, vol. I, *National Reports*, pp. C11 ss.

Bases de dados específicas

I – Sistemas jurídicos híbridos em geral

http://www.mixedjurisdiction.org (The World Society of Mixed Jurisdiction Jurists)

II – África do Sul

http://www.gov.za (South African Government Online)
http://www.law.uct.ac.za/ (Faculty of Law, University of Cape Town)
http://www.parliament.gov.za (Parlamento da República da África do Sul)
http://www.polity.org.za (Policy and Law Online News)
http://southafricanlaw.com (South African Law)

III – Egito

http://www.cedej.org.eg (Centre d'Études et de Documentation Économique, Juridique et Sociale)
http://jurist.law.pitt.edu/world/egypt.htm (*Universidade de Pittsburgh*)
http://www.law.cornell.edu/world/africa.html#egypt (Universidade de Cornell)
http://www.loc.gov/law/guide/egypt.html (Biblioteca Jurídica do Congresso)
http://www.parliament.gov.eg (Parlamento)
http://www.sis.gov.eg (Egypt State Information Service)

IV – Escócia

http://www.lawscot.org.uk/ (The Law Society of Scotland)
http://www.scotcourts.gov.uk/ (Scottish Courts)
http://www.scotlawcom.gov.uk/html/introduction.html (The Scottish Law Commission)

V – Israel

http://www.gov.il/FirstGov/english (Governo de Israel)
http://www.halacha.com (World Wide Halacha Center)
http://www.jlaw.com (Jewish Law)
http://jurist.law.pitt.edu/world/israel.htm (Universidade de Pittsburgh)
http://www.jewishvirtuallibrary.org (Jewish Virtual Library)
http://www.knesset.gov.il (Knesset)
http://www.law.cornell.edu/world/mideast.html#israel (Universidade de Cornell)
http://www.loc.gov/law/guide/israel.html (Biblioteca Jurídica do Congresso)
http://www.mfa.gov.il/mfa (Ministério dos Negócios Estrangeiros de Israel)
http://www.sacred-texts.com/jud/index.htm (Sacred Texts)
http://www.torah.org (Project Genesis)

VI – Japão

http://www.courts.go.jp/ (Tribunais do Japão)
http://www.japanesestudies.org.uk/ (Electronic Journal of Contemporary Japanese Studies)
http://www.japaneselawtranslation.go.jp (Japanese Law Translation)
http://www.japanlaw.info/ (JapanLaw)
http://www.sangiin.go.jp/eng/law/index.htm (Dieta Nacional do Japão)
http://www.senrei.com/ (Senrei)
http://www.solon.org/Constitutions/Japan/English/english-Constitution.html (Constituição do Japão)
http://www.tuj.ac.jp/newsite/main/law/index.html (Temple University Japan Campus School of Law)
http://www.waseda.jp/hiken/index.html (Waseda University Institute of Comparative Law)

VII – Quebeque

http://www.avocatvirtuel.com (L'avocat virtuel)
http://www.bibl.ulaval.ca/ress/droit (Université de Laval)
http://www.canlii.org (Institut Canadien d'Information Juridique)
http://www.caij.qc.ca/ (Centre d'Accès à l'Information Juridique)
http://www.lexum.umontreal.ca/ (Université de Montréal)
http://www.avocat.qc.ca/ (Réseau Juridique du Québec)
http://www.acjnet.org/frhome/default.aspx (Réseau d'Accès à la Justice)
http://www.barreau.qc.ca/bv/default.html (Bibliothèque juridique virtuelle du Barreau du Québec)

Capítulo II
A aproximação entre sistemas jurídicos e os seus limites

§ 80º Preliminares

A interação dos sistemas jurídicos, a que vimos aludindo, revela-se ainda na aproximação que em certos domínios se tem registado entre eles.

Este fenómeno tem diversas origens e manifesta-se de diferentes formas. Ele resulta, por um lado, da *receção de Direito estrangeiro* – ou, numa terminologia mais recente, dos *transplantes jurídicos* em que um setor da doutrina vê a principal fonte de desenvolvimento dos Direitos nacionais[1633]. Por outro lado, estão na sua origem certas iniciativas dirigidas à harmonização e à unificação de legislações, como as que nas últimas décadas têm sido levadas a cabo na União Europeia e noutras organizações de integração política e económica regional.

Segundo alguns, estará em curso por esta via uma «diluição de fronteiras» entre as famílias jurídicas atrás consideradas (mormente a romano-germânica e a de *Common Law*)[1634] ou uma «convergência gradual» dos sistemas jurídicos

---

[1633] Neste sentido, Alan Watson, *Legal Transplants. An Approach to Comparative Law*, 2ª ed., Atenas, Geórgia/Londres, Inglaterra, 1993, p. 95, que define o transplante jurídico como «a deslocação de uma regra ou sistema jurídico de um país para outro ou de um povo para outro» (*ibidem*, p. 21). Vejam-se ainda, sobre o tema, Alan Watson, *Comparative Law: Law, Reality and Society*, s.l., 2007, pp. 5 ss.; Hans W. Baade, *Transplants of Laws and of Lawyers*, disponível em http://www.utexas.edu; Gerhard M. Rehm, «Rechtstransplantate als Instrument der Rechtsreform und –transformation», *RabelsZ*, 2008, pp. 1 ss.; Jörg Fedtke, «Legal transplants», *in* Jan M. Smits (org.), *Elgar Encyclopedia of Comparative Law*, 2ª ed., Cheltenham, Reino Unido/Northampton, Estados Unidos, 2012, pp. 550 ss.

[1634] Cfr. Franz Wieacker, *História do Direito Privado moderno*, tradução portuguesa, cit., p. 584; Fernando Pinto Bronze, «Continentalização do Direito inglês ou insularização do Direito continental ?», *BFDUC*, 1975, suplemento XXII; James Gordley, «Common Law und Civil Law: eine überholte Unterscheidung», *ZEuP*, 1993, pp. 491 ss.; e Reinhard Zimmermann/Daniel Visser, «Introduction. South African Law as a Mixed Legal System», *in eiusdem* (orgs.), *Southern Cross. Civil Law and Common Law in South Africa*, reimpressão, Oxford, 2005, p. 2.

nacionais que as integram[1635]. Outros põem a hipótese da formação de um *Direito ocidental*, que congregaria os sistemas integrados nessas famílias jurídicas[1636]. A criação de um novo *Ius Commune*, adaptado às necessidades do mundo moderno, é apontado por outros ainda como o ideal a prosseguir[1637]. Assiste-se deste modo ao renascimento de uma *conceção universalista do Direito*, que, como vimos acima, teve grande influência na Europa até ao início do século XIX.

É este, em síntese, o tema que nos propomos examinar agora. Analisaremos a este respeito, em primeiro lugar, as principais experiências contemporâneas de receção de Direitos estrangeiros, tentando avaliar o seu impacto real sobre os sistemas jurídicos recetores. Tentaremos depois traçar um breve panorama das iniciativas mais relevantes de harmonização e unificação internacional do Direito Privado material, indagando concomitantemente das razões que as justificam e dos limites a que se subordinam. Procuraremos por fim determinar se e em que medida a coordenação dos Direitos nacionais constitui uma alternativa à harmonização e à unificação internacional do Direito Privado.

§ 81º A receção de Direito estrangeiro

a) A receção de Direito oriundo dos sistemas romano-germânicos

Sabemos já que no final do século XIX e no início do século XX os legisladores de vários países procuraram nos Direitos europeus os modelos de regulação jurídica de que careciam para a modernização das respetivas sociedades. Foi o que sucedeu, por exemplo, no Japão, na China e na Turquia, a cujos sistemas jurídicos nos referimos atrás. Os modelos escolhidos por todos estes países foram, em matéria civil, os de sistemas romano-germânicos: o alemão e o francês, no caso do Japão e da China; o suíço, no da Turquia. A receção dos códigos europeus não significou todavia que estes passassem a ter nesses países a mesma relevância que tinham na Alemanha, em França e na Suíça. Isto porque tanto no Japão como na China e na Turquia influíam ao tempo na modelação das condutas sociais (e continuaram a influir posteriormente) outros fatores de grande relevo – religiosos,

---

[1635] Neste sentido, Basil Markesinis, «Learning from Europe and Learning in Europe», *in eiusdem*, *The Gradual Convergence: Foreign Ideas, Foreign Influences, and English Law on the Eve of the 21st Century*, reimpressão, Oxford, 2001, pp. 1 ss. (p. 30); e Guy Canivet, «La convergence des systèmes juridiques par l'action du juge», in AAVV, *De tous horizons. Mélanges Blanc-Jouvan*, Paris, Société de Législation Comparée, 2005, pp. 187 ss.

[1636] Assim, René David, «Existe-t-il un droit occidental?», *in* Kurt H. Nadelmann, Arthur T. von Mehren e John N. Hazard (orgs.), *XXth Century Comparative and Conflicts Law. Essays in Honor of Hessel E. Yntema*, Leida, 1961, pp. 56 ss.

[1637] Cfr. René David, «The International Unification of Private Law», *in IECL*, vol. II, cap. 5; Mauro Bussani, *Il diritto dell'ocidente. Geopolitica delle regole globali*, Turim, 2010.

éticos, etc. –, donde resultava, como vimos, uma certa desvalorização da lei escrita, quando não do próprio Direito.

Um fenómeno de certa forma paralelo deu-se mais recentemente na União Europeia. Em virtude da extensão, a partir de 1972, do Direito Comunitário europeu ao Reino Unido e à República da Irlanda, a lei adquiriu nestes países maior importância como fonte de Direito. Concomitantemente, foram introduzidos nos Direitos inglês e irlandês alguns conceitos e institutos jurídicos oriundos dos sistemas romano-germânicos. Tal o caso da boa-fé, consagrada na Diretiva nº 86/653/CEE do Conselho, relativa à coordenação do Direito dos Estados-Membros sobre os agentes comerciais[1638], transposta para o Direito inglês pelas *Commercial Agents (Council Directive) Regulations 1993*[1639], bem como na Diretiva nº 93/13/CE sobre as cláusulas abusivas nos contratos celebrados com consumidores[1640], acolhida em Inglaterra nas *Unfair Terms in Consumer Contract Regulations 1994*[1641]. Mas a boa-fé não passou por esse facto a ter em Inglaterra a mesma relevância que tem, por exemplo, na Alemanha. Esta e outras figuras previstas nas Diretivas e nos demais atos de Direito Europeu constituem as mais das vezes corpos estranhos nos sistemas jurídicos em que são inseridas, que a jurisprudência local tem dificuldade em interpretar e aplicar. Foi o que sucedeu, por exemplo, em Inglaterra, onde a Câmara dos Lordes rejeitou expressament*e*, em 1992, que as partes se encontrassem vinculadas a um dever de negociar de boa-fé nos preliminares dos contratos (como sucede em Portugal e na Alemanha)[1642]. Compreende-se assim que um civilista germânico haja caracterizado a boa-fé, perante o Direito inglês, como um «irritante jurídico» *(legal irritant)*, destinado a ter nele um significado muito diverso do que possui na Alemanha *a Treu und Glauben*[1643]. Sorte análoga poderá estar reservada em Inglaterra à Convenção Europeia dos Direitos do Homem e ao *rights-based approach* que lhe subjaz. É que, apesar do *Bill of Rights* de 1689, a existência de direitos subjetivos foi recusada naquele país até

[1638] In *JOCE* nº L 382, de 31 de dezembro de 1986, pp. 17 ss.

[1639] Cfr. a secção 3 (1) desse diploma, segundo a qual: «In performing his activities a commercial agent must look after the interests of his principal and act dutifully and in good faith»; e a secção 4 (1), que dispõe: «In his relations with his commercial agent a principal must act dutifully and in good faith».

[1640] In *JOCE* nº L 95, de 21 de abril de 1993, pp. 29 ss.

[1641] Cfr. a secção 4 (1) desse diploma, segundo a qual: «In these Regulations, subject to paragraphs (2) and (3) below, «unfair term» means any term which contrary to the requirement of good faith causes a significant imbalance in the parties› rights and obligations under the contract to the detriment of the consumer».

[1642] Cfr. *Walford v. Miles*, WLR, 1992, pp. 174 ss.

[1643] Ver Günther Teubner, «Legal Irritants: Good Faith in British Law or How Unifying Law Ends Up in New Divergencies», *MLR*, 1998, pp. 11 ss.

ao século XX[1644]; e, como se viu acima, o *Human Rights Act 1998*, que incorporou aquela Convenção no Direito inglês, não conferiu aos tribunais o poder de anularem as leis que infrinjam o disposto nela, mas tão-só de emitirem «declarações de incompatibilidade» entre estas e os denominados *convention rights*.

Estes exemplos inculcam que a receção de conceitos e institutos jurídicos estrangeiros, quando desacompanhada de uma aculturação jurídica[1645], não suprime a autonomia dos ordenamentos recetores, nem apaga as diferenças culturais e ideológicas que os separam dos sistemas jurídicos de que esses conceitos e institutos são originários. Podem-se receber, com relativa facilidade, regras e institutos jurídicos oriundos de outros países; não já a História, os usos e a idiossincrasia de outros povos, que constituem o contexto em que surgem e se desenvolvem essas regras e institutos e que lhes dão, na sua aplicação às situações concretas da vida, uma feição própria e irrepetível. O que mais não é, afinal, do que a demonstração, por um lado, de que a vigência da *mesma lei* em diferentes países não implica a aplicabilidade neles do *mesmo Direito*; e, por outro, de que o sistema jurídico tem uma existência distinta e mais duradoura do que a dos seus elementos constitutivos.

b) A receção de Direito oriundo dos sistemas de *Common Law*
I – Na segunda metade do século XX, registou-se uma certa acentuação da influência exercida pelos sistemas de *Common Law*, em especial o dos Estados Unidos da América, sobre os demais[1646]. Pode mesmo dizer-se que, não obstante as dificuldades com que historicamente se debateu a expansão territorial de Direitos não codificados, alguns dos mais importantes desenvolvimentos ocorridos nos sistemas jurídicos europeus desde o termo da II Guerra Mundial, em particular nos domínios constitucional e mercantil, tiveram a sua causa próxima na receção de figuras jurídicas originárias naquele país.

Entre esses desenvolvimentos destacam-se: *a)* A consagração de sistemas de controlo (inclusive difuso, como sucedeu em Portugal), da constitucionalidade das leis e decisões judiciais; *b)* A adoção pelos países europeus e pela própria União Europeia, com base na experiência norte-americana, de leis proibitivas das práticas restritivas da concorrência e de certas operações de concentração de empresas; *c)* O amplo acolhimento que tiveram em diversos setores da atividade económica europeia certos tipos contratuais oriundos de sistemas de *Common Law*, como o *leasing*, o *factoring*, o *franchising*, o *renting*, o *merchandising*, as garantias *on first demand*, as «cartas de conforto» (*comfort letters*), as licenças *shrink-wrap* relativas à utilização de programas informáticos, etc.; *d)* A integra-

---

[1644] Ver *supra*, § 26º, alínea *b*).
[1645] Sobre esta, *vide supra*, § 14º, alínea *f*).
[1646] Em geral sobre esse fenómeno, *vide* AAVV, «The Migration of the Common Law», *LQR*, 1960, pp. 39 ss.

ção nos Direitos europeus de alguns institutos jurídicos tipicamente anglo-saxónicos, ou que conheceram nos Estados Unidos um particular desenvolvimento, como o *trust*, as *class actions*, a possibilidade de o tribunal declinar o exercício da sua competência por ser um «foro inconveniente» (*forum non conveniens*), a responsabilidade civil do produtor (*products liability*), a responsabilidade médica (*medical malpractice liability*), a responsabilidade civil dos prestadores de serviços de Internet (*Internet Service Provider liability*), etc.; *e)* O fenómeno, a que também fizemos referência acima, da regulação de atividades económicas por agências administrativas independentes; *f)* A crescente abertura dos sistemas jurídicos continentais a diferentes formas de *alternative dispute resolution*, primeiramente ensaiadas nos Estados Unidos, entre as quais sobressai, por último, a denominada resolução de litígios em linha (*online dispute resolution*); e *g)* A organização empresarial da advocacia, para a qual se tende hoje na Europa, na esteira de uma prática consolidada nos Estados Unidos.

Mas não é apenas no plano do Direito positivo que a influência norte-americana se faz sentir no Velho Continente: a própria Ciência do Direito é aqui tributária de desenvolvimentos oriundos dos Estados Unidos, de que é exemplo a *análise económica do Direito*, que ultimamente conquistou foros de cidadania na Europa[1647].

II – Não surpreendem estes fenómenos. Por um lado, porque em virtude da posição de vanguarda que os Estados Unidos atualmente ocupam em vários setores da atividade económica e científica, muitos problemas sociais fazem sentir-se em primeiro lugar nesse país, onde são originariamente debatidos e onde são para eles ensaiadas novas soluções na jurisprudência e na lei. Daí essas soluções têm passado para a Europa, onde amiúde foram consagradas em atos normativos subsequentemente transpostos para o Direito interno dos Estados-Membros da União. Por outro lado, porque o sistema de fontes do *Common Law* confere aos Direitos anglo-saxónicos uma capacidade de adaptação às novas necessidades da vida económica que os sistemas romano-germânicos em geral não possuem.

III – Alguns têm visto nos desenvolvimentos referidos uma receção de Direito estrangeiro equiparável à que no século XII teve por objeto o Direito Romano[1648]. Dela teria mesmo resultado uma *americanização* do Direito europeu[1649].

Pela nossa parte, não iremos tão longe. Importa, com efeito, notar que os conceitos e institutos jurídicos a que fizemos alusão acima foram em muitos casos

---

[1647] Ver *supra*, § 37º, alínea *f)*.
[1648] Ver, neste sentido, Wolfgang Wiegand, «The Reception of American Law in Europe», *AJCL*, 1991, pp. 229 ss.
[1649] Cfr. AAVV, «L'américanisation du droit», *Arch. Phil. Droit*, 2001.

objeto de adaptações ao serem integrados nos sistemas jurídicos da Europa continental, as quais lhes emprestam aqui uma fisionomia própria: o regime do *trust*, por exemplo, não tem no Direito português, de modo algum, o mesmo alcance que possui nos Estados Unidos.

Por outro lado, opera como pano de fundo destes desenvolvimentos um sistema que os enquadra e condiciona. Os princípios gerais dos sistemas jurídicos continentais podem, por conseguinte, conferir um sentido diverso aos institutos jurídicos a que fizemos alusão, quando estes hajam de ser aplicados pelos tribunais europeus. Por exemplo, do princípio da boa-fé, tal como esta é entre nós entendida, podem resultar para as partes nos contratos de *leasing* e de *factoring* deveres de conduta que não impendem sobre elas nos Estados Unidos.

Finalmente, deve ter-se presente que os métodos que presidem à interpretação e aplicação destes institutos continuam a ser os característicos dos sistemas romano-germânicos. Também daí podem, por conseguinte, surgir diferenças não despiciendas no seu funcionamento: pense-se, por exemplo, na importância que nos sistemas de *Common Law* tem a letra do contrato, por via da denominada *parol evidence rule* e na relevância que é conferida na ordem jurídica portuguesa à impressão do declaratário em matéria de interpretação dos negócios jurídicos. Esta uma das razões por que historicamente a receção de institutos jurídicos estrangeiros apenas se revelou plenamente eficaz quando a sua aplicação foi confiada a juízes versados no ordenamento jurídico de que esses institutos dimanavam.

Seja porém como for, parece inequívoco que a evolução dos sistemas jurídicos não se tem feito apenas através do seu ajustamento espontâneo às novas necessidades da vida social, mas também através da receção neles de conteúdos jurídicos estrangeiros.

§ 82º A harmonização e a unificação internacional do Direito Privado

a) Noção

O principal impulso no sentido de uma aproximação dos sistemas jurídicos nacionais provém das iniciativas que desde há várias décadas têm sido levadas a cabo com vista à harmonização e à unificação internacional do Direito Privado[1650].

A fim de delimitar o objeto da exposição subsequente, importa antes de mais precisar estes conceitos.

Por harmonização de Direitos entendemos a redução das diferenças que os separam quanto a certas matérias, tendo em vista assegurar um certo grau de *equivalência funcional* entre as soluções neles consagradas, mas sem que seja inteiramente suprimida a diversidade das respetivas regras. A harmonização pode

---

[1650] Para uma síntese recente acerca do tema, veja-se Jürgen Basedow, «Internationales Einheitsprivatrecht im Zeitalter der Globalisierung», *RabelsZ*, 2017, pp. 1 ss.

ser conseguida de diferentes formas. Entre elas avultam, na União Europeia, as Diretivas, que vinculam os Estados-Membros quanto aos resultados a alcançar na disciplina jurídica de certas matérias, deixando no entanto às instâncias nacionais a competência quanto à forma e aos meios de o conseguirem[1651]; e no âmbito mundial as Leis-Modelo emanadas da Comissão das Nações Unidas Para o Direito Comercial Internacional (CNUDCI ou UNCITRAL) e do Instituto Internacional Para a Unificação do Direito Privado (UNIDROIT), as quais, como a sua designação indica, se destinam tão-somente a servir de exemplo ou de fonte de inspiração aos legisladores nacionais na regulamentação das matérias nelas versadas.

Já a unificação de Direitos tem por objetivo a supressão das diferenças entre os sistemas jurídicos considerados, o que pressupõe a identidade das suas regras jurídicas e porventura mesmo a atribuição a um único órgão da competência para decidir em última instância as questões suscitadas pela respetiva interpretação e integração. Também a unificação pode ser levada a efeito através de diferentes categorias de instrumentos, entre os quais sobressaem, para além das convenções e dos tratados de Direito Internacional Público, os Regulamentos (na União Europeia)[1652] e os Atos Uniformes (na OHADA)[1653].

b) **Iniciativas de âmbito mundial**
I – Modernamente, as iniciativas dirigidas à harmonização e à unificação internacional do Direito Privado material tiveram as suas primeiras concretizações no domínio da propriedade intelectual. Duas convenções internacionais, ainda em vigor, instituíram no século XIX um *standard* mínimo de proteção dos direitos intelectuais, hoje de aplicação quase universal: a Convenção de Paris para a Proteção da Propriedade Industrial, de 20 de março 1883, revista por diversas vezes[1654], e a Convenção de Berna para a Proteção das Obras Literárias e Artísticas, celebrada em 9 de setembro de 1886 e também objeto de diversas revisões[1655]. Ainda hoje é essencialmente por força destes instrumentos internacionais que nos respetivos Estados membros se afere, em situações plurilocalizadas, a proteção devida aos direitos autorais e aos direitos privativos da propriedade industrial. Em virtude do Acordo, celebrado em 1994, sobre os Aspetos dos Direitos da

---

[1651] Cfr. o art. 288º, § 3º, do Tratado Sobre o Funcionamento da União Europeia. Em alguns casos, porém, as Diretivas da União concedem aos Estados-Membros uma margem de liberdade tão escassa que o seu efeito é mais o de unificar os Direitos nacionais do que propriamente o de os harmonizar.
[1652] Cfr. o art. 288º, § 2º, do Tratado Sobre o Funcionamento da União Europeia.
[1653] Cfr. o art. 10º do Tratado Relativo à Harmonização em África do Direito dos Negócios.
[1654] Aprovado para ratificação, em Portugal, pelo Decreto nº 22/75, de 22 de janeiro (publicado no 1º suplemento ao *D.R.* dessa data).
[1655] Em vigor em Portugal, na versão do Ato de Paris de 24 de julho de 1971, por força do Decreto nº 73/78, de 26 de julho, que o aprovou para adesão.

Propriedade Intelectual Relacionados com o Comércio (ADPIC ou TRIPS)[1656], anexo ao acordo que instituiu a Organização Mundial de Comércio, essas convenções vigoram hoje em todos os Estados partes desta organização internacional.

Cumpre todavia reconhecer o alcance relativamente limitado desses instrumentos: pese embora o enorme progresso que representaram face à situação pretérita, deixaram por regular um vastíssimo número de questões, como por exemplo a titularidade do direito de autor nos casos de obras feitas por conta de outrem, o esgotamento desse direito e os respetivos meios de tutela.

II – Nos anos 20 do século passado, foi lançado por Ernst Rabel, então professor em Berlim, o apelo a uma empresa mais ambiciosa: a unificação internacional do regime da compra e venda. Foi na sequência desse apelo que se procedeu à elaboração, sob a égide do UNIDROIT, de um projeto de Lei Uniforme Sobre a Compra e Venda, publicado em 1935[1657]. Interrompidos durante a II Guerra Mundial, os esforços de unificação legislativa neste domínio viriam a ser retomados após a cessação das hostilidades, tendo sido apresentado na Haia, em 1951, um novo projeto de lei uniforme sobre a matéria. Em 1964, foram aprovadas, também na Haia, duas convenções contendo em anexo, respetivamente, a Lei Uniforme Sobre a Compra e Venda Internacional de Mercadorias e a Lei Uniforme Sobre a Formação dos Contratos de Compra e Venda Internacional de Mercadorias, que os Estados celebrantes se obrigavam a incorporar no seu Direito interno. Mas estas convenções não tiveram acolhimento favorável por parte de vários Estados com participação relevante no comércio internacional, tendo sido objeto de um número muito restrito de ratificações. Eis por que a CNUDCI, criada em 1966 por uma Resolução da Assembleia-Geral da Organização das Nações Unidas, estabeleceu como uma das suas prioridades a revisão do Direito uniforme da compra e venda internacional. A sua actividade culminou numa conferência diplomática realizada em Viena, em 1980, na qual foi aprovada a Convenção das Nações Unidas Sobre os Contratos de Compra e Venda Internacional de Mercadorias, em vigor desde 1 de Janeiro de 1988[1658].

[1656] Aprovado para ratificação, em Portugal, pela Resolução da Assembleia da República nº 75-B/94, de 15 de dezembro de 1994, in D.R., I série A, nº 298, de 27 de dezembro de 1994, 5º suplemento.

[1657] Podem consultar-se as versões francesa e alemã do projeto, com um comentário de Ernst Rabel, na *RabelsZ*, 1935, pp. 8 ss. Vejam-se ainda, do mesmo autor, *Das Recht des Warenkaufs. Eine rechtsvergleichende Darstellung*, vol. I, Berlim/Leipzig, 1936, vol. II, Berlim, 1957; e «L'unification du droit de la vente internationale. Ses rapports avec les formulaires ou contrats-types des divers commerces», in AAVV, *Introduction à l'étude du Droit Comparé. Recueil d'Études en l'honneur d'Édouard Lambert*, vol. II, Paris, 1938, pp. 688 ss. (traduzido do alemão por H. Mankiewicz).

[1658] Existe tradução portuguesa, com um comentário por Maria Ângela Bento Soares e Rui Moura Ramos, in *Contratos internacionais. Compra e venda. Cláusulas penais. Arbitragem*, Coimbra, 1986. Ver, sobre essa Convenção, o II volume desta obra, § 45, e a demais bibliografia aí citada.

Outros tipos contratuais assumiram entretanto grande relevo nas relações internacionais. Está neste caso a locação financeira (*leasing* ou *crédit-bail*), particularmente importante como instrumento de financiamento da aquisição de equipamentos por parte dos países em vias de desenvolvimento. Ocupou-se dela o UNIDROIT, por iniciativa do qual foi concluída em Otava, em 1988, a Convenção Sobre o Leasing Financeiro Internacional, em vigor desde 1995, que unifica as regras materiais aplicáveis a esse contrato[1659].

Paralelamente, foi objeto de unificação o regime jurídico aplicável ao chamado *factoring*, ou cessão financeira, que desempenha igualmente papel de relevo no comércio internacional como instrumento destinado, nomeadamente, a facilitar as exportações pelas pequenas e médias empresas, normalmente dotadas de menor capacidade financeira e por isso mesmo impossibilitadas de concederem crédito aos adquirentes dos seus produtos ou serviços. Também esta matéria é objeto de uma Convenção do UNIDROIT: a Convenção Sobre o Factoring Internacional, concluída em Otava em 1988 e em vigor desde 1995[1660].

III – Um domínio em que é há muito igualmente reconhecida a necessidade de uma unificação do regime jurídico aplicável é o do transporte internacional.

Foi esse reconhecimento que esteve na origem da celebração, em 25 de agosto de 1924, por iniciativa do Comité Marítimo Internacional, da Convenção de Bruxelas Relativa à Unificação de Certas Regras em Matéria de Conhecimentos de Carga (também conhecida por *Regras da Haia*)[1661], alterada pelo Protocolo de Visby de 23 de fevereiro de 1968 e pelo Protocolo SDR[1662]; bem como da Convenção das Nações Unidas Sobre o Transporte de Mercadorias por Mar, concluída em Hamburgo, em 31 de março de 1978 (*Regras de Hamburgo*)[1663]; e da Convenção das Nações Unidas Sobre o Contrato de Transporte Internacional de Mercadorias Total ou Parcialmente Marítimo, adotada pela Assembleia Geral das Nações Unidas em 11 de dezembro de 2008 (*Regras de Roterdão*), que desenvolve e moderniza as convenções anteriores.

[1659] Existe tradução portuguesa, com notas, por Rui Pinto Duarte, *in Escritos sobre Leasing e Factoring*, Cascais, 2001, pp. 211 ss. Cfr. também Sánchez Jiménez, «El contrato de leasing», *in* Alfonso Calvo Caravaca e outros (orgs.), *Contratos internacionales*, Madrid, 1997, pp. 933 ss. Portugal não é, por enquanto, parte deste instrumento internacional.

[1660] Ver Sánchez Jiménez, «El contrato de factoring», *in* Alfonso Calvo Caravaca e outros (orgs.), ob. cit., pp. 978 ss.; Maria Helena Brito, *O factoring internacional e a Convenção do Unidroit*, Lisboa, 1998, pp. 83 ss.; e Rui Pinto Duarte, ob. cit. Portugal também não é parte deste instrumento internacional.

[1661] A que Portugal aderiu pela Carta de 5 de dezembro de 1931, publicada no *D.G.*, I série, nº 128, de 2 de junho de 1932.

[1662] Em vigor, respetivamente, desde 23 de junho de 1977 e 14 de fevereiro de 1984; não foram ainda ratificados por Portugal.

[1663] Em vigor desde 1 de novembro de 1992; não foi ainda ratificada por Portugal.

No domínio do transporte aéreo, destaque-se a Convenção de Varsóvia Para a Unificação de Certas Regras Relativas ao Transporte Aéreo Internacional, de 12 de outubro de 1929[1664], em parte substituída pela Convenção Para a Unificação de Certas Regras Relativas ao Transporte Aéreo Internacional, celebrada em Montreal a 28 de maio de 1999[1665], que visa modernizar e consolidar o denominado *sistema de Varsóvia* constituído pela convenção do mesmo nome e pelos instrumentos que a completaram e modificaram.

Não menos relevantes nesse domínio são a Convenção de Genebra de 1956 Relativa ao Contrato de Transporte Internacional de Mercadorias por Estrada (CMR)[1666] e a Convenção Relativa aos Transportes Internacionais Ferroviários, feita em Berna em 1980 (COTIF)[1667].

IV – Mais recentemente, surgiram diversos instrumentos internacionais respeitantes aos meios de pagamento e às garantias das transações: a Convenção das Nações Unidas Sobre Letras de Câmbio e Livranças Internacionais, de 1988; a Convenção das Nações Unidas Sobre a Cessão de Créditos no Comércio Internacional, de 2001; e a Convenção do UNIDROIT Relativa às Garantias Internacionais Sobre Elementos de Equipamentos Móveis, de 2001.

Por outro lado, o crescente recurso a meios eletrónicos na contratação internacional e a necessidade de esclarecer certas dúvidas suscitadas quanto à validade e eficácia dos contratos assim celebrados levaram a CNUDCI a promover a Convenção das Nações Unidas Sobre a Utilização das Comunicações Eletrónicas nos Contratos Internacionais, concluída em Nova Iorque em 2005.

V – Os instrumentos até aqui referidos apenas abrangem, em princípio, situações internacionais (*hoc sensu*, ligadas através de qualquer dos seus elementos a duas ou mais ordens jurídicas nacionais): não há neles uma unificação do regime jurídico das situações puramente internas[1668]. Esta última apenas surgiria em matéria de títulos cambiários através das leis uniformes relativas às letras e livranças e ao cheque, estabelecidas respetivamente pela Convenção de

---

[1664] Publicada no *D.G.*, I série, nº 185, de 10 de agosto de 1948.
[1665] Em Portugal, a Convenção foi aprovada para ratificação pelo Decreto nº 39/2002, de 27 de novembro.
[1666] Aprovada para adesão, em Portugal, pelo D.L. nº 46.235, de 18 de março de 1965.
[1667] Aprovada para ratificação, em Portugal, pelo Decreto do Governo nº 50/85, de 27 de novembro. Foi alterada pelos Protocolos 1990, aprovado, para adesão, pelo Decreto do Governo nº 10/97, de 19 de fevereiro, e de 1999, aprovado pelo Decreto nº 3/2004, de 25 de março.
[1668] Por força do D.L. nº 37.748, de 1 de fevereiro de 1950, o âmbito de aplicação da Convenção de Bruxelas de 1924, a que fizemos referência acima, foi, no entanto, estendido, na ordem jurídica portuguesa, a estas últimas situações.

Genebra de 7 de junho de 1930[1669] e pela Convenção de Genebra de 19 de março de 1931[1670].

VI – Numa outra categoria de instrumentos de harmonização e unificação internacional do Direito Privado inserem-se os *Princípios UNIDROIT Relativos aos Contratos Comerciais Internacionais*, a que já fizemos referência[1671]. Contêm--se nesse texto disposições relativas, nomeadamente, à formação, à validade e à interpretação dos contratos, à determinação das obrigações deles emergentes e aos direitos de terceiros, ao cumprimento e ao incumprimento, bem como à cessão do contrato ou dos direitos dele emergentes e à transferência de obrigações para terceiros[1672]. Trata-se, porém, de um texto sem caráter vinculativo, que se destina a ser aplicado fundamentalmente, como resulta do respetivo preâmbulo, quando as partes o escolham.

O advento deste tipo de instrumentos corresponde, segundo Katharina Boele--Woelki, a uma *mudança de paradigma* da unificação e da harmonização jurídicas, as quais estariam a experimentar, de acordo com a autora, um processo de *privatização*[1673].

Alguns reconduzem esses instrumentos à categoria a que se convencionou chamar «Direito flexível», ou *soft law*[1674], conceito através do qual se têm geralmente em vista certos textos reguladores de relações económicas internacionais, sem caráter normativo mas nem por isso desprovidos de eficácia. Esta última derivaria, além do mais, de os sujeitos dessas relações obedecerem espontaneamente ao que neles se prescreve, *v.g.* por receio de perderem certas vantagens (como a proteção diplomática ou a concessão de créditos à exportação) ou de a sua observância ser conforme à boa-fé[1675].

[1669] Aprovada pelo D.L. nº 23.721, de 29 de março de 1934 e confirmada e ratificada pela Carta de 10 de maio de 1934, publicada no suplemento ao *D.G.* de 21 de junho de 1934.
[1670] Aprovada, confirmada e ratificada pelos diplomas legais referidos na nota anterior.
[1671] Ver *supra*, § 4º.
[1672] Ver, sobre esse texto, Michael Joachim Bonell, *An International Restatement of Contract Law. The UNIDROIT Principles of International Commercial Contracts*, 3ª ed., Roma, 2004; Stefan Vogenhauer/ Jan Kleinheisterkamp/Jacques E. du Plessis, *Commentary on the UNIDROIT Principles of International Commercial Contracts*, Oxford, 2009.
[1673] Vide *Unifying and Harmonizing Substantive Law and the Role of Conflict of Laws*, Leiden/Boston, 2010, p. 83.
[1674] Ver Ulrich Drobnig, «Vereinheitlichung von Zivilrecht durch soft law: neuere Erfahrungen und Einsichten», *in* Jürgen Basedow e outros (orgs.), *Aufbruch nach Europa. 75 Jahre Max-Planck-Institut für Privatrecht*, Tubinga, 2001, pp. 745 ss.
[1675] Cfr. Ignaz SeidlHohenveldern, «International Economic "Soft Law"», *Rec. cours*, t. 163 (1979II), pp. 165 ss. (especialmente pp. 182 ss.); Ulrich Ehricke, «"Soft Law" – Aspekte einer neuen Rechtsquelle», *NJW*, 1989, pp. 1906 ss.; António Marques dos Santos, *Direito Internacional*

Os instrumentos deste tipo caracterizar-se-iam, além disso, por procurarem consagrar as regras mais adaptadas à atividade comercial («*best business rule approach*»), em vez de buscarem apenas o «mínimo denominador comum» entre os interesses nacionais em jogo («*minimalist approach*»), como sucede nas convenções internacionais a que fizemos referência acima[1676].

Parece duvidoso, no entanto, que se possa falar com propriedade de Direito a este respeito. E outro tanto deve dizer-se das *Leis-Modelo* emanadas da CNUDCI[1677] e do UNIDROIT[1678], assim como dos *Guias Legislativos* que nos últimos anos a primeira destas organizações tem adotado em crescente número[1679]. E à mesma conclusão fundamental chegará quem analise os instrumentos normativos emanados das organizações de Direito Privado, como a Câmara de Comércio Internacional, que têm procurado compilar os usos do comércio internacional, atualizando e aperfeiçoando regularmente a sua formulação. São fruto deste labor, por exemplo, os denominados *Incotermos*[1680], as *Regras Uniformes Sobre Garantias à Solicitação*[1681] e as *Regras e Usos Uniformes Relativos ao Crédito Documentário*[1682], emanados daquela entidade, que os interessados podem adotar, incorporando-os por remissão nos respetivos contratos.

c) **Iniciativas de âmbito regional**

I – A harmonização e a unificação do Direito Privado ganharam também grande relevância no contexto dos movimentos de integração económica regional[1683].

No âmbito da União Europeia, por exemplo, são hoje muito numerosos os atos normativos que incidem sobre matérias de Direito Privado, visando harmonizar

---

Privado, vol. I, Lisboa, 2001, pp. 41 s.; e Paulo Otero, *Legalidade e administração pública. O sentido da vinculação administrativa à juridicidade*, cit., pp. 172 ss. e 908 ss.

[1676] Ver, neste sentido, Jorge Sánchez Cordero, «Introduction», *in eiusdem* (org.), *The Impact of Uniform Law on National Law. Limits and Possibilities*, México, 2010, pp. xvii ss.

[1677] Cfr., nomeadamente, as Leis-Modelo sobre a Arbitragem Comercial Internacional, de 1985 (alterada em 2006); o Comércio Eletrónico, de 1996; a Insolvência Internacional, de 1997; e a Conciliação, de 2002.

[1678] Cfr. a Lei-Modelo Sobre a Divulgação de Informações em Matéria de Franquia, de 2002; e a Lei-Modelo Sobre a Locação Financeira, de 2008.

[1679] Vejam-se designadamente os Guias Legislativos da CNUDCI sobre as Transferências Eletrónicas de Fundos (1986), os Projetos de Infraestruturas com Financiamento Privado (2001), o Direito da Insolvência (2005) e as Operações Garantidas (2007).

[1680] Cfr. *Incoterms 2010. ICC Rules for the use of domestic and international trade terms*, Paris, 2010.

[1681] Cfr. *ICC Uniform Rules for Demand Guarantees 2010 Revision*, Paris, 2010.

[1682] Cfr. *ICC Uniform Customs and Practice for Documentary Credits. 2007 Revision*, Paris, 2007.

[1683] Ver, sobre esta matéria, os estudos recolhidos sob o título *Worldwide Harmonisation of Private Law and Regional Economic Integration. Acts of the Congress to Celebrate the 75th Anniversary of the Founding of the International Institute for the Unification of Private Law (UNIDROIT)*, ULR/RDU, 2003, nºs 1 e 2.

os Direitos dos Estados-Membros[1684]. Entre esses atos destacam-se as Diretivas relativas à responsabilidade decorrente dos produtos defeituosos[1685], às cláusulas abusivas nos contratos celebrados com os consumidores[1686], à proteção dos adquirentes quanto a certos aspetos dos contratos de aquisição de um direito de utilização a tempo parcial de bens imóveis (*time-sharing*)[1687], à proteção dos consumidores em matéria de contratos à distância[1688], à venda de bens de consumo e às garantias a ela relativas[1689], ao comércio eletrónico[1690], aos atrasos de pagamento nas transações comerciais[1691], ao direito de autor e dos direitos conexos na sociedade da informação[1692], aos acordos de garantia financeira[1693], à comercialização à distância de serviços financeiros[1694], às práticas comerciais desleais das empresas face aos consumidores no mercado interno[1695], à proteção de *know-how* e de informações comerciais confidenciais (segredos comerciais)[1696] e às marcas[1697].

Já se viu neste conjunto de atos jurídicos a expressão embrionária de um novo *Ius Commune* europeu. Importa contudo notar que, ao passo que o *Ius Commune* medieval vigorou na Europa devido ao reconhecimento da sua superioridade perante qualquer outra fonte de regulação jurídica da vida social (i. é, *imperio rationis*), o Direito Europeu vigora porque é estabelecido pelas instituições competentes da União Europeia, em vista de um ideal de unificação do Direito dos Estados-Membros (*hoc sensu, ratione imperii*)[1698]. A analogia entre o *Ius Commune*

[1684] A competência para a adoção desses atos está atualmente prevista no art. 114º do Tratado Sobre o Funcionamento da União Europeia pelo que respeita aos atos de Direito material que visem o estabelecimento e o funcionamento do mercado interno; e no art. 81º do mesmo Tratado, no tocante ao Direito Internacional Privado.

[1685] Diretiva 85/374/CEE, de 25 de julho de 1985, *in JOCE* nº L 210, de 7 de agosto de 1985, pp. 29 ss.
[1686] Diretiva 93/13/CEE, de 5 de abril de 1993, *in JOCE* nº L 95, de 21 de abril de 1993, pp. 29 ss.
[1687] Diretiva 94/47/CE, de 26 de outubro de 1994, *in JOCE* nº L 280, de 29 de agosto de 1994, pp. 83 ss.
[1688] Diretiva 97/7/CE, de 20 de maio de 1997, *in JOCE* nº L 144, de 4 de junho de 1997, pp. 19 ss.
[1689] Diretiva 1999/44/CE, de 25 de maio de 1999, *in JOCE* nº L 171 de 7 de julho de 1999, pp. 12 ss.
[1690] Diretiva 2000/31/CE, de 8 de junho de 2000, *in JOCE* nº L 178, de 17 de julho de 2000, pp. 1 ss.
[1691] Diretiva 2000/35/CE, de 29 de junho de 2000, *in JOCE* nº L 200, de 8 de agosto de 2000, pp. 35 ss.
[1692] Diretiva 2001/29/CE, de 22 de Maio de 2001, *in JOCE* nº L 167, de 22 de junho de 2001, pp. 10 ss.
[1693] Diretiva 2002/47/CE, de 6 de junho de 2002, *in JOCE* nº L 168, de 27 de junho de 2002, pp. 43 ss.
[1694] Diretiva 2002/65/CE, de 23 de setembro de 2002, *in JOCE* nº L 271, de 9 de outubro de 2002, pp. 16 ss.
[1695] Diretiva 2005/29/CE de 11 de maio de 2005, *in JOCE* nº L 149 de 11 de junho de 2005, pp. 22 ss.
[1696] Diretiva (UE) 2016/943, de 8 de junho de 2016, *in JOUE* nº L 157, de 15 de junho de 2016, p. 1 ss.
[1697] Diretiva (UE) 2015/2436, de 16 de dezembro de 2015, *in JOUE* nº L 336, de 23 de dezembro de 2015, p. 1 ss.
[1698] Ver, nesta linha de orientação, Peter Stein, *Roman Law in European History*, Cambridge, reimpressão, 2004, p. 130. Cfr. ainda Cosmin Cercel, «Le "jus commune" dans la pensée contemporaine, ou le comparatisme perverti», *in* Pierre Legrand (org.), *Comparer les droits, résolument*,

e o Direito da União Europeia revela-se um tanto artificial, além disso, pela circunstância de este se estender hoje a países onde aquele nunca vigorou, como é o caso da Inglaterra e da Irlanda.

Seja porém como for, é inequívoco que o acervo europeu no domínio do Direito Privado não logrou eliminar as divergências entre os sistemas jurídicos nacionais quanto às matérias por ele abrangidas. Trata-se, como resulta do enunciado de atos normativos acima feito, de uma regulamentação muito fragmentária[1699]. Contêm-se nela, além disso, certas incoerências, que afetam designadamente o regime dos deveres pré-contratuais de informação, dos prazos de retratação pelo consumidor e da responsabilidade contratual do fornecedor de bens ou serviços. Por fim, importa notar que aqueles atos visam, de um modo geral, uma *harmonização mínima* do Direito Privado, que não exclui disposições mais exigentes dos Direitos nacionais, *v.g.*, no tocante à proteção do consumidor.

Estas algumas das razões por que foi preconizada por alguns a elaboração de um *Código Civil Europeu*, ideia a que o Parlamento Europeu deu reiteradamente o seu aval[1700]. Nesse sentido foram levados a cabo nos últimos anos diversos trabalhos preparatórios, entre os quais sobressaem os *Princípios de Direito Europeu dos Contratos*, publicados entre 1995 e 2003 pela Comissão de Direito Europeu dos Contratos, a que aludimos acima; o anteprojeto de um *Código Europeu dos Contratos*, da iniciativa da Academia dos Jusprivatistas Europeus, com sede em Pavia[1701]; e os *Princípios de Direito Europeu da Responsabilidade Civil*, publicados em 2005 pelo Grupo Europeu de Direito da Responsabilidade Civil, a que também já nos referimos[1702]. De um modo geral, todos estes textos se filiam na técnica jurídica e nas soluções dos sistemas jurídicos romano-germânicos. A sua adoção como base de um futuro Código Civil europeu apenas poderia por isso fazer-se, como já foi salientado, à custa da tradição jurídica de *Common Law*[1703]. Não falta

---

Paris, 2009, pp. 457 ss.; e Gábor Hamza, «La formación del Derecho Privado Europeo y la tradición del Derecho Romano», *RBDC*, nº 39 (2º semestre de 2010), pp. 115 ss.

[1699] Veja-se contudo, para uma tentativa de sistematização dos princípios gerais que subjazem a essa regulamentação, Norbert Reich, *General Principles of EU Civil Law*, Cambridge, etc., 2014.

[1700] Cfr. «Resolução sobre um esforço de harmonização do direito privado dos Estados-membros», *JOCE*, nº C 158, de 26 de junho de 1989, pp. 400 s.; «Resolução sobre a harmonização de certos sectores do direito privado dos Estados-membros», *in ibidem*, nº C 205, de 25 de julho de 1994, pp. 518 s.; e «Resolução do Parlamento Europeu sobre a aproximação do direito civil e comercial dos Estados-Membros», *in ibidem*, nº C 140 E, de 13 de junho de 2002, pp. 538 ss.

[1701] Cfr. Accademia dei Giusprivatisti Europei, *Code européen des contrats. Avant-projet*, 2ª ed., Milão, 2004.

[1702] Cfr. *supra*, § 4º.

[1703] Cfr. Pierre Legrand, «Against a European Civil Code», *The Modern Law Review*, 1997, pp. 44 ss. (p. 55).

aliás entre os adeptos da referida codificação quem preconize expressamente o recurso para o efeito aos materiais do Direito Romano[1704].

Em 1998, foi constituído o Grupo de Estudos Sobre um Código Civil Europeu, com vista a preparar uma codificação do Direito Civil patrimonial (excluindo o regime dos bens imóveis) destinada a ser posteriormente incorporada num Regulamento comunitário[1705]. Mas este projeto, inicialmente acalentado pela União Europeia, foi entretanto preterido, tanto pela Comissão Europeia[1706] como pelo Conselho Europeu[1707], em benefício de um instrumento de alcance mais limitado, a que se deu a designação de «Quadro Comum de Referência» (*Common Frame of Reference*). Este último visa tão-somente, segundo o *Plano de Ação* da Comissão Europeia intitulado *Maior Coerência no Direito Europeu dos Contratos*[1708], estabelecer «princípios e uma terminologia comuns no âmbito do direito europeu dos contratos», constituindo também «um passo importante para melhorar o acervo [comunitário] em matéria de direito dos contratos»; admite-se em todo o caso que «se esse quadro comum de referência beneficiar de uma ampla aceitação como modelo do direito europeu dos contratos que melhor corresponde às necessidades dos operadores económicos, é possível que seja aceite também como critério de referência pelos poderes legislativos nacionais da UE».

O projeto desse *Quadro Comum* foi divulgado em 2008[1709]. Contêm-se nele princípios, definições e «regras-modelo» em matéria de obrigações contratuais e extracontratuais (resultantes, estas, da causação de danos a terceiros, do enriquecimento sem causa e da gestão de negócios). Prevê-se ainda, na introdução a esse texto, que a respetiva versão final abrangerá também a propriedade sobre bens móveis. Em parte, os princípios e regras dele constantes incorporam os que já figu-

---

[1704] Ver Rolf Knütel, «Rechtseinheit in Europa und römisches Recht», *ZEuP*, 1994, pp. 244 ss. (p. 269).

[1705] Ver Christian von Bar, «Le Groupe d'Études sur un Code Civil Européen», *RIDC*, 2001, pp. 127 ss.

[1706] Cfr. Marcos Kyprianou, *European Contract Law: Better Lawmaking to the Common Frame of Reference*, Londres, 2005 (disponível em http://europa.eu).

[1707] Vejam-se as *Conclusões do Conselho Europeu* de 28 e 29 de novembro de 2005, nº 10 (disponível em http://europa.eu).

[1708] In *JOCE* C63, de 15 de março de 2003, pp. 1 ss. (nºs 59 e 60).

[1709] Cfr. Christian von Bar *et al.* (orgs.), *Principles, Definitions and Model Rules on EC Private Law. Draft Common Frame of Reference. Interim Outline Edition*, Munique, 2008. Sobre o *Quadro Comum de Referência*, vejam-se: Christian von Bar, «Working Together Toward a Common Frame of Reference», *Juridica International*, 2005, pp. 17 ss.; idem, «A Common Frame of Reference for European Private Law – Academic Efforts and Political Realities», *EJCL*, 2008, vol. 12.1; Stefan Leible, «Europäisches Privatrecht am Scheideweg», *NJW*, 2008, pp. 2558 ss.; idem, «Was tun mit dem Gemeinsamen Referenzrahmen für das Europäische Vertragsrecht? – Plädoyer für ein optionales Instrument», *BB*, 2008, pp. 1469 ss.; e Martin Schmidt-Kessel (org.), *Der Gemeinsame Referenzrahmen. Entstehung, Inhalte, Anwendung*, Munique, 2009.

ravam nos aludidos Princípios de Direito Europeu dos Contratos elaborados pela Comissão de Direito Europeu dos Contratos. Segundo os seus autores, o projeto de Quadro Comum de Referência visa, além de promover o conhecimento do Direito Privado dos Estados-Membros da União Europeia, servir de possível fonte de inspiração aos legisladores nacionais e coadjuvar a melhoria do acervo comunitário existente e a adopção de futuros actos comunitários no domínio do Direito Privado. Nesta medida, constitui um *guia legislativo*, desprovido de eficácia normativa. Mas o projecto em apreço foi ainda redigido tendo em mente a possível elaboração, no futuro, de um *instrumento jurídico opcional*, que as partes poderão incorporar nos respectivos contratos, inclusive no domínio das relações de consumo[1710].

Este outro instrumento veio entretanto a lume, sob a forma de uma *Proposta de Regulamento do Parlamento Europeu e do Conselho relativo a um direito europeu comum da compra e venda*[1711]. De acordo com o art. 1º da Proposta de Regulamento, este teria por finalidade «melhorar as condições de estabelecimento e de funcionamento do mercado interno», estabelecendo um conjunto uniforme de normas de Direito dos Contratos, que consta do respetivo anexo I. Essas normas poderiam ser aplicadas à compra e venda de bens, ao fornecimento de conteúdos digitais e aos serviços conexos, sempre que as partes o convencionassem. O novo regime teria assim, consoante explicitava o art. 3º da proposta de Regulamento, *caráter facultativo*. O seu âmbito de aplicação cingir-se-ia, em todo o caso, aos contratos «transfronteiriços», que o art. 4º definia como aqueles em que as partes têm residência habitual (ou, no caso dos consumidores, em que indicam uma morada) em Estados diferentes, dos quais pelo menos um seja um Estado-Membro. Alvo de críticas contundentes, a proposta não chegou, no entanto, a vingar[1712].

II – Também noutros continentes têm tido lugar importantes iniciativas no sentido da harmonização e da unificação do Direito Privado.

Assim sucede em África, onde a experiência mais frutuosa neste domínio é a da OHADA, que adotou vários Atos Uniformes com incidência no denominado «Direito dos Negócios»[1713]. Tal o caso, nomeadamente, dos Atos Uniformes relativos às garantias, ao transporte de mercadorias por estrada, ao Direito das Sociedades Comerciais e do Agrupamento Complementar de Empresas e ao Direito Comercial Geral (no qual se compreende o regime da venda comercial, que em parte incorpora a Convenção de Viena de 1980). Foi ainda divulgado um Ato

---

[1710] Neste sentido, declara o considerando 13 do Regulamento Sobre a Lei Aplicável às Obrigações Contratuais («Roma I»): «O presente regulamento não impede as partes de incluírem, por referência, no seu contrato um corpo legislativo não estatal ou uma convenção internacional».
[1711] Documento COM (2011) 635 final, de 11 de outubro de 2011.
[1712] Sobre o ponto, que não pode ser aqui desenvolvido, veja-se o vol. II desta obra, § 45º.
[1713] Cfr. *supra*, § 49º, e).

Uniforme sobre o Direito dos Contratos, para o qual foi elaborado um anteprojeto baseado nos *Princípios Unidroit*[1714].

Na América Latina, a Comissão da Comunidade Andina adotou também diversas Decisões no domínio do Direito Privado, entre as quais sobressaem as respeitantes ao transporte de pessoas e mercadorias, aos seguros e à propriedade intelectual[1715].

d) Razões que as justificam

I – Agora pergunta-se: que razões justificam as iniciativas de harmonização e unificação de legislações até aqui referidas?

Em primeiro lugar, depõem a favor delas a certeza do Direito e a segurança das transações internacionais, proporcionadas pela aplicabilidade a estas de regras uniformes ou pelo menos harmonizadas[1716]. Mas este argumento não pode ser aceite desprevenidamente.

Por um lado, porque a harmonização ou unificação, através de instrumentos normativos supra- e internacionais, das regras formais que regem o comércio internacional muitas vezes não elimina por si só a diversidade das regras efetivamente aplicadas pelos tribunais dos países onde tais instrumentos vigoram. Isto sobretudo quando tais regras (não raro resultantes de compromissos arduamente negociados nos *fora* internacionais) se socorrem de cláusulas gerais e conceitos indeterminados, como é o caso das que constam de várias disposições constantes da Convenção de Viena de 1980[1717], e não se encontra prevista qualquer jurisdição internacional com competência para fornecer uma interpretação uniforme das mesmas.

Por outro lado, porque a recente proliferação de agências internacionais que se propõem elaborar e aprovar instrumentos de harmonização e unificação dos

---

[1714] Cfr. *Acte Uniforme OHADA sur le Droit des Contrats. Avant-projet*, s.l., 2004. Sobre esse texto, vejam-se Marcel Fontaine, «Le projet d'Acte Uniforme OHADA sur les contrats et les Principes d'Unidroit Relatifs aux Contrats du Commerce International», *ULR/RDU*, 2004, pp. 253 ss.; Félix Onana Etoundi, «Les Principes d'Unidroit et la sécurité juridique des transactions commerciales dans l'avant-projet d'Acte uniforme OHADA sur le droit des contrats», *ULR/RDU*, 2005, pp. 683 ss.; e Dário Moura Vicente, «A unificação do Direito dos Contratos em África: seu sentido e limites», in *Direito Internacional Privado. Ensaios*, vol. III, Coimbra, 2010, pp. 87 ss.

[1715] Ver Ruben B. Santos Belandro, *Bases fundamentales de la Comunidad Andina y el Tratado de Libre Comercio de America del Norte (T.L.C. o N.A.F.T.A.)*, Montevideu, 2002.

[1716] Cfr. Michael Joachim Bonell, «Comparazione giuridica e unificazione del diritto», in Guido Alpa/Michael Joachim Bonell/Diego Corapi/Luigi Moccia/Vicenzo Zeno-Zencovich/Andrea Zoppini, *Diritto privato comparato. Istituti e problemi*, 5ª ed., Roma/Bari, 2004, pp. 3 ss. (pp. 26 s.).

[1717] Vejam-se, designadamente, os arts. 7, nº 1, e 8, nº 2, onde se consagram, respetivamente, o princípio da boa fé no comércio internacional e um critério de razoabilidade em matéria de interpretação das declarações e outros comportamentos das partes.

Direitos nacionais, frequentemente sobrepostos uns aos outros, favorece afinal a desarmonia desses Direitos. Paradoxalmente, a harmonização e a unificação do Direito postulam hoje, em certos domínios, a harmonização ou unificação das normas emanadas das organizações internacionais encarregadas de as promoverem.

II – Em segundo lugar, figuram entre as razões mais frequentemente aduzidas a favor das iniciativas de harmonização e unificação do Direito Privado a integração dos mercados e a necessidade, que lhe é inerente, de assegurar a igualdade de condições entre os operadores económicos que neles concorrem entre si[1718].

Afirma-se a este respeito que as disparidades do regime jurídico dos contratos vigente, por exemplo, nos Estados-Membros da União Europeia (*v.g.* em matéria de prazos de garantia, de responsabilidade por defeitos dos bens ou serviços prestados, de validade de certas cláusulas contratuais gerais, etc.) operam como uma barreira não alfandegária à livre circulação de produtos e serviços[1719] e geram desigualdades nas condições a que se encontram submetidos os concorrentes no mercado único, as quais apenas podem ser superadas através da uniformização desse regime jurídico[1720]. A integração económica implicaria, pois, a unificação do Direito Privado[1721].

[1718] Sobre este tema, veja-se, na doutrina portuguesa, o estudo de Isabel de Magalhães Collaço, *Os reflexos do movimento de integração económica no Direito Privado e no Direito Internacional Privado*, s.l., Instituto Hispano-Luso-Americano de Derecho Internacional, 1972.

[1719] Assim, por exemplo, proposta de Regulamento relativo a um direito europeu comum da compra e venda assenta no pressuposto de que «a dificuldade de conhecer e interpretar as disposições de uma legislação contratual estrangeira é um dos maiores entraves às transações entre empresas e consumidores ou só entre empresas» (considerando 1).

[1720] Cfr. o preâmbulo da citada Diretiva 93/13/CEE do Conselho, de 5 de abril de 1993, relativa às cláusulas abusivas nos contratos celebrados com os consumidores. No sentido do texto, veja-se ainda Jürgen Basedow, «Un droit commun des contrats pour le marché commun», *RIDC*, 1998, pp. 7 ss.

[1721] Vejam-se, nesta linha fundamental de orientação, Ole Lando, «European Contract Law», *in* P. Sarcevic (org.), *International Contracts and Conflicts of Law*, London, etc., 1990, pp. 1 ss. (p. 6); *idem*, «Principles of European Contract Law. An Alternative or a Precursor of European Legislation», *RabelsZ*, 1992, pp. 261 ss. (p. 264); *idem*, «Does the European Union need a Civil Code?», *RIW*, 2003, pp. 1 ss.; Ulrich Drobnig, «Ein Vertragsrecht für Europa», *in Festschrift für Ernst Steindorff*, Berlim, 1990, pp. 1140 ss. (pp. 1145 ss.); Denis Tallon, «Vers un droit européen du contrat?», *in Mélanges Colomer*, Paris, 1993, pp. 485 ss. (p. 485); Wienfried Tilmann, «Eine Privatrechtskodifikation für die Europäische Gemeinschaft?», *in* P.C. Müller-Graff (org.), *Gemeinsames Privatrecht in der Europäischen Gemeinschaft*, Baden-Baden, 1993, pp. 485 ss. (p. 490); Giuseppe Gandolfi, «Verso il tramonto del concetto di "obbligazione" nella prospettiva di un codice único per l'Europa?», *Riv. Dir. Civ.*, 1995, I, pp. 203 ss. (p. 204); Hein Kötz, *Europäisches Vertragsrecht*, vol. I, Tübingen, 1996, p. v; Guido Alpa, «Nouvelles frontières du droit des contrats», *RIDC*, 1998, pp. 1015 ss. (p. 1020); e Claude Witz, «Rapport de synthèse», *in* Christophe Jamin/Denis Mazeaud (orgs.), *L'harmonisation du droit des contrats en Europe*, Paris, 2001, pp. 161 ss. (pp. 167 ss.). Cfr. ainda os estudos coligidos *in* Arthur Hartkamp e outros (orgs.), *Towards a European Civil Code*, 3ª ed., Nijmegen, 2004.

Mas já se tem posto em dúvida que seja efetivamente assim[1722]. Não se contesta, evidentemente, que os regimes de Direito Privado têm incidência relevante nas condições em que os agentes económicos operam num espaço economicamente integrado. Tão-pouco se questiona a necessidade, num mercado único, de uma certa harmonização desses regimes mediante o estabelecimento de regras *funcionalmente equivalentes* entre si, que supram as denominadas falhas de mercado[1723], impondo designadamente a prestação aos consumidores de certas informações nos preliminares e na formação dos contratos, em ordem a remediar as assimetrias de informação que geralmente ocorrem nos contratos por eles celebrados.

Porém, na medida em que as regras de conflitos de leis no espaço sejam igualmente aplicadas em cada país a nacionais e estrangeiros, não parece que da diversidade do Direito substantivo vigente nos Estados partes de um espaço economicamente integrado resulte necessariamente uma distorção das condições concorrenciais a que aqueles sujeitos se encontram submetidos. É que através dessas regras é geralmente dado aos interessados escolherem, dentro de certos limites, a lei aplicável às questões suscitadas pelos contratos internacionais de que sejam partes[1724]. Assim podem os contraentes excluir, nas situações internacionais, os regimes de Direito Privado menos favoráveis aos seus interesses e definir antecipadamente a lei de acordo com a qual hão de determinar-se as responsabilidades em que incorrem por força do contrato ou do seu incumprimento e, consequentemente, os riscos associados à sua atividade económica[1725].

Por outro lado, o reconhecimento mútuo das situações jurídicas validamente constituídas ao abrigo dos regimes jurídicos instituídos nos diferentes Estados membros do mercado único quanto ao exercício de certas atividades económicas, que possam ter-se por funcionalmente equivalentes, consagrado na juris-

---

[1722] Exprimem essa dúvida Arthur S. Hartkamp, «Modernisation and Harmonisation of Contract Law: Objetives, Methods and Scope», *RDU/ULR*, 2003, pp. 81 ss. (pp. 82 ss.); e Jan Smits, «Convergence of Private Law in Europe: Towards a New *Ius Commune*?», *in* Esin Örücü/David Nelken (orgs.), *Comparative Law. A Handbook*, Oxford/Portland, Oregon, 2007, pp. 219 ss. (pp. 221 ss. e 236); Nils Jansen/Lukas Rademacher, "European Civil Code", *in* Jan Smits (org.), *Elgar Encyclopedia of Comparative Law*, 2ª ed., Cheltenham, Reino Unido/Nothampton, Estados Unidos, pp. 299 ss.

[1723] Ver, sobre este conceito, Fernando Araújo, *Introdução à Economia*, cit., pp. 65 ss.

[1724] Cfr. o art. 3º, nº 1, do mencionado Regulamento de Roma I.

[1725] Nos contratos celebrados com consumidores, a escolha da lei aplicável não pode, contudo, ter como consequência privar o consumidor da proteção que lhe proporcionam as disposições não derrogáveis por acordo da lei do país onde o mesmo tem a sua residência habitual, desde que o profissional que com ele contrata exerça as suas atividades nesse país ou por qualquer meio dirija para ele essas atividades (Regulamento de Roma I, art. 6º, nº 2).

prudência do Tribunal de Justiça da União Europeia[1726] e, mais recentemente, na legislação europeia[1727] – mesmo em matéria de Direito Privado[1728] –, torna possível que os produtos e serviços oriundos de um país, licitamente produzidos e comercializados no respetivo território, sejam introduzidos nos demais países que compõem esse espaço sem terem de se conformar com as disposições da lei local e, por conseguinte, sem perderem as suas vantagens competitivas[1729].

Quando aplicado às sociedades comerciais, esse princípio permite, além disso, que as empresas constituídas em determinado país, em conformidade com o respetivo Direito, desenvolvam a sua atividade noutro ou noutros países sem terem de se ajustar às exigências da lei destes últimos, *v.g.*, sobre o capital mínimo a liberar pelos sócios, a competência dos respetivos órgãos ou a responsabilidade dos titulares destes perante terceiros[1730].

Finalmente, a circunstância de em certos países onde existe um mercado único vigorarem diferentes sistemas jurídicos locais (como é o caso do Canadá, da Espanha, dos Estados Unidos da América e do Reino Unido), sem que tal contenda com o regular funcionamento do mercado, reforça a ideia de que a diversidade dos Direitos não afeta necessariamente a livre circulação dos produtos e serviços e a paridade dos concorrentes.

Mais relevantes como barreiras não alfandegárias ao comércio transfronteiras serão porventura a diversidade linguística, as dificuldades de comunicação à distância e as formalidades burocráticas impostas em certos países à entrada de pessoas, mercadorias, serviços e capitais.

[1726] Haja vista, nomeadamente, ao acórdão do Tribunal de Justiça das Comunidades Europeias de 20 de fevereiro de 1979, proferido no caso *Rewe-Zentral AG c. Bundesmonopolverwaltung für Branntwein (Cassis de Dijon)*, in *CJTJ*, 1979, pp. 649 ss.

[1727] Cfr., por exemplo, o art. 16º, nº 1, da Diretiva 2006/123/CE, do Parlamento Europeu e do Conselho, de 12 de dezembro de 2006, relativa aos serviços no mercado interno, in *JOCE* nº L 376, de 27 de dezembro de 2006, pp. 36 ss.

[1728] É o que resulta, por exemplo, do disposto quanto ao comércio electrónico no art. 3º, nº 2, da Diretiva 2000/31/CE. Sobre o alcance desta regra, veja-se o nosso *Problemática internacional da sociedade da informação*, Coimbra, 2005, pp. 203 ss. Consagra uma disposição paralela o art. 4º da Diretiva nº 2005/29/CE do Parlamento Europeu e do Conselho, de 11 de maio de 2005, relativa às práticas comerciais desleais das empresas face aos consumidores no mercado interno.

[1729] *Vide* sobre o tema, o nosso estudo «Liberdades comunitárias e Direito Internacional Privado», reproduzido em *Direito Internacional Privado. Ensaios*, vol. III, Coimbra, 2010, pp. 7 ss. (especialmente pp. 42 ss.), e a demais bibliografia aí citada.

[1730] Veja-se, sobre o ponto, o acórdão proferido pelo Tribunal de Justiça da União Europeia em 9 de março de 1999, no caso *Centros Ltd. contra Ehvervs- og Selskabsstyrelsen*, in *CJTJ*, 1999-I, pp. 1459 ss., e, a respeito deste, o nosso estudo «Liberdade de estabelecimento, lei pessoal e reconhecimento das sociedades comerciais», in *Direito Internacional Privado. Ensaios*, vol. II, Coimbra, 2005, pp. 91 ss., bem como a demais bibliografia aí citada.

III – Em terceiro lugar, aduz-se que a diversidade dos Direitos nacionais aumenta os custos de transação, nomeadamente sob a forma de custos de informação, que só a harmonização ou a unificação dos Direitos permitiria reduzir ou eliminar[1731].

Com efeito, diz-se, as empresas que pretendam exportar os seus produtos ou serviços incorrem em custos acrescidos por força da informação que têm de obter acerca dos regimes jurídicos dos países de destino desses bens, em ordem a poderem avaliar as suas potenciais responsabilidades; e os consumidores incorrem também nesses custos sempre que pretendem reclamar do caráter defeituoso dos produtos ou serviços que adquirem a empresas estabelecidas em países diferentes do do respetivo domicílio. Tais custos decorrem ainda da impossibilidade de as empresas utilizarem os mesmos tipos contratuais (e porventura até a mesma estrutura societária) em todos os países onde oferecem os seus produtos ou serviços. Estes custos, na medida em que são geralmente repercutidos sobre os adquirentes de produtos ou serviços oferecidos por essas empresas, significam preços mais elevados e são por conseguinte um freio ao comércio transfronteiras, perdendo-se em consequência deles as economias de escala proporcionadas por este e as oportunidades de crescimento económico a ele associadas. Por outro lado, não é de excluir que na avaliação do risco envolvido nas transações comerciais internacionais, tendo em vista a concessão de créditos de que as mesmas carecem, seja tomada em linha de conta pelas instituições financeiras a incerteza quanto ao Direito aplicável decorrente da diversidade das legislações em presença, o que igualmente encarece essas transações.

A importância destes aspetos não carece de ser enaltecida. Importa todavia notar que mais importante do que a existência de custos de transação associados à diversidade dos sistemas jurídicos nacionais (os quais estão, aliás, longe de terem sido rigorosamente calculados) é a questão de saber se tais custos sobrelevam os benefícios que, como veremos a seguir, se podem extrair dessa diversidade. Observe-se, por outro lado, que as regras supletivas que mandam aplicar, na falta de escolha pelas partes, a lei do devedor da *prestação característica do contrato* – que é geralmente o exportador dos produtos ou serviços em causa[1732] – ou a lei do país de origem dos serviços ou mercadorias em causa (*home country*

[1731] Cfr. Ugo Mattei, «A transaction costs approach to the European Code», *Eur. Rev. Priv. Law*, 1997, pp. 537 ss.; Gerhard Wagner, «The Virtues of Diversity in European Contract Law», *in* Jan Smits (org.), *The Need for a European Contract Law. Empirical and Legal Perspetives*, Groningen, 2005, pp. 3 ss.; e Helmut Wagner, «Economic Analysis of Cross-Border Legal Uncertainty: The Example of the European Union», *in ibidem*, pp. 27 ss.

[1732] Cfr. o art. 4º, nº 2, do citado Regulamento de Roma I. Para uma análise desta regra numa perspetiva económica, *vide* Hans-Bernd Schäfer/Katrin Lantermann, «Choice of Law from an Economic Perspective», *in* Jürgen Basedow/Toshiyuki Kono (orgs.), *An Economic Analysis of Private International Law*, Tubinga, 2006, pp. 87 ss. (pp. 98 ss.).

rule; Herkunftslandprinzip)[1733] reduzem efetivamente, em benefício desse sujeito, os custos e riscos inerentes à aplicação de uma lei estrangeira. Finalmente, há de ter-se presente que nem sempre o teor das regras jurídicas aplicáveis é determinante da decisão das partes de contratar, não podendo, nesta medida, a informação acerca do teor dessas regras ser sistematicamente havida como um custo de transação.

e) Limites a que se subordinam

I – Não é, porém, só a justificação das iniciativas de harmonização ou de unificação do Direito Privado que é hoje questionada na doutrina; também a sua necessária sujeição a certos limites tem sido salientada de diversos quadrantes.

A unificação dos Direitos nacionais conflitua, na verdade, com a preservação, no plano internacional, do *pluralismo jurídico*. E esta afigura-se desejável, mesmo numa época de globalização da economia, como a presente. Por três ordens de razões.

Em primeiro lugar, porque a identidade nacional dos diferentes povos compreende a sua *identidade cultural* (a qual corresponde a um direito constitucionalmente garantido, em Portugal[1734] e noutros países[1735]); e dela faz parte a *identidade jurídica*. A pluralidade dos Direitos é, com efeito, inerente à diversidade de culturas – ou seja, à diversidade dos costumes e das instituições que constituem a herança social da comunidade – e à diversa valoração dos mesmos problemas nos diferentes sistemas jurídicos locais[1736]. Isto, mesmo em domínios que por vezes se supõem axiologicamente neutros ou desprovidos de referências culturais, como o dos contratos[1737]: pense-se, por exemplo, na diferente relevância atribuída pelos sistemas jurídicos nacionais aos vícios da vontade que afetam a decisão de contratar e aos deveres pré-contratuais de conduta, no que se reflete a diversa permeabilidade das comunidades nacionais a valores como a liberdade individual e

---

[1733] Veja-se o art. 3º, nº 1, da Diretiva Sobre o Comércio Eletrónico.

[1734] Cfr. Jorge Miranda, «Notas sobre cultura, Constituição e direitos culturais», *Dir.*, 2006, pp. 751 ss. (p. 762).

[1735] Cfr. Peter Häberle, *Verfassungslehre als Kulturwissenschaft*, cit., pp. 10 s.

[1736] Reconhecem-no, por exemplo, Hugh Collins, «European Private Law and the Cultural Identity of States», *Eur. Rev. Priv. Law*, 1995, pp. 353 ss.; Pierre Legrand, «Le primat de la culture», *in* Pascal Vareilles-Sommières, *Le droit privé européen*, Paris, 1998, pp. 1 ss. (pp. 10 ss.); idem, *Droit Comparé*, cit., *passim*; Roger Cotterrell, «Is it so Bad to be Different? Comparative Law and the Appreciation of Diversity», *in* Esin Örücü/David Nelken (orgs.), *Comparative Law. A Handbook*, Oxford/Portland, Oregon, 2007, pp. 133 ss. (p. 135); e Giuseppe Portale, *Introduzione ai sistemi giuridici comparati*, cit., p. 40. Entre nós, *vide* António Menezes Cordeiro, para quem «o Direito privado corresponde à expressão cultural mais profunda de cada sociedade»: cfr. *Tratado de Direito Civil português*, I, *Parte geral*, cit., p. 45.

[1737] Ver, porém, em sentido diverso Ole Lando, «Culture and Contract Laws», *ERCL*, 2007, pp. 1 ss.

a solidariedade[1738]; e ainda na diferente eficácia reconhecida por esses sistemas jurídicos aos contratos verbais, na qual ressuma a diversa relevância social que neles possui a confiança recíproca entre as partes contratantes[1739]. Não pode, por outro lado, deixar de reconhecer-se que a indiscriminada assimilação de modelos jurídicos alheios, tal como outras formas de interação cultural que caracterizam a nossa era, envolve o duplo perigo, para o qual alertou Bento XVI[1740], do *ecletismo cultural* e do *nivelamento de culturas*, bem como do relativismo e da homogeneização dos comportamentos e estilos de vida que lhes andam associados – em suma, de perda da identidade cultural. A diversidade cultural é, como reconheceu a Convenção da UNESCO Sobre a Proteção e a Promoção da Diversidade das Expressões Culturais[1741], adotada em 2005, um *património comum da humanidade*, que importa preservar, mesmo em espaços geográficos política e economicamente integrados, como os que existem na Europa[1742] e em África[1743]. Neste sentido, declara o Tratado da União Europeia, no art. 3º, nº 3, que «[a] União respeita a riqueza da sua diversidade cultural e linguística e vela pela salvaguarda e pelo desenvolvimento do património cultural europeu». E na mesma linha de orientação prevê-se no art. 22º da Carta dos Direitos Fundamentais da União Europeia que "[a] União respeita a diversidade cultural, religiosa e linguística"[1744].

[1738] Sobre o ponto, que não podemos desenvolver aqui, veja-se o nosso estudo «A formação dos contratos internacionais», in *Direito Internacional Privado. Ensaios*, vol. II, Coimbra, 2005, pp. 117 ss., e a bibliografia aí citada.

[1739] Ver Volkmar Gessner, «Global Legal Interaction and Legal Cultures», *Ratio Iuris*, 1994, pp. 132 ss. (p. 140).

[1740] Cfr. a Encíclica *Caritas in Veritate*, de 29 de junho de 2009, nº 26.

[1741] Ratificada, em Portugal, pelo Decreto do Presidente da República nº 27-B/2007, de 16 de março.

[1742] Consoante observou George Steiner, em *A ideia de Europa* (tradução portuguesa de Maria de Fátima St. Aubyn, Lisboa, 2004, pp. 49 s.), «[o] génio da Europa [...] é o génio da diversidade linguística, cultural e social, de um mosaico pródigo que muitas vezes percorre uma distância trivial, separado por vinte quilómetros, uma divisão entre mundos [...]. A Europa morrerá efetivamente, se não lutar pelas suas línguas, tradições locais e autonomias sociais. Se se esquecer que "Deus reside no pormenor"». Numa perspetiva diversa, já anteriormente Martim de Albuquerque colocara em evidência que a *ideia de Europa*, superando a de *Nação*, não é incompatível com esta, antes se articula com ela na nossa História: cfr. *Primeiro Ensaio sobre a História da «Ideia de Europa» no pensamento português*, Lisboa, 1980, pp. 14 e 31 e *passim*. Sobre o tema, *vide* ainda Joaquim da Silva Cunha, *A ideia de Europa. Raízes históricas. Evolução. Concretização actual. Portugal e a Europa*, Guimarães, 1982; e José Duarte Nogueira, *Direito europeu e identidade europeia. Passado e futuro*, Lisboa, 2007.

[1743] «África», escreveu Mia Couto, «não pode ser reduzida a uma entidade simples, fácil de entender. O nosso continente é feito de profunda diversidade e de complexas mestiçagens. Longas e irreversíveis misturas de culturas moldaram um mosaico de diferenças que são um dos mais valiosos patrimónios do nosso continente». Cfr. *Pensatempos. Textos de opinião*, Maputo, 2005, p. 19.

[1744] Cfr., sobre o tema, Patrícia Jerónimo, "O princípio da diversidade e o Direito da União. Breves notas sobre o artigo 22º da Carta dos Direitos Fundamentais da União Europeia", *Revista da Faculdade de Direito da Universidade do Porto*, 2012, pp. 245 ss.

Em segundo lugar, recorde-se que o pluralismo jurídico é, como notámos acima[1745], o garante da observância do *princípio da adequação* do Direito às necessidades reais da sociedade em que se destina a vigorar e ao sentimento ético-jurídico dos seus destinatários. A sua preservação é, reflexamente, condição da própria eficácia do Direito: este, a fim de ser uma realidade viva, tem de refletir a *alma* da sociedade que pretende conformar normativamente; de contrário, é por ela repelido[1746].

Em terceiro lugar, importa ter presente que a competição entre diferentes modelos de regulação jurídica dos mesmos problemas sociais (*regulatory competition*) favorece a adaptação do Direito às necessidades da vida e a correção de eventuais erros legislativos, constituindo nessa medida um fator de progresso[1747].

[1745] Cfr. § 49º, alínea *a*).

[1746] Algo semelhante se passa, aliás, com a língua: como é sabido, fracassaram as tentativas de criar um *esperanto* supostamente destinado a facilitar a comunicação entre pessoas de línguas maternas diversas. Nesta linha de orientação, veja-se J. Michael Rainer, *Introduction to Comparative Law*, p. 57, que escreve: «The undifferentiated abolishment of historically developed laws and legal systems and the introduction of projects produced from a drawer and not commonly known as accepted appears to be just as meaningless and counterproductive as doing away with the national languages».

[1747] Vejam-se sobre o tema: Hein Kötz, «Rechtsvereinheitlichung – Nutzen, Kosten, Methoden, Ziele», *RabelsZ*, 1986, pp. 1 ss; Claus Canaris, «Theorienrezeption und Theorienstruktur», *in Wege zum japanischen Recht. Festschrift für Zentaro Kitagawa*, Berlim, 1992, pp. 59 ss. (pp. 93 s.); Norbert Reich, «Competition between legal orders: a new paradigm of EC law?», *CMLR*, 1992, pp. 861 ss.; Anthony Ogus, «Competition Between National Legal Systems: A Contribution of Economic Analysis to Comparative Law», *ICLQ*, 1999, pp. 405 ss.; *idem*, «The Economic Approach: Competition between Legal Systems», *in* Esin Örücü/David Nelken (orgs.), *Comparative Law. A Handbook*, Oxford/Portland, Oregon, 2007, pp. 153 ss.; Paul B. Stephan, «The Futility of Unification and Harmonization in International Commercial Law», *Virginia Journal of International Law*, 1999, pp. 788 ss.; Rodolfo Sacco, «La diversità nel diritto (a proposito dei problemi di unificazione)», *Riv. Dir. Civ.*, 2000, pp. 15 ss. (pp. 21 s.); Rodolfo Sacco, «L'idée de droit commun par circulation de modèles et par stratification», *in* Mireille Delmas-Marty/Horatia Muir-Watt/Hélène Ruiz Fabri (orgs.), *Variations autour d'un droit commun*, Paris, 2002, pp. 195 ss. (p. 198); Horatia Muir Watt, «The Challenge of Market Integration for European Conflicts Theory», *in* Arthur Hartkamp e outros (orgs.), *Towards a European Civil Code*, 3ª ed., Nijmegen, 2004, pp. 191 ss. (pp. 197 s.); *idem*, «Concurrence d'ordres juridiques et conflits de lois de droit privé», *in* AAVV, *Le droit international prive: esprit et méthodes. Mélanges en l'honneur de Paul Lagarde*, Paris, 2005, pp. 615 ss.; Gerhard Wagner, est. cit., pp. 177 ss.; Mathias Audit, «Régulation du marché intérieur et libre circulation des lois», *Clunet*, 2006, pp. 1333 ss.; Jonathan Mance, «Is Europe Aiming to Civilise the Common Law?», *EBLR*, 2007, pp. 77 ss.; Luís de Lima Pinheiro, «Concorrência entre sistemas jurídicos na União Europeia e Direito Internacional Privado», *Dir.*, 2007, pp. 255 ss.; Jan Smits, «Convergence of Private Law in Europe: Towards a New *Ius Commune*?», cit., pp. 234 ss.; Christian von Bar, «Concorrência entre as ordens jurídicas e *"Law Made in Germany"*», *BFDUC*, 2011, pp. 429 ss.; e Stefan Leible, «Kollisionsrecht und vertikaler Regulierungswettbewerb», *RabelsZ*, 2012, pp. 374 ss.

Esta é, aliás, apenas uma das manifestações possíveis do valor da competição como processo de descoberta, que Friedrich A. Hayek colocou em evidência[1748]. Dir-se-ia, nesta medida, que a diversidade dos Direitos nacionais é fonte de eficiência[1749]. Em contrapartida, a sua uniformização restringe a possibilidade de escolha entre soluções alternativas e tem associados certos custos (inerentes, v.g., à adaptação do Direito não uniformizado, à formação dos juristas, à tradução de textos legais, etc.), que podem exceder qualquer benefício económico que dela se pretenda extrair. Não falta, por isso, quem advirta contra o atual perigo de um *excesso de uniformização*[1750].

A pluralidade e a diversidade dos Direitos têm, na verdade, um valor intrínseco[1751]. A esta luz se compreende a consagração no Tratado da União Europeia do *princípio da subsidiariedade*, por força do qual a intervenção legislativa da União nos domínios que não sejam das suas atribuições exclusivas apenas deve ter lugar «se e na medida em que os objetivos da ação considerada não possam ser suficientemente realizados pelos Estados-Membros, tanto ao nível central como ao nível regional e local, podendo contudo, devido às dimensões ou aos efeitos da ação considerada, ser mais bem alcançados ao nível da União»[1752]. O que envolve o reconhecimento de que aquele Tratado não dá ao legislador europeu uma competência geral para regular o mercado interno[1753] e de que, por conseguinte, algum campo de aplicação tem de ficar reservado aos regimes de Direito Privado esta-

---

[1748] Cfr. *Law, Legislation and Liberty*, reimpressão, Londres, 1993, vol. III, *The Political Order of a Free People*, pp. 67 ss.; e «Competition as a Discovery Procedure», *The Quarterly Journal of Austrian Economics*, 2002, pp. 9 ss.

[1749] Admite-o, por exemplo, Ugo Mattei, est. cit. *supra*, p. 538. Na mesma linha fundamental de orientação, veja-se Lord Falconer of Thoroton, *Opening speech for European contract law conference*, Londres, 2005, (disponível em http://europa.eu).

[1750] Cfr. Rodolfo Sacco/Piercarlo Rossi, *Introduzione al diritto comparato*, p. 146.

[1751] Reconhecem-no vários autores contemporâneos, entre os quais se destaca Erik Jayme, que vê na descoberta do pluralismo jurídico uma das notas distintivas do que chama Direito pós-moderno. Ver, deste autor, «Zum Jahrtausendwechsel: Das Kollisionsrecht zwischen Postmoderne und Futurismus», *IPRax*, 2000, pp. 165 ss. (p. 168).

[1752] Art. 5º, nº 3, do Tratado da União Europeia. Sobre esse princípio, ver Fausto de Quadros, *O princípio da subsidiariedade no direito comunitário após o Tratado da União Europeia*, Coimbra, 1995, p. 77; idem, *Droit de l'Union européenne. Droit constitutionnel et administratif de l'union européenne*, Bruxelas, 2008, pp. 169 ss.; Margarida Salema de Oliveira Martins, *O princípio da subsidiariedade em perspetiva jurídico-política*, Coimbra, 2003; João Mota de Campos/João Luiz Mota de Campos, *Manual de Direito Comunitário*, cit., pp. 272 ss.; Paul Craig/Gráinne de Búrca, *EU Law*, cit., pp. 100 ss.; Wolfgang Kilian, *Europäisches Wirtschaftsrecht*, 3ª ed., Munique, 2008, pp. 126 ss.; Jean-Louis Clergerie/Annie Gruber/Patrick Rambaud, *L'Union européenne*, cit., pp. 257 ss.

[1753] Veja-se, neste sentido, o acórdão do Tribunal de Justiça da União Europeia de 5 de Outubro de 2000, *República Federal da Alemanha contra Parlamento Europeu e Conselho da União Europeia*, CJTJ, 2000-I, pp. 8419 ss.

belecidos pelos Estados-Membros, mesmo nas relações jurídicas conexas com dois ou mais desses Estados.

Não é outra a conclusão a que conduz o disposto no art. 67º, nº 1, do Tratado Sobre o Funcionamento da União Europeia, nos termos do qual esta «constitui um espaço de liberdade, segurança e justiça, no respeito dos direitos fundamentais e dos diferentes sistemas e tradições jurídicos dos Estados-Membros».

II – A própria viabilidade de uma unificação integral do Direito Privado é duvidosa. Porquanto, como vimos ao longo desta obra, muitas das diferenças que separam os Direitos de vários países neste domínio não relevam meramente da técnica jurídica, antes radicam em fatores metajurídicos, nomeadamente axiológicos e ideológicos, que o legislador é por si só incapaz de erradicar[1754].

Isso é muito nítido pelo que respeita, por exemplo, ao instituto da responsabilidade pré-contratual[1755]. O princípio da boa-fé nos preliminares e na formação dos contratos, em que o mesmo se funda, assim como os deveres acessórios de conduta que dele se retiram entre nós, e de um modo geral a *conceção solidarista* das obrigações que lhes subjaz, não têm até hoje acolhimento em vários sistemas de *Common Law*. Daí que a imputação de danos com fundamento no rompimento arbitrário de negociações tendentes à conclusão do contrato não seja presentemente admitida pela jurisprudência inglesa. Mesmo nos sistemas jurídicos francófonos a sua aceitação é mais restrita do que, *v.g.*, em Portugal e na Alemanha. E ainda que todos os sistemas jurídicos nacionais o adotassem, ele não teria certamente o mesmo significado nem o mesmo impacto em cada um deles.

Das dificuldades experimentadas pelas iniciativas internacionais tendentes à unificação do Direito Privado dá igualmente testemunho, no domínio dos contratos, a mencionada Convenção Sobre a Compra e Venda Internacional de Mercadorias, cujo processo de formação se estendeu por mais de meio século sem que tivesse logrado uma integral uniformização do regime jurídico da matéria a que diz respeito[1756]. Mesmo nos países que a ratificaram, a aplicação da Convenção tende com frequência a ser excluída pelas partes ao abrigo do seu art. 6[1757].

[1754] Neste sentido se pronunciam também Peter de Cruz, *Comparative Law in a Changing World*, p. 43; e Kischel, *Rechtsvergleichung*, pp. 677 s. (salientando que a convergência regulatória que se verifica entre *Civil Law* e *Common Law* em certos domínios específicos, particularmente o Direito Privado, não suprime a *diversidade dos contextos* em que se inserem os respetivos sistemas jurídicos).

[1755] Ver, sobre esta matéria, o nosso *Da responsabilidade pré-contratual em Direito Internacional Privado*, cit., pp. 239 ss.

[1756] *Vide* o nosso estudo «A Convenção de Viena Sobre a Compra e Venda Internacional de Mercadorias: características gerais e âmbito de aplicação», in *Direito Internacional Privado. Ensaios*, vol. II, pp. 39 ss., e a bibliografia aí citada.

[1757] Segundo o qual: «As partes podem excluir a aplicação da presente Convenção ou, sem prejuízo do disposto no artigo 12, derrogar qualquer das suas disposições ou modificar-lhe os efeitos». Ver, no sentido do texto, Katharina Boele-Woelki, ob. cit., pp. 134 ss.

III – Não é, por outro lado, inequívoco que a unificação legislativa do Direito Privado dos Estados partes de uma organização de integração económica regional suprima nesse âmbito a diversidade dos Direitos.

Com efeito, na falta de um sistema judiciário único no seio dessas organizações[1758], as disparidades entre os Direitos nacionais ressurgiriam muito provavelmente por via da interpretação do Direito uniforme levada a cabo pelos tribunais nacionais, sobretudo quando referida a cláusulas gerais ou a conceitos indeterminados que não têm tradição nalguns desses Direitos (como é o caso da boa-fé nos sistemas de *Common Law*) ou remetem para as normas da moral (como sucede com os bons costumes).

Por outro lado, importa não ignorar o impacto que as diferenças entre os Direitos processuais nacionais inevitavelmente têm sobre a solução material dada aos litígios submetidos aos tribunais judiciais. A consagração de figuras como as *class actions*, a *pretrial discovery* e o júri, assim como a diferente repartição de tarefas entre juízes e advogados decorrente do acolhimento dado ao princípio dispositivo, são largamente responsáveis pela diversidade das soluções a que muitas vezes chegam os tribunais americanos e europeus no julgamento das mesmas questões fundamentais. Também sob este prisma se afigura, pois, um tanto ilusória a uniformidade de soluções que se pretende conseguir através da unificação internacional do Direito Privado.

IV – Importa ainda ter presente nesta matéria o impacto dos movimentos de descentralização que hoje se registam em muitos países. Esses movimentos têm como corolário uma maior diferenciação dos sistemas jurídicos que coexistem no seio de cada Estado soberano. São exemplos dessa diferenciação os Direitos da Escócia e do Quebeque referidos no capítulo anterior. Daqui resulta inevitavelmente uma pulsão no sentido oposto ao da unificação e da harmonização internacional do Direito Privado[1759].

f) A coordenação dos Direitos nacionais como alternativa

Resulta do exposto que a nosso ver a globalização da economia não reclama uma unificação integral do Direito Privado, nem a ela conduz necessariamente, antes coloca em evidência a importância – diríamos mesmo, em muitos casos, a inelutabilidade – do pluralismo jurídico[1760].

[1758] Que não existe, por exemplo, na União Europeia. Sobre o ponto, veja-se o nosso estudo «Cooperação judiciária em matéria civil na Comunidade Europeia», in *Direito Internacional Privado. Ensaios*, vol. II, cit., pp. 235 ss., e a bibliografia aí citada.

[1759] Assim, John Henry Merryman, «On the Convergence (and Divergence) of the Civil Law and the Common Law», *Stanford Journal of International Law*, 1981, pp. 357 ss.

[1760] Neste sentido, veja-se, por último, Werner Menski, *Comparative Law in a Global Context*, cit., pp. 3 ss. Na mesma linha geral de orientação se inserem as obras de Duncan Fairgrieve/Horatia

Um dos maiores desafios que aquele fenómeno coloca aos juristas consiste, por isso, em encontrar o desejável ponto de equilíbrio entre a *unidade* e a *diversidade* dos Direitos nacionais. Há, é certo, que eliminar entraves desnecessários à circulação de pessoas e bens e ao investimento estrangeiro; mas sem que esses Direitos percam, por esse facto, a sua individualidade.

A unidade na diversidade (ou o *pluralismo ordenado*, como prefere chamar-lhe Mireille Delmas-Marty[1761]), que assim se preconiza, postula, pois, uma regulação do comércio internacional que assegure ao mesmo tempo a coexistência das diferentes tradições jurídicas nacionais e a fluidez do tráfico jurídico sobrefronteiras.

Mas como consegui-lo?

Sem questionar as vantagens que podem colher-se da unificação do Direito em certos domínios, mormente no plano económico, ela deve, à luz do que se disse acima, constituir um último recurso. Não raro, bastarão a fim de assegurar a constituição e o funcionamento de um mercado sem fronteiras uma harmonização mínima das legislações nacionais, conjugada com a liberdade de escolha pelas partes da lei aplicável aos contratos internacionais e o reconhecimento mútuo das situações jurídicas validamente constituídas ao abrigo daquelas legislações.

A *coordenação* dos sistemas jurídicos nacionais, e não a sua unificação, é pois a solução em princípio preferível para o problema acima equacionado. Onde essa coordenação não for por si só suficiente a fim de satisfazer as necessidades do comércio internacional, hão de a harmonização e a unificação dos Direitos nacionais, tanto quanto possível, ser levadas a cabo deixando aos interessados a opção por se sujeitarem ou não aos instrumentos em causa (como têm feito nos últimos anos a CNUDCI e o UNIDROIT em diversos domínios). Assim se possibilitará que o Direito uniforme se imponha pelos seus méritos intrínsecos.

Também sob este prisma se revela infundada, por conseguinte, a tese de que está em curso, por força dos fenómenos de integração jurídica a que aqui fizemos referência, uma inexorável «diluição de fronteiras» ou uma «convergência» das famílias jurídicas contemporâneas.

Bibliografia específica

I – Receção de Direito estrangeiro

AAVV – «The Migration of the Common Law», *LQR*, 1960, pp. 39 ss.
AAVV – *L'américanisation du droit*, Arch. Phil. Droit, t. 45, 2001.

Muir Watt, *Common Law et tradition civiliste*, cit., especialmente pp. 57 s.; de H. Patrick Glenn, *Legal Traditions of the World*, cit., especialmente pp. 361 ss.; e de Jean-Louis Halpérin, *Histoire des droits en Europe de 1750 à nos jours*, cit., pp. 261 ss.

[1761] Cfr. *Critique de l'intégration normative*, Paris, 2004, p. 19; *Les forces imaginantes du droit*, vol. II, *Le pluralisme ordonné*, Paris, 2006.

BAADE, Hans W. – *Transplants of Laws and of Lawyers*, disponível em http://www.utexas.edu.
BRONZE, Fernando – «Continentalização do Direito inglês ou Insularização do Direito Continental ?», *BFDUC*, 1975, suplemento XXII.
BUSSANI, Mauro – *Il diritto dell'occidente. Geopolitica delle regole globali*, Turim, Einaudi, 2010.
DAVID, René – «Existe-t-il un droit occidental?», *in* Kurt H. Nadelmann, Arthur T. von Mehren e John N. Hazard (orgs.), *XXth Century Comparative and Conflicts Law. Essays in Honor of Hessel E. Yntema*, Leida, A. W. Sythoff, 1961, pp. 56 ss.
FEDTKE, Jörg – «Legal transplants», *in* Jan M. Smits (org.), *Elgar Encyclopedia of Comparative Law*, Cheltenham, Reino Unido/Northampton, Estados Unidos, 2006, pp. 434 ss.
GLENN, H. Patrick – «La civilisation de la common law», *RIDC*, 1993, pp. 559 ss.
GORDLEY, James – «Common Law und Civil Law : eine überholte Untersheidung», *ZEuP*, 1993, pp. 491 ss.
KÖTZ, Hein – «Abschied von der Rechtskreisenlehre ?», *ZEuP*, 1998, pp. 493 ss.
LEVITSKY, Jonathan – «The Europeanization of the British Legal Style», *AJCL*, 1994, pp. 347 ss.
MARKESINIS, Basil (org.) – *The Gradual Convergence: Foreign Ideas, Foreign Influences and English Law on the Eve of the 21st Century*, reimpressão, Oxford, Clarendon Press, 2001.
MERRYMAN, John Henry – «On the Convergence (and Divergence) of the Civil Law and the Common Law», *Stanford Journal of International Law*, 1981, pp. 357 ss.
REHM, Gerhard M. – «Rechtstransplantate als Instrument der Rechtsreform und –transformation», *RabelsZ*, 2008, pp. 1 ss.
WATSON, Alan – *Legal Transplants. An Approach to Comparative Law*, 2ª ed., Atenas (Geórgia)/Londres, The University of Georgia Press, 1993.
WIEGAND, Wolfgang – «The Reception of American Law in Europe», *AJCL*, 1991, pp. 229 ss.
ZAJTAY, Imre – «La réception des droits étrangers et le droit comparé», *RIDC*, 1957, pp. 686 ss.
ZIMMERMANN, Reinhard – «Der Europäische Charakter des Englishen Rechts, Historische Verbindungen zwischen civil law und common law», *ZEuP*, 1993, pp. 4 ss.

II – Harmonização e unificação internacional do Direito Privado

AAVV – *Um Código Civil para a Europa. A Civil Code for Europe. Un Code Civil pour l'Europe*, Coimbra, Coimbra Editora, 2002.
— *Worldwide Harmonisation of Private Law and Regional Economic Integration. Acts of the Congress to Celebrate the 75th Anniversary of the Founding of the International Institute for the Unification of Private Law (UNIDROIT)*, ULR/RDU, vol. VIII, 2003, nºs 1 e 2.
— *A integração regional e a unifomização do Direito dos Negócios em África*, in Boletim da Faculdade de Direito de Bissau, nº 6, junho de 2004.
— *Celebrating the 25th Anniversary of the United Nations Convention on Contracts for the International Sale of Goods. Articles Presented March 15-18, 2005*, in The Journal of Law and Commerce, 2006.

Accademia dei Giusprivatisti Europei – *Code européen des contrats. Avant-projet*, livro I, 2ª ed., Milão, Giuffrè, 2004.
ALPA, Guido – «Nouvelles frontières du droit des contrats», *RIDC*, 1998, pp. 1015 ss.
— e Remo DANOVI (orgs.) – *Dirito Privato Europeo. Fonti ed effetti. Materiali del seminário dell'8-9 Novembre 2002*, Milão, Giuffrè Editore, 2004.
AUDIT, Mathias – «Régulation du marché intérieur et libre circulation des lois», *Clunet*, 2006, pp. 1333 ss.
BAR, Christian von – *Gemeineuropäisches Deliktsrecht*, 2 vols., Munique, C. H. Beck, 1996/1999.
— «Le Groupe d'Études sur un Code Civil Européen», *RIDC*, 2001, pp. 127 ss.
— «Working Together Toward a Common Frame of Reference», *Juridica International*, 2005, pp. 17 ss.
— «A Common Frame of Reference for European Private Law – Academic Efforts and Political Realities», *EJCL*, 2008, vol. 12.1.
— "Concorrência entre as ordens jurídicas e «Law Made in Germany»", *BFDUC*, 2011, pp. 429 ss.
— e outros (orgs.) – *Principles, Definitions and Model Rules on EC Private Law. Draft Common Frame of Reference. Interim Outline Edition*, Munique, Sellier, 2008.
BASEDOW, Jürgen – «Un droit commun des contrats pour le marché commun», *RIDC*, 1998, pp. 7 ss.
— «Supranational Codification of Private Law in Europe and its Significance for Third States», *in* Wen-Yeu Wang (org.), *Codification in International Perspective. Selected Papers from the 2nd IACL Thematic Conference*, Heidelberga, etc., Springer, 2014, pp. 47 ss.
— «Internationales Einheitsprivatrecht im Zeitalter der Globalisierung», *RabelsZ*, 2017, pp. 1 ss.
BENACCHIO, Gian Antonio, e Barbara PASA – *A Common Law for Europe*, tradução de Lesley Orme, Budapeste/Nova Iorque, Central European University Press, 2005.
BIANCA, Cesare Massimo, e Michael Joachim BONELL (orgs.) – *Commentary on the International Sales Law. The 1980 Vienna Sales Convention*, Milão, Giuffrè, 1987.
BOELE-WOELKI, Katharina – *Unifying and Harmonizing Substantive Law and the Role of Conflict of Laws*, Leiden/Boston, Martinus Nijhoff, 2010.
BONELL, Michael Joachim – «Do We Need a Global Commercial Code?», *Dickinson Law Review*, 2001, pp. 87 ss.
— *An International Restatement of Contract Law. The UNIDROIT Principles of International Commercial Contracts*, 3ª ed., Ardsley, Nova Iorque, Transnational Publishers, 2005.
— «Comparazione giuridica e unificazione del diritto», *in* Guido Alpa, Michael Joachim Bonell, Diego Corapi, Luigi Moccia, Vicenzo Zeno-Zencovich e Andrea Zoppini, *Diritto privato comparato. Istituti e problemi*, 5ª ed., Roma/Bari, Laterza, 2004, pp. 3 ss.
BUSSANI, Mauro – "Faut-il se passer du common law (européen)? Réflexions sur un code civil continental dans le droit mondialise", *RIDC*, 2010, pp. 7 ss.

CANARIS, Claus – «Theorienrezeption und Theorienstruktur», in *Wege zum japanischen Recht. Festschrift für Zentaro Kitagawa*, Berlim, 1992, pp. 59 ss.
CISTAC, Gilles – *L'intégration régionale dans "tous" ses États: SADC et OHADA*, polic., Maputo, s.d.
Commission on European Contract Law – *Principles of European Contract Law, Parts I and II*, Haia/Londres/Boston, Kluwer, 2000; *Part III*, Haia/Londres/Nova Iorque, Kluwer, 2003.
COLLAÇO, Isabel de Magalhães – *Os reflexos do movimento de integração económica no Direito Privado e no Direito Internacional Privado*, s.l., Instituto Hispano-Luso-Americano de Derecho Internacional, 1972.
COLLINS, Hugh – «European Private Law and the Cultural Identity of States», *Eur. Rev. Priv. Law*, 1995, pp. 353 ss.
Comissão Europeia – *Livro verde da Comissão sobre as opções estratégicas para avançar no sentido de um direito europeu dos contratos para os consumidores e as empresas*, documento COM (2010) 348 final, Bruxelas, 1 de julho de 2010.
— *Um Direito Europeu Comum da Compra e Venda Para Facilitar as Transações Transfronteiras no Mercado Único*, documento COM (2011) 636 final, Bruxelas, 11 de outubro de 2011.
CONSTANTINESCO, Vlad – «La 'codification' communautaire du droit privé, future constitution civile de l'Europe ?», in AAVV, *De code en code : Mélanges en l'honneur du doyen Georges Wiederkehr*, Paris, Dalloz-Sirey, 2009, pp. 111 ss.
CORNU, Gérard – «Un code civil n'est pas un instrument communautaire», *D.*, 2002, nº 4, Chroniques, pp. 351 s.
COTTERRELL, Roger – «Is it so Bad to be Different? Comparative Law and the Appreciation of Diversity», in Esin Örücü/David Nelken (orgs.), *Comparative Law. A Handbook*, Oxford/Portland, Oregon, 2007, pp. 133 ss.
DAVID, René – «The International Unification of Private Law», in *IECL*, vol. II, cap. 5.
DELMAS-MARTY, Mireille (org.) – *Critique de l'intégration normative*, Paris, P.U.F., 2004.
— *Les forces imaginantes du droit*, Paris, Éditions du Seuil, vol. I, *Le relatif et l'universel*, 2004; vol. II, *Le pluralisme ordonné*, 2006.
DORALT, Walter – «The Optional European Contract Law and why success or failure may depend on scope rather than substance», Max Planck Private Law Research Paper nº 11/9 (disponível em http://ssrn.com).
DROBNIG, Ulrich – «Ein Vertragsrecht für Europa», in *Festschrift für Ernst Steindorff*, Berlim, De Gruyter, 1990, pp. 1140 ss.
— «Scope and general rules of a European civil code», *Eur. Rev. Priv. Law*, 1997, pp. 489 ss.
— «Vereinheitlichung von Zivilrecht durch soft law: neuere Erfahrungen und Einsichten», in Jurgen Basedow e outros (orgs.), *Aufbruch nach Europa. 75 Jahre Max-Planck--Institut für Privatrecht*, Tubinga, Mohr Siebeck, 2001, pp. 745 ss.
ENGEL, Arno – «Ein Europäisches Zivilrechtsgesetzbuch? – Zukunftsperpektiven aus dem Blickwinkel der Gemeinschaftskompetenz», *ZfRV*, 1999, pp. 121 ss.

European Group on Tort Law – *Principles of European Tort Law. Text and Commentary*, Viena/Nova Iorque, Springer, 2005.

FONSECA, Tiago Soares da – *O Tratado da OHADA (Contexto, história, finalidade, âmbito de aplicação, organização e atos uniformes)*, Lisboa, Lex, 2002.

FUCHS, Angelika – «A Plea for a Europe-Wide Discussion of the Draft Common Frame of Reference», *ERA Forum*, 2008, pp. 1 ss.

GANDOLFI, Giuseppe – «Verso il tramonto del concetto di "obbligazione" nella prospettiva di un codice único per l'Europa?», *Riv. Dir. Civ.*, 1995, I, pp. 203 ss.

GESSNER, Volkmar – «Global Legal Interaction and Legal Cultures», *Ratio Iuris*, 1994, pp. 132 ss..

GOODE, Roy, Herbert KRONKE, Ewan MCKENDRICK e Jeffrey WOOL – *Transnational Commercial Law. International Instruments and Commentary*, Oxford, Oxford University Press, 2004.

GORDLEY, James – «The Future of European Contract Law on the Basis of Europe's Heritage», *ERCL*, 2005, pp. 163 ss.

GRUNDMANN, Stefan – «European Contract Law(s) of What Colour?», *ERCL*, 2005, pp. 184 ss.

Grupo de Estudo Sobre Justiça Social no Direito Privado Europeu – «Justiça social no Direito Europeu dos Contratos», *CDP*, 2005, pp. 65 ss.

HAMZA, Gábor – «La formación del Derecho Privado Europeo y la tradición del Derecho Romano», *RBDC*, nº 39 (2º semestre de 2010), pp. 115 ss.

HARTKAMP, Arthur – «Modernisation and Harmonisation of Contract Law: Objetives, Methods and Scope», *RDU/ULR*, 2003, pp. 81 ss.

— e outros (orgs.) – *Towards a European Civil Code*, 3ª ed., Nijmegen, Ars Aequi Libri/ Kluwer Law International, 2004.

HONNOLD, John D. – *Uniform Law for International Sales under the 1980 United Nations Convention*, 3ª ed., s.l., Kluwer, 1999.

House of Lords/European Union Committee – *European Contract Law: the Draft Common Frame of Reference*, Londres, The Stationery Office Limited, 2009.

HUBER, Peter – «Some Introductory Remarks on the CISG», *IHR*, 2006, pp. 228 ss.

JANSEN, Nils, e Lukas RADEMACHER – «European Civil Code», *in* Jan M. Smits (org.), *Elgar Encyclopedia of Comparative Law*, 2ª ed., Cheltenham, Reino Unido/Northampton, Estados Unidos, 2012, pp. 299 ss.

KADEM, Innocent Fetze – «Harmonisation, unification et uniformisation en droit des contrats: plaidoyer pour un discours affiné sur les moyens d'intégration juridique», *ULR/RDU*, 2008, pp. 709 ss.

KNÜTEL, Rolf – «Rechtseinheit in Europa und römisches Recht», *ZEuP*, 1994, pp. 244 ss.

KÖTZ, Hein – «Rechtsvereinheitlichung – Nutzen, Kosten, Methoden, Ziele», *RabelsZ*, 1986, pp. 1 ss.

— *Europäisches Vertragsrecht*, vol. I, Tubinga, J.C.B. Mohr, 1996.

KRONKE, Herbert – «International uniform commercial law Conventions: advantages, disadvantages, criteria for choice», *ULR/RDU*, 2000, pp. 13 ss.
KROPHOLLER, Jan – *Internationales Einheitsrecht. Allgemeine Lehren*, Tubinga, J.C.B. Mohr, 1975.
LANDO, Ole – «European Contract Law», *in* P. Sarcevic (org.), *International Contracts and Conflicts of Law*, Londres, etc., Graham & Trotman/Martinus Nijhoff, 1990, pp. 1 ss.
— «Principles of European Contract Law. An Alternative or a Precursor of European Legislation», *RabelsZ*, 1992, pp. 261 ss.
— «Does the European Union need a Civil Code?», *RIW*, 2003, pp. 1 ss.
— «Culture and Contract Laws», *ERCL*, 2007, pp. 1 ss.
LEGRAND, Pierre – «Sens et non-sens d'un code civil européen», *RIDC*, 1996, pp. 779 ss.
— «Against a European Civil Code», *The Modern Law Review*, 1997, pp. 44 ss.
— «Le primat de la culture», *in* Pascal Vareilles-Sommières, *Le droit privé européen*, Paris, Economica, 1998, pp. 1 ss.
LEIBLE, Stefan – «Europäisches Privatrecht am Scheideweg», *NJW*, 2008, pp. 2558 ss.
— «Was tun mit dem Gemeinsamen Referenzrahmen für das Europäische Vertragsrecht? – Plädoyer für ein optionales Instrument», *BB*, 2008, pp. 1469 ss.
LEQUETTE, Yves – «Quelques remarques à propos du projet de code civil européen de M. von Bar», *D.*, 2002, nº 28, Chroniques, pp. 2202 ss.
MAGNUS, Ulrich – *Global Trade Law. International Business Law of the United Nations and UNIDROIT. Collection of UNCITRAL's and UNIDROIT's Conventions, Model Acts, Guides and Principles*, Munique, Sellier, 2004.
MALINVAUD, Philippe – «Réponse – hors délai – à la Commission européenne: à propos d'un code européen des contrats», *D.*, 2002, nº 33, Chroniques, pp. 2542 ss.
MANCE, Jonathan – «Is Europe Aiming to Civilise the Common Law?», *EBLR*, 2007, pp. 77 ss.
MANSEL, Heinz-Peter – «Anerkennung als Grundprinzip des Europäischen Rechtsraums. Zur Herausbildung eines europäischen Annerkennungs-Kollisionsrechts: Anerkennung statt Verweisung als neues Strukturprinzip des Europäischen internationalen Privatrechts?», *RabelsZ*, 2006, pp. 651 ss.
MATTEI, Ugo – «A transaction costs approach to the European Code», *Eur. Rev. Priv. Law*, 1997, pp. 537 ss.
Max Planck Institute for Comparative and International Private Law – «Policy Options for Progress Towards a European Contract Law. Comments on the issues raised in the Green Paper from the Commission of 1 July 2010, Com (2010) 348 final», *RabelsZ*, 2011, pp.
OGUS, Anthony – «Competition Between National Legal Systems: A Contribution of Economic Analysis to Comparative Law», *ICLQ*, 1999, pp. 405 ss.
— «The Economic Approach: Competition between Legal Systems», *in* Esin Örücü/ David Nelken (orgs.), *Comparative Law. A Handbook*, Oxford/Portland, Oregon, Hart Publishing, 2007, pp. 153 ss.

PINHEIRO, Luís de Lima – «Concorrência entre sistemas jurídicos na União Europeia e Direito Internacional Privado», *Dir.*, 2007, pp. 255 ss.

RABEL, Ernst – «L'unification du droit de la vente internationale. Ses rapports avec les formulaires ou contrats-types des divers commerces», *in* AAVV, *Introduction à l'étude du Droit Comparé. Recueil d'Études en l'honneur d'Édouard Lambert*, vol. II, Paris, Sirey, 1938, pp. 688 ss. (traduzido do alemão por H. Mankiewicz).

REICH, Norbert – «Competition between legal orders: a new paradigm of EC law?», *CMLR*, 1992, pp. 861 ss.

— *General Principles of EU Civil Law*, Cambridge, etc., Intersentia, 2014.

RITZER, Christoph, Marc RUTTLOFF e Karin LINHART – «How to Sharpen a Dull Sword – The Principle of Subsidiarity and its Control», *German L.J.*, 2006, pp. 733 ss.

RÜHL, Giesela – *The Common European Sales Law: 28th Regime, 2nd Regime or 1st Regime?*, Maastricht European Private Law Institute, Working Paper No. 2012/5, março 2012 (disponível em http://www.ssrn.com).

SACCO, Rodolfo – «La diversità nel diritto (a proposito dei problemi di unificazione)», *Riv.Dir. Civ.*, 2000, pp. 15 ss.

— «L'idée de droit commun par circulation de modèles et par stratification», *in* Mireille Delmas-Marty, Horatia Muir-Watt e Hélène Ruiz Fabri (orgs.), *Variations autour d'un droit commun*, Paris, Societé de Legislation Comparée, 2002, pp. 195 ss.

SÁNCHEZ CORDERO, Jorge (org.) – *The Impact of Uniform Law on National Law. Limits and Possibilities*, México, Universidad Nacional Autónoma de México, 2010.

SCHLECHTRIEM, Peter, e outros – *Kommentar zum Einheitlichen UN-Kaufrecht. Das Übereinkommen der Vereinten Nationen über Verträge über dem internationalen Warenkauf – CISG*, 3ª ed., Munique, C.H. Beck, 2000.

SCHMIDT-KESSEL, Martin (org.) – *Der Gemeinsame Referenzrahmen. Entstehung, Inhalte, Anwendung*, Munique, Sellier, 2009.

SMITS, Jan (org.) – *The Need for a European Contract Law. Empirical and Legal Perspetives*, Groningen, Europa Law Publishing, 2005.

— «Convergence of Private Law in Europe: Towards a New *Ius Commune*?», *in* Esin Örücü/David Nelken (orgs.), *Comparative Law. A Handbook*, Oxford/Portland, Oregon, Hart Publishing, 2007, pp. 219 ss.

SOARES, Maria Ângela Bento, e Rui MOURA RAMOS – *Contratos internacionais. Compra e venda. Cláusulas penais. Arbitragem*, Coimbra, Almedina, 1986.

SONNENBERGER, Hans Jürgen – «L'harmonisation ou l'uniformisation européenne du droit des contrats sont-elles nécessaires? Quels problèmes suscitent-elles – Réflexions sur la Communication de la Commission de la CE du 11 juillet 2001 et la Résolution du Parlement européen du 15 novembre 2001», *RCDIP*, 2002, pp. 405 ss.

STEPHAN, Paul B. – «The Futility of Unification and Harmonization in International Commercial Law», *Virginia Journal of International Law*, 1999, pp. 788 ss.

TALLON, Denis – «Vers un droit européen du contrat?», *in Mélanges Colomer*, Paris, Litec, 1993, pp. 485 ss.

TASCHNER, Hans Claudius – «Internationale Übereinkommen, EG-Richtlinien, Europäisches Zivilgesetzbuch. Wege zu gemeinsamen Zivilrecht. Einige kritische Randbemerkungen», in Ingeborg Schwenzer/Günter Hager (orgs.), *Festschrift für Peter Schlechtriem zum 70. Geburtstag*, Tubinga, Mohr Siebeck, 2003, pp. 275 ss.
TILMANN, Wienfried – «Eine Privatrechtskodifikation für die Europäische Gemeinschaft?», in P.C. Müller-Graff (org.), *Gemeinsames Privatrecht in der Europäischen Gemeinschaft*, Baden-Baden, Nomos, 1993, pp. 485 ss.
— «The legal basis for a European Civil Code», *Eur. Rev. Priv. Law*, 1998, pp. 471 ss
UNIDROIT – *Principles of International Commercial Contracts*, 3ª ed., Roma, 2011.
VICENTE, Dário Moura – «Um Código Civil para a Europa? Algumas reflexões», in *Direito Internacional Privado. Ensaios*, vol. I, Coimbra, Almedina, 2002, pp. 7 ss.
— «A Convenção de Viena Sobre a Compra e Venda Internacional de Mercadorias: características gerais e âmbito de aplicação», in *Direito Internacional Privado. Ensaios*, vol. II, Coimbra, Almedina, 2005, pp. 39 ss.
— «Liberdades comunitárias e Direito Internacional Privado», in *Direito Internacional Privado. Ensaios*, vol. III, Coimbra, Almedina, 2010, pp. 7 ss.
— «Perspetivas da harmonização e unificação internacional do Direito Privado numa época de globalização da economia», in *Direito Internacional Privado. Ensaios*, vol. III, Coimbra, Almedina, 2010, pp. 87 ss.
— «A unificação do Direito dos Contratos em África: seu sentido e limites», in *Direito Internacional Privado. Ensaios*, vol. III, Coimbra, Almedina, 2010, pp. 199 ss.
— «Libertés européennes et droit international privé (à la lumière du Traité de Lisbonne)», in *Revue Hellénique de Droit International*, 2011, pp. 523 ss.
VOGENHAUER, Stefan – «Common Frame of Reference and UNIDROIT Principles of International Commercial Contracts: Coexistence, Competition, or Overkill of Soft Law?», *European Review of Contract Law*, 2010, pp. 143 ss.
—, Jan KLEINHEISTERKAMP e Jacques E. DU PLESSIS – *Commentary on the UNIDROIT Principles of International Commercial Contracts*, Oxford, Oxford University Press, 2009.
WATT, Horatia Muir – «Concurrence d'ordres juridiques et conflits de lois de droit privé», in AAVV, *Le droit international prive: esprit et méthodes. Mélanges en l'honneur de Paul Lagarde*, Paris, Dalloz, 2005, pp. 615 ss.
WITZ, Claude – «Rapport de synthèse», in Christophe Jamin/Denis Mazeaud (orgs.), *L'harmonisation du droit des contrats en Europe*, Paris, Economica, 2001, pp. 161 ss.

Bases de dados específicas

http://webh01.ua.ac.be/storme/DCFRInterim.pdf (Common Frame of Reference)
http://ec.europa.eu/internal_market (Comissão Europeia/Direção-Geral do Mercado Interno)
http://frontpage.cbs.dk/law/commission_on_european_contract_law (Commission on European Contract Law)

http://www.accademiagiusprivatistieuropei.it (Academia dos Jusprivatistas Europeus)
http://www.cisg.law.pace.edu (Pace Law Library – CISG Database)
http://www.cisg-online.ch (CISG Online)
http://www.comunidadandina.org (Comunidade Andina)
http://www.egtl.org (European Group on Tort Law)
http://www.europa.eu (União Europeia)
http://www.comitemaritime.org (Comité Marítimo Internacional)
http://www.icao.int (Organização Internacional da Aviação Civil)
http://www.jus.unitn.it/dsg/common-core (The Common Core of European Private Law)
http://www2.law.uu.nl/priv/cefl (Commission on European Family Law)
http://www.ohada.com (UNIDA, Association pour l'Unification du Droit en Afrique)
http://www.ohada.org (OHADA)
http://www.secola.org (Society for European Contract Law)
http://www.sgecc.net (Study Group on a European Civil Code)
http://www.uncitral.org (Comissão das Nações Unidas para o Direito do Comércio Inter-
-nacional)
http://www.unidroit.org (UNIDROIT)
http://www.unilex.info (UNILEX)

ÍNDICE DE ABREVIATURAS

AAFDL	Associação Académica da Faculdade de Direito de Lisboa
AAVV	autores vários
ac.	acórdão
AcP	Archiv für die civilistische Praxis (Tubinga)
AJCL	American Journal of Comparative Law (Berkeley,Califórnia)
AJIL	American Journal of International Law (Nova Iorque)
All E. R.	The All England Law Reports (Londres)
Arab L.Q.	Arab Law Quartely (Londres)
Arch. Phil. Droit	Archives de Philosophie du Droit (Paris)
art.	artigo
A.C.	The Law Reports, Appeals Cases (Londres)
BB	Der Betriebs-Berater (Heidelberga)
BDDC	Boletim de Documentação e Direito Comparado (Lisboa)
BFDB	Boletim da Faculdade de Direito de Bissau (Bissau)
BFDUC	Boletim da Faculdade de Direito da Universidade de Coimbra(Coimbra)
BGB	Bürgerliches Gesetzbuch (Código Civil alemão)
BGHZ	Entscheidungen des Bundesgerichtshofes in Zivilsachen (Berlim/Colónia)
BMJ	Boletim do Ministério da Justiça (Lisboa)
BOA	Boletim da Ordem dos Advogados (Lisboa)
BVerfGE	Entscheidungen des Bundesverfassungsgerichtshofes (Tubinga)
BYIL	British Yearbook of International Law (Oxford)
c.	cerca de
Cambridge L.J.	The Cambridge Law Journal (Cambridge)
cap.	capítulo

CDP	Cadernos de Direito Privado (Braga)
CDT	Cuadernos de Derecho Privado (Madrid)
cfr.	confrontar
Chicago-Kent L.R.	Chicago-Kent Law Review (Chicago)
cit.	citado
CJSTJ	Coletânea de Jurisprudência. Acórdãos do Supremo Tribunal de Justiça (Coimbra)
CJTJ	Coletânea de Jurisprudência do Tribunal de Justiça das Comunidades Europeias (Luxemburgo)
CMLR	Common Market Law Review (Haia)
CNUDCI	Comissão das Nações Unidas para o Direito Comercial Internacional
Co. Rep.	Coke's Reports (Londres)
col./cols.	coluna/colunas
Columb. J.Transnat'l.L.	Columbia Journal of Transnational (Nova Iorque)
Columbia L.R.	Columbia Law Review (Nova Iorque)
CPC	Código de Processo Civil
CRP	Constituição da República Portuguesa
CTF	Ciência e Técnica Fiscal (Lisboa)
D.	Digesto
Dir.	O Direito (Lisboa)
Diss.	dissertação
D.L.	DecretoLei
Doc.	documento
D.R.	Diário da República (Lisboa)
Duke J. Comp. & Int.'l Law	Duke Journal of Comparative and International Law
EBLR	European Business Law Review (Londres)
ed.	edição
EJCJS	Electronic Journal of Contemporary Japanese Studies
EJCL	Electronic Journal of Comparative Law (Tilburg)
ERCL	European Review of Contract Law (Berlim)
est. cit.	estudo citado
Eur. Rev. Priv. Law	European Review of Private Law (Deventer)
Geo. Mason L. Rev.	George Mason Law Review (Arlington, Virginia)
German L.J.	German Law Journal (Frankfurt a.M.)
Harvard Int'l L. J.	Harvard International Law Journal (Cambridge, Massachussets)
Harvard L.R.	Harvard Law Review (Cambridge, Massachussets)
Hastings Int'l & Comp. L. Rev.	Hastings International and Comparative Law Review (São Francisco, Califórnia)

ÍNDICE DE ABREVIATURAS

Hastings L.J.	Hastings Law Journal (São Francisco, Califórnia)
I.	Institutiones
ICLQ	International and Comparative Law Quarterly (Londres)
IECL	International Encyclopedia of Comparative Law (Tubinga)
IHCA	International Handbook of Commercial Arbitration (Haia)
IPRax	Praxis des Internationalen Privat- und Verfahrensrechts (Bielefeld)
JCL	The Journal of Comparative Law (Londres)
J.Int.Arb.	Journal of International Arbitration (Londres)
JOCE	Jornal Oficial das Comunidades Europeias (Luxemburgo)
JuS	Juristische Schulung (Munique)
JZ	Juristenzeitung (Tubinga)
LQR	The Law Quarterly Review (Londres)
McGill L.J.	McGill Law Journal (Montreal)
Mich. L. Rev.	Michigan Law Review (Ann Arbor, Michigan)
MLR	The Modern Law Review (Oxford/Cambridge)
n.	nota
N.Y.U.L.Rev.	New York University Law Review
ob. cit.	obra citada
OHADA	Organização Para a Harmonização do Direito dos Negócios em África
org.	organizador
p./pp.	página/páginas
polic.	policopiado
Polis	Polis Enciclopédia Verbo da Sociedade e do Estado (Lisboa/São Paulo)
RabelsZ	Rabels Zeitschrift für ausländisches und internationales Privatrecht (Tubinga)
RBDC	Revista Brasileira de Direito Comparado (Rio de Janeiro)
RCDIP	Revue Critique de Droit International Privé (Paris)
RDES	Revista de Direito e Estudos Sociais (Coimbra)
RDIDC	Revue de Droit International et de Droit Comparé (Bruxelas)
Rec. Cours	Recueil des Cours de l'Académie de La Haye de Droit International (Haia)
Rev. arb.	Revue de l'arbitrage (Paris)
RFDUAN	Revista da Faculdade de Direito da Universidade Agostinho Neto
RFDUL	Revista da Faculdade de Direito da Universidade de Lisboa (Lisboa)

RGZ	Entscheidungen des Reichtsgerichts in Zivilsachen (Leipzig)
RIDC	Revue Internationale de Droit Comparé (Paris)
Riv. Dir. Civ.	Rivista di Diritto Civile (Pádua)
RIW	Recht der Internationalen Wirtschaft (Heidelberga)
RLJ	Revista de Legislação e Jurisprudência (Coimbra)
ROA	Revista da Ordem dos Advogados (Lisboa)
RPCC	Revista Portuguesa de Ciência Criminal (Coimbra)
RTDC	Revista Trimestral de Direito Civil (Rio de Janeiro)
s./ss.	seguinte/seguintes
S.	Recueil Sirey (Paris)
s.d.	sem indicação de data
S.E.	South Eastern Reporter (St. Paul, Minesota)
s.l.	sem indicação de local
SALJ	The South African Law Journal (Cidade do Cabo/Joanesburgo)
S.C.R.	Supreme Court Reports (Canadá)
S.I.	Scientia Iuridica (Braga)
Southwestern L. J.	Southwestern Law Journal (Los Angeles, Califórnia)
S.W.	South Western Reporter (St. Paul, Minesota)
t.	tomo
TSAR	Tydskrif vir die Suid-Afrikaanse Reg/Journal of South African Law (Cidade do Cabo/Joanesburgo)
Tul.J.Int.Comp.L.	Tulane Journal of International and Comparative Law (Nova Orleães, Luisiana)
Tul. L. R.	Tulane Law Review (Nova Orleães, Luisiana)
U. Chi. L. Rev.	University of Chicago Law Review (Chicago)
UKHL	United Kingdom House of Lords
UKSC	United Kingdom Supreme Court
ULR/RDU	Uniform Law Review/Revue de Droit Uniforme (Roma)
UNESCO	Organização das Nações Unidas Para a Educação, Ciência e Cultura
UNIDROIT	Instituto Internacional Para a Unificação do Direito Privado
U.S.	United States Supreme Court Reports (St. Paul, Minesota)
v.	*versus*
v.g.	*verbi gratia*
Vand. J. Transnat'l L.	Vanderbilt Journal of Transnational Law
vol.	volume
W.L.R.	The Weekly Law Reports (Londres)
Yale L.J.	The Yale Law Journal (New Haven, Connecticut)

YCA	Yearbook of Commercial Arbitration (Alphen aan den Rijn)
YPIL	Yearbook of Private International Law (Munique/Berna)
ZChinR	Zeitschrift für Chinesisches Recht (Friburgo)
ZEuP	Zeitschrift für Europäisches Privatrecht (Munique)
ZfRV	Zeitschrift für Rechtsvergleichung, Internationales Privatrecht und Europarecht (Viena)
ZverglRW	Zeitschrift für vergleichende Rechtswissenschaft (Estugarda)

ÍNDICE ALFABÉTICO DE MATÉRIAS

Aculturação jurídica, § 14º, f)
Adat, § 42º, b)
África do Sul, § 73º
Alemanha
 – Ver Direito alemão
American rule, § 34º, g)
Análise económica do Direito
 – E Direito Comparado, §§ 8º e § 17º, d)
 – Nos Estados Unidos da América, § 37º, f)
Angola
 – Ver sistemas jurídicos africanos
Antropologia Jurídica, § 6º
Aproximação entre sistemas jurídicos, §§ 80º a 82º
Arbitragem
 – E comparação de Direitos, § 4º
 – Na família jurídica muçulmana, § 44º, c)
 – Na família jurídica romano-germânica, § 19º, c)
 – No Direito dos Estados Unidos da América, § 34º, h)
 – No Direito indiano, § 57º
 – No Direito inglês, § 27º, c)
 – Nos sistemas jurídicos africanos, § 50º, d)

Brasil
 – Ver Direito brasileiro
Bundesgerichtshof, § 19º, a)
Brexit, § 29º, f)

Cabo Verde
 – Ver sistemas jurídicos africanos
Cádi, § 44º, a)

Castas, § 55º, c)
China
 – Ver Direito chinês
Civilização
 – e famílias jurídicas, § 11º, d)
 – Grega, § 14º, a)
Class actions, § 34º, e)
Codificação
 – Em Israel, § 76º
 – Na família jurídica muçulmana, § 42º, b)
 – Na família jurídica romano-germânica, § 14º, d) e e)
 – No Direito dos Estados Unidos da América, § 36º, f)
Código Civil Europeu, § 82º, c)
Código de Manu, § 56º, b)
Common core, § 4º
Common Frame of Reference, §§ 4º e 82º, c)
Common Law
 – e Equity, § 26º, c)
 – Família jurídica de, § 22º
Comparação contextual, § 8º
Conciliação
 – Na família jurídica muçulmana, § 44º, c)
 – Na família jurídica romano-germânica, § 19º, c)
 – No Direito chinês, § 64º, a)
 – No Direito dos Estados Unidos da América, § 34º, h)
 – No Direito inglês, § 27º, c)
 – Nos sistemas jurídicos africanos, § 50º, a)
Conflitos de leis, §§ 4º e 36º, c)
Confucionismo, § 61º, a)

Conselhos judiciários, § 20º, b)
Constituição
  – Americana, § 32º, b)
  – Chinesa, § 63º, a)
  – Constitutional Reform Act 2005, § 27º, a)
  – indiana, § 54º, b)
  – inglesa, § 26º, b)
  – Na família jurídica romano-germânica, § 17º, d)
  – Nos países muçulmanos, § 42º, b)
Cour de Cassation, § 19º, a)
Corão, § 42º, a)
Costume
  – Na família jurídica muçulmana, § 42º, b)
  – Na família jurídica romano-germânica, § 17º, e)
  – No Direito chinês, § 61º, a)
  – No Direito inglês, § 29º, c)
  – Nos sistemas jurídicos africanos, § 49º, a)
Cristianismo, § 14º, d)

Desenvolvimento jurisprudencial do Direito
  – Na família jurídica romano-germânica, § 18º, d)
  – No Direito dos Estados Unidos da América, § 36º, d)
Dharma, §§ 12º, c), e 55º, a)
Direito
  – Conceitos de, § 68º
Direito alemão
  – Ensino do Direito, § 20º, a)
  – Fontes, § 17º
  – Lugar entre as famílias jurídicas, § 12º
  – Meios de resolução de litígios, § 19º
  – Método jurídico, 18º
  – Profissões jurídicas, § 20º, b)
Direito anglo-hindu, § 54º, b)
Direito anglo-hindu, §§ 42º, b), e 54º, b)
Direito brasileiro
  – Codificação do Direito Civil, § 14º, e)
  – Direito comum de língua portuguesa, § 12º, f)
  – Influência do Direito português, § 14º, f)
  – Súmula vinculante, § 29º, a)
Direito Canónico, §§ 12º, d), 14º, d), e 42º, a)
Direito chinês

  – Características gerais, § 62º
  – Ensino do Direito, § 66º, a)
  – Formação e âmbito, § 61º
  – Fontes, § 63º
  – Meios de resolução de litígios, § 64º
  – Método jurídico, § 65º
  – Profissões jurídicas, § 66º, b)
Direito Comparado
  – e Antropologia Jurídica, § 6º
  – e dogmática jurídica, § 5º
  – Funções, § 4º
  – Macrocomparação, § 3º
  – Microcomparação, § 3º
  – Metodologia, § 8º
  – Modalidades da comparação jurídica, § 3º
  – Noção, § 2º
  – e Sociologia Jurídica, § 7º
Direito comum de língua portuguesa, § 12º, f)
Direito espanhol
  – Codificação civil, § 14º, e)
  – Inclusão na família romano-germânica, §§ 12º, a), e 15º
  – Receção do Direito romano, § 14º, b)
  – Relevância dos princípios jurídicos, § 17º, h)
  – Siete Partidas, § 14º, b)
Direito dos Estados Unidos da América
  – Características gerais, § 33º
  – Formação, § 32º
  – e ética protestante, § 32º, c)
  – Federalismo, § 33º, a)
  – Fontes de Direito, § 36º
  – Meios de resolução de litígios, § 34º
  – Método jurídico, § 37º
Direito francês
  – Ensino do Direito, § 20º, a)
  – Fontes, § 17º
  – Lugar entre as famílias jurídicas, § 12º
  – Meios de resolução de litígios, § 19º
  – Método jurídico, 18º
  – Profissões jurídicas, § 20º, b)
Direito hindu
  – Conceitos fundamentais, § 55º
  – Fontes, § 55º
  – Formação e âmbito, § 54º
  – Meios de resolução de litígios, § 57º
  – Método jurídico, § 58º

ÍNDICE ALFABÉTICO DE MATÉRIAS

– Profissões jurídicas, § 59º, b)
Direito holandês
  – Codificação civil, § 14º, e)
  – Inclusão na família romano-germânica, § 15º
  – Influência no Direito indonésio, § 14º, f)
  – Influência no Direito Sul-Africano, §§ 71º e 73º
  – Norma e critérios não normativos de decisão, § 18º, b)
Direito inglês
  – *Brexit*, § 29º, f)
  – Conceitos fundamentais, § 26º
  – Ensino do Direito, § 28º, a)
  – Meios extrajudiciais de resolução de litígios, § 27º, c)
  – Organização judiciária e composição dos tribunais, § 27º, a)
  – Origens e evolução histórica, § 25º
  – Profissões jurídicas, § 28º, b)
  – Recursos para os tribunais superiores, § 27º, b)
Direito Internacional Público
  – Na família jurídica romano-germânica, § 17º, b)
  – No Direito dos Estados Unidos da América, § 36º, g)
  – No sistema jurídico inglês, § 29º, e)
  – Nos sistemas jurídicos africanos, § 49º, e)
Direito Internacional Privado, §§ 4º, 8º e 82º, f)
Direito luso-hindu, § 54º, b)
Direito muçulmano
  – Âmbito, § 39º
  – Características gerais, § 41º
  – Ensino do Direito, § 45º, a)
  – Fontes, § 42º
  – Génese e evolução, § 40º
  – Meios de resolução de litígios, § 44º
  – Método jurídico, § 43º
  – Profissões jurídicas, § 45º, b)
Direito Natural, §§ 14º, d) e e), 42º, a)
Direito português
  – Ensino do Direito, § 20º, a)
  – Fontes, § 17º
  – Lugar entre as famílias jurídicas, § 12º
  – Meios de resolução de litígios, § 19º

  – Método jurídico, 18º
  – Profissões jurídicas, § 20º, b)
Direito Privado, § 16º, b)
Direito proverbial, § 49º, a)
Direito Público, § 16º, b)
Direito Romano
  – e Direito inglês, § 26º, c)
  – e Direito muçulmano, § 45º, b)
  – Em geral, § 14º, b)
Direito Romano-Holandês, §§ 71º e 73º
Direito subjetivo, §§ 12º, c), 14º, d), 16º, d), e 48º, b)
Direito suíço
  – Codificação civil, § 14º, e)
  – Doutrina do juiz-legislador, § 18º, c)
  – Inclusão na família romano-germânica, §§ 12º, a), e 15º
  – Receção na Turquia, § 14º, f), e 71º
Direito supranacional
  – Na família jurídica romano-germânica, § 17º, c)
  – No sistema jurídico inglês, § 29º, f)
  – Nos sistemas jurídicos africanos, § 49º, e)
Direitos germânicos, § 14º, c)
Diretrizes políticas estaduais, § 62º, a)
Distinguishing, § 30º, b)
Doutrina
  – No Direito dos Estados Unidos da América, § 36º, i)
  – No Direito inglês, § 29º, d)
  – Na família jurídica romano-germânica, § 17º, g)

Egito, § 74º
Ensino do Direito
  – Na família jurídica muçulmana, § 45º, a)
  – Na família jurídica romano-germânica, § 20º, a)
  – No Direito dos Estados Unidos da América, § 35º, a)
  – No Direito hindu, § 66º, a)
  – No Direito inglês, § 28º, a)
  – Nos sistemas jurídicos africanos, § 52º, a)
Espanha
  – Ver Direito espanhol
Estados Unidos da América
  – Ver Direito dos Estados Unidos da América

DIREITO COMPARADO

Estado de Direito, §§ 12º, c), 27º, a), 41º, a), e 61º, e)
Equidade, § 16º, a)
Escócia, § 75º
Equity,
– No Direito inglês, § 26º, c)
– No Direito dos Estados Unidos da América, § 32º, a), e § 34º, d)
Ética protestante, § 32º, c)

Fa, §§ 12º, c), e 61º, a)
Família jurídica africana, § 53º
Família jurídica de *Common Law*
– Âmbito atual, § 23º
– Fatores determinantes da autonomização, § 22º
Família jurídica lusófona, § 12º, f)
Família jurídica muçulmana
– Âmbito e importância do seu conhecimento, § 39º
– Características gerais, § 41º
– Ensino do Direito, § 45º, a)
– Fontes de Direito, § 42º
– Formação, § 40º
– Meios de resolução de litígios, § 44º
– Método jurídico, § 43º
– Profissões jurídicas, § 45º, b)
Família jurídica romano-germânica
– Âmbito atual, § 15º
– Conceitos fundamentais, § 16º
– Ensino do Direito e profissões jurídicas, § 20º
– Formação, § 14º
– Fontes de Direito, § 17º
– Meios de resolução de litígios, § 19º
– Método jurídico, § 18º
Famílias jurídicas
– Elenco, § 12º
– Noção, § 11º
– e civilizações, § 11º, d)
– e religiões, § 12º, d)
– e tradições jurídicas, § 11º, b)
Federalismo, § 33º, a)
Fiscalização da constitucionalidade
– Na família jurídica romano-germânica, § 17º
– Na família jurídica de *Common Law*, § 17º, d), § 29º, b), § 32º, b), e § 36º, d)

Fontes de Direito
– No Direito dos Estados Unidos da América, § 36º
– No Direito inglês, § 29º
– Na família jurídica romano-germânica, § 17º
– Nos sistemas jurídicos africanos, § 49º
Formantes, § 8º
Forms of actions, § 26º, a)
Full faith and credit clause, § 34º, §, c)
França
– Ver Direito francês
Funcionalismo jurídico, §§ 4º e 8º

Goa, §§ 12º, f), 14º, f), 54º, b), e 71º
Guiné-Bissau
– Ver sistemas jurídicos africanos

Harmonização do Direito, §§ 4º e 82º
Hinduísmo, § 54º, a)
Holanda
– Ver Direito holandês
House of Lords, § 27º, a)

Idjma, § 42º, a)
Índia
– Ver Direito hindu
– Ver sistemas jurídicos híbridos
Inglaterra
– Ver Direito inglês
Interpretação e integração da lei
– Na família jurídica muçulmana, § 43º
– Na família jurídica romano-germânica, § 18º, c)
– No Direito dos Estados Unidos da América, § 37º, b) e c)
– No Direito inglês, § 30º, c)
– Nos sistemas jurídicos africanos, § 51º
Islamismo, § 40º, a)
Israel, § 76º

Japão, § 77º
Judicial review, § 36º, d)
Júri, § 34º, d)
Jurisprudência
– Na família jurídica romano-germânica, § 17º, f)

ÍNDICE ALFABÉTICO DE MATÉRIAS

– No Direito dos Estados Unidos da América, § 36º, h)
– No Direito hindu, § 56º, e)
– No Direito inglês, § 29º, a)
– Nos sistemas jurídicos africanos, § 49º, c)
Juristenrecht, § 17º, h)
Jusracionalismo, § 14º, e)

Karma, § 55º, b)

Lei
– Na família jurídica romano-germânica, § 17º, d)
– No Direito dos Estados Unidos da América, § 36º, e)
– No Direito hindu, § 56º, f)
– No Direito inglês, § 29º, b)
– Nos sistemas jurídicos africanos, § 49º, b)
Lei da Boa Razão, §§ 4º, 9º, e), e 14º, d), e e)
Legal Origins, § 8º
Li, §§ 12º, c), e 61º, a)

Macau, §§ 12º, f), e 54º, b)
Mediação
– Na família jurídica muçulmana, § 44º, c)
– Na família jurídica romano-germânica, § 19º, c)
– No Direito dos Estados Unidos da América, § 34º, h)
– No Direito inglês, § 27º, c)
– Nos sistemas jurídicos africanos, § 50º, a)
Meios extrajudiciais de resolução de litígios
– Na família jurídica muçulmana, § 44º, c)
– Na família jurídica romano-germânica, § 19º, c)
– No Direito dos Estados Unidos da América, § 34º, h)
– No Direito inglês, § 27º, c)
– Nos sistemas jurídicos africanos, § 50º
Método jurídico
– Na família jurídica muçulmana, § 43º
– Na família jurídica romano-germânica, § 18º
– No Direito dos Estados Unidos da América, § 37º
– No Direito hindu, § 58º
– No Direito inglês, § 30º

– Nos sistemas jurídicos africanos, § 51º
Metodologia da comparação jurídica, § 8º
Moçambique
– Ver sistemas jurídicos africanos
Moral, §§ 14º a) e e), 61º, a), e 69º

Não-Direito, §§ 7º, 8º e 67º.
Norma e critérios não normativos de decisão, § 18º, b)

Organização judiciária e composição dos tribunais
– Na família jurídica romano-germânica, § 19º, a)
– No Direito dos Estados Unidos da América, § 34º, a)
– No Direito inglês, § 27º, a)
Overruling, § 36º, h)

Personalismo, §§ 14º, d), e 55º, b)
Plea bargaining, § 34º, g)
Pluralismo jurídico, §§ 7º, 47º, c), e 63º, c)
Portugal
– Ver Direito português
Precedente judicial
– No Direito dos Estados Unidos, § 36º, h)
– No Direito inglês, § 29º, a)
Princípios gerais de Direito, § 4º
Princípios jurídicos
– Na família jurídica romano-germânica, § 17º, h)
Processo
– Na família jurídica romano-germânica, § 16º, c)
– No Direito dos Estados Unidos da América, § 33º, c)
– No Direito inglês, § 26º, b)
Profissões jurídicas
– Na família jurídica muçulmana, § 45º, b)
– Na família jurídica romano-germânica, § 20º, b)
– No Direito dos Estados Unidos da América, § 35º, b)
– No Direito hindu, § 56º, b)
– No Direito inglês, § 28º, b)

Quadro Comum de Referência, §§ 4º e 82º, c)
Quebeque, § 78º

Question prioritaire de constitutionnalité, § 17º, d)

Realismo jurídico, § 37º, e)
Receção
 – De Direito estrangeiro, §§ 14º, f), e 81º
 – Do Direito Romano, § 14º, b)
Recurso de amparo, § 17º, d), IV
Recursos para os supremos tribunais
 – Na família jurídica romano-germânica, § 19º, b)
 – No Direito chinês, § 64º, c)
 – No Direito dos Estados Unidos da América, § 34º, b)
 – No Direito inglês, § 27º, b)
Religião, §§ 12º, d), 41º, a), 55º, a), e 69º
Restatements of the Law, § 36º, j)
Revolução
 – Americana, § 32º, b)
 – Cultural, § 61º, c)
 – Francesa, § 14º, e)
 – Portuguesa, § 14º, e)
Richterrecht, § 17º, f)
Ritos, § 61º, a)
Rússia, § 12º, a)

Separação de poderes, §§ 12º, b), 14º, e), 16º, b), 17º, d) e f), 18º, b) e d), 19º, a), 20º, b), 32º, b), 34º, h), 36º, d), 37º, b), 67º e 69º
Sistemas jurídicos africanos
 – Características gerais, § 48º
 – Ensino do Direito, § 52º, a)
 – Fontes, § 49º
 – Formação, § 47º
 – Meios de resolução de litígios, § 50º
 – Método jurídico, § 51º
 – Profissões jurídicas, § 52º, b)
Sistemas jurídicos híbridos,
 – Categorias fundamentais, §§ 12º, c), e 72º
 – Causas do fenómeno, § 71º

 – Direito da África do Sul, § 73º
 – Direito do Egito, § 74º
 – Direito da Escócia, § 75º
 – Direito de Israel, § 76º
 – Direito do Japão, § 77º
 – Direito do Quebeque, § 78º
 – Direito indiano, § 12º, b)
 – Noção, §§ 12º, c), e 70º
Sociologia Jurídica, § 7º
Statute Law,
 – No Direito inglês, § 26º, c)
Siete Partidas, § 14º, b)
Suíça
 – Ver Direito suíço
Suna, § 42º, a)
Sunismo, § 40º, b)
Supremo Tribunal de Justiça, § 19º, a)
Supremo Tribunal do Reino Unido, § 27º, a)
Supremo Tribunal dos Estados Unidos, § 34º, a)

Tertium comparationis, § 8º
Timor-Leste, § 12º, f)
Tradição jurídica, § 11º, b)
Transpersonalismo, § 42º, a)
Transplantes jurídicos, §§ 14º, f), e 80º
Trust, § 26º, c)

Unificação do Direito, §§ 4º, 47º, e), e 82º
Urf, § 42º, b)

Verfassungsbeschwerde, §§ 17º, d), e 19º, a)

Writs, § 26º, a)

Xaria
 – Em geral, §§ 12º, c) 42º, a)
 – Tribunais da, § 44º, a)
Xiismo, § 40º, b)

Justiniano (482-565), pormenor de um mosaico da Basílica de San Vitale (Ravena, Itália)

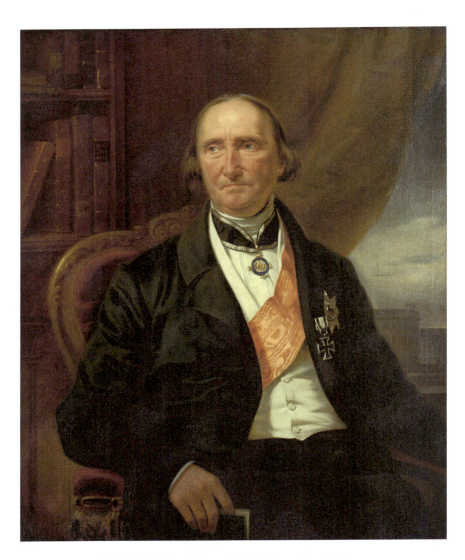

Friedrich Carl von Savigny (1779-1861), por Franz Krüger

Oliver Wendell Holmes, Jr. (1809-1894)

Confúcio (551 a.C. – 479 a.C.), por Wu Daozi